史者何？记述人类社会赓续活动之体相，校其总成绩，求得其因果关系，以为现代一般人活动之资鉴也。——梁启超

YAO SHI DIAN CANG BAN

耀世典藏版

—丛书主编 刘光远—

国学今读系列

中国通史

■芳园◎主编

天津出版传媒集团

天津人民出版社

图书在版编目（CIP）数据

中国通史：耀世典藏版 / 芳园主编. -- 天津：天津人民出版社，2015.3（2019.7 重印）

（国学今读系列 / 刘光远主编）

ISBN 978-7-201-09111-2

I. ①中… II. ①芳… III. ①中国历史—通俗读物 IV. ① K209

中国版本图书馆 CIP 数据核字 (2015) 第 028242 号

中国通史（耀世典藏版）

ZHONGGUO TONGSHI（YAOSHIDIANCANG BAN）

出　　版　天津人民出版社
出 版 人　刘　庆
地　　址　天津市和平区西康路 35 号康岳大厦
邮政编码　300051
邮购电话　（022）23332469
网　　址　http://www.tjrmcbs.com
电子信箱　reader@tjrmcbs.com

责任编辑　吴锻霞
装帧设计　映象视觉

制版印刷　三河市同力彩印有限公司
经　　销　新华书店
开　　本　720 × 1020 毫米　1/16
印　　张　27.5
字　　数　600 千字
版次印次　2015 年 3 月第 1 版　2019 年 7 月第 2 次印刷
定　　价　89.00 元

前言

法国历史学家马克·布洛赫曾说：“历史以人类的活动为特定的对象，它思接万载，视通万里，千姿百态，令人销魂，因此它比其他学科更能激发人们的想象力。”又如英国著名历史学家汤因比所说：“一个人如果能身处在历史感悟之中，他就一定是获得真知的人，因为历史的经验是最为丰富的一座智慧之库。”历史蕴含着经验与真知，它记录了人类社会的成功与失败、兴盛与衰退、辉煌与悲怆、交替与更新，也预示着人类的未来。

面对风云变幻、迅速发展的当今世界，只有了解历史，才能更好地把握现在，充实人生，创造未来；只有借鉴历史，才能更好地完善自己，充实人生；只有学会反思历史，才能更好地认清未来。

中国是一个拥有五千年灿烂文明史，充满生机与活力的泱泱大国。中华文明源远流长，历史曲折而厚重，其间发生的历史事件、出现的历史人物错综复杂、头绪繁多，要从总体上把握中国历史的发展进程并不是一件容易的事情。相应地，研究者们出版了各种典籍，有的写专门化、不同主题的历史，有的写不同朝代的历史，出现了当代历史研究中的细化和碎片化现象，使得普通读者望而生畏，很难找到入门之捷径，对中国历史的面貌缺乏清晰的认识。针对这种情况，有学者创建了“通史”这种体例，即在一定的历史观的指导下，通过精练的文字连贯地记叙各个时代的史实，涉及重大历史事件、杰出历史人物和多领域的文化等，内容广泛，对中国历史进行现代诠释，体现出贯穿人类历史的线索，能给人一种整体的认识。

为了帮助读者在较短时间内了解中国历史进程，丰富知识储备，我们精心编撰了这部《中国通史》，以时间为序，分为华夏源头、中原争霸、九州一统、离析与交融、乾坤变幻、王朝更迭六大篇章，精彩扼要地勾勒出中国历史演进的基本脉络，系统介绍了中国历史上的重大事件、风云人物、辉煌成就、灿烂文化等内容，力求在真实性、趣味性和启迪性等方面达到一个新的高度，并通过科学的体例与创新的版式，全方位、新视角、多层面地阐释中国历史。为读者提供最想知道的、最需要知道的、最应该知道的中国历史知识，帮助读者从宏观上把握中国历史，进而掌握人类发展的内在规律。

同时，书中还设置了中国大事记、世界大事记、相关链接等多个栏目。其中，“中国大事记”以编年形式介绍中国历史大事，便于读者系统掌握分散的历史信息；为了提升读者视野，“世界大事记”与“中国大事记”相呼应，系统介绍世界历史大事；“相关链接”简要介绍历史知识，涉及政治、经济、文化、科技等多个领域，提炼历史长河中的精华，反映社会发展历程。所有这些内容，或纵向深入，或横向延展，都以方便读者理解中国历史为出发点。

本书还精心选配了数百幅内容涵盖面广、表现形式丰富的图片，包括出土文物、历史遗迹、战争示意图、名人画像等，与文字内容互为补充与诠释，使读者仿佛置身于一座真实立体的历史博物馆，更加直观地了解中国历史。简洁精要的文字，配以多元化的图像，打造出一个立体直观的阅读空间，使读者获得图与文赋予的双重享受。

本书所选取的人物和事件，在保证史料可靠的基础上，力求做到通俗易懂、生动活泼，通过浅显易懂的文字还原历史真相，不戏说、不恶搞，适于想要快速了解祖国历史的一般读者阅读。

历史蕴含着经验与真知。在这里，我们用一本小书来解读中国历史，将鲜活的历史人物、丰富的多元文化呈现于读者面前。阅读本书，读者可以在轻松愉悦中了解人类历史发展进程，增长知识和胆略，提高历史修养，进而用世界胸怀和历史眼光更好地把握现在，展望未来。

目录

华夏源头

中原争霸

九州一统

离析与交融

》三国鼎立

》西晋醒风

》东晋偏安

》南北朝并立

乾坤变幻

》隋朝兴衰

王朝更迭

》 明的集权与裂变

》 清朝兴衰

华夏源头

远古文明

夏“家天下”

殷商盛象

西周灭亡

170万年前

中国大事记：
元谋人生活在温暖湿润的大气环境中，使用石质工具，懂得使用火。

远古文明

远古人类

人类历史究竟应该从哪儿说起呢？在科学比较发达的今天，我们已经知道，人类最早的祖先是一种从古猿转变而来的猿人，这种认识可以从地下发掘出来的化石得到证明。

从我国科学工作者在祖国各地先后发掘出的猿人遗骨和遗物的化石中可以看出：我国境内最早的原始人，是距今有170万年的云南元谋人。另外，还有80万年前的陕西蓝田人、四五十万年前的北京人。

约170万年前，云南元谋地带是一片宽广的亚热带草原和森林。先有枝角鹿、爪蹄兽等第三纪残存的动物在这里生存繁衍。再往后推移一段时间，则是桑氏鬣狗、云南马等早更新世的动物出现在这片草原和森林。它们大多数都是食草类野兽。为了生活下去，元谋人便使用粗陋的石器捕猎它们。在元谋上那蚌村附近的早更新世地层中，元谋盆地内暴露的695米厚、共4段28层的河湖沉积而形成的地层里，发现了两枚上内侧门齿化石。经过考古学家们检测，这两枚牙齿属于170万年前的一个原始人，男性，大约30岁左右。它确证了中国人的历史起源和存在。在发现这两枚牙齿化石的同时，从褐色粘土层中出土的还有7件元谋人制造和使用的刮削器与脉石英石核。从这一古迹遗址中，我们看到了中华文明的萌芽。

又过了几十万年，也就是80万年至75万年前，在今陕西省蓝田县公王岭地带，生活着一些原始人类。他们低平的前额上，明显地隆起粗壮的眉脊骨。他们打制的石器比较简单，又粗又大，但仔细一看，却发现已经有不同类型石器分工的迹象。这就是著名的蓝田人。他们的化石于1963 ~ 1965年在陕西省蓝田县公王岭更新世早期地层中被发现。考古学家研究表明，蓝田人比后来的北京人大脑容量要小一些，大约有778毫升。但是有一点却引起了人们的关注，那就是他们已经能完全直立行走，而且这是已发现的亚洲北部最早的直立人。这个发现的意义十分重大，因为直立起来，是成为人的重要标志。

后来出现的北京人，他们的体质结构已经构成了人的基本特征，但仍然残存着某些猿类的性质。他们的身材矮小，男性平均身高只1.558米左右，女性平均身高约1.435米。他们和现代人相比较，面部稍短而嘴巴特别前伸，看不见下颌，前额比现代人低平，有点向后倾斜。他们的脑壳比现代人厚，大约是现代

⊙北京人背鹿像

250万～150万年前

世界大事记：
非洲出现了手工劳动者，他们是第一批制造并使用工具的人。

·金牛山人·

1984年，临近渤海的营口永安乡金牛山的一个洞穴中发现了一具比较完整的男性头骨和体骨。据考证，其年代距今28万年，这就是“金牛山人”。他们是迄今东北地区发现最古老又较完好的人类化石。同时与金牛山人化石共同发现的遗物有骨器、打制石器、烧骨和灰烬，这一切表明，此为东北旧石器时代较早期的文化遗存。

此外，该遗迹还出土了大量动物化石，如剑齿虎、肿骨鹿、梅氏犀、大河狸、三门马等，多达70种，很多是绝灭了的古老种属。其中如犀、鹿、熊等，曾是金牛山人的猎物。当继续往下掘至洞中的第七、第八层堆积，更进一步显示了当年金牛山人群居洞穴、肢解动物、围火烧烤、敲骨吸髓的生活场面。再往下挖掘发现的动物烧骨和敲碎的肢骨、一堆堆燃尽的灰烬，估计年代已超过30万年了。这一片遗址真是一部原始人类遗留于地下的无字史书。

人的一倍。头盖靠下部膨大，上部收缩。平均脑容量是1075毫升，仅仅是现代人平均脑容量的75%，但是，他们比现代类人猿的平均脑容量大一倍以上，类人猿的脑容量只有415毫升。

北京猿人已经能够制造和使用工具，他们使用的工具有骨器、木器，更多的还是石器。考古学家们以北京猿人制造和使用的工具为依据，证明他们跟动物有了本质上的区别，已经具备了人类的某些特征。

北京猿人还有一个更为进步的举措是已经会人工取火，这是一个确凿无疑的事实。在北京人居住过的洞穴中发现了厚达数米的灰烬层，说明篝火在这里连续燃烧的时间很久，也说明北京人已经懂得保存火种，不需要火时用灰土盖上，使火阴燃，到下次要用火时，扒开灰土，添上草木，经风一吹便能引燃。灰烬中被火烧过的石块、兽骨和朴树籽，则证明北京人已经能使用火烧熟食物。

几十万年过去了，猿人在同大自然的斗争中进化了。人类进入到石器时代，分为旧石器时代和新石器时代。马坝人和丁村人同属于旧石器时代中期，他们在早期智人中很有代表性。马坝人遗址残存于今天广东曲江马坝圩狮子岩洞穴中，所发现的头骨资料表明，“马坝人”的脑容量大约为1225毫升，顶骨前突处厚度薄于“北京人”，比现代人约厚7毫米。汾河中游临汾宽谷的南端是丁村人遗址，即现在山西汾河流域襄汾丁村等地，“丁村人”的人骨化石已有明显的进步，其中一点是顶骨较薄。他们的门齿舌面成铲状，和后来的黄种人相似，臼齿的咬合面纹理结构介于直立人与现代人之间。以丁村、马坝石器时代中期文化与早期文化进行比较，其差别主要表现在打制石器技术不断提高，石器的形状比较规整，类型比较明确，种类也有所增加，表明当时的技术和生产水平较旧石器早期有所提高。在丁村文化遗址中还发现了一些鱼类和软体动物的遗存，说明丁村人除以狩猎为主要生存方式外，捕鱼也提供了重要的食物来源。此外，我们从遗迹中发现，在北京周口店龙骨山的山顶洞穴里活动的原始人，已经和现代人没有区别。我们把他们称为“山顶洞人”。

山顶洞人的劳动工具同以前使用的工具相比，在质量上有很大提高。他们不但能够把石头打制成石斧、石锤，而且还把野兽的骨头磨制成骨针。

山顶洞人过着群居生活，但他们的群居生活已经按照血统关系固定下来，彼此之间都有血缘关系。每个成员都是共同祖先生下来的，于是产生了原始人群。后来，又逐渐演变为氏族公社。

1.8万年前	**中国大事记：** 北京山顶洞人用兽皮缝制衣服，会制作装饰品，同时懂得埋葬死者。

钻木取火

在我国古代，有许多关于原始人群到氏族公社初期人类生活进化的传说。这种传说大多是古人根据远古时代的原始人生活情景进行的一种想象。

原始人的工具很粗糙，所以就难以抵御周围猛兽随时可能对他们造成的伤害。正当人们为没有理想的住处而发愁的时候，部落中的一个人看到了树上的鸟巢。他发现鸟儿白天出外寻找食物，晚上回到巢中栖息，地上的野兽无法伤害它们。由于树叶的遮挡，下雨天也不会被淋。由此看来，居住在巢中既安全又舒适。于是，那人便依鸟巢的样式筑造了一个可以住人的巢。后来，原始人就学着鸟儿的样子，在树上造起小屋，这样就安全得多了。后人把这称为“构木为巢”(巢就是鸟窝)。传授给他们这种做法的人被称为“有巢氏”。

最早的原始人不知道怎样利用火，不仅生吃植物果实，就是捕到的野兽，也连毛带血地吃了。后来，人们在不断地实践中发明了火(在周口店的北京人遗址中，已发现用火的痕迹，说明那时候已经知道利用火)。

其实自然界中火的现象早就有了。火山爆发，会喷出火；打雷闪电的时候，树林里也会起火。起初，原始人看到火时，不会利用，反而非常害怕。后来偶尔拾到被火烧死的野兽，拿来一尝，味道香美。渐渐地人们学会用火烧东西吃，并且想法子保存火种，使它常年不灭。

传说一天夜里，一个年轻人做了一个梦。在梦里，有人告诉他：“一直往北走，有一个叫燧明国的地方，那里有火种。”年轻人醒来后，就向北方走去。他历尽千难万险，终于来到了燧明国。这里遍地长的都是一种高大的参天大树，大树遮天蔽日，四处一片黑暗，不分白天和黑夜。这时候，年轻人的眼前突然闪出一丝亮光——一种长着短而硬的嘴巴的鸟正在啄他前方的一棵燧木，鸟一啄，燧木就迸出火星。年轻人看到这种情景，脑子里灵光一闪，立即折下几个燧枝，互相敲击，树枝上果然闪出了火花！年轻人又用小树枝去钻大树枝，终于，树枝上冒烟了，接着，燃起了火花。

有了火之后，人们开始吃熟食、用火驱赶野兽、取暖。人们被年轻人的勇气、智慧和无私所折服，推举他做首领，并称他为“燧人氏”。《太平御览》记载:“燧明国,不识四时昼夜,其人不死,厌世则升天。国有火树，名燧木，屈盘万顷，云雾出于其间。折枝相钻，则火出矣。后世圣人变腥臊之味，游日月之外，以食救万物；乃至南垂。

·神农尝百草·

远古时期，五谷和杂草长在一起，药材与百花开在一处，哪些植物可以做粮食，哪些药草可以治病，谁也分不清。神农看到了黎民百姓的疾苦，下定决心要亲口尝一尝各种野生植物的滋味，以确定哪些植物可以吃，哪些植物不能吃。他尝出了稻、麦、黍、稷、豆能够充饥，这就是后来的“五谷”，而且植物随季节变化枯荣交替以及不同的植物喜欢不同的土壤。于是他利用天气的变化指导人们种植农作物，这样就可以有计划地收集果实、种子作为食物，这就是我国农业的起源；他尝出了各种能吃的蔬菜和水果，都一一做了记录；他也尝出了365种草药，写成了《神农本草》。神农最后一次尝到了一种叫断肠草的剧毒植物，中毒而亡。他死的时候120岁。

⊙ 神农采药图

2.2万～1万年前

世界大事记：

地球变暖，冰川解冻，海平面上升。原始的狩猎族跨过白令海峡的“大陆桥”，进入北美洲。

⊙ **石镰　新石器时代**

新疆阿克塔拉出土，它的镰体是弧形的，其中一端比较宽，装柄用，另一端是尖状的，内侧磨为锋刃。

目此树表，有鸟若鸮，以口啄树，粲然火出。圣人感焉，因取小枝以钻火，号燧人氏。”

又过了很长时间，人们又用绳子结成网，用网去捕猎，还发明了弓箭，这比用木棒、石器打猎又有了很大进步。使用弓箭，不仅可以射杀平地上的走兽，就连天空中的飞鸟，水里的游鱼，也可以捕捉到。捕捉到的动物，如果吃不完，人们并不急于将它们杀死，而是将其养起来。这种结网、打猎、养牲口的技能，都是人们在劳动中日积月累起来的。传说中,这些事的发明人是“伏羲氏”，或者叫“庖牺氏”(庖是厨房，牺是做祭品用的毛色纯一的牲畜)。

经过了漫长的渔猎时期，人类的文明又有了新的进步。人们发现撒在地上的野谷子，到了第二年，会生出苗来，一到秋天，又结出了更多的谷子。于是，人们就自觉地栽种起来。后来，人们用木头制造了一种耕地的农具，叫作耒耜（一种带把的木锹)。他们用耒耜耕地，种植五谷，获得了可以吃的粮食。传说中把这些发明种庄稼的人叫“神农氏”。

从构木为巢，钻木取火，一直到渔猎、畜牧，发展农业，充分反映了原始人生产力发展的进程。

原始文明

原始社会，人们以血缘关系结成了亲族集团——氏族。最先是母系氏族，这一时期，女性在氏族公社中居于主导地位。一个母系氏族公社有一个共同的女祖先。由于全体成员只能确认各自的生母，所以成年的妇女一代一代地成为确定本氏族班辈世系的主体。成年的男子则分散到其他氏族寻求配偶，实行群婚。每个氏族公社内部，存在着按性别和年龄的不稳定分工。壮年男子担任打猎、捕鱼和保护集体安全等需要较大体力的事务，而采集食物、看守住地、烧烤食物、缝制衣物、养老育幼等繁重任务，都落在妇女的肩上。她们是氏族公社原始共产制经济的主持者，又对确定氏族的血亲关系起着主导作用。母系氏族公社经历了漫长的发展过程，在全盛时期普遍形成了人口较多、规模较大的长期定居的村落。

母系氏族公社是中国历史进程中比较重要的一个阶段，而仰韶文化遗址是清晰地反映母系氏族公社面貌的一片遗址。仰韶文化的主要区域在河南省西部、陕西省中部和山西省南部一带。它

⊙ **彩陶人面鱼纹盆**

鱼纹盆为仰韶文化半坡类型彩陶的代表作，表现了人类早期与动物的密切关系。

的分布非常广阔，南达汉水中上游，北至河套地区，西及甘肃境内的渭河上游，东到山东省。这些地方分散着母系氏族时的很多村落遗址，而且在某些地区，村落分布十分密集。

妇女在氏族中的地位非常高。有一些地方，发现了以女性为主要地位的埋葬习俗。在陕西省华县元君庙和华阴县横阵村，发现了很多母系氏族的迁移合葬墓。这一发现更进一步证明了当时妇女的重要地位。人死后，大概是先把尸体进行临时处理，遇到母系氏族中某个地位较高的妇女死亡后，就先直接把她的尸体仰卧埋在葬坑主要位置上，同时将和她同氏族的早死者的尸骨迁移

6000～7000年前

中国大事记：
中国出现了古老的彩陶和黑陶文化，是原始艺术的结晶。

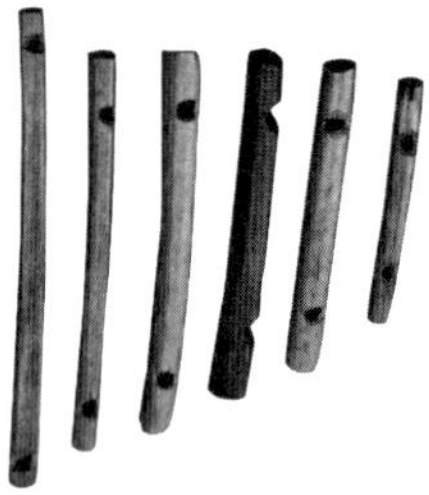

⊙ **骨哨　河姆渡文化**
狩猎工具，长6～10厘米，骨哨均用一截禽类的骨管制成，里边还可插一根可以移动的肋骨，用以调节声调。猎人利用骨哨模拟鹿的鸣叫，吸引异性，伺机诱杀。

过来，排在一起，同墓合葬。这种以妇女为中心的葬俗，表明女性在氏族中占有重要地位。还有，从半坡遗址和陕西省临潼县姜寨遗址墓葬的随葬品推测，女性一般比男性多。这种现象也说明了当时妇女社会地位很高。

河姆渡文化是中国长江流域下游地区古老而多姿的新石器文化，第一次发现于浙江余姚河姆渡，因而命名。它主要分布在杭州湾南岸的宁绍平原及舟山岛。经科学的方法进行测定，它的年代为公元前5000年至公元前3300年。

河姆渡文化的骨器制作比较进步，有耜、鱼镖、镞、哨、匕、锥、锯形器等器物，都经精心磨制而成，一些有柄骨匕、骨笄上雕刻花纹或双头连体鸟纹图案，就像是精美的实用工艺品。河姆渡文化在农业上以种植水稻为主。在其遗址第4层较大范围内，普遍发现稻谷遗存，这对于研究中国水稻栽培的起源及其在世界稻作农业史上的地位，具有重大意义。

河姆渡文化的农具，最具有代表性的是大量使用骨耜。河姆渡文化的建筑形式主要是栽桩架板高于地面的干栏式建筑。干栏式建筑是中国长江以南新石器时代以来的重要建筑形式之一，目前河姆渡发现为最早。它与北方地区同时期的半地穴式房屋有着明显差别，成为当时最具代表性的特征。因此，长江下游地区的新石器文化同样是中华文明的重要渊薮。它是代表中国古代文明发展趋势的另一条主线，与中原地区的仰韶文化并不相同。

大汶口文化年代约为公元前4300年至公元前2500年，是中国新石器时代晚期的文化典型，其文化遗址最早发现于山东泰安市大汶口村。

大汶口文化的遗存十分丰富。经考古发现有墓葬、房址、窖坑等，墓葬以仰卧伸直葬为主，有普遍随葬獐牙的风习，有的还随葬猪头、猪骨以象征财富。出土生活用具主要有鼎、豆、壶、罐、钵、盘、杯等器皿，分为彩陶、红陶、白陶、灰陶、黑陶几种，特别是彩陶器皿，花纹精细匀称，几何形图案规整。生产工具有磨制精致的石斧、石锛、石凿和磨制骨器，骨针磨制得十分精细，体现了极高的制作技术。

大汶口文化的发现为山东地区的龙山文化找到了渊源，也是研究父系氏族时期社会状况的重要文化遗存。

·父系氏族·

母系氏族公社经历了全盛时期，社会生产力的发展日渐加速，男子在农业、畜牧业和手工业等主要的生产部门中逐渐占据主导的地位，于是母权制自然过渡为父权制。父系氏族公社逐渐形成了。从此，以父权为中心的个体家庭成为与氏族对抗的力量，原始社会逐渐趋于解体。男子依靠经济上的优势，在社会生产和生活中占据了统治地位。他们必然要求按照男系计算世系、继承财产，母权制的婚姻秩序被打破了，原来对偶婚制下的从妻而居的传统，为一夫一妻制所取代。在一夫一妻制下，妇女的劳动局限在家庭之内，以家务劳动和家庭副业为主，女子在家庭经济中退居于从属地位。最初，这种小家庭依附于父系大家庭。生产进一步发展后，小家庭便有了更多的独立性和自主性。氏族社会走到了瓦解的边缘。

约6000年前	世界大事记： 苏美尔农耕民族定居在美索不达米亚平原。 居住于今伊拉克地区的居民已经开始驯养山羊。

黄帝战蚩尤

大约在5000多年以前，在我国黄河、长江流域一带生活着许多部落。传说以黄帝为首领的部落，最早住在今陕西北部的姬水附近，后来沿着洛水南下，东渡黄河，在河北涿鹿附近定居下来，开始发展畜牧业和农业。

与黄帝同期的另一个部落首领叫作炎帝，当他带领部落向东发展的时候，碰到一个极其凶恶的九黎族的首领蚩尤。传说蚩尤有81个兄弟，全是猛兽的身体，铜头铁额，凶猛无比。他会铸刀造戟，还经常带着他的部落，到处侵扰，闹得周围部落不得安宁。炎帝部落定居山东后，经常受到蚩尤的侵扰，炎帝几次起兵抵抗，但不是蚩尤的对手，被打得一败涂地。

⊙ 炎帝像

炎帝即神农氏，曾遍尝百草为人治病，晚年在南巡途中因误尝毒草而身亡，死后葬于长沙茶乡之尾。

⊙ 黄帝像

传说黄帝时候开始种植五谷，养蚕缫丝，裁制衣裳，制作弓箭，制造舟车等。

炎帝战败后，带领他的部落逃到涿鹿，请求黄帝帮助复仇。黄帝早就想除掉蚩尤这个祸害，就与炎帝联合在一起，并联络其他一些部落，招集人马，在涿鹿郊外与蚩尤展开了一场殊死决战。

蚩尤也称得上一代枭雄，自不甘示弱。他集结所属81个支族，又联合巨人夸父部族和三苗一部，在兵数上已占据优势，又挟战胜炎帝之余威，并依仗精良的武器装备，气势汹汹地向黄帝扑来。黄帝临危不乱，率领以熊、罴、貔、貅、貙、虎等为图腾的氏族部众迎击蚩尤。黄帝还利用位居河上游的条件，令大将应龙“高水”，即在河上筑土坝蓄水，以抵御蚩尤的攻势。

当时正值浓雾弥漫，大雨倾盆，这很适合来自东方多雨环境的蚩尤族开展军事行动。蚩尤适时利用天气变化不断偷袭黄帝军得手，于是得意忘形，趾高气扬，认为不多时黄帝就不得不束手就擒了。

黄帝毕竟不是等闲之辈，他知道恶劣气候不是己方进攻时机，就主动避敌锋芒，井然有序地组织后撤，因而保存了实力。不多久，风云突变，雨过天晴，黄炎联军反败为胜的契机来了。黄帝当机立断，一声令下，大将常先、大鸿从正面开始了反攻。

⊙ 黄帝战蚩尤图

黄帝又利用狂风大作、飞沙走石的天时，命风后、王亥把经过训练的300匹火畜组成一支“骑兵”，朝蚩尤军心脏长驱直入。黄帝还准备了80面夔牛大鼓，趁风沙弥漫之时擂鼓吹号以震慑敌人。

突如其来的反攻让蚩尤猝不及防，其军队开始自相践踏、慌不择路，终于陷入崩溃，节节败退。蚩尤无心恋战，

约5000年前

中国大事记：
黄帝与炎帝大战于阪泉，炎帝战败。黄帝与蚩尤大战于涿鹿，蚩尤战败被杀。此后，黄帝逐渐统一中原。

⊙ 黄帝陵冢
黄帝陵位于陕西省黄陵县城北的桥山上。

向南逃跑；而粗犷骄横的夸父不承认失败，率本部奔大鸿军杀来。忽然一阵狂风，夸父眼着沙子，大鸿自不肯放过制敌机会，拦腰砍伤夸父，夸父军四散奔逃。

黄帝身边众多谋臣一再进言不可放走蚩尤，黄帝采纳群臣意见，联合炎帝族和玄女族紧追蚩尤，在冀州之野将之包围。黄帝命令擂鼓击钟，蚩尤军被钟鼓声震得耳聋眼花、溃不成军。

蚩尤落荒南逃，被黄帝擒获并杀于野外。刑天及蚩尤的部下把蚩尤的尸体偷运到河南濮阳西水坡秘密下葬，下葬的日期——正月初八被定为苗家的国难日。不久刑天与黄帝大战，因寡不敌众被黄帝斩首，但刑天的尸身不倒，他的两乳变成双目，肚脐变成了嘴巴，继续舞动兵器战斗。夸父则在潼关被应龙万箭齐发射死，鲜血染红了潼关。黄帝取得了对九黎族的决定性胜利，九黎族这一支力量融入到炎黄族中。

黄帝、炎帝打败蚩尤后，同盟关系破裂，两个部落战于阪泉，即阪泉大战。经过三次艰苦卓绝的战争，黄帝战胜炎帝。炎帝部落的共工与黄帝战争失败，一怒之下用头碰撞不周山，从此天地西北高、东南低。这次战争后，黄帝向南发展，经过 52 次战争后天下归附，黄帝由此成为黄河中下游部落联盟的大盟主。公元前 2698 年，黄帝在釜山会盟并取代神农氏登上帝位。

传说中，黄帝还是一个大发明家，他不仅发明了在地面上建房屋，还发明了车、船和制作衣裳等等。这当然不会是他一个人发明的，黄帝只不过是个带头人罢了。传说他的妻子嫘祖亲自参加劳动，也有一些发明，养蚕缫丝就是她的功劳。相传，嫘祖在一片桑树林里发现满树结着白色的小果，观察了好几天，才弄清这种白色的小果是一种虫子口吐细丝绕织而成的。她把此事报告给黄帝，并要求黄帝下令保护本国山上所有的桑树林。从此，在嫘祖的倡导下，人们开始了栽桑养蚕的历史。后世人为了纪念嫘祖这一功绩，就将她尊称为“先蚕娘娘”。

黄帝为创造远古时代的文明，立下了汗马功劳，在后代人的心目中占有极其重要的地位，所以人们都尊黄帝为中华民族的始祖，自己是黄帝的子孙。因为炎帝族和黄帝族原来是近亲，后来融合在一起，所以我们常常把自己称为炎黄子孙。

·黄帝与中医起源·

《黄帝内经》是我国现存最早的一部中医理论专著，相传是黄帝与岐伯、雷官等六臣讨论医学的论述。《黄帝内经》将阴阳五行等哲学思想用于解释人体之生理、病理，形成了人与自然紧密关联的基本认识。在解释具体问题时，以脏腑、经脉为主要依据；在治疗方面，针灸多于方药。《黄帝内经》在我国中医史上，以其不可替代的四个最早(最早建立医学理论体系，最早研究和描述人体的解剖结构，对人体血液循环有最早认识，最早总结针灸、经络的理论和实践)，为我国的中医发展作出了杰出的贡献。

公元前4000～前2000年

世界大事记：
墨西哥农民开始种植玉米。其他农作物扩散到北美。

尧舜禅让

传说在黄帝之后，出了三个很出名的部落联盟首领，名叫尧、舜和禹。他们原来都是一个部落的，先后被推选为该部落联盟的首领。

尧是我国古代传说中一位著名的贤君。相传帝喾是黄帝的曾孙，为五帝之一，号高辛氏。有四妻四子，死后葬于今商丘市的高辛集。而尧就是帝喾之子，原封于唐，又称唐尧。相传尧继帝位时21岁（一说16岁），以平阳（今山西临汾）为都城，以火德为帝，人称赤帝。他性格仁慈，十分聪明，年轻有为，当上天下共主后，也不因此而骄横傲慢。他勤于政事，很少休息，礼仪简单，生活俭朴，绝不浪费百姓的一分一毫——他只吃用陶簋盛的粗饭淡汤。尧为了人民尽心尽责，但他的儿子丹朱却是个不肖之子。尧不愿意传位给儿子，就时常留心天下贤人，准备将帝位禅让给他。在尧让位给舜之前，尧听说许由是一位很贤能的人。于是，他派人把许由找来，并想将帝位让给他。许由推辞道："您在帝位，人民满意，您治理天下，天下安定。而我还来代替

⊙ 尧舜禅位图

⊙ 尧帝像

您，这是为什么呢？您知道，小鸟在树林里筑巢，所需的不过是一枝而已；鼹鼠到河里去饮水，它所需的也不过是果腹而已。我的君主，请收回您的打算。我现在能为百姓做一点事就足矣，我要天下做什么呢？厨子即使不到厨房里去，主祭的人也不会越位去代替他烹饪。现在，您就是丢下天下不管，我也决不会代替您去治理天下。"后来，尧召集四方部落首领来商议，到会的人一致推荐舜。

尧听说舜这个人很好，便让大家详细说说舜的事迹。大家便把了解到的情况说给尧听：舜有个糊涂透顶的父亲，人们叫他瞽叟(就是瞎老头儿的意思)。舜的生母死得早，后母心肠很坏。后母生的弟弟名叫象，极其傲慢，而瞽叟却很宠他。生活在这样一个家庭里的舜，待他的父母、弟弟都很好。因此，大家认为舜是个德行好的人。

尧听了挺高兴，便把自己两个女儿娥皇、女英嫁给舜。为了考察舜，又替舜筑了粮仓，分给他很多牛羊。舜的后母和弟弟见了，非常妒忌，便和瞽叟一起用计想暗害舜。

有一次，瞽叟叫舜修补粮仓的仓顶。当舜沿梯子爬上仓顶时，瞽叟就在下面放了一把火，想

公元前2500～前2000年

中国大事记：
原始社会末期，父系氏族公社瓦解，夏族、商族、周族与夷、蛮等族相互交融，并常有冲突。

⊙ **壁画中宁静的尧舜时代**

《史记》载，舜在20岁时就以孝闻名。30岁时，尧询问可用的人才，四岳诸侯都推荐舜。经过一番长期的考察，尧对舜很满意，就把帝位禅让给了舜。

把舜烧死。舜在仓顶上一见起火，想找梯子下来，却发现梯子已经被人拿走了。幸好舜随身带着两顶遮太阳用的笠帽。他双手拿着笠帽，像鸟一样张开翅膀跳下来。笠帽随风飘荡，舜安然无恙地落在地上。

瞽叟和象不甘心失败，他们又叫舜去淘井。舜跳下井去后，瞽叟和象就在上面向井里扔石头，想把舜埋在井里面。但是舜下井后，在井边挖出一个通道，从通道中钻了出来，又安全地回家了。

从此以后，瞽叟和象不敢再暗害舜了。舜还是像过去一样和和气气对待他的父母和弟弟。

尧听了大家的介绍后，又对舜进行了一番考察，认为舜确是个众望所归的人，就把首领的位子让给了舜。这种让位方式，历史上称为“禅让”。

舜担任首领后，又俭朴，又勤劳，跟老百姓一起参加劳动，大家都信任他。过了几年，尧死了，舜想把部落联盟首领的位子让给尧的儿子丹朱来担任，但是遭到众人的一致反对。舜才正式成为了部落联盟的首领。

大禹治水

尧舜禹禅让说的是上古时代华夏族的三个首领尧、舜、禹之间以“让贤”的原则依次传承“天子”位的故事。当时的“天子”乃是部落联盟首领，实行民主推选制度。不过，对于尧舜禹禅让的真实性，历代都有人表示怀疑，不管其真假，作为历史事件来说，尧舜禹的“禅让”代表了华夏民族在原始社会的尾声，其后华夏民族便进入了更加高级的文明时期。

在尧担任首领期间，黄河流域经常发生水灾，良田沃土，房屋牲畜，都被淹没。这时居住在崇地的一个名叫鲧的部落首领，奉了尧的命令去治理洪水。鲧用了将近9年的时间治理洪水，不仅没有制伏洪水，反而使洪水闹得更大、更凶了。鲧只知道筑造堤坝挡住洪水，却不知道疏通河道，后来，堤坝被洪水冲垮了，灾情便越来越严重。

舜接替尧担任部落联盟首领后，发现鲧的工作失职，便杀了鲧，并让鲧的儿子禹去治理洪水。

禹汲取了父亲治水失败的教训，把以堵为主改为以疏为主。他偕同益、稷二人带领工人四处考察，立了许多标记，最终得出治水方案。他认为黄河水患最严重，其次是济水、淮水和长江。于是，他从壶口起把龙门山开了一条大路，又把砥柱山挖出一条深坑，从孟津往北连开九条大河，使黄河水患平了下去。然后又疏通济

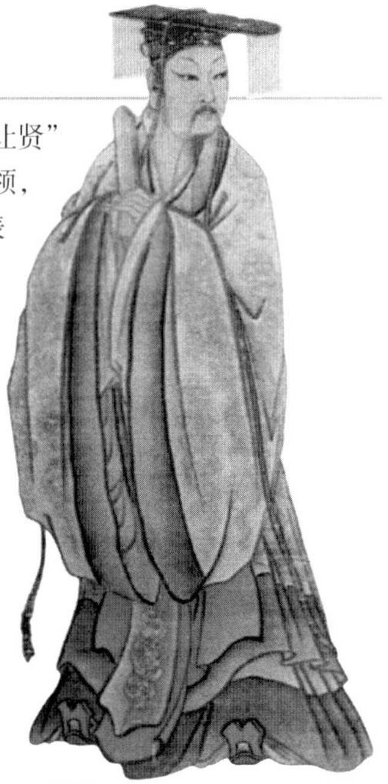

⊙ **夏禹王像**

禹，传说中夏朝的第一个王，鲧之子。因禹治水有功，舜让位于他。在他死后，子启即位，从此开始了王位的世袭制度。

公元前3000～前2500年

世界大事记：
农场在印度河流域开始发展起来。
最早的书写文字——楔形文字在美索不达米亚地区出现。

水的源头，使济水一面通黄河，一面通山东的汶水，治平了济水之患。他又从河南桐柏山起，把淮水分为两路，一路通山东泗水，一路通山东沂水，把淮河水患平下去了。疏导长江的工程则从四川的岷山做起，也以疏浚河道、加速行洪为主，把长江水引到东海去了。

传说在禹治水的13年当中，他曾经有3次路过自己的家门而不入。他一直想着老百姓仍在遭受洪水的祸害，庄稼被淹，房子被毁，于是，3次经过家门都顾不上进去探望家人。经过多年的努力，禹终于治理好了水患，把洪水引到大海里去，对社会的安定、繁荣、发展起到了积极的推动作用。

人们为了表达对禹的感激之情，尊称他为“大禹”，即伟大的禹。

大禹虽然只是一个封国国君，却很受舜的宠信，每有要事都要请他去商量。每逢舜当众表扬他的功绩，他总说是舜领导得好，指挥得好，运筹得好，是舜的德行、仁政、风范感动了民众，民众拥戴舜的结果。或者说舜慧眼识人，善于用人，把功劳都记在其他几位大臣的账上。舜于是越发觉得大禹仁厚可靠。后来，干脆让大禹直接代替自己摄政，把国家大事全都托付给大禹，让大禹替自己管理了16年国家政事。

⊙ 大禹陵，在今浙江会稽山麓。

·地理学著作《禹贡》·

《禹贡》托名大禹，作于战国时代，作者不详。它是中国历史上出现较早、影响很大的一部自然地理考察著作和原始的经济地理著作。

书中假托大禹治水经过，把中国东部按自然条件中的河流、山川和大海等分界，划分为九州，同时分别叙述每州的山脉、河流、薮泽、土壤、物产、交通、田赋、民族等情况。书中还有“导山”和“导水”两部分，对于山系和水系的描述明了、准确，对当时以黄河为中心的水系网络记述得井井有条，是宝贵的历史资料。

通过16年的观察，舜觉得大禹可以当自己的接班人，就当着众位大臣说要把帝王之位禅让给大禹。大禹多次推辞，并竭力推举舜的儿子商均嗣位。不久，舜突然病逝。大禹为了避免与商均发生冲突，就躲避到夏地的一个小邑阳城去，一躲就是3年。3年中，天下诸侯不去朝见商均，却来朝见大禹。大禹看到了自己的威望和实力，于是在舜死后的第三年，返回故都，南面天下，登天子之位。在他的治理下，部落和平，九州安定。后来，大禹命人铸造了象征九州和平的九鼎。这时，随着生产力的发展，社会产品出现了剩余。那些氏族、部落的首领们利用自己的权力，将剩余产品据为己有，以公有制形式存在的氏族公社开始瓦解。

大禹死后，被大禹选定的继承人东夷首领伯益拒不接受。后来大禹所在的夏部落的贵族便拥戴大禹的儿子启为部落联盟首领。启建立了中国历史上第一个奴隶制国家——夏朝，从此开创了子继父位的世袭制度。

公元前2200年

中国大事记：
夏族统治黄河中上游大部分地区，禹治水有功接替舜，出任部落联盟首领，铸九鼎、划九州。

夏“家天下”

天下为家

公天下制度被大禹的儿子夏启破坏后，自然遭到一些人的反对。夏启没有急于镇压那些反对他的人，他认为当前最需要做的是安定人心，让民众心服口服地拥护自己。于是夏启在迁都到山西安邑后，严格要求自己，以博得人们对他的信任。他的每顿饭只吃一份普通的蔬菜；睡觉只铺一床粗糙的旧褥子；除了祭神和祭祖以外，他不许演奏音乐来娱乐；他尊敬老人，爱护小孩；谁有本领，他就亲自请来加以重用；谁懂得武艺，他就让谁带兵打仗。

一年后，夏启的声誉就大大提高了。大家一致认为夏启理所当然地是大禹的继承人了，对于父死子继的家天下制度，人们觉得并没有什么不合理。但后来夏启还是过上了荒淫的生活，喜欢饮酒、打猎、歌舞。他的儿子们也开始了权力之争，他的小儿子武观因此被放逐到黄河西岸，并试图反叛自己的父亲。

⊙ 白陶爵　夏

夏启死后，他的儿子太康做了君主。太康是个不管政事，昏庸无能的人。他只有一个爱好，那就是打猎。有一次，太康带着随从到洛水南岸去打猎。他越打越起劲，一去竟然 100 天没回家。

这时，在黄河下游有个夷族，部落首领名叫后羿，后羿的射箭技能非常出众，他射出的箭百发百中。有一个关于后羿的神话，说古时候天空中原有十个太阳，把地面烤得像焦炭似的，致使庄稼颗粒无收。大家请后羿想法子，后羿搭弓射箭，“嗖嗖”地几下，将天空中的九个太阳射了下来，只留下一个太阳。从此，地面上气候适宜，不再闹干旱了。后羿看到太康出去打猎，觉得这是个夺取夏王权力的机会，就亲自带兵把守住洛水北岸。等到太康带着一大批猎得的野兽，兴高采烈地归来时，发现洛水北岸排满后羿的军队，拦住他的归路。无奈之下，太康只好流亡在洛水南面。当时后羿还不敢自立为王，另立太康的兄弟仲康当夏王，而他自己却操纵了国家的权力。

仲康死后，后羿赶走了仲康的儿子相，夺了夏朝的王位。他仗着射箭的本领，也作威作福起

公元前2000年

世界大事记：
克里特米诺斯人建造了克诺索斯宫殿。
凯尔特部落开始祭祀当地神灵。

来。后羿和太康一样，整天打猎，把国家政事交给他的亲信寒浞处理。寒浞瞒着后羿,笼络人心。有一天，后羿打猎回来，寒浞暗地里派人把他杀死。

后羿一死，寒浞便夺了王位，他担心夏族再跟他争夺王位，便杀死了被后羿赶走的相。那时候，相的妻子已经怀了孕，为了保住自己和胎儿的命，相的妻子迫不得已，从墙洞里爬了出去，逃到娘家有仍氏部落，后来生下了儿子少康。

少康很小就十分聪明。后缗觉得这个孩子很有希望恢复夏王朝，在他刚刚懂事的时候，便把先辈创建夏王朝的故事讲给他听，叮嘱他长大以后一定要报仇雪恨。

少康从小在这种教育的耳濡目染下，果然发愤图强，为夏朝复兴做准备，先在外祖父有仍氏的部落担任管理畜牧的官。浇(寒浞长子)知道少康长大后，便又派人来杀害他。少康逃到虞舜的后代有虞氏那里。有虞氏的首领虞思觉得少康很有出息，就任命他为部落里管理膳食的官，学习管理财物的本领。后来，虞思又把自己的女儿嫁给少康，把一块叫纶的地方交给他管理。纶这个地方有5平方千米大小，有很好的田地，并有500名士兵。这样，少康就建立起恢复夏朝的根据地和武装。

少康宣扬他的祖先夏禹的丰功伟绩，以此来号召人们支持他复兴故国。少康把那些被后羿和寒浞搞得妻离子散、家破人亡、流浪在外的夏朝旧官吏召集到纶地，叫他们跟着自己重建夏朝。他先派一个名叫艾的大将去刺探浇的实力，又派自己的儿子季予攻打浇的儿子戈豷的领地，削弱浇的力量。艾和季予都出色地完成了任务。少康对于浇的情况已经了如指掌，趁势消灭了浇的儿子戈豷，这样一来使得浇处于孤立无援的地步。

一切都准备就绪后，少康便从纶地起兵，向夏朝的旧都城安邑杀去。这时候寒浞已经死去，浇虽然想抵抗，怎奈力量过于弱小，最终被少康消灭了，天下又回到了夏禹子孙的手里。

夏朝从太康到少康，中间大约有一百年的时间，在这段时间里，国家一直处于混战状态。长期的战乱使生产荒废，民不聊生。少康执政以后，首先要做的就是发展农业。少康深知要想得到人民的拥护，就要关心人民的生产和生活。所以，少康即位后，恢复了夏王朝稷官管理农业生产的制度。同时，他又恢复了水正的官职，重新整治黄河、管理水利工程。

除此之外，少康还分封他的小儿子去越国世代祭祀祖先大禹的陵墓。

还有一件事常常使少康感到心中不安，那就是夷族和夏朝之间的斗争仍在继续。为了杜绝这种祸患再次发生，少康决定征战夷族，以显示夏王朝的实力和威风。但可惜的是，少康很早就过世了，征服东夷成了他的未竟之业。

后来，少康的儿子季杼(也作予)即位。他继承了少康的遗志，积极地准备征服东夷。传说为了战争的需要，杼制造了许多进攻武器，还发明了一种可以避箭的护身衣，叫做“甲”。季杼终于战胜了夷族，夏的势力范围又扩大了。

·品类两分的夏朝服饰·

夏代的等级分化特别明显，至少在服饰上表现出了明显的品类两分现象。所谓服饰品类，大体包括服装及其饰品材料来源的难易、质地的贵贱、制作的精粗、形制的新旧、种类的多寡、组合的繁简、品第的高低，以及穿戴佩挂者身份地位的尊卑和所服之意义。其实，这种服饰品类的两分现象，早在夏代立国之前就已存在，只不过在夏代更为明显，更进一步深化，更有了等级之分。

公元前1600～前1500年

中国大事记：
成汤灭夏，建立商朝，太甲继承帝位后施政无道，伊尹将其放逐桐宫三年，复回朝执政。

殷商盛象

伊尹辅政

夏朝最后一个君主叫桀，是个暴君。约公元前1600年，汤的军队占领了夏朝的首都斟鄩(今河南巩县西南)，夏王朝灭亡，汤建立了商王朝。汤，又叫成汤或成唐，有时候，后人也叫他商汤。甲骨文记载他名叫大乙，就是这个人把夏桀消灭掉的。

灭夏的战斗胜利后，商汤在三千诸侯的拥立下称帝，宣告商王朝的建立。商汤从残暴的夏桀身上吸取了教训，总结出夏桀是因为老百姓的反对才灭亡的。于是，他便以身作则，为老百姓做好事，整饬朝纲，将阿谀奉承的奸臣赶走，重用忠心为国的大臣。商汤这一系列的举动深受各地诸侯的欢迎。商朝的建立和兴旺，有力地促进了生产力的发展，使古代文明的进步获得转机，使中国成为伟大的文明古国之一。

伊尹，出生于伊水流域(今河南洛阳附近)，在他年龄很小的时候，就被卖到了有莘国(今开封陈留一带)做奴隶。

有一回，商汤的左相仲虺去给夏桀送贡品，途中在有莘国停留了几天。无意中，他发现送饭菜的奴隶伊尹才智出众，交谈之下，发现伊尹果然是个贤人。

回国后，仲虺就向商汤举荐了伊尹。求贤若渴的商汤，立即派了一名使臣带着聘礼，到有莘国去请伊尹。使臣到了有莘国后，明察暗访，费了很大劲儿，才在野外的一间小茅草屋里找到了伊尹。使臣上下打量了一番这个又黑又矮、蓬头垢面的伊尹，实在看不出这个人有什么出众之处，不由得显出一副傲慢无礼的神情来，他对伊尹说道：“你就是伊尹吧，你的运气来了，我们商王想见你，赶快收拾东西跟我走吧！”伊尹被使臣傲慢无礼的言行激怒了，立即以一种凛然不可侵犯的态度，从容地回答说：“我伊尹虽然贫寒，但我有田种，有饭吃，过得像尧舜一样痛快，为什么要去见你们商王呢？”商国的使臣讨了个没趣儿，只好垂头丧气地回商国了。

⊙ 商汤像

有莘国的国君听说商汤派使臣来请伊尹，他怕伊尹被商国请回去对自己不利，就找了个借口

公元前1469年

世界大事记：
埃及和迦南之间爆发美吉多战役，美吉多第一次出现在历史记录中。

把伊尹抓了起来。后来仲虺亲自来请时，伊尹已失去了人身自由。

仲虺回商国后，把伊尹面临的处境向商汤汇报了一遍，商汤十分失望。后来，仲虺想出了一个主意，便对商汤建议向有莘国君求婚，让伊尹作为陪嫁奴隶，和有莘国君的女儿一起到商国来。这样，不仅可以请来伊尹，而且可以使有莘国免除疑虑。商汤表示赞同，马上派人到有莘国去求婚。使臣到了有莘国，向有莘国求婚，有莘国的国君答应了商汤的要求，于是伊尹作为陪嫁奴隶来到了商国。

伊尹来到了商国后，经过交谈，商汤感到伊尹果然是个了不起的人才，于是就任命伊尹为商国右相，和仲虺共同策划处理各种国事。就这样，伊尹由一个奴隶一跃成为商国的宰相。在伊尹的辅助下，商国的势力更加强大，最后终于灭掉了摇摇欲坠的夏王朝，建立了商朝。

商汤死后，伊尹成为商朝的重要辅臣。商汤原来有三个儿子，大儿子太丁死得早，于是汤死后，伊尹扶持商汤二儿子外丙继位做了商王。但是外丙不久也死了，于是伊尹又立他的弟弟中壬为王。过了不久，中壬又死了，伊尹只好立商汤的长孙太甲为王。

太甲从小生长在帝王之家，过着无忧无虑的生活，因此他即位后，政务民事从不过问，整天只知寻欢作乐。

对于太甲能否做好国王，伊尹很是担心，因此他辅太甲，用力最勤。太甲刚一即位，伊尹就在祭祀先生的典礼上作了长篇训话(后题为《伊训》)，教导太甲要继承先主遗志，勤于政事，努力修身治德，以使商朝的江山能够永不消逝。还作了《肆命》,陈述天命之无常,劝诫太甲。不久后，再作《徂后》，以远古君主兴亡之事劝谏太甲以史为鉴，避免亡国厄运……

伊尹一再教导太甲要勤政爱民，不能耽于游乐，但太甲根本听不进去。伊尹看到太甲执迷不悟，心想：太甲这样放纵下去说不定将来会成为夏桀一样的人。由于劝诫毫无结果，伊尹在和其他大臣商议后,把太甲软禁在汤墓附近的桐宫(今河南偃师县西南)，让他静心思过。

三年的时间过去了，看到太甲稚气脱尽，行为简朴，与三年前相比判若两人，伊尹非常高兴，便亲自携带商王的冠冕衣服到桐宫，迎接太甲返回亳都再登王位，把国政交还太甲。桐宫三年，太甲好像变了个人。他早起晚睡，关心百姓疾苦。诸侯见太甲宽厚仁德，待人诚恳，因而都来归附；百姓见君王和蔼可亲，关心人民，因而都同心爱戴……

太甲复位后，实行了一系列好的政策，诸侯归顺，百姓安居乐业，商朝仿佛又回到了商汤当政的时候。传说太甲死后,伊尹作《太甲训》三篇，称颂太甲，并尊他为太宗。太甲死后，沃丁即位，伊尹自觉年老，不再参与朝政。伊尹于沃丁八年病死，相传他活了一百多岁。沃丁以天子之礼隆重地安葬伊尹，用牛羊豕三牲祭祀，并亲自为伊尹戴孝三年，报答他对商王朝的贡献。伊尹的名字见于甲骨文，记载他历享后代商王的隆重祭祀。

·青铜器·

距今4000年左右，中国进入青铜时代。早期的青铜器以河南偃师二里头遗址晚期所出土的文物为代表，已具有一定的铸造水平。除刀、锥、铃等小铜器外，还有戈、戚一类兵器，爵、角、斝一类铜礼器；但这时铜器的胎很薄，器表也大都朴素无文；商代中期的青铜器以郑州商代遗址和黄陂盘龙城遗址出土的青铜器为代表，年代大致在仲丁至盘庚迁殷以前。铜器出土较多，其中礼器有鼎、鬲、簋、觚、爵、斝等，而胎质一般较薄，只有单线条的花纹带；晚期以安阳殷墟出土的青铜器为代表。这个阶段的中期最富有特点，以河南安阳妇好墓所出铜器为代表，有很多新的器类，器形也更丰富，礼器一般较厚，花纹繁缛，并开始出现铭文。

约公元前1300年

中国大事记：
盘庚将都城迁到殷，在殷墟出土的甲骨文是我国最早的文字体系。

伊尹树立了中国历史上第一位名臣形象，在商王朝的建立和巩固中起了不可估量的作用，特别是他的政治主张对整个商代都起了关键性的作用。

“实维阿衡，实左右商王！”这是一首颂扬商朝开国历史的乐歌中的歌词，是歌颂伊尹担任“阿衡”官职辅佐商王的功绩的。伊尹辅佐了汤、太甲、沃丁等五位商王，是名副其实的五朝元老。像伊尹这样的辅佐大臣，在商朝还有很多，他们在维护商朝的长治久安中起到了非常重要的作用，伊尹是其中最杰出的一位。

盘庚迁都

商汤建立商朝时，将国都定在亳（今河南商丘）。后来300年当中，前后5次搬迁都城。其原因是多方面的，有王族内部经常争夺王位，发生内乱的缘故；还有黄河下游常常闹水灾的缘故。有一次洪水泛滥，把都城全淹了，商朝就不得不迁都。

从商汤到盘庚，商王朝经历了18个国王。前九王统治时期，基本上能继承商汤开创的事业，统治也比较稳定，因此都城一直在亳。可是从商汤的五世孙中丁到九世孙阳甲，商统治集团开始腐朽起来。在王室贵族当中，争夺王位的斗争越演越烈，兄弟之间、叔侄之间，甚至父子之间，展开你死我活的斗争。动乱的结果，致使王位更替频繁，这就是所谓的“九世之乱”，商朝王权的势力逐渐削弱。

在这种情况下，奴隶主加紧了对平民和奴隶的剥削，阶级矛盾也尖锐起来，再加上水涝、干旱等自然灾害，使商朝很快地衰落下去。原来臣服于商朝的一些少数民族和诸侯国也都纷纷反叛。为了摆脱这种困难的局面，商王曾采取了迁都的办法，但都没有从根本上解决问题。盘庚就是在这种情况下，在他的哥哥阳甲死后做了商王。

盘庚在诸商王中，是一个很有作为的国王。他既通晓自己国家和民族的历史，又有一套现实的统治办法；他能很好地笼络、使用商朝功勋旧

⊙殷墟遗址石碑

公元前1250年

世界大事记：
特洛伊被毁灭。
迈锡尼发生多次严重的歉收。

·甲骨文·

甲骨文是商代后期王室用于占卜记事而刻在龟甲和兽骨上的文字，又叫甲骨卜辞。它是一种比较成熟的文字，以象形、假借、形声为主要造字方法，已经具备后代汉字结构的基本形式，今天的汉字仍然是以象形字为基础的形符文字。甲骨文所记载的内容涉及商代社会的各个领域，包括国家和阶级的构成，帝王及大臣的名字，战争、祭祀和狩猎的事迹，农业生产的情况，以及各种大事发生的时间和地点。它还记录了我国最古老的日月食和各种气候现象。从19世纪到目前为止，已经发现了16万片以上有字的甲骨，分别藏于中国、日本、美国、英国、加拿大等国。甲骨文是研究商代历史的重要史料，对于它的研究已经形成了专门的学问。

⊙ **大型涂朱红牛骨刻辞　商**
商朝的甲骨文是占卜时刻在龟甲或者兽骨上的象形文字，也称卜辞。河南安阳殷墟有大量出土。

臣，又能不被这些人左右、利用。因此，在盘庚继承王位的时候，尽管他还很年轻，却能率领商朝的臣民摆脱困境。为了改变当时社会不安定的局面，他决心再一次迁都。

可是，迁都的想法遭到大多数贵族的反对，他们贪图安逸，都不愿意搬迁。还有一些有势力的贵族煽动平民起来反对，一时间闹得满城风雨。

在强大的反对势力面前，盘庚丝毫没有动摇迁都的决心。他把反对迁都的贵族找来，耐心地劝说他们：“迁都是为了我们国家的安定。你们要理解我的苦心，不要产生无谓的惊慌。我的主意已定，不容更改。”

迁都于殷，盘庚是经过了周密考虑的。新都殷地处黄河以北，洹河之滨，不仅有着优厚的地理条件，还有着可控四方的战略优势，可以有效防御北方、西北地区各方国少数民族的侵扰。另外，殷还是商的先祖起源活动的地方，盘庚以恢复“成汤之政”为目标，有利于号召人民。从政治上来说,迁殷之后远离了旧都奄（今山东曲阜），可以摆脱王族在旧都发展起来的各种势力，避开其锋芒，摆脱其牵制影响，巩固自己的政权。从经济上看，避开因年久失修而水涝不止的泗水流域，迁到一片肥沃的土地上，更有利于农业生产的发展。

盘庚坚持迁都的主张终于挫败了反对势力，他带着平民和奴隶，渡过黄河，搬迁到殷（今河南安阳小屯村）。仅仅迁都，并不能彻底改变朝政混乱的局面。盘庚立即实行了一系列有效的措施。他一扫昔日王族奢侈淫逸的风习，一切从简，使人们的思想行为安于质朴。紧张的营建开垦、艰苦奋斗的建设改变了商人的精神面貌，昔日贪污腐化、争权夺利的内耗得到抑制。盘庚选贤任能，惩恶扬善，论功行赏，重新以法度正天下，整顿朝政。另一方面，他也十分注意团结民心，减轻剥削，得到了人民的支持；同时打击了侵扰边境的少数民族游牧部落，安定了边疆。这样，商的势力才渐渐强盛起来，王权得到巩固。以后200多年，一直没有迁都。所以商朝又称做殷商。

盘庚迁都是商朝历史的转折点，对商朝的巩固和发展起到了相当重要的作用。历史证明盘庚是位富有远见卓识、具有非凡魄力的君王，他顶住了来自各方面的压力，迁都成功，去奢就俭，根治腐败，盘庚也因此被称为中兴贤王。

从那以后，又经过3000多年的漫长岁月，

公元前1100年

中国大事记：
商纣王统治无道，民不聊生。姬昌得河东小国拥护，将周的势力伸展至四川汉水一带。

商朝的国都就变为废墟。到了近代，人们在殷地旧址上已发掘五六十座宏大宫殿宗庙基址，发现大中型夯土基址和小型房子百余座，发掘铸铜作坊等手工作坊10多处，还有上千座的祭祀坑、殉葬坑、车马坑。因为那里曾经是商朝国都的遗址，就把那里命名为“殷墟”。殷墟遗址面积约30余平方公里，中心区域是宫殿区和王陵区，其外为居民区和手工业作坊区，再外则是墓葬区。宫殿区和王陵区均处在洹河南北两块高地上。王室作坊分布于宗庙区周围，呈卫星状分布着家族墓地以及其他邑落。整个国都布局合理，沿洹河而建。在宫殿区的西、南边都发现了相当宽阔的壕沟，均是人工挖的，起着城墙护卫的作用。

从殷墟发掘出来的遗物中，有龟甲(就是龟壳)和兽骨10多万片，上面都刻着很难辨认的文字。经过考古学家的研究，才把这些文字弄明白。当时，商朝的统治阶级很迷信鬼神。他们在祭祀、打猎、出征时，都要用龟甲和兽骨来占卜吉凶。占卜之后，就把当时发生的情况和占卜的结果用文字刻在龟甲、兽骨上。现在，我们把这种刻在龟甲、兽骨上的文字叫做“甲骨文”。我们今天使用的汉字就是从甲骨文演变过来的。

在殷墟上发掘出的遗物中，还发现了大量的种类繁多的青铜器皿、兵器，工艺制作都很精巧。有一个叫做“后母戊”的大方鼎，重量为875千克，高130多厘米，上面还刻着富丽堂皇的花纹。从这件青铜器上可以看出，在殷商时期，冶铜的技术和艺术水平都是很高超的。

姜太公钓鱼

盘庚死后，又传了11个王，最后王位传给了纣。

纣本来是帝乙少子，而此时以嫡庶为中心的宗法制度已初步形成，即立嫡不立长，纣是帝乙正妻所生，得立为太子。纣天资聪敏，身体魁伟，勇力超人，能赤手与猛兽搏斗，能说会道，恃才傲物。帝乙死后，纣即位为帝王。

纣王喜淫乐，好酒色，修建了许多苑囿台榭。纣王宠爱美女妲己，妲己让他干什么他就干什么；高筑“鹿台”，命乐师师涓作“兆里之舞”、“靡靡之乐”等淫声怪舞；又“以酒为池，悬肉为林”，不分昼夜地饮酒作乐，不理朝政，不祭鬼神，成为一个罕见的无道昏君。

纣王荒淫无道，引起百姓怨恨、诸侯离异。为重振自己天子威风，纣王作“炮烙之法”：用青铜制成空心铜柱，中间燃烧木炭，将铜柱烧红，但凡有敢于议论他的是非的，全部绑在铜柱上，活活烙死。

纣的凶残暴虐，加速了商朝的灭亡。这时候，在西部的周部落正在一天天兴盛起来。

周本是一个古老的部落。夏朝末年，这个部落活动在陕西、甘肃一带。后来，为了躲避戎、狄等游牧部落的侵扰，周部落的首领古公亶父率领周人迁移到岐山(今陕西岐山县东北)下的平原，并在那里定居下来。

⊙ 周文王访贤　版画

周部落首领传至古公亶父的孙子姬昌(后来称为周文王)的时候，部落已经很强大了，这对商朝构成了很大的威胁。于是，纣王派人把周文

约公元前1000年

世界大事记：
印度少数先进的部落开始过渡到奴隶制国家，原来的部落军事首领转化为世袭国王。

王拿住，关在叫羑里（在今河南汤阴县一带）的地方。周部落的贵族把许多美女、骏马和珍宝，献给纣王，又给纣王的亲信大臣送了许多礼物，才把周文王赎了回来。

周文王见纣王昏庸残暴，民心失尽，就决定讨伐商朝。但是，他身边缺少一个有军事才能的人来帮助他带兵打仗。他便开始留心物色这样的人才。

有一天，周文王带着他的儿子和兵士到渭水北岸去打猎。在渭水边，一个老头儿在河岸上坐着钓鱼。大队人马过去，那个老头儿丝毫不为所动，还是安安静静钓他的鱼。文王看了很惊奇，就下了车，走到老头身边，跟他交谈起来。

经过一番谈话，知道他叫姜尚（又叫吕尚，“吕”是他祖先的封地），是一个精通兵法布阵的高人，于是，周文王恳请姜尚同他一起回宫。

因为文王的祖父曾经盼望得到一位帮助周族兴盛起来的人，而姜尚正是这样的人，所以后来人们叫他太公望；在民间传说中，又称他为姜太公。

太公望做了周文王的助手后，一面发展生产，一面训练兵马。周族的势力越来越大。没过几年，周族逐渐占领了商朝统治下的大部分地区，归附文王的部落也越来越多了。但是，正当周文王打算征伐纣王的时候，却害了一场病死去了。

牧野之战

周文王死后，他儿子姬发继承了王位，就是周武王。周武王拜太公望为师，让他的兄弟周公旦、召公奭做太公望的助手，继续整顿政治，训练兵士，准备讨伐商纣王。

这时，商纣王的暴政已经达到了极点。商朝的贵族王子比干和箕子、微子十分担忧，苦苦地劝说他改邪归正。商纣王不但不听，反而将比干杀了，还残忍地叫人剖开比干的胸膛，挖出他的心，说要看看比干的心长什么样子。迫于无奈，箕子装疯卖傻总算免了一死，被罚做奴隶，囚禁起来。微子看见商朝已经没有希望，便离开了国都朝歌。

在公元前11世纪，周武王得知商纣王已经到了众叛亲离的地步，认为时机已经成熟，于是便遍告诸侯：殷有重罪，不可不征伐！武王请精通兵法的太公望做元帅，领5万精兵，渡过黄河东进。800诸侯在孟津会师。周武王在孟津举行誓师大会，历数了纣昏庸无道、残害人民的罪状，鼓励大家同心讨伐纣王。

公元前1046年（一说公元前1057年）一月，周武王统率兵车300乘、虎贲3000人及甲士4.5万人，声势浩大地东进伐纣。

一天，在周武王进军时，有两个老人挡住了军队的去路，要见武王。原来，这两人是孤竹国（在今河北卢龙）国王的儿子，哥哥叫伯夷，弟弟叫叔齐。孤竹国王钟爱叔齐，想把王位传给他。伯

⊙ 牧野之战

约公元前1000年

中国大事记：
中原一带产生了许多大型乐舞。祭祀山川时用表现大禹治水的《大夏》舞，《大武》舞则用来纪念武王伐纣的功绩。

夷得知父王的心意后，便主动离开了孤竹国，叔齐也不愿接受王位，也躲了起来。他们两人在周文王在世的时候，一起投奔周国，并定居下来。他俩听到武王要去讨伐纣王，就赶来阻止，并说这是大逆不道的行为。太公望知道这两人是一对书呆子，吩咐左右将士不要为难他们，把他们拉走就是了。后来这两个人拒食周粟，躲到首阳山(在今山西永济西南)上绝食自杀了。

一月下旬，周军抵孟津关隘，会合了庸、卢、彭、濮、羌、蜀、髳、微等反商各国。短暂休整后，于一月二十八日继续挥戈东进，从汜地渡过黄河后进入中原，旋北上百泉，折而东行，直抵朝歌近郊牧野。二月四日拂晓周军在牧野安营扎寨，周武王召集群臣进行战略部署。

周军日夜兼程到达牧野的消息传入朝歌，商廷上下惊恐万分。商纣王大骂群臣尸位素餐，办事不力。无奈之下纣王只得征兵组织抵御，但东夷人的叛乱牵制了商朝主力军队，远在山东平叛的闻仲军这时已无时间赶回朝歌应战周军。纣王就把大批奴隶临时武装起来，与国都守军整编成一支17万人的军队，自己亲自统率，开赴牧野周军屯地。

二月五日，周军庄严誓师。阵前武王义正词严地声讨商纣王听信谗言诛杀肱股重臣、宠信妲己、不理朝政等累累罪行，周军深受激励，斗志昂扬，皆愿在伐纣战争中赴汤蹈火，誓死效命。武王又郑重宣读了纪律条文并布置了作战阵形，求整忌乱来提高战斗力。

战前充分动员后，武王命令周军对纣王军发起总攻。武王决定先发制人，他让太公望率2万精锐突击部队以迅雷不及掩耳之势突袭商军。纣王还未部署周密，商军就被周军冲击，阵脚顿时大乱。而商军中的奴隶和战俘之前从未受过严格的军事训练，战斗意志和纪律性都很差，再加上内心憎恨纣王从前对他们的虐待，并不乐意为之拼命；现在遭治军严谨、训兵有素的周精兵疾攻，根本就难以抵挡，遂纷纷掉转戈矛攻向商正规军。商纣王尽管体魄健硕，能以一当十，无奈己军起义反戈，又收不住阵脚，只能尽力招架。

周军元帅太公望深通谋略，运筹帷幄，即调骁将南宫适、洪锦各统五千人马从左右两面夹击商军。商军哪能经得住这两支生力军的猛攻，终于开始溃退。纣王知大势已去，拼命向东杀开一条血路逃回朝歌，商军17万人众瞬时土崩瓦解。

太公望下令乘胜攻打商都，武王又亲领1.5万精锐加入总攻，其中有兵车三百乘。周军将士个个奋不顾身，猛冲商军。逃回朝歌后，商纣王看到大势已去，就于当夜躲进鹿台，烧了一把火，跳到火堆里自焚了。武王率大军进入朝歌，百姓们列队欢迎仁义之师。从汤到纣，商王朝历17代30王(不包括汤长子太丁)至此告亡。

周武王把国都从丰迁到镐京(今陕西西安市西)，建立了周王朝。

·奴隶殉葬·

从生产关系上看，商代已进入奴隶社会。商代有臣、妾、奚、仆、畜民等各类不同名称的奴隶，甲骨文中也有把战俘投入到畜牧业和农业里的记载。商王朝本身的建立和文字构造及语法构造所达到的水平，都充分地证明这一点。但是商朝奴隶制的详细情况，还缺乏足以说明的直接材料。对于甲骨文里的“象”字，一种比较流行的解释，认为这是日下三人的象形，是农民在太阳下面辛勤劳作的形象，可能是农业生产中的奴隶。在安阳武官村一座经过两次盗掘的商代大墓里，殉葬人数多达79人。在殷墟发掘的很多其他墓葬里，也有杀殉、生殉和杀祭的残骸。通常的解释认为，用以杀祭和殉葬的人全是奴隶。这些解释都有很多推测的成分，而且这些解释也还不足说明奴隶在社会生产中的地位和进行生产的情况。但有一点可以肯定的是，商代确实存在着奴隶殉葬现象。

公元前1000年

世界大事记：
波利尼西亚人定居在汤加岛和萨摩亚岛。在此后的2000年里，波利尼西亚人缓慢散居南太平洋。

西周灭亡

周公辅政

把商纣王彻底消灭后，武王进入商都，将商的畿内分为邶、鄘、卫3个国家，以邶封纣子禄父（即武庚），鄘、卫则由武王之弟管叔鲜、蔡叔度分别管制，合称三监。另外还有一说是管叔监卫、蔡叔监鄘、霍叔监邶，以监视武庚。安排好后武王派兵征伐尚未臣服的商朝诸侯，据记载征服者有99国，臣服652国。武王还师西归，在他新迁的都邑镐京（即宗周，今陕西长安西北沣水东）举行大型典礼，正式宣告周朝的建立。

周王朝建立后，所面临的政治形势十分严峻。武王以“小邦”之君统治如此规模的区域，随时都会发生诸侯叛乱的局事。为了巩固政权，适应新形势的需要，武王决定按功行赏，理顺统治集团的内部关系，实行以周王室为中心的分封政治制度。首先受封的功臣主要有：太公望、周公旦、召公奭等人。为了控制广阔的新征服地区，周朝仍然应用商的分封制方法，把王族、功臣以及先代的贵族分封到各地做诸侯，建立诸侯国。先后受封的有鲁、齐、燕、卫、晋、宋、虢等71个诸侯国。

周武王建立周王朝后仅仅4年就生病死了，他的儿子姬诵即位，就是周成王。那时，周成王只有13岁，不能处理政务。于是由武王的弟弟周公旦辅助成王掌管国家大事，行使天子的职权。历史上，通常不直接称呼周公旦的名字，只称周公。

周公尽心尽力辅助成王，管理政事，但还是

·周　礼·

周代的社会道德规范统称为“礼”，在举行礼仪活动时，常常歌舞相伴。相传西周的礼乐是由周公制定的。周公对以前的礼乐进行了加工和改造，就成为了“周礼”。周礼分为五礼：吉礼，用于各种祭祀活动；凶礼，用于丧葬和哀吊各种灾祸；宾礼，用于诸侯朝见天子；军礼，用于军事和相关的领域；嘉礼，用于各种吉庆的活动，包括饮食、婚冠、宴享、贺庆等。在《仪礼》中记载的具体的礼仪，则有士冠礼、士婚礼、乡饮酒礼、燕礼、聘礼、士丧礼等，名目极为繁细。周代的礼乐主要通行于士和士以上的贵族阶层，天子用以约束贵族的行为，明确他们之间的尊卑关系。对于下层人民而言，则以刑罚治之，礼乐是不适用的，所以说“刑不上大夫，礼不下庶人”。

⊙《周礼》书影

所谓周礼有两层意思：一是周代的礼法、政法制度，其中包括分封制、宗法制及与其相对应的政法、礼法制度，它们有力地维护了周的统治；另一层意思是礼俗，包括周代的各种文化制度、风俗，后代各种礼法制度的制定多参照周礼。

公元前841年

中国大事记：
周厉王暴政导致国人暴动，厉王逃至彘，召公与周公共同执政，西周王朝开始崩溃。

遭到周武王的弟弟管叔、蔡叔的猜忌，他们在外造谣说周公有野心，想篡夺王位。

这时，纣王的儿子武庚不满足于周朝封给他的殷侯地位，想重新恢复殷商的王位。武庚一听说周朝内部动荡不安，就和管叔、蔡叔串通起来，联络了一批殷商的旧贵族，还煽动东夷中几个部落，起兵叛乱。

武庚和管叔等人制造的谣言，很快传到镐京，一时谣言四起，连召公奭听了也怀疑起来。成王年小，更分不清事实真伪，所以对这位辅助他的叔父也不太信任了。

周公内心很痛苦，他首先向召公奭推心置腹地表明心意，告诉召公奭，他绝没有野心，让召公奭顾全大局，不要听信谣言。他这番诚恳的话感动了召公奭，消除了大家对周公的误会。周公在调和了内部的矛盾之后，毅然调动大军，亲自东征武庚。

这时候，东方有几个部落都与武庚串通一气，蠢蠢欲动。周公授权给太公望：各国诸侯，有不服周朝的，太公望有征讨特权。这样，由太公望控制东方，周公自己全力讨伐武庚。

周公花了3年时间，终于平定了武庚的叛乱，杀了武庚。周公平定了叛乱，把管叔革了职，将蔡叔充军。管叔觉得自己没有脸面去见他的哥哥和侄儿，便上吊自杀了。

周公东征结束时，抓获了一大批商朝的贵族。因为他们反抗周朝，所以叫他们是“顽民”。周公觉得让这批人留在原来的地方容易滋生事端；同时，又觉得镐京远离东部的广大中原地区，控制起来很不方便，他就在东面新建一座都城，叫做洛邑（今河南洛阳市），把殷朝的“顽民”都迁到那里，派兵监视他们。这样一来，周朝就有了两座都城。西都是镐京，又叫宗周；东部是洛邑，又叫成周。

周公辅助成王执政了7年，不仅加强了周王朝的统治地位，而且还为周朝制订了一套典章制度。到周成王满20岁的时候，周公把政权交还给成王。

周成王死后，他的儿子康王即位。这段时间前后约50年，是周朝强盛和统一的时期，这就是历史上所说的“成康之治”。

⊙ **玉鹿　西周中期**
两件鹿皆青玉质。体扁，一大一小，大者昂首前视，小者回首顾盼；大者角长枝繁，小者角枝短且枝杈不茂；大者饰臣字目，小者饰圆目；大者于角根钻一圆孔，小者于角中钻一圆孔，均可供佩穿。此玉鹿饰纹简洁，但形态逼真，栩栩如生，为西周玉鹿之精品。

周厉王毁国

成王、康王之后，周朝逐渐加重了对平民和奴隶的统治与剥削，刑罚也变得更严酷。周厉王是周王朝第十代国君，是个十分残暴的君主，他即位后对人民的压迫更加严酷了。

周国形成以后，渐渐破坏了原始部落公有制的土地制度。周朝初年，周天子又分封了70多个诸侯国，把土地山林赏赐给各级贵族，国人可以进山采集果实、砍柴、打猎，在江河湖泊捕鱼。人们利用这些收入来添补生活上的不足。

周厉王宠信一个名叫荣夷公的大臣，荣夷公唆使他改变了原有制度，把原来公有的山林江河湖泊和贵族占有的山林土地收为国有，不准国人使用。荣夷公派兵在道路上设关立卡，盘查来往行人，不许人们上山打猎、下水捕鱼，把人们采集来的果实、山珍统统没收。他们还勒索财物，虐待人民。这样一来，上至贵族、大臣，下至平民百姓，都毫无例外地蒙受了经济损失。周厉王的暴虐措施，激起国人的强烈不满。

厉王对大臣芮良夫的忠告拒绝接受，提拔荣夷公为卿士，继续推行专利。于是全国民众怨怒，

公元前900年

世界大事记：
希腊人兴起了地中海贸易。
印度教经典《吠陀》编写而成。

·华夏族形成·

华夏族是汉族的前身。西周时才开始用夏作为中原之民的族称，春秋时改以华称之。华与夏连称则是汉代以后才出现的。夏、商、周三族都是古老的部族，三族先后兴起建立了夏、商、周三朝，后面的朝代比前一个朝代的疆域更加广大，将前朝的土地和人民都加以囊括。这三代一千多年的历史中，夏、商、周三族之间的关系既有冲突和征服，也有联合和归附，最后都促进了部族的融合。在融合的过程中，三族逐渐产生了民族认同的意识，他们在祭祀的时候，不仅上推到本族的先王和先公，还把本族的来源和黄帝族联系起来，都自认为是黄帝的后裔。西周推行的分封制，不仅封本族贵族，同时还分封了黄帝、尧、舜和夏、商之后，这也增进了各部族的团结。这样，到了西周末期，终于形成了统一的华夏族。

街头巷尾，到处都有人咒骂这种政策。后来，大臣召公虎进宫奏报厉王，外面的百姓对朝政不满，到处都在议论国事，并劝说厉王及早改变做法，免得出乱子。周厉王不仅不听劝说，还从卫国找来巫师，让他用巫术监视发表不同意见的怨恨者，并告谕国民，有私议朝政者，杀无赦。卫巫在厉王的纵容下，肆意陷害无辜，不少人死于非命，还说这是神灵的意愿。于是，人们不敢再在公开场合说话，路途相逢也只能以目示意。

这样到了第四个年头，也就是公元前841年，人们终于忍受不了周厉王的残暴，掀起一次大规模的暴动，史称“国人暴动”。参加暴动的人有平民，也有贵族，开始仅几十人，后来迅速发展到几万人，整个镐京成了沸腾的海洋。国人拿起武器、农具，像洪水一样向王宫冲去。王宫卫士看到愤怒的人群，吓得纷纷躲避起来。周厉王顾不得体面，慌里慌张带了一批人逃命。他一直逃到彘地才停了下来，总算保住了一条命。

国人冲进王宫烧毁了宫殿，搜遍了各个角落也没有找到周厉王，听说他的儿子静躲在召公虎家里，于是又围住召公虎家。召公虎无法控制住人们愤怒的情绪，出于无奈，只好将自己的儿子冒充静交给人们处死，这样才平息了这场规模巨大的暴动。

周厉王被赶下台后，朝廷里没有国王，国内人民拥戴大臣周公和召公主持国政，替天行使职权，历史上称为“共和行政”。从共和元年，即公元前841年起，中国历史才有了确切的纪年。周厉王从这一年一直到共和十四年（公元前828年），一直待在彘地没敢回来，最后死在那里。这次起义动摇了周王朝的统治。在起义者的打击下，周室王权大大削弱了，诸侯对王室的离心倾向越来越大。后来周厉王的儿子静即位，就是周宣王。此后，周王室虽然表面上仍维系着从前的制度，实际上已经外强中干，周王朝正走向分崩离析的道路，渐渐衰落。

烽火戏诸侯

周宣王在公元前781年死了，太子宫涅即位，这就是周幽王。周幽王又是一个昏君，只知吃喝玩乐，不理政事。

幽王继位的第二年，泾、渭、洛地区发生强烈地震。百姓的生命财产遭受巨大损失，动荡不安的政局日益加剧。

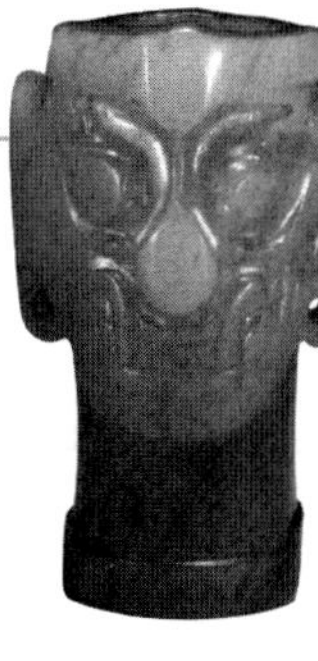

⊙ **人面纹玉饰　西周**
此物由青玉雕成，圆形人面像，方脸大耳，矩口獠牙，造型自然生动，别致有趣。

公元前771年

中国大事记：
申侯与缯、西戎攻周，杀周幽王于骊山，西周亡。

周幽王不仅残暴昏庸，而且耽迷女色。他整日派人四处寻找美女。有一个叫褒珦的大臣，劝谏幽王节制享受，幽王不仅不听，反而把褒珦判了罪。

褒珦被关入监狱3年，他的族人十分焦急，他们想了各种办法，解救褒珦。有人说，用珍宝赎罪；也有人说，找个美女送去，替褒珦赎罪。

后来，褒珦家人将褒姒进献给周幽王。周幽王一见褒姒貌若天仙，马上就把褒珦释放了。从此，幽王整天与褒姒在后宫饮酒作乐，将朝政抛在脑后。

然而，幽王虽然宠爱褒姒，但褒姒性格内向，不喜笑颜，任凭幽王想尽一切办法讨她欢心，褒姒都笑不出来。

有一天，幽王忽然心血来潮，让人在宫外贴一个布告：有谁能逗王妃娘娘笑一次，就赏他1000两金子。

奸臣虢石父得知后，马上向幽王献计，用"烽火戏诸侯"的玩笑来博取褒姒一笑。烽火是古代军情危急时的报警信号，周王朝在骊山上建有20多座烽火台，每隔几里便有一座，专门用来防备西戎的进攻。一旦西戎来犯，烽火台上的烽火会像接力棒一样点燃，一个地点一个地点传下去，附近的诸侯远远见了就会发兵来救援。

第二天，幽王兴致勃勃携爱妃褒姒上了骊山。他们白天在骊山吃喝玩乐，到了晚上，让士兵把烽火台的烽火点了起来。附近的诸侯一见黑烟滚滚的烽火狼烟，以为西戎兵打来了，立即率兵来援。赶到时，却不见西戎兵的影子，只听见山上丝竹管弦之声。这时虢石父从山上下来说，大家辛苦了，这里没有什么事，大王和王妃放烟火不过想取个乐，你们回去吧！

诸侯们从老远跑来，却被幽王耍乐一番，一个个气得肺都要炸了，掉转马头就走。褒姒在山上，借着火光看到诸侯们气愤、狼狈的样子，真的笑了一下。幽王瞧见了她这一笑，不由得心花怒放，马上赏给虢石父1000两金子。

幽王自宠幸褒姒以后，被她迷得神魂颠倒，竟然想废掉太子宜臼，改立褒姒生的儿子伯服为太子。

周幽王在幽王五年（公元前777年）废申后及其太子宜臼的时候，遭到大臣卿士极力反对，但周幽王一意孤行。宜臼被废后，逃难到其母家申国。这时候周王朝的力量十分衰微，只相当于一个中等诸侯国的实力，齐、鲁、晋、卫已不听从周王朝的命令。申侯虽不满周幽王，但还没有公然叛周。幽王八年（公元前774年），周幽王立褒姒子伯服为太子，遂使周、申之间矛盾趋于表面化。幽王九年（公元前773年），申侯与西戎及缯侯联合，准备反周。第二年，周幽王针锋相对，与诸侯结盟于太室山，并派兵讨伐申国以示威。幽王十一年(公元前771年)，申侯与缯国、西戎举兵讨伐镐京。幽王下令点起烽火求援，结果各路诸侯对上次的羞辱记忆犹新，加上对幽王昏庸乱政的不满，连一个救兵也没有派。西戎兵很快攻破周都镐京，把逃到骊山脚下的幽王和伯服杀了，把美貌的褒姒抢走了。

幽王死后，申侯、鲁侯和许文公在申国立原来的太子姬宜臼为王，这就是周平王。平王后来回到镐京，看到镐京已被西戎人破坏得面目全非，只好于公元前770年，东迁至洛邑。历史上把周朝定都镐京的时期，称为西周；迁都洛邑之后，称为东周。

·奴隶社会军制的特点·

1.王是最高军事统帅，方国诸侯的军队虽有一定独立性，但战时要听王的调用。

2.由王卫队发展演变而来的常备军，在征战中起主要作用，战时军队主要靠临时征发。

3.实行奴隶主贵族血缘种族兵役制和军政一体、文武不分的民军制。

4.军政官吏实行世卿世禄制，与宗法制度相适应。

中原争霸

春秋图霸

战国争雄

公元前685年

中国大事记：
齐桓公即位，任用管仲为相，在齐国进行改革。四年后，齐桓公会诸侯于葵丘，齐国霸主地位确立。

春秋图霸

齐桓公称霸

周王朝迁都到洛邑以后的东周，分为“春秋”和“战国”两个时期。春秋时期，周王室几经衰落后，周天子名义上是各国共同的君主，而实际上，他的地位只等同于一个中等国的诸侯。一些比较强大的诸侯国家经常使用武力兼并小国，大国之间也互相征伐，争夺土地。强盛的大国诸侯，可以号令其他诸侯，成为诸侯国的霸主。

春秋时期第一个称霸的是齐国（都城临淄，在今山东淄博）。齐国原是姜尚的封地。

公元前686年，齐国发生了内乱。在这次内乱中，国君齐襄公死于非命。襄公有两个兄弟，一个叫公子纠，当时在鲁国（都城在今山东曲阜）；一个叫公子小白，当时在莒国（都城在今山东莒县）。两个人身边都有辅佐的能人，辅佐公子纠的叫管仲，辅佐公子小白的叫鲍叔牙。两个公子听到齐襄公被杀的消息，都准备回齐国争夺君位。

⊙ 齐桓公与管仲画像砖

出土于山东嘉祥，反映了法家思想在春秋战国时期受到当政者的推崇与重视。

鲁国国君庄公决定亲自把公子纠送回齐国。管仲对鲁庄公说：“公子小白在莒国，离齐国很近。万一回到齐国去，事情就不好办了。让我先带一路人马在路上截住他。”

正如管仲所预料的那样，公子小白在莒国的护送下眼看快要赶到齐国了，管仲在路上截住了他。管仲拈弓搭箭，向小白射去。小白中箭倒在车里。

管仲以为小白真的死了，就不慌不忙地护送公子纠向齐国去。可是，管仲却不知他射中的不过是公子小白衣带的钩子，公子小白大叫倒下，原来是假装的。等到公子纠和管仲进入齐国国境，小白和鲍叔牙早已赶到了国都临淄，小白自然做了齐国国君，这就是齐桓公。

齐桓公即位以后，为报一箭之仇，立即发兵攻打鲁国，并且逼迫鲁庄公杀掉公子纠，把管仲送回齐国治罪。鲁庄公无可奈何，只好照办。

管仲被关在囚车里押送到了齐国。鲍叔牙立即向齐桓公推荐管仲，说他是个很有才干的人，可以帮助齐桓公干一番大事业。

齐桓公也是个豁达大度的人，听了鲍叔牙的话，不仅没有治管仲的罪，还任命管仲为相，让他管理国政。

管仲相齐后，尽心辅佐齐桓公的霸业，对齐

公元前680年

世界大事记：
腓尼基人用山羊脂和草木灰制成最早的肥皂。

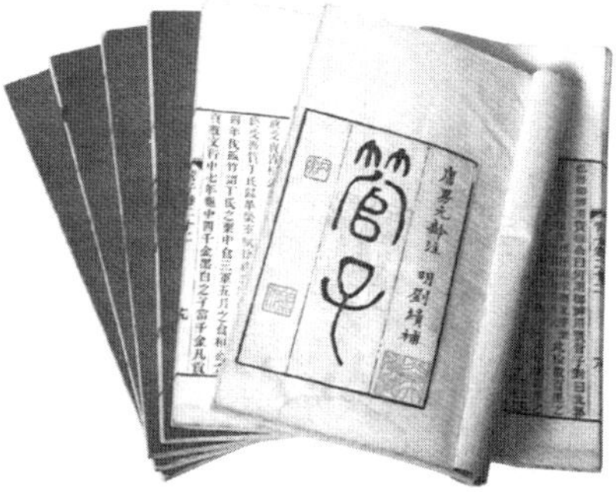

⊙《管子》书影

国进行了一系列的改革。在政治上，他推行国、野分治的叁国伍鄙之制；在经济上，实行租税改革，采取了一些有利于农业、手工业发展的政策；在管理上，他号召礼法并用，知礼可以使民众懂得廉耻，明法可以让民众遵守规矩，两者结合起来，便可以使国力大增。在国内政治经济形势得到改善和稳定的基础上，管仲积极促使齐桓公采取尊王攘夷、争取与国的手段，以建立霸权。管仲的这些政策为齐国称霸准备了物质条件。

齐桓公五年（公元前681年），是齐桓公霸业的开始之年。此前，齐国曾几度与邻近的鲁国交战，结果都没有取得多少胜利。这使齐桓公与管仲看到，仅靠齐国自己的力量，是不能称霸于天下的。于是，他们想到了利用周天子。

齐桓公首先与周室结亲，他迎娶周庄王之女共姬，向全国诸侯表明自己与周天子的亲近关系。在拉拢到周天子之后，齐桓公又以尊崇周天子为口号，取得各国诸侯的支持。

公元前681年，齐桓公奉周釐王之命，通知各国诸侯到齐国西南边境上的北杏（今山东东阿县北）开会。这时候，齐桓公在诸侯中的威望并不高。通知发出以后，只有宋、陈、蔡、邾四个国家来了。还有几个接到通知的诸侯国，像鲁、卫、曹、郑（都城在今河南新郑）等国，采取观望的态度，没有来。齐桓公便以此为突破口，杀鸡骇猴，制伏了鲁国，随后，齐桓公又软硬兼施，把卫国和郑国拉入同盟。

齐桓公七年（公元前679年），在齐国的帮助下，原先国内政局很混乱的宋国和郑国也实现了初步的稳定。齐国一天天强大，征服了许多割据一方的诸侯国，最后只剩下一个实力较强的楚国。当时，楚国盛产鹿，而齐国却视鹿为珍稀动物。一天，管仲派了100多名商人到楚国去买鹿，并四处扬言："齐桓公最喜欢鹿，无论多贵，都要大量购买，供齐桓公玩赏。"楚成王听大臣说齐桓公不惜重金买鹿玩赏的事后，发号施令，鼓励国民去捕鹿，卖给齐商。由于齐商重金买鹿，楚国的老百姓觉得一头鹿的钱竟能买到上万斤粮食，纷纷弃农捕鹿，大家带上猎具来到深山老林去捕鹿，田就无人种了。后来，连军队的士兵也偷偷上山捕鹿卖钱。一年之后，楚国的老百姓个个腰缠万贯，但是，楚国的大片良田却荒芜了，老百姓有钱也买不到粮食。这时，管仲又下令各诸侯国不得将粮食运往楚国，楚国的老百姓饿死的饿死，逃荒的逃荒，最后连军饷也没有了，上下一片混乱。

·管鲍之交·

管仲出身于没落贵族，后来家道中落，也就成了一名寒士，几次求仕，都不成功。管仲有一好友，名叫鲍叔牙，经常接济他，但管仲并不感谢他。鲍叔牙非常理解管仲，他常说："管仲是为了年迈的母亲，才不惜遭人嘲笑，保全性命。管仲之所以苟且偷生，不为公子纠死节，是因为他有更远大的志向，为了富民强国他会成就一番大业。"他知道管仲有经世治国的大志，所以才不拘小节。正是因为鲍叔牙的推荐，管仲才得到齐桓公重用，成为春秋第一名相。

管仲曾感慨地说："生我者父母，知我者鲍子也。"管鲍之交成为一段流传千古的佳话。

公元前656年

中国大事记：

楚国修建了最早的长城，做防御之用。此后，各国相继兴建长城。

管仲见时机已成熟，率领大军向楚国进攻，楚国内外交困，无力招架，楚成王只好派大臣到齐国去求和。齐桓公的霸主地位终于被各诸侯国认可，齐国开始称霸中原。

曹刿论战

公元前684年，也就是齐桓公即位的第二年，齐桓公又派兵攻打鲁国。鲁庄公对一再欺负他们的齐国，忍无可忍，决心跟齐国决一死战。

齐国的行径，也激起鲁国百姓的愤慨。有个鲁国人曹刿去见鲁庄公，要求参加抗齐的战争。鲁庄公高兴地接见了曹刿，并向他问策。

曹刿见到鲁庄公后，就自己心中的疑虑询问了鲁庄公，他问鲁庄公用什么与齐交战。鲁庄公说：“暖衣饱食，不敢独自享用，一定分于他人。”曹刿说：“小恩小惠不能施之于众，老百姓不会因此为你与齐国拼命。”鲁庄公又说：“祭祀用的牛羊玉帛，不敢夸大其词，祝史的祷告一定据实反映。”曹刿说：“这种诚心不能代表全部，神灵不会因此赐福。”鲁庄公接着说：“每逢百姓打官司的时候，我虽然不能把每件事都查得很清楚，但是都会尽最大努力处理得合情合理。”曹刿这才点头说：“我看凭这件得民心的事，可以和齐国拼上一场。”

⊙ 长勺之战纪念碑

而后曹刿请求跟鲁庄公一起到战场上去，看见曹刿胸有成竹的样子，鲁庄公同意了他的请求。于是两个人坐在一辆兵车上，带领人马出发了。

两军在长勺（今山东莱芜东北）列开阵势。

·走向专业化的制陶业·

春秋战国时期，随着城市规模的扩大和工商业的发达，陶器生产更加集中，也更加专业化。这一时期，中国北方广泛使用的是灰色陶器，除当做日常生活用品外，还大量用于随葬。在长江以南则流行印纹硬陶、灰陶和原始瓷。由于中国幅员辽阔，各地区自然环境不同，人们的生活习俗、文化传统也大相径庭，表现在陶器的种类和装饰上也差异很大。到战国末期，随着经济文化交流的进一步加强，陶器中开始逐步出现一些共同的因素。

春秋时逐渐出现了陶制的方形、长方形薄砖。至此，建筑用陶的基本门类已大致确立并迅速发展起来。战国时，列国流行半圆瓦当，上面均模印有生动的花纹图案，区域色彩很浓，如燕下都的饕餮纹、齐临淄的树木双兽纹、秦咸阳的云纹等。此后，这一传统代代相传，成为中国古代建筑的一大特色。

公元前677年

世界大事记：
亚述攻占腓尼基，并将腓尼基设为行省。

齐军凭借人多势众，最先擂响了战鼓，发动进攻。鲁庄公准备马上让士兵反击，曹刿连忙阻止道：“等一下，还不到时候呢！”

齐桓公求胜心切，命令齐军击鼓发动第二次攻击。鲁庄公又准备让鲁军倾巢出动迎击齐军，曹刿认为齐军士气仍然旺盛，就劝鲁庄公不要传令进攻，再等一等。鲁军的坚守再一次让骄横的齐军无功而返。齐军士气开始下降，没有了刚来时的锋芒。齐桓公遭受重大挫折却未取得一丝战果，岂肯善罢甘休？短暂休整后他又下令擂响第三通鼓，鲁军还是按兵不动。齐军兵士以为鲁军胆怯怕战，耀武扬威地向鲁军冲杀过来。曹刿这才对鲁庄公说：“现在可以下令反攻了。”

鲁军阵地上擂响了进军鼓，兵士顿时士气高涨，像猛虎下山般扑了过去。齐军兵士面对勇猛的鲁军，没有丝毫的心理准备。一会儿就招架不住鲁军的攻势，一齐溃败下来。鲁庄公欲下令紧追。曹刿说：“且慢！”他登上一辆戎车远眺齐军，只见齐军战车乱行，战旗东倒西歪，知道齐桓公这次是真败了，而不是诈诱鲁军深入齐军营地，于是跳下车对鲁庄公说：“可以追击了。”庄公号令实施追击，鲁军争先恐后，一鼓作气把齐军赶出了鲁国。

鲁军反攻胜利后，鲁庄公对曹刿镇静自若的指挥，暗暗佩服，可心里想不明白这个仗是怎么打胜的。回到宫里后，他先向曹刿慰问了几句，接着说道：“齐军头回击鼓，你为什么不让我出击？”

曹刿说：“打仗这件事，全凭士气。对方擂第一通鼓的时候，士气最足；第二通鼓，气就松了一些；到第三通鼓，气已经泄了。对方泄气的时候，我们的兵士却鼓足士气，这时我们擂鼓出击哪有不打赢的道理？”

鲁庄公这才品味过来，称赞曹刿的见解高明。在曹刿指挥下，鲁军击退了齐军，鲁国也稳定下来。

⊙ 人面纹护胸牌饰　春秋

假仁假义

齐桓公四十三年（公元前643年），齐桓公去世。由于他生前没有妥善解决继位问题，齐国发生了诸公子争位的内乱，齐国的霸主地位刹那间烟消云散。

齐国内乱时，公子昭走投无路，就想起父亲嘱咐的话：大难之时请宋襄公帮忙。于是公子昭逃往宋国。

宋襄公见齐国发生内乱，就想起齐桓公当初称霸诸侯时，何等显赫，现在乘其内乱，正是树立自己威信的大好时机。于是宋襄公便号召各诸侯国出兵一起送公子昭回国当国王，把竖刁、易牙这些乱臣贼子杀死，将公子无诡赶下台来。

但宋襄公的号召力不大，只有3个小国出兵跟他攻打齐国，公子昭被拥立为齐孝公。

本来齐国是诸侯的盟主，如今齐孝公依靠宋国的帮助，才得到了君位。所以，齐孝公对宋国感恩戴德，这样一来，无形当中提高了宋国的地位，宋襄公也真的萌生起做霸主的想法来了。但一想到上次扶立齐孝公，只来了3个小国，几个中原大国都不理睬他，便决定先教训几个小国，以挽回面子。他处罚了滕国国君婴齐，便邀曹、邾、鄫等国结盟，借口鄫国国君迟到，就叫邾国人把他抓起来杀了祭祀社神。

宋国公子目夷以为，小国争当盟主是灾祸，

公元前656年

中国大事记：
齐桓公率齐、鲁、郑、卫、陈、宋、曹、许八国联军讨伐蔡国和楚国，楚王求和，双方盟于召陵。

·礼崩乐坏·

春秋时期，随着宗族政治的日趋解体，传统的礼乐制度也难以继续维持，出现了“礼崩乐坏”的局面。在各国的政治斗争中，以下犯上的夺权事件层出不穷，不遵循旧有礼制的现象也经常发生。一些从诸侯手中夺取了政权的卿大夫，不仅僭用诸侯之礼，甚至也僭用天子的礼制。有鉴于此，孔子继周公之后对于礼乐制度进行了再次加工和改造，努力要将社会重新纳入礼乐的规范，但是他的理想并没有实现。历史进入了战国时代，社会变革的加速使传统的礼乐制度被彻底破坏。各国纷纷进行变法运动，法律制度普遍建立，从而取代了礼乐的地位，成为维护新的政治秩序的工具。此时残存的礼乐，已经流于形式，名存实亡了。

宋国将自取灭亡。但宋襄公刚愎自用，坚持自己的意见，甚至与楚成王约定此年秋天只乘坐国君普通的车辆而不带兵前往相会。秋，楚成王召集宋、陈、蔡、郑、许、曹等国诸侯在盂(今河南睢县境)相会，宋襄公准备乘车前往，公子目夷进谏说，楚国兵力强盛而又诡计多端，还是让兵车护送前往为上策。宋襄公以为，既已约定，就不要更改，遂以乘车往盂赴会。楚国果然埋伏兵车，并抓获宋襄公，由于宋国没有齐国强大，所以楚国并不害怕私押宋襄公会有多么严重的后果，还挟着他攻打宋都商丘，幸亏宋太宰子鱼率全城军民顽强抵抗，才抑制了楚军攻势，使楚军围商丘数月却不克。后来，在鲁僖公的调停下，宋襄公才得以被释放回国。宋襄公受此奇耻大辱，愤恨难平。他大骂楚成王不讲信义，但自知军力非楚国对手，为了挽回自己为楚俘虏而失去的尊严，他决定兴师征伐楚国的盟国郑国以显君威。大司马公孙固和公子目夷认为攻郑会引起楚国干涉，劝其罢兵，但宋襄公一意孤行，率军伐郑。

郑文公闻知宋师入侵，忙求救于楚。楚成王立即起兵攻宋以救郑。宋襄公得到消息，也知事态严重，不得不从郑撤军，于公元前638年十月底返抵宋境。这时楚军尚在陈国境内向宋挺进的途中，襄公为阻击楚于边境，就令宋军在泓水以北屯扎列阵，等待楚军。

公元前638年十一月初一，楚军进至泓水南岸并开始渡河。公子目夷看到楚军准备渡河，连忙对宋襄公说：“兵贵神速，此时乘敌军没有渡完河的时候，发起进攻，一定能战胜他们。”宋襄公摇头说道：“宋是讲仁义的国家，怎么能趁人家渡河时与人开仗呢？那样岂不是太不仁义了吗？”说着说着，楚军已经全部渡过泓水，正在列队摆阵。公子目夷又对宋襄公说：“楚军已经过泓水，趁他们阵脚未稳，赶快杀将过去，楚军一定战败，此时不动手，恐怕就来不及了。”宋襄公不高兴地对目夷说：“你又错了！古人云：不鼓不成列。人家没摆好阵，你就攻打人家，太没有战争道德了！传出去别人会耻笑我们的，所以万万不可！再说了，如果上天不嫌弃我，殷商故业是可以得到复兴的，不存在什么先机后机。”

⊙宋襄公雕像

公元前640年

世界大事记：
巴比伦、耶路撒冷和罗马等地出现石砌下水道系统。

一会儿的工夫，楚国兵马已经排好阵势，接着擂响了战鼓，楚军如排山倒海般杀向宋军，宋军哪里抵挡得了，纷纷败下阵来。宋襄公见状，跳上一辆战车仗剑指挥。一阵乱箭射来，宋襄公腿上中箭负伤。公子目夷等几员战将见状，拼命厮杀冲开一条血路，杀出重围，才没让宋襄公第二次当楚国的俘虏。

宋襄公率残兵败将回到国都商丘。宋国百姓议论纷纷，都埋怨他不该和楚国交战，更不该采取那种打法，这些话传到宋襄公那里，他还不服气，气愤地说："君子要讲仁义。不能在对方有危险的时候攻击他们，不能碰到受伤的人再去伤害他，不能捕捉头发花白的老兵作俘虏。"

宋襄公志大才疏，又好大喜功，刚愎自用，最终自取失败。宋襄公因箭伤很重，过了一年就死了。

⊙ 青铜战斧　春秋

重耳流亡

公元前672年，晋献公讨伐骊戎，骊戎首领献上两个女儿骊姬和少姬，以此求和。晋献公欣然笑纳，率领大军载美人而归。晋献公自回国后，宠爱二女，尤其喜爱骊姬，立骊姬为夫人，少姬为次妃。骊姬奸猾诡诈、献媚取怜，得到晋献公的专宠。后来，骊姬生子名奚齐，子以母贵，奚齐也得到晋献公喜爱。骊姬为了让自己的儿子成为太子，设计陷害原来的太子申生，晋献公便狠了狠心，将原来的太子申生杀了。申生一死，晋献公的另外两个儿子重耳和夷吾都感到性命难保，便都逃到别的诸侯国避难去了。

晋献公死后，夷吾回国夺取了君位。夷吾感到留着重耳是个祸患，便想除掉重耳，重耳不得不到处逃难。重耳在晋国时很有声望，一批有才能的大臣都愿意辅佐他。

重耳在狄国一住就是12年，后来有人行刺他，只好逃往卫国。卫国国君看他时运不济，也不肯接待他。重耳没有得到卫国的一丝援助，又再度启程。然而，钱财、食物都没有得到补给，重耳终于忍不住了，放下架子向一个农夫乞讨。一个普通农民又有多少粮食去施舍给重耳这十几人呢？农夫从地上拾起土块，调侃重耳："拿去，吃吧！"重耳气愤地举起鞭子要抽打农夫。狐偃赶忙阻止了重耳，他说："这是上天要赐给我们土地啊！说明我们复国在望。"他向农夫磕了个头，接过土块，装在车上走了。重耳一班人一路流亡到齐国。那时齐桓公在位，待他也不错，送给重耳不少车马和房子，还把本族一个姑娘嫁给他。重耳觉得留在齐国挺舒适，便不再想回国的事，可是跟随的人都思念晋国。于是，众人商量了个办法，把重耳带出了齐国。

后来，重耳又到了宋国。正赶上宋襄公生病，他手下的臣子对重耳的随从狐偃说："宋襄公是非常器重公子的，但是我们实在没有能力帮助你们回晋国去。"

狐偃明白宋国的意思，便与重耳等人离开宋国，又到了楚国。楚成王把重耳当做贵宾，还用招待诸侯的礼节招待他。由此，重耳十分尊敬楚成王。两个人渐渐成了朋友。

有一次，楚成王邀请重耳到王宫去，在宴会上开玩笑说："公子要是将来回到晋国当上国君，那么会怎样报答我呢？"

重耳说："我愿意和贵国永远友好。如果两

公元前655年

中国大事记：

《左传》首次记载冬至，133年后(公元前522年)又记一次，记闰月48次(失一次)，这就是19年7闰的方法，比欧洲早160余年。

国交兵打仗，在两军相遇时，我一定退避三舍。”等宴会结束，楚国大将成得臣对楚王说：“重耳言谈没有分寸，我看他是个忘恩负义的人。不如趁早杀掉他，免得以后吃他的亏。”

楚成王对成得臣的意见不置可否，正好秦穆公派人来接重耳，成王就让重耳到秦国(都城雍，在今陕西凤翔东南)去了。

当初秦穆公帮助重耳的异母兄弟夷吾回晋国当了国君。没想到夷吾做了晋国国君以后，不仅不感恩戴德，还和秦国发生了战争。夷吾死后，他儿子又同秦国发生事端。于是，秦穆公决定帮助重耳回国。

秦穆公派人向重耳提亲，意将女儿怀嬴嫁给重耳。重耳大惊，自己六十有一，与秦穆公年龄相仿，若做了他的女婿，以后晋秦相交，岂不凡事都吃亏三分？再说当年秦穆公为笼络夷吾，已将怀嬴嫁与入秦为质的夷吾之子子圉，秦晋翻脸后，子圉逃回晋国，怀嬴实为重耳侄媳。如今穆公提此要求，如何回答是好？重耳的谋士赵衰长思半晌，对重耳说：“听说怀嬴美貌而有才华，穆公及夫人视为掌上明珠，如今提出此议，正是看重公子。公子如拒绝，就无法结好于秦国，自然无法得到秦国倾力相助。古人说，‘欲人爱己，必先爱人；欲人从己，必先从人。’臣意公子不可拒绝穆公的美意。”狐偃说：“公子今日赴秦，意在图晋，君位尚且可夺，何在乎区区一女子？”重耳想想有理，便依言允婚。

公元前636年，秦国的大军护送重耳渡过黄河，从此流亡了19年的重耳在晋国当上了国君。这就是晋文公。

⊙ 晋文公复国图卷　南宋　李唐

公元前628年

世界大事记：
琐罗亚斯德教创始人琐罗亚斯德降生。

退避三舍

晋文公即位以后，治理内政，发展经济，晋国又渐渐强盛起来。晋文公的机智、仁慈、勇敢与宽厚都预示着他将成为中原霸主。

这时候，逃往郑国的周朝天子周襄王派人到晋国讨救兵。原来周襄王有个异母兄弟叫太叔带，联合了一些大臣，向狄国借兵，夺取了周襄王的王位。

晋文公马上发兵攻打狄人，狄人大败，晋文公又杀了太叔带和拥护他的一帮人，护送天子重返京城。

⊙ **兽头陶范　春秋**
出土于山西侯马古代晋都遗址。此地出土有大量精美的铸铜陶范，证明这里曾大批铸造过青铜器。

周襄王设宴款待，并允许晋文公向自己敬酒。晋文公乘机请求周襄王，自己死后能用天子葬礼的仪制安葬。周襄王说："这是天子的典章。现在还没有人能取代周王室，天下不能有两个天子，那样您也不会喜欢的。"周襄王宁肯损失土地，也不愿损害周礼，他将阳樊、温、攒茅、原等地的田地赏赐给晋文公。

周襄王二十年（公元前632年），楚国攻打宋国，宋襄公的儿子宋成公又来向晋国求救，说楚国派大将成得臣率领楚、陈、蔡、郑、许五国兵马攻打宋国。大臣们都同意出兵救援宋国，扶助有困难的国家，以建立霸业。

晋文公知道，要拥有中原霸主的地位，就得打败楚国。他便将部队编为上、中、下三军（三阵），于公元前632年一月渡过黄河。根据战略方案，晋军进攻卫国并将其占领，又于三月攻克曹都陶丘，俘虏曹共公。因为曹、卫是楚的依附国，晋文公以为楚军必然弃宋而北上救曹、卫。然而楚不为所动，仍全力围攻宋都，宋再次向晋告急。

晋文公感到进退两难：若不救宋，则对不住宋襄公当年的礼遇，而且宋敌不过楚而降之会使晋失去一个盟友，对晋称霸中原计划不利；但若移兵救宋，则使原定诱楚决战曹、卫之地的战略意图泡汤；且南下主动攻楚一来违背了自己在楚国对楚成王的承诺，二来使晋军远离本土，劳师耗财，对手又是强大的楚国，取胜很难。晋文公

·弭兵之会·

春秋时期，旷日持久的争霸战争带来普遍的灾难。对于夹在大国之间的中小国家来说，灾难最为严重，因此他们不遗余力地倡导"弭兵"。春秋时共有两次"弭兵之会"，都是宋国倡导的。公元前579年，宋国大夫华元倡导的第一次弭兵运动促成了晋楚两国暂时休兵罢战。三年之后鄢陵之战爆发，宋国大夫向戌第二次倡导弭兵，得到晋楚的赞同。公元前546年，"弭兵会议"在宋国都城商丘召开，晋、楚、齐、秦、鲁、卫、郑、宋、陈、蔡、许、曹、邾、滕一共14个国家参加会议，会议规定，晋的盟国朝楚，楚的盟国朝晋，双方的盟国同时承认晋、楚两国的霸主地位，齐、秦两国则与晋、楚平起平坐。这样，延续了一百多年的春秋中期的大国争霸战争，终于以休战而结束。

公元前632年

中国大事记：
晋、宋、鲁、齐等盟于践土，周襄王赴盟，策立晋文公为霸主。

一筹莫展。这时元帅先轸有了良策，他主张让宋国贿赂齐、秦两国，由齐、秦出面劝楚罢兵；并把曹、卫的一部分土地赠送于宋，使宋坚定抗楚决心；楚与曹、卫是盟友，看到自己盟国的土地为宋所拥有，更不会放过宋国，齐、秦再善意劝解楚也不会听的；齐、秦这样一定怨恨楚不给面子，就会放弃中立而站到晋国一边，晋国实力就将压倒楚国，楚军就须小心了。

晋文公大赞"妙谋"，立即实行。楚国果然不听齐、秦劝解，继续围宋。齐、秦恼楚眼空一切，于是宣布与晋国结盟抗楚。

楚成王见晋军降曹灭卫，深知其实力非比寻常，而又结盟齐、秦，形势已开始对楚不利，就命令楚军退到申地，并撤回戍守齐国穀邑的申叔军，令尹子玉也被要求撤去宋围，避免与晋军交锋。他训诫子玉，晋文公德高望重，并非等闲之辈，晋军不好对付，凡事量力而行，适可而止。但骄傲自负的子玉对楚成王之言不以为然，坚持要与晋军决一死战，并派伯棼去向楚成王请战，要求

⊙晋文公

增兵。楚成王此时优柔寡断，最后抱着希望楚军侥幸取胜的心理同意了子玉的请求，但他又畏晋强大，怕失败了元气大伤，只派西广、东宫、若敖之六卒北上增援。

子玉得到支援，更坚定了与晋作战的决心。他派大夫宛春使晋，提出"休战"条件：晋让曹、卫复国，楚则撤离宋国。晋大夫子犯（即狐偃）认为子玉太无礼，晋应主动南下击楚；晋中军主帅先轸轻轻摇头以示不妥，他再次献策晋文公，表示这回管教楚师铩羽而归。

晋文公私下答应曹、卫复国，但前提是曹、卫必须与楚绝交；并扣留宛春以激怒子玉北上挑战。子玉见曹、卫已附晋，而楚使被扣，认为受到巨大侮辱，勃然大怒，下令撤去宋围，移军北上伐晋。

成得臣先派人要求晋军释放卫、曹两国国君。晋文公却暗地通知这两国国君，答应恢复他们的君位，条件是他们先跟楚国断交。曹、卫两国真的按晋文公的意思做了。

成得臣本想救这两个国家，不料这两个国家不讲道义倒先来跟楚国绝交，气得他率领全军直奔晋军大营。

楚军一进军，晋文公立刻命令往后撤。这种做法让许多晋军将领费解。狐偃解释说当初楚王曾经帮助过主公，主公在楚王面前许过愿：万一两国交战，晋国会退避三舍。今天后撤，就是为了信守这个诺言啊。

子玉见晋军不战而退，以为晋文公胆怯，不过徒有虚名，于是催军追逐。楚军中有人感到事有蹊跷，建议持重收军，伺机再追。子玉斥责他们当断不断，贻误战机，认为聚歼晋军，夺回曹、卫指日可待。楚军追晋军至城濮。

晋军在城濮屯兵，齐、秦两军和刚被解围的宋成公军队赶来会合。而楚军此时军分三阵，严阵以待。公元前632年四月四日，晋军向楚军发起攻击，晋下军佐将胥臣把驾车马匹蒙上虎皮，突然攻向楚右军——战斗力最差的陈、蔡军，陈、蔡军遭此突袭，加之又被虎皮迷惑，顿时溃散。

公元前626年

世界大事记：
迦勒底人乘亚述势衰，占领巴比伦，建立新巴比伦王国。

接着晋军又“示形动敌”。晋上军主将狐毛在战车上竖两面大旗，引车后撤假装退却；晋下军主将栾枝也用战车拖曳树枝使尘土飞扬，造成晋后军也退却的假象以诱楚军出击。子玉不知是计，命楚左翼子西进击。晋中军主帅先轸见楚军上当，便命佐将郤臻率最精锐的中军迎击楚左军，而狐毛、栾枝也乘机回军侧击楚左翼。楚左军陷入重围，后退又无路，只能接受被歼的命运。子玉见两翼均被消灭，情知无力挽回败局，无奈下令中军脱离战场，才没有全军覆灭。

晋文公连忙下令，吩咐将士们不要追杀，把楚军赶跑就是了。成得臣带着残将败兵向后败退，自己觉得没法向楚成王交代，就在半路上自杀了。

晋国打败楚国的消息传到周都洛邑，周襄王和大臣都认为晋文公立了大功。晋文公趁机约了各国诸侯开了个大会，订立了盟约。这样，晋文公就成为中原霸主。

弦高退秦军

晋文公打败了楚国后，会合诸侯订立盟约，连归附楚国的陈、蔡、郑三国也与晋国成了盟约国。但是，跟晋国订了盟约的郑国，又暗地里跟楚国结了盟。

晋文公知道了这件事，非常生气，打算再次去征伐郑国，还与秦国约定，一起攻打郑国。

秦穆公一心想向东扩张自己的势力范围，就亲自带着兵马到了郑国边界。晋国的兵马在西边驻扎，秦国的兵马在东边驻扎，两军声势十分浩大。郑国的国君忙派辩士烛之武去劝说秦穆公退兵。

烛之武来到秦国军营，对秦穆公说：“秦晋两国一起攻打郑国，郑国一定会亡国。但是郑国和秦国相隔很远，郑国一亡，土地全归了晋国，晋国的势力就更大了。它今天在东边灭了郑国，明天也可能向西侵犯秦国，对您有什么好处呢？再说，要是秦国和我们讲和，以后你们有什么使者来往，经过郑国，我们还可以当个东道主接待使者，对您也没有坏处。”

秦穆公衡量了一下利害关系，答应跟郑国单独讲和，自己带领兵马回国了。临走之前，派了3个将军带了两千人马，替郑国守卫北门。

晋国眼看秦军走了，非常生气，有的将领便提议追打秦兵。晋文公不同意攻打秦军，众人便想办法把郑国又拉到晋国一边，随后也撤兵回去了。

⊙ 虎形灶　春秋
行军作战时使用的炊具。

后来，秦国得知郑国又与晋国订立合约，但又没有什么办法，只好忍耐下来。

过了两年，晋文公病死，他的儿子襄公继承王位。有人对秦穆公说道：“晋文公刚死去，还没举行丧礼。趁这个机会攻打郑国，晋国绝不会去援救郑国。”

留在郑国的将军也送信给秦穆公说：“郑国北门的防守掌握在我们手里，要是秘密派兵来偷袭，一定能成功。”秦穆公召集大臣们商量如何攻打郑国。两个经验丰富的老臣蹇叔和百里奚都极力反对，蹇叔认为调动大军偷袭那么远的国家，士兵都精疲力乏，而对方早就有了准备，根本没有取胜的把握；而且行军路线那么长，怎么能瞒住郑国。

约公元前630年

中国大事记：
秦晋两国大军压境，郑国危在旦夕。烛之武智退秦师，救郑国于危难。

⊙ 郑伯盘　春秋

秦穆公不听，派百里奚的儿子孟明视为大将，蹇叔的两个儿子西乞术、白乙丙为副将，率领 300 辆兵车，悄悄地前往郑国偷袭。

第二年二月，秦国的大军刚刚进入滑国地界（在今河南省），便有人自称是郑国派来的使臣，求见秦国主将。

“使臣”说道：“我叫弦高。我们的国君听说你们要到郑国来，特地派我在这里等候三位将军，并让我送上一份微薄的礼物，慰劳贵军将士。”随后，他献上 4 张熟牛皮和 12 头肥牛。

孟明视原来打算趁郑国毫无准备的时候，进行突然袭击。现在看来郑国使臣老远地跑来犒劳军队，这说明郑国早已有了准备，要偷袭已经不可能了。便收下了弦高送给他们的礼物，对弦高说：“我们并不是到贵国去的，你们不必多虑。”

弦高走后，孟明视对众人说道：“看来郑国已经得知了消息，作好了准备，偷袭没有成功的希望，我们还是回国吧。”随后，秦灭掉滑国，回国了。

其实，郑国根本就不知道秦国要去偷袭的事，孟明视上了弦高的当。弦高是个牛贩子，他赶了牛到洛邑去做买卖，正好碰到秦军。弦高得知了秦军的用意后，已经来不及向郑国报告，于是他急中生智，冒充郑国使臣骗了孟明视。

同时派人连夜赶回郑国向国君报告。郑国的国君接到弦高的信，急忙叫人到北门去观察秦军的动静。果然发现秦军正在作打仗的准备，他就不客气地向秦国的 3 个将军下了逐客令，说：“各位在郑国住得太久，我们实在供应不起。听说你们就要离开，就请便吧。”3 个将军知道已经泄露了机密，在郑国待不下去了，只好连夜带着人马离开郑国。

崤山之战

公元前 628 年冬，孟明视、西乞术、白乙丙奉秦穆公之命率秦军偷越晋境的崤山伐郑。晋国卿大夫先轸得到消息后对晋襄公说：“秦国违背蹇叔的忠谏，因为贪婪中原的土地而劳民伤财，攻打偏远的国家，这是上天给予我们的机会，不能错过！我们应攻灭它，否则会留下祸患；诚请主公率军进攻秦军。”下军主帅栾枝提出异议：“在秦国的帮助下文公才得以归国即位，我们若进攻秦国，岂不是违背先君的遗命吗？”先轸答道：“秦不为我们国丧而悲痛，反而趁机攻打我们的同姓国家，他们如此无礼，我们还同他们讲什么恩施？我听说，‘一日纵敌，数世之患’，为我们的后代着想，不能算违背先君遗命。不遵循天意是不吉利的！”襄公于是同意出兵。

公元前 627 年春，晋襄公把丧服染成黑色，

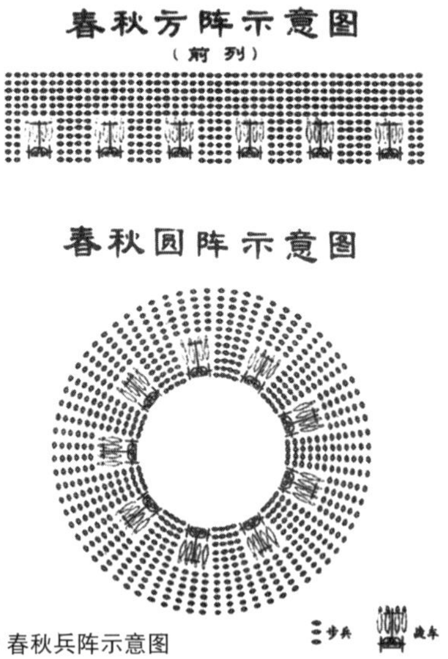

⊙ 春秋兵阵示意图

公元前612年

世界大事记：

新巴比伦与米底王阿克撒列斯联合进攻亚述，攻陷其都城尼尼微。

·兵　书·

三代（夏、商、西周）时，文字的普遍使用和战争经验的积累，是军事思想产生最原初的客观条件。甲骨文、金文及早期典籍（如《尚书》、《易经》、《诗经》）对军事问题均有不同程度的探讨，专门性的军事典籍如《军政》等更是为传统兵学的形成奠定了基础。及至秦汉，兵学的发展开始重视军队建设和国防建设，并趋向于理论的整合，也出现了兵书整理和兵学流派分类。《汉书·艺文志·兵书略》更是以汉成帝时期的整理成果为基础，对中国兵书进行了大规模的著录和分类。它共分为兵权谋家、兵形势家、兵阴阳家、兵技巧家4大类，这基本上构架了兵学的理论范畴与层次，规范了兵学发展的方向。除了名垂千古的《孙子兵法》之外，还有一些兵书如彗星划过，在久远的时空有过耀目的划痕。它们是中华军事文化的结晶，整个中华文明史也自有它们的地位。

以先轸为中军元帅率晋军南渡黄河，控制了崤山北麓的险要路段，又联合了姜戎军队，晋军埋伏在原上，姜戎军多伏于沟谷，布好袋形阵以待秦军。

这时秦军已抵滑国境内，值郑国商人弦高在滑国贩牛，他判定秦师将袭郑，决定作出点牺牲以求挽救郑国。于是他牵12头牛假托奉郑君之命，犒劳秦军。孟明视等3帅不知是假，还以为郑国已知道秦军来袭的消息并作好了防范准备，他们怕攻郑攻不下来，围困郑国又没有长期的补充资源，遂放弃伐郑计划，灭了滑国后撤军回秦。

孟明视对晋军埋伏于崤山毫无所知，秦军很自然地进入晋军包围圈。当四月十三日秦师全部进入崤山北麓狭谷隘道时，先轸令旗一挥，埋伏于两侧的晋军和姜戎军蜂拥而出，杀向秦军。秦军哪里来得及布阵防御抵抗？顿时被冲得七零八落，而兵车又无法回旋御敌，终于全军覆没，无一人得脱，孟明视等3帅全成俘虏。

晋襄公的母亲文嬴原是秦国人，不愿同秦国结仇，她对得胜回朝的襄公说："秦国和晋国原是亲戚，一向友好。如果把孟明视这些人杀了，恐怕两国的冤仇越结越深，还是把他们放了，让秦君自己去处置他们吧。"

晋襄公觉得母亲说得有道理，就把孟明视等人释放了。

元帅先轸一听让孟明视跑了，立刻去见晋襄公，说："将士们拼死拼活，好容易把他们捉住，怎么轻易把他们放走呢？"他一面说，一面气得向地上吐唾沫。晋襄公听了，也感到后悔，立即派阳处父将军带领一队人马飞快地去追孟明视等人。

孟明视等3人快到秦国的时候，秦穆公听到全军覆没，便穿了素服，亲自到城外去迎接他们。

孟明视等人跪在地上请罪。秦穆公说："责任在于我，没有听你们父亲的劝告，害得你们兵败受辱，我不怪你们。再说，也不能因为一个人犯了一点小过失，就抹杀他的大功啊！"

孟明视等人感激涕零，从这以后，他们认真训练军队，一心一意要报仇雪耻。

公元前625年，孟明视请求秦穆公发兵攻打晋国，去报崤山之战的仇，秦穆公考虑之后同意了。孟明视等3员大将率领400辆兵车打到晋国。晋襄公早有防备，又一次打败了孟明视。

这一来，秦国就有人说孟明视是无能之辈。附近的小国和西戎一看秦国连打败仗，纷纷脱离秦国的管制。但秦穆公仍旧没有治他的罪。孟明视把自己的财产和俸禄全拿出来，送给在战争中阵亡将士的家属。他天天苦练兵马，一心要报仇雪耻。这年冬天，晋国联合了宋、陈、郑三国打到秦国的边界上。孟明视嘱咐将士守住城，不准随便跟晋国人交战，结果又让晋国夺去了两座城。

又过了一年，也就是崤山之战后的第三年。

公元前623年

中国大事记：
秦穆公率兵伐西戎，消灭12国，辟地千余里，称霸西戎。

孟明视做好一切准备，在国内挑选精兵强将，拨发了500辆兵车。秦穆公还拿出大量的粮食和财帛，安顿好将士的家属。将士们斗志旺盛，浩浩荡荡地出发了。

秦军渡黄河的时候，孟明视对将士说："咱们这回出征，只能成功，不能失败，我想把船烧了，大家看行不行？"大伙说："烧吧！打胜了会有船的。打败了，就不回来了。"孟明视的兵士们士气高涨，憋了几年的仇恨全在这时候迸发出来。没过几天，秦军就夺回了上次丢失的两个城，接着又攻下了晋国的几座城池。

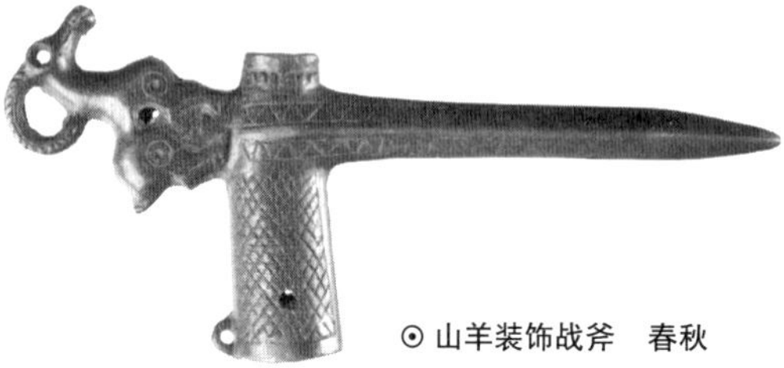

⊙ 山羊装饰战斧　春秋

面对秦国的凌厉攻势，晋国上下惊慌失措。晋襄公跟大臣商量以后，命令只许守城，不许跟秦国人交兵。

看到晋国人龟缩在城里不敢出来，有人向秦穆公建议："晋国已经认输了，他们不敢出来交战。主公不如埋了崤山兵士的尸骨再回去，也可以洗刷以前的耻辱了。"于是，秦穆公率领大军到崤山，收拾起3年前死亡将士的尸骨，掩埋在山坡上，并带领孟明视等将士祭奠了一番，才班师回国。

一鸣惊人

秦国打败晋国，报了崤山之仇后，一连十几年两国相安无事。这期间，南方的楚国却一天比一天强大起来。

公元前613年，楚庄王熊旅继位。当年楚庄王还不满20岁，掌握楚国大权的是他的两个老师——斗克和公子燮。年轻的楚庄王根本不把国家大事放在心上，一切事务全由斗克和公子燮两人决断。在即位的前三年时间里，他白天打猎，晚上饮酒作乐，并下了一道命令：谁要是敢来劝谏，就处死谁。

三年过去后，楚庄王毫无悔改之意，仍然日夜歌舞欢宴不止。此时的朝廷政事，混乱不堪，公子燮和公子仪便乘机发动叛乱。幸好朝廷中有庐戢黎与叔麇两位忠臣，他们当机立断平定了叛乱。但此时，楚国的周边国家陈、郑、宋等小国都依附了晋国。楚国的国势已经危若累卵了。

一天，大臣成公贾实在看不下去了，他请求面见楚庄王。在富丽堂皇的宫殿里，钟鼓丝竹之声绕梁不绝，楚庄王的面前几案上摆满美酒佳肴，楚庄王正在一面饮酒，一面欣赏美女们翩翩起舞。庄王一见成公贾便问道："大夫来此，是想喝酒呢，还是要看歌舞？"成公贾话中有话地说："有人让我猜一个谜语，我怎么也猜不出，特此来向您请教。"楚庄王听说要让他帮着猜谜，觉得挺有趣，

·先秦音乐·

先秦时，夏、商时代的乐器已较发达，至周代，据史料所记已达70余种。在西周，根据乐器的不同质料分为金、石、丝、竹、匏、土、革、木等八类，称为八音。八音分类见于《周礼·春官》。编钟属于八音中的金类，最早可溯及殷商，而大盛于春秋战国时期。1978年出土的曾侯乙墓编钟有65枚，音域达五个八度，钟身有3000余字的铭文，记述编钟的音律以及当时各国律制情况，是中国最早的乐理专著。曾侯乙为战国初时的人物，由此可见当时编钟所达到的水平。

公元前610年

世界大事记：
斯巴达实行新法：男孩自7岁起开始过集体生活，20～30岁的男子参加军训，30～60岁的男子服常备役。

便一面喝着酒，一边问道："什么谜语，这么难猜？你说说。"成公贾于是清清喉咙说道："南山上有一只大鸟，三年里站在大树上不飞不动也不叫，这是只什么鸟？"楚庄王沉思了一会，说："这是一只与众不同的鸟。这种鸟三年不飞，一飞冲天；三年不鸣，一鸣惊人。你的意思我明白了，你下去吧！"

成公贾以为楚庄王已翻然醒悟，朝政会有新的变化，就兴冲冲地告诉了好友大臣苏从，两人眼巴巴地等待。可是，楚庄王照旧宴饮享乐。

苏从见楚庄王依旧没有变化，便冒死直谏楚庄王。他才进宫门，便大哭起来。楚庄王问道："先生，为什么事这么伤心啊？"苏从回答道："我为自己就要死了伤心，还为楚国即将灭亡伤心。"楚庄王很吃惊，便问："你怎么能死呢？楚国又怎么能灭亡呢？"苏从说："我想劝告您，您听不进去，肯定要杀死我。您整天观赏歌舞，游玩打猎，不管朝政，楚国的灭亡不是在眼前了吗？"楚庄王听罢勃然大怒，抽出佩剑指着苏从心窝说："你不知我下的禁令吗？"苏从面无惧色，从容不迫地说："我知道，但是楚国政事已不可收拾，活着也没什么意思，请大王赐臣下一死！"说罢延颈怒目而视，正气凛凛。楚庄王也用眼珠子紧瞪着苏从。突然，他将宝剑插入剑鞘，上前紧走几步，双手紧紧抱住苏从双肩，激动地说："你才是我要寻找的国家栋梁呀！"

楚庄王立刻下令罢去乐师鼓手、歌妓舞女。然后与苏从相对而坐，促膝谈心。苏从此时才知道，原来楚庄王因为当时朝政十分复杂，权臣乱政，依附者甚多，忠奸难辨，才故意装糊涂。这样做就是要让奸臣充分暴露，让忠肝义胆的贤臣挺身而出，然后做他的助手。

第二天，楚庄王上朝，召集文武百官，振乾立纲。楚国从此蒸蒸日上，他首先整顿内政，起用有才能的人，将伍举、苏从提拔到关键的职位上去。当时楚国的令尹斗越椒野心勃勃，想要篡位。楚庄王便任命了三个大臣去分担令尹的工作，削弱了他的权力，防止斗越椒作乱。楚庄王一边改革政治，一边扩充军队，加强训练军士，准备与晋国决战，雪城濮之战的恨。

楚庄王争霸

《史记》中说，楚庄王有一匹心爱之马，庄王对马的待遇不仅超过了对待百姓，甚至超过了士大夫。庄王给它穿刺绣的衣服，吃有钱人家才吃得起的枣脯，住富丽堂皇的房子。后来，这匹马因为享受过度，得肥胖症而死。楚庄王让群臣给马发丧，并要以大夫之礼为之安葬。大臣们认为楚庄王在侮辱大家，说大家和马一样，因而都很不满。楚庄王下令，说再有议论葬马者，将被处死。优孟听说楚庄王要葬马的事，跑进大殿，仰天痛哭。楚庄王很吃惊，问其缘由。优孟说："死掉的马是大王的心爱之物，堂堂楚国，地大物博，无所不有，而如今只以大夫之礼安葬，太吝啬了。大王应该以君王之礼为其安葬。"楚庄王听后，无言以对，只好取消以大夫之礼葬马的打算。庄王葬马这个故事，映射了庄王从昏庸之君到圣明霸主的史实。"庄王葬马"以及"一鸣惊人"是楚庄王人生的一个缩影。

⊙ 青铜马形饰　春秋

楚国经过整顿军队发展生产，出现了富国强兵的新局面，楚庄王认为与中原诸侯争霸的时机成熟了。

公元前606年，楚国讨伐陆浑的戎族，这是

公元前613年

中国大事记：
《春秋》记载："秋七月，有星孛入于北斗"，这是世界上最早的关于"哈雷彗星"的记录，比欧洲早670多年。

邻近东周的小国。得胜之后，楚庄王令大军在洛邑近郊举行一次盛大的阅兵式。一时间，洛邑周围旌旗蔽日，枪矛如林，鼓声号声震天动地。这一来可把那个挂名的周天子吓坏了，他摸不清楚庄王打的是什么主意，慌忙派殿前大臣王孙满前去打探消息。

王孙满见楚庄王后，代表周天子对楚庄王及楚军表示慰问，并送上了犒劳的礼物。

楚庄王和王孙满交谈了一会儿后，楚庄王问王孙满："我听说大禹铸有九鼎，从夏传到商，又从商传到周，成为世界上的宝贝，现在放在洛阳。这鼎有多大？有多重？"王孙满听话听音，心中对楚庄王此番阅兵用意也已明白大半了。原来九鼎是用九州贡铜铸成，它既代表了九州，又象征着国家权力。现在楚庄王居然问起九鼎，表明了他有夺取周天子权力的野心。王孙满是个善辩的人，面对楚庄王大逆不道的言行，他说："治理天下的人，主要靠德服人，不是靠鼎的作用。过去大禹有德，远方部落进贡山川珍奇。禹以美金铸鼎，周身饰鬼神和万物图案，护佑小民防祸备荒。后来，夏桀无德，鼎移至殷人之手；纣王暴虐，鼎归于周。由此可见，朝政清明，鼎虽轻不移；朝政昏乱，鼎虽重但必迁。至于九鼎的大小轻重，别人是不应当过问的。"

楚庄王听了王孙满的话，知道自己还没有灭掉周朝的能力，也就带兵回去了。回国后，楚庄王请来楚国一位有名的隐士孙叔敖当令尹（楚国的国相）。孙叔敖当了令尹以后，开垦荒地，挖掘河道，奖励生产，增强国力。

公元前598年，陈国发生内乱，楚国出兵征服了陈国，然后又迫使郑国归附。后来，郑国派人前往晋国，表示愿意服从。楚庄王得知这一消息，勃然大怒，于第二年亲率楚军进攻郑国。

楚军很快到了郑国新郑城下。郑襄公命兵士深沟高垒，坚守不出，又派人前往晋国求救。楚国日夜攻城，3个月后，由于晋兵久久未至，楚军最后攻陷新郑。

来救援郑国的晋军主将是荀林父，他听说新郑已被攻克，便下令班师回朝。副将先縠不听命令，偷偷率部分人马渡河追击楚军。荀林父见军队有分裂的危险，他控制不了先縠率领的兵马，于是横了横心，就下令三军渡河，与楚军主力决战。

楚庄王下令对晋军发起进攻，并亲自擂起战鼓助威。楚军将士如排山倒海般冲向晋军。由于晋军将领意见不一致，不能统一指挥，一下就被击溃了。晋军战败，渡黄河时，自相践踏落水淹死的不计其数。有人劝楚庄王追上去，把晋军赶尽杀绝。楚庄王说："楚国自从城濮失败以来，一直抬不起头来。这回打了这么大的胜仗，总算洗刷了以前的耻辱。晋国、楚国都是大国，早晚总得议和，何苦多杀人呢？"说着，立即下令收兵。

·铜鼎文化·

在先秦时代，钟鼎彝器这些礼仪祭祀用的贵重青铜器并非没有实用价值。《国语》曾记载，一年鲁国出现饥荒，鲁卿臧文仲对鲁庄公说："国家铸造钟鼎这些宝器，储藏玉帛这类财物，本来就是为人民遭受意外灾祸准备的。现在国家出现了饥荒，您何不用这些宝器作抵押，向齐国借些粮食以救济灾荒？"庄公答应了他的请求并派他前去齐国。可见钟鼎彝器是那时国家的信物。西周灭亡、平王东迁时，就将象征国家权力的九鼎先行迁往洛邑。鼎在则国存，鼎失则国亡，并非夸张的说法。鼎在中国社会的政治文化生活中的影响深远，现代汉字中的"鼎"字历经甲骨文、金文、小篆、隶书等多次变化，但至今仍保留着鼎的风范和形体特点，我们的语言中"一言九鼎"、"大名鼎鼎"、"定鼎之作"、"鼎力相助"、"问鼎"、"鼎盛"等说法依然不绝于口耳，其丰富的文化内涵可见一斑。

公元前546年

世界大事记：
希腊天文学家、数学家、哲学家泰勒斯发现五条几何定理。

公元前593年，楚庄王又使宋国降服。这样一来，楚庄王就问鼎成功，成了春秋五霸之一。楚庄王也真不愧把自己说成是一只一鸣惊人的大鹏鸟。

老子论道

老子，姓李名耳，字聃，楚国苦县（今河南鹿邑）厉乡曲仁里人，东周时曾任守藏史，掌管图书典籍。相传孔子曾向他问过“礼”，他却给孔子讲述许多深奥的道理，使孔子折服于他。

老子曾做过周朝“守藏室之史”，所以他谙于掌故，熟于礼制，不仅有丰富的历史知识，并且有广泛的自然科学知识。他和孔子是同时代的人，较孔子年辈稍长，世称“老子”。公元前520年，周王室发生争夺王位的内战，这场长达5年的内战，最终以王子朝失败告终。王子朝失败后，席卷周室典籍，逃奔楚国。老子所掌管的图书也被带走。于是老子遂被罢免而归居。老子由于身受当权者的迫害，为了避免祸害，不得不“自隐无名”，流落四方。后来，他西行去秦国，经过函谷关（在今河南灵宝县西南）时，关令尹喜知道他将远走隐去，便请老子留言。于是老子写下了5000字的《道德经》。相传老子出关时，骑着青牛飘然而去，世不知其所终。

《道德经》又名《老子》、《老子五千文》，是中国道家的主要经典，全面反映了老子的哲学思想。全书共81章，分上下两篇：上篇37章为《道经》，讲的是世界观问题；下篇44章为《德经》，讲的是人生观问题。全书文辞简奥，哲理宏富，且体系完整，内容丰富，涉及宇宙、社会、人生、军事、政治、医学等各个方面。

《老子》以“道可道，非常道”开篇，提出了一个最高的哲学概念“道”。老子哲学就是由“道”推演出来的，他也因此成为道家的始祖。

老子把天、地、人等宇宙万物连贯成为一个整体，突破了古代哲学以政治和伦理为轴心的局限。老子认为“道”是先于天地生成的，是天地万物之源，宇宙间的一切，包括人在内都是天地万物的一部分，“人法地，地法天，天法道，道法自然”。老子这种思想实际上就是中国古代最早的一种“天人合一”思想，这一思想为后来的庄子所继承和发展。这种“天人合一”的整体观念，对中国古代的各个领域都产生了深远的影响。

老子思想中最大的闪光点是他的朴素的辩证法思想。老子观察到宇宙间的万事万物都存在着互相矛盾的两个对立面，“有无相生，难易相成，长短相形”，世间万物有阴阳、刚柔、强弱、兴废等分别。他还发现对立的事物能够向其相

⊙ 新津崖墓汉画像石《孔子问礼》

此画像石绘孔子向老子问礼的情景，这一事件被绘于墓室画像石上，足见此事对国人影响之深。

公元前536年

中国大事记：
郑国铸刑书，迈出了中国制作成文法典的第一步。

⊙老子骑牛图　明　陈洪绶　绢本

反的方向转化，如“物壮则老”，“兵强则灭”，“木强则折”，“祸兮福之所倚，福兮祸之所伏”。为了防止物极必反，导致衰落，老子主张“去甚去奢去泰”，就是要去掉那些极端的、过分的举动，始终保持着像“道”那样冲虚而不盈满的状态。

老子朴素辩证法思想表现在军事战略方面就是“善为士者不武，善战者不怒，善胜敌者不与”，同时还要注意“将欲弱之，必固强之”，“将欲夺之，必固与之”。他还提出了以柔弱胜刚强的指导思想，比如，天下没有比水更柔弱的东西，但以水攻坚，没有攻不下的，以此来说明柔弱能胜刚强。老子的道的本性是自然的，他提出了天道自然的观念。他认为天地的运行是自然而然、不假外力的。人也应该和万物一样，是自然的，人生必须消除主观和外在的干涉，使其自然发展。

在自然人性论的基础上，老子提出了“无为而治”的政治论。老子把人民的饥荒、贫困看作是多欲的统治者横征暴敛的结果。人民起来为“盗”，轻生冒死，其责任完全在于统治者。老子主张用“天之道”来取代“人之道”，“损有余以补不足”，这样就能够解决社会所存在的一切弊端。

老子提倡的“无为”而治，是对统治阶级的“有为”进行的揭露和抨击。老子提倡这种“无为”之治的目标是建立一个“小国寡民”的社会，也就是“使民复结绳而用之，甘其食，美其服，安其居，乐其俗。邻国相望，鸡犬之声相闻，民至老死不相往来”。

小国寡民是老子心中理想的社会和国家形态。他认为社会之所以混乱，百姓之所以互相争夺，原因就在于人们欲望的过度、法令的繁多、对知识的追求和讲究虚伪的仁义道德等。他认为社会发展分为5个阶段，即“道”、“德”、“仁”、“义”、“礼”。人类社会的最初发展阶段是由“道”统治的，一切纯任“自然”，是完全“无为”的。以后的社会分别由“德”、“仁”、“义”、“礼”统治。老子认为后一个阶段与前一个阶段相比，离“无为”更远，美的、善的东西越少，丑的、恶的东西越多，因而离他的小国寡民的政治理想就越远。老子的幻想在一定程度上反映了在春秋战国时代战争频繁，人民生活动荡不安，统治阶级对人民进行残酷剥削的情况下，人民迫切要求安静休养和减轻剥削的愿望。而他所追慕与向往的社会，正是远古的原始社会。

《老子》一书在国际上亦影响深远，被译成多种文字。西汉初期的统治者采取“与民休息”的政策，曾一度把老子的“无为”思想作为信条；魏晋时期政治混乱，战争频仍，玄学家们感到人生无常，也从《老子》中寻找安慰。《老子》的思想虽然有消极的内容，以至于不得意的知识分子、失势的权贵往往从中寻求精神寄托。但《老子》对后世影响深远，以它为主，形成了中国历史上和儒家并立的道家学派。

千百年来，老子的思想深刻地影响着中国的哲学、伦理道德、政治、文化，甚至是中国人的思维。

公元前545年

世界大事记：
希腊天文学家、地理学家、哲学家阿耶克西曼德认为宇宙的基本要素为“无限”，万物生于“无限”，又归于“无限”。

扁鹊行医

扁鹊，姓秦，名越人，渤海郑郡（今河北任丘）人，是春秋战国时期著名的医学家。

扁鹊年轻的时候，是一家馆舍的主管人，他认识了一个叫长桑君的人。通过长时间的交往和了解，长桑君觉得扁鹊人不错，就把自己多年来的医疗经验和珍藏多年的药方都传授给他。扁鹊经过钻研学习，成了一名杰出的医生。

扁鹊此后就在今陕西、山西、河北一带行医，为人民解除疾病痛苦。

扁鹊经过虢国的时候，听说虢国公子因血液运行不畅而忽然倒地身亡。他认真询问了公子的病情和症状，认为公子并没有真正死亡，他可以把公子救活过来。于是他求见虢国国君，用针石药剂很快就救活了公子。大家都认为扁鹊能够使死了的人复生。扁鹊谦虚地说，不是我能起死回生，是他本来就没有死，我只不过是让他恢复过来而已。

·《难经》·

《难经》相传为扁鹊所作，以问难的形式，亦即假设问答，解释疑难的体例予以编纂。但据考证，该书约成书于东汉以前（一说在秦汉之际）。内容包括脉诊、经络、脏腑、阴阳、病因、病理、营卫、腧穴，针刺等基础理论，同时也列述了一些病证。该书以基础理论为主，结合部分临床医学，在基础理论中更以脉诊、脏腑、经脉、腧穴为重点。该书还明确提出“伤寒有五”（包括中风、伤寒、湿温、热病、温病），并对五脏之积，泄痢等病多有阐发，为后世医家所重视。全书内容简扼，辨析精微，在中医学典籍中常与《内经》并提，被认为是最重要的古典医籍之一。

⊙ 扁鹊像

扁鹊经过蔡国的时候，看见蔡桓公气色不好，就很直率地告诉他：“您生病了，病在皮肉之间，现在还比较容易治。”可是蔡桓公自我感觉很好，坚称自己没病。又过了5天，扁鹊见到蔡桓公说，你的病已在血脉里，不治就要恶化。蔡桓公又没有听扁鹊的劝告。又过了5天，扁鹊见到蔡桓公，见他面色灰暗，又说：“您的病已在肠胃之间，再不治的话，就有生命危险了。”这次蔡桓公还是没理会。又过了5天，扁鹊最后一次见蔡桓公，见他面色已全无光彩，知道已是无药可救，就走了。没过多久，蔡桓公就发病而亡。

此后，扁鹊开始周游列国，随俗为变，处处为病人考虑。经过邯郸时，那里重视妇女，他就当妇科医生；经过洛阳时，那里尊重老人，他就当起了耳目科医生；在咸阳时，那里人疼爱小孩子，他就做儿科医生。总之，他各种科目都很擅长，努力为天下百姓解除疾病。

扁鹊是一代神医，因为名声太大，遭到小人的嫉妒。秦武王有病，召请名闻天下的扁鹊来治。秦国太医令赶忙出来劝阻，说什么大王的病处于耳朵之前，眼睛之下，扁鹊未必能除。万一出了差错，将使耳不聪，目不明。扁鹊听了，对秦武王说：“大王同我商量好了除病，却又允许一班蠢人从中捣乱；假使你也这样来治理国政，那你

公元前517年

中国大事记：
鲁昭公讨伐大臣季孙氏，却被季孙氏打败，被迫逃亡。

一举就会亡国！”秦武王听了就让扁鹊治病。结果太医令治不好的病，到了扁鹊手里，却化险为夷。秦国太医令妒忌扁鹊，觉得自己的医术不如扁鹊高明，就派人把扁鹊杀了。

扁鹊在医学上的成就，有以下几个方面：第一，在诊断方面，扁鹊采用了望色、闻声、问病、切脉的四诊合参法，尤其擅长的是望诊和切诊。在给蔡桓公看病的过程中，通过察看蔡桓公气色，就知道其疾病症结，就是望诊的体现。因此《史记》中称赞道：“至今天下言脉者，由扁鹊也。”第二，在经络藏象方面，扁鹊提出病邪沿经络循行与脏腑的深浅，以及病由表及里的传变理论。在诊治虢国公子时，他就深入分析了经络循行与脏腑的关系，并给出了救治的方案。第三，在治疗方法方面，扁鹊提出辨证论治与综合治疗结合。从史籍记载中，我们看出扁鹊已经熟练掌握了砭石、针灸、汤液、按摩、熨帖、手术、吹耳、导引等方法，并将其灵活兼用于具体病案之中，综合治疗。第四，在科学预防方面，扁鹊提出了6种病不能治。即“骄恣不论于理，一不治也；轻身重财，二不治也；衣食不能适，三不治也；阴阳并藏、气不足，四不治也；形羸不能服药，五不治也；信巫不信医，六不治也。”其中不治“信巫不信医”，反映出扁鹊朴素的唯物主义思想。

把中药制成丸、散、膏、丹、汤剂等品类也是他的创造。他是我国中医发展史上一位承前启后的重要医学家，为我国传统中医学的发展奠定了基础，人们把他比做传说中黄帝时代的神医扁鹊，后来的中医都尊他为祖师。扁鹊的医学理论，被后人整理成一部医书，名叫《难经》，是中医学的宝贵文献。

综上所述，扁鹊是中国医学史上第一位继往开来的大医学家，他奠定了我国传统医学诊断法的基础。他对我国传统医学的贡献将永载史册。

伍子胥复仇

楚庄王死后，他的孙子楚平王即位。公元前522年，楚平王要废掉太子建。这时候，太子建和他的老师伍奢镇守在城父(在今河南襄城西)。楚平王怕伍奢反对他这么做，就先把伍奢关进监狱。

楚平王派人去杀太子建的同时，逼迫伍奢给他的两个儿子伍尚和伍子胥写信，叫他们回来，以便斩草除根。伍尚回到郢都(今湖北江陵西北)后，就跟父亲伍奢一起，被楚平王杀害。太子建事先得到消息，便带着儿子公子胜逃往宋国。

伍奢的另一个儿子伍子胥，也逃离了楚国，他在宋国找到了太子建。不久，宋国发生了内乱，伍子胥又带着太子建、公子胜逃到郑国。他们请求郑国出兵攻打楚国，郑国国君郑定公没有同意。

太子建情急之中，竟勾结郑国的一些大臣想夺取郑定公的权，结果被郑定公杀了。伍子胥带着公子胜从郑国逃了出来，投奔吴国。

⊙ 伍子胥画像镜

楚平王为了捉拿伍子胥，叫人画了伍子胥的像，挂在楚国各地的城门口，并用重金悬赏。伍子胥和公子胜逃出郑国后，怕被楚国人发现，白天躲藏起来，到了晚上才赶路，到了吴楚两国交界的昭关(在今安徽含山县北)时，关上的官吏盘查得很严。传说伍子胥为了过关而忧虑不安，

公元前518年

世界大事记：
波斯国王大流士一世改行宗教宽容政策与发展经济政策。

·胥山、胥江的来历·

公元前484年，吴王大军伐齐，伍子胥劝谏吴王先消灭越国。吴王不但不听反而听信谗言，认为伍子胥想勾结齐国攻打吴国，赐剑让伍子胥自杀。伍子胥自刎之前，曾对家人说吴国很快就会灭亡，越国的军队很快就会进入吴国。吴王夫差听了伍子胥的临终遗言，十分愤怒，带着士兵到伍子胥自刎的地方，砍下了伍子胥的头，让人挂在城头上，并将伍子胥的尸体装进口袋扔入江中。

吴国的老百姓感念伍子胥的忠贞，将他的尸体从江中捞出埋于吴山，并把吴山改名胥山，把江改称为胥江。

一夜之间，头发都愁白了。幸亏遇到了一个好心人东皋公，他同情伍子胥等人的遭遇，把他们接到自己家里。东皋公有个朋友，长得有点像伍子胥。东皋公让他冒充伍子胥蒙骗关上的官吏。守关的逮住了假伍子胥，而真伍子胥因为头发全白了，面貌也变了，守关的人没认出来，混出了关。

伍子胥到了吴国，吴国公子光正在谋划夺取王位。吴王诸樊的小弟弟季札博学多才，吴王十分喜欢幼弟，为了能让他继承王位，死时遗命王位继承实行弟继兄位制。周景王十八年(公元前527年)，吴王夷末死，应由季札即位，季札坚辞不就，结果夷末的儿子僚即位为王。诸樊的儿子公子光认为自己继承王位才合理，于是暗中打算夺位。

周敬王五年(公元前515年)，公子光与勇士专诸谋刺吴王僚。四月，公子光先于地下室埋伏甲士，然后设宴礼招待吴王。吴王僚戒备森严，为了防止有人将兵器带入刺杀吴王，端菜的人要在门外换穿别的衣服，才可进门。专诸把匕首放在鱼肚子里，然后膝行而入，在上菜时抽出匕首猛刺并杀死了吴王僚，专诸也被甲士乱剑刺入胸膛而死。伍子胥帮助公子光杀了吴王僚，公子光登上了王位。这就是吴王阖闾。

吴王阖闾即位之后，封伍子胥为大夫，帮助处理内政大事。周敬王八年(公元前512年)，伍子胥将军事家孙武推荐给阖闾，孙武与吴王讨论晋六卿强弱，开始治兵。此年十二月，吴灭徐。周敬王九年(公元前511年)，吴王采用伍子胥的谋略讨伐楚国，吴军分为三师，轮流出扰，彼出此归，彼归此出，楚军疲于奔命。吴军所向披靡，攻无不克，战无不胜，楚国的军队一路兵败，吴军乘胜一直打到郢都。

那时，楚平王已经死去，他的儿子楚昭王在吴军到来之前就跑了。伍子胥对楚平王恨之入骨，刨了他的坟，还把平王的尸首挖出来狠狠地鞭打了一顿。

吴军占领楚国郢都。当时的局势，只有秦国与晋国有实力帮助楚国，而秦国与楚国有着紧密亲缘关系，楚国人申包胥逃往秦国求救兵，秦哀公没有答应。申包胥在秦国宫门外赖着不走，日夜痛哭，一连哭了七天七夜。秦哀公终于被感动了，派兵救楚国，并击败吴军。

⊙ **苏州盘门**
建于春秋吴王阖闾六年(公元前509年)。

公元前506年	**中国大事记：** 孙武、伍子胥辅佐吴王阖闾率军破楚，大胜，楚昭王逃往随国。

孙武论兵

孙武，世俗尊称其为孙子或孙武子。孙子的祖先本姓田，是齐国王族。其祖父田书颇有军事指挥才能，曾被封一块封邑，获赐孙姓。父亲孙冯，做过齐国的卿相。孙氏家族后因无法忍受齐国内部激烈的权力纷争，去了吴国。在吴国，孙武一边耕田，一边写作兵书。后得好友伍子胥的7次推荐，被吴王拜为大将，孙武很快就为吴国训练出一支纪律严明、能征善战的军队来。

一天，吴王同孙武讨论起晋国的政事。吴王问道："晋国的大权掌握在范氏、中行氏、智氏和韩、魏、赵六家大夫手中，将军认为哪个家族能够强大起来呢？"孙武回答说："范氏、中行氏两家最先灭亡。我根据他们的亩制，收取租赋以及士卒多寡，官吏贪廉做出判断。六卿之中，这两家的田制最小，收取的租税最重，公家赋敛无度，人民转死沟壑；官吏众多而又骄奢，军队庞大而又屡屡兴兵。长此下去，必然众叛亲离，土崩瓦解！而在六卿之中，赵氏收取的租赋历来不重，苛政丧民，宽政得人。赵氏必然兴旺发达，晋国的政权最终要落到赵氏的手中。"孙武论述晋国六卿兴亡的一番话，就像是给吴王献上了治国安民的良策。

孙武不愧为一个有战略思想的伟大军事家，在他的努力下，吴国不但很快从一个贫弱小国，发展为实力强大的诸侯国，还实现了吴王阖闾称霸诸侯的梦想。公元前506年，在柏举之战中，孙武仅以3万兵力就击溃了楚国20万大军，攻

⊙ 孙武塑像

·春秋五霸·

东周分为春秋和战国两个时期。春秋（公元前770～前476年）是我国奴隶社会的瓦解时期，周天子的权威一落千丈，各诸侯国不断进行战争，争当"霸主"。先后起来争霸的有齐桓公、宋襄公、晋文公、秦穆公、楚庄王，历史上称为"春秋五霸"。齐国在山东北部，经济富庶，是东方的一个大国。齐桓公任用管仲为相，积极改革内政，发展生产；同时改革军制，组成强大的常备军，以"尊王攘夷"为号召，扩充疆界，发展齐国势力。公元前7世纪中期，齐桓公召集诸侯在葵丘会盟，齐桓公成为春秋时期第一个霸主。晋文公注重发展生产，整顿内政，训练军队，晋国很快成为北方的一大强国，晋文公成为中原霸主。后来晋楚争霸持续了百余年。最后楚庄王打败晋军，做了中原霸主。晋国称霸的时候，西部的秦国也强大起来。秦穆公向西吞并十几个小国，在函谷关以西一带称霸。

公元前509年

世界大事记：
古罗马王政时代结束，罗马共和国创立。首脑称执政官，共二人。

占了楚国的都城。吴王阖闾死后，夫差即位，孙武又辅佐夫差征服越国、讨伐齐国、与晋国争霸，使得吴国的国势达到了顶峰，吴王也成为春秋时代又一个霸主。司马迁曾这样评价孙武：吴国的胜利是和孙武分不开的，正是在孙武的指挥下，吴军才能击败强大的楚国，威震齐晋，名扬诸侯。

⊙ **孙五(武)子演阵教美人战　版画**
图中孙武作道士装束，举旗于城上教宫女演习战术，吴王坐于对面的台上，俯视两队演武的阵容。

孙武的主要思想都集中在《孙子兵法》中。传世本《孙子兵法》13篇，是孙武一派兵家的著作，其主要内容和核心思想属于孙武，但经过他的门生和战国兵家的整理补充。该书中所描写的战争规模，似是战国时代的情况。现存的《孙子兵法》是经过三国时代曹操删定编注的，全书分为13篇：《计》、《作战》、《谋攻》、《形》、《势》、《虚实》、《军争》、《九变》、《行军》、《地形》、《九地》、《火攻》、《用间》，总结了春秋至战国时期长期战争的经验，揭示了战争的一些规律，具有朴素的唯物主义思想和原始的军事辩证法思想。其思想内容主要有三方面：

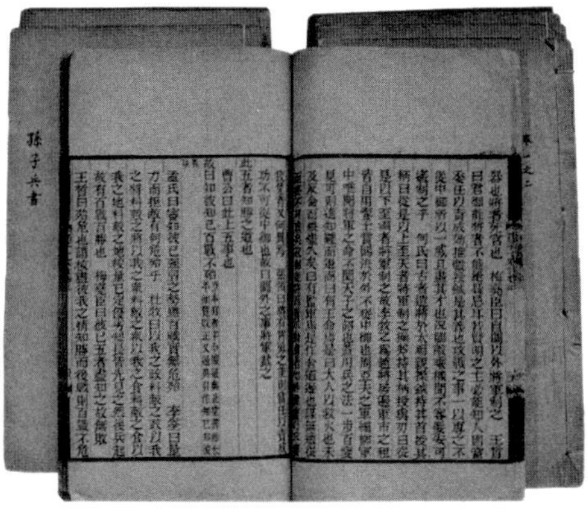

⊙ **清版《孙子兵法》书影**
正式称《孙子兵法》为武经，定《孙子兵法》为武学教本，应当始于宋代。明代因之，亦列《孙子兵法》于武经七书之首。清时，言兵者亦莫不奉其为圭臬。民国初年，蒋方震首以现代兵学为《孙子兵法》作新释，从而为孙子研究开辟一崭新途径。

一、战略指导思想

战略论是孙子军事学说的主体部分。孙武在此书中首次提出了战略概念——“庙算”，具体论述“安国保民”的最高目标、“五事七计”的全局运筹、“不战屈敌”的止战谋划、“知彼知己”的作战指挥等战略思想。在战略论中孙子提出“安国全军”、“唯民是保”的战略目标，把“重战”、“慎战”作为根本用战原则，并从其对待战争的严肃态度出发，评述了“五事七计”的重要性。“重战”，即重视战争，提高警惕，加强戒备，应取态度是：“无恃其不来，恃吾有以待之；无恃其不攻，恃吾有所不可攻也”。慎战即开始须慎重，其原则是：“非利不动，非地不用，非危不战”。“五事七计”书中详述“道”（治道）、“天”（天时）、“地”（地利）、“将”（将帅）、“法”（法度）五要素，及其“主孰有道、将孰有能、天地孰得、法令孰行、兵众孰强、士卒孰练、赏罚孰明”等七个对战备全局作正确估计的七个条件。但孙子并没有认为军事力量越强越好，而是主张顾及国力，有限地发展军事。孙子反复强调要以“伐谋”、“伐交”作为优先的决策，总结“不战而屈人之兵”的“全胜

公元前505年

中国大事记：
楚大夫申包胥"哭庭借兵"，秦派兵救楚。吴国内乱退兵，楚昭王复国。

战略"。而在实战中争取一"军"、一"旅"、一"卒"、一"伍"之"全"仍不失为上策。如此,"谋""攻"思想已贯彻到底。

孙子关于"知彼知己"和"致人而不致于人"之说，为作战指挥的战略原则，并尽可能"策之而知得失之计，作之而知动静之理，形之而知死生之地，角之而知有余不足之处。"争取"先机之利"、"致人"、"不致于人"，掌握战争的主动权。

二、作战策略思想

以战略为基础，孙子提出相应用兵策略。其重要策略原则有六：其一，因利制权，因敌制胜。其二，奇正相生，出奇制胜。其三，避实击虚，击其惰归。其四，我专敌分，以众击寡。其五，攻其无备，出其不意。其六，示形用诈，诡道制胜。

三、军事哲学思想

孙子论"天"："阴阳、寒暑、时制也"，是自然界之天；论"道"："令民与上同意也"，具有民本主义因素。在书中把具有理性思维的人，放在认识和掌握战争规律的主体地位，并详细分析了战争对客观条件的依赖关系。孙子重视矛盾的相互依存，尤其重视矛盾的相互转化，说"乱生于治，怯生于勇，无恒形"，关键是造成"胜兵先胜"的条件，促使矛盾向有利方面发展。《孙子兵法》除三个主要方面以外，各篇均有其主题思想，又构成一个完整的思想体系。

孙武的战略思想对后世产生了巨大的影响，孙膑、吴起的兵书吸收了很多孙武的思想；曹操亲自为《孙子兵法》做过注释；唐太宗曾赞曰："观诸兵书，无出孙武。"宋神宗颁定《孙子兵法》为《武书七经》之首。

孙武以及他的《孙子兵法》在国际上也很有影响，唐代时传到日本，1772年,《孙子兵法》被译成法文版本，英国的汉学家称《孙子兵法》为"世界最古的兵书"，美国人则盛赞孙子是"古代第一个形成战略思想的伟大人物"。孙武的确堪称"百世兵家之祖"。

孙武的军事思想还被广泛地应用于政治、外交、经济、科技、体育竞赛等社会生活的各个方面。

先师孔丘

孔子名丘，字仲尼，是鲁国陬邑(今山东曲阜)人，春秋末年的思想家、政治家和教育家，同时也是儒家学派的创始人。孔子的祖先是殷商王室的后裔，居住在宋国，后来为了避祸才逃到鲁国，定居下来。孔子的父亲名叫叔梁纥，曾以勇敢和臂力过人立下战功。叔梁纥在66岁左右与未满20岁的颜徵在结婚。婚后两人曾到山东曲阜东南的尼山拜神求子；后来生下了孔子，便取名为"丘"，字"仲尼"。

⊙孔子像

孔子3岁时就遭受了丧父之痛，母亲颜氏把他带到当时鲁国的都城曲阜。由于父亲早逝，家中贫困，孔子只好瞒着母亲，辍学在叔孙氏家放牛。叔孙氏家有许多藏书，孔子经常借来阅读，成了知识渊博的人，孔子的名声也渐渐传开了。

20岁时，孔子的妻子为他生了一个儿子，鲁昭公闻信，派人送来鲤鱼，表示祝贺。昭公赐鱼

公元前500年

世界大事记：
小亚细亚的希腊城邦米利都发动起义，反抗波斯对小亚细亚沿岸希腊城邦的统治，成为希波战争的导火线。

之事，使孔子在曲阜声名鹊起。随后季平子根据孔子的业绩，擢升他为管理户口的司职吏。孔子上任以后，施行了五条措施，鲁国人奔走相告，外邦人陆续迁入，鲁国人口剧增。孔子不到30岁，就已经掌握了“六艺”，也就是礼节、音乐、射箭、驾车、书写、计算。此外，还掌握了以《诗经》、《尚书》、《礼记》、《乐经》、《周易》、《春秋》为代表的各种文献资料，真正是才高八斗、学富五车了。这样一来，许多人都愿意拜他为师，他便办了一些私塾，收了许多学生，提出有教无类的教育方针。“孔门四科”意为孔子所传授的4门学术，指的是德行、言语、政事和文学，相关的记述见于《论语·先进第十一》：“子曰：‘从我于陈、蔡者，皆不及门也。德行：颜渊、闵子骞、冉伯牛、仲弓；言语：宰我、子贡；政事：冉有、季路；文学：子游、子夏。’”孔子在此分别举出了4个学科门类之下最为优秀的学生。唐代开始，“孔门四科”的提法逐渐受到学者的重视。明清时期，“孔门四科”演变为“儒学四门”——义理、辞章、经济和考据。

孔子在34岁时，赴洛阳会见道家学派的创始人老聃。这一次会见，使孔子学到了周朝的礼

·曲阜孔庙与孔府·

曲阜孔庙距今2400多年，是我国现存建筑时间最早的祭祀孔子的古代祠堂建筑群。面积为327亩，南北全长1120米，前后9进院落，共466间房屋，其中有5座大殿、53座门坊、13座碑亭以及其他祠、坛、阁、堂等，布局严谨，气势雄伟，建筑壮丽巍峨，既有帝王宫殿的金碧辉煌的气魄，又不失文化发源地的庄重儒雅之风。它包括9重院落，前三重院落为引导性庭院建筑，包括金声玉振坊、棂星门、太和元气坊、至圣庙坊、圣时门、壁水桥、弘道门、大中门、同文门、奎文阁、十三碑亭等。从第四重院落开始，曲阜孔庙的布局则分为左路、中路和右路。中路建筑是祭祀孔子和先儒名士的场所，包括：大成门、大成殿、寝殿、圣迹殿和两庑。左路建筑为孔子的家庙，是祭祀孔子上五代先祖的场所，包括：承圣门、诗礼堂、故井、鲁壁、崇圣祠。右路的重要建筑有：启圣门、金丝堂、启圣王殿、寝殿等，主要祭祀孔子的父母。孔庙的碑林也同建筑本身一样闻名全国，共有大小碑刻2200多件，集中在大成殿两侧的东西两庑和十三碑亭中，真、草、隶、篆俱全，堪称石刻艺术宝库。孔庙东侧便是孔府，是孔子嫡长孙的府第，孔子死后，子孙世代居于故宅，称为庙宅。

⊙ 孔庙杏坛
位于孔庙大成门与大成殿之间甬道正中，原为孔子旧宅教授堂遗址，宋时将此堂旧址“除地为坛，环植以杏，名曰杏坛”。整个建筑玲珑典雅，为孔子从事教育活动的重要标志。

公元前494年

中国大事记：
吴王夫差大败越军于夫椒（今江苏太湖椒山），勾践称臣归附，与大夫范蠡到吴国做奴仆。

⊙ **孔子讲学图　清**

此图表现了春秋时期孔子在杏坛讲学的情景。图中孔子端坐讲授，弟子们在周围恭敬地聆听。作品因是宫廷绘画，所以特别讲求用色和整体结构。

乐及文物制度。孔子对老子的道家思想佩服得五体投地，称他为云中之龙。公元前513年，鲁国发生“三桓”之乱，鲁国掌权的三家大夫——季孙氏、孟孙氏、叔孙氏把鲁昭公轰下了台。这时，孔子也在鲁国呆不下去了，只好来到齐国。这一次齐景公待他很客气，还向孔子询问了治国的道理。孔子提出了“正名”的主张，即所谓“君君、臣臣、父父、子子”，也就是说，君、臣、父、子都应当名副其实，各自都按等级名分的要求行事。齐国宰相晏婴认为孔子学说不过是书生之见罢了，并非齐国的当务之急。齐景公听从晏婴的话，决定不用孔子。这样，孔子便离开齐国，又回到鲁国教书，跟他学习的人越来越多。

到了公元前501年，鲁定公任命孔子做了中都宰，后来又提升为司空、司寇。这时，齐国要与鲁国假意会盟的事引起了孔子的注意。他建议鲁定公防备齐国的阴谋，多带一些大将和兵马前去。在夹谷（今山东莱芜县之夹谷峪）会盟上，孔子发挥了重要作用，使鲁国在外交上取得了胜利。鲁定公被胜利冲昏了头脑，以为天下太平了，便不过问政事，整天吃喝玩乐。孔子想劝说他，但他总是躲着孔子。无奈之下，孔子便离开了鲁国。

孔子先后到过卫国、曹国、宋国、郑国、陈国、蔡国、楚国。这期间，孔子曾经在陈、蔡之间受困，7天没吃上饭，但孔子依旧不改其初衷，坚持讲诵弦歌，表现了他乐观豁达的人生态度。

公元前484年，孔子又回到了鲁国。鲁哀公和大臣们多次向孔子问政，但最终还是没有起用孔子。此后的5年里，孔子专心从事文献整理和教育事业，删《诗经》、《尚书》，定《礼记》、《乐经》，修《春秋》，授徒多达3000多人，其中，道德高尚精于六艺的就有72贤人。

公元前479年，孔子去世。孔子死后，为后代留下了丰富的思想遗产。孔子强调仁，这是充满人道主义的光辉思想，也是春秋时期社会动荡不安的客观反映。经孔子编著整理保存下来的诸如《春秋》、《尚书》、《诗经》等书籍，对后世的学术思想影响极大。

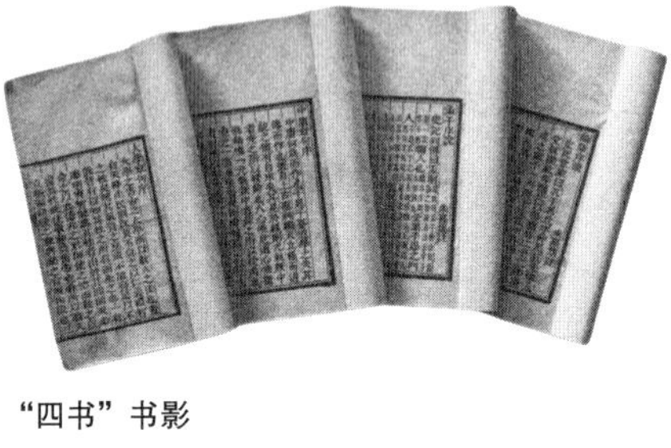

⊙ **“四书”书影**

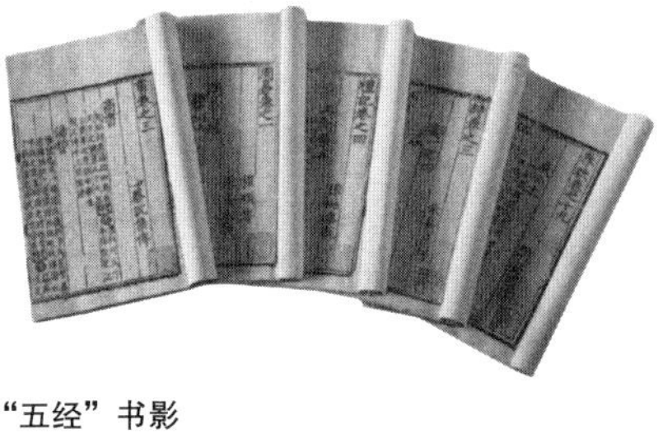

⊙ **“五经”书影**

公元前492年

世界大事记：
波斯大流士一世派遣海、陆军远征希腊，希波战争开始。

卧薪尝胆

晋国在邲打了败仗，霸业开始衰落。楚国渐渐强盛起来。此后，晋楚争霸，各不相让。后来，经宋国调停才罢兵讲和。

在中原局势渐趋平静的时候，南方的吴越争霸开始了。吴国的国王阖闾，依靠伍子胥、孙武等人的辅佐，在柏举（今湖北麻城）之战中打败了楚国。但就在吴军攻入郢都的时候，越国军队向吴国发起了进攻，从而揭开了吴越争霸的序幕。

吴王阖闾得知越国攻吴的消息，立即从前线回师攻打越国。公元前496年，越王允常病死，其子勾践继位。吴王阖闾趁越国刚刚遭到丧事，发兵攻打越国，两军在槜李（今浙江嘉兴）展开大战。结果，吴军大败，阖闾中箭受了重伤。阖闾临死前，对儿子夫差说："千万不要忘记越国的仇恨。"

夫差即位后，发誓一定要打败勾践，为父亲报仇。他任命伍子胥为相国，伯嚭为太宰，励精图治，准备攻打越国。

过了两年，勾践探知夫差昼夜练兵，就想先发制人。吴王夫差率兵迎战，双方大战于夫椒。结果，越军大败，勾践战败逃到会稽山上，被吴国追兵围困起来。

勾践以为局面已临近最后关头，准备杀妻与吴王决一死战。他手下有两个很有才能的人，一个叫文种，一个叫范蠡。他们认为一味蛮干，只有死路一条，不如先贿赂吴国权臣伯嚭，以求生路。便暗中派人把一批越女和奇珍送给他，托他在夫差面前说好话。伯嚭果然接受礼物，在夫差面前劝说一番。

夫差不顾伍子胥的反对，答应了越国的求和条件，但要勾践到吴国去赎罪。

勾践把国家大事托付给文种后，就带着夫人与大夫范蠡去了吴国。夫差派人在其父阖闾墓旁筑了一个石屋，将勾践夫妇、君臣赶进屋中，换上囚衣，去做喂马的苦役。夫差每次坐车出去，叫勾践牵马，叫范蠡伏在地上当马镫。

·西　施·

⊙ 西施像

"西施越溪女，出自苎萝山"，唐大诗人李白诗句中所说的苎萝山，位于诸暨城南的浣纱江畔。西施之美，倾国倾城。一个美女把一个王国颠覆了，同时又托起另一个王国，不能不说是令人惊叹的事。

西施是越女，是水的精灵，如同碧荷生长在清塘间，一尘不染、自然活泼。在明净的水边，范蠡遇上了她，爱上了她，然而越国沦亡的现实使得这段爱情无法生长，要么毁灭，要么经受一段耻辱。范蠡无奈之下忍痛割爱，把西施献给了踌躇满志的吴王夫差。夫差一见倾心，欲与西施长相厮守。"智勇多困于所溺"，迷醉于西施的夫差荒于朝政，最终沦为亡国之君。越国的胜利带给范蠡和西施的并不都是欢悦，饱尝思念之苦的一对恋人，此时格外渴望相濡以沫的生活，哪怕是抛弃荣华富贵。范蠡此时已意识到自己功高震主，难免遭受猜忌，也决定带西施远游。而西施，内心更多的是屈辱，她早已不堪政治纷争，始终向往山间自在的生活。于是，湖海之间有了一对如影随形的情侣，有了一段浪漫美好的传奇。

公元前484年

中国大事记：
吴王率大军伐齐，伍子胥因谏诤吴王被赐死。

⊙越王勾践卧薪尝胆图

这样过了两年，勾践在吴国吃尽了苦头。文种又给伯嚭送去珍宝美女，请他在夫差面前进言放回勾践。夫差对伯嚭一向唯命是听，又觉得勾践这两年的表现的确是真心归顺了他，也就微笑点头了。

勾践在越3年，受尽苦难。周敬王二十九年(公元前491年)，吴王夫差赦勾践归国。自此，勾践广纳贤士，立志报仇雪恨。为了不忘屈辱，磨砺志气。他自己身穿粗布衣服，不吃肉食，住在简陋的屋子里，把席子撤去，用柴草做褥子；在吃饭的地方悬挂一个苦胆，每逢吃饭的时候，先尝一尝苦胆，然后大喊一声："勾践，你忘记会稽的耻辱了吗？"他不断激励自己，振作精神。这就是"卧薪尝胆"故事的由来。

勾践亲自与百姓一起共同劳作，让夫人织布裁衣，与民同甘共苦。经过长期的艰苦奋斗，"十年生聚，十年教训"，越国最终从失败中重新崛起。

面对越强吴弱的发展态势，伍子胥忧心如焚，他对夫差说："我听说勾践卧薪尝胆与百姓同甘共苦。"夫差不仅不听，反而疏远了伍子胥。又过了两年，夫差带兵进攻齐国，得胜而归。文武官员全说恭维话，只有伍子胥在夫差面前批评说："这次进攻齐国，只能算是一次小胜利。如果越国不灭，才是心腹大患。"吴王夫差大怒，赐伍子胥一把宝剑，令他自杀了。不久，勾践留下文种处理朝政，自己与范蠡率精兵五万袭击吴国，打败吴国守军，杀了吴国太子。

公元前473年，勾践再次进攻吴国，把夫差包围在姑苏山上。随后，越军消灭了吴军。勾践封给夫差一块地方甬东，在会稽东边的一个海岛。夫差痛悔自己相信伯嚭之言，而忠言却听不进去，于是他以布蒙面，伏剑自杀了。勾践以国王的礼节埋葬了夫差，又诛杀了伯嚭。

当时，吴越之地的铸剑技术很高超，与勾践相联系的有一把名剑——越王勾践剑。越王勾践剑于1965年在湖北江陵望山一号墓出土，保存完好，剑长55.7厘米，出土时寒光闪闪，剑刃仍很锋利。剑身满布黑色菱形花纹，纹饰精美，镂刻最细处仅0.1毫米。近剑格处有两行鸟篆铭文，此剑寒气逼人、锋利无比，历经两千多年，纹饰仍然清晰精美，加之"物以人名"，此剑被誉为"天下第一剑"。剑柄、剑格乌黑，剑格两面铸有花纹，分别嵌有蓝色玻璃与绿松石。剑首向外翻卷作圆箍形，内铸11道宽度不到1毫米的同心圆。越王勾践剑制工精美，显示出铸剑师的卓越技艺，堪称国宝。吴越战争是春秋时期的尾声。到了公元前475年，进入战国时期，我国封建社会开始了。

⊙吴越战争图

公元前478年

世界大事记：

雅典、爱琴海诸岛和小亚各城邦组成海上同盟，称“提洛同盟”。

战国争雄

三家分晋

东周时期，诸侯国内有大夫采邑，一个采邑实际是一个小国。因为诸侯兼并，某些诸侯国土地扩大了，国内某些采邑也跟着扩大起来。大采邑间由开始兼并到盛行兼并，与诸侯兼并走着同样的道路，不过两种兼并的作用却明显有所不同。诸侯兼并破坏了被灭国的宗族，加强了本国内的宗族；采邑兼并则是破坏了国内失败的宗族。家族代宗族而兴起，这主要是战争的结果。

食采邑的贵族有两类。一类是国君的儿子，按规定，嫡长子得以继承君位，其余食采邑做大夫，如鲁国的三桓，郑国的七穆，齐国的高、国、崔、庆等。一类是有功的异姓人，也得食采邑做大夫，如晋国六卿中范氏、赵氏，齐国陈氏等。大夫的采邑与名位都是子孙世世继承不绝，国君在这些世袭贵族中选出一人或数人做卿，助国君掌管国政。到后来，华夏诸侯国如晋、齐、鲁、宋、郑、卫等国，卿也成为子孙世袭，国政被几家世卿把持，某些宗族变成强宗，采邑变成强国。

大夫被宠或有功或有权力，可以获得国君的赏田、赏人，也可以向国君请赏，或瓜分其他

·《国语》·

《国语》也叫《春秋外传》，是杂记西周、春秋时周、鲁、齐、晋、郑、楚、吴、越八国人物、事迹、言论的国别史。据说为春秋晚期鲁国人左丘明所作，与《左传》同为解说《春秋》的姊妹篇。近代学者研究证实，春秋战国时有称为瞽蒙的盲史官，专门记诵、讲述西周历史。左丘明即是著名瞽蒙之一，他比孔子略早一些，其讲史曾得到孔子的赞赏。瞽蒙讲述的史事被后人笔录成书，称为《语》，按国家名称区分为《周语》、《鲁语》等，总称为《国语》。西晋时曾在魏襄王墓中发现很多写在竹简上的古书，其中有《国语》三篇，言楚、晋之事。这表明战国时该书已流传于世。今本《国语》应该就是这些残存记录的总集。由于是口耳相传的零散原始记录，所以很多内容是言辞，在国别和年代上也很不平衡。全书21卷中，《晋语》9卷，《楚语》2卷，《齐语》只有1卷。《周语》从穆公开始，还属西周早期；《郑语》仅记桓公谋议东迁之事，应在春秋之前；《晋语》记到智伯被杀的事，已属战国之初。《国语》分国别记言，开创了史料编纂学上的国别体。

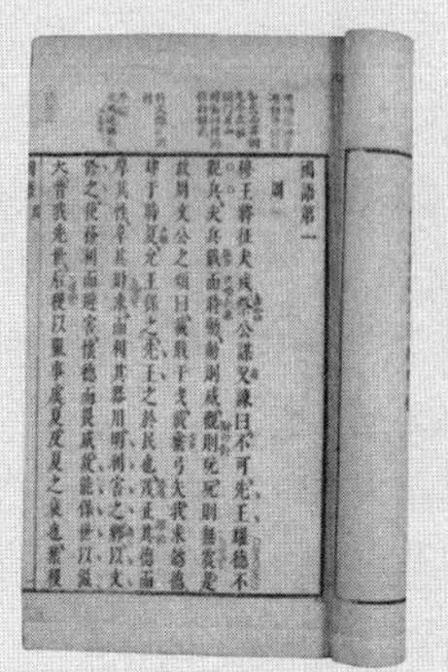

⊙《国语》书影

公元前405年

中国大事记：
田氏内乱，导致三晋与齐大战，齐国战败。齐宣公去世，子康公继位。

宗族的土地，甚至可以瓜分公室。鲁国在公元前562年，季孙、孟孙、叔孙三家三分公室，作三军各得一军；到公元前537年，三家又四分公室，季孙得二，孟孙、叔孙各得一，季孙私属甲士多至7000人。

东周前期，诸侯武力兼并，晋悼公兴霸业，先给人民免旧欠，救灾难，轻赋敛，赦罪人等好处。东周后期，齐国田氏、晋国的韩赵魏三家，政治上比较开明，所以成为大夫兼并的最后胜利者。

在周代初年的所有封国中，晋国的面积最大，力量最强，最有资格统一中国。

晋国国君的权力衰落后，实权由栾、中行、赵、魏、韩、智六家大夫把持，他们又以自己的地盘和武装，争权夺利，互相攻战。后来只剩韩、赵、魏、智四家。四家中智伯瑶势力最大，野心也最大。智伯瑶打算下一步侵占韩、赵、魏三家的土地，于是把赵襄子、魏桓子、韩康子三大夫请到家中，设宴款待。席间智伯瑶对三家大夫说："晋文公时，晋国是中原霸主，后来霸主地位被吴、越夺去了。为了重振晋国雄风，我主张每家献出一百里土地和相应的户口交国君掌管。"韩康子害怕智伯瑶的势力，首先表示赞同，愿把韩家土地和一万家户口交给国家；魏桓子心里不愿意，但也不得不表态，也把百里土地和九千家户口交给智家，智伯瑶见赵襄子一言不发，便用言语威胁他。赵襄子性格耿直，看智伯瑶贪婪的样子，非常气愤，便说："土地是祖宗遗产，要送给别人，我实在不敢做主。"智伯瑶听罢立刻翻脸，智、赵席上争吵不休，赵襄子一甩袖子走了。智氏立刻决定讨伐，并亲自带兵马为中军，让韩为右军，魏为左军三军直奔赵城。赵襄子寡不敌众，边战边退，退到晋阳（今山西太原）闭关固守。整整打了两年的仗，智军就是攻不下赵城。

智伯瑶无计可施，十分恼火。一天智伯瑶绕赵城察看地形时，看到晋阳城东北有晋水河，水势湍急，受到启发。智伯瑶便命令士兵筑坝蓄水，想把晋阳全城淹没。

大水淹进晋阳城以后，赵襄子焦虑不安，愁眉不展，就与谋士张孟谈探讨对策。赵襄子说："目前百姓情绪稳定，只是水势若再往上涨，全城就难保了，这可怎么办呢？"张孟谈分析说："攻城不如攻心。我看韩、魏把土地割让给智家，并不是心甘情愿的，我们何不派人游说，把韩、魏争取过来，请他们帮我们一起对付霸道的智伯瑶。"赵襄子同意这主意，就派张孟谈连夜出城，直奔韩、魏两营。韩、魏二大夫正担忧自己的前途，经张一说，都赞同合力对付智伯瑶。

第二天深夜，智伯瑶在营帐里睡得正香，突然听见一阵喊杀声。他连忙披衣察看，发觉床下到处是水，以为大堤决口的水从晋阳城漫过来了，心里还挺高兴。但出帐外一看，兵营里一片汪洋，士兵给突来的大水，弄得惊慌失措，乱作一团。智伯瑶惊魂未定，转瞬间，三家军分由韩、赵、魏大夫带领，撑着木筏，从四面八方冲杀过来，打得智家军措手不及，被砍死的和淹死在水里的不计其数，智伯瑶也死于乱刀之下。

韩、赵、魏全歼了智家军，并乘势瓜分了晋国土地。公元前403年，三家派使者上洛邑去见周天子，要求晋封他们为诸侯。周天子见木已成舟，也就顺水推舟送个人情，正式晋封韩康子、赵襄子、魏桓子三人为诸侯。

从此以后，韩、赵、魏都成为中原大国，与秦、楚、燕、齐四个大国并称为"战国七雄"。

⊙ 双龙形玉饰　战国
西周的礼制中，玉器具有神秘而高贵的内涵，有着完整的佩饰体系。春秋战国时期，旧礼制逐渐崩溃，人们将有关君子的伦理道德观念与玉的特质相结合，使"君子之德比于玉"等观念应运而生。这种理念贯穿中国几千年的历史，成为后世玉器经久不衰的理论基础和精神支柱。

公元前450年

世界大事记：
罗马选出专门委员会，编纂成文法典。将法典刻在十二铜表上，史称“十二铜表法”。

商鞅变法

在战国七雄当中，秦国的政治、经济、文化各方面落后于中原各诸侯国。

公元前 361 年，秦国的新君即位，这就是秦孝公。他下决心发愤图强，把秦国治理成强国，他做的第一件事就是搜罗人才。卫国的一个贵族公孙鞅（就是后来的商鞅），在卫国的时候，国君不重用他。听说秦国在招收人才，便来到秦国，托人引荐给了秦孝公。

⊙ 商鞅像

商鞅对秦孝公说：“一个国家要富强，必须发展农业，奖励将士；治理国家，必须有赏有罚，赏罚分明，朝廷就会树立起威信，一切改革也就容易施行了。”商鞅的一席话非常符合秦孝公的心意。可是秦国的一些贵族和大臣却竭力反对。

过了两年，秦孝公控制了朝廷，稳定了君位，就拜商鞅为左庶长（秦国的官名），并把改革制度的事全权给予商鞅决断。

于是，商鞅起草了一个改革的法令，但是担心老百姓不信任他，不遵守新法令。他便想了个法子，叫人在都城的南门竖了一根三丈高的木头，下命令说：“谁能把这根木头扛到北门去，就赏这个人 10 两金子。”不一会儿工夫，南门口围了一大堆人，大伙儿你瞧我，我瞧你，就是没有一个人上前扛木头。商鞅知道老百姓不相信他的命令，就把赏金又加了 40 两。可是，赏金越高，看热闹的人越觉得不近情理，仍旧没人敢去扛。正在大伙儿犹豫不定的时候，从人群中跑出来一个人，那人说：“我来试试。”边说边扛起木头就走，一直扛到北门。商鞅立刻派人赏给扛木头的人 50 两金子。这件事立即传播开了，一下子轰动了秦

·吴起事魏·

周安王六年（公元前396年），魏文侯因吴起很会用兵，任命他驻守河西郡。

河西郡（今陕西华阴以北、黄龙以南、洛河以东、黄河以西的地区）与魏本土有黄河相隔，又地处西陲，随时会被秦和韩两国攻击。翟璜向魏文侯举荐吴起。吴起原是卫国人，喜好兵法，曾经拜孔丘的弟子曾参为师，并侍奉鲁君。齐向鲁用兵，鲁准备任用吴起为将，但因为他的妻子是齐国人，又疑心他能否担此重任。吴起于是杀其妻，以表明自己与齐战斗的决心。鲁当即任命吴起为将，后打败齐国。鲁人都指责吴起猜忌残忍、杀妻求将的做法，鲁君因此对吴起产生怀疑，而不重用他，吴起这才到魏以谋求发展。魏文侯先任命吴起为将，率兵攻秦，并夺秦五个城池。

吴起为人虽心毒手辣，但擅长领兵之术。吴起为将，和最下等的士卒吃穿一样，睡觉时不铺席被，行军时不骑马匹，并对士卒关怀备至，所以他部下的士卒都努力作战。古人有“孙子说同，吴子说和”之论，正是指吴起治兵以收服人心为本。吴起战绩辉煌，是战国名将，并且在军事理论上也有造诣，成为战国时代中国军事代表人物之一。

公元前403年

中国大事记：
周威烈王册命韩、赵、魏三家为诸侯，战国七雄局面正式形成。

国。从此，老百姓都知道左庶长的命令不含糊。

但是，这次改革遭到了许多贵族、大臣的反对。有一次，秦国的太子犯了法。商鞅对秦孝公说："国家的法令人人都要遵守。如果当官的人不去遵守，老百姓就不信任朝廷了。太子犯法，应当惩罚他的师傅。"后来，商鞅治了太子的两个师傅公子虔和公孙贾的罪，一个被割掉了鼻子，一个在脸上刺上字。这样一来，一些贵族、大臣都不敢触犯新法了。

周显王十七年(公元前352年)，大良造商鞅率兵围安邑(今山西夏县西北)，安邑降秦。第二年，商鞅又率军攻魏之固阳，迫使固阳归秦。秦因此越过洛水，收复公元前408年被魏夺走的部分河西之地。

为了进一步巩固秦国的统治，加强中央集权，商鞅于周显王十九年(公元前350年)进行更大规模的第二次变革。

"开阡陌封疆"，废除井田制。"开阡陌封疆"就是废除土地国有，把标志土地国有的阡陌封疆去掉。井田制首废于晋六卿中的赵氏。商鞅变法吸收赵氏改革的经验，并加以发展，在秦国境内正式废除井田制，确认地主和自耕农的土地所有制，在法律上公开允许土地买卖，并将政府拥有土地的授田制度扩大，便于地主经济的发展，增加地主政权的地税收入。

大力推行县制。商鞅第二次变法以前，在秦国某些地区就已存在县一级的行政机构。商鞅变法将这一行政机构推行于全国，使之成为秦国地方政权的基本组织形式。最初设置的县有30多个，其后，随着国土的扩张，又增加了许多。每县设县令和县丞，全县最高行政长官是县令，县丞是县令的助手。此外还设县尉，掌管全县军事。县制的普遍推行，把地方政权和军权集中到中央，巩固了中央集权的封建统治。

统一度量衡。此前，各地度量衡不一，不便于贸易往来。统一斗、桶、权、衡、丈、尺等度量衡后，地区间的商业往来十分便利，商业很快就兴旺起来，这一切对赋税和俸禄制的统一产生了积极作用。

扩大疆域，迁都咸阳。咸阳南临渭河，北依高原，地处秦岭怀抱，既便于往来，又便于取南山之产物。咸阳城规模宏伟，城内建筑有南门、北门、西门，由商鞅监修的咸阳宫在城内，是由众多的宫殿连接而成的宫殿群，雄伟壮观。为了加强秦王朝的封建统治，商鞅按照中原风尚、习俗，将秦的社会风俗改变。这次变法同样获得了巨大成功，秦的国力在变法之后继续上升。不久，秦国进攻魏国，从河西打到河东，最后攻下了魏国的都城。商鞅变法的成功为秦统一六国创造了条件。

孙膑、庞涓斗智

魏惠王也想仿效秦孝公，搜罗一个商鞅式的人才来治理国家。他不惜重金招徕天下豪杰。当时有个叫庞涓的人也来了，魏惠王亲自接见了他。庞涓讲了一些富国强兵的道理。魏惠王听了很赞赏，就拜庞涓为大将。

后来，魏惠王又听到孙膑很有才干，跟庞涓说起孙膑。庞涓派人把孙膑请来，跟他一起在魏国共事。庞涓发现自己的能力不如孙膑，怕有朝一日孙膑会取代他的地位，就告发孙膑私通齐国。魏惠王十分恼怒，治了孙膑的罪，在孙膑的脸上刺了字，还剜掉了他的两块膝盖骨。

正巧齐国有一个使臣出使到魏国，便偷偷地把孙膑带回了齐国。孙膑到了齐国后，齐威王对他大为赏识。

公元前354年，魏惠王派庞涓进攻赵国，齐威王就拜田忌为大将，孙膑为军师，发兵去救赵国。田忌血气方刚，欲直奔邯郸与魏军主力厮杀以解赵围；孙膑深谋远虑，认为不妥，他提出"批亢捣虚"、"疾走大梁"的策略，并解析这样可以避实击虚，不必付出惨重代价即可解邯郸之围。

公元前404年

世界大事记：
雅典战败，同斯巴达缔结和约，自公元前431年开始的伯罗奔尼撒战争结束。之后，希腊古典文明由全盛走向衰落。

田忌认为此策妙极，于是统率齐军主力向魏都大梁挺进。魏国此时已成四面受敌，更可怕的是齐国人击向了魏的心脏，庞涓无奈，以少数兵力控制千辛万苦刚刚攻克的邯郸，自己率魏军主力撤出赵国，回救大梁。这时，孙膑已安排齐军在桂陵潜伏，庞涓率军行至这里即遭到已等待多时的齐军突然截击。魏军在攻邯郸时已消耗很大兵力，再加上日夜兼程的行军，疲惫不堪，于是大败而溃；与此同时，邯郸也被赵军夺回。

⊙ 孙膑像

公元前341年，魏国又派兵进攻韩国。韩国也向齐国求救。那时候，齐威王已经死了，他的儿子齐宣王继承了王位。齐宣王派田忌、孙膑带兵救韩国。孙膑采用他的老办法，不去救韩，却直接去攻魏国。庞涓接到本国的告急文书，只好退兵往回赶。这时，齐国的兵马已经攻进魏国了。

庞涓率军撤回魏国，并加速追赶齐军。当追到齐军第一天扎营之地时，发现齐军营寨占地面积很大，从齐军做饭的炉灶数推测，齐军人数有10万左右。庞涓为齐军力量之大担忧。当第二天追到齐军扎营之地时，发现营地已缩小，炉灶也减少，推算齐军已由10万人减少至5万人左右。庞涓担忧之心渐轻，心里知道齐军的士兵人心不齐，有逃跑的士卒。当他追到齐军第三天扎营之地时，发现营地进一步缩小，炉灶也大为减少，估计此时齐军只剩3万人左右。他不由心中大喜，于是舍弃一部分军队，亲自率领精锐之师加紧追击。

魏军披星戴月，一直追到马陵（今河北大名县东南），天色渐渐黑了下来，马陵道十分狭窄，

·李悝变法·

战国初期的魏文侯（公元前424～前396年）是位有作为的君主。他任用李悝（公元前445～前395年）为相，在国内推行变法。变法的主要措施有：一、鼓励农民勤谨耕作。李悝认为农民的劳作态度直接关系到土地的收成高低。二、实行“平籴法”，丰年由国家以平价购进粮食，灾年则平价出售，使粮价保持平衡。三、依据“食有劳而禄有功”的原则，授予有功劳的人以职位和爵禄，取消那些无功于国而又过着奢华生活的人的世袭特权。四、编集《法经》，分为盗、贼、囚、捕、杂、具六篇，目的是为了保护地主阶级的生命和财产安全，维护新兴封建国家的统治秩序。李悝变法巩固了地主阶级的政权，发展了封建经济，使魏国在战国初期首先强盛起来。

约公元前350年

中国大事记：
甘德、石申编制《甘石星经》，是世界上最早的恒星表。

路旁边都是障碍物。庞涓恨不得一步赶上齐国的军队，命令大军摸黑往前追。忽然前面的路给木头堵住啦。

庞涓到前面一看，见道旁树全砍倒了，只留下一棵最大的没砍。那棵树上面还刮去了树皮。裸露的树干上面影影绰绰还写着几个大字，因为天色昏暗，看不太清楚。

庞涓叫兵士拿火一照，看见上面写的是："庞涓死于此树下。"

庞涓大惊失色，连忙命令将士撤退。霎时间，四周的乱箭，像飞蝗似的向魏军射来，马陵道两旁杀声震天，齐国的兵士铺天盖地地杀过来。

原来这是孙膑设下的计策，他故意让军队装出逃跑的样子，引诱庞涓追上来。他算准魏兵在这个时辰到达马陵，预先埋伏下一批弓箭手，吩咐他们只等树下出现火光，就一齐放箭。庞涓见无路可逃，便拔剑自杀了。

齐军乘胜大破魏军，把魏国的太子申也俘虏了。从这以后，孙膑的名声传遍了各诸侯国。他写的《孙膑兵法》一直流传到现在。

张仪连横

秦国经过改革，国力日渐增强。面对势力不断扩张的秦国，其他六国都感到恐慌。为了抵抗秦国，有人建议六国采取联合抗秦的策略。这种策略叫做"合纵"。另有一些人站在秦国一边，拉拢各国与秦国合作，打击其他国家，这种策略叫做"连横"。在主张"连横"的政客当中，要数张仪最有名望。

张仪是魏国人，他早年和苏秦同在鬼谷子先生门下求学。张仪学完课业之后，告别了老师和同学，到诸侯国去进行游说。

张仪历经千辛万苦到了秦国，这时，秦孝公已经死了，他的儿子秦惠王即了位。张仪凭借他的口才，果然得到秦惠王的信任，当上了秦国的相国。这时候，六国正在组织合纵。

在六国当中，要数齐、楚两国最强大。张仪认为要实行"连横"，必须拆散齐国和楚国的联盟，他向秦惠王献了个计策，他假装辞去秦国相位，带着厚礼，以游说者的身份投奔楚国。

⊙ **士的崛起**
战国时期，养士之风盛行，著名的"战国四公子"都养士千人。士与主人之间建立起一种新型的隶属关系。张仪、苏秦便出自于这样的阶层。

楚怀王对张仪在秦的显赫地位早有耳闻。张仪一到楚国，楚王就盛情款待了他。楚王对张仪说："您来我们这个偏僻落后的国家，有什么指教吗？"

张仪接过话茬说："大王如果能听我的意见，首先同齐国断交，不再同它往来，我能把秦国商、於一带的600里土地献给贵国；让秦王的女儿嫁给大王做妻妾。秦、楚两国之间娶妇嫁女，结为亲戚，永远和好。这样，削弱了北边齐国的力量，西边得到秦国的好处，我看没有比这更好的主意了。"

楚王喜出望外，赞成张仪的主张，一群溜须拍马的大臣都向楚王祝贺。

公元前359年

世界大事记：
马其顿腓力二世自立，实施改革，使马其顿成为希腊北部的强国。

·苏秦合纵·

苏秦是战国时期纵横家的代表人物。他与张仪同学，师从于鬼谷先生。苏秦入燕，深受燕昭王信任。苏秦认为，燕国欲报强齐之仇，必须先向齐表示屈服顺从，掩饰复仇的愿望，赢得振兴燕国所需的时间。其次，要鼓动齐国不断进攻其他国家，以防止齐国攻燕，并消耗其国力，为此，他劝说齐王伐宋，合纵攻秦。公元前285年，苏秦到齐国，挑拨齐赵关系，取得齐滑王的信任，被任为齐相，暗地却仍在为燕国谋划。齐滑王不明真相，依然任命苏秦率兵抗御燕军。齐燕之军交战时，苏秦有意使齐军失败，五万人死亡。他使齐国群臣不和，百姓离心，为乐毅五国联军攻破齐国奠定了基础。

之后，苏秦又说服赵国联合韩、魏、齐、楚、燕攻打秦，赵国国君很高兴，赏给苏秦很多宝物。苏秦得到赵国的帮助，又到韩，游说韩宣王；到魏，游说魏襄王；至齐，游说齐宣王；又往楚，游说楚威王。诸侯都赞同苏秦之计划，于是六国达成联合的盟约，苏秦为纵约长，并任六国相。回到赵国后，赵王封他为武安君。秦知道这个消息后大吃一惊。此后15年，秦兵不敢图谋向函谷关内进攻。

楚国把相印交给张仪，宣布与齐国解除盟约，并派使臣随张仪接收商、於之地。

张仪出使楚国的目的达到了，他一回到秦国便假装从马上掉下来伤了脚，一连3个月都不理楚国使臣。后来，齐国见楚国不讲信义，便与秦国联合了。张仪见计划实现了，便把楚国使者打发走。楚国使者再一次向张仪索要土地时，张仪耍赖不承认有这回事了。

使者回来一报告，楚怀王怒发冲冠，发动10万大军攻打秦国。秦惠王也发兵10万人迎战，齐国赶来助战。楚国一败涂地，10万人马只剩了两三万，商、於600里地没到手不说，还被秦国夺去了汉中600里地。

后来，张仪又放心大胆地去韩国、齐国、赵国、燕国等国逐一地推行他的连横策略。在他策划下，秦对韩、魏采取又拉又打的策略，迫使这些国家就范，力图侍奉秦国以求相安无事。张仪还曾率军向东侵伐，使秦完全占有了河西、上郡等地，并在河东占有土地，掌握了黄河，国威大振。

张仪作为一个纵横家，活跃在战国的政治舞台上，他以言辞和策术游说各国君主，成为战国时期特有的政治活动家。

胡服骑射

北方的赵国看到秦国恃强凌弱的做法，知道只有发愤图强，才能国泰民安。赵国的国君武灵王，是个很有远见的国君，面对周边的诸侯国日益强大，便考虑着赵国的发展前途。

周赧王八年（公元前307年），赵武灵王率军攻取中山国的房子（今河北高邑西南）之后，大军直达无穷之门（今河北张北），又自北而西到达黄河边，考察了赵国北面的游牧部族地区。赵武灵王意识到，在北方山地和丘陵地区不能使用车战，胡人身着胡服骑马射箭的作战技术则显示出特有的长处。于是他就着手进行军事改革。

有一天，赵武灵王对他的臣子楼缓说：“咱们国家东边有齐国、中山（古国名），北边有燕国、东胡，西边秦国、韩国和楼烦（古部落名），我们如果不强大起来，随时都会遭受灭顶之灾。

公元前299年

中国大事记：
楚怀王被骗入秦，秦王将其扣留，太子横被立为王，即楚顷襄王。

要发愤图强，就必须改革一番。我觉得咱们穿的长袍大褂，干活打仗都不方便。相比之下，胡人(泛指北方的少数民族)的短衣窄袖，倒是很灵活。我打算效仿胡人的风俗，把我们的服装改一改，你看怎么样？”

楼缓一听，连声说好，他说：“咱们效仿胡人的穿着，也能学习他们打仗的本领啦！”

赵武灵王说：“对啊！咱们打仗全靠步兵，或者用马拉车，这样不如骑马灵活机动。我们学胡人的穿着，就是要学胡人那样骑马射箭。”

这个想法一传开去，就遭到许多大臣的反对。公子成是赵武灵王的叔父，在赵国影响力很大。他先是以不能“变古之教，易古之道”为由拒绝穿胡服。赵武灵王于是亲至公子成家，反复说明事与礼可以随时代而变，并讲述胡服的优越性，赵要想永远立于不败之地，就得改革以加强军事实力。赵武灵王表示要继承赵简子、赵襄子的事业，振兴赵国。赵武灵王的慷慨陈辞，令公子成备受感动，于是第二天他便胡服上朝。公子成对胡服骑射改革的支持，使得赵武灵王有信心将这项军事改革坚决贯彻下去。

⊙ 赵武灵王胡服骑射复原图

赵武灵王向全国发布胡服命令。这时有王族赵文、赵造和王子傅周绍等大臣向赵武灵王进谏以质疑胡服骑射，不断陈述习俗、礼教的不可变更性，希望他收回成命。赵武灵王批驳说：“三代不同服而王，五伯不同教而政”，“法度制令，各顺其宜，衣服器械，各便其用”。批评他们不知时变，不谙治国。他们最后不得不接受了胡服。

赵武灵王看到条件已经成熟，就发布了一道改革服装的命令。不久，赵国人不分贫富贵贱，都穿上了胡服。一开始，人们还觉得有点不习惯，后来觉得穿了胡服实在方便灵活得多。

赵武灵王接着又号令国人学习骑马射箭。他把攻下的原

⊙ 骑马俑　秦

骑兵是战国以来形成的新兵种，机动性强，富有杀伤力，至战国末年，骑兵成为各国的主要兵种。秦国在六国中对骑兵的建制最为重视，不仅有优良的马种，而且有身材极为强壮的骑士。这是目前发现的最早的骑兵陶俑，也是现在所知的最早的胡服。通常所说的胡服是指古代我国北方少数民族轻便简洁的一种适宜骑马的服装。

公元前337年

世界大事记：
腓力二世在科林斯城召开全希腊会议，成立希腊联盟（又称科林斯联盟），希腊落入马其顿之手。

阳（今山西大同北）改为“骑邑”,用来培训骑兵。大臣牛赞进谏：“使不得，大王！国家和军队的常规是不能改变的。”赵武灵王立即驳斥他：“依你说，经济发展，社会进步了，国家和军队还应该是一成不变吗？”“今重甲循兵，不可以踰险；仁义道德,不可以来朝。”牛赞被斥责得无言以对。从这里可以看出，赵国胡服骑射改革的过程是艰难而又曲折的。这不只是单纯的易服，而且还是一场尖锐的思想政治斗争。

赵国原来的服装是宽袍大袖，里三层外三层，十分烦琐；改为胡人服饰后变成紧身短装，束皮带，穿皮靴，轻巧利索，很适合马上训练、作战。赵武灵王组织培养出一支强大的骑兵，使之成为赵国军队中一个重要组成部分，为赵国发展成为东方六国最强国作出了卓越贡献。春秋以来，骑兵虽已出现，但数量很少，在军队中地位无足轻重。赵武灵王通过骑射改革，建立起强大的骑兵队伍，这为中原国家军队的发展提供了范例。

赵武灵王的改革很快收到了成效。胡服骑射举动不仅拓展了赵国的疆土，壮大了赵国的实力，而且使赵国继晋之后与燕国同为北方民族融合的中心，也为中原的生活方式带来了新的因素。公元前305年，赵武灵王亲自率领骑兵打败了临近的中山，又收服了东胡和临近几个部落。到了实行胡服骑射以后的第七年，中山、林胡、楼烦都被收服了，赵国的土地扩大了许多。

赵武灵王经常带兵外出打仗，把国内的事务交给儿子处理。公元前299年，他把国君的位子传给了他的儿子，就是赵惠文王。赵武灵王自己改称叫主父(意思是国君的父亲)。

⊙ 战国时期贵族服装复原图

战国时期纺织业有了很大发展，首先发明了脚踏板织布机，可手脚并用，大大地提高了生产效率，其次，提花工艺和刺绣技术的广泛应用使得纺织品的质量提高。

·冠　礼·

冠是古代男子成人的标志。几乎每一个民族都有自己的成年礼。古代汉族男子到了20岁就必须按照“始加，再加，三加”的程序行“加冠礼”，再取一个名之外的“字”，以此来宣告自己已经成人。女子年满15岁便算成人，可以许嫁，谓之及笄。如果没有许嫁，到20岁时也要举行笄礼，由一个妇人给及龄女子梳一个发髻，插上一支笄，礼后再取下。在西南的一些少数民族中，男女成年有“穿裤”、“染牙”和“盘发髻”等仪式。在春秋战国时期，冠不仅是成年男子和“童子”的区别，它还是君子的象征。冠不只是头上之物，还是“礼”与“非礼”的界限。其实，包括冠礼在内的礼仪，是典型的儒家思想的产物。春秋战国时期的“冠礼”虽只是一个成年的仪式，但是成年的意识却是通过“冠”这个特定的载体传达给社会的。所以，对于一个人来说，“冠”在礼当中的意义完全超过了它在服饰中实用的功能。因此，“行冠礼”也就自然成了人生当中的头等大礼。

公元前284年

中国大事记：
燕将乐毅率燕、韩、赵、魏、秦五国联军伐齐，齐湣王发觉苏秦是燕国间谍，将其车裂。

狡兔三窟

孟尝君名叫田文，是齐国的贵族，他与信陵君、平原君、春申君合称战国四公子。这四位公子都有养士之好，凡是投奔他们门下的人，都被留下来供养着。据说，各家都有数千食客，尤其是孟尝养士的声名最大。

孟尝君有个门客叫冯谖，齐国人，家里穷得几乎无法生存，只好托人转求孟尝君，愿意在门下当一名门客。

孟尝君手下的门客，以为冯谖没有什么本领，都瞧不起他，尽给他吃粗茶淡饭。有一天，午饭后，冯谖背靠大厅的圆柱上，有节奏地敲击长剑，高声唱起歌来："长剑归去吧，这里没有鱼吃。"孟尝君听到禀报后，说："给他鱼吃，把他安排在食客当中。"一天，冯谖从街上回来后，又靠在圆柱上唱起来："长剑回去吧，在这里出门没车坐呀！"孟尝君听到禀报后说："给冯谖的待遇要跟所有食客同等，他出门时，要给他备车。"过了不久，冯谖又唱道："长剑回归吧，在这儿无法奉养老人。"恰巧孟尝君亲自听到歌的内容，就吩咐每天三餐派人给冯谖的母亲送去食物。从此，再也听不到冯谖击剑高歌了。

一天，孟尝君派冯谖到薛邑去收租债。临别时，冯谖问："收完后，需要买些什么回来吗？"孟尝君说："你看我家里缺什么，就买什么吧！"

冯谖到薛邑后，就叫当地官吏马上召集所有欠债户，来验对票据凭证。待欠债的百姓到齐，票据也验对完毕，冯谖即假托奉孟尝君的决定：宣布所有应收的债款，统统赏赐给大家。说罢当众把所有票据用火烧了，老百姓万分感激孟尝君。

冯谖第二天见到孟尝君。孟尝君见他回来得这么快，很惊讶地问："债都收回来了？"冯谖答："收了。"孟尝君又问："买什么回来了？"冯谖答："遵您的吩咐，看您家缺什么买什么。我看，您家里只缺少'义'，所以替您买了'义'回来。"

⊙ 孟尝君像

孟尝君一时还没有品出话的意思。冯谖解释道："我自作主张，擅称是您的命令，宣布把债全部免了，把票据全都烧了。百姓感动得高呼不忘您的恩德。这就是我替您买回来的'义'呀！"孟尝君听后很不高兴。

一年后，齐湣王革了孟尝君的职位。孟尝君无奈之中，只好回到封地薛邑去安家。薛邑的百姓得知这个消息，个个扶老携幼，倾城而出，站在离城百里的路边，等候迎接孟尝君。孟尝君看到这番情景，十分感动，他回头看着冯谖说："今天见到先生买回的'义'了。"冯谖趁机说："狡兔有三窟，所以才能保全性命。如今，薛邑才算一窟，还不能高枕无忧。请允许我再给您营筑另两个窟。"孟尝君点头赞许。

后来冯谖去梁国对梁惠王说："齐国把大臣孟尝君放逐国外，而他是个非常有才德的人。哪个诸侯国任用他，哪个国家就会强盛起来。"梁惠王觉得很有道理，便决定请孟尝君为相。梁惠王派遣使者带一百辆车子、黄金千斤前往薛邑聘请孟尝君。

齐湣王听到消息后，大为震惊。他懊悔自己

公元前327年

世界大事记：
马其顿军队侵入印度西北部，至公元前317年撤离印度，整个北印度才统一于孔雀王朝。

当初太冒失了，马上派太子的老师带上千斤黄金和花纹精美的华贵车子，以及齐湣王自己佩挂的宝剑，作为馈赠孟尝君的礼物，并写了谢罪书。孟尝君答应回朝任相，并按照冯谖的策略提出请齐湣王把先王传下来的祭祖器分给薛邑一些，在薛邑建一座宗庙。齐湣王马上答应了。此后，孟尝君当了几十年的齐国宰相，一直顺顺当当，没有受到任何祸患和危害。

乐毅伐齐

齐湣王在位期间，骄横霸道，常常欺负弱小的国家。这样一来，许多诸侯国对他都不满，特别是燕国。

燕国也是战国七雄之一，在燕王哙做国君时，用子之为丞相。后来，燕王哙听信了坏人的主意，把国君的位子让给了子之，结果把国家搞得混乱不堪。齐国趁机进攻燕国，燕差点被灭掉。

燕王哙死后，燕昭王即位，他恨透了齐国，总想报仇雪恨。但自知国小地僻，力量对比悬殊，于是他礼贤下士。有人对燕昭王说，老臣郭隗有见识，请他帮助招贤纳士准错不了。燕昭王与郭隗一交谈，果然觉得郭隗很有才能，便为他造了一座精美的住宅，还拜郭隗作老师。

各国有才能的人听说燕昭王真心实意地招募人才，便纷纷来到燕国。乐毅以魏昭王使节的身份来到燕国，燕王用宾客之礼接待他，被乐毅婉言谢绝，并在昭王面前声声称臣。燕昭王高兴地任他为亚卿，经过考察，发现他非常有才能，便把国家大事交他处理。

经过几年的努力，燕国国力日盛，燕昭王看到齐国潜在的危机逐渐暴露，便与乐毅商讨如何征伐齐国。乐毅认为齐国地广人多，单靠燕国的力量不容易取胜，建议联合其他国家一同攻齐。燕昭王赞成乐毅的意见，派乐毅去赵国联络，派其他使者联合楚、魏两国，还叫赵国去说服秦国共同出兵。诸侯各国深受过齐湣王骄矜暴戾之害，都愿意跟燕国讨伐齐国。

乐毅等回来禀报燕昭王，燕昭王见时机成熟，便任命乐毅为上将军，统领全国军队。与此同时，赵惠文王也把相国的印交给了乐毅，授给他全权。公元前 284 年，乐毅统领赵、魏、秦、韩、燕五国的军队进攻齐国，齐军不敌众国倒山倾海之势，大败。

齐将达子召集逃亡的齐军士兵，整顿后继续作战，想以此挽回败局，但齐湣王不予援助。达子率军在秦周（今山东临淄西北）与五国联军再次交锋时又被打败，达子死于乱军之中。两次战役使齐国主力受到重创，不能再与五国联军交战。乐毅遂遣还秦、韩等国军队，让魏国进攻原宋国地区，赵国去攻取河间，自己亲率燕军长驱进击，攻打齐都临淄，齐湣王逃走。齐国疆土分裂，势力大减。

五国联合伐齐，是战国时的一场大战。后来，六国之间的自相残杀愈演愈烈。

·战国末期的兵器发展·

战国是一个争霸图强的时代，兵器的重要性尤其突出，决定着军队的战斗力。当时主要的兵器有青铜兵器和新兴的铁兵器。燕赵是铁兵器的最先使用者，韩国铁剑更是“当敌即斩”，此后铁兵器铸造技术相继为各国掌握。但当时铁兵器主要是刀、剑为主的短兵器。而当时的主流兵器矛、戟、戈等长兵器还多为青铜铸造。同时还出现许多新式的城防攻守用具。青铜长兵器用于较远距离的勾刺，是配合战车使用的最佳兵器。

公元前278年

中国大事记：
秦将白起攻破楚国国都郢，楚被迫迁都于陈，屈原悲愤难抑，以身殉国。

屈原投江

屈原出生在公元前340年的农历寅月寅日。生于硝烟弥漫的乱世，空负绝世才华和救世之志，却只能感叹报国无门，在一次次的打击和流放中体味忧世、忧生、忧民的精神之痛，这就是屈原的悲剧的一生。20多岁时受到楚怀王的信任，先后做过左徒和三闾大夫的官职，地位相当显赫，"入则与王图议国事，以出号令；出则接遇宾客，对应诸侯"，一度是楚国内政外交的关键人物。为挽救楚国的危亡，屈原提出了内修弊政，改革图强，外联齐国，抗秦图存的"美政"纲领。然而，在旧贵族的造谣中伤、陷害诋毁之下，他很快便遭到疏远，并在5年后遭受了人生中的第一次沉重打击，被流放到汉北。然而他绝不肯就此放弃。公元前292年，已回到楚国宫廷的屈原，因不懈坚持"美政"路线，而被放逐湘南。屈原一生遭到楚王的两次放逐，过了20多年的流放生活。评价屈原的一生，可以说他是一个伟大的诗人，又是一个怀才不遇的政治家。

楚国被秦国打败后，楚怀王又想重新和齐国联合起来。这时，秦昭襄王继王位，他很客气地写信给楚怀王，请他到武关（在今陕西丹凤县东南）相会，当面订立友好盟约。

屈原劝楚怀王不要去，他说，秦国一定会设下圈套等着我们上当呢。

正如屈原预料的那样，楚怀王刚进入秦国的武关，立刻被秦国预先埋伏下的人马截断了后路。在会见时，秦昭襄王逼迫楚怀王把黔中的土地割让给秦国，楚怀王拒绝了。秦昭襄王下令把楚怀王押到咸阳软禁起来，并派人通知楚国让他们拿土地来赎人。

楚国的大臣们听到国君被押，非常气愤，拒绝了秦国的无理要求，并立太子为国君，这个国君就是楚顷襄王。

楚怀王在秦国被关一年多，吃尽苦头，后来病死在秦国。楚国人为楚怀王被害死心里很气愤，

⊙ 屈原像

大夫屈原更是怒不可遏。他劝楚顷襄王搜罗人才，远离小人，鼓励将士，操练兵马，为国家和怀王报仇雪耻。

可是他的劝告却招来了令尹子兰和靳尚等人的仇视。他们抓住一切机会在顷襄王面前诬陷屈原。楚顷襄王听信谗言，把屈原革了职，放逐到湘南去。

屈原到了湘南以后，经常在汨罗江（在今湖南东北部）一带徘徊，吟诵着伤感的诗歌。有一天，屈原在汨罗江边遇见一位打鱼的渔夫。渔夫对屈原说："您不是楚国的大夫吗？怎么会落到这种田地呢？"屈原说："我落到这个地步，是因为许多人都是肮脏的，只有我是干净的；许多人都喝醉了，只有我还醒着。"

公元前278年，楚国国都被秦国攻破。一直支持着屈原人生的精神支柱——国家，就此坍塌了，屈原内心的孤愤随着国破山河碎而彻底泯灭。怀着绝望的心情他走向汨罗江，投江自尽，以身明志，以死殉国！

屈原的人生之痛，造就了中国文学之幸。从《九歌》到《九章》，从《哀郢》到《离骚》，从《橘颂》到《天问》，屈原所有的痛苦、愤怒、哀怨、

公元前300年

世界大事记：
今墨西哥、洪都拉斯和危地马拉地区建立了许多玛雅城市。

孤独都通过与楚地民歌相结合，而化为响彻天地的吟唱，回荡在时间的尽头，这就是“楚辞”——一种在香草美人的意象中寄寓理想，在上天入地的境界中探索真理，在不拘一格的言语中抒写忧伤的崭新文体。宋代黄伯思在《校定楚辞序》中概括楚辞的特征为：“盖屈宋诸骚，皆书楚语，作楚声，记楚地，名楚物，顾可谓之‘楚辞’。”除此而外，《楚辞》中屈、宋作品所涉及的历史传说、神话故事、风俗习尚以及所使用的艺术手段、浓郁的抒情风格，无不带有鲜明楚文化色彩。这是楚辞的基本特征，它们是与中原文化交相辉映的楚文化的重要组成部分。由屈原“自铸伟词”所开创的楚辞的天空一经产生便是群星璀璨，而《离骚》则是所有星座中最灿烂的一颗。《离骚》全长373句，2490字，是中国文学史上第一首由诗人自觉创作、独力完成的长篇抒情诗。诗人以自身为原型，从多方面树立了一个具有高尚品格和出众才华的抒情者光彩照人的形象。

透过屈原的作品可以感受到屈原伟大的人格和高尚的情操，他以国家兴亡为己任，追求“举贤荐能、修明法度”的美政理想。在《离骚》中，屈原对贵族统治集团争权夺利、贪婪嫉妒、仗势欺人、蔑视法度等腐朽现象进行了无情的揭露。屈原耿直的性格和他那国家利益高于一切的爱国思想在《离骚》中得到充分的体现，当国君的做法不利于国家时，他也同样在作品中表现出自己的不满和愤怒。

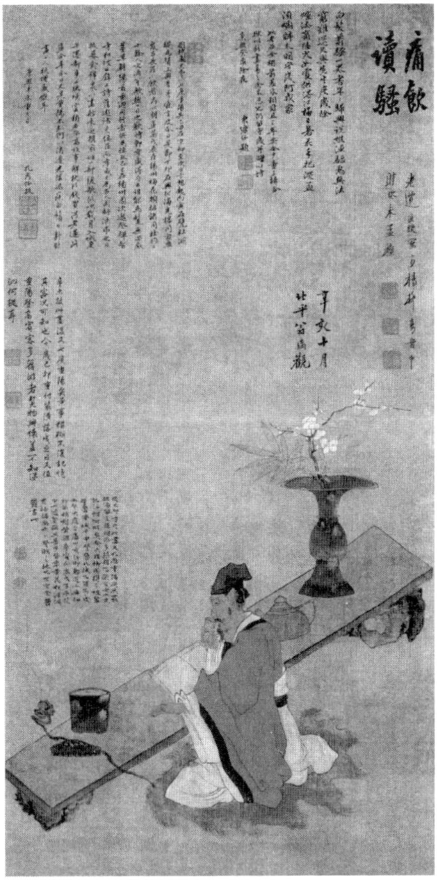

⊙ 饮酒读《离骚》图　明　陈洪绶

《离骚》历来为忧愤之士所爱，图为一位士人坐于兽皮褥上正饮酒读《离骚》，一副激愤而又无可奈何之状，大有击碎唾壶一展悲吟之意。

·端午节的由来·

端午节是专门纪念屈原的节日，在这一天家家户户都要吃粽子，还要举办赛龙舟的活动。有史记载，屈原于农历五月五日投汨罗江自尽，楚国百姓为哀悼他们热爱的屈原，每到这一天，就把米装到竹筒中投入江中，让鱼虾吃，以免它们啃咬屈原。但是有一天，屈原给人们托梦说，投到水中的食物都被蛟龙给抢去了，蛟龙害怕五色丝和竹叶。后来人们就用竹叶把米包成粽子，再用五色丝把粽子捆起来。这就是端午节吃粽子的由来。

有关端午节“赛龙舟”也和屈原有关。相传渔夫见屈原投江，欲乘舟救他，留下了赛龙舟的习俗。

公元前275年

中国大事记：
秦征伐魏至大梁，韩出兵救魏，大败。魏被迫向秦求和。

屈原是中国古代第一位具有爱国主义思想的浪漫主义大诗人，他开创了楚辞文体，形成了中国文学史上最早的浪漫主义文学流派，和《诗经》一起构成了中国诗歌的两大源头，在中国文学史上占有极其重要的地位，对后世文学产生了无穷的影响。屈原的作品有自己独特的艺术风格，他大胆使用浪漫主义手法，运用神话传说，展开丰富的想像，抒发了自己奔放的情感和对美好理想的追求，表达了自己的政治理想，以及对腐败的统治者的不满和对人民的痛苦生活的深切同情和关怀。在反映现实矛盾，抒发内心感情时，他继承并发扬了《诗经》的传统，巧妙地使用比兴手法，委婉而且深入地表述自己的观点。屈原在诗歌的语言和表现形式上也做了变革，不仅加长了句子，还加大了篇幅，相对《诗经》来说，更有利于增加内涵，深入地表达思想。

完璧归赵

赵惠文王在位时，得到了楚国丢失的和氏璧。这时，强大的秦国曾几次派兵攻打赵国。因赵国大将廉颇英勇善战，秦国占不到丝毫便宜。

公元前283年，秦昭襄王得知赵国得到了和氏璧，便派使者对赵惠文王说："秦国愿意用15座城池换取和氏璧。"

赵王和大将军廉颇等大臣商议对策。他们考虑到，如果把和氏璧给了秦国，秦国不守信，只会白白地被骗；要是不给，秦国会借口攻打赵国。他们讨论了许久也没想出一点办法。后来决定先找个使者去秦国周旋，但又没有理想的人选。这时，有人推荐蔺相如可以出使。

秦昭襄王听说赵国使臣来到，立即在别宫接见了蔺相如。蔺相如捧着和氏璧恭敬地献给秦王，秦王高兴地接过观赏。随后，递给左右大臣们传看，又传给姬妾和侍人们赏玩，大臣们祝贺秦王得到稀世珍宝。

蔺相如在朝堂上等了半天，发觉秦王没有换城的诚意。可是和氏璧已落到别人手中，怎么才能拿回来呢？蔺相如急中生智地对秦昭襄王说："这玉璧确实好，但还有个小毛病，让我指给大家看。"秦王信以为真，叫手下把璧交给蔺相如。蔺相如捧璧退了几步，身子靠着殿柱，怒气冲冲而理直气壮地说："当初大王派使者送国书，愿意以15城换这块玉璧。赵国大臣都认为大王在骗人，我却认为普通百姓交朋友都讲信用，何况秦国是泱泱大国。赵国诚心实意派我把璧送来，

⊙ 完璧归赵画像石

大王却态度傲慢，在一般殿堂接见我，显然是没有诚意换璧。现在请按诺言以城换璧。如果大王逼迫我，我就把我的脑袋和这块璧一起撞碎在柱子上。"说完蔺相如抱着玉璧用愤怒的目光斜视着柱子，做出要去撞的样子。

秦王唯恐砸碎了玉璧，赶紧劝他不要这样做，并连连表示歉意。他马上命令大臣把地图拿来，指着那换璧的15座城给蔺相如看，蔺相如知道秦王又在使用欺骗手段，也将计就计。他对秦昭襄王说："和氏璧是无价之宝，在我把它带来之前，我国举行隆重仪式，斋戒5天。大王也要斋戒5天，我才敢献上和氏璧。"

秦王想，反正你也跑不了，就答应斋戒五日。蔺相如回到住处，叫自己的随从化装成百姓的模样，把璧藏在怀中，从小路偷偷地回国去了。

5天后，秦王在朝廷备了九宾大礼接见赵使

公元前280年

世界大事记：
古埃及建成世界古代七大奇迹之一的法罗斯灯塔。

蔺相如。蔺相如对秦王说："秦国自穆公以来的20多个君主，没有一个是讲信用的。我实在怕被骗上当，所以派人把璧先送回赵国了。"秦昭襄王听到这里，大发雷霆，气呼呼地对蔺相如说："我今天举行这么大的仪式，你竟敢把和氏璧送回去。来呀！把他绑起来。"

蔺相如不慌不忙地说："请大王别发怒。天下诸侯都知道秦国是强国，赵国是弱国，只有强国欺负弱国，从来没有弱国欺负强国的道理。如果大王真心想要和氏璧的话，请先交15座城给赵国。弱国是不敢背信弃义而得罪大王的。如果杀了我，天下人也就看透您的用心，都知道秦国不是讲信誉的国家。望你们仔细地想一下吧！"秦王与大臣们被说得哑口无言。秦王只得在正殿上以欢送赵国特使的礼节把蔺相如送回去。

蔺相如因完璧归赵，为赵国立了大功，赵惠文王提拔他为上大夫。秦昭襄王本来也没打算以城换璧，后来再没提过这件事。

将相和

秦昭襄王一心想要制伏赵国，接连入侵赵国国境，而公元前279年，又突然表示愿与赵国和好，约请赵惠文王渑池相会。赵惠文王害怕秦国有奸计，不愿去赴会。上卿廉颇和上大夫蔺相如以为，不去，秦会更骄横，以为赵国软弱胆小，因而劝说赵惠文王去渑池。最后赵惠文王决定冒一次险，他叫蔺相如随行，让廉颇率领精兵守候在赵国边界，准备抵御秦兵进犯赵国。

到了渑池相会这天，秦昭襄王大摆酒席款待赵惠文王。饮酒至酣时，秦昭襄王请赵惠文王弹瑟，赵惠文王没有办法推辞，便弹了一曲。秦国御史走上前来记录此事："某年某月某日，秦王与赵王饮酒，令赵王弹瑟。"以侮辱赵惠文王。蔺相如看见这种情况，心里十分气愤，便走上前对秦昭襄王说："赵王听说秦王擅长演奏秦地乐曲，请允许我献上瓦缶，请秦王敲击，作为娱乐。"秦昭襄王很生气，拒不敲缶。蔺相如拿着瓦缶上前，跪于秦昭襄王面前，再次请求他敲。秦昭襄王仍是不答应。蔺相如站起身厉声威胁："再不敲，我将不惜一死以相拼。"秦昭襄王的侍从要杀蔺相如，蔺相如作出欲击秦昭襄王的样子，呵斥他们退回。秦昭襄王没有办法，只得也敲了一下瓦缶。蔺相如召赵国御史记道："某年某月某日，秦王为赵王敲击瓦缶。"随后，秦大臣又提出无礼要求，让赵国拿出15城给秦王献礼。蔺相如也说："请秦国把都城咸阳给赵国献礼。"直至宴会结束，秦国一直未能占上风。

由于赵国已在边境部署重兵，时刻准备接应赵惠文王，秦国不敢轻举妄动，双方以平等地位重修旧好。

回到赵国后，赵惠文王对蔺相如的勇敢机智大加赞赏，拜他为上卿，地位在廉颇之上。廉颇是赵国名将，英勇善战，曾率兵击败齐国，夺取阳晋，被任命为上卿。他认为蔺相如不过是口舌之功，而位在自己之上，不由得勃然大怒，私下里对自己的门客说："蔺相如有什么本领，职位反比我高。就凭一张嘴，能说会道那叫什么本事。我南征北伐，攻下多少城池，立过多少次大功，日后见面一定要给他点颜色看看。"这话传到蔺相如耳里，蔺相如便尽量避开廉颇，并且装病不去上朝。

有一天，蔺相如坐车上朝，在路上看见廉颇的车马迎面而来，赶紧叫车夫把车躲进小弄堂里，给廉颇让道。蔺相如的属下有点看不过去，责怪蔺相如不该那么怕廉颇。蔺相如笑着问他们："你们说，廉颇将军厉害，还是秦王厉害？"手下人都说秦王厉害。蔺相如又说："秦王我都不怕嘛！我会怕廉颇吗？今天秦国不敢入侵我国，是因为有我和廉颇在，一旦我们不和，就会削弱内部力量，秦国就会乘机入侵。所以我不与廉颇争高低，为的是国家稳定。"

后来，蔺相如的话传到廉颇耳里。廉颇听说

公元前273年

中国大事记：

魏赵联军攻韩，秦将白起率军救韩，大败魏赵联军并围攻魏都大梁，魏献南阳向秦求和。

·精致的战国玉器·

从春秋晚期开始，玉器发生了比较明显的变化。玉器上的花纹由简单向繁密的方向发展，并流行隐起的涡纹，器物显得圆润丰满。体现战国玉器高度工艺水平的是战国中、晚期的玉器，其代表作有辉县固围村魏王室墓出土的大玉璜、平山中山国王墓出土的青玉带钩等。魏王室墓出土的大玉璜中有7块美玉、2个鎏金铜兽头，以铜片贯联起来成为一器，呈弧形，全长20.2厘米，玉质温润。色白而泛浅灰，是精美的和田玉。中间一玉微曲似折扇形，上侧琢一回首垂尾卧兽，口部钻有一个小孔，便于穿系，下弧一鼻穿孔，供系玉佩用。此中心玉与其左右的扇面形玉琢有变形蟠虬纹饰，成为龙身，其外两侧为玉龙首，龙首口含鎏金铜虎首，虎首口衔有着卷云饰纹的椭圆形玉，图案匀称饱满，琢工细腻精巧。战国时玉器玉质优良，王侯多使用和田玉，玉质细腻温润，光泽晶莹，青白色较多，偶见白玉。

⊙ 透雕双凤腾龙玉璧

⊙ 四节玉佩　战国

后，深为自己的无知感到羞愧，更加佩服蔺相如的高风亮节，便脱去上衣，露出肩膊，背着荆条，去蔺相如府上请罪。他见了蔺相如低头说道："我私心太重，只顾论功争权，幸亏您以大局为重！我实在是没脸来见您，请处罚我吧！"

蔺相如连忙搀起廉颇，说："咱们两人都是赵国的大臣，您能理解我，我已经万分感激了，何必给我赔理呢！"

从这以后，他们互相谅解，成了生死与共的朋友，赵国也更加强盛了。

远交近攻

赵国因为将相和睦，使秦国不敢侵犯。秦国便把矛头指向其他国家。到了公元前270年，秦国又派兵攻打远离秦国的齐国。

正在这时，有人向秦昭襄王推荐一个人，他叫范雎。范雎是魏国人，才高八斗，能言善辩，但家境贫寒，在魏国大夫须贾府里当门客。

有一回，魏昭王要与齐国结盟，派遣须贾出使齐国。须贾带着范雎一起去了。齐襄王听说范雎很有才能，便想与他交好，特意叫手下人赏赐给范雎很多黄金以及佳肴美酒。范雎想到自己是随员身份，不便接受这份厚礼，再三不肯接受，有人把这件事告诉了须贾。

几天后，须贾率随员回到魏国，向魏国的相国公子魏齐告发。魏齐立即派人把范雎抓起来，严刑拷问，几次把范雎打得昏死过去，牙齿打掉了，肋骨也打折了，浑身上下皮开肉绽。范雎只好直挺挺地一动不动，假装已经被活活打死。魏齐以为范雎死了，叫人把范雎用破席卷起来扔到厕所里。天黑后，范雎才从席子里爬出来。

郑国的郑安平与范雎有很深的交往，他钦佩范雎是个难得的人才，暗地里把范雎救下来，连夜帮他逃出虎口，改名张禄。

后来，秦昭襄王派使臣王稽访求贤士，郑安平扮作士兵模样服侍王稽，找机会向王稽推荐了

公元前276年

世界大事记：
托勒密二世娶其妹、亚历山大城博学园的创建者阿尔西诺伊二世为妻。

范雎。经过交谈，王稽觉得范雎的确是个难得的大才，便设法把范雎带到秦都咸阳。

秦王非常恭敬地请范雎进宫，虚心求教。范雎分析了各国的情况，主张对于远离秦国的国家，要采取联合的策略；对于邻近秦国的国家，采取进攻的策略。如果攻打遥远的国家，即使打胜了，也不好管理；而攻占了邻近的国家，那么这个国家的土地，都是自己的了。秦昭襄王听后大加赞赏。立刻拜范雎为客卿。过了几年，正式拜他为秦国宰相。秦王振兴朝政后，准备攻打魏国。

魏王听说秦国要发兵攻魏，忙派须贾出使秦国求和。范雎听说须贾来到秦国，便扮作贫寒落魄的样子，前往馆舍见须贾。须贾见到范雎还活着，吓了一跳，问道："你还活着呀，你现在在干什么？"范雎答："我就在这儿给人家干杂活。"须贾看到范雎的可怜相，就让人取了一件锦袍送给范雎。须贾顺便问道："听说秦国宰相张禄很得秦王的赞赏，我很想见见他，不知有没有人能给我引见！"范雎笑了笑说："我家主人同张相国很有交情，我倒愿意替须大人说句话。"须贾说："那太好了。"

到了第二天，范雎带须贾到了相府门口。范雎让须贾在门口等候，自己一直走进相府内，门卫们不加盘问还肃然施礼。须贾一一看在眼里觉得有些不对劲儿，便忍不住向守门人打听："我今天特来拜会你家主人，不知你家主人在不在家？"守门人告诉他："刚才陪你一起来的就是我家主人，秦国宰相张大人。"须贾一听吓得目瞪口呆。一会儿听到里面传唤："相爷叫须贾进去。"须贾慌忙匍匐在地爬着进入大厅，见到高堂上坐的丞相正是范雎，便连连磕头说："须贾罪该万死，请相国饶恕小人的罪过吧！"范雎愤怒地痛斥须贾一番。接着又说："昨天你送我一件锦袍，念你还有一点良心，饶你一命。今天交你一个任务，回去替我告诉魏王，把魏齐脑袋送来。不然的话，我要发兵直取魏都大梁。"须贾狼狈地退出相府，赶紧回国把范雎的话告诉了魏王。魏齐知道在魏国会成为牺牲品，再也无法呆下去了，他偷偷地逃到赵国去，躲在平原君门下避难。

后来，秦国答应了魏国的求和条件，按照范雎的远交近攻计策，先出兵攻打韩、魏，同时，为了防止齐国与韩、魏结盟，秦昭襄王还派使者主动与齐国结盟。开始时，齐虽不愿意秦抢先兼并中原而图谋合纵伐秦，但它同时也怕其他小国强大难制。秦正是利用这一点开展远交近攻的。

到秦王嬴政时，他依然坚持"远交近攻"之策，远交齐、楚，首先攻下韩、魏；然后又从两翼进兵，攻破赵、燕，统一北方；攻破楚国，平定南方；最后把齐国也收拾了，实现了四海归一、统一中国的愿望。

兴建都江堰

美丽富饶的成都平原，被人们称为"天府"乐土，从根本上说，这是李冰父子修建都江堰的功劳。

这个距今2200多年的水利工程，使"蜀人旱则借以为溉，雨则不遏其流，水旱从人，不知饥馑。"

都江堰位于成都平原西部灌县的岷江上。大家都知道，岷江是长江的一条支流，发源于四川西北部。岷江的上游是高山峡谷，水流湍急，挟带大量沙石，一到成都平原，地势平缓，流速也随之减缓，沙石就沉积下来，日积月累，淤塞河道。每逢夏季雨水季节，由于河床抬高，水就会泛滥成灾，暴发洪水。雨季一过，枯水季节又会造成干旱。在这种不是洪水就是干旱的情况之下，早期的人们很难发展农业生产。

为了彻底治理岷江的水患，治理开发好西蜀，公元前256年，秦昭襄王任命很有才干的李冰为蜀郡守。有关李冰的生平，因为秦始皇焚书坑儒

公元前270年

中国大事记：
秦将胡阳经上党进攻赵国阏与，赵将赵奢率军救阏与，大破秦军。

和秦汉战争的毁坏，很难找到相关记载，我们只能从民间传闻中知道，他是战国时期秦人，“能知天文地理”，是一个杰出的科技专家，同时也是一个勤政爱民的地方官。

李冰到达蜀地之后，在其子二郎的协助之下，广泛招集有治水经验的人，然后对岷江的地形和水形进行了实地勘察。经过充分的论证和研究，李冰决定开建都江堰水利工程。

在战国时期，科技还不发达，营建都江堰这么浩大的水利工程，李冰凭借他的聪明才智，克服了许多困难。例如要凿穿玉垒山，因为当时还没有炸药，难度非常大，李冰就让人们把木柴堆积在岩石上，放火点燃，岩石被烧得滚烫，然后再浇上冷水，岩石就在急骤的温度变化中炸裂了。再例如在水流湍急的岷江中，修筑堤堰十分困难，石块很容易被水冲走，李冰就让人从山上砍来竹子，并编成竹笼，里面装满鹅卵石，层层叠放在一起，这样就不容易被冲走了，分水堤也就修筑起来了。

李冰依靠当地人民群众，克服了各种困难，终于筑成了一座集防洪、灌溉、航运功能于一体的综合性水利工程——都江堰。

都江堰由鱼嘴、人字堤、飞沙堰、宝瓶口、内外金刚堤和百丈堤等构成，是一个有机的整体。其中鱼嘴、飞沙堰和宝瓶口作为都江堰渠首的三大主体工程，是整个工程的核心。

鱼嘴，又叫“都江鱼嘴”或“分水鱼嘴”，因其形如鱼嘴而得名。它昂首于岷江江心，将岷江一分为二。西边叫外江，俗称“金马河”，是岷江的正流，主要功能是排洪；东边沿山腰的叫内江，是人工引水渠，主要功能是灌溉。鱼嘴的设置非常巧妙，不仅能够分流引水，而且能在洪、枯水季节起调节水量的作用，这既保证了灌溉又防止了洪涝灾害。

飞沙堰，又叫“金堤”或“减水河”，因其具有泄洪排沙功能而得名。它长约180米，主要功能是把多余的洪水和流沙排入外江。飞沙堰的设计高度能使内江多余的水和泥沙从堰上自行溢出；若遇特大洪水，则自行溃堤，洪水沙石也可直排外江。“深淘滩，低作堰”是都江堰的治水名言。内河在岁修时深淘是为了避免河道淤塞，保证灌溉；低作堰则为了恰到好处地分洪排沙。

宝瓶口宽20米，高40米，长80米，是前山伸向岷江的长脊上人工开凿而成的控制内江进水的咽喉，因其形似瓶口且功能奇特得名。它是自流灌溉渠系的总开关。内江水流经宝瓶口后通过干渠。

这三大主体工程，虽看似简单，却包含着系统工程学和流体力学等处于当今科学

⊙ 李冰父子塑像

公元前273～前236年

世界大事记：
阿育王统治期间，孔雀王朝进入极盛时期。

前沿的科学原理，它所蕴藏的科学价值备受人们推崇，连外国水利专家看了整个工程设计之后，都惊叹不已。

李冰在治水的过程中，排除了种种迷信的阻挠，坚决用科学的方法来治理水患，而且他成功地解决了秦王的亲戚华阳侯的嫉妒以及制造的一系列的谣言和中伤事件，及时地处理了工程当中的问题和紧急状况。但是华阳侯的险恶用心还是让李冰受到了革职的处罚。温柔贤惠的李夫人甘当人质，为李冰赢得了宝贵的治水的机会，工程才取得了最后成功。百姓们对李冰感恩戴德，但李夫人却病死在咸阳。以后，他又多次对都江堰进行改进，保证了都江堰对水患的遏制作用。

都江堰，作为全世界迄今为止年代最久、唯一留存的以无坝引水为特征的水利工程，以其千载传承的科学性和实用性，当之无愧成为一座丰碑！

除了都江堰，李冰在蜀郡还兴建了许多有益于民的水利工程，他在成都市建了7座桥，修了石犀溪，对沫水（又名青衣水）进行了治理。他组织百姓开凿河心中的山岩，整理水道，便利了航行。李冰还对管江、汶井江、洛水（今石亭江）进行过疏导，又引水到资中一带灌溉稻田。李冰还在蜀郡修筑桥梁，在广都主持开凿了盐井，为开发成都平原，发展农业生产做出了重大贡献。

纸上谈兵

公元前262年，秦昭襄王派大将白起向韩国进攻，切断了上党郡（治所在今山西长治）和韩都的联系。在形势危急的情况下，上党的韩军将领打发使者去赵国请降。赵孝成王派军队接收了上党。过了两年，秦国又派王龁带兵把上党团团围住。

赵孝成王得知消息，连忙派廉颇率领20多万大军去援救上党。他们到长平（今山西高平县西北）时，听说上党已经落入秦军之手。

王龁转而进军长平。廉颇连忙叫兵士们修筑堡垒，坚守阵地准备作长期抵抗的打算。王龁无计可施，只好派人回报秦昭襄王。

秦昭襄王请范雎出主意。范雎说："要打败赵国，必须把廉颇调开。"他沉思了一会儿，想出了一条计策。

过了几天，赵孝成王听到左右纷纷议论，说："秦国就是怕让年轻有为的赵括带兵，廉颇老了不中用了，眼看就快投降啦！"

他们所说的赵括，是赵国名将赵奢的儿子。赵括自幼爱学兵法，谈起用兵之道，口若悬河，自以为天下无敌，不把任何人放在眼里。

赵王听信了左右的议论，叫人把赵括找来，问他能不能打败秦军。赵括说："秦国的大将白起比较难对付。但是王龁没有什么了不起的，不过是廉颇的对手。要是换上我，打败他轻而易举。"

赵王听了很高兴，就拜赵括为大将，去接替廉颇。这个决定遭到了蔺相如的反对，可是赵王听不进去蔺相如的劝告。

赵括的母亲也给赵王上了一道奏章，不赞成赵王派他儿子去换廉颇。赵王把她召了来，问她什么原因。赵母说："他父亲临终时再三嘱咐我说，'赵括这孩子把用兵打仗看作儿戏似的，派不上用场。将来大王不用他还好，如果用他为大将的话，只怕赵军断送在他手里。'所以我请求大王千万别让他当大将。"

赵王说："你不要管了，我已经决定了。"

赵括替换廉颇的消息传到秦国，范雎知道自己的反间计成功，就秘密派白起代替王龁为上将军，去指挥秦军。白起其人非同一般，伊阙一战斩韩魏军24万；南破楚都郢，焚楚夷陵；华阳斩魏、赵军15万。他战功显赫，威震东方，纸上谈兵的赵括又怎是他的对手？赵括上任，一反廉颇所

公元前266年

中国大事记：
秦昭襄王任用范雎为相，采纳了范雎提出的“远交而近攻”的战略，把斗争重点放在邻近的韩、赵、魏三国。

为，更换将吏，改变固守防御战略，让大小将领大为不满。接着他制定了进攻方案，传令准备出击。

公元前260年八月，赵括率赵军主力出城进攻秦军。两军稍事交锋后，白起命秦军佯败后撤，诱敌深入。赵括误认为秦军抵挡不住，便挥师紧追。当赵军前进到长壁后，预伏在这里的秦军主力精锐迎面扑来，赵军攻势受阻；白起又组织了一支轻装突击队直插过来。正面的秦军主力已让赵军疲于应付了，又怎经得起这一股新生力量的冲击？赵军渐抵挡不住，赵括欲退兵，但为时已晚：白起埋伏于两翼的2.5万秦兵在赵军与秦军主力格斗时已迂回到赵军侧后，抢占了西壁垒高地，截断了赵军的退路，赵军被全面包围。白起见袋形阵已形成，为防止这“庞大猎物”逃脱，“口袋”还得系上口，他即派精骑5000迅速插入赵军营垒间，牵制、监视守营的那部分赵军。赵军被围困，只得筑垒坚守。

赵王大惊，忙派兵增援。秦王知道赵派援兵后，便往河内（河南黄河以北地区）征发年满15岁的男丁参加长平之战，堵截赵国援军，断其粮道。九月，赵军已被困46天，粮尽援绝，内部自残以人肉充饥；他们还不时受到秦军突击队的冲击，死亡的阴影笼罩着全军。突围4次失败后，赵括孤注一掷，亲领赵军精锐强行突围，结果再遭惨败，赵括本人也中箭身亡。赵军失去主帅，又身心疲惫，便放弃抵抗，白起怕赵军日后反叛，只让年少体弱的240人归赵，其余全部坑杀于长平。

秦赵长平之战，结果以赵国的惨败而告终，赵军先后死亡达45万人，秦军也死亡过半。赵国实力由此大为削弱。

毛遂自荐

秦国大将白起在长平大败赵军后，挥师长驱直入，包围了赵国都城邯郸。情况万分危急，赵王派遣平原君赵胜出使楚国，请求援兵。平原君是赵国的相国，又是赵王的叔叔。平原君接受了使命后，决定选拔20名文武全才的宾客同他一起去楚国。

平原君在数千名门客中仔细挑选，选来选去只选出19人，再也选不出合适的人选了。正在为难之时，门客毛遂走到平原君面前自我推荐。平原君对他感到陌生，忙问：“你在我这里几年了？”毛遂答：“3年了。”

平原君对他没有一点印象，便笑着说：“一

·《甘石星经》·

战国时期，人们对于行星和恒星的观测已经达到了很高的水平。楚国是当时天文学最发达的诸侯国之一，国中专设太史和卜尹，负责观察星象、研究天文。楚人甘德长期观察研究天象，著有《岁星经》与《天文星占》两部著作。后人将《天文星占》与魏人石申所著《天文》两书合成一书，名为《甘石星经》。

《甘石星经》是我国也是世界上最早的一部天文学著作，但在宋代以后失传，今天只能从唐代的《开元占经》里见到它的一些片断摘录。这些片断摘录表明，甘德和石申曾系统地观察了金、木、水、火、土五大行星的运行，发现了五大行星出没的规律；他们还记录了800颗恒星的名字，测定了121颗恒星的方位。后人将甘德和石申测定的恒星记录称为“甘石星表”，这是世界上最早的恒星表。

公元前270年

世界大事记：
空气的弹性被希腊物理学家克特西比乌斯发现。

个真正有才能的人，处身在世上正像一把锥子放在袋子里，锐利的锥尖很快就会露出来。你已经来3年了，我没有听说周围的人夸奖过你，因此还是请你留在家里吧！”毛遂从容不迫地说：“我这把锥子要是早就放进口袋里它就不是只露一点尖角了，而是整个锥子都露出来了。我今天请您把我放进口袋里。”平原君频频点头，表示赞许，同意毛遂跟大家一起前往楚国。

他们到了楚国，平原君反复对楚王说联合抗秦的好处和不联合抗秦的弊端，然而谈判进行得十分艰难。楚王任凭平原君怎么说，就是不同意出兵。

毛遂见谈判没有丝毫进展，便几步跨上台阶，高声喊道：“合纵不合纵，三言两语就可以说清楚了，怎么从早晨说到现在，还决定不下来，这是为什么？”

楚王听了这样盛气凌人的话，不高兴地问平原君：“这个人是干什么的？”

平原君答：“这是我的门客毛遂。”

楚王一听是门客，便大声呵斥道：“我在跟你主人谈判，没你的事，赶快给我走开。”

毛遂紧握宝剑凑近楚王跟前说：“大王竟然呵斥我，是依仗楚国军队多吧？现在大王与我只有十步的距离。大王此刻的性命就握在我的手里，你兵再多，也帮不上忙。听说从前商汤只有70里地，后来做了天下之王。周文王土地也不多，诸侯都服从他的调遣，难道他们都依仗军队吗？不是！他们只是发挥他们在诸侯中的威望和把握有利的形势。现在楚国有5000里土地，百万雄兵，本来可以做霸主了，您自己也以为楚国强大，没有一个国家可以相比。但是白起只领几万兵力，就把楚国打败，还烧毁了楚王祖先的坟墓，这应是楚国百年不忘的家仇国恨。连我们赵国人都感到可恨，大王却一点也不感羞惭。联合抗秦，不仅为了赵国，更是为了楚国。您还呵斥什么？”

楚王连连点头赞同。就这样，楚王代表楚国，平原君代表赵国，在楚王宫殿上签订了联合抗秦的盟约。楚国按盟约派兵日夜兼程赶到邯郸救援。

窃符救赵

楚国派兵救赵的同时，魏国也同意出兵救援赵国。魏国领兵的大将是晋鄙。

秦昭襄王得知魏、楚两国发兵的消息，亲自前往邯郸督战。他派人对魏安釐王说：“秦国早晚会把邯郸打下来。要是谁敢来救邯郸，等我灭了赵国，就攻打谁。”魏安釐王害怕了，连忙派人去追晋鄙，叫他停止前进，按兵不动。

赵孝成王见魏军驻扎在邺城，不来救援，十分着急，他叫平原君给魏国公子信陵君魏无忌写信求救。平原君的夫人是信陵君的姐姐，两家是亲戚关系。

信陵君接到信，一再央求魏安釐王命令晋鄙进兵，无论信陵君怎么说，魏王也不答应。信陵君没有办法，对门客说：“大王不愿意进兵，我决定自己去赵国，与秦军拼个死活。”他手下的很多门客都愿意跟信陵君一起去。

⊙ 信陵君夷门访侯嬴图　清　吴历

公元前259年

中国大事记：
秦军趁长平之战胜利之机包围了赵国的都城邯郸，历时两年未能攻下。

信陵君有个他非常尊敬的朋友，名字叫做侯嬴。临行前，信陵君去跟侯嬴告别，侯嬴说："你们这样去救赵国，像把一块肥肉扔到饿虎嘴边。"

侯嬴接着说："听说国家的兵符藏在大王的卧室里，只有如姬能把它拿到手。当初如姬的父亲被人害死，是公子叫门客找到那仇人，替如姬报了仇。为了这件事，如姬非常感激公子。如果公子请如姬帮忙，让她把兵符盗出来，如姬一定会答应。公子拿到了兵符，就能接管晋鄙的兵权，然后带兵救援赵国。这比空手去送死不是强多了吗？"

信陵君马上派人去求如姬，如姬一口答应了。当天午夜，如姬趁魏王睡觉的时候，把兵符盗了出来，交给一个心腹，送给了信陵君。

侯嬴见信陵君拿到了兵符，又对信陵君说："将在外，君命有所不受。万一晋鄙接到兵符，不肯交出兵权您打算怎么办？"信陵君皱着眉头答不出来。

侯嬴说："我已经替公子想好了。我有个朋友叫朱亥，是魏国数一数二的大力士，公子可以把他带去。要是晋鄙能痛痛快快地把兵权交出来最好；要是他推三阻四，就让朱亥来收拾他。"

信陵君带人到了邺城，假传魏王的命令，要晋鄙交出兵权。晋鄙验过兵符，仍旧有点怀疑，不愿意交出兵权。这时站在信陵君身后的朱亥大喝一声："你不听大王的命令，是想造反吗？"他边说边从袖子里拿出一个40斤重的大铁锥，向晋鄙的脑袋上砸过去，结束了晋鄙的性命。

当下，信陵君选出8万精兵，由他亲自指挥，向秦国的兵营冲杀。秦将王龁没防备魏国的军队会突然进攻，慌忙抵抗。

这时邯郸城里的平原君见魏国救兵赶到，也带着赵国的军队杀出来。两下一夹攻，一下子打败了围城的秦军。

李斯谏逐客

秦国虽然在邯郸打了一个败仗，但是第二年（公元前256年）战胜了韩、赵两国。后来，索性把挂名的东周王朝也灭掉了。秦昭襄王死去后，他的孙子秦庄襄王即位。没到3年，秦庄襄王也死了，继承王位的是年仅13岁的太子嬴政。吕不韦被尊为相国，主持朝政。大权落入太后赵姬、吕不韦和假宦官嫪毒手中。

公元前239年，也就是嬴政亲政的前一年，吕不韦和嫪毒不甘心放弃自己的权力，采取种种手段，力图保住自己的地位。同样，富有谋略的嬴政也不甘心听任吕不韦和嫪毒的摆布，一场激烈的政治斗争开始了。

公元前238年，嬴政下令发兵镇压嫪毒叛乱，车裂嫪毒。因为嫪毒是吕不韦一手引荐的，因此牵连到吕不韦。秦王政觉得吕不韦不听摆布，便免了吕不韦的职。后来又逼吕不韦自杀。

吕不韦一死，秦国的一些大臣就议论起来，说：各国的人跑到秦国来，都是为他们本国的利益考虑，还有一些是来当间谍的。他们请秦王政把所有的客卿都撵出秦国。

秦王政表示赞同，就下了一道逐客令，让所有不是秦国人的官员都离开秦国。

有个楚国来的客卿李斯，原是著名的儒家学派代表荀子的学生。他来到秦国后，受到吕不韦的赏识，留下来当了客卿。这次，李斯也在被驱逐之列，心有不甘。离开咸阳的时候，他给秦王上了一道奏章。

李斯在奏章上说："从前秦穆公在位时，因为有了百里奚、蹇叔，当了霸主；秦孝公在位时用了商鞅，变法图强；惠文王在位时，用了张仪，拆散了六国联盟；昭襄王用了范雎，建立了功业；现在大王执政，却把外来的人才都撵走，这不是帮助其他国家增加实力吗？"

秦王政看了奏章，觉得李斯说得有道理，便派人把李斯追回来，恢复了他的官职，把逐客令取消了。

公元前266年

世界大事记：
雅典和斯巴达发动反马其顿的克雷莫尼德斯战争。

从这以后，秦王政很信任李斯，李斯也给秦国出了不少好主意。这样，秦一面加强对各国的攻势，一面派人到列国游说诸侯，拆散他们的联盟。

韩非，韩国贵族，喜欢钻研刑名法术之学。那时，六国日渐衰微，秦国日益强盛。韩非见韩削弱，多次上书韩王，希望韩王变法图强，韩王却置之不理。韩非于是作《孤愤》、《五蠹》、《内外储》、《说林》、《说难》等文章，计10余万字。文章提出了治国当修明法制，去邪奸之臣，用贤明之士。

韩非与李斯曾一同从学于荀子，李斯自认为比不上韩非。

韩非的著作流传到秦国，秦王政读后，十分感慨：我如果能够见到这个人并与他一起畅谈，就死而无怨了。李斯告诉秦王，这是他的同学韩非的著作，于是秦王急忙发兵攻韩，向韩索要韩非。韩王遂派韩非出使秦国。

秦王政十四年（公元前233年），韩非来到秦国，秦王政很高兴，和韩非促膝畅谈天下大事，但韩非口吃，善著书而不善谈。韩非劝秦王不要先征伐韩，应将赵国先消灭掉。秦王以为韩非存有私心，便开始对他猜疑，置之而不重用。此时李斯、姚贾因嫉妒韩非的才能，怕韩非夺了他们的地位。李斯便在秦王面前说："韩非是韩国的公子，肯定要为韩国打算。如果让他回国，会为大王兼并诸侯制造麻烦，不如找个罪名把他杀了。"

秦王政听了这话，下令先把韩非扣押起来。韩非进了监狱，没机会为自己辩白。后来，李斯送来毒药，毒死了韩非。

秦王政扣押了韩非，也有点后悔，后来听说韩非服毒自杀了，十分懊恼。正在这时候，魏国人缭到秦国来，秦王政觉得他是个难得的人才，就拜缭为秦国尉，后来人们称他尉缭。

荆轲刺秦王

尉缭得到重用后，用计拆散了燕国和赵国的联盟，秦国趁机攻占了燕国的几座城池。

燕国的太子丹原来留在秦国当人质，他见秦王政有兼并列国的野心，又夺去了燕国的土地，便设法逃回了燕国。太子丹回国后，寻找能刺杀秦王政的人。

太子丹物色了一个很有本领的勇士，名叫荆轲。他把荆轲奉为上宾，把自己的车马给荆轲坐，让荆轲一起享用自己的饭食、衣服。

公元前230年，秦国灭韩国。两年后，秦国大将王翦攻占了赵国都城邯郸，向燕国进军。燕太子丹十分着急，就去找荆轲，商议如何刺杀秦王。

⊙ **易水送别图　清　吴历**

荆轲是战国时燕国太子丹手下的勇士。秦灭韩、赵之后，又向燕国进军，荆轲便携樊於期人头及地图前去刺杀秦王，后终因寡不敌众而惨死。荆轲去秦国之前，便抱着必死的决心，此图即绘荆轲上车离去的情景。

公元前247年

中国大事记：
秦征伐赵，攻取新城、榆次等37城；秦伐魏，信陵君率五国之军攻秦，败秦军于河外。

荆轲说："要挨近秦王身边，必须先让他相信我们是去向他求和的。听说秦王早就想得到燕国的土地督亢（在今河北涿县一带），还有流亡在燕国的秦国将军樊於期，秦王正在悬赏抓他。我要是能拿着樊将军的头和督亢的地图去进献，秦王一定会接见我。这样，我就可以下手了。"

太子丹说："把督亢的地图带去没有问题，但是樊将军受秦国迫害来投奔我，我怎么忍心伤害他呢？"

荆轲知道太子丹不忍心杀樊於期，就私下去找樊於期，跟樊於期说："我决定去行刺，怕的就是见不到秦王的面。现在秦王正在悬赏捉拿你，如果我能够带着你的头颅给他送去，他一定会接见的。"樊於期二话没说，拔出宝剑，刎颈自杀了。

荆轲临行前太子丹交给他一把锋利的匕首，这是一把用毒药煮炼过的匕首，只要被它刺出一滴血，就会立刻气绝身亡。太子丹又派了个年仅13岁的勇士秦舞阳，做荆轲的助手。

荆轲出发时，太子及宾客都穿白衣戴白帽到易水边为他饯行。荆轲的朋友高渐离击筑，荆轲慷慨悲壮地唱道："风萧萧兮易水寒，壮士一去兮不复还！"唱完上车离去，头也不回一下，表示了他义无反顾的决心。

荆轲到了咸阳。秦王政一听燕国派使者送来了樊於期的头颅和督亢的地图，十分高兴，就传令在咸阳宫接见荆轲。

到了秦国的朝堂上，荆轲从秦舞阳手里接过地图，捧着装了樊於期头颅的木匣上去，献给秦王政。秦王政打开木匣，里面果然装着樊於期的头颅。秦王政又叫荆轲把地图拿来。荆轲把一卷地图慢慢打开，到地图全都打开时，荆轲事先卷在地图里的那把浸过毒的匕首就露了出来。

秦王政见了，惊呼。荆轲连忙抓起匕首，左手拉住秦王政的袖子，右手握着匕首向秦王政的胸口刺去。

秦王政使劲挣断了那只袖子，便往外跑。荆轲拿着匕首追了上来，秦王政一见跑不了，就绕着朝堂上的大铜柱子跑。荆轲紧紧地在后面追，两个人在柱子的周围转起圈来。

过了一会儿，有个伺候秦王政的医官，急中生智，把手里的药袋向荆轲扔了过去。荆轲一闪身的工夫，秦王政往前一步，拔出宝剑，砍断了荆轲的左腿。这时候，侍从的武士一拥而上，杀死了荆轲。台阶下的勇士秦舞阳也死在了武士们的刀下。

秦始皇统一天下后，高渐离借击筑之机，扑击秦始皇，也失败被杀。秦始皇因此不再接近诸侯各国的人。

⊙ 荆轲刺秦王石像图

九州一统

天下归秦

西汉盛衰

东汉挽歌

公元前221年

中国大事记：
秦统一六国。秦王政自称“始皇帝”，废除分封制，在全国设三十六郡。

天下归秦

天下归一统

嬴政在亲政后，用了大约九年的时间，确立自己的绝对权威。对六国的斗争也由先前的蚕食变为吞并。他根据李斯的建议，确立了“先取韩，以恐他国”的策略。从公元前230年起，嬴政全面发动了兼并六国的统一战争。

战国后期，七雄中只有赵国是可以勉强与秦国抗衡的国家。但是公元前260年的长平之战，赵国惨败，40万赵军被坑杀，赵国实力大损，其他国家更加无力抵御秦国的进攻。

嬴政亲政，更把削弱赵国的军事实力作为统一的重要一步，并于公元前236年和公元前232年先后两次进攻赵国，但由于赵国大将李牧的英明指挥而没有成功，不过也使赵国的实力大为削弱。

公元前230年，秦王嬴政令内史腾率领大军转而进攻韩国，韩国几乎没有进行任何抵抗，就被秦军迅速攻下其都城新郑，并俘虏了韩王安。韩国灭亡，秦国在此设颍川郡。

第二年，即公元前229年，秦王嬴政派大将王翦率兵从上党进攻赵国，赵国仍然由李牧率兵抵抗，双方相持达一年之久。于是秦国使用反间计，以重金贿赂赵王宠臣郭开，向赵王诬陷李牧，结果李牧被罢，后被处死。这样，赵国无人可以统兵抗敌。于是，王翦在公元前228年俘虏赵王，并攻入赵国都城邯郸。赵国灭亡。

灭赵同时，秦已兵临燕境。燕国自知无力抵抗，太子丹于是孤注一掷，重金雇勇士荆轲，公元前227年遣其入秦刺杀秦王，结果刺杀未遂。

秦王政杀了荆轲后，余怒未消，他立即命令大将王翦加紧攻打燕国。燕国哪里抵挡得住秦军的攻打，很快就溃败下来。秦军不肯罢休，非要抓住太子丹不可。燕王喜被逼无奈，只好杀了太子丹，向秦国求和。

·封建中央集权制·

秦始皇顺应国家政治制度从君主制向专制集权制演变的趋势，首先树立了绝对的皇权。他为了避免列国纷争历史的重演，适应专制皇权和统一国家的需要，采纳廷尉李斯的建议，彻底废除分封诸侯的制度，全面推行郡县制，把全国分为36郡，均为中央政府下辖的地方行政单位。他又以秦国原有官制为基础，对官制进行了调整和扩充。建立了一整套从中央到地方的新的政府机构：在中央设有三公（丞相、太尉、御史大夫）和九卿（郎中令、卫尉、太仆、廷尉、治粟内史、少府、典客、宗正、奉常），可以对国家大政进行廷议，最后由皇帝裁决；地方行政机构分为郡、县两级，郡设守、尉、监，县设令或长。并有相应的官吏考核制度。为维护这种集权制度，秦始皇还颁布了严苛的封建法律，在全国统一施行。

公元前264年

世界大事记：
罗马人与迦太基进行第一次战争，史称第一次布匿战争。

秦王政打败了燕国，又听从尉缭的计策，派王翦的儿子王贲带兵10万进攻魏国。魏王派人向齐国求救，齐王建没有回应。

公元前225年，王贲灭了魏国。灭魏同时秦已策划伐楚。秦王问诸将灭楚需多少兵力，青年将领李信说需20万，而老将王翦则认为非60万不可。秦王以为王翦年老怯战，否定了他的意见，而派李信、蒙恬领兵20万攻楚。公元前225年秦军南下伐楚，楚将项燕率军抵抗。初时秦军进展顺利，在平舆和寝击败楚军，进抵城父。但楚国毕竟地大兵多，项燕在城父集结数十万楚军发起反击，大败秦军，李信败逃回国。秦王方知王翦估兵不虚，屈尊亲自登门向王翦赔礼，命他征楚。

⊙ 秦统一形势图

公元前224年，大将王翦带领60万人马，浩浩荡荡向楚国进攻。楚国也出动全国兵力奋起抵抗。

王翦到了前方后，修起了壁垒，坚守不出。楚国大将项燕一再挑战，他也不理睬。

几个月的时间一晃而过，双方的将士都因为无仗可打而心烦。王翦四处巡视，见将士们无所事事，就想了个办法：让大家每天吃饱睡好后，比赛跳远、蹦高和投掷石块。这样一来，将士们不像原来那样无所事事，士气消落，而是生机勃勃、士气高涨，无形中成了全军大练兵。而楚军屡次挑战不成，整日无所事事，军中烦躁、懒散风气日盛。

过了一段时间，项燕认为王翦是上这儿来驻防的，就不怎么把秦国的军队放在心上了。没想到项燕没有防备的时候，秦军突然发起进攻，60万人马一拥而上杀过去。楚国的将士如梦方醒，晕头转向地抵抗了一阵，便各自逃命去了。秦军一鼓作气打到寿春（今安徽寿县西），俘虏了楚王负刍。楚国就此灭亡了，这一年是公元前223年，秦王政二十四年。

王翦灭楚之后，回到咸阳，由他的儿子王贲接替做大将。公元前222年，王贲灭掉燕国，进而攻占了赵国最后留下的代城。

这时候只剩下一个齐国了。齐王建向来不敢得罪秦国，每回遇到诸侯向他求救，他总是拒绝。他满以为齐国离秦国远，只要死心塌地听秦国的话，就不会遭到秦国的进攻。等到其他五国一一被秦国吞并掉，他才慌手慌脚。

公元前221年，王贲带了几十万秦兵直扑临

公元前220年

中国大事记：
秦始皇巡视陇西（今甘肃西南部）和北地（郡治今甘肃庆阳西北内）。修驰道，通燕、齐、吴、越。

淄。没有几天，秦军就攻进了临淄，齐王建也束手就擒了。

自从公元前475年进入战国时期起，各诸侯国经过250多年的征战，终于被秦国各个击破，结束了长期的诸侯割据的局面，建立了一个统一的多民族的封建国家秦王朝。

千古第一帝

秦朝以前，统治者最高的称号是王。商、周时君主都称为王。后来周王室衰微，群雄并起，各诸侯国君也相继称王。但是，经过10年左右的兼并，其他六国的国王都成了阶下囚。秦王面对自己取得的成就，深感“王”的称号不足以显示自己的地位。于是，秦王下令说：“寡人以眇眇之身，兴兵诛暴乱，赖宗庙之灵，六王咸伏其辜，天下大定。今名号不更，无以称成功，传后世。其议帝号。”

于是王绾、冯劫、李斯等人与博古通今的博士们商议后，对秦王嬴政说：“以前五帝时，不过统治方圆千里之地，而且周边的少数部落只是时向时离，但是天子也没有办法。现在，陛下兴义兵，平定天下，这是自古以来没有的功业，三皇五帝也没法与陛下相比，所以请陛下尊称泰皇，自称为朕，命令称为诏。”但嬴政认为应采用上古帝位号，称“皇帝”，并立即制命天下。在制命中，嬴政决定自称始皇帝，后世继承皇位者以数计，为二世、三世，直至万世，传之无穷。这样，秦始皇就成为秦王嬴政的称号，皇帝也就成为中国封建社会最高统治者的专称。

⊙ 秦始皇像

为了神化皇权，秦始皇在议定帝号后，还规定了玉玺制度。由秦始皇下诏，李斯书写，后由工匠制成的玉玺，上面勾交五条龙，方四寸，其文为“受命于天，既寿永昌”，成为皇权的象征。

在确定皇帝的称号后，秦始皇为了加强集权，对原来的中央和地方管理体制进行了变革，在中央设立三公九卿，在地方实行郡县制，官吏都由皇帝任命。

秦朝的三公指的是丞相、御史大夫、太尉。丞相是百官之长，它的职责是协助皇帝处理全国的政事。秦丞相多设左、右二人。秦朝建立之初，分别以隗状、王绾为左、右丞相，后来则有右丞相冯去疾和左丞相李斯。在秦始皇统治时期，不但丞相的任免完全由皇帝决定，而且各项政事的处理，也完全取决于皇帝，丞相并无决断之权。

御史大夫，负责监察工作，同时还要帮助丞相处理政事。在秦朝以前就有御史一职，但只是很低微的一种官职。秦始皇为了牵制相权，加强监察，于是改设御史大夫，位列三公。

太尉的职责是协助皇帝处理军事事务，是中央政府中的最高军事长官。太尉在战时有领兵作战的权力，但是没有权力调兵，军队的调动权只属于皇帝一人。

公元前226年

世界大事记：
罗马与迦太基人订约，划分双方在西班牙的势力范围。

在三公下，秦朝还设有九卿(但是数目不只是九)，分掌朝廷和国家的不同行政事务，分别受丞相、御史大夫和太尉的领导，并直接听命于皇帝。秦朝的九卿主要有掌宗庙礼仪的奉常、掌宫殿掖门户的郎中令、掌宫门卫屯兵的卫尉、掌舆马的太仆、掌刑辟的廷尉、掌少数民族事务的典客、掌宗室的宗正、掌谷货的治粟内史、掌山海池泽之税的少府、掌列侯的中丞、掌皇后太子家的詹事。

以三公九卿为主的中央行政机构，是秦朝封建专制主义政治体制的核心，是绝对听命于皇帝的最高权力机关。

为加强皇权，秦始皇加强了思想控制，其中最主要的措施就是焚书坑儒。

公元前213年，秦始皇在咸阳宫中举行盛大宴会，庆祝寿诞，参加宴会的有文武百官及博士70人。

宴会上，博士们都向秦始皇祝寿。仆射周青臣首先祝颂道："他时秦地不过千里，赖陛下神灵明圣，平定海内，放逐蛮夷，日月所照，莫不宾服。以诸侯为郡县，人人自安乐，无战争之患，传之万世。自上古不及陛下威德。"对于周青臣这番歌功颂德之辞，秦始皇十分高兴。这时博士齐人淳于越则奏道："臣闻殷周之王千余岁，封子弟功臣，自为枝辅。今陛下有海内，而子弟为匹夫，卒有田常、六卿之臣，无辅拂，何以相救哉？事不师古而能长久者，非所闻也。今青臣又面谀以重陛下之过，非忠臣。"这样，淳于越就再次提出了分封制的问题。

⊙ 始皇诏版　秦

这块青铜的诏版，原置于宫廷重要的器具之上，文为"廿六年，皇帝尽并兼天下诸侯，黔首大安，立号为皇帝，乃诏丞相状、绾，法度量则不壹，歉疑者，皆明壹之"。

⊙ 小篆体十二字砖　秦

这件显示秦始皇开创强大帝国声势的秦砖，以阳文篆刻"海内皆臣，岁登成熟，道毋饥人"12个字，意思是秦朝统一天下，普天之下都是秦朝子民，希望国富民安。

于是秦始皇命众臣对淳于越的观点进行讨论。此时已担任丞相的李斯说："五帝不相复，三代不相袭。"认为不同的时代，有不同的统治方法，这些儒生借古非今，使得百姓的思想混乱。因此，李斯向秦始皇建议道："臣请史官非秦记皆烧之。非博士官所职，天下敢有藏《诗》、《书》、百家语者，悉诣守、尉杂烧之。有敢偶语《诗》《书》者弃市。以古非今者族。吏见知不举者与同罪。令下三十日不烧，黥为城旦。所不去者，医药卜筮种树之书。若欲有学法令，以吏为师。"秦始皇根据李斯的建议，下令在全国"焚书"。第二年，秦始皇又进行了坑儒。

秦始皇坑儒是由几个方士的畏罪逃亡引起

公元前219年

中国大事记：
秦始皇为求长生不老药，遣方士徐福率数千童男女入海求仙。

的。随着统一大业的完成，秦始皇祈求长生的欲望越来越强。早在公元前219年，秦始皇东巡，来到齐国故地。齐地的方士徐福投秦始皇所好，告诉秦始皇东海中有蓬莱、方丈、瀛洲三座仙山，并宣称只要挑选数千名童男、童女，乘几十艘大船，带足礼物，便可入海求见仙人。秦始皇竟信以为真，随即按徐福所说的去做，结果徐福率船东渡，却一去不回。

后来在公元前215年，秦始皇又派方士卢生去寻找仙人及长生不老的仙药，但是卢生仍旧是空手而归。卢生还以谎言蒙骗秦始皇说："臣等寻仙求药，因为有妨碍的东西，所以常常不能遇到。只要皇帝时常秘密出行，居地无人知晓，真人就会到来，长生之药便可求得。"秦始皇对卢生的话信以为真，并说："朕十分仰慕真人！"还按照卢生的话去做。但是卢生等人还是没有找到仙药，他们知道不可能永远隐瞒欺骗下去，于是便四处散布流言，说仙药求不得是因为秦始皇独断专权，性格暴躁。然后卢生等带着骗取到的钱财偷偷地逃离咸阳。

·"皇帝"的由来·

君王称为"皇帝"是从秦始皇开始的。在此之前，中国古代的最高统治者称"王"，如周文王、周武王等。春秋战国时期，王室渐衰，一些国力强大的诸侯国的国君也自称为王。秦王嬴政统一天下后，自认为这是自古未有的功业，如果不改变"王"的称号，"无以称成功，传后世"。于是，让李斯等人议改称号。他们和众人商议后报告秦王说："上古，有天皇、地皇、泰皇，泰皇最贵，可改'王'为'泰皇'。"秦王反复考虑，认为自己"德高三皇，功高五帝"，决定兼采"帝"号，称为"皇帝"。从此以后，"皇帝"的称号便为历代君主所袭用。

⊙ **秦始皇焚书坑儒图　清**

这件清代的帛画以想象的方式向我们展现了秦始皇当年焚书坑儒的情形，图中在朝堂之上秦始皇巍然高坐，儒生战战兢兢求命于下，朝堂之外已有许多儒士被绑，或被杀扔入坑中，或被押在坑边。

秦始皇见卢生等人寻求仙药长久不得，心中生疑，但是因为寻求仙药之事早已天下皆知，而且秦始皇也自称"真人"，所以仍希望会找到仙药。可是，卢生等的出逃使得咸阳百姓议论纷纷，秦始皇知道后，大怒，说："朕先前收尽天下不用的书，尽毁去；然后召集天下方士儒生，优待他们，以求太平，炼寻仙药，可是徐福等人竟一去不回，卢生等人还在背后诽谤朕，妖言惑众，朕要一一查问卢生在咸阳的同伙。"于是秦始皇下令审讯儒生，这些人互相告发，共查得460人，全部被活埋于咸阳城外的骊山温谷。所以，骊山温谷也叫坑儒谷。

秦始皇"焚书坑儒"虽然加强了思想控制，但是，对于中国文化来说，则是一次严重的摧残，标志着封建文化专制主义的到来。

公元前218年

世界大事记：
第二次布匿战争开始。迦太基汉尼拔率大军进入意大利北部，击败罗马军队。

统一规制

秦国是消灭其他六国而统一起来的，但是由于七雄并立时间长久，各国在文字、货币、度量衡等方面有很大差异。秦统一六国后，为加强统治、维护统一，实行了统一文字、货币、度量衡的措施。

汉字产生后，经过长期的发展演变，至春秋战国时期，随着社会的动荡和急剧变化，各地文字的形体和读音都有所不同，出现了“言语异声，文字异形”的现象。当时，同样的字，不同的国家往往写法不同。典型的例子是“马”的诸多字形：在齐国有3种写法，在楚、燕国有另外2种的写法，在韩、赵、魏还有2种不同的写法。这不但不利于文化的发展和各地人民间的交流，而且给秦朝的各种文书、档案的书写、阅览和传播造成巨大困难。

面对这种情况，秦始皇接受李斯的建议，于公元前221年发布“书同文”的诏令，规定以秦国小篆为统一书体，与小篆不同者全都废掉。为了在其他六国推广小篆字，秦始皇命李斯、赵高、胡毋敬分别用小篆书写《仓颉》、《爰历》、《博学》3篇，作为文字范本。

李斯等人所书的小篆字范，其实是对中国几千年来文字自然发展的一次总结。尽管上述3篇范本早已失传，但是小篆被大量使用在秦始皇出巡时的纪事石刻中。据记载，这些石刻大多是李斯的手笔，其中《泰山刻石》存有九字，《峄山刻石》有南唐的摹本，《瑯玡台刻石》尚存86字。这些小篆字形结构有较大的变化：字体整齐划一，布局紧凑，笔划匀称，很明显地纠正了六国文字结构繁杂、难写难认的缺点。

⊙ 泰山刻石　秦

相传为秦丞相李斯手书，书体是标准的小篆，结构特点直接继承了石鼓文，又比之更加简化和方整。

在秦朝，除了小篆以外，还流行一种比小篆更为简易的隶书。这种字体，以前认为是程邈创造的，但是实际上是人们在抄写公文狱讼时，仓促中用不规则的草书篆体，渐渐创造出来的。这种“草篆”最初主要由狱吏使用于徒隶，所以叫隶书。秦始皇对隶书也进行了整理，经过整理后的隶书，笔划直线方折、结构平整、书写方便，不仅民间使用甚广，而且各级政府的官方文体也多用隶书，只有少数重要诏书除外。

秦始皇统一文字，有利于统一多民族国家的发展。从此，汉字的结构基本定型。

春秋战国时期是我国商品经济迅速发展的时期，不同的国家，铸币也往往不同。但是，铜币已成为当时流通领域里的主要货币，各国的铜币在形状、大小、轻重以及计算单位上却有很大差异。从形状上看，当时各国的铜币可以分为布币、刀币、圆钱、铜贝四类。布币的形状类似金属农具镈（布），主要在赵、魏、韩等国使用。刀币的形状像

公元前218年

中国大事记：
张良遣人伏击秦始皇未果。始皇下令天下大搜捕10天。

刀，主要在齐、燕、赵国流通。圆钱分为外圆内有方孔和圆孔两种，主要是在秦、东周、西周以及赵、魏的黄河沿岸地区使用。铜贝形状类似海贝，俗称“蚁鼻钱”，主要是在楚国使用。

币制的不统一，严重阻碍着各地商品的流通及统一国家的财政收支。所以，秦统一后，秦始皇下令统一全国货币，采取的措施主要有三项：首先将铸币权收归国家，禁止地方和私人铸币。对于私自铸币者，不仅没收其所铸钱币，还要拘捕和严惩私自铸币者。其次，明确规定货币种类。秦朝的法定货币为黄金和铜钱，黄金属于上币，铜钱属于下币。铜钱为圆形方孔钱，上面铸有“半两”的字样，每钱重十二铢。再次是废除原来六国使用的布币、刀币、铜贝等各种货币，不准以龟贝、珠玉、银锡等充当货币。

秦始皇统一货币，消除了各地区间的币制上的不统一状态。秦王朝制定的圆形方孔钱，成为中国封建社会货币的基本形制，沿用了两千多年。

秦统一前，各国的度量衡也十分混乱，计量单位不统一。单以长度而论就有数种传世铜尺可以为证，如长沙楚国铜尺两边长度分别为22.7厘米和22.3厘米；安徽寿县楚铜尺长为22.5厘米；洛阳金村铜尺长22.1厘米。1尺的长度相差多达0.6厘米。在量制方面，各国的差异更大。齐国自田氏以来，实行以升、豆、釜、钟为单位，即“五升为豆，各自其五以登于釜，十釜为钟”，而魏国则以益、斗、斛为单位。至于衡制方面则更加混乱，单位名称差别更大。楚国的衡器是天平砝码，以铢、两、斤为单位；赵国则以镒、钎为单位；东周、西周以孚为单位。

度量衡是商品交换中所必不可少的，而且是国家收取赋税的重要标准。秦统一后，秦始皇下令，以秦国的度量衡为标准，统一其他六国的度量衡器。具体措施是将统一度量衡的诏书全文刻在新制作的度量衡标准器上。这样既可以提供更多的标准器，又可以宣传秦始皇的功绩。统一后，秦朝的度制以寸、尺、丈、引为单位，以十为进位制度；量制方面以龠、合、升、斗、桶(斛)为单位，也是十进制；衡制方面以铢、两、斤、钧、石为单位，进位是24铢为1两，16两为1斤，30斤为1钧，4钧为1石。

文字、货币、度量衡的统一，在中国历史上占有重要地位，成为维护中国封建国家统一的重要基础。

⊙半两钱　秦

开疆拓土

我国是多民族国家，先秦时就存在着众多的民族。秦朝统一后，秦始皇南伐越族，北击匈奴，并通西南夷，不断开疆拓土，创建了统一的多民族国家。

在今天的浙江、福建、江西、广东、广西、云南一带，很早就有一个人数众多的民族，即越族。越族部属众多，而且部落差异很大，又称作“百越”。依据其分布地区不同，可分为于越、闽越、瓯越、南越、西瓯等八部分。

秦始皇在完成统一后，随即进行大规模征服岭南的军事行动。秦始皇命尉屠睢为统帅，兵分5路，统率50万大军进攻南方。兵达南岭后，遭到了南越和西瓯的顽强抵抗。越人利用对地形熟悉的优势，逃入林中，与秦军周旋。秦军习惯于在中原开阔地区作战，不习惯于在密林中作战，因而伤亡较大。

公元前217年

世界大事记：
希腊与马其顿签订合约，结束同盟战争。

比这更严重的是秦军的后勤补给。南方河流纵横交错，秦军面对这种情况，不知所措，这给粮草供应造成了极大困难。

为了解决粮草运输问题，秦始皇于公元前219年派监御史禄负责开凿灵渠。灵渠又称湘桂运河，也称兴安运河，在广西壮族自治区兴安县境内，是中国和世界最古老的人工运河之一。灵渠沟通了湘江（长江水系）与漓江（珠江水系），为开发岭南起了重要作用。灵渠由铧嘴、大小天平、陡门、南北渠、秦堤等主要工程组成，设计科学灵巧，工艺十分完美，与都江堰、郑国渠被誉为“秦代三个伟大水利工程”，有“世界奇观”之称。灵渠的建成，保证了秦军南征的粮食和物资供应，促进了中原和岭南经济文化的交流以及民族的融合。即使到了现在，对航运、农田灌溉，仍然起着重要作用。

大约在公元前214年，灵渠修建完工，从而解决了秦军的军粮运输问题。秦军攻势猛烈，很快于公元前214年攻占岭南，并在这里设置了桂林、南海和象三郡，基本上统一了岭南。

公元前213年，秦始皇下令将中原50万罪犯流放到岭南地区，与越族杂居。另外，还一再大批迁徙刑徒和内地人民到岭南屯戍垦殖，这对于开发岭南、促进民族融合有极其积极的意义。

⊙ **万里长城第一台遗址**

在秦代修筑长城时，榆林这个地方是当地处势最高、烽火台最大、里面驻军最多，也是两路长城汇合的地方。自秦以后，历代均以此台为镇守北方的重要军事要地，号称镇北台。

匈奴是我国古代一个强大的游牧民族，勇猛善战。他们主要游牧于蒙古高原和南至阴山、北抵贝加尔湖的广大地区。战国时期，随着匈奴的逐渐强大，再加上中原地区七雄纷争，所以匈奴贵族常率兵南下侵扰、掠夺财物。至秦朝建立时，匈奴已占领了自阳山至“河南地”的广大地区，并继续南下侵扰。这对秦王朝是一个严重的威胁。

在完成统一六国的战争后，秦朝初创，国力不足以应付大规模的战争。于是，秦始皇采取了积极防御的策略，命蒙恬、王离加强对北边的屯戍。公元前215年，经过五六年的准备，秦始皇命蒙恬率30万大军北击匈奴，当时匈奴的首领是头曼单于。蒙恬的第一个目标是收复“河南地”，他采用集中兵力、速战速决的作战方法，很快收复了“河南地”和榆中。公元前214年，蒙恬率军渡过黄河，大规模进攻匈奴。头曼单于难以抵挡，只好北移，蒙恬乘机率军占领了高

⊙ **广西灵渠　秦**

这是我国也是世界上最著名的水利工程之一。秦始皇统一六国后，为开拓岭南地区，派尉屠睢率军南下；为了运送军粮，派监御史禄率领士兵在今广西兴安县境内开凿运河，即灵渠，以通湘江、漓江、长江、珠江几大水系。灵渠工程除了促进水路交通，在水利灌溉工程中也发挥了很大的作用，因此历代均有疏通改建。

公元前215年

中国大事记：
秦始皇下令夷平齐、楚、燕、韩、赵、魏六国城墙，并遣蒙恬率兵30万进击匈奴。

阙、阳山、北假等地。秦政府一方面在这些地区设置44个县，实行有效的行政管理，另一方面还大量迁徙刑徒，并鼓励一般民众移居边地。

秦朝反击匈奴的胜利，是匈奴贵族遭受的第一次沉重打击，使河套地区的广大人民在很长时间内有了安定的环境。这对于我国多民族统一国家的形成、边远地区经济发展具有重要的促进作用。

为巩固抗击匈奴取得的胜利成果，秦始皇又命蒙恬负责修建了秦长城。

长城，最初在战国时即已开始修建。当时，赵、魏、燕、齐、秦等国都曾修建过长城，以作为防御工事。对于长城的防御功能，秦始皇深有体会。因此，为防御匈奴再次南侵，他决定继续修建规模更大的长城。

秦朝的长城是在连接了原来秦、赵、燕三国长城的基础上加以增筑的。公元前214年，蒙恬在夺回“河南地”及榆中后，就开始在北边沿黄河修筑长城。此后，大规模的修筑完全展开，经过数十万民夫的日夜劳作，历时几年之久，长城终于建成。

秦长城主要由三段构成。西北段，西起临洮，即今甘肃岷县，东至九原，即今天的包头市西北。北段，从高阙至代郡，即今河北蔚县。东北段，从代郡到辽东碣石，总长达5000余千米。

长城作为古代军事建筑工程的杰作，是中国古代劳动人民智慧和血汗的结晶。长城的修建在当时给劳动人民造成了沉重的徭役负担。因此，民间有了孟姜女哭长城的传说。孟姜女的丈夫杞良在当时被秦政府强行拉去修长城，杞良不堪承受沉重的劳役折磨，于是冒死逃跑，结果被抓回，活活打死，尸体被筑在长城城墙中。孟姜女千里寻夫来到长城，听说丈夫已死，于是痛哭10天，结果长城城墙倒塌，露出累累白骨。孟姜女无法辨认，于是刺破手指，将血滴在白骨上，并说：“若是杞良的骨头，血就渗入。”这样，孟姜女找到了丈夫的尸骨，并带回安葬。孟姜女哭长城的传说反映了修建长城带给人们的深重灾难。

⊙秦长城碑

公元前217年

世界大事记：
汉尼拔于特拉西美诺湖畔大败罗马军，歼6万余人。

始皇暴政

强大的秦王朝从建立到灭亡不过几十年，秦朝灭亡的根本原因就在于秦始皇的暴政，这主要体现在赋役和刑罚两方面。

秦始皇时期，征收的赋税十分沉重。秦朝的赋税可分为田税、口赋两种，据汉代董仲舒所言，秦朝赋税“二十倍于古”。

另外，秦朝的徭役更是十分繁重。秦朝规定：一般人民从15岁开始服役，至60岁。一生中须正卒一年，屯戍一年，每年还要更卒一个月。

秦始皇不断大兴土木，在咸阳及别的地方修建宫殿，其中以阿房宫的修建为最。公元前212年，秦始皇仍感到已有的宫殿太小，于是决定修建阿房宫。阿房宫的设计规模庞大，东西500步，南北50丈，宫中可容纳万人，其宫殿之高，可以将高5丈的旗杆竖于其中。在南山上的山峰之顶还建筑了门阙，这是建在宫殿之前的建筑物。另外，还要修建复道。所以后来唐代诗人杜牧在其《阿房宫赋》中对阿房宫的规模作了较详细的描绘：“蜀山兀，阿房出。覆压三百余里，隔离天日。骊山北构而西折，直走咸阳，二川溶溶，流入宫墙，五步一楼，十步一阁；廊腰慢回，檐牙高啄；各抱地势，勾心斗角。”阿房宫作为秦始皇举行朝会、庆典、议决国家大事的场所，其设计自

⊙ 阿房宫前殿遗址

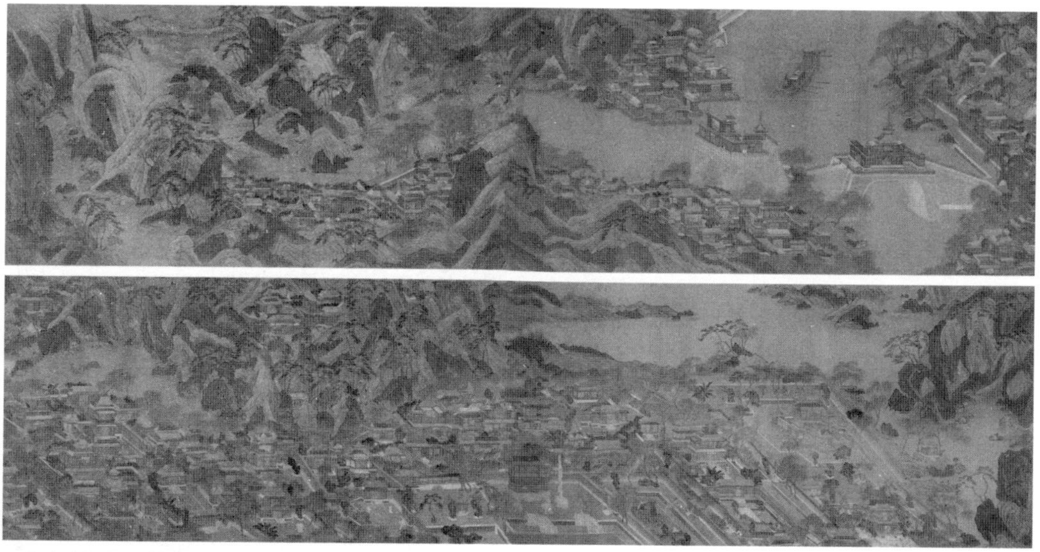

⊙ 阿房宫图屏　清　袁江

此图所绘依山殿阁，傍水楼台，山水相连，花木并茂，并有龙舟、游艇、宫人等点缀。

公元前214年

中国大事记：
秦始皇派军队攻打珠江流域的越族，统一后设桂林郡、南海郡、象郡。

·秦筑驰道·

秦始皇完成统一中国的大业后，为了控制广阔的国土，特别是六国旧境，并便于政令、军情的传送和商旅车货的往来，下令在全国各地修筑驰道。筑道工程以秦都咸阳为中心向各地辐射，东至燕齐，南达吴楚，北抵九原，西通陇西，形成较为完整的交通网络。驰道宽50步，路基均用铁锤夯实，较为坚固；道中央宽3丈，为车马专用道路。驰道两旁辅以小径，为百姓行走之途。驰道的修成，极大地方便了整个国家的陆路交通，促进了全国的联系。

然要体现其身为皇帝的尊贵。但据现代考古的发掘表明，因阿房宫工程规模庞大，工期短，人力不足，所以虽两度修建但未完工。

秦始皇不仅活着要享尽人间富贵，而且死后仍要穷奢极侈，为自己在骊山修建了规模宏大的陵墓。在他即位之初，就开始为自己修墓。统一六国后，更役使数十万人继续营造，其陵高为120多米，周长2167米，陵下则"穿三泉，下铜而致椁，宫观、百官、奇器珍怪徙藏满之。令匠作机弩矢，有所穿近者辄射之。以水银为百川江河大海，机相灌输，上具天文，下具地理。以人鱼膏为烛，度不灭者久也"。除陵墓主体外，还有许多作为陪葬的工程。兵马俑和铜赤马的出土即可作为明证。至今已发掘了三个秦兵马俑坑，出土的兵俑与真人大小差不多，造型生动、神态逼真，被联合国教科文组织确定为世界第八大奇迹。

据统计，秦朝人口约有2000万，每年服徭役的就达200多万人，由此可见秦朝徭役之重。

秦始皇统一六国后，六国的贵族与百姓，特别是原来六国的旧贵族，反秦情绪尤为强烈。为了巩固自己的统治，秦始皇采用严厉的镇压手法，实行严峻的刑罚。其名目繁多，可分为死刑、肉刑、徒刑、连坐等12种，并且秦朝法律规定，各种刑罚可以重用、单用、合用。

秦朝的种种刑罚，主要是针对农民和奴隶的，对农民和奴隶往往是轻罪重处。例如，服役的刑徒在生产中若稍稍损坏器具，就会遭到很重的鞭笞。总之，秦始皇称帝后，秦朝的法律更为严苛了。

病亡沙丘

公元前210年，秦始皇在最后一次出巡中于沙丘宫病死。

秦始皇统一六国之后，曾5次巡视天下，第一次出巡，是在公元前220年，巡行陇西、北地。北地郡治义渠（今甘肃宁县西北），陇西郡治狄道（今甘肃临洮），秦始皇由咸阳北上到义渠，又至陇西郡，其所行路线为"出鸡头，过回中"。鸡头指平凉的崆峒山，由平凉西去为六盘山所阻，便南下经秦安到甘谷，再经武山西去。"过回中"，

⊙ **天尽头**
在山东省最东端的荣成成山头。据传秦始皇巡游至此，见海中巨石凸立，令修桥至东海仙岛，求长生不老药，故又有"秦桥遗址"之称。

公元前212年

世界大事记：
罗马军队征服迦太基盟军，基本上控制了西西里地区。

⊙ 秦始皇陵外景

是秦始皇由陇西郡东归咸阳时，又过天水境，秦始皇西巡目的是“以示威强，服海内”。秦始皇二十八年（公元前219年），也就是统一六国后的第三年，秦始皇第二次出巡，这次东巡，他召集齐、鲁的儒生博士七十余人到泰山下，商议封禅的典礼，以表明自己当上皇帝是受命于天。封禅是古代统治者祭告天地的一种仪式；所谓“封”，是指筑土坛祭天。所谓“禅”，是指祭地，即在泰山下小山的平地上祭地。儒生们的议论各不相同，难于施行。于是秦始皇斥退所有的儒生，借用原来秦国祭祀雍上帝的礼封泰山、禅梁父，刻石颂秦德。颂辞称：“皇帝临位，作制明法，臣下修饬。二十有六年，初并天下，罔不宾服。亲巡远方黎民，登兹泰山，周览东极。从臣思迹，本原事业，祗诵功德。治道运行，诸产得宜，皆有法式。”都是称颂功德的词句，共147字。

秦始皇登临泰山封禅时，于半山坡曾遇暴风骤雨，不得不避雨于一棵大松树下。雨过天晴后，秦始皇称赞此松树遮雨有功，于是当即封之为五松大夫，百官则高呼皇帝万岁。现在泰山山腰的五松亭，据说就是秦始皇当年封禅的避雨处。第三次出巡是在公元前218年。秦始皇再次东出函谷关巡行东方，当其车驾行至河南阳武博浪沙时，从道旁的杂草树丛中突然跳出一个人，此人将手中的凶器掷向安车。但是秦始皇坐在安车后面的专车中，因此没有受伤。这个刺客为张良所选派，他以120斤的大铁锥袭击秦始皇，没有成功。秦始皇十分愤怒，下令搜遍天下，张良于是改名换姓逃走。第四次出巡则是巡行碣石和北边。

公元前211年，有一陨石落在东郡，有人在上面刻上了“始皇帝死而地分”。秦始皇听说后，便派人到东郡调查此事，但没有结果，于是便下令把陨石落地附近的居民全部杀掉。此后，秦始皇一直不高兴。到秋天，朝廷使者在一天夜里路过华阴平舒时，突然有人持着一块玉璧，拦住使者，说：“今年祖龙死！”使者正待查问，那人则放下璧，转身逃走。秦始皇闻听此事，召使者询问，并不解其意，退朝后，方想到祖龙就是指人的祖先。于是命人仔细查看玉璧，这玉璧竟是秦始皇几年前不慎掉入江中的那块。秦始皇更加觉得不可思议，于是命人占卜，依据占卜的结果，秦始皇迁徙北河榆中3万家，并决定于公元前210年再次出巡。

秦始皇这次出游，本来是打算随行官员只带左丞李斯，但是其子胡亥也要随从，秦始皇也应允了。十月，秦始皇一行从咸阳出发巡行江南，一路上，秦始皇游云梦，登庐山，过会稽，游兴正浓，因此，并没有感觉到阴冷潮湿的江南天气给他的身体有什么不良影响。然后他们渡江北上，至琅玡，沿海滨寻仙求药，在海上捕杀大鱼。秦始皇非但没有求得长生不死之药，而且海风的侵袭，使得秦始皇因长期巡行而下降的体质，已无法抵御病魔。当车驾到达沙丘平台时，秦始皇已经病入膏肓，只好在沙丘宫住下来，不久病死于沙丘宫。

据记载，秦始皇在病危期间，曾留下遗诏赐位于扶苏，但是遗诏落到了赵高、李斯手中。面对秦始皇的突然死亡，赵高、李斯决定秘不发丧，知道秦始皇死讯的只有胡亥、赵高、李斯及秦始皇身边的几个宦者。为不引起人们的怀疑，李斯等人决定将秦始皇尸体放在辒辌车中运至咸阳。

公元前208年

中国大事记：
秦将章邯镇压陈胜、吴广起义后，进攻楚地。

但是时值七月，天气炎热，不几日，秦始皇的尸体便发出臭味。他们只好命令随后的车载一石鲍鱼，用鱼的臭味掩盖尸体的臭味，所以，沿途臣民并不知秦始皇已死。

另一方面中车府的赵高则利用这一时机，勾结李斯，篡改遗诏，立胡亥为太子，并以“为人子不孝”、“为人臣不忠”的罪名赐死扶苏。

不久，皇帝车驾回到咸阳，李斯等先宣读改过的遗诏，立胡亥为太子。然后胡亥以太子身份主持秦始皇的葬礼，并继皇位，是为秦二世。

秦始皇一生50年，但这50年却使秦始皇成为千古一帝。他开创了中国第一个统一的封建专制主义的多民族国家，统一了文字、货币、度量衡，并确立了郡县制，对后世影响深远。可是，另一方面，秦始皇又是一代暴君，后期的暴政导致秦朝二世而亡。

陈胜、吴广起义

胡亥夺取皇位的这一年，即公元前209年七月，爆发了我国历史上第一次大规模的农民起义，领导这次起义的人是陈胜、吴广。

秦二世元年（公元前209年）七月，征发闾左（秦时贫弱农户居闾之左，富者居右）900人戍守渔阳（今北京密云）。陈胜、吴广都被征调，担任屯长。

陈胜又叫陈涉，是阳城（今河南登封东南）人。吴广又叫吴叔，是阳夏（今河南太康县）人。

陈胜对自己的苦难遭遇一直愤愤不平，可更不幸的事情又落在了他的身上。他和吴广以及其他的穷苦农民一共900多人，被秦二世征发去渔阳驻防。

那时候正赶上雨季，他们走到蕲县大泽乡（今安徽宿州西南）的时候下起了大雨。大泽乡靠近淮河的支流浍河，地势低洼，大水淹没了道路，没法走了。他们只好停下来，等天晴了再走。按照秦朝的律法，叫你什么时候到达什么地方，你就得按时到达，误了日期，就要杀头。陈胜、吴广计算了一下，估计无论如何也不能按期到达渔阳，这样，他们已经犯下死罪了。

⊙秦末陈胜、吴广大泽乡起义旧址

陈胜、吴广一起商量办法。陈胜说：“如今要是逃走，抓回来是死；起来造反，夺天下大不了也是死。这样下去等死，还不如拼出一条生路呢！”

吴广认为陈胜说得有道理，便决定跟着陈胜干一场。当时的人们很迷信，想要号召众人起来造反，除了假借扶苏等人的名义外，还得采用装神弄鬼一类的办法，取得众人的信任。他们为此想出了办法。

第二天，火夫上街买鱼回来，剖开一条鲤鱼的时候，在鱼肚子里发现一块绸子，绸子上用朱砂写着“陈胜王”三个字。这件事一下子就传开了，众人都认为这是老天爷的旨意，原来陈胜是个真命天子呀！

过了几天，陈胜和吴广带领着一大帮人，趁押送他们的军官喝醉了酒，故意去要求释放他们回家。军官一听，又急又气，先抽打了吴广几鞭子，接着又拔出剑来要杀吴广。这时大伙儿一拥而上，陈胜乘机杀死了军官。

陈胜、吴广杀死了军官，大伙儿都感到出了

公元前209年

世界大事记：
罗马军队大败汉尼拔，次年汉尼拔之弟率兵进入意大利与汉尼拔会合。

⊙陈胜、吴广起义

一口恶气。看到大伙儿都很齐心，陈胜、吴广就决定立即起义。他们派人上山砍伐树木、竹竿作为武器。然后，用泥土垒个平台，作为起义誓师的地方。还做了一面大旗，旗上绣上了一个大大的“楚”字。陈胜自立为将军，吴广为都尉。起义军首先攻下大泽乡，进而攻占蕲县及各县。中国历史上第一次大规模的农民起义就这样爆发了。

陈胜、吴广在大泽乡起义的消息很快传开，附近穷苦的老百姓扛着锄头、铁耙、扁担，纷纷赶来加入起义军，起义军一下子壮大了起来，并且很快地占领了陈县。陈胜在陈县称了王，国号“张楚”。陈县成为全国农民起义的中心。

为推翻秦朝统治，陈胜于八月封吴广为“假王”，令其率主力西击荥阳（在今河南中部），进而入函谷关（今河南灵宝东北）夺占秦朝腹地；宋留率部入武关（今陕西商南东南），迂回咸阳；武臣、陈余率部攻取六国故地。吴广久攻荥阳不下，陈胜又以周文为将军，领兵绕过荥阳，进攻关中。周文攻破函谷关，屯军于戏（今陕西临潼东北）。这时起义军已有兵车千辆，战士几十万。

秦二世见起义军打到了都城附近，即令少府章邯把修建骊山陵墓的数十万刑徒和奴产子编成军队迎击农民军。同时，又从边塞调回王离的30万军队以保卫都城。周文率领的农民军，虽然英勇作战，但缺乏训练，没有作战经验，又孤军深入，在秦军的突然袭击下，接连受挫，被迫退出函谷关，在曹阳驻守待援。

这时，武臣的东路农民军在河北旗开得胜，对秦朝官吏恩威兼施，连下30余城，在攻占旧赵都城邯郸后，武臣在张耳、陈余的怂恿下自立为赵王。陈胜为了顾全大局，勉强予以承认，并命他率军西上，支援周文。武臣置若罔闻，以陈余为大将军，张耳为丞相，公然割据自立。六国旧贵族纷纷割据称王，韩广称燕王，魏咎为魏王，田儋为齐王。陈胜所遣各部义军互不接应，六国旧贵族又变身割据者，严重削弱了反秦力量，起义军陷入孤立无援又腹背受敌的境地。曹阳的农民军与兵力庞大的秦军苦战两月，损失惨重，又无援助，终告失败，周文自杀。章邯乘胜猛扑，占领渑池。

·秦代军队的平时编制·

步兵的编制分为六级，即：五人为伍，二伍为什，五什为屯，二屯为百，五百人，一千人。前五级分设一人为长，第六级设“二五百主”也称“千人”，已属中级军官。骑兵的编制，很可能是四骑一组，三组一列，九列一百零八骑为一队，并能属战车六乘。车兵的编制，没有步兵配合时，每八乘为一偏（即一行），二偏为一组，四组为一队；有步兵配属时，则以兵车一乘、甲士三人、步卒八人为一个基本单位，六乘为一组，十八乘加指挥车一乘为一队。

公元前208年

中国大事记：
初冬，李斯在咸阳街头被腰斩，全家老小亦未能逃过劫难。

随着反秦斗争的进行，起义军自身的矛盾和弱点也逐步暴露。围攻荥阳的起义军内部发生内讧，将领田臧因与吴广意见不合，竟假借陈胜之命杀死吴广，自立为将军，致使军心涣散。章邯乘机率秦军直扑荥阳，田臧率军迎战章邯，兵败身死，余部溃散。陈胜依旧坐守陈县，章邯率军直扑陈县，在城西与张贺所率农民军展开激战，陈胜亲自督战。由于众寡悬殊，而秦军又挟战胜周文、田臧之余威，士气高昂，农民军终败，张贺战死，陈县失陷。12月，退至下城父(今安徽涡阳东南)的陈胜为车夫庄贾杀害，余部投奔其他反秦武装。宋留闻讯，在南阳降秦。轰轰烈烈的陈胜、吴广起义在秦王朝的残酷镇压下历经半年失败了。

刘邦和项羽

陈胜、吴广起义以后，各地的百姓纷纷响应。农民起义像一阵风暴，很快就席卷了大半个中国。

在南方会稽郡有一支强大的起义队伍，领导这支队伍的首领是项梁和他的侄儿项羽。项梁是楚国大将项燕的儿子，秦国大将王翦攻灭楚国的时候，项燕兵败自杀，项梁一直想重建楚国。他的侄儿项羽身材魁梧，力大无比，跟项梁学了不少本领。

项梁本是下相(今江苏宿迁西南)人，因为跟人结了仇，躲避到会稽郡吴中来。他能文能武，吴中的年轻人都很佩服他，把他当老大哥看待。项梁教这些年轻人学兵法，练本领。这时，他们听说陈胜起义，觉得是个建功立业的好机会，就杀了会稽郡守，占领了会稽郡。不到几天，就拉起了一支8000人组成的队伍。因为这支队伍里都是当地的青年，所以称为“子弟兵”。

⊙ 刘邦像

⊙ 泗水亭

此亭在今江苏省沛县，据《沛县志》记载，汉高祖刘邦曾做过泗水亭长。

项梁、项羽带着八千子弟兵渡过长江，攻克了广陵(郡名，治所在今江苏扬州市)，接着又渡过淮河，向北进军。一路上又有各地方的起义队伍来投奔项梁。

第二年，刘邦带着一支100多人的队伍，来投靠项梁。

刘邦是沛县(今江苏沛县)人，在秦朝做过亭长(秦朝十里是一亭，亭长是管理十里以内的小官)。有一次，上司要他押送一批民夫到骊山做苦工，在去往骊山的山路上，每天总有几个民夫跑掉，刘邦想管也管不了。这样下去，到了骊山，刘邦也交不了差。

有一天，他把民夫们叫到一起，对大家说：“你们到骊山去做苦工。累不死也得被打死；就

公元前207年

世界大事记：
罗马撤兵，汉尼拔之弟战败被杀。

⊙项羽雕像

民夫们非常感激刘邦，当时就有几十个民夫愿意跟着他走。刘邦就带着这些人逃到芒砀山躲了起来。

沛县县里的文书萧何和监狱官曹参知道刘邦是个好汉，都愿意与他交好，他们之间来往不断。

等到陈胜打下了陈县，萧何和沛县城里的百姓杀了县官，并让人到芒砀山把刘邦接了回来，请他当了沛县的首领，大家称他“沛公”。不久，张良也投到了刘邦麾下。

项梁见刘邦也是一个人才，就拨给他人马。从此，刘邦成了项梁的部下。

这时各地起义军的领导权都落在旧六国贵族手里，彼此争夺地盘，互相攻打。秦国的大将章邯、李由想趁机把起义军各个击破。

面对这种形势，项梁在薛城开始整顿起义队伍。为了增强号召力，项梁听了谋士范增的建议，立楚怀王的孙子为楚王。因为楚国人对当年楚怀王受骗死在秦国一直愤愤不平，所以大家把他的孙子仍称为楚怀王。

算不死，也不知道哪年哪月才能返回家乡。我现在放你们走，大家各自去找活路吧！”

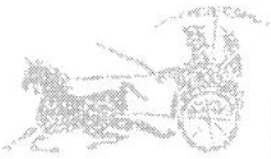

巨鹿大战

项梁整顿了起义军后，打败了秦朝大将章邯。项羽、刘邦带领另一支队伍，杀了秦将李由。不久，章邯重新补充了兵力，趁项梁不备，发动了猛烈的进攻。项梁死在了乱军之中，项羽、刘邦也只好退守彭城去了。

章邯打败项梁，认为楚军已经元气大伤，就暂时放弃攻击楚军，带领秦军北上进攻赵国（这个赵国不是战国时代的赵国，而是新建立起来的一个政权），很快就攻下了赵国都城邯郸。赵王歇逃到巨鹿（今河北平乡西南），坚守不出。

章邯派秦将王离包围巨鹿，自己率大军驻扎在巨鹿南面的棘原。为了给王离军运送粮草，他在棘原和巨鹿之间修筑了一条粮道。

☒镶嵌云纹弩机　秦

远射兵器构件。弩机由牙（上有望山）、牛（钩心）、悬刀（扳机）、拴塞及廓组成。廓、望山、牙上饰错金云纹和S形纹。悬刀一侧有篆体铭文十一字，记作弩于秦王政二十三年（公元前224年），并铸有主管官吏和工匠姓名。1974年湖南长沙马王堆出土。

赵王歇一面守城，一面派人向楚怀王求救。

公元前207年

中国大事记：
赵高杀秦二世，立子婴为秦王；同年，子婴向刘邦投降，秦朝灭亡。

⊙巨鹿大战书影

当时，楚怀王正在筹划进攻咸阳。见赵国来求援，就任命宋义为上将军，项羽为次将，范增为末将，率领大军救援赵国。同时派刘邦西击关中，直捣秦朝都城咸阳。当时，秦军还很强盛，诸位将领都不愿先入关，唯独项羽，因为急于替叔父项梁复仇，主动请缨，要和刘邦一起进军关中。可是项羽初次领兵作战攻克襄城时，因为怨恨襄城军民誓死抵抗，曾经下令屠城，蒙上了“慓悍祸贼”的恶名，所以怀王和一些老将拒绝了他的要求，派素有仁厚之名的刘邦进军关中。怀王与诸位将领约定，先入定关中的人就封为关中王。这一约定，为日后刘、项的争端埋下了种子。

公元前207年十月，宋义率领楚军开到安阳。当时，巨鹿的赵军已经危在旦夕，可是宋义却畏惧秦军的声势，在安阳一直停留了46天，迟迟不肯进军。这下可急坏了项羽。

项羽对宋义说：“现在军营里粮食不多了，但是上将军却按兵不动，自己喝酒作乐，这样对得起国家和兵士吗？”宋义不但不听，还下了道命令：军中如有不服从指挥的，立即斩首。

当时，连日淫雨，天气寒冷，楚军又是远路而来，军粮不足，士兵们衣服单薄，饥寒交迫。这时的战争形势十分危急，秦军一旦攻破赵国，就会更加骄横，到那时，楚军势单力孤，更难以对抗秦军。国家安危，系于巨鹿一战，而宋义却停兵不前，终日歌酒宴会，丝毫不知体恤士卒，更不忧心国事，还送儿子出使齐国，和齐相田荣勾结。

项羽看到这种情况，又是气愤，又是焦虑。十一月的一天清晨，按捺不住的项羽终于趁参见宋义的时候，拔剑杀掉了宋义，然后公告全军，说宋义意图谋反，自己已经按楚王的密令将他处死。众将领推举他代理上将，楚怀王知道以后，也只得正式任命他为上将军。

当时，前来救援赵军的各路人马，都已经在巨鹿城下安营扎寨，但是因为畏惧秦军，都逡巡不前，不敢与秦军交战。只有项羽一马当先，在公元前207年十二月，以非凡的气概指挥楚军北上，向巨鹿进发。

他先派部将英布、蒲将军率领2万人做先锋，渡过漳水，切断秦军运粮通道，把章邯和王离的军队分割开来；然后自己率领数万楚军渡过滔滔漳水，向北岸的秦军营地进发。

过了河，项羽命令将士，每人带三天的干粮，把军队里做饭的锅砸掉，把渡河的船凿沉（文言叫做“破釜沉舟”）；然后，对将士说：“咱们这次打仗，没有回头路可走，三天之内，一定要打败秦兵。”

这时的楚军，前面是几十万秦军主力，后面是波涛汹涌的漳水。一旦战败，就只能被秦军残杀，或者葬身漳水，几乎已经陷入绝境。楚军将士都明白得很，只有全力以赴，击败秦军，才能绝地求生。于是，楚军人人奋勇，个个争先，以迅雷不及掩耳之势冲向秦军阵地。一时间，巨鹿城下杀声震天，经过一连9次激烈的战斗，楚军

公元前206年

世界大事记：
罗马军队征服西班牙全境。

终于击破了秦军，脱离了险境。

项羽率军进攻秦军的时候，前来援赵的各路将领都慑于秦军淫威，远远地作壁上观。项羽击溃秦军之后，立即召见他们。这些人个个胆战心惊，进入项羽的大营之后，都膝行而前，头都不敢抬。这一战，项羽显示出坚决果敢的战斗精神和无所畏惧的英雄气概，各路诸侯都对他佩服得五体投地，项羽成了楚军和各路义军的最高军事统帅，威震四方。这一年，项羽刚刚 25 岁。

巨鹿之战后，项羽立即引兵南下，进驻漳水南面，进攻章邯率领的秦军主力，两军对峙了数月之久。秦二世在奸臣赵高的挑拨之下，不断派人责备章邯战斗不力，章邯日夜担心自己会被权奸暗算，赵将陈余又劝他倒戈反秦。正当他犹豫不决之时，项羽派蒲将军领兵渡过三户津，一举战败秦军，项羽自己也在汙水大破秦军。经过两次打击之后，章邯终于决定投降，秦军主力部队被瓦解了。

约法三章

公元前 208 年八月，赵高诬陷李斯想割地称王，并派人四处搜捕李斯的宗族，对李斯严刑拷打。李斯被迫认罪，被腰斩于咸阳，并灭其三族。李斯死后，赵高升迁宰相，他利用职权大量诛除异己。他想要检验大臣们是否俯首听命于他，便在朝会时献上一只鹿，并指着鹿说是马。二世笑言："丞相错了，指鹿为马！"赵高说是马，便叫群臣证明，大臣们有的回答是马，有的说是鹿。事后，赵高将那些回答是鹿的大臣杀害。从此，朝中人人自危，没有人敢说赵高有错。

赵高又劝二世深居禁宫，不必亲自坐朝听政，臣下有事来奏，只需由赵高自己和其他与二世亲近之人密商后上奏。秦二世对此一一采纳，从此常居深宫。这时，刘邦军队已攻克武关（今陕西商县西北），关东大部分地区落入义军之手。赵高害怕二世责难，暗中密谋杀掉二世胡亥。赵高让其弟郎中令赵成做内应，诈称搜查贼人，派人率兵进入二世所住的望夷宫。秦二世走投无路，只好自杀。赵高杀了二世，对大臣们说："现在六国都已复国了，秦国再挂个皇帝的空名也没有什么意思，应该像以前那样称王。我看可以立子婴为秦王。"这些大臣不敢反对，只好同意。于是，赵高立子婴，贬号为秦王。

子婴知道赵高害死了二世，想自立为王，只是怕大臣们反对，才假意立他为王。子婴和他的两个儿子商量好对付赵高的计策。到即位那天，子婴推说有病不去，赵高只好亲自去催子婴，子婴命手下人把赵高杀了。

子婴杀了赵高，派了 5 万兵马固守武关。刘邦采用了张良的计策，派兵在武关附近的山头插上无数的旗子，迷惑敌兵；另派将军周勃带领全部人马绕到武关东南，从侧面打进去，杀死了守将，消灭了这支秦军。

公元前 207 年十月，刘邦的军队在各路诸侯中最先到达灞上。秦王子婴一看秦朝大势已去，便驾着白车白马，用丝绳系着脖子，封好皇帝的御玺和符节，在轵道旁投降了刘邦。将领们有的说应该杀掉秦王。刘邦说："当初怀王派我攻关中，就是认为我能宽厚容人；再说人家已经投降了，又杀掉人家，这么做不吉利。"于是把秦王交给主管官吏，就向西进入咸阳。

刘邦进了咸阳后，本想住在豪华的秦朝皇宫里，搜罗秦朝的金银财物，但他的心

⊙ 玉杯　秦

公元前206年

中国大事记：
项羽率军进咸阳杀子婴，自号西楚霸王，定都彭城。

腹樊哙和张良告诫他不要这样做，免得失掉人心。刘邦接受了他们的意见，下令封闭皇宫，并留下士兵保护皇宫和藏有大量财宝的库房，随即还军灞上。

为了取得民心，刘邦把关中各县父老、豪杰召集起来，郑重地向他们宣布道："秦朝的严刑苛法，把你们害苦了，应该全部废除。今天，我和众位约定，不论是谁，都要遵守三条法令。

这三条是：第一，杀人者要处死，第二，打伤人的要治罪，第三，盗窃者也要判罪！"父老百姓都表示拥护约法三章。接着，刘邦又派出大批人员，到各县各乡去宣传约法三章。百姓们听了，都热烈拥护，纷纷取了牛羊酒食来慰劳刘邦的军队。

从那时起，刘邦的军队给关中的百姓留下了良好的印象，人们都希望刘邦能留在关中做王。由于坚决执行约法三章，刘邦得到了百姓的信任、拥护和支持，最后取得天下，建立了西汉王朝。

鸿门宴

项羽在巨鹿大战中打败了王离，收降了章邯，而后率领40万大军开到函谷关，看见关口有兵把守着，不准项羽的军队进关。项羽得知是刘邦的将士守着关口，肺都要气炸了，命令将士猛攻函谷关。关口很快被打开，项羽军队长驱直入，直到了新丰、鸿门(今陕西临潼东北)才驻扎下来。这里离刘邦军队驻扎地灞上只有40里路，项羽决定第二天攻打刘邦。

项羽的叔父项伯和刘邦的谋士张良是好朋友，他怕打起仗来张良会送命，就连夜赶到刘邦军营告知张良，叫张良赶快逃命。

刘邦、张良乘机以礼相待，并当即结成儿女亲家。刘邦对项伯说："我进入关中后，登记户籍，封闭府库，未敢擅取丝毫财物，一心等待项将军的到来。至于派兵守卫函谷关，也是为了防止意外。我日夜盼望项将军的到来，岂敢背叛？希望您能替我说个明白。"项伯欣然应允，并与刘邦约定，让他次日亲自去拜谢项羽。

项伯连夜赶回楚营，转达了刘邦的心意。他还对项羽说：刘邦具有丰功伟绩而去攻打他，是没有道理的，不如以礼相待。其时，项羽重兵在握，并不在意刘邦，况且攻打刘邦师出无名，于是便听从项伯的建议，撤销了次日清晨进攻灞上的计划。

第二天一大早，刘邦就带领张良、樊哙和100多人赶到鸿门，拜见项羽。刘邦装作十分热情地说："我和将军一起攻打秦朝，您在黄河的北面作战，我在黄河的南面作战。没想到我能先打进关中，攻破咸阳，今天有机会和将军见面，真是件令人高兴的事。听说有些小人在您面前挑拨我和您的关系，请将军千万别听信这些话。"项羽是个直性人，见刘邦这样可怜兮兮，怒气很快就烟消云散了。项羽叫人摆上酒席，举杯劝刘邦喝个痛快，态度越来越和气。

公元前205年

世界大事记：

罗马与马其顿签订《菲那斯和约》，第一次马其顿战争结束。

酒席上，范增一再给项羽使眼色，并多次举起胸前佩挂的玉瑗作暗示，要项羽下决心杀掉刘邦。项羽默不作声，好像没看见一样。范增急了，找个借口走出营门。他把项羽的堂兄弟项庄找来，交代他说："项王心肠太软，你到席上敬酒，然后舞剑助兴，趁机杀了刘邦。"项伯见项庄在宴席前不怀好意地舞起剑来，害怕刚结的亲家刘邦吃亏，也拔出宝剑说："一个人舞剑没有两个人来劲。"就用身子护着刘邦，与项庄对舞起来，项庄没机会对刘邦下手。

张良见形势危急，找个机会溜了出去，对樊哙说："宴会上项庄拔剑起舞，总想对沛公下毒手。"樊哙听了急得大喊："我去同他们拼了！"他带上宝剑和盾牌赶到帐前，把几个阻拦的卫兵撞倒，怒目圆睁地冲了进去。

项羽看到冲进一个怒容满面的人，急忙按住剑把，喝问道："你是什么人？"张良急忙上前解释说："他是沛公的车夫樊哙，一定是肚子饿了。"项羽用赞叹的口气说："好一个壮士！快赏给他一斗酒，一只猪腿。"项羽看了樊哙一会儿，越发觉得这人豪壮，说："壮士，还能喝酒吗！"樊哙粗声说："我死都不怕，还怕喝酒吗！当初，楚怀王跟大家有约：谁先打败秦军攻破咸阳，谁就做王。如今沛公先打进咸阳，他没拿一点东西，只是封了库房把军队驻在灞上，等到大王您的到来。如此劳苦功高的人，大王不但没给他奖赏，反而听信小人的挑拨，想去杀害他，这不是跟秦王没区别了吗？大王这种做法未免太不近情理了！"项羽一时答不上话来，招呼樊哙坐下。樊哙就挨着张良坐下了。刘邦

⊙ 鸿门宴遗址

位于今陕西临潼东。

镇定了一会儿，假装要上厕所，樊哙和张良也跟着出去了。刘邦想趁早溜回军营，又怕没有告辞失了礼数。樊哙说："干大事业的人不拘泥于小礼节。如今我们好比任人宰割的鱼肉，性命都难保了还讲什么礼数！"

刘邦走后，张良在外面等了好一会儿，估计刘邦已经到达军营了，才进去对项羽道歉说："沛公酒量小，今天喝多了，不能当面来向大王辞别。他嘱咐我奉上白璧一双敬献给大王，玉杯两只送给亚父。"项羽接过白璧，放在席位上，范增气得把玉杯扔在地上，又用宝剑劈碎，叹着气说："唉，真是没用的人，不值得让我操心！将来争夺项王天下的人，一定是刘邦。等着瞧吧，将来咱们这些人都会成为刘邦的俘虏！"

鸿门宴拉开了楚汉战争的序幕。范增的预言在数年后应验，后世不少人认为项羽缺乏当机立断的能力，导致范增的计划失败，亦埋下了自己日后败死的伏线。

⊙ 鸿门宴壁画　汉

公元前205年

中国大事记：
项羽杀义帝，刘邦趁为义帝发丧之机进击项羽，兵败彭城。

楚汉之争

刘邦听从萧何的建议，拜韩信为大将，执掌兵权，准备攻打汉中。萧何整顿后方，训练人马。公元前206年，汉王和韩信率领汉军进攻汉中。

战争开始后，由于关中的老百姓对“约法三章”的汉军本来就有好感，所以，汉军每到一处，士兵、百姓都不愿抵抗。不到三个月的时间，刘邦就消灭了秦国降将章邯的兵力，牢牢地控制了关中地区。项羽得知刘邦攻占了整个汉中，准备率兵来打。但是西面齐国的田荣也起来反抗项羽，把项羽所封的齐王赶下台，自立为王，项羽只好扔了刘邦这一头带兵去镇压田荣。

刘邦趁项羽和齐国相持不下的时候，率军东进，攻下了西楚的都城彭城。项羽赶紧往回撤兵。双方在睢水展开了一场大战。战斗一开始，双方谁也不知道对方有多少人，只打得昏天黑地，尸横遍野。到最后，汉军战败，刘邦的父亲太公和妻子吕氏也被楚军俘虏了。

刘邦领着残兵败将，退到荥阳成皋一带，严密布防。另一方面派韩信带领兵马向北收服了魏国、燕国和赵国的地盘，又派陈平用重金挑拨项羽和范增的关系。项羽本来疑心很重，听信了谣言，真的怀疑起范增来。范增一气之下告老还乡，又气又伤心的他死在路上。范增一死，项羽身边少了一位得力的谋士，汉军的压力也减轻了。刘邦又叫彭越在后方截断楚军的运粮道，这样就有效地控制了楚军。楚汉双方这样对峙了两年多。

公元前203年，项羽决定自己带兵去攻打彭越。临走时，他再三叮嘱成皋守将曹咎，无论如何也要坚守城池不许出战。刘邦见项羽一走就向曹咎挑战。曹咎说什么也不战。后来刘邦叫士兵整天隔着汜水辱骂楚军。曹咎受不了刘邦士兵的辱骂，渡江作战被刘邦打得大败。曹咎觉得没脸见项羽，就刎颈自杀了。

项羽听说成皋被汉军占领，曹咎自杀，急忙赶回来，楚汉两军在广武（今河南荥阳县东北）又对峙起来。

正当刘邦想和项羽决一死战的时候，项羽派使者给刘邦传话说：“现在天下不安定，都是由于你我两人相持不下造成的，你敢不敢与我比试高低，别让老百姓受连累了。”刘邦也叫使者回话说：“我愿意比文斗智。”刘邦和项羽各自出阵来，刘邦为了叫项羽在楚、汉军面前威风扫地，便历数项羽有“十大罪状”。

项羽听刘邦述说自己的“十大罪状”，忍无可忍，也不回答，回头作了个暗示。钟离昧带领弓箭手一阵乱箭齐发，刘邦刚要回头，胸口已经中了一箭。他忍住疼痛，故意弯下身，大叫道：“不好，贼兵射到我的脚趾了。”众将士急忙把他扶到

⊙鸿沟

公元前205年

世界大事记：
罗马军统帅大西庇阿被选为罗马执政官，三年后大西庇阿败汉尼拔于迦太基城南的札马。

营里，叫医官医治。张良怕军心动摇，便劝刘邦勉强起来，坐在车上巡视军营。

项羽见刘邦没死，还能巡视军营，而楚军粮草已供应不上，感到进退两难。

刘邦重伤在身，见双方相持不下，也非常着急。这时，洛阳人侯公从中调和了一下，双方定下协议，楚汉双方以荥阳东南的鸿沟为界，鸿沟以东属楚，鸿沟以西属汉，双方各守疆土，互不侵犯，罢兵息战。协议达成后，项羽把太公和吕氏也放了回来。

四面楚歌

楚汉议和之后，汉王刘邦曾想撤兵西归，张良、陈平劝他说："汉已据天下的大半，诸侯又都归附于汉。而楚军兵疲粮尽，这正是上天亡楚之时。不如索性趁此机会消灭他。如果现在放走项羽而不打他，这就是'养虎给自己留下祸患'。"汉王听从了他们的建议。不久，汉王追赶项羽到阳夏南边，让部队驻扎下来，并和韩信、彭越约好日期会合，共同攻打楚军。汉军到达固陵，而韩信、彭越的部队却没有来会合。楚军攻打汉军，把汉军打得大败。汉王又逃回营垒，掘深壕沟坚守。刘邦问张良道："诸侯不遵守约定，怎么办？"张良回答说："楚军快被打垮了，韩信和彭越还没有得到分封的地盘，所以他们不来是很自然的。君王如果能和他们共分天下，就可以让他们立刻前来。如果不能，形势就难以预料了。"刘邦说："好。"于是派出使者告诉韩信、彭越说："你们跟汉王合力击楚，打败楚军之后，从陈县往东至海滨一带地方给韩信，睢阳以北至谷城的地方给彭越。"使者到达之后，韩信、彭越都说："我们今天就带兵出发。"于是韩信从齐国起行，刘贾的部队从寿春和他同时进发，到达垓下。

公元前202年，项羽被汉军围困在垓下(今安徽灵璧县东南)，韩信在垓下的周围布置了十面埋伏。项羽的人马少，粮食也快吃光了。他想带领人马冲杀出去，但是汉军和各路诸侯的人马里三层外三层，项羽打退一批，又来一批；杀出一层，还有一层，项羽没法突围出去，只好回到垓下大营，吩咐将士小心防守。这天夜里，项羽在营帐里愁眉不展。他身边有个宠爱的美人名叫虞姬，看见他闷闷不乐，便陪伴他喝酒解愁。

项羽要虞姬离开垓下，回彭城或是回她的故乡，虞姬温柔地加以拒绝。要死就死在一块儿，她的念头非常单纯。项王战死，她也不独活。

到了午夜，只听得一阵阵西风吹来，风声里还夹着歌声。项羽仔细一听，歌声是从汉营里传出来的，唱的都是楚人的歌曲，楚军士兵那本已冰冷的心，顿时有如春回大地，冰消雪融，流水淙淙，万物苏生；他们好像回到了故乡的村庄，看见了那熟悉的山水、田野、牛羊，家乡父老的一张张笑颜、企盼的目光……楚军士卒不觉坐起身来，不顾严寒，走出营帐，向汉军

⊙ 垓下遗址

公元前198年

中国大事记：
汉以宫女冒充公主嫁与冒顿单于，与匈奴第一次“和亲”

营寨远眺，因为正是那篝火兴旺的地方传来了楚地的民歌乐曲……于是一群又一群的楚兵情不自禁地向那令他们向往的一堆堆温暖的篝火走去，项羽听四面到处是楚歌声，失神地说：“完了！恐怕刘邦已经打下西楚了！汉营里怎么有那么多的楚人呀。”

项羽愁绪满怀，忍不住唱起一曲悲凉的歌来：

力拔山兮气盖世，
时不利兮骓不逝。
骓不逝兮可奈何，
虞兮虞兮奈若何？

项羽唱着唱着，禁不住流下了眼泪。旁边的虞姬和侍从也都伤心地哭了起来。

当天夜里，项羽跨上乌骓马，带了800个子弟兵冲出汉营，马不停蹄地往前跑去。天亮后，汉军才发现项羽已经突围出去，连忙派了五千骑兵紧紧追赶。项羽一路奔跑，后来他渡过淮河时，跟着他的只剩下100多人了。

项羽他们到达阴陵时，迷了路，于是去问一个农夫，农夫骗他说：“向左边走。”项羽带人向左，却陷进了大沼泽地中。因此，汉兵很快追上了他们。项羽又带着骑兵向东，到达东城。

但后面的追兵又围上来了。项羽对跟随他的士兵们说：“我从起兵到现在有8年了，经历过70多次战斗，从来没有失败过，才当上了天下霸王。今天在这里被围，这是天要叫我灭亡，并不是我打不过他们啊！”

项羽说罢又几次冲出重围，一直到了乌江（在今安徽和县东北）边。此时，他的身边只剩下二十几个人了。恰巧乌江的亭长有一条小船停在岸边。亭长劝项羽马上渡江，说：“江东虽然小，可还有1000多里土地，几十万人口。大王过了江，还可以在那边称王。”

项羽苦笑了一下说：“我当年在会稽郡起兵时，带了八千子弟渡江。到今天他们没有一个能回去。我一个人回到江东，即便是江东父老同情我，立我为王，我也没脸见他们呀。”

项羽说完跳下马来，对亭长说道：“我知道您是位长者，我骑这匹战马已有5年，所向无敌，曾经一日行走千里，不忍心杀掉它，就送给您吧。”项羽把战马送给乌江亭长后，令骑士全部下马步行，跟追上来的汉兵展开肉搏战。他们杀了几百名汉兵，楚兵也一个个倒下。项羽受了十几处创伤，最后在乌江边拔剑自杀了。

项羽死后，楚地全部向汉军投降，唯鲁地不降。刘邦率大军想要屠城，兵至曲阜城下，还可听到城中的弦歌诵读之声，认为鲁人坚守礼义，为君主死节，便拿出项羽的人头令鲁人观看。鲁地父老见项羽已死，这才投降汉军。当初，楚怀王曾始封项羽为鲁公。项羽死后，鲁地最后投降，因而按照鲁公封号应享有的礼仪，将项羽安葬在谷城。

刘邦为项羽发丧，洒泪而去。项羽的各支宗族，刘邦都不加以诛害。刘邦封项伯为射阳侯，项襄为桃侯，项佗为平皋侯，但都赐姓为刘。

⊙ **霸王别姬　年画**

这是杨柳青年画中表现项羽兵败、痛别虞姬的场面，可见“霸王别姬”的故事在民间流传之广。

公元前201年

世界大事记：
第五次叙利亚战争爆发。第二次布匿战争结束。

西汉盛衰

大风歌

刘邦打败了项羽，建立了一个比秦朝更强大的汉王朝。公元前202年，汉王刘邦正式做了皇帝，这就是汉高祖。汉高祖定都洛阳，后来迁都到长安(今陕西西安)。

西汉初年，刘邦大封功臣，异姓王有7人，史称“异姓诸王”。这些王侯据有关东广大区域，势力强大，朝廷奈何不得。异姓王的存在为汉朝的长久稳定留下无穷隐患。

汉高帝五年(公元前202)七月，距离刘邦称帝不到半年，燕王臧荼首先叛乱，刘邦亲自率兵征讨。两个月以后，臧荼成为阶下囚，刘邦又立长安侯卢绾为燕王。九月，颍川的原项羽部将利几谋反，没多久即被刘邦平定。一时举国上下，谈兵色变，有人告发楚王韩信意图谋反，刘邦决定采纳陈平的建议，采取智取的办法。他假装巡游云梦(古大泽，在今湖北南部和湖南北部)，命令各路诸侯于十二月在陈县会集。韩信见到诏令后，虽然有点儿疑惧，但自认为没有什么过失，便前往会见刘邦。武士当即将韩信逮捕押往洛阳，刘邦废其王号，改封他为淮阴侯。韩信因此非常忧郁。他经常称病不上朝，还常常发牢骚：“果真像别人所说的那样，‘狡兔死，走狗烹；飞鸟尽，良弓藏；敌国破，谋臣亡’。天下已经安定，我固当亡。”

高帝十年(公元前197年)，有人说韩信与陈豨谋反。陈豨是刘邦子代王如意的部下，如意年幼，长期留居长安，代王相陈豨独自掌握王国

⊙ 争功图　汉

此图描绘汉初天下始定，各位将领争功的场面，最后叔孙通奏议立礼仪规范，使高祖体会到做皇帝的尊贵。

大权。据说，陈豨与韩信商定反汉，以韩信为内应，陈豨带将守边，内外呼应。高帝十年的秋天，刘邦借“太上祖驾崩”的名义召见陈豨，陈豨称身体不适，不应召见，并与王黄、曼丘臣一同造反，自立为代王。刘邦亲自赴邯郸坐镇，派周勃等率军北征。当时陈豨部将侯敞、王黄、张春四

公元前189年

中国大事记：
曹参死后，惠帝以王陵为右丞相，陈平为左丞相。

处招兵买马，号召反叛，叛乱几乎波及华北全境。而刘邦则处于劣势，他多次以羽檄征集彭越、英布等人，但无人应召。最后刘邦采用重金收买陈豨手下部将的计谋，方得以将陈豨打败。到了高帝十二年（公元前195年），周勃斩陈豨于当城（今河北蔚县）。

刘邦亲自征讨陈豨时，要求韩信随军出征，韩信以身体有病为借口，没有一同前往。后来有人检举韩信想利用刘邦出征的机会，策划在长安动手，与陈豨里应外合。高帝皇后吕后与丞相萧何设计将韩信骗入宫中处死，并诛灭了其亲人家属。至此，在反楚战争中立下赫赫战功的韩信不复存在了。

高帝十一年（公元前196年）三月，梁王彭越的部下告发他谋反，刘邦不动声色地遣使前往梁王王都定陶，乘其不备，一举将彭越逮捕，押往洛阳。刘邦念其战功，没有将其处死，只是将其贬职为民，发放蜀地。恰巧在去流放地的途中，彭越偶遇从长安去洛阳的吕后。彭越自以为遇见了大救星，恳求吕后向刘邦求情，殊不知吕后为人刚毅，心肠狠毒。她假装答应了彭越的要求，将彭越带回了洛阳。她不但没有践约为彭越求情，反而对刘邦说让彭越这种有才能、有威望的人去蜀地是自留祸患，不如斩草除根。刘邦认为其妻言之有理，改判彭越死刑，并灭其全族。

韩信与彭越的死对英布震动很大，同病相怜的处境使得他不得不首先防范。他暗中部署兵力，小心刺探周围各郡的动静。后来有人将英布的活动报告给刘邦，刘邦派遣使者到淮南国查明情况。英布得知此事，如惊弓之鸟，只好于高帝十二年七月宣布反叛。叛乱之初，英布气焰很高，他认为刘邦已61岁高龄，又身患疾病，无法也不会再带兵出征了，他信心十足地东进击杀了荆王刘贾，占据了大片的土地。刘邦深知年老体衰，意图让太子刘盈率兵出征。但太子宾客认为英布是善于用兵的猛将，诸将曾经与高祖一同打江山，平起平坐，威望较高，恐怕未必肯听太子的调遣，因此太子的出征，前景令人担忧。于是他们策划让吕后去请求皇帝亲自出征。刘邦思前想后，觉得别无选择，只好不顾年老体衰，于十月亲率大军东征，连连打败英布的队伍。高帝十二年十月，刘邦与英布在蕲西短兵相接，英布不敌，逃往江南鄱阳（今江西鄱阳东），被当地人杀死于乡民田舍。英布所发动的叛乱是刘邦在位期间最大的一次叛乱，这次叛乱的平定，对汉王朝的长治久安起了重要的作用。

汉高祖平定了英布叛乱后，在凯旋的路上，回故乡沛县住了几天。他邀集了故乡的父老子弟和以前的熟人，举行了一次宴会。他在与父老乡亲团聚畅饮当中，想起过去自己战胜项羽的经历，又想到以后要治理好国家，可真不容易。想到这里，汉高祖感慨万千，情不自禁地唱道：

大风起兮云飞扬，
威加海内兮归故乡，
安得猛士兮守四方。

白登被围

秦王朝时期，蒙恬率10万大军北击匈奴，收复河套地区黄河以南的土地，并修筑万里长城防御匈奴南下入寇。秦末农民大起义以来，中原地区战乱连年，原秦朝流放到边地的戍守人员相继离开边境，于是匈奴的势力逐渐南下，渡过黄河，来到南岸与秦王朝以前的中国边塞为界。当汉军与楚军于荥阳相持不下的时候，匈奴却在首领冒顿单于的率领下，统一了北方草原大地，设官分职，势力逐渐强大，拥有能够弯弓射箭的战士30多万人。

汉高祖做了皇帝后，匈奴的冒顿单于带领了40万人马向汉朝攻来，并包围了韩王信（原韩国贵族，和韩信是两个人）的封地马邑（今山西朔县）。韩王信抵挡不了，便向冒顿求和。汉高祖

公元前200年

世界大事记：
第二次马其顿战争爆发。
安第斯山谷兴起了许多独立的小型文明。

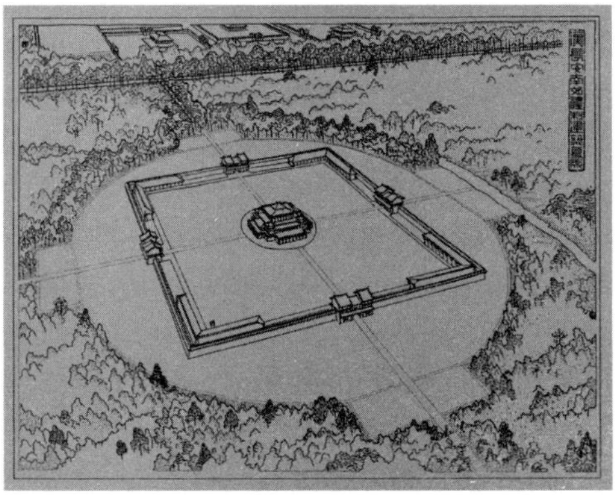
⊙ 汉长安城南郊礼制建筑复原图

得知这个消息，派使者责备韩王信。韩王信害怕汉高祖办他的罪，就投降了匈奴。

冒顿占领了马邑，又继续向南进攻。汉高祖亲自带兵赶到晋阳，和匈奴对峙。

公元前200年的冬天，寒风刺骨。中原的士兵没碰到过这样冷的天气，冻得受不了，战斗力明显减弱。但是，汉朝的军队和匈奴兵一交战，匈奴兵就败走。一连打了几回，匈奴兵都败下阵去。后来，听说冒顿单于逃到代谷（今山西代县西北）。

汉高祖进晋阳后，派出兵士侦察，回来的人都说冒顿的部下全是一些老弱残兵，连他们的马都是瘦得皮包骨头，如果趁势打过去，准能打赢。汉高祖担心这些兵士的侦察不可靠，又派刘敬到匈奴营地看看虚实。

刘敬回来说："我们看到的匈奴的确都是些老弱残兵，但我认为冒顿一定把精兵埋伏起来了，陛下千万不能上他们的当。"

汉高祖听罢大怒，说："你胆敢胡说八道，是想阻拦我进军吗？"说完，命令士兵把刘敬关押起来。

汉高祖率领一队人马刚到平城（今山西大同市东北），就被四下里涌出的匈奴兵包围起来。这些匈奴兵个个身强体壮，原来的老弱残兵全不见了。汉高祖在部下的掩护下，拼命杀出一条血路，退到平城东北面的白登山。

冒顿单于的40万精兵，把汉高祖围困在白登山。周围的汉军无法救援，汉高祖的一部分人马在白登，整整被围困了7天，脱不了身。

后来，高祖身边的谋士陈平打发了一个使者带着黄金、珠宝去见冒顿的阏氏（就是匈奴的王后），请她在单于面前说些好话。阏氏一见汉朝使者给她送来这么多贵重礼物，心里挺高兴。

当天晚上，阏氏便向冒顿进言说："两个国家的君主，不应当相互围困逼迫。如今得到汉朝的土地，单于归终也不能居住在那里；况且汉王也有神灵庇佑，望单于明察定夺。"冒顿与韩王信的部将王黄、赵利约定会合日期，然而王、赵的军队未能按期到来。冒顿怀疑他们与汉军有什么密谋，便听信了阏氏的话，将包围圈解开一角。于是，汉高祖命令士兵全部拉满弓，搭上箭，面朝外，从解围的一角冲了出去，与外面的汉朝大军会合。冒顿率领40万精锐骑兵离去，汉高祖也率领大军撤回。汉王朝建国后同匈奴大军的第一次全面的交锋，便以汉高祖的白登被围和用计脱险而告终。

经过这一次险情，汉高祖知道汉朝没有力量再去征服匈奴，只好回到长安。以后，匈奴一直侵犯北方，使汉高祖大伤脑筋。他问刘敬该怎么办，刘敬说："最好采用'和亲'的办法，大家讲和，结为亲戚，彼此可以安安稳稳地过日子。"

汉高祖同意了刘敬的建议，派刘敬到匈奴去说亲，冒顿当即同意了。汉高祖挑了一个宫女所

·匈奴的饰品·

匈奴人很注重装饰，车有装饰，马也有装饰，而且匈奴人一身从上到下，都有一系列的装饰品。其中最重要的要数带饰了。在匈奴人中，腰带及带饰是身份、地位的象征。腰带称为"具带"，带上饰物有饰板、联珠状或兽头形饰物等。其他装饰品类目繁多，如项链、冠饰、项圈、耳坠等，不胜枚举。

公元前179年

中国大事记：
汉文帝派陆贾出使南越，南越王赵佗称臣纳贡。

生的少女，假称做大公主，送到匈奴去，冒顿把她立为阏氏。

从那时候起，汉朝开始采用“和亲”的政策，跟匈奴的关系暂时缓和了下来。武帝以前的惠帝、高后、文帝、景帝期间，在同匈奴的关系上，一直是奉行刘敬为汉高祖所制定的“和亲”政策，以妥协的方式来减缓匈奴在北部边境上所造成的危害。

白马之盟

汉高祖晚年时宠爱戚夫人。戚夫人生了个孩子，名叫如意，被封为赵王。汉高祖觉得吕后所生的太子刘盈性格软弱，担心他成不了大事，倒是如意说话做事很合自己的心意。因此，想废掉太子刘盈，立如意为太子。

他为这件事召集大臣们商量，但大臣们都反对，连他一向敬重的张良也不同意。大臣们还把当时很有名望的四个隐士——“商山四皓”(就是白发老人的意思)请了来，帮助辅佐太子刘盈。这样一来汉高祖就没法废掉太子了。

汉高祖知道自己快不行了，便把大臣召集在他跟前，吩咐侍从宰了一匹白马，要大臣们歃血为盟。大臣们当着高祖的面，歃了血，发誓说：“从今以后，不是姓刘的不可以封王，不是功臣不可以封侯。谁违背这个盟约，大家就共同讨伐他。”汉高祖病情越来越重了，便叫吕后进去，嘱咐后事。

公元前195年，汉高祖死了。吕后封锁了消息，秘密地跟他的一个心腹大臣审食其说：“大将们和先帝都是一起起兵的，这些人很难控制。

⊙ 皇后之玺　西汉前期

玺面阴刻篆文“皇后之玺”四字，四侧阴刻云纹，顶雕螭虎为钮。此玺发现于汉高祖长陵附近，应是吕后生前的御用之宝。

⊙ 吕后像

如今先帝去世，他们就更靠不住了，不如把他们都杀了。”

审食其觉得这事不好办，就约吕后的哥哥吕释之做帮手。吕释之的儿子吕禄偷偷地把这个秘密消息泄露给他的好朋友郦寄，郦寄又把这件事告诉他父亲郦商。

郦商听到这消息，马上去找审食其，对他说：“听说皇上去世4天了。皇后不发丧，反倒打算杀害大臣。这样做，一定会激起大臣和将军们的反抗，不仅天下会大乱，只怕您的性命也难保。”

审食其害怕了，忙去找吕后。吕后也觉得杀大臣这件事没有十足的把握，就下了发丧的命令。

大臣们安葬了汉高祖，太子刘盈即位，就是汉惠帝。吕后做上了太后。

汉惠帝仁弱孝顺，高帝死后，国家大权落入吕后手中。吕后怨恨戚姬和赵王如意，高帝一死，吕太后命永巷令将戚姬囚禁在宫内幽禁犯罪嫔妃的永巷之中，同时派使者召赵王如意入京。赵王的相国周昌认为这次召见是凶多吉少，便让赵王

公元前200年

世界大事记：
霍普韦尔文明在北美洲兴起。

声称有病而不前往。为敦促赵王来京，使者往返再三，周昌仍是坚持不让赵王入京，并对派来的使者说：“高帝把赵王嘱托给我，赵王又年少，私下听说太后怨恨戚夫人，想要征召赵王入京，一起杀害，我因此不敢放赵王前往。况且赵王也真是有病在身，不能奉诏前往。”

使者返京后，把周昌说过的话如实向太后汇报，太后大怒，认为只要有周昌在赵王身边，就难以把赵王召到京来。她决定首先征召周昌，周昌不得不奉诏入京。到达长安后，周昌拜见吕太后，太后骂周昌：“你不知道我最怨恨戚氏吗？你不放赵王来京，是何道理？”

周昌沉默不言，从此便推托有病而不肯入朝，3年后悲愤而死。

周昌到达长安后，吕太后又再次派使者召赵王来京，赵王动身离开赵都邯郸。

汉惠帝知道太后要加害弟弟如意，便亲自把如意接到宫里，他俩吃饭睡觉都在一起，使吕太后没法下手。

有一天早晨，汉惠帝起床出外练射箭。他想叫如意一起去，一看如意睡得很香，不忍叫醒他，便自己出去了。等惠帝回宫，看到如意已经死在床上了。惠帝知道弟弟是被毒死的，抱着尸首大哭了一场。

吕太后杀了如意，还残酷地把戚夫人的手脚都砍去，挖出她的两眼，给她吃了哑药，把她扔在厕所里。

后来，汉惠帝看见戚夫人被太后折磨成这个样子，不禁放声大哭，然后生了一场大病。他派人对太后说：“这种事不是人能干得出来的。我是太后生的，但没有治理天下的能力。”从那以后，汉惠帝很少过问朝廷的事务。

萧规曹随

汉惠帝即位第二年，相国萧何年纪大了，身患重病。汉惠帝亲自去慰问他，就将来谁来接替相位的人选一事，向萧何请教。

萧何不愿意直接说出自己的意见，只说：“陛下是最了解臣下的。”

汉惠帝问他：“你看曹参这个人怎么样？”

萧何说：“陛下的主意太好了。有曹参接替，我可以放心地走了。”

曹参文武全才，先做了将军，后做了丞相。在灭秦、击楚以及平定叛军的诸多战役中，他披荆斩棘，立下赫赫战功，计攻占两个诸侯国、一百二十二县，俘二诸侯王、三个诸侯相、六个将军，另大莫敖、郡守、司马、军侯、御史各一人。刘邦论功行赏，他功居第二。韩信被诛杀后，刘邦封长子刘肥为齐王，曹参出任齐国相国。

萧何死后，汉惠帝马上命令曹参进长安，继任相国。萧何早年任秦沛县狱吏，后来辅佐刘邦起义。刘邦攻克咸阳后，他接收了秦丞相、御史府所藏的律令、图书，掌握了全国的山川险要、郡县户口，对日后制定国政有很大帮助。楚汉战争时，他留守关中，使关中成为汉军的巩固后方，不断地输送士卒粮饷支援作战，对刘邦战胜项羽，建立汉朝起了重要作用。萧何在世时制定的规章、制度主要有：《九章律》，这是以秦朝《六律》为蓝本，增加《户律》、《兴律》、《厩律》，合为九章；田赋、口赋、献费三种构成赋役；徭役制度，有正卒、戍卒、更卒三种。还有许多其他制度。曹参对这些规章制度不做任何变动，而是全盘执行。在他出任相国的3年内，没提出任何建议和措施。

一些大臣见曹参这种无所作为的样子，有点着急，也有人去找他，想帮他出点主意。但是他们一到曹参家里，曹参就请他们一起喝酒。有些人想借机向他说起朝廷政务，他总是岔开话头，让人开不了口。

汉惠帝看到曹相国这种做法，认为他瞧不起自己，心里挺不舒服。于是，他把在皇宫里侍候

公元前171年

中国大事记：

晁错向齐地秦博士伏生学习《尚书》。《尚书》仅存29篇，以汉通行的隶书写成。

·汉初休养生息·

秦末的连年战乱，使社会生产遭到极大的破坏。汉初君臣所面临的社会政治和经济局面十分艰难：农民大量脱离户籍流亡，人口锐减，市场混乱，物价奇高，国家府库空虚，财政困难；同时国内异姓王对中央政权形成很大威胁，北方匈奴也时时威胁着边境的安宁。针对这种种矛盾，刘邦在铲除了异姓诸王、稳定边疆之后，把恢复农业生产、稳定社会生产生活秩序作为国家的首要任务，采取了一些重要的措施：一、兵士罢归家乡，免除一段时间的徭役。二、在战乱中聚保山泽的人各归本土，恢复故爵和田宅。三、由于饥荒自卖为奴婢的人，一律还为庶人。四、抑制商人，限制他们对农民土地的兼并。五、减轻田租，十五税一。这些政策的实行，使封建经济逐步得以恢复，汉初政权逐步地稳固下来了。

他的曹参之子曹窋叫来，对他说："你回家的时候，找个机会问问你父亲，高祖归了天，皇上年轻没有经验，国家大事全靠相国来处理。可他天天喝酒，不管政事，这么下去，能治理好天下吗？看你父亲怎么说。"

曹窋回去的时候，就照惠帝的话对曹参说了。曹参一听，马上火了，他骂道："你这个毛孩子懂得什么，国家大事也轮到你来啰唆！"说着，竟叫仆人拿板子打了曹窋一顿。

曹窋莫名其妙地挨了一顿打，非常委屈，回宫的时候就一五一十地向汉惠帝说了。汉惠帝听了很不高兴。

第二天，在朝堂上，惠帝就对曹参说："曹窋跟你说的话，是我让他说的，你打他干什么？"曹参向惠帝谢过罪，接着说："请问陛下，您跟高祖比，哪一个更英明？"

汉惠帝说："我比不上高皇帝。"

曹参说："我跟萧相国比较，哪一个能力更强一些？"

汉惠帝禁不住微微一笑，说："好像萧相国强一些。"

曹参说："陛下说得对。陛下比不上高皇帝，我又比不上萧相国。高皇帝和萧相国平定了天下，又给我们制订了一套规章。我们只要照着他们的规定办，不要失职就行了。"

汉惠帝这才明白了过来。

曹参采用黄老无为而治的学说，做了3年相国。从社会经济的发展来看，战国时期，到处是万户大邑，汉初万户大邑存留不过二三千户。汉惠帝两次筑长安城，征发京畿附近600里内男女夫役，每次都只有十来万人。偏远地区更是一片荒凉景象。从经济和人口的恢复来看，中国的确需要休养生息的政策来修补战争创伤。曹参那套办法没有加重百姓的负担，国家也得以休养生息。

周勃夺军

汉惠帝一直没有儿子，吕太后作主从外面找来一个婴儿，对外说是惠帝生的，立为太子。公元前188年，惠帝一死，这个婴儿接替了皇位。小皇帝不能处理朝政，吕太后便名正言顺地临朝执政。

吕太后为了巩固自己的权力，要立吕家人为王，向大臣们征求意见。右丞相王陵提起汉高祖临终前与大臣们立下白马盟约的事，不赞成吕太后的想法。吕太后大为不满。

陈平、周勃说："高祖平定天下，分封刘家的子弟为王，这当然是对的；现在太后临朝，封自己的子弟为王，也没有什么不可以。"散朝以后，王陵批评陈平和周勃违背了誓言。

陈平、周勃说："您别着急。当面在朝廷上

公元前196年

世界大事记：
马其顿与罗马签订和约，从此退出希腊。

和太后争论，我们比不上您；将来保全刘家天下，可就要靠我们了。”

从这以后，吕太后就陆续把她的娘家人，像吕台、吕产、吕禄等一个个都封了王，还让他们掌握了军权。朝廷大权几乎控制在吕家的手里了。

吕太后在临朝的第八个年头，患了重病。临死前她封吕产为相国掌管南军；赵王吕禄为上将军，掌管北军，并且叮嘱他们说：“现在吕氏掌权，朝廷里有很多大臣不服。我死了以后，你们要带领军队保卫宫廷，不要出去送殡，提防被人暗算。”

吕太后死后，兵权都在吕产、吕禄手里，他们便策划发动叛乱。

朱虚侯刘章得知了吕家的阴谋，就派人去通知哥哥齐王刘襄，约他出兵攻打长安。

齐王刘襄起兵，吕产得到了这个消息，立刻派将军灌英带领兵马去征讨。灌英一到荥阳，就跟部将们商量说：“吕氏想夺取刘家天下。如果我们向齐王进攻，这不等于帮助吕氏叛乱吗？”

大家商量了一下，决定按兵不动，暗地里通知齐王，要他联络诸侯，等时机成熟，一起起兵讨伐吕氏。齐王接到通知，马上就地安营扎寨，停止前进。

周勃、陈平知道吕氏要发动叛乱，便想先发制人，但是兵权掌握在吕氏手里，必须想办法夺回兵权。他们想出个主意，派人鼓动郦寄去劝说吕禄道：“太后死了，皇帝年纪又小，您身为赵王，

⊙ 彩绘骑马俑　西汉
马昂首嘶鸣，骑俑肃穆端庄，整个造型大胆概括，体现了汉人激越昂扬的精神风貌。

却留在长安带兵，大臣诸侯都怀疑您。如果您能把兵权交给太尉，回到自己的封地，齐国的兵就会撤退，叛乱也就会平息。”吕禄相信了郦寄的话，把北军交给太尉周勃掌管。

周勃拿到了将军的大印，马上赶到北军军营中去，向将士下了一道命令：“现在吕氏想夺刘家的天下，你们看怎么办？支持吕家的把右臂袒露出来，帮助刘家的把左臂袒露出来。”

北军中的将士本来都是向着刘家的。命令一传下去，军中士卒纷纷袒露左肩，呼声震天。周勃很顺利地将北军控制，成为反吕的一支主要部队。接着，周勃命令朱虚侯刘章率兵千人以进宫护卫皇帝为名，伺机捕杀了统率南军的相国吕产，后又捕杀吕禄，并分派人手去捕杀诸吕，不论老少全部处死。至此，吕氏集团被剿灭，统治大权又回到刘氏集团手中。

诸吕之乱平定后，周勃、陈平等大臣密商选立皇帝。大臣们一致认为，代王刘恒适合即帝位。因为现即帝位的少帝和各位王子都不是惠帝亲生，代王却是汉高祖的儿子，而且为人宽厚，待人仁慈，其母薄氏也很善良，不会出现拥尊自立的现象。最为关键的一点是代王年龄最大，全国上下无可争议。于是，周勃、陈平等人亲迎代王入长安而即帝位。闰九月，代王刘恒一行由代到长安，在群臣拥戴下即皇帝位，是为太宗孝文皇帝。文帝即位后，大赦天下，积极推行休养生息政策，开创了汉朝盛世。

·汉代铁兵器·

西汉末期之前，兵器以青铜为主。由于冶铁技术和锻钢工艺的进步，钢铁兵器逐步增多，到西汉末基本取代青铜兵器。格斗兵器主要有长柄的戟、铍、矛和短柄的刀、剑。东汉时期铁制兵器占据了军事舞台，骑兵以弓剑为主，使用臂张弩。步兵使用蹶张弩，缚以弓剑。步骑兵的格斗兵器以矛、戟、刀、剑为主，常与盾配合使用。

公元前154年

中国大事记：
吴、楚等七个诸侯王以“清君侧”之名发动暴乱，建议“削藩”的晁错被景帝腰斩。

将门虎子

⊙ 周亚夫像

汉文帝即位之后，匈奴单于中断了与汉朝的交往。

公元前158年，匈奴的军臣单于带领6万士兵，侵犯上郡(治所在今山西榆林东南)和云中(治所在今内蒙古托克托东北)，烧杀抢掠，一时间战火又起。

汉文帝连忙派三位将军兵分三路去抵抗。为了保卫长安，另外派三位将军带兵守卫在长安近郊，将军刘礼驻扎在灞上，徐厉驻扎在棘门(今陕西咸阳市东北)，周亚夫驻扎在细柳(今咸阳市西南)。

周亚夫是绛侯周勃的儿子。几年前，周亚夫的哥哥犯了罪，废除侯位。汉文帝要选拔周勃儿子中最贤能的人，大家都推举周亚夫。于是文帝封周亚夫为条侯，继承绛侯周勃的爵位。

周亚夫带兵驻守细柳后，有一天，汉文帝亲自到长安附近三个军营去慰劳，顺便也去视察一下。

他先到灞上，刘礼和他的部下将士接到皇帝来视察的消息，都纷纷骑着马来迎接。汉文帝的车马驶进军营，如入无人之境。汉文帝慰劳了一阵走了，将士们列队欢送。接着，他们又来到棘门，受到的迎送仪式同样隆重。

最后，汉文帝来到细柳。周亚夫军营的前哨看见远远有一队人马过来，立刻向周亚夫报告。将士们披盔带甲，弓上弦，刀出鞘，做好了战斗准备。

汉文帝的先遣队到达了营门，守营的岗哨立刻拦住。先遣的官员吆喝道：“皇上马上驾到，打开营门！”营门的守将镇定地回答说：“军中只听将军的军令，将军没有命令，不能开营门放你们进去。”官员正要同守将争执，文帝的军驾已经到了。守营的将士照样挡住不让进。汉文帝只好命令侍从拿出皇帝的符节，派人给周亚夫传话说：“皇帝来军营劳军。”周亚夫下令打开营门，让汉文帝的车马进来。

护送文帝的人马一进营门，守营的官员又郑重地告诉他们：“军中有规定：军营内不允许车马奔驰。”汉文帝马上吩咐侍从放松缰绳，缓缓地前进。

⊙ 汉文帝灞陵

位于西安市东郊渭水南岸的白鹿原上。灞陵是依山开掘墓室，平地无冢。这是我国历史上第一个依山开凿墓穴的帝王陵，对以后各朝特别是唐朝依山为陵的影响极大。

公元前187年

世界大事记：
印度孔雀王朝灭亡，巽伽王朝建立。

到了中军大营，只见周亚夫披盔戴甲，拿着武器，威风凛凛地站在汉文帝面前，拱手施礼道："臣盔甲在身，不能下拜，请允许按照军中的礼节朝见。"汉文帝听了，很受震动，也扶着车前的横木欠身答礼。接着，又派人向全军将士传达了他的慰问。

慰问结束后，汉文帝离开细柳。在回长安的路上，汉文帝的侍从人员都心怀不满，认为周亚夫对皇帝太无礼了。但是,汉文帝却赞叹地说:"周亚夫是真正的将军啊！灞上和棘门两个地方的军队，防备松懈，如果敌人来偷袭，一定会失败。如果将军们都能像周亚夫这样治军，敌人就不敢侵犯了。"

⊙ **"文帝行玺"金印**
出土于广州象岗南越王墓。

通过这次视察，汉文帝认定周亚夫是个军事人才，就把他提升为中尉。第二年，汉文帝一病不起。临死之前，他对太子说："如果将来国家发生动乱，叫周亚夫率军队去平乱，准错不了。"文帝死后，景帝刘启即位，任命周亚夫为车骑将军。

晁错削藩

汉景帝即位后，也采用休养生息的政策，治理国家。景帝当太子的时候，有个管家的官员叫晁错，挺有才能，大家都称他"智囊"。后来，汉景帝把他提升为御史大夫。

秦朝实行的是郡县制，但是汉高祖打下天下后，分封了22个诸侯国，这些诸侯都是汉高祖的子孙。到了汉景帝时，诸侯的势力变得强大起来，土地又多，像齐国就有70多座城。有些诸侯不受朝廷的约束，简直成了独立王国。

晁错见各诸侯国的发展态势很有可能造成国家分裂的危险，就对汉景帝说："吴王私自开铜山铸钱，煮海水取盐，招兵买马，动机不纯，不如趁早削减诸侯国的封地。"

汉景帝有点犹豫，说："削地只怕会引起他们造反。"

晁错说："诸侯想造反的话，削地会反，不削地将来也会反。现在造反，祸患小；将来他们势力大了，再反起来，祸患就大了。"

汉景帝觉得晁错的话很有道理，便下定决心，削减诸侯的封地。过了不久，朝廷找了些理由，削减了诸侯的封地。有的被削去一个郡，有的被削掉几个县。

正当晁错与汉景帝商议要削吴王濞的封地时,吴王濞先造起反来了。他打着"惩办奸臣晁错，救护刘氏天下"的旗号，煽动其他诸侯一同起兵造反。

公元前154年，吴、楚、赵、胶西、胶东、淄川、济南7个诸侯王发动叛乱。历史上称为"七国之乱"。

叛军声势很大，汉景帝惊恐之余，想起汉文帝临终时的嘱咐：国家有变乱，就让周亚夫带兵出征。于是，他拜善于治军的周亚夫为太尉，统率36名将军去讨伐叛军。

那时候，朝廷中有人妒忌晁错，说七国发兵完全是晁错的过错，如果杀了他，七国就会退兵。接着，有一批大臣上奏章弹劾晁错，说他大逆不道,应该杀头。汉景帝看了这个奏章,为平定叛乱，只得批准了。

这样，一心想维护汉家天下的晁错，竟成为七国之乱的牺牲品。

汉景帝杀了晁错，下诏书要七国退兵。这时候，吴王濞已经打了几个胜仗，夺得了几座城池。他听说要他拜受汉景帝的诏书，冷笑说："现在我也是个皇帝，为什么要拜受别人的诏书？"

这时，汉军营里有个叫邓公的官员，到长安

公元前147年

中国大事记：

周亚夫因干预景帝废立太子而被免职，后以谋反罪入狱，绝食而死。

⊙汉景帝阳陵

周亚夫以坚壁固守的战术，多次挫败吴楚联军的进攻。吴楚联军的士卒饿死、投降、失散的很多，只得败退。三月，吴王刘濞残部数千人退守丹徒（今江苏丹徒），被东越人所杀。其他诸王也战败或自杀、或被杀，历经3个月的七国之乱遂被平定。

七国之乱的平定，在很大程度上解决了汉高祖分封同姓王所引起的矛盾，巩固了汉王朝中央的统治，并为日后汉武帝以推恩令进一步解决诸侯王国问题创造了必要的条件。

汉景帝平定了叛乱，仍旧封七国的后代继承王位。但是从那以后，诸侯王只能在自己的封国里征收租税，取消了他们干预地方行政的资格，大大削弱了他们的权力，汉朝的中央集权才得以巩固。

向景帝报告军情。汉景帝问他："你从军营里来，知不知道晁错已经死了？吴楚答应退兵了吗？"

邓公说："吴王一直有造反的野心。这次借削地的借口发兵，哪里是为了晁错呢？陛下把晁错杀了，恐怕以后没人敢替朝廷出主意了。"

汉景帝这才知道自己错杀了晁错，悔恨之余，决定以武力平叛，于是派遣太尉周亚夫率兵征讨。

武帝初登

汉武帝生母王夫人本名娡，母亲臧儿，本是项羽所封燕王臧荼的孙女，因家道衰落，嫁给同乡的王仲为妻，生下王娡。王娡聪明伶俐，容貌俊美清雅。据传，有一相面术士见到王娡后，大惊失色地称赞道："此女贵不可言，当匹配天子，生天子，母仪天下！"这时王娡嫁人，并生有一女。后来赶上宫中选秀，其母想方设法将她混成秀女送入宫中。当时还是皇太子的汉景帝见她貌美，遂纳入自己宫中。汉景帝即位后封王娡为"美人"，宫中都称她为"王夫人"。

公元前156年，王夫人产下景帝第九子，乳名刘彘。

刘彘自幼聪明，三岁能背典籍，无遗漏，汉景帝大为惊异，于是大为宠爱。一天，景帝把刘

⊙汉武帝刘彻像

公元前154年

世界大事记：
西班牙爆发反罗马大起义，遭到残酷镇压。

彘抱在膝头上，问道："我儿愿意当皇帝吗？"刘彘用稚嫩的声音答道："做皇帝不由儿臣，我愿天天在父皇膝前嬉戏，不失为子之道。"景帝暗暗惊叹："三岁小儿竟如此口齿伶俐，真是天资聪颖啊！"于是就有了立刘彘为太子的打算。

汉武帝的童年和少年的宫廷生活，决定了他一生的命运，并给他54年的皇帝生涯打上了深深的烙印。

汉武帝虽然也是汉景帝的儿子，但是按照当时的继承顺序，皇帝的位子根本轮不到他。汉景帝在公元前153年就立皇子刘荣为太子，与此同时封刘彘为"胶东王"。但是刘荣的母亲栗姬和刘彘的母亲王美人都不是皇后，和栗姬相比，王美人并不怎么得宠。公元前151年，汉景帝废薄皇后，眼看皇后之位就要落到栗姬手中。但是，栗姬自从亲生儿子被立为太子后，就目空一切，专横跋扈，脾气越来越乖戾。汉景帝终于忍无可忍，景帝七年（公元前150年）正月，他不顾朝臣反对，下诏废皇太子刘荣为临江王，将栗姬打入冷宫。

皇太子之位暂时空缺，诸子为争夺皇位继承权展开了激烈斗争。刘彘被立为太子，他的姑母长公主刘嫖起了关键的作用。刘嫖是窦太后的女儿，汉景帝的姐姐，她不仅受到窦太后的宠爱，与汉景帝的关系也非常密切。长公主生有一个女儿，名阿娇。长公主一心想让阿娇当皇后，她本来想把阿娇许配给太子刘荣，可遭到栗姬的回绝，长公主由此和栗姬结仇。王美人抓住这一机会，极力讨好长公主。碰巧一天年仅五六岁的刘彘到长公主家玩耍，长公主见他聪明可爱，于是抱在膝上问道："我儿想要娶个媳妇吗？"刘彘答

⊙ 无字碑　汉

此碑置于山东泰山玉皇殿大门西则，高6米，宽1.2米，厚0.9米，形制古朴，不著一字，故名。对此碑有两种说法：一说因秦始皇"焚书坑儒"，故于碑上"一字不錾"；一说汉武帝登封泰山，为显示自己"受命于天"、"功德盖世"的超凡气概，立碑于古登封台前，史称"立石"，即今无字碑，至今仍莫衷一是。

·察举制·

汉武帝初年，儒生董仲舒提出了让列侯郡守2000石各自选择自己管辖范围内的贤者，每年选择两名向朝廷推荐。到了元光元年（公元前134年），汉武帝向全国下令，各郡国举孝、廉各一人，郡国岁举孝廉的察举制度就这样建立起来了。一开始，各郡国对中央要求举孝廉并不重视，有的郡根本不举荐一人。汉武帝规定了严厉的惩罚措施：2000石如果不举孝，就是不奉行诏令，应当以不敬论罪；不举廉，就是不胜任，应当免官。从此，孝廉一科成为士大夫的主要仕进途径，被推举的孝廉多数在郎署供职，然后由郎迁为尚书、侍中、侍御史，或外任县令长丞尉，再迁为刺史、太守。武帝还令公卿、郡国不定期地举荐茂才、贤良方正、文学等，以从中选拔一些人才。

公元前144年

中国大事记：
汉景帝的胞弟梁孝王去世，其封地分为5国，5个儿子也全都封王。

道："想。"长公主指着左右侍女问刘彘："她们之中你喜欢哪一个呀？"刘彘摇摇头，表示一个也不喜欢，最后长公主指着自己的女儿问他："阿娇好不好？"刘彘这才高兴地说："好！我要是能娶阿娇做媳妇，一定要给她盖一座金屋，让她住在里面。"长公主听了非常高兴，后来在征得汉景帝同意后，便把阿娇许配给了刘彘。后来，武帝登上皇位之后，履行了自己的诺言，他真的为阿娇备下了一坐金碧辉煌的宫殿，并册封她为皇后。这样，长公主和刘彘的关系更近了一层，看到刘荣的太子之位被废，长公主和王美人乘机活动，终于说服汉景帝。景帝七年四月，汉景帝立王美人为皇后，接着立7岁的胶东王刘彘为皇太子，改名彻。

刘彻从公元前150年被立为太子，到公元前141年汉景帝驾崩，继承皇位，其间做了9年太子。在这9年中，聪颖过人的皇太子深得汉景帝的宠爱。他一方面协助汉景帝处理政务；另一方面博览群书，广泛涉猎琴棋书画、诗歌辞赋，这为他以后五十余年的政治生涯奠定了基础。景帝后元三年（公元前141年），汉景帝为已年满16岁的皇太子举行了隆重的冠礼。不料冠礼大典之后，汉景帝突然患病，医治无效，正月二十七日驾崩于未央宫。国不可一日无君，皇太子当日在汉景帝灵前继承皇帝大位，君临天下，一代名君汉武帝登上了皇帝的宝座。

汉武帝统治时期是中国历史上的一次转变。他统治下的西汉王朝是中国历史上的第一个黄金时代。处于鼎盛之中的大帝国无论是文治还是武功都达到中国封建社会的高峰。在政治上，武帝颁行推恩令，制定左官律、附益法，实施"酎金夺爵"，基本上改变了汉初以来诸侯王强大难治的局面；实行一系列打击地方豪强的有效措施；创立刺史制度，加强对地方的控制和监督；同时，汉武帝削弱了丞相权力，任用酷吏，严格刑法，设立太学，建立察举制度，加强中央集权的统治力量。在经济上，将冶铁、铸钱、煮盐收归官营；设立均输、平准官，运输和贸易由国家垄断，将物价平衡；实行算缗告缗，打击富商大贾；治理黄河，大力兴修水利，广开灌溉；实行代田法，改进农具，推动农业生产的发展。在思想上，采纳董仲舒建议，"罢黜百家，独尊儒术"，巩固君主集权，使大一统的儒家思想成为封建统治思想。在民族关系上，多次派兵攻打匈奴，解除了匈奴对北部边郡的威胁；前后两次派遣张骞出使西域，实现和发展了与西域地区的交流，促进了经济文化的繁荣；又遣使至夜郎、邛、笮等地宣慰，加强对西南地区的控制和开发；还统一了南越地区，设立南海、苍梧等9郡。

汉武帝晚年因杀戮太过，颇思悔悟。当时李广利伐匈奴不利，全军覆没，求神仙不成，又因巫蛊之祸造成父子相残，种种打击使武帝心灰意懒。在登泰山、祀明堂之后，武帝在轮台宫殿下《罪己诏》，即《轮台罪己诏》，表示承认自己的错误。天下也因此又逐渐归于和谐，为昭宣中兴的盛世奠定了基础。

⊙ 武帝茂陵　汉
位于西汉11座帝陵的最西端，是汉诸陵中规模最大的帝王陵。

公元前151年

世界大事记：
罗马通过禁止执政官重新获选的法令。

公元前88年，汉武帝叫画工画了一张“周公背成王朝诸侯图”送给霍光，意思是让霍光辅佐他的小儿子刘弗陵。公元前87年二月丁卯，汉武帝去世，享年七十岁，葬于茂陵。

汉武帝在位54年，为以汉族为主体的统一的、多民族的封建国家的巩固和发展作出了重要贡献。武帝时期，西汉成为亚洲最富强繁荣的多民族国家，也是中国历代封建王朝中的盛世之一。

罢黜百家，独尊儒术

“罢黜百家，独尊儒术”是公元前140年，汉武帝尊崇儒术，将百家学说排斥于官学之外的思想措施。“罢黜百家，独尊儒术”确立了儒家思想在中国社会和文化中的主导地位，不仅巩固了汉朝政权，而且对整个中国历史的发展和传统文化的凝聚产生了极其深远的影响。

西汉初年，汉高祖继续实行秦代的挟书律，禁止私人收藏《诗经》、《尚书》等，儒家学术活动几乎灭绝，清静无为的道家思想被统治者大力提倡。这些政策短期内适应了长期战争后恢复生产、稳定社会秩序的要求。无为而治、休养生息的政策造就了文景时期的社会安定、政治开明、文化复兴的繁荣局面。

但随着时代的发展，黄老学说已经不适应时代潮流。汉武帝时期，王国势力强大并凌驾于朝廷之上，商人豪强大力兼并土地，匈奴不断骚扰边界，强化专制主义中央集权制度已经成了统治者的迫切需要。而儒家的大一统思想、神化皇权的观念以及仁义学说，恰好适应了这种要求。年轻力壮的汉武帝要大有作为，建立千秋帝业，也需要这种新的思想武器。

⊙ 董仲舒像

汉武帝即位后，首先举行的一件大事是召集天下文士，亲自出题考试。大儒董仲舒提出，诸子学说使国家不能保持一贯的政策，法令制度常常改变不利于封建的专制统治，建议政府只用讲儒学的人为官。武帝采纳了董仲舒的建议，把各

·三纲五常·

董仲舒在孔子提出的“君君、臣臣、父父、子子”的正名说和韩非提出的“臣事君、子事父、妻事夫”的思想的基础上，系统地提出了“三纲”、“五常”的社会道德规范，从而完成了对于先秦儒家伦理思想的改造。董仲舒以天道的阴阳对此作了论证。他把阳比为德，阴比为刑，天贵德而贱刑。根据这种阳尊阴卑的理论，在君与臣、父与子、夫与妻的关系中，前者对后者的统治以及后者对于前者的忠诚和服从，都是绝对的，无条件的。为了维系“三纲”的伦常关系，董仲舒还论证了仁、义、礼、智、信五种道德规范，他以阴阳五行为基础，认为“五常”也是永恒合理的。“三纲五常”是董仲舒的新儒学的重要内容，它是维护封建宗法制度的核心，是贯穿此后两千年封建社会的伦理道德规范。

公元前141年

中国大事记：
景帝死，太子刘彻继位。文帝和景帝在位期间，是西汉历史上经济、政治稳定时期，史称“文景之治”。

地举荐来的非儒学的诸子百家一概罢斥，同时任用考试优秀的儒家学者。这样一来，只有学习儒家学术才有做官的机会。武帝又改组领导班子，起用了一大批好儒学的人，如用好儒术的田蚡做丞相等，以此来褒扬儒学，贬斥道家等诸子学说。

汉武帝的改革激怒了黄老学说的首要代表窦太后。窦太后大力打击儒家，并找借口把鼓吹儒学的人投入监狱。窦太后去世后，武帝重用儒生，把官府里非儒家的博士一律免职，排斥黄老刑名等百家学术于官学之外，这就是有名的“罢黜百家，独尊儒术”。武帝提倡的儒学，是在原来孔子仁义学说的基础上吸收了阴阳五行家神化皇权、鼓吹王权神授的思想，又接受法家君王独尊、增设刑法、任用酷吏的学说，成为一种儒家王道与法家霸道杂合的思想。

汉武帝的独尊儒术与秦始皇的焚书坑儒目的都是为了统一思想，巩固封建统治，只是他们采用的手段不一样。秦始皇烧掉诸子百家书籍，企图用暴力手段来达到目的，结果失败了。汉武帝则采用引导的办法，提倡儒家学说，确立儒学为官学，从而开创了两千多年来儒家学说独盛的局面，儒家由此成了中国封建社会的主流思想。

张骞出使西域

汉武帝初年的时候，汉武帝从投降过来的匈奴人那里，得知了有关西域(今新疆和新疆以西一带)的情况。他们说有一个被匈奴打败的月氏国，向西迁移到西域一带。

汉武帝想，月氏在匈奴西边，如果汉朝能跟月氏联合起来，断绝匈奴跟西域各国的交往，这不是等于断了匈奴的右臂吗？于是，他下了一道诏书，征求能到月氏去联络的人。

有个年轻的郎中(官名)张骞，觉得这件事很有意义，便自告奋勇去应征。随后又有100多名勇士应征，其中有个叫堂邑父的匈奴族人，也愿意跟张骞一块儿去找月氏国。

⊙张骞像

字子文，西汉成固人。汉武帝时，张骞以军功受封为博望侯，后又拜为中郎将。

公元前138年，汉武帝就派张骞带着应征的100多个人出发了。但是要到月氏，中途必须经过匈奴占领的地界。张骞他们小心地走了几天，还是被匈奴兵给发现了，全都做了俘虏。

⊙张骞出使西域

他们被匈奴扣押了10多年。日子久了，匈奴对他们管得不那么严了。张骞偷偷找到堂邑父，两人商量了一下，瞅匈奴人不防备，骑上两匹快马逃走了。他们一直向西跑了几十天，历尽千辛万苦，逃出了匈奴地界，进入了一个叫大宛(在今中亚费尔干纳盆地)的国家。

公元前149年

世界大事记：
罗马出兵北非，进攻迦太基，第三次布匿战争爆发。

·丝绸之路·

西汉初年，河西走廊先后被西域的乌孙、月氏、匈奴所占据，汉与西方的交通受到了阻隔。张骞通西域以后，汉朝在从敦煌至盐泽的通道上修筑了很多的烽火亭障，以防止匈奴南侵。从此，汉朝的使节和商人源源不断地向西行进，大量的丝绸锦绣输入了西方；西域各国的奇珍异物也向东输入中原地区。这条路被后世称为“丝绸之路”。两汉时期的丝绸之路东起长安，经过河西走廊，到了敦煌后分为南北两道：南道向西南出阳关至楼兰，然后沿塔克拉玛干沙漠的南缘西行，经鄯善、且末、于阗、莎车，越葱岭过大月氏、身毒、安息、条支，最后抵达大秦帝国（东罗马帝国）；北道向西北出玉门关，经楼兰沿孔雀河经渠犁、乌垒、轮台、龟兹、姑墨、疏勒，越葱岭过大宛、康居至安息（今伊朗），再西至大秦。丝绸之路的开辟，对加强东西方文化交流起了巨大的作用。

大宛和匈奴是近邻，当地人能听懂匈奴话。张骞和堂邑父便用匈奴话与大宛人交谈起来。大宛人给他们引见了大宛王，大宛王早就听说汉朝是个富饶强盛的大国，听说汉朝的使者到了，非常高兴，后来，又派人护送他们到康居(约在今巴尔喀什湖和咸海之间)，再由康居到了月氏。

月氏被匈奴打败以后，迁到大夏(今阿富汗北部至印度河流域)附近，在那里建立了大月氏国。大月氏国王听了张骞的来意，不感兴趣，因为他们不想再跟匈奴结仇。但是张骞毕竟是个汉朝的使者，也很有礼貌地接待了他。

张骞和堂邑父在大月氏住了一年多，没能说服大月氏国共同对付匈奴，只好返回长安。在回国的途中，又被匈奴人扣留了一年。这样，直到公元前126年，张骞等人才回到长安，见到汉武帝。

张骞在外面整整过了13年才回来。汉武帝认为他立了大功，封他为太中大夫。到了卫青、霍去病消灭了匈奴主力，匈奴逃往大沙漠北面以后，汉武帝再次派张骞去结交西域诸国。

公元前119年，张骞和他的几个副手，拿着汉朝的旌节，带着300个勇士，还有1万多头牛羊和黄金、绸缎、布帛等礼物去西域建立友好关系。张骞到了乌孙(在今新疆境内)，乌孙王亲自出来迎接。张骞送给他一份厚礼，建议两国结为亲戚，共同抵御匈奴。

过了几天，张骞又派他的副手们带着礼物，分别去联络大宛、大月氏、于阗(在今新疆和田一带)等国。乌孙王派了几个翻译作他们的助手。

这些副手去了好久还没回来。张骞决定不再等下去了，乌孙王便派了几十个人护送张骞回国，顺便一起到长安参观，还带了几十匹高头大马送给汉朝皇帝。

汉武帝见乌孙人来了，很是高兴，又瞧见乌孙王送的大马，就格外优待乌孙使者。一年后，张骞生病死了。张骞派到西域各国去的副手也陆续回到长安。副手们把到过的地方合起来一算，总共到过36个国家。

从那以后，汉朝和西域各国建立了友好交往的关系。汉武帝每年都派使节去访问西域各国，西域派来的使节和商人也络绎不绝。中国和中亚及欧洲的商业往来也迅速增加，通过这条贯穿亚欧的大道，中国的各种丝制品，源源不断地运向中亚和欧洲，因此，希腊、罗马人称中国为赛里斯国，称中国人为赛里斯人，“赛里斯”即“丝绸”之意。19世纪末，德国地质学家李希霍芬将张骞开辟行走的这条东西大道誉为“丝绸之路”。德国人胡特森在多年研究的基础上，撰写成专著《丝路》。从此，丝绸之路这一称谓得到世界的承认。丝绸之路在世界史上有重大的意义，它是亚欧大陆的交通动脉，是中国、印度、希腊三种主要文化的交汇的桥梁。

公元前127年

中国大事记：
汉朝颁布“推恩令”，规定诸侯王除由嫡长子继承王位外，其他诸子都在王国范围内分到封地，作为侯国。

飞将军李广

公元前129年，匈奴侵犯汉朝边境。汉武帝派卫青、公孙敖、公孙贺、李广四位将军带兵抵抗。在这四名将军中，李广的年纪最大，立下了无数战功。

李广是陇西成纪(今甘肃秦安县北)人，他的先祖叫李信，在秦始皇时当过将军。李广能骑善射，武艺高强。汉文帝十四年，匈奴大举入侵萧关(今甘肃东南)时，李广应征入伍，参加抗击匈奴。

到了汉景帝做皇帝时，李广担任陇西都尉，不久，又调任骑郎将。李广每到一地，都以和匈奴奋力拼杀出名，他的战略战术更让匈奴谈虎色变。

⊙ **李广射石图　清　任颐**

唐代诗人卢纶诗：“林暗草惊风，将军夜引弓，平明寻白羽，没在石棱中。”即讲李广射石这件事，极力称赞李将军的高超箭术和神勇。

景帝中元六年(公元前144年)，匈奴骑兵入侵上郡(今陕西榆林东南)、雁门(今山西原平北)，掠夺汉皇室狩猎场的马匹。汉吏卒与之交战，死亡2000余人。当时李广任上郡太守，率领百余骑兵外出巡视，归途中遇匈奴数千骑兵。李广随从都害怕，想逃走，他忙阻止。李广认为大军离此数十里，如果以百骑逃走，匈奴骑兵勒马追赶，马上就会被斩杀；如果原地不动，匈奴兵会认为是大军的诱饵，必定不敢攻击。于是，李广命令部下前进至距匈奴阵2里左右，下马解鞍，表示并不忙着离去。

匈奴军中有一位骑着白马的监军到阵前观望，李广率十余骑将他射杀，后回到军中便解鞍纵马，卧地休息。时近黄昏，匈奴骑兵对李广的举止迷惑不解，以为汉军在附近有伏兵，不敢轻易攻击。入夜，匈奴军担心遭受汉大军袭击，向北撤退。天亮后，李广率军平安返回大营。

武帝即位后，朝廷里的大臣们都夸奖李广是员猛将，武帝便把李广从上郡太守的任上调往京师，担任未央宫的警卫。

这一次李广和卫青、公孙贺、公孙敖四路人马去抵抗匈奴，匈奴的军臣单于早已得到了消息。匈奴人最害怕的就是李广，军臣单于便把大部分兵力集中在雁门，并设了埋伏，要活捉李广。匈奴人事先挖下陷阱，再和李广对阵，假装被打败了，引诱李广去追赶他们。李广看到前面是平展的草地，没有想到匈奴人挖好了陷阱，就等他中计了。李广追着追着，只听“呼啦”一声，李广连人带马都掉进了陷阱，被匈奴人活捉了。

匈奴人捉住了李广，生怕他跑了，就把李广装在用绳子结成的网兜里，用两匹马吊着他。

李广躺在网兜里，一动不动，像死了一样。走着走着，他微睁眼睛，偷偷地瞧见旁边一个匈奴兵骑着一匹好马，便使出全身力气，一跃跳上马，夺了那个匈奴的弓箭，将那个匈奴兵打翻在

公元前146年

世界大事记：
罗马攻占迦太基，迦太基城毁国亡。
罗马建立马其顿行省，确立对希腊的统治。

地，拼命地往回跑。几百个匈奴骑兵在后面追，李广一连射死了前面的几个追兵，终于逃了回来。

李广虽然跑了回来，但是打了败仗，按军法应当斩首。后来李广花钱赎罪，回家做了平民。过了不久，匈奴又来进犯汉朝边境，李广被重新起用，到右北平做了太守。

李广有多年的防守经验，他行动快，箭法精，忽来忽去，敌军总是摸不清他的打法，所以匈奴人称他为“飞将军”。在他驻守右北平期间，匈奴人不敢来犯。

李广常常闲暇无事时，便带上一些将士外出打猎。当时右北平山里有不少老虎，李广一连射死了好几只。有一次，李广外出打猎，突然瞧见迎面的乱草丛中蹲着一只斑斓猛虎，正准备向他扑过来。李广急忙拈弓搭箭，用足全身力气，一箭射去，凭他百发百中的箭法，射个正着。将士们赶快提着剑跑过去捉老虎，可是跑近一看，都愣住了，原来草丛中并没有老虎，只有一块奇形怪状的大石头，李广的那支箭，竟然射进了石头里！

飞将军李广一箭射进石头的消息，很快传开了。匈奴人听了，更加害怕李广，急急忙忙地往西迁移，再也不敢来侵扰右北平一带的边境地区了。

汉元狩四年（公元前119年），李广跟随卫青征战漠北，因奉命绕道东线，不幸迷失方向，贻误战机。卫青命长史追究治罪于李广。当时，李广已是60多岁的高龄，不愿受辱，慨然自杀。李广平日爱恤士卒，深受部下敬重。李广死后，士卒失声痛哭，悲痛不已。

·西域都护·

汉武帝太初元年（公元前104年），李广利出征大宛并将其击败，西域的交通更加顺畅。西汉又在楼兰、轮台等地设校尉管理屯田，这是汉在西域最早设置的军事和行政机构，为后来设西域都护创造了条件。公元前68年，汉宣帝派侍郎郑吉屯田渠黎，和匈奴争夺车师，以护卫鄯善以西“南道”诸国的安全。公元前60年，匈奴日逐王归降汉朝，匈奴设置在西域的都尉从此撤销，匈奴对西域的控制也越来越弱。西汉王朝于是在西域设置西域都护府，并任命郑吉为首任都护，其官职相当于内地的郡守，下设副校尉、丞、司马等属吏。西域都护的设置，标志西域正式归属中央政权，汉对西域有权册封国王，颁赐官吏印信，调军征粮；同时，西域都护的设置也保证了丝绸之路的畅通，加强了民族间的团结和经济文化交流。

河西之战

武帝时国力鼎盛，为巩固边防开始反击匈奴。关内侯卫青出身低微，他的父亲是平阳侯曹寿家里的差役。卫青长大后，当了平阳侯家的骑奴。后来，卫青的姐姐卫子夫在宫里受到汉武帝的宠幸，卫青的地位才渐渐显贵起来。

霍去病是卫青的外甥。霍去病从18岁开始就在皇帝左右担任侍卫，他擅长骑马射箭。公元前123年，匈奴又来进犯，霍去病也跟着卫青一起去抗击匈奴。

匈奴听说汉军大批人马杀来，立即往后逃走。卫青派4路人马分头去追赶匈奴兵，决定歼灭匈奴主力。卫青自己坐镇大营，等候消息。可是到了晚上，4路兵马回来了，谁都没有找到匈奴的主力，有的杀了几百个匈奴兵，有的连一个敌人也没找到，无功而返。

这次出击，霍去病是以校尉的职务带领800名壮士组成的一个小队，这是他第一次带兵打仗。他们一直向北追赶了几百里路，才远远望见

公元前115年

中国大事记：
张骞第二次出使西域归来，汉朝与西域文化与商业交流开始，“丝绸之路”形成。

匈奴兵的营帐。他带手下兵士偷偷地绕道抄过去，瞅准最大的一个帐篷，猛然冲了进去。霍去病眼疾手快，一刀杀了一个匈奴贵族。他手下的壮士又活捉了两个，而后乘乱杀了2000多匈奴兵。

卫青正在大营等得焦急，只见霍去病提了一个人头回来，后面的兵士还押来了两个俘虏。经过审问，原来这两个俘虏，一个是单于的叔叔，一个是单于的相国，被霍去病杀了的那个，是单于爷爷一辈的王。霍去病因此被封为冠军侯。

⊙ 匈奴武士复原像

公元前121年，匈奴骑兵万余攻入上谷。同年3月，汉武帝派骠骑将军霍去病率精骑万人出陇西，越乌鞘岭，进击河西地区的匈奴。霍去病采用先突然袭击而后连续进击的战术，长驱直入，驰进匈奴脩濮部落；又渡过狐奴河，转战6天，连破匈奴5小王国，降服者赦之，反抗者杀之。匈奴军措不及防，向北退走。

霍去病知道大军长途跋涉，宜速战速决。于是不敢逗留，即刻率军翻越焉支山(今甘肃山丹县境内大黄山)，向西北急驰千余里以寻匈奴主力决战。在皋兰山下遭遇匈奴浑邪王、休屠王军队，两军展开一场恶战，汉军挟胜余威，猛烈冲杀。浑邪王、休屠王却是仓促应战，部署并未完善，就遭到霍去病军暴风雨般的打击，自然难以招架。二王自知不敌，便下令匈奴军后撤，汉朝军队的紧逼使匈奴军队无法有秩序地退走。匈奴士兵前面跑得慢的被后赶上来的撞倒后就再也爬不起来，后面跑得慢的被汉军赶上，都做了刀下之鬼。这一战匈奴大败，被霍去病军斩首8900余人，浑邪王子、相国、都尉等多人被俘，休屠王的祭天金人也被汉军缴获。霍去病凯旋回到长安，汉武帝亲自出城迎接，加封2200户。是年，霍去病仅20岁。

汉武帝此次派霍去病征匈奴的初衷本是试探霍去病的军事潜能，不曾想霍去病竟是如此骁勇善战，一举击溃河西匈奴。武帝感谢上苍又赐给他一个比卫青还优秀的大将，抗击匈奴的雄心更受鼓舞。同年夏天，武帝再命令霍去病统军北击匈奴，为了防止东北方向的匈奴左贤王乘机进攻，他又派李广、张骞率偏师出右北平，攻打左贤王以策应霍去病主力军的行动。

匈奴伊稚斜单于闻知亦不甘示弱，他亲率大军侵入代郡、雁门。霍去病自宁武渡河，翻越贺兰山后至居延海，然后转兵南下至小月氏(今酒泉)陈兵张掖，挺进2000里至祁连山一带，迂回到河西走廊北面敌人后方，而后以秋风扫落叶之势率部对匈奴发起迅猛攻势，大破匈奴主力军。同时西逐诺羌，打通了河西走廊之路。

是役，霍去病军共杀敌3万余人，俘匈奴王5名及王母、王子、将相百余人，收降浑邪王部众4万，全部占领河西走廊。

东线右北平方面，李广率四千骑先行，不料被左贤王4万骑包围。危难时刻，李广尽显“飞将军”本色：他令部下结为圆阵，士兵持弩向外。匈奴连续发起冲击，汉军箭如雨下，阵始终未破；战罢多时，弓箭将尽，李广令军士持弩不发，自己以大黄连弩射匈奴裨将数人，匈奴军惊恐，于是攻势稍缓。战至日暮，汉军兵士都面无人色，独李广依然意气风发，众将无不叹服。第二天双方又展开激战，李广军危急，幸好博望侯张骞及时赶到，匈奴军见不能取胜，撤兵而去。

河西之战夺回了河西走廊，打开了通往西域的大门，使匈奴的生存空间被压缩至年降水量很少的苦寒之地。

公元前138年

世界大事记：
西西里爆发奴隶大起义，建立“新叙利亚王国”。

漠北之战

经漠南、河西两大战役打击，匈奴势力遭受重创，但仍未停止南下骚扰汉边。公元前120年（元狩三年）匈奴又从右北平、定襄攻汉，杀掠千余人；还用汉降将赵信计谋，欲把汉军引至漠北歼之。

公元前119年，汉武帝震怒于匈奴两次战败仍贼心不改，遂决定来一次更大规模的军事行动。经过充分准备后，武帝命大将军卫青、骠骑将军霍去病各统骑兵五万、四万随军私人马匹、几十万步兵及转运者，分别从定襄（今内蒙古和林格尔）、代郡（今河北蔚县）出发，深入漠北，寻歼匈奴主力，予以打击。

匈奴单于听说汉兵远来扫荡，不敢怠慢，“远其辎重，以精兵待于漠北”。卫青率精兵出塞，寻歼单于本部，同时令李广、赵食其从东面迂回策应。抵达漠北后，“见单于兵陈而待”，卫青当机立断，创造性地运用车骑协同的新战术，命令部队以武刚车“自环为营”，以防匈奴骑兵突袭，而令五千骑兵进击匈奴。伊稚斜单于乃以万骑迎战。两军从黎明激战至黄昏，杀得难分难解，临近日落时，突然刮起大风，飞沙走石，两军不辨敌我，卫青乘势分轻骑从左右两翼迂回包抄匈奴。伊稚斜单于见汉军人马尚强，情知再打下去会吃亏，遂趁夜幕降临时，跨上一匹千里马，率数百壮骑杀出重围向西北方逃走。匈奴军溃散，卫青乘势追击，斩杀和俘虏敌人1.9万余名。

与此同时，“飞将军”李广和赵食其肩负着迂回截击匈奴单于的任务，日夜兼程行军，然而大漠深处一眼望去全是茫无涯际的荒沙，找不到一个当地人。李广军因没有向导，走迷了路，李广焦急却无可奈何，怕再往前走与卫青主力军队更会不上面，下令回军南还。

卫青经过殊死血战，击溃匈奴单于主力，本期望李广能在单于后方截断伊稚斜的退路，然后汉军前后夹击，围歼单于，但北追200余里却不见李广军，伊稚斜单于最终逃脱。卫青继续挥师挺进，兵至窴颜山赵信城，缴获了匈奴屯集的大批粮食和军用物资，并在其地休整一天，然后放火烧毁赵信城后班师回国。到达漠南以后与李广、赵食其会合，卫青差人往李广军营询问迷路经过，并说要上报天子。卫青派去的人劝李广把走失单于的责任推给赵食其，以避惩罚，但李广为人

⊙ 漠北之战

公元前112年

中国大事记：
匈奴与西羌通使，进攻汉朝，入五原郡(今包头西北)。

正直，并不答应。卫青闻讯恼怒，又遣人催逼李广的幕僚去中军受审，李广说："他们无罪，迷路责任在我，我自己去受审。"他把责任揽在自己身上。来人走后，李广慨然叹道："我自年少从军，与匈奴大小70余战，想不到今天却被大将军如此催逼，我已年过花甲，怎能再受这样的侮辱？"说罢拔剑自刎而死。左右无不泪如雨下。

率兵从东路出代郡的霍去病却取得了辉煌的战绩，足以使他彪炳史册。他深入2000余里，凭借兵精马壮的优势，对匈奴左贤王发起猛烈攻击。霍去病少年英雄，身先士卒，左贤王垂垂老矣，怎是他的对手？战不多时，左贤王就率亲信弃军而逃，匈奴兵大溃。霍去病即率众追击，一直追到狼居胥山，歼其精锐，斩杀北车耆王，俘屯头王、韩王等3王以及将军、相国、当户、都尉等83人，俘虏70443人；并封狼居胥，登临翰海，祭告天地后班师凯旋。

漠北之战重创了匈奴势力，从此"匈奴远遁，而幕南无王庭"，危害汉朝百余年的边患基本得到解决。

霍去病从此威名远扬，汉武帝十分喜欢他，并下令给他建造府第，被他拒绝。他的"匈奴未灭，何以家为"这句洋溢着爱国激情的名句，世世代代激励着后人。年仅24岁的霍去病于元狩六年(公元前117年)去世，武帝在自己的陵墓旁为他修了一座状如祁连山的坟墓，用以表彰他抗击匈奴的卓著功绩。

武帝战胜匈奴，打通了到塔里木盆地及中亚的商路，匈奴控制的河西走廊归属于汉朝。从此，在从中原到中亚的丝绸之路上，西汉的外交使节和商人往来不断，丝绸之路逐渐成为中西交流的一座桥梁。

苏武牧羊

公元前100年，匈奴觉察出汉朝又有出兵的迹象，便派使者来求和，还把汉朝的使者都放回来了。汉武帝为了答复匈奴的善意，派中郎将苏武持旄节，带着副手张胜和随员常惠，出使匈奴。

苏武到了匈奴，送回汉朝以前扣留的匈奴使者，献上礼物。在等单于写个回信让他回去的时候，发生了一件意外的事儿。

原来，以前有个汉人使者叫卫律，在出使匈奴后投降了匈奴。单于特别器重他，封他为王。卫律有一个部下叫虞常，对卫律很不满，他跟苏武的副手张胜是故友。虞常和张胜见了面，就暗地跟张胜商量，想杀了卫律，再劫持单于的母亲，逃回中原去。由于虞常办事不够严密，泄露了计划，被单于抓起来，交给卫律去审问。

⊙ **苏李泣别图轴　明　陈洪绶　绢本**

此图源自汉史中苏武与李陵的故事。苏武出使匈奴后，匈奴王令降将李陵前去劝降，但遭苏武拒绝，李陵只得与其洒泪而别。画面中苏武持节斜视李陵，虽衣衫褴褛，但仍不失汉官气节。李陵身着胡服，佩胡刀，掩面而泣。

公元前117年

世界大事记：
埃及国王托勒密八世发起远征探险，经红海及印度洋至印度。

事情发生后，张胜害怕了，才把虞常跟他密谋的经过告诉了苏武。卫律审问虞常，用尽了各种酷刑。虞常经受不住折磨，把和张胜密谋的事供了出来。因为张胜是苏武的副使，单于命令卫律去叫苏武来受审。苏武对常惠等人说："我们这次出使匈奴，是为了汉朝与匈奴和好。如今我出庭去受审，使汉朝受到侮辱，我还有什么脸面回到汉朝去呢？"说着，拔出佩刀向自己身上砍去。卫律急忙把他抱住，可是苏武已经把自己砍成了重伤，血流如注，晕过去了。

单于暗暗佩服苏武是个有骨气的人，他希望苏武能够投降，像卫律一样为他效劳。他每天都派人来问候苏武，想要软化苏武，劝他投降。

后来，卫律奉单于之命，用尽了威胁利诱的手段，都不能使苏武投降，就只好回报单于。单于听说苏武这样坚定，便更希望苏武投降。他下令把苏武关在一个大地窖里，不给饭吃，不给水喝，想用饥饿来迫使苏武投降。但是，意志坚强的苏武却毫不动摇。

匈奴单于实在拿苏武没有办法，就只好命令把苏武送到北海边上(今西伯利亚贝加尔湖一带)去牧羊。单于对苏武说："等公羊生了小羊，就送你回汉朝去！"

北海这个地方，终年白雪皑皑，荒无人烟，连鸟兽也很稀少。每天，苏武一面牧羊，一面抚摸着出使时汉武帝亲手交给他的旌节。日子长了，旌节上的毛都脱落了，苏武还是紧紧地抱着那根光秃秃的旌节，艰苦地度过了漫长的岁月。

一直到了公元前85年，匈奴单于死了，匈奴发生了内乱，分成三个国家。这时候，汉武帝已经死了，他的儿子汉昭帝即位。汉昭帝派使者到匈奴打听苏武的消息，匈奴谎称苏武死了，汉朝使者也就相信了。

后来，汉使者又去匈奴，苏武的随从常惠当时还在匈奴。他买通匈奴人，私下和汉使者见了面，把苏武在北海牧羊的情况告诉了使者。使者又惊又喜，他想出一个主意，见了单于，他严厉地责备说："匈奴既然有心同汉朝和好，就不应该欺骗汉朝。我们皇上在御花园里射下一只大雁，雁脚上拴着一条绸子，上面写着苏武还活着，而且在北海牧羊，你怎么说死了呢？"

单于听了，吓了一跳，他还真以为苏武的忠义感动了飞鸟，连大雁都代他传达消息呢。他向使者边道歉边说："苏武确实还活着，我们马上就放他回去。"

苏武到匈奴的时候才40岁，在匈奴遭受了19年的摧残折磨，胡须、头发全白了。回到长安的那天，长安的百姓都出来迎接他。他们看见白胡须、白头发的苏武，手里还拿着光秃秃的旌节，没有一个不受感动的，说他真是个有气节的大丈夫。

⊙ 苏武牧羊图　清　任颐

公元前108年

中国大事记：
汉俘楼兰国王。
司马迁任太史令，得以阅读皇家藏书。

司马迁写《史记》

司马迁，字子长，汉朝左冯翊夏阳（今陕西韩城）人。司马迁约生于汉景帝中元五年（公元前145年），卒于汉武帝征和三年（公元前90年），是西汉著名历史学家和散文家，自幼深受父亲司马谈的学术思想熏陶。司马谈，是汉武帝时的太史令，崇尚道家，曾以黄老学说为主，著有《论六家要旨》，对儒、墨、名、法、阴阳、道等各家学说，进行过批判和总结。这种家学传统，对司马迁影响很大。司马迁自幼好学，博闻强记，10岁的时候便通读《左传》、《国语》等史籍。青少年时，曾师从古文学家孔安国学习《古文尚书》，向今文学家董仲舒学过《春秋》、《公羊》学。他涉猎的范围很广，使他积累了丰富的文化知识，精通天文历法、史学、儒学等各家学说。20岁时，开始到各地游历，足迹遍及名山大川。此次远游，使他开阔了眼界，认识了社会，累积了知识，并对其进步历史观的形成产生了巨大的影响。回长安以后，入仕郎中，其间随武帝巡游了很多地方。元鼎六年（公元前111年）奉命“西征巴蜀”，到达邛、筰、昆明一带，从而进行了第二次大游历。元封元年（公元前110年），其父司马谈病逝，元封三年，即继任父职做了太史令，时年38岁。这样，使他有机会阅读宫廷收藏的大量文献典籍。此后，在他的主持下，太初元年（公元前104年）冬制成新历——《太初历》。同年，司马迁开始撰写巨著《史记》。

苏武被匈奴扣押的第二年，汉武帝派“贰师将军”李广利带领3万人进攻匈奴，打了败仗，几乎全军覆没。天汉二年（公元前99年），在汉朝对匈奴的战争中，李广的孙子李陵当时担任骑都尉，带着5000名步兵跟匈奴作战。后来，寡不敌众，又没救兵，李陵被匈奴俘虏，投降了。

消息传来，大臣们都谴责李陵贪生怕死。汉武帝也收押了李陵的妻儿老母，但司马迁却为李陵辩护。他说：“李陵带领五千步兵，深入敌人的腹地，打击了几万敌人。他虽然打了败仗，可是杀了很多敌人，也可以向天下人交代了。李陵不想马上死，自有他的打算。他一定还想将功赎罪来报答皇上。”

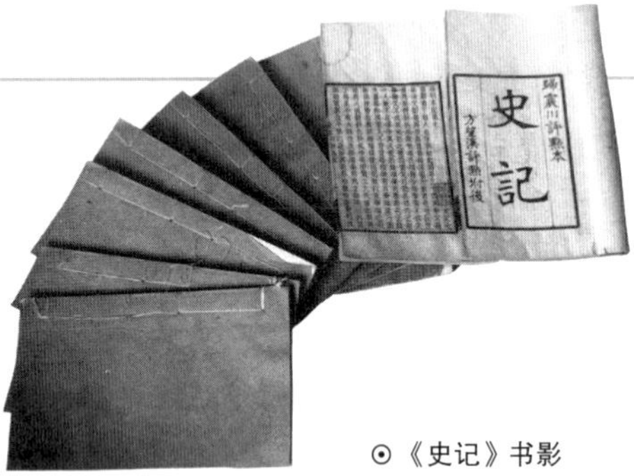

⊙《史记》书影

汉武帝认为司马迁这样为李陵开脱罪责，是有意贬低李广利（李广利是汉武帝宠妃的哥哥），不禁勃然大怒，说：“你这样替投降敌人的人辩解，我看是存心反对朝廷。”他命令侍从把司马迁送进监狱，交给廷尉审问，最后被判为宫刑（一种阉割性器官的肉刑）。

司马迁在身心上受到极大摧残，痛苦之中，数欲“引决自裁”，但恨《史记》未能成稿，遂以坚韧不拔的精神，忍辱发愤地过了8年。出狱之后，任中书令，继续笔耕。征和二年（公元前91年），历经14年终于完成《史记》的写作。这部巨著问世之后，当时称为《太史公书》或称《太史公记》，也叫《太史公》。

全书130篇，由本纪12篇、表10篇、书8篇、世家30篇、列传70篇组成，计52.65万字。它记载了上起黄帝轩辕氏，下迄汉武帝太初四年（公元前101年），近3000年的历史。

“本纪”是全书的提纲，专取历代帝王为纲，以编年的形式，提纲挈领地记载了上起轩辕，下迄汉武这一历史阶段的国家大事。

“表”以年表形式，按年月先后的顺序，以清晰的表格，概括地排列各个历史时期的人事，

公元前113年

世界大事记：
日耳曼条顿人于阿尔卑斯山东部击败罗马军队。

或年经国纬，或年纬国经，旁行斜上，纵横有致。分世表、年表、月表三类，以汉代年表为详。

“书”记载了各种典章制度的演变，以及天文历法等，以叙述社会制度和自然现象为主体，对礼乐、天文、历法、经济、水利等制度的发展状况进行了系统记述，具有文化史性质。

“世家”记载了自周以来开国传世的诸侯，以及有特殊地位的人物事迹，其中主要包括春秋战国以来的诸侯国君、汉代被封的刘姓诸侯子侄以及汉朝所封的开国功臣。此外，还有《孔子世家》、《陈涉世家》和《外戚世家》。

“列传”记载了社会各阶层代表人物的事迹，其中有著名的思想家、政治家、军事家、文学家等，另外还包含了儒林、酷吏、游侠、刺客、名医、日者、龟策、商人的传记。该部分以“扶义倜傥，不令己失时，立功名于天下”为标准。一部《史记》，就是一条五光十色的历史人物画廊。天才画家司马迁，以其天纵之才，把3000年风起云涌的历史中的风流人物，活灵活现地驱于笔端，魅力无穷，常读常新，千百年来，一直受到人们的喜爱。

一部血泪凝成的《史记》，不仅是历代正史的开山之作，而且也成为了以后2000多年中国叙事文学的渊薮。它是古代散文的典范，其写作技巧、文章风格、语言特点，对唐宋八大家、明代的前后七子、清代的桐城派都有着巨大而深刻的影响。它情节曲折、人物形象栩栩如生的特点，也对后代小说的创作积累了丰富的经验。至于那些活跃在历史浪花里的人物，则成为明清戏曲里的鲜活的舞台形象。

《史记》具有诗的意蕴和魅力。虽然在形式上是历史，但它也许是中国文学史上最伟大的浪漫主义的抒情篇章。在司马迁的身后，有着无数的异代知音，有着无数的风云人物，他们在追随着那一个浪漫的时代，在追随着浪漫时代里的那位为着渺茫命运奋斗不息的悲剧英雄司马迁。

汉朝柱石霍光

汉武帝晚年迷信神仙、巫师和方士，为求通达，他们纷纷聚集在京城寻求机遇。他们求得武帝赏识的途径之一，就是与宫中后妃结交。后妃之间本来彼此嫉妒，此时便利用巫蛊，相互诅咒攻讦。随后，她们又向武帝彼此告发对方诅咒皇帝。征和二年（公元前91年），武帝命宠臣江充为使者治巫蛊，江充与太子刘据有隙，就陷害太子，导致皇后卫子夫和太子刘据相继自杀，这就是汉武帝末年的巫蛊之祸。后来，田千秋等上书为太子申冤，汉武帝杀江充三族，又修思子宫，建归来望思台，以志哀思。

汉武帝逼死了太子刘据，后来十分后悔，准备立钩弋夫人生的刘弗陵为新太子。当时，弗陵才7岁，而其母却正年轻，武帝恐怕刘弗陵即帝位后重演前朝吕后专权的故事，于是就想托付大臣辅佐少子刘弗陵。

武帝通过仔细考察，认为已故奉车都尉、光禄大夫霍去病的同父异母弟弟霍光忠厚可靠，可当此重任，就命黄门画一幅周公负成王朝诸侯图，赐予霍光。当感觉自己去日无多时，武帝又赐刘弗陵的母亲(即钩弋夫人)一死，以绝后患。

后元二年（公元前87年）二月，武帝于五柞宫病危。霍光前往询问后事。武帝说：“立少子，君行周公之事。”就是让霍光学习西周时周公旦辅佐年幼的周成王一样，辅佐少子刘弗陵执政。同时，又诏立刘弗陵为太子，封霍光为大司马、大将军，金日磾为车骑将军，上官桀为左将军，共同受遗诏辅佐少主。御史大夫桑弘羊也一起受命。很快，武帝死于五柞宫，是年71岁。

汉武帝死后，即位的汉昭帝刘弗陵年仅8岁，朝中政事都由霍光决定。

当时，上官桀与霍光同为汉武帝托孤的辅政大臣，现在看到霍光独揽大权，不留情面，就与

公元前89年

中国大事记：
汉武帝刘彻颁布“轮台罪己诏”，宣称不再出兵作战。

⊙ 彩绘骑马俑　西汉

此群俑充分显示了汉军的威武阵容。

汉昭帝的大姐盖长公主密谋排挤霍光，并勾结燕王刘旦，想方设法要陷害霍光。

公元前 81 年，霍光出去检阅羽林军，检阅之后，把一个校尉调到他的府里来。上官桀等人趁机冒充燕王刘旦上书，告发霍光阴谋造反。

汉昭帝接信后看了又看，然后就搁在一边。第二天，霍光等人上朝。霍光事前听说了这件事，不敢进金銮殿。汉昭帝临朝，见了霍光，就问：“大将军在哪？”上官桀暗自得意，嘴上说道：“大将军听说燕王告发他的罪行，躲在偏殿里不敢来。”

汉昭帝吩咐内侍传霍光进殿，霍光摘掉官帽，伏在地上请罪。昭帝说：“大将军请起！”一边指着信笺道：“这封信是假造的，我知道有人成心要害你。”霍光高兴地问：“皇上怎么知道的？”汉昭帝说：“大将军检阅羽林军是在临近地方，调用校尉也是最近的事，一共不到 10 天的时间。燕王远在燕京，离长安这么远，他怎么知道这件事？即便知道了，马上派人送信来，也来不及赶到这儿。再说，大将军如果真的要叛乱，也用不着靠一个校尉。这明明是有人谋害大将军，燕王的信是假造的。我虽然年轻，也不见得这么容易受人愚弄。”

上官桀见一计不成，就准备铤而走险。他们偷偷商量好由盖长公主出面邀请霍光赴宴，然后布置下刀斧手，准备趁酒酣耳热之际，行刺霍光。

谏议大夫杜延年得到这个消息，连忙告诉了霍光。霍光立即向昭帝报告，于是昭帝通知丞相田千秋火速带兵，把上官桀一伙统统抓起来处死。

聪慧的昭帝在公元前 74 年病死，年仅 21 岁。昭帝没有儿子，霍光等大臣与皇后议定立汉武帝的孙子昌邑王刘贺为帝。使者到达昌邑已经是深夜，刘贺已睡下，赶紧起身接诏书。他得知是让自己去当皇帝，就高兴得手舞足蹈。

刘贺被拥立为天子后，日益骄横，荒淫无道，失帝王礼仪，我行我素，对大臣进谏不闻不问。于是霍光与大司马田延年、车骑将军张安世密谋，废黜刘贺；后又召集丞相、御史、将军、列侯、大夫、博士在未央宫会合，商议废黜事。大臣们见霍光主意已定，纷纷附和。霍光立即与群臣上报太后。太后下诏送刘贺回昌邑，而刘贺带入朝的昌邑群臣 200 余人被诛杀，罪名是不能辅佐君

·刺史制度·

西汉中期，中央统辖的郡国数量越来越多。为了加强中央对地方的管理，汉武帝在元封五年（公元前106年）把全国除了三辅（京兆、冯翊、扶风）、三河（河南、河内、河东）和弘农以外的地区分成了13个州部：冀州、青州、兖州、徐州、扬州、荆州、豫州、益州、凉州、幽州、并州、交趾、朔方。中央在每个州设立刺史一名，专职监察地方。刺史没有固定的治所，每年八月巡视所辖区域，考察吏治、奖惩官吏、决断冤狱。刺史当时在国家的官制中地位并不高，但是在地方时代表中央，可以监察2000石和王国相，也可以监督诸侯王；刺史权责虽重，但并不直接处理地方行政事务。刺史制度的确立，加强了中央对于地方的监控。

公元前111年

世界大事记：
罗马对北非努米底亚王国朱古达宣战。

王，将皇帝引向歧途。刘贺仅当天子27天。

元平元年(公元前74年)七月，前廷尉监丙吉上书霍光说：武帝有曾孙名刘询，年纪18岁，聪明贤德，通晓经书，可立为皇帝。刘询，字次卿，是原太子刘据的孙子。出生数月时，适逢征和二年(公元前91年)七月原太子巫蛊事件，被关押于狱中，后遇大赦，得以恢复皇族身份。霍光以为可立为帝，于是召集丞相以下百官商议此事，共同上奏皇太后，请求立刘询为皇帝，皇太后表示同意。刘询便在霍光的引导下，入未央宫见太后，并被立为皇帝。这就是汉宣帝。

地节二年(公元前68年)春，霍光病逝。其霍氏子弟更加骄奢无度，终于引起宣帝的不满。地节四年(公元前66年)七月，霍氏密议谋反，结果阴谋败露，被宣帝灭三族。至此富贵至极的霍氏家族覆灭了。

昭君出塞

武帝时期，汉国力强盛，便改变了对匈奴的政策，展开了对匈奴的反击战争。匈奴在汉朝的重击下，希望停止战争，重新建立和亲关系，武帝同意和亲，但条件是匈奴必须嫁女、称臣、纳贡。匈奴无法接受，汉匈关系没有什么进展。

汉宣帝在位的时候，由于有霍光等大臣辅助，国家渐渐强大起来。那时候，匈奴由于贵族内部争权夺利，国势渐渐衰落。汉五凤元年（公元前57年），匈奴发生内乱，东有呼韩邪单于，西有屠耆单于，此后屠耆单于派驻东部边境防御呼韩邪单于的右奥鞬王及乌藉都尉又分别自立为车犁、乌藉两单于，统辖匈奴西北部地区的呼揭王亦自立为呼揭单于，由此形成五单于并立之势。五凤元年八月，屠耆单于率兵进攻车犁、乌藉，车犁、乌藉战败，退向西北，与呼揭合兵一处。屠耆单于再率骑兵向西进攻车犁，同时派左大将及都尉分率骑兵屯驻东部边境防备呼韩邪。屠耆单于击败车犁后，车犁率部向西北方向转移。五凤二年（公元前56年）春，呼韩邪派其弟右谷蠡王率兵进攻屠耆单于的左大将及都尉统帅的骑兵，俘斩万余人。屠耆亲率骑兵6万反击呼韩邪，东行千余里，与呼韩邪骑兵遭遇。屠耆兵败自杀，余部降汉。退向西北的车犁单于见呼韩邪势众，率部归降。十一月，乌藉复自立为单于，被呼韩邪捕杀，至此，呼韩邪兼并匈奴各部。匈奴五单于争立，死者数以万计，畜产损耗十之八九。战后，呼韩邪单于所部不过数万人，匈奴从此逐渐由盛转衰。呼韩邪和大臣商量后，决心跟汉朝和好。呼韩邪还亲自带着部下来见汉宣帝。

⊙ **王昭君像**
昭君怀抱琵琶，戎装乘马出塞，离开长安时，文武百官一直送到十里长亭。

呼韩邪是第一个来中原朝见的单于，汉宣帝像招待贵宾一样招待他，亲自到长安郊外去迎接他，为他举行了盛大的欢迎仪式。呼韩邪临行时，与汉朝使者订立了此后“汉朝与匈奴合为一家，世世代代不相侵犯”的友好盟约。

公元前33年，呼韩邪第三次到长安，提出愿意做汉家的女婿，结为亲戚，加强汉匈友好。

公元前57年

中国大事记：
匈奴内部发生战争，形成郅支单于和呼韩邪单于南北对峙的局面。

⊙ **昭君墓**

位于今内蒙古自治区境内，因其墓上青草至冬不枯，人称“青冢”。

汉朝经历了近百年的战火侵扰，也希望内外和平安宁。汉元帝答应了呼韩邪的要求，决定从后宫的宫女中挑选出合适的人选，嫁给单于。

后宫中有个叫王昭君的宫女，是我国四大美女之一，有空谷幽兰般的姿色和才情。元帝时，昭君正值青春年华，因容貌秀丽、聪慧可人、琴棋书画俱精而被选入宫。汉宫中宫女众多，元帝便让画工为宫女画像，自己凭像选人。宫女于是无不巴结、贿赂画工。昭君拒绝贿赂画工，她不相信自己的美丽会因为画工的笔而被埋没，但贪婪的画工把她画得平平庸庸，致使艳如桃李的她在后宫呆了10年之久。而匈奴单于向汉朝求婚给了昭君一个机会，她自愿前往匈奴。在临别大会上，昭君服饰华丽、容貌丰美，呼韩邪无限喜欢。元帝则惊叹后宫藏有如此惊艳绝伦的美女，想挽留住昭君，可是君无戏言，只有眼睁睁地忍痛割爱。汉元帝吩咐办事的大臣选择吉日，让呼韩邪单于和王昭君在长安成亲。

呼韩邪单于得到这样一个年轻貌美的妻子，又是高兴又是感激。在汉朝和匈奴官员的护送下，王昭君离开了长安，千里迢迢地来到了匈奴单于的领地。

到了匈奴后，呼韩邪单于封王昭君为“宁胡阏氏”（王后），意思是说王昭君嫁给匈奴，会带来和平安宁。呼韩邪单于娶了王昭君很满意，他上书向汉元帝表示愿意为汉朝守卫边疆，让汉天子和百姓永享和平、幸福。

王昭君出塞的时候带去很多礼物，她在塞外同匈奴人民和睦相处，爱护百姓，教给当地妇女织布、缝衣和农业生产技术，受到人民的爱戴。

王昭君在匈奴生一子，取名伊屠智牙师，长大后被封为右日逐王。成帝建始二年（公元前31年），呼韩邪单于去世。依匈奴风俗，昭君下嫁复株累单于(呼韩邪单于与大阏氏之子)，又生二女。

昭君出塞后，匈奴与汉朝得以长期和睦相处，汉匈民族间政治、经济、文化有所沟通并相互促进，边境安宁，百姓免遭战争之苦。为了让人们记住王昭君的功勋，元帝下诏将昭君出塞这一年改元竟宁。

·和亲乌孙·

乌孙是西域最强大的国家，武帝试图联合乌孙抗击匈奴。公元前105年，武帝把江都王的女儿细君作为公主嫁给乌孙王。细君到乌孙后广与乌孙贵族联系。乌孙王死后，她嫁给新王军须靡，不久病死。公元前101年，武帝把楚王的孙女解忧公主续嫁给军须靡。军须靡不久病死，解忧公主又嫁给肥王。他们共同努力，与汉军联合击败了匈奴。肥王死后，狂王又娶解忧公主。狂王残暴无比，并且与公主不和。解忧公主便和汉使魏如意合谋在酒宴中刺杀狂王，因剑刺斜，狂王幸免于难，狂王的儿子起兵包围公主。公主后在汉军援助下脱围。公元前51年，解忧公主将近70岁时，带着3个孙子、孙女回到长安。

公元前107年

世界大事记：
盖约·马略出任罗马执政官，其后6次连任，他于公元前102年率军大败日耳曼条顿人。

王莽篡位

⊙ **新莽时期铜斛**
器身刻八十一字篆书铭文，记载着王莽在全国范围内颁布标准度量衡器的史实。

王昭君离开长安不久，汉元帝就死去了。他的儿子刘骜即位，是为汉成帝。汉成帝是个荒淫的皇帝，他当了皇帝后，朝廷的大权逐渐被外戚掌握了。成帝的母亲、皇太后王政君有8个兄弟，除了一个死去的以外，其他人都封了侯。其中要数王凤的地位最显赫，他被封为大司马、大将军。

王凤掌了大权，他的几个兄弟、侄儿都十分骄横。只有一个侄儿王莽与众不同，他像平常的读书人一样，做事谨慎小心，生活也比较节俭。人们都说王家子弟中，王莽是最好的一个。

王凤死后，他的两个兄弟先后接替他的职位，后来又让王莽做了大司马。王莽很注意招揽人才，有些读书人慕名前来投奔他。

汉成帝死后，在10年之内，换了两个皇帝——哀帝和平帝。汉平帝登基时才9岁，国家大事都由大司马王莽做主。很多大臣都吹捧王莽，说他是安定汉朝的大功臣，请太皇太后封王莽为安汉公。王莽说什么也不肯接受封号和封地。

王莽越是不肯受封，越是有人要求太皇太后封他。据说，朝廷里的大臣和地方上的官吏、平民上书请求加封王莽的人多达48万人。有人还收集了各种各样歌颂王莽的文字，使王莽的威望越来越高。

渐渐长大的汉平帝越来越觉得王莽的行为可怕、可恨，免不了背地里说些抱怨的话，这些话被传到了王莽的耳中。

有一天，大臣们给汉平帝过生日，王莽借机献上一杯毒酒。汉平帝没想到王莽胆敢做出这种事，接过来喝了。

没过几天，汉平帝就得了重病，死去了。王莽假惺惺地哭了一场。汉平帝死的时候才14岁，没有儿子，于是由王莽摄政，称为“摄皇帝”。第二年，王莽改年号为居摄元年。三月，王莽立只有两岁的刘婴（宣帝玄孙）为皇太子，号称“孺子婴”，以效仿周公摄政旧事，为篡汉自立作准备。

⊙ **新莽“大泉五十”陶范**
“大泉五十”是王莽第一次货币改革的新铸币之一，是王莽统治时期流行时间较长的一种币型。

居摄三年（公元8年），梓潼（今属四川）人哀章制作铜匮，内藏“天帝行玺金匮图”与“赤帝行玺某传予黄帝金策书”，假说是高祖遗命令王莽称帝。于是，王莽便到高帝祠庙接受铜匮，即天子位，定国号为“新”。至此，西汉灭亡。

王莽自立为帝后，为了巩固政权，在全国实行改革，推行新制。

从居摄二年（公元7年）到天凤元年（公元14年），王莽先后进行了四次币制改革。居摄二年，他下令铸造大钱、契刀、错刀，与汉五铢钱共为四品，一齐流通于市。两年后，又改币制，将错刀、契刀、五铢钱废除，另铸一铢小钱和十二铢大钱并行。始建国二年（公元10年），三改币制，把货币总称“宝货”，分为钱货、金货、银货、龟货、贝货、布货，总称“五物、六名、二十八品”。天凤元年，四改币制，又实行金、银、龟、贝等货币，废除大、小钱，改行货布、货泉二品。

始建国元年（公元9年），王莽下令将全国

公元5年

中国大事记：
王莽自称“假皇帝”，并提出自己的治国目标：市无二价、官无狱讼、邑无盗贼、野无饥民、道不拾遗、男女异路。

·《尔雅》·

《尔雅》是中国最早的一部训诂专书，它是中国词典的一个雏形，对后世影响很大。关于它的作者，一般认为是春秋以后儒家经师解说经书经汉代学者加以整理而成。现在流传下来的《尔雅》分19篇，共有词组2091条。释诂、释言、释训是一般词语，即用当时的通用语言解释古语或方言。后16篇(释亲、释器、释宫、释乐、释天、释地、释丘、释山、释水、释木、释草、释虫、释鱼、释鸟、释兽、释畜)分类汇释语词，对各种名物加以解说。《尔雅》是一部研究先秦词汇的重要资料。

土地改为王田，奴婢改名为私属，都不能自由买卖。还规定一家男子不超过 8 人而种田数额超过一井(九百亩)的，应把多出来的田分给九族乡邻中没有田或少田的人；本身无土地的亦按一夫一妇授田百亩的制度授予田地。

同年，王莽下令制造标准的度量衡器，颁行天下，作为统一全国的度量衡标准。

始建国二年(公元 10 年)，王莽诏令在全国实行五均、赊贷和六筦法。政府在长安、洛阳等大城市设立五均官，负责管理工商业经营和市场物价，收取工商税。赊贷规定由政府办理，年利息为十分之一。五均赊贷和政府经营的盐、铁、酒、铸钱及收山泽税，合称为“六筦”。

除此以外，王莽对中央和地方的官名、官制、郡县地名、行政区划，也多次改变。

王莽大规模的改革，并没有起到维护新莽政权的作用，相反，改制后的结果触及到大地主商人的利益，加剧了统治阶级的内部矛盾。制度本身的弊病，也给人民带来了更大的灾难，因此很快导致了王莽政权的覆灭。

绿林、赤眉起义

西汉末年，封建统治阶级和官僚地主疯狂地兼并土地，贪官污吏巧取豪夺，加紧对农民进行残酷的经济剥削和政治压迫，逼得农民难以为生。阶级矛盾异常尖锐，小规模农民起义不断发生。王莽建立新朝后，企图通过复古西周时代的周礼制度来达到他治国安天下的理念，于是仿照周朝的制度开始推行新政，史称王莽改制。但由于王莽的这些政策只求名目复古，很多都是与当时的实际情况相违背的，而且在推行时手段和方法不正确，在遭到激烈反对后，又企图通过严刑峻法强制推行，使上至诸侯公卿，下至平民百姓因违反法令而受重罪处罚者不计其数，加剧了社会的动荡。各项政策朝令夕改，使百姓官吏不知所从，人们未蒙其利，先受其害，因此导致天下豪强和平民百姓的不满，反而造成“农商失业，食货俱废”的恶果，破坏了社会的正常生产和人民的正常生

⊙ 执戟骑士俑　西汉

公元前82年

世界大事记：
苏拉率军进入罗马，元老院宣布苏拉为终身独裁者。

活，人民已是财竭力尽，无法生活，又加上自然灾害连年不断，农田荒废，农民倾家荡产，很多地区甚至出现了“人吃人”的现象。

公元17年，荆州发生饥荒，老百姓到沼泽地区挖野荸荠充饥，野荸荠越挖越少，便引起了争斗。新市(今湖北京山东北)有两个有名望的人，一个叫王匡，一个叫王凤，出来调解，受到农民的拥护。王匡、王凤就把这批饥民组织起来举行起义。南阳人马武、颍川人王常、成丹等率众参加。他们的根据地在绿林山(今湖北大洪山)中，故称为“绿林军”。

地皇二年(公元21年)，绿林军在云杜(今湖北河沔)击败荆州两万官军，乘胜占取竟陵(今湖北钟祥)、安陆(今湖北安陆)等地，起义队伍日益增大。

王莽派了两万官兵去围剿绿林军，被绿林军打得溃不成军。投奔绿林山的穷人越来越多，起义军很快就发展到5万多人。

琅琊（在今山东诸城）有个姓吕的老大娘，儿子因为没肯依县官的命令毒打没钱付税的穷人，被县官杀害了。这一来激起了公愤，上百个穷苦农民起来替吕母的儿子报仇，杀了县官，跟着吕母逃到黄海，一有机会就上岸打官兵。

这时候，另一个起义领袖樊崇带领几百个人占领了泰山。吕母死了后，她手下的人投奔樊崇起义军。不到一年工夫，就发展到1万多人，在青州和徐州之间来往打击官府、地主。

樊崇的起义军纪律严明，规定谁杀死老百姓就处死谁，谁伤害老百姓就要受惩罚。这样一来，得到了老百姓的拥护。

公元22年，王莽派太师王匡(和绿林军中的王匡是两个人)和将军廉丹率领10万大军去镇压樊崇起义军。樊崇为了避免起义兵士跟王莽的兵士混杂，叫他的部下把自己的眉毛涂成红色，作为识别的记号。这样，人们都称樊崇的起义军为“赤眉军”。

赤眉军于成昌与王莽10万军队展开激战。少不更事的王匡根本没有作战能力，两军刚一交锋就败下阵来。见太师夺路而逃，部下也纷纷调转马头，紧随其后的廉丹部队也被冲散了。廉丹眼看败局已定，无力回天，便将帅印交予王匡，最后战死。

成昌一役，是赤眉军与王莽军队的第一次大交锋，也是最后一次。因为南阳一带的反莽运动已经兴起，王莽只能龟缩在洛阳一带防守、再也无力出重兵与赤眉军决战了。

成昌大捷后，赤眉军乘胜向西发展，人数已多达10万人。

绿林、赤眉两支起义大军分别在南方和东方打败王莽军的消息一传开，其他地方的农民也纷纷起义。另外，还有一批没落的贵族和地主、豪

⊙赤眉军无盐大捷

公元23年

中国大事记：
更始兵入长安，王莽被杀。
更始帝定都长安，以刘秀行大司马事。

强也乘机起兵造反。

南阳郡春陵乡（今湖南枣阳县西）的汉宗室刘缜、刘秀两人，怨恨王莽废除汉朝宗室的封号、不许刘姓人做官的做法，发动族人和宾客七八千人在春陵乡起兵。他们和绿林军三路人马联合起来，接连打败了王莽的几名大将，声势越来越强大。

绿林军将士们认为人马多了，必须推选出一个负责统一指挥的首领，这样才能统一号令。一些贵族地主出身的将军，利用当时有些人的正统观念，主张找一个姓刘的人当首领，这样才能符合人心。

于是，春陵兵推举刘缜，可是其他各路的将领都不同意。经过商议，众人立了破落的贵族刘玄做皇帝。

公元23年，刘玄正式做了皇帝，恢复汉朝国号，年号“更始”，所以刘玄又称更始帝。更始帝拜王匡、王凤为上公，刘缜为大司徒，刘秀为太常偏将军，又封了其他的将领。从此，绿林军又称为汉军。

昆阳大战

王莽听到起义军立刘玄为皇帝，顿时感到坐立不安。后来又听说起义军打下了昆阳（今河南叶县），更是急得像热锅上的蚂蚁，他立即派大将王寻、王邑率领43万兵马，从洛阳出发，直奔昆阳。

驻守在昆阳的起义军只有八九千人。有些起义军看见王莽的军队人马众多，担心抵抗不住，主张放弃昆阳，退到原来的据点去。刘秀对大家说：“现在我们兵马和粮草都很缺乏，在这种情况下，全靠大家同心协力，才能战胜敌人；如果放弃昆阳，起义军各部也会被敌军各个击破，那就什么都完了。”

⊙ 昆阳之战书影

大家认为刘秀说得有道理，可是王莽军兵力实在太强大，死守在昆阳终究不是个办法。于是派刘秀带一支人马突围出去，到定陵和郾城去调救兵。当天晚上，刘秀带着12个勇士，骑着快马，趁黑夜偷偷出了昆阳城。王莽军没有防备，刘秀等人就冲出了重围。

莽军不久将昆阳围得水泄不通。大将严尤向王邑进言：“昆阳虽小，但易守难攻。敌人主力在宛城，我们不如绕过昆阳赶往宛城寻歼其主力，到那时昆阳敌人受震动，城可不战而下。”但王邑拒绝说：“非也非也！我军百万之师，所过当灭，今屠此城，喋血而进，前歌后舞，岂不快哉？”于是陈营百余座，挖地道，造云车，猛攻昆阳不已。王凤、王常率全城军民顽强抵挡，多次挫败敌人的进攻，敌军消耗很大。

严尤见昆阳久攻不下，再次向王邑进言：“围城应该网开一面，使城中一部分守军逃出至宛城，散布兵危消息，以使敌人情绪消沉，军心动摇，其士气低落下来后，城必可破！”但又为刚愎自用的王邑拒绝，他认为不久昆阳就会告破。

刘秀到了定陵，把定陵和郾城的人马全部带到昆阳去解围。但是有些起义军将领舍不得丢掉得到的财产，不愿去昆阳。后来，刘秀说服了众

公元前73年

世界大事记：
罗马历史上规模最大的奴隶起义——斯巴达克起义爆发。

人，带着全部人马赶赴昆阳。到了昆阳，刘秀见昆阳仍未失守，而莽军队形不整，显得士气低落，疲惫不堪，心下大喜。他立即投入战斗，他亲率一千轻骑为前锋，冲到王邑军阵前挑战。王邑以其人少不足畏惧，就派了三千人迎战。刘秀急忙挥军疾冲猛杀，转眼间莽军百余人被砍死，剩下的败退回去了。初战告捷，城内城外的起义军士气都为之一振，斗志立时高涨了许多。

刘秀为了更进一步振奋士气，同时动摇敌人军心，便假造宛城已为起义军攻克的战报，用箭射入昆阳城中；又故意遗失战报，让莽军拾去传播。这一消息顿时一传十，十传百，城内军民守城意志更加昂扬，而城外莽军情绪则更加沮丧。胜利的天平已开始向起义军这边倾斜了。刘秀见效果已经达到，便精选勇士三千人迂回到敌军侧后偷渡昆水，而后猛攻王邑大本营。

此时，王邑仍不把刘秀放在眼里，他担心州郡兵主动出击会失去控制，就令他们守营勿动；自己和王寻率万人迎战刘秀的三千义勇。然而王邑的轻敌应战怎奈得住刘秀部署严密的进攻？万余兵马很快被冲得阵势大乱，而州郡兵诸将却因王邑有令不得擅自出兵，谁也不敢去救援。于是王邑所部大溃，王寻也被杀死。莽军余部见主帅都溃退了，也纷纷逃命。刘秀乘势掩杀，城中王凤、王常见莽军崩溃，即从城内杀出，与刘秀部内外夹攻王邑。王邑军互相践踏，死伤无数，狼狈向洛阳方向逃去。昆阳大战消灭了王莽主力的消息传到各地，百姓纷纷起来响应起义军。

更始帝派大将申屠建、李松率领起义军乘胜向长安进攻。王莽集团内部一片混乱。王莽的心腹刘歆、王涉和董忠等准备发动政变，颠覆王莽政权。事情败露后，刘歆自杀，董忠被诛。大臣内叛，军事外破，王莽开始陷入被动的局面。起义军则趁机大举进攻：王匡率兵直捣洛阳；李松、申屠健等进逼武关。各地也都纷纷响应，杀掉他们的牧守，自称将军，用汉年号，以待诏命。王莽仍在负隅顽抗，招集囚徒为兵，企图阻挡起义军。但囚徒兵很快背叛王莽，掘王莽祖坟，烧王莽祖庙。析县人邓晔、于匡也支持起义军，迫使析县宰和武关都尉投降，攻杀莽军右队大夫。王莽走投无路，便带领群臣到南郊哭天，祈求苍天保佑。但王莽越哭，起义军越近，长安很快便被起义军包围得严严实实。九月，起义军占据长安，长安人张鱼、朱弟率众起义响应，冲入宫廷，将宫室焚毁。王莽抱头鼠窜，逃到未央宫中的渐台，妄图借台周围的池水将起义军阻挡，但起义军已经把宫室团团围住，一时乱箭四射，不久就攻占了渐台。王莽已毫无退路，被商人杜吴所杀。起义军将王莽的头传到南阳，挂在南阳市示众，“百姓共提击之，或切食其舌”。

王莽新朝共历经15年，在礼义、职官、货币、土地、税贷等方面多次进行改制，导致了经济混乱，社会矛盾激化，最后终于葬送在农民起义的熊熊烈火中。

·汉乐府·

乐府是古时政府所设置的专门掌管音乐歌舞的机构，在汉初时就已经设立。汉武帝时以李延年为协律都尉，编制庙堂乐歌，歌词主要由文人写作，这些由词臣们创作的作品，大多着意修饰，意在颂圣应制。同时，乐府机关也深入民间，广泛地采集民歌并润色加工，后世就称之为乐府诗。这些乐府诗大部分是“感于哀乐，缘事而发”的民间优秀作品，广泛而深刻地反映了当时丰富多彩的社会生活：兵役的痛苦、官府的掠夺、贫民的亡命生活、妇女的悲惨命运，等等。其中有许多作品有完整的故事情节和浪漫的色彩，感情真挚而深刻。这些诗篇思想性和艺术性都很高，对中国古典诗歌的发展有很大的影响。

公元25年

中国大事记：
刘秀即帝位，建元建武，定都洛阳，东汉王朝开始。

东汉挽歌

光武中兴

昆阳一战，使刘縯和刘秀名扬天下。有人劝更始帝把刘縯除掉。更始帝便找了个借口，杀了刘縯。

刘秀听说他哥哥被杀，知道自己的力量打不过更始帝，就立刻赶到宛城(今河南南阳市)，向更始帝赔礼。

更始帝见刘秀不记他的仇，很有点过意不去，就封刘秀为破虏大将军，但没有重用他。后来，攻下了长安，更始帝才给刘秀少量兵马，让他到河北去招抚各郡县。

这时候，各地的豪强大族有自称将军的，有自称为王的，还有的自称皇帝，各据一方。更始帝派刘秀到河北去招抚，正好让刘秀得到一个扩大势力的好机会。他到了河北，废除王莽时期的一些严酷的法令，释放了一些囚犯。同时，不断消灭割据势力，镇压河北各路农民起义军。整个河北几乎全被刘秀占领了。

刘秀留寇恂、冯异等据守河内，与更始政权留守洛阳的朱鲔相持，自己亲率大军北征，击败尤来、大枪、五幡等部农民军。四月，回军南下，于温县大败新市、平林两军，于河南击溃赤眉、青犊两军，大体解除了对河北的严重威胁。此时，刘秀手下的将领开始商议为刘秀上尊号，称帝位，并使人造《赤伏符》以传“天命”。刘秀装模作样“三推”之后，便“恭承天命”，自立为皇帝，这就是汉光武帝。

更始帝先建都洛阳，后来又迁到长安。他到了长安以后，认为自己的江山已经坐稳，便开始腐化起来。原来的一些绿林军将领，看到更始帝整天花天酒地，不问政事，都十分不满。

赤眉军的首领樊崇看更始帝腐败无能，就立15岁的放牛娃刘盆子为皇帝，率领20万大军进攻长安，不久就攻占了函谷关。更始帝眼看赤眉军就要攻到长安了，便率领文武百官逃到城外。

·谶纬之学·

西汉末年，风行谶纬的思想。谶是以诡语托为天命的预言，其实质属于以阴阳五行为骨架的天人感应论的范畴。纬与“经”相对，是托名孔子以诡语解经的书。为了经学神学化和神化现实统治者的需要，纬书中引用和编造了大量的谶言，这种经学神学化的产物——纬书就称为“谶纬”。东汉初年，谶纬主要有81篇，有的解经，有的述史，绝大部分都是宣扬神灵怪异的荒诞言论。汉光武帝刘秀建国以后，把谶纬作为一种重要的统治工具。建初四年（公元79年），汉章帝大会群儒于白虎观讨论经义，由班固写成《白虎通德论》。与会的今文经学、古文经学和谶纬神学的代表们求同存异，在三纲五常的基础上实现了经学与谶纬神学的结合。

公元前70年

世界大事记：
庞培、克拉苏当选执政官，废止苏拉时期施行的政策。

樊崇进入长安后，派使者限令更始帝在20天内投降。更始帝没办法，只好带着玉玺向赤眉军投降。

赤眉军声势浩大地进了长安，可是几十万将士的口粮发生了困难，长安天天有人饿死。这样一来，长安的混乱局面就无法收拾了。无奈之下，樊崇带着军队离开长安，向西流亡。但是别的地方粮食也一样困难；到了天水(在今甘肃)一带，又遭到那里的地主豪强的拦击。樊崇没辙，又带着大军往东走。

汉光武帝这时已占领了洛阳，他一听到赤眉军向东转移，就带领20万大军分两路设下了埋伏。他派大将冯异到华阴，把赤眉军往东边引。赤眉军被诱引到崤山下，冯异让伏兵打扮得和赤眉军一模一样，双方混战在一起，分不出谁是赤眉兵，谁是汉兵。赤眉军正在为难的时候，打扮成赤眉军模样的汉兵高声叫嚷"投降！""投降！"，赤眉军兵士一看有那么多人喊投降，没了主意，一乱就被缴了武器。

公元27年一月，樊崇带着赤眉军向宜阳(今河南宜阳县)方向转移。汉光武帝得到消息，亲自率领预先布置好的两路人马截击，把赤眉军围困起来。赤眉军无路可走，樊崇只好派人向汉光武帝请降。汉光武帝把刘盆子、樊崇等人带回洛阳，给他们房屋田地，让他们在洛阳住下来。但是不到几个月，就加上谋反的罪名，把樊崇杀了。

全国平定后，光武帝于建武十三年(公元37年)开始安置有功之臣。他采取了两条措施：一是不让拥有重兵的功臣接近京师；二是对功臣封赏而不用。邓禹、贾复等开国元勋明白光武帝的意思后，率先解去军职，倡导儒学。刘秀对功臣只赏不用的政策是东汉政权重建过程中重要的一步，也是较为成功的一项治国安邦的措施。

刘秀深切地认识到，要使国家真正地长治久安，必须安民，与民休息，才能保持社会稳定，才能发展社会生产。

首先，是给老百姓一个安定的社会环境。刘秀生长在民间，经历过王莽的残暴统治，知道耕作的艰难及百姓的痛苦。因此建立东汉后，通过废除王莽的繁苛法令，恢复汉初的简政轻刑，给百姓创造一个宽松的社会环境。此后，他多次下

⊙ 光武帝涉水图　明　仇英

公元57年

中国大事记：
汉光武帝刘秀去世，其子太子庄即位，为汉明帝。

诏裁减各地的监狱，不断地告诫各级官吏尤其是地方官吏要体恤百姓、宽松执法。光武帝年初，派卫飒担任桂阳(今湖南彬州)太守。卫飒到任后，了解到桂阳地处边远、礼俗落后，便从教育入手，设立学校，端正风俗，不长时间便使境内风气大为改观。桂阳郡的含洭、浈阳、曲江原来是越族居住的地方，沿着河岸靠山居住的，多是一些在战乱中逃进深山的百姓，他们因为地处偏僻，也不向官府交纳田租。卫飒组织人凿山开道五百多里，一路设置亭传、邮驿，不仅方便了那里的交通，也减轻了人民的负担，百姓逐渐搬到道路两边居住，使当地经济迅速发展起来，也开始向官府交纳田赋了。

其次，是有效减轻人民的负担。光武帝认为官吏的奢侈、官僚机构设置无度以致冗官无数，是百姓的最大负担。因此他在位期间，始终提倡节俭。公元37年，一国使者向光武帝献上一匹可日行千里的名马和一柄宝剑，光武帝接受后便下诏把这匹千里马送去驾鼓车，把宝剑赐给骑士。在光武帝的垂范下，节俭在东汉初年形成风气。在提倡节俭的同时，光武帝对冗官进行裁汰。公元30年，光武帝在河北、江淮、关中刚刚平定的情况下，下诏归并了郡、国10个，县、邑、道、侯国400多个。并官省职，直接减少了行政开支。

再次，是提高奴婢的社会地位。西汉中期以来，大量的平民沦为奴婢，成为严重的社会问题。为此，光武帝曾连续6次下诏释放奴婢。同时，他还在一年之内连续下诏3次，禁止杀、伤和虐待奴婢，使奴婢的地位有所提高。

最后，就是要设法解决土地问题，使百姓和土地结合在一起，便于发展社会生产。西汉中期以来，大规模的土地兼并使土地急剧集中。但那些占有土地的豪强们却不如实地向国家申报土地、交纳田赋。为准确地掌握全国的垦田数目和户口名籍，打击豪强，保证赋税收入和徭役征发，光武帝于公元39年下令在全国“度田”即丈量土地，同时也核定人口。但在度田过程中，官吏们和豪强相互勾结，或抵制清查，或隐瞒不量，而对百姓土地却是多量，连墙头地角、房前屋后也不放过。光武帝了解到这种情况后，曾经先后诛杀了大司徒、河南尹及郡守十多人，引起了一场大规模的地方骚乱。地方上的豪族大姓纷纷起来叛乱，光武帝用镇压和分化相结合的手段，好不容易才平息了叛乱。

光武帝刘秀通过集权加强了中央的统治，通过休养生息使人民安心从事生产，经济得到发展，社会比较稳定，这一历史时期被称为“光武中兴”。

强项令董宣

封建官僚机构是由封建官吏组成的，光武帝深知治理国家首先必须有贤明的人才。他沿用了西汉的察举征辟制度，颁布了“四科取士”的诏书。“四科”是选择官吏的德才标准：一是品德高尚，志节清白；二是有知识，是通经的儒士；三是熟悉法令，能够熟练地依法办事；四是有魄力才干，遇事不会犹豫，能独当一面。通过这种制度选拔上来一批官吏，但光武帝对他们要求非常严格，不仅要求他们严守法度、勤于职守，还经常亲自对他们进行考核，选优汰劣。对违法官吏，严加处罚，就是对尚书近臣，只要有过错，也要进行处罚。

正是在光武帝的这种政策下，东汉开国初年出现了一批忠正耿直的官员。董宣，陈留人，曾任宣怀县令，后任洛阳令。有一次，光武帝的姐姐湖阳公主有一个家奴行凶杀了人，躲在公主府里不出来。董宣不能进公主府去搜查，就天天派人在公主府门口守着，等那个凶手出来，以便捉拿。

有一天，湖阳公主坐着马车外出，那个杀人凶手也跟在身边侍候。董宣得到了消息，就亲自带衙役赶来，拦住湖阳公主的车。他不管公主阻挠，吩咐衙役把凶手逮起来。然后，就当场把他处决了。

公元前60年

世界大事记：
恺撒、庞培和克拉苏结成反对元老贵族的同盟，史称“三头同盟”（前三头）。

湖阳公主怒气冲冲地赶到宫里，向光武帝哭诉董宣怎样欺负她。光武帝听了，十分恼怒，立刻召董宣进宫，吩咐内侍当着湖阳公主的面，责打董宣，替公主消气。

董宣说：“先别动手，让我把话说完了，我情愿死。”光武帝瞪着眼说：“你还有什么话好说？”

董宣说：“陛下是一个中兴的皇帝，应该注重法令。现在陛下允许公主放纵奴仆杀人，怎么能治理好天下？用不着打，我自杀就是了。”说罢，他仰起头就向柱子撞去。

光武帝连忙喊内侍拉住董宣，可是董宣已经撞得头破血流了。光武帝认为董宣说得有理，不该责打他，但是为了照顾湖阳公主的面子，便要董宣去给公主磕个头赔个礼。

董宣宁愿不要命，也不肯磕这个头。内侍把他的脑袋往地下摁，可是董宣用两只手使劲撑着地，挺着脖子，不让内侍把他的头摁下去。

内侍知道光武帝并不想责罚董宣，可又得给光武帝个台阶下，就大声地说：“回陛下的话，董宣的脖子太硬，摁不下去。”

湖阳公主见状不满地说：“皇上在做平民的时候，也藏过逃亡和犯死罪的人，官吏都不敢上门。现在身为天子，难道威力反倒对付不了一个县令吗？”光武帝苦笑着说：“天子和平民是不一样的。”光武帝让人把董宣的头包好，并赐他到太官府吃饭。饭后，董宣把碗反扣在桌子上，光武帝问他这是什么意思，董宣回答说：“我吃饭不敢有余粒，如同奉职尽忠不遗余力一样。”光武帝深为他尽责尽忠的精神所感动，称之为“强项令”，也就是硬脖子县令的意思。

董宣担任洛阳令 5 年，对各种不法行为严加打击，被人称为“卧虎”。74 岁那年，董宣死在任上。光武帝专门派使者前去吊唁，只见董宣身覆一布被，妻子儿女相对而泣，家中仅有大麦数斛，破车一乘。光武帝听说后，伤感地说：“董宣廉洁，死后才真正知道。”

·《熹平石经》·

《熹平石经》是中国历史上最早的官定儒家经典刻石，它和魏正始年间所刻《正始石经》，以及唐文宗开成二年所刻《开成石经》并列为古代著名的三大石经。汉代独尊儒术之后，朝廷将儒家经文刻制成石头书籍，供学官们正定校勘，作为向太学生讲授的标准经本。熹平石经共刻《鲁诗》、《尚书》、《周易》、《春秋》、《公羊传》、《仪礼》、《论语》等7经，共64石，计200910字，刻制时间从东汉熹平四年至光和六年（公元175～183年），一共历时9年。制成后立于洛阳太学门前。熹平石经主要由蔡邕等人用隶书体写成，是中国书法史上著名碑刻。

⊙ 君车出行图　汉

公元68年

中国大事记：
汉明帝令在洛阳筑白马寺，供摄摩腾和竺法兰居住；编译《四十二章经》。

王充著《论衡》

王充（公元27～97年），字仲任，浙江上虞人，是东汉前期杰出的唯物主义思想家和文学理论家。王充的祖籍本是魏郡元城（今河北大名）人，先祖因立军功受封于会稽阳亭，但只过了一年就失去了爵位。随后就在当地安家，以农桑为业。王充的家庭非常重义气，好行侠。他的祖先因为要避开仇敌，迁到了钱塘，后来就弃农经商。王充的父亲与伯父因为与豪族结怨，最后迁居到上虞。王充6岁开始学习读书写字，8岁到书馆学习，从小品学兼优。

15岁的时候，他到京师洛阳的太学深造，并拜当时著名的儒学大师班彪为师。在求学的过程中，他饱读经书，并以怀疑、批判的态度对待已有的规则，在这一点上，他站到了同时代读书人的前列。

王充离开洛阳后，做过州郡佐吏，但因为人刚直不阿、得罪权贵，被罢职回家。回到故乡，王充一边教书，一边著书立说。他一生共写过4部书：痛恨俗情而写《讥俗节义》；忧心朝政而写《政务》；反谶纬而写《论衡》；晚年写《养性》。除了《论衡》，其他3本均已失传。

《论衡》历时30年而成，今存85篇，其中《招致》一卷，有录无书，所以实存84篇，共计20多万字。它是我国古代思想史上一部具有划时代意义的著作，也是我国古代科学史上极其重要的典籍。

《论衡》的主要思想就是“疾虚妄”。王充曾说过：“伤伪书俗文，多不诚实，故为《论衡》之书”，“是故《论衡》之造也，起众书并失实，虚妄之言胜真美也。”他反对“虚妄”的东西，利用广博的科学知识和逻辑推理，大胆指出典籍中非科学的谬误。为此，他敢于向儒家权威和经典发难。他坚持科学的立场，对盛行的谶纬之学和天人感应说进行了猛烈的批判。

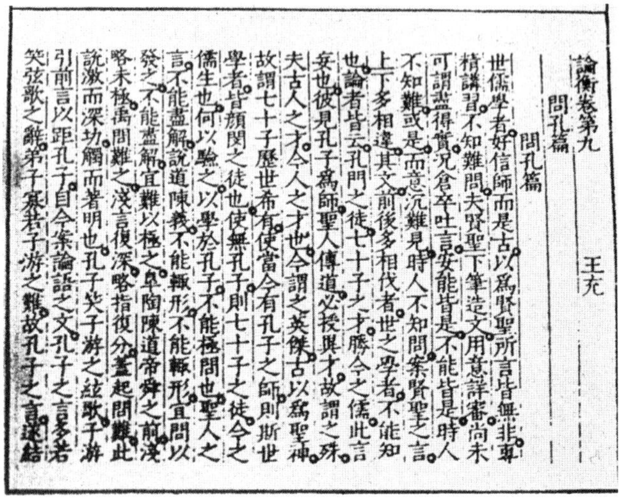
論衡卷第九
問孔篇　王充
問孔篇
世儒學者好信師而是古以爲賢聖所言皆無非專
精講習不知難問夫賢聖下筆造文用意詳審尚未
可謂盡得實況倉卒吐言安能皆是不能皆是時人
不知難或是而意沉難見時人不知問案賢聖之言
上下多相違其文前後多相伐者世之學者不能知
也論者皆云孔門之徒七十子之才勝今之儒此言
妄也彼見孔子爲師聖人傳道必授異才故謂之殊
夫古人之才今人之才也今謂之英傑古以爲聖神
故謂七十子歷世希有使當今有孔子之師則斯世
學者皆顔閔之徒也使無孔子則七十子之徒今之
儒生也何以驗之以學於孔子不能極問也聖人之
言不能盡解說道陳義不能輙形不能輙形宜問以
發之不能盡解宜難以極之臯陶陳道帝舜之前淺
略未極禹問難之淺言復深略指復分蓋起問難此
說激而深切觸而著明也孔子笑子游之絃歌子游
引前言以距孔子自今案論語之文孔子之言多若
笑弦歌之辭弟子寡若子游之難故孔子之言遂結

⊙ 王充的《论衡》书影

《论衡》的主要观念：1. 以自然元气说，否定神学、天命。2. 以自然元道观为基础，批判谶纬之学、天人感应等。3. 以命定说讨论人性和社会哲学。《论衡》的主要内容：1. 揭穿荒诞的迷信，排斥鬼神和禁忌。2. 反对盲目的崇拜，批评夸张的记载。3. 开厚古薄今之风，宣汉朝之德。

《论衡》旗帜鲜明地反对神学，坚持唯物主义的科学立场，主张元气自然说，强调了物是自然发生，而非天意，否定了天有意志的正统观点。

《论衡》在具体分析客观现象时，运用科学的分析和逻辑论述，把无神论思想和朴素辩证法提升到了新的高度。王充对鬼神之说进行了有力的反驳。他指出：“人之所以生，精气也，死而精气灭。能为精气者，血脉也，人死血脉竭，竭而精气灭”，“形体朽，朽而成灰，何用为鬼？”这简直就是对人们迷信鬼神的辛辣反问。这种唯物主义见解，在当时是石破天惊的。

《论衡》对云雨的产生机制、雷电以及潮汐等自然界的客观现象都做了合乎科学的可贵见解，否定了自然现象与神力迷信的联系。王充

公元前51年

世界大事记：
前"三头同盟"破裂，两年后恺撒占领罗马，宣布为独裁者。

以科学知识为重要武器，坚持唯物主义思想，矛头直指谶纬之学、天人感应等传统迷信，同当时盛行的正统思想进行了不屈不挠的较量，影响十分深远。

《论衡》是唯物主义思想同谶纬之学、天人感应等神学思想坚决斗争的产物，它的诞生反映出人们坚持科学、探索自然的强大呼声，在中国哲学史上占有重要地位。该书的基本精神是追求真知，反对迷信。它对先秦各家的思想，如儒、墨、道、法，进行了批判的继承，把中国古代唯物主义哲学推进到一个新的高度。《论衡》极具战斗性的唯物主义无神论思想，成为后来中国无神论的重要理论营养。并为后世科技的健康发展提供了有力的思想武器。

汉明帝求佛

汉光武帝活到63岁时，得病死了。太子刘庄继承皇位，这就是汉明帝。

据史书记载，有一回，汉明帝做了个梦，梦里出现一个金人，头顶罩了一圈光环，绕殿飞行，一会儿升上天空，向西去了。第二天，他向大臣们询问这个头顶发光的金人是谁。沉默了许久，一位大臣终于说："启禀皇上，我敢说，那绝不是一个荒唐的梦境，那是一个祥瑞之梦。我听说很多年前，我们的邻居大月氏国曾有佛的降临，那是一个至高无上的神，佛是智慧无比的。从越来越多的描述来看，佛的形象与陛下的描述十分相似，金色袍服，项有光圈，看来，陛下梦中所见，无疑是佛了。"

说话的是被人们称为最博学的一位大臣傅毅。傅毅的一番宏论并非无中生有，也非是对明帝的某种阿谀。在他很年轻的时候（约公元前2年），傅毅就已经从大月氏国的使者那里得到关于佛的消息，虽然那只是一个模糊的概念，但越

⊙ 白马寺山门
白马寺有中国佛寺"祖庭"之称，始建于东汉永平十一年（公元69年），因汉明帝"感梦求法"，遣使迎天竺沙门摄摩腾与竺法兰回洛阳后，按天竺式样为两位沙门所建的精舍。"白马"之名则取自"白马驮经"的典故。

·中国最早的塔·

塔，梵语称"浮图"，是寺中的主要建筑。塔的最初概念和形式是源于印度的"窣堵坡"，即为藏置佛的舍利和遗物而建造的由台基、覆钵、宝匣和相轮构成的实心建筑物。塔为佛教徒信仰和膜拜的对象。据《魏书·释老志》记载，汉明帝时佛教传入洛阳，并于西门外建白马寺。明帝死后，葬于西北的显节陵，内建一印度式塔。这是典籍中记载的我国最早的佛塔。塔传入中国初期，具有明显的印度式或受印度影响的东南亚佛塔造型风格，但很快就与中国的建筑结合起来，特别是与中国早有的木构的楼、台或石阙等高层建筑结合起来，充分体现出了民族趣味。中国式佛塔形式多样，造型丰富，有密檐式、楼阁式等。河南登封的嵩岳寺塔为国内现存最早的砖塔，塔建于北魏正光元年(公元520年)，平面呈12角形，有檐15层、相轮7层，高达几十米。

公元74年

中国大事记：
窦固、班超等统率汉军进击西域，重置西域都护府及戊己校尉。

来越多的民间祭祀表明，一种从未有过的文化现象正在中国这个古老的国土上兴起，这是一种不可忽视的文化现象，它预示着这个崇尚于神灵的民族将会有一种新的崇拜。

与此同时，包括明帝在内的所有人都想起建武十七年（公元41年）发生过的一件事情。明帝的异母兄弟楚王英就因为经常在自己的宫中进行某种秘密的祭祀而被人告上了宫廷。当时告发他的人说，楚王英如若不是妄图起事，又何必在自己的宫中进行那种秘密的祭祀呢？于是，楚王英被遣往江南一带，最终抑郁而亡。

既然明帝的梦是一个祥瑞之梦，而梦中的金人正是从大月氏国传来的关于佛的消息，这一消息对于一个伟大的民族来说，应该是一个光明的前兆。当然，谁也无法进一步说清那个佛的详情，包括他的形象、他的言说、他的理论等。当下明帝就向他的臣子们说，你们中间，有谁愿意前往大月氏国，以迎请佛的到来？大殿内又是长时间的沉默，终于，郎中蔡愔说，启禀皇上，微臣愿意前往。紧接着，博士弟子秦景也说，微臣也愿意前往。

这是永平七年甲子（公元64年）的上午，明帝作出了派使者出使天竺（今印度、巴基斯坦）的决定。

蔡愔和秦景跋山涉水，到达了天竺国。天竺人听到中国派来使者求佛经，表示欢迎。天竺有两个沙门（就是高级僧人），一个名叫摄摩腾，另一个名叫竺法兰，帮助蔡愔和秦景了解了一些佛教的理义。后来，他们在蔡愔和秦景的邀请下决定到中国来。

公元67年，蔡愔、秦景给两个沙门引路，用白马驮着一幅佛像和四十二章佛经，经过西域，回到了洛阳。

尽管汉明帝不懂佛经，也不清楚佛教的道理，但对前来送经的两位沙门还是很尊敬的。第二年，他命令在洛阳城的西面仿照天竺的式样，造一座佛寺，把送经的白马也供养在那儿，把这座寺取名叫白马寺（在今洛阳市东）。

汉明帝虽然派人求经取佛像，但他其实并不懂佛经，也不相信佛教，倒是提倡儒家学说。朝廷里的大臣们也不相信佛教，所以当时到白马寺里去拜佛的人并不多。

投笔从戎

汉光武帝建立了东汉王朝后，让大学问家班彪整理西汉的历史。班彪有两个儿子，一个叫班固，另一个叫班超，还有一个女儿叫班昭。班彪在几个孩子幼小的时候，就教他们学习文学和历史。

班彪死了以后，汉明帝任命班固为兰台令史，继续完成他父亲整理历史书籍的事业，就是《汉书》（一部记载西汉历史的书）。班超跟着他哥哥做抄写工作。兄弟二人都很有学问，可是性情和志趣不一样，班固喜欢研究百家学说，致力于他的《汉书》，而班超却不愿意皓首穷经地在案头写东西。

后来，班超听到匈奴不断地掳掠边疆的居民和牲口，就扔下了笔，气愤地说："大丈夫应当像张骞那样到塞外去立功，怎么能在书房里呆一辈子呢？"就这样，他下决心放弃文案工作，去立战功。

⊙ **班超像**

班超，字仲升，东汉扶风安陵（今陕西咸阳）人，班彪之子，班固之弟。公元62年随见班固至洛阳，以文为生，后投笔从戎。公元73年，奉明帝之命与窦固一起北击匈奴，班固任司马，机智勇敢，杀敌无数。后出使西域以肃清匈奴势力，被任命为西域都护，使50余国归汉。公元95年，班超被封为定远侯，公元102年去世。

公元前30年

世界大事记：
屋大维率军侵入埃及，建立起横跨欧、亚、非的罗马帝国。

公元73年，班超投笔从戎，以代理司马之职，随窦固大军，大败匈奴呼衍王，一直追击匈奴军队到蒲类海，并占领了伊吾庐（今新疆哈密）。在这次战役中，班超机智勇敢，深得窦固的赏识。

窦固为了抵抗匈奴，采用了汉武帝的办法，派人到西域去，与各国建立友好关系，共同对付匈奴。他赏识班超的勇气才干，派班超出使西域。

班超带着36个随从，先到了鄯善（在今新疆境内）。鄯善原来是归顺匈奴的，因为匈奴逼他们纳税进贡，勒索财物，鄯善王十分厌恶。这次看到汉朝派了使者来，他很高兴，非常殷勤地招待班超一行。

几天后，班超发现鄯善王对待他们忽然变得冷淡了。班超料想到其中必有变故，他从鄯善的侍者口中得知匈奴也派使者来了，鄯善王何去何从犹豫不定。班超立即与同行的36个随从密商，必须先发制人，夜袭匈奴使者。于是，班超布置随从们乘夜纵火烧了匈奴营帐，将匈奴使者全部杀死。第二天，班超把鄯善王请来，鄯善王看到匈奴使者的人头，非常惊叹汉家将军的英勇行为，马上打消疑虑，摆脱匈奴的统治，与汉家复通友好。

班超回到洛阳，汉明帝提拔班超做军马司，又派他去于阗联络。于阗王接见班超的时候，并不怎么热情。班超劝他脱离匈奴，跟汉朝交好。于阗王犹豫不决，找来巫师向神请示。班超见巫师装神弄鬼，借神的名义不愿与汉朝结交，便拔刀杀了巫师。最后，于阗王同意和汉朝和好，并主动把匈奴派去奴役他们的“监护使者”杀了。

班超在西域联合弱小民族，团结抗暴，先后打败莎车（今新疆沙车一带）、龟兹、焉耆（今新疆焉耆一带）等国，匈奴北单于在西域北道上的势力也被驱逐出去，西域50多国又同东汉王朝建立起友好的关系。

班固著《汉书》

班固（公元32～92年），字孟坚，东汉扶风安陵（今陕西咸阳东）人。班固的父亲班彪是东汉光武帝时的望都长。班彪博学多才，专攻史籍，是著名的儒学大师。他不满当时许多《史记》的续作，便作《后传》65篇，以续《史记》。班固从小就非常聪明，9岁便能作诗文，长大之后，班固熟读百家书，并深入研究。渊博的学识以及很强的写作能力，为他以后的作史创造了十分有利的条件。在他23岁那年即建武三十年（公元54年），班彪去世，班固私自修改国史，因此被捕入狱。他的弟弟班超赶到洛阳，为班固申辩。当明帝审阅地方官送来的班固的书稿时，十分欣赏班固的才华，并任他为兰台令史，负责掌管图籍，校订文书。他与陈宗、尹敏、孟异等共同撰成《世祖本纪》。随后迁任为典校秘书，又写了功臣、平林、公孙述的列传、载记28篇。后来明帝命令班固继续完成他原来所欲著述的西汉史书。班固通过一再的思索之后，经过潜精积思20余年，终于在建初七年（公元82年）年完成了《汉书》。《汉书》一写成，影响就很大。和帝永元初年（公元89年），班固以中护军随大将军窦宪出征北匈奴。永元四年（公元92年），窦宪以外戚

⊙《汉书》书影

公元79年

中国大事记：
汉章帝召集儒者在白虎观议论五经，班固奉命将讨论结果编成《白虎通义》，又名《白虎通德论》。

谋反而畏罪自杀，班固因此受到牵连。先被免官，后有人因曾受班固家奴侮辱便借机搜捕班固入狱。不久，班固死于狱中，时年61岁。班固死后，《汉书》尚未完成的八表和《天文志》主要由他的妹妹班昭继续完成。

《汉书》是我国第一部纪传体断代史，体制全袭《史记》而略有变更，《史记》包括本纪、表、书、世家、列传五种体裁，《汉书》有纪、表、志、传，改“书”为“志”，没有世家，凡《史记》列入世家的汉代人物，《汉书》均写入“传”。《汉书》这种体裁上的改动是符合历史时势变化的，是合理的。同时，《汉书》的体例较《史记》有了一些创新。在纪部分，《汉书》不称“本纪”，而改称为“纪”，在《史记》的基础上，《汉书》增立《惠帝纪》，以补《史记》的缺略；在《武帝纪》之后，又续写了昭、宣、元、成、哀、平等6篇帝纪。在表的部分，《汉书》立38种表，其中6种王侯表是根据《史记》有关各表制成的，主要记载汉代的人物事迹。只有《古今人表》和《百官公卿表》，是《汉书》新增设的两种表。《古今人表》专议汉代以前的古代人物，表现了班固评论人物的论事标准，暗示出他对汉代人物褒贬的立意，且网罗甚富，亦不无裨益。而《百官公卿表》记述了秦汉官制和西汉将相大臣的升迁罢免死亡，是研究古代官制史、政治制度史的重要资料，有重要的学术价值。在志部分，《汉书》改《史记》的“书”为“志”，而又予以丰富和发展，形成我国史学上的书志体。

《汉书》将《史记》的《律书》《历书》并为《律历志》，《礼书》《乐书》并为《礼乐志》，增写《史记·平准书》为《食货志》，改《史记·封禅书》为《郊祀志》、《天文志》，《河渠书》为《沟洫志》，还创设了刑法、五行、地理、艺文四志。《汉书》十志比较《史记》八书在先后次序上也有所不同，《汉书》的志包括律历、礼乐、刑法、食货、郊祀、天文、五行、地理、沟洫、艺文等10种。其中，改变或者并八书名称的有律历、礼乐、食货、郊祀、天文、沟洫等6种，但它们的内容或者不同，或者有所增损。如《食货志》在继承了《平准书》部分材料的同时，又增加新的内容，分为上、下两卷。上卷记“食”，叙述农业经济情况；下卷载“货”，介绍工商及货币情况。《史记》列传篇题的定名，或以姓，或以名，或以官，或以爵，多不齐一，且排列顺序难为论析。《汉书》则一律以姓名题篇，排列顺序是先专传，次类传，后四夷和域外传，最后是外戚和王莽传，整齐划一。《汉书》将《史记》的《大宛传》扩充为《西域传》，详细记述了西域几十个地区和邻国的历史，是研究古代中国各兄弟民族和亚洲有关各国历史的珍贵资料。

《汉书》主要的特点体现在：

第一，《汉书》较真实地记述和评论了西汉一代的政绩及其盛衰变化，从一统功业的角度，对于各时期所取得的成就进行了热情的称颂。在评述西汉政治时，用“时”“势”或“天时”变异来表达历史是发展的看法。

第二，广泛地评价了各种人物在西汉政治中的作用。书中记述到汉代的兴盛，是由于有众多的文臣武将和智谋极谏之士，在中央和地方的各方事务中竭其忠诚，作出贡献。

第三，以很多笔墨记录了王室及大臣聚敛财富，奢侈淫逸，皇权的争夺、外戚的专横，以及封建统治阶级的淫奢，反映了人民的痛苦生活和反抗斗争。

第四，详细记述了古代尤其是汉代的政治典制，表现了西汉文化的发展规模及其重要价值。其中《刑法志》记述了古代的兵学简史，叙述刑法典核详明，首尾备举，论其变化追本溯源。《食货志》系统地记述了自西周以至王莽时期的农政和钱法，反映了1000多年以来社会经济发展的重要侧面。《地理志》先叙由古之九州说而进至秦的郡县变迁，是中国地理最为详尽的记载。

《汉书》是史书体例上的一个重大飞跃，继《汉书》之后，断代史为后来历代正史所效仿，因此《汉书》在我国史书体例的发展上具有重要意义。

公元1年

世界大事记：

西方历史学家以是年为耶稣（基督）诞生之年；公元纪年以是年为元年。

蔡伦改进造纸术

谈到中国的造纸术，就不能不说到蔡伦。他在造纸技术的发明和发展上的卓越贡献将彪炳史册，万古流芳。

蔡伦，字敬仲，桂阳人，是东汉时期杰出的科学家。蔡伦从东汉明帝刘庄末年开始在宫禁做事。汉和帝刘肇登基之后，他很快成了和帝最宠信的太监之一，负责传达诏令，掌管文书，并参与军政机密大事。

史载蔡伦非常有才学，为人敦厚正直，曾多次直谏皇帝。因为其杰出才干，他被授尚方令之职，负责皇宫用刀、剑等器械的制造。在他的监督之下，这些器械都制造得十分精良，后世纷纷仿效。

在做尚方令期间，蔡伦系统总结了西汉以来造纸方面的经验，并进行了卓有成效的试验和革新。在原料的利用方面，他不仅变废为宝，大胆取用麻头及敝布、渔网等废品为原料，而且独辟蹊径，开创利用树皮的新途径。此举使造纸技术从偏狭之处挣脱出来，大大拓宽了原料来源，降低了造纸的成本，使纸的普及应用成为可能。更值得一提的是，他用草木灰或石灰水对原料进行浸沤和蒸煮的方法，既加快了麻纤维的离解速度，又使其离解得更细更散，大大提高了生产效率和纸张的质量。这也是造纸术的一项重大技术革新。

⊙ 蔡伦像

·蔡伦造纸的方法·

1.把树皮、麻头、破布等原料用水浸，切碎。

2.用草木灰水蒸煮，再经清水洗涤，去掉杂质。

3.用石臼将原料舂碎，配成浆液，放在槽里。

4.用抄纸器将纸浆捞起，漏去水分，晾干压平。

上述造纸方法已具备了原料处理、制浆、澄浆、抄纸、烘干等主要工序，为我国造纸业的发展奠定了基础。

元兴元年（公元 105 年），蔡伦将自造的纸呈给汉和帝，受到大力赞赏，朝野震动。人们纷纷仿制，“天下咸称‘蔡侯纸’”。安帝年间（公元 107 ~ 125 年），和帝的皇后邓太后因蔡伦久侍宫中，做事勤恳且颇有成绩，封他为龙亭侯。

后来蔡伦被卷入一起宫廷事件，起因是窦后（汉章帝的皇后）让他诬陷安帝祖母宋贵人。等到安帝亲政，着手调查这件事情，让蔡伦自己到廷尉处接受惩罚。蔡伦觉得很受屈辱，就自杀了。

蔡伦虽然死了，但是他对造纸技术的贡献将永存史册。蔡侯纸的出现，标志着纸张取代竹帛成为文字主要载体时代的到来。廉价高质量的纸张，有力地促进了知识、思想的大范围传播，使古代大量文字信息得以保存，促进了人类文明的进步。

在造纸术没有发明以前，我国古代使用龟甲、兽骨、金石、竹简、木牍、缣帛作为书写材料。龟甲、兽骨、金石对书写工具要求很高，需要刻。简牍呢，笨重不便，而且翻阅起来，中间串的绳很容易断裂，造成顺序混乱。缣帛虽轻便，可是

公元91年

中国大事记：
东汉复置西域都护府，以班超为都护，驻节龟兹。

⊙ 造纸流程示意图

价格十分昂贵，一般人消费不起。纸的发明，满足了人们对轻便廉价书写材料的迫切需求，引发了书写材料的一场空前的革命。

造纸术一经发明，就被人们广泛使用。在以后的朝代里，人们对造纸术进行不断的改良和提高，工艺越来越先进，纸的质量也越来越高，品种也越来越丰富。造纸的主要原料也从破布和树皮发展到麻、柯皮、桑皮、藤纤维、稻草、竹以及蔗渣等等。

我国发明的造纸术，对世界文明影响深远。造纸术大约在 7 世纪初传入朝鲜半岛，隋时传入日本。8 世纪，唐朝工匠将造纸术传入阿拉伯半岛，在撒马尔罕办起造纸厂，此后又传入巴格达地区。10 世纪传入大马士革、开罗地区，11 世纪传入摩洛哥，13 世纪传入印度，14 世纪传入意大利，然后传到德国和英国，16 世纪传入俄国和荷兰，17 世纪传入美国，19 世纪传入加拿大。

潘吉星在《造纸术的发明和发展》一文中这样总结道："我国古代在造纸技术、设备、加工等方面为世界各国提供了一套完整的工艺体系。现代机器造纸工业的各个主要技术环节，都能从我国古代造纸术中找到最初的发展形式。世界各国沿用我国传统方法造纸有1000年以上的历史。"从上述论述中，我们不难看出，我国的造纸术在公元前 2 世纪到 18 世纪的 2000 多年里，一直处于世界领先水平。

制造地动仪

在世界自然科学史上，中国有一位国际上公认的能与哥白尼和伽利略齐名的科学家，他的名字叫张衡。

张衡是世界十大文化名人之一，他多才多艺，是我国古代伟大的科学家、发明家、文学家、史学家和画家。他的才能世所公认。

张衡（公元 78 ~ 139 年），字平子，河南南阳石桥镇人，出生于一个官僚家庭。他的祖父张堪曾做过多年的太守，但为官清廉，没有什么财产留下，再加上他父亲早死，所以家境比较清贫。

张衡从小就天资聪敏，好学深思。他不仅熟读儒家经典，而且还花了很多时间去读司马相如和扬雄等人的赋，表现出对文学的强烈兴趣。

青年时代的张衡，已经不再满足于闭门读书，

公元24年

世界大事记：
新罗南解王卒，王子继位，号“尼师今”。

他渴望游历，多接触实际，从而开阔眼界，增长见识。公元 94 年，16 岁的张衡远游三辅。他在游览名山大川的时候，不忘考察古迹，采访民情，调查市井交通等。此行不仅大大增长了见识，而且为他后来创作《二京赋》积累了大量的素材。

离开三辅，张衡来到京都洛阳。在洛阳求学的五六年里，张衡结识了一批青年才俊，如经学大师马融、政论家王符以及科学家崔瑗等。在此期间，张衡写了《定情赋》、《七辩》等文学作品，名噪一时。随后，他接受南阳太守鲍德的邀请，担任掌管文书的主簿官。

在工作闲暇之余，张衡创作了著名的《二京赋》，轰动一时。任职 9 年后，张衡回到家中，开始研读扬雄的《太玄经》。这是一部研究宇宙现象的哲学著作。通过研究《太玄经》，张衡的兴趣从文学创作转向宇宙哲学的探索，经过不懈努力，他最终在天文历算方面取得了巨大的成就。

公元 111 年，张衡被征召做了郎中，后来又做过太史令。张衡为人耿直，升迁很慢。他曾两次出任太史令，先后长达 14 年之久。太史令的工作，让张衡在天文历算方面作出了杰出的贡献。

经过观察研究，他断定地球是圆的，月亮的光源是借太阳的照射而反射出来的。他还认为天好像鸡蛋壳，包在地的外面；地好像鸡蛋黄，在天的中心。这种学说虽然不完全准确，但在 1800 多年以前，能得出这种科学结论，不能不使后来的天文学家感到钦佩。

张衡还用铜制作了一种测量天文的仪器，叫做“浑天仪”，上面刻着日月星辰等天文现象。

那个时期，地震发生频繁，有时候一年发生一两次。发生一次大地震，就波及到好几十个郡，城墙、房屋倾斜倒坍，造成人畜伤亡。张衡记录了地震的现象，经过细心的考察和试验，发明了一个探测地震的仪器，叫做“地动仪”。

地动仪是用青铜制造的，形状类似酒坛，四周刻铸了 8 条龙，龙头朝着 8 个方向。每条龙的嘴里含了一颗小铜球；龙头下面，蹲着一个铜制的蛤蟆，蛤蟆的嘴大张着，对准龙嘴。哪个方向发生了地震，朝着那个方向的龙嘴就会自动张开来，把铜球吐进蛤蟆的嘴里，发出响亮的声音，发出地震的警报。

公元 138 年二月的一天，地动仪对准西方的龙嘴突然张开，吐出了铜球。按照张衡的设计原理，这就是报告西部发生了地震。

过了几天，有人骑着快马来向朝廷报告，离洛阳 1000 多里的金城、陇西一带发生了大地震，还出现了山体崩塌。

张衡还制造了许多奇巧的器物，如候风仪、指南车和能在空中飞的木鸟等，可惜都已经失传了。他还计算出圆周率是 3.1622，虽然现在看来不准确，但在当时已接近精确值。

后来，张衡因弹劾奸佞不成，被迫到河间任太守。在职期间，他打击豪强，颇有作为。公元 138 年，张衡被调回京师，出任尚书。此时东汉政权已越来越腐败，张衡感觉回天乏力，于公元 139 年在悲愤与绝望中死去。

张衡以及他的天文学成就，谱写了东汉科学史绚烂的华章，也构筑了我国古代天文学史上一座熠熠生辉的丰碑。张衡为我国天文学、机械技术、地震学的发展作出了不可磨灭的贡献，由于他的贡献突出，联合国天文组织将太阳系中的 1802 号小行星命名为“张衡星”。

⊙ 地动仪模型

公元97年

中国大事记：
班超遣甘英出使大秦（今罗马）、条支（今伊拉克），至安息（今伊朗）西界而还。

张仲景和华佗

张仲景，名机，约生于公元150年，卒于公元219年，东汉南阳郡（今河南南阳）人，是东汉末年著名的医学家，被后人尊称为“医圣”。

史载张仲景自幼聪颖好学，喜欢研究岐黄之学，对名医扁鹊很是推崇，并以其为榜样。他拜同乡著名中医张伯祖为师，因其刻苦，很快便尽得真传。

汉灵帝时，张仲景被举为孝廉，继而出任长沙太守。他虽居要职，却淡泊名利，不屑于追逐权势，他心里所关心的是百姓的疾苦。传说他为太守之时，每逢初一、十五停办公事，亲自到大堂之上为百姓诊病，号称为“坐堂”。至今药店仍称做“堂”，应诊医生被称为“坐堂医生”。

东汉末年，战乱频繁，瘟疫横行，民不聊生。张仲景虽然也在居官之暇行医，但是所救治之人毕竟有限。他在做官与行医的利弊权衡之间犹豫不决。这时，南阳病疫流行，他的家族在10年之内，竟死去2/3。面对这种打击，张仲景决定辞官行医，悬壶济世。

张仲景在行医过程中，不仅潜心学习汉代以前的医学精华，而且虚心向同时代的名医学习，博采众家之长。他向“王神仙”求医的传说在民间广为流传。

张仲景听说当时襄阳有个很有名的王姓外科医生，治疗疮痈很有一套，人称“王神仙”。于是就整装出发，为了学到本领，他隐姓化名，自愿给“王神仙”做药店伙计。他的勤奋聪明很快就取得了“王神仙”的欣赏和信任。有一次，“王神仙”给一个患急病的病人看病，所配的药方里有一味药剂量不够。张仲景觉得有问题，但还是照方抓药。结果，病人病情加重，“王神仙”束手无策。张仲景挺身而出，自告奋勇一展身手，果然手到病除。“王神仙”很吃惊地看着眼前这位年轻人，知道他大有来历，一问才知他是河南名医。“王神仙”深受感动，遂将其技艺倾囊相授。

⊙ 张仲景像

张仲景“勤求古训，博采众方”，凝聚毕生心血，于3世纪初著成《伤寒杂病论》16卷。原本在民间流传中佚失，后人搜集和整理成《伤寒论》和《金匮要略》两部书。

《伤寒杂病论》是中医四大经典之一，它系统总结了汉朝及其以前的医学理论和临床经验，是我国第一部临床治疗学的专著。

《伤寒论》是一部阐述多种外感疾病的著作，

·《伤寒杂病论》失而复得的关键人物·

一是晋朝太医令王叔和。当时世面上流传的都是断简残章。王叔和全力搜集各种抄本，并加以整理，命名为《伤寒论》。他不仅整理了医书，而且还留下了关于张仲景的文字记载。

二是宋仁宗时翰林学士王洙。他无意间在翰林院书库里发现了一本虫蛀的竹简，书名为《金匮玉函要略方论》，发现与《伤寒论》相似。后经名医林亿、孙奇等人校订，更名为《金匮要略》刊行于世。

约公元33年

世界大事记：
耶稣被罗马驻犹太总督本丢·彼拉多钉死在十字架上。

共有12卷，著论22篇，记述397条治法，载方113个，总计5万余字。《伤寒论》论述了人体感受风寒之邪而引起的一系列病理变化，并把病症分为太阳、阳明、少阳、太阴、厥阴、少阴等“六经”，进行辨证施治。

《金匮要略》是一部诊断和治疗各种疾病的书，共计25篇，载方262个。《金匮要略》以脏腑脉络为纲，对各类杂病进行辨证施治。全书包括了40多种疾病的诊治。

在《伤寒杂病论》中，张仲景还创造了世界医学史上的三个第一，即：首次记载了人工呼吸、药物灌肠和胆道蛔虫治疗方法。

《伤寒杂病论》成书之后，成为中国历代医家研究中医理论和临床治疗的重要典籍。隋唐以后，更是远播海外，在世界医学界享有盛誉。从晋朝开始到现在，中外学者整理研究该书的专著超过1700余家，可见其影响之深远。

医圣张仲景以及他所创立的学术思想，已成为全人类的共同财富，他当之无愧受到万世千秋的景仰！

华氏家族本是望族，但到华佗时已经衰微了。幼年的华佗在攻读经史的时候，就很留心医药。他从古代名医济世救人的事迹中获得启发，树立了解救苍生于苦难的理想。

在当时的社会里，读书人都以出仕做官为荣，可是华佗却选择了另一条道路，以医为业，替百姓看病，并且矢志不移。青年时期的华佗，看到的是外戚宦官专权、官场腐败。当时有很多人举荐华佗做官，都被他拒绝了。不为良相，便为良医，华佗决心终身为百姓行医。

华佗行医，并无师传。他主要是通过精研前代的医学典籍，在继承前人的基础之上，结合自己的实践总结，加以归纳，从而创立新的学说，自成一派。由于他天资聪颖，加上学习得法，理论联系实际，他的医术迅速提高，成为远近闻名的医学家。

中年的华佗，因中原动乱而“游学徐土”。他坚持深入民间，为百姓治病，足迹遍及当时的徐州、豫州、青州、兖州各地。根据他行医地名查考，大抵是以彭城为中心，东起甘陵（今山东临清）、盐渎（今江苏盐城），西达朝歌（今河南淇县），南至广陵（今江苏扬州），西南则到谯县（今安徽亳州），也就是在今天的江苏、河南、山东、安徽等广大地区。华佗学识渊博，医术高超，创造了许多医学奇迹，其中最突出的就是用麻沸散进行外科手术。

华佗的医术仁心，受到了广大人民的热爱和尊崇，他高超的医术常为人们所津津乐道。民间

虎戏图　鹿戏图　熊戏图　猿戏图　鸟戏图

⊙ **五禽戏**

一套使全身肌肉和关节都能够得到舒展的医疗保健体操。模仿虎、鹿、熊、猿、鸟的动作姿态创作而成。华佗的学生吴普循此锻炼，活到90余岁，还“耳目聪明，齿牙完整”。

公元121年

中国大事记：
邓太后卒，外戚邓氏失势，其弟邓骘自杀。

关于他的传说故事不胜枚举。像《三国演义》里关公刮骨疗伤，就是华佗做的手术。传说有一位郡守患病，百医无效。郡守的儿子找到华佗，对他详述病情，恳求施治。华佗到后看过，问病的时候，语气很不好，说话也很狂傲，索要的诊费非常高。这还不算，华佗压根就没有治病，临走的时候还留信大骂郡守白痴。郡守大怒，吐黑血，老毛病一下就好了。

经过数十年的医疗实践，华佗的医术已到了炉火纯青的地步。在临床诊治方面，他灵活运用养生、针灸、方药和手术等手段，辨证施治，疗效极好，被誉为“神医”。他精通内科、外科、妇科、小儿科和针灸科等，尤擅外科。

华佗的医名远播，使得曹操闻而相召。原来曹操患有头风病，找了很多医生都不见效。华佗只给他扎了一针，曹操头痛立止。曹操为了自己看病，强把华佗留在自己府里。但是华佗立志为民看病，不肯专门侍奉权贵，于是就请假回家。曹操催了几次，华佗都以妻病为由不去。曹操大怒，专门派人将他抓到许昌，并把他关进牢中准备杀掉。有谋士进谏相劝，曹操不听，还是处死了华佗。华佗临死，将所著医书交给狱吏，希望可以救济百姓。狱吏胆小，怕担责任，不敢要。华佗无奈之下，一把火烧了医书。后来曹操爱子曹冲患病，百医无效，曹操才后悔杀了华佗。

华佗晚年著有《青囊经》、《枕中灸刺经》等多部著作，可惜都已失传。他发明了一套“五禽戏”来强身健体，还培养了许多弟子，其中广陵吴普、西安李当之和彭城樊阿都是有名的良医。

梁冀专权

⊙ 约束外家

此图描绘的是东汉明德马太后训诫宗族亲戚不要骄横越礼的故事。马太后是东汉名将马援小女，明帝皇后。她曾以西京败亡之祸为戒劝阻章帝封爵诸舅，以防止外戚专权。

从汉和帝起，东汉王朝大多是由小孩子继承皇位，最小的皇帝是只生下100多天的婴儿。皇帝年幼，太后便临朝执政，太后又把政权交给她的娘家人执掌，这样就形成了外戚专权的局面。

但是，到了皇帝长大懂事后，就不甘心长期当傀儡，受人控制。他想摆脱这种局面，可是里里外外都是外戚培植的亲信，跟谁去商量呢？每天在皇帝身边伺候的，只有一些宦官，结果皇帝只好依靠宦官的力量，消除外戚的势力。这样，外戚的权力又转移到宦官手里。

无论是外戚，还是宦官，都是最腐朽、没落势力的代

公元66年

世界大事记：
巴勒斯坦犹太人起义反抗罗马，组建政权。两年后，罗马攻陷耶路撒冷。

表。外戚和宦官两大集团互相争夺，轮流把持着朝政，使得东汉的政治越来越腐败。

公元125年，东汉第7个皇帝汉顺帝即位，外戚梁家控制了朝政大权。梁冀是顺帝皇后之兄，跋扈专权，骄横无理，鱼肉百姓，欺压群臣。士大夫如张纲等人为了躲避牢狱之灾和杀身之祸，被迫归乡务农。顺帝死后，梁太后抱着他2岁的儿子即皇帝位，是为冲帝。冲帝在位一年便夭折。为了专制东汉王政，梁太后与梁冀密谋，又从皇族中选定一个8岁的孩子，作为政权的象征，是为质帝。

汉质帝虽然年纪小，但聪明伶俐。他对梁冀的刁专蛮横看不惯。有一次，他在朝堂上当着大臣们的面，指着梁冀说："真是个跋扈将军！"

梁冀听了，气得七窍生烟，当面又不好发作。暗想：这孩子这么小的年纪就那么厉害，将来必是心腹大患，就暗暗把毒药放在煎饼里，送给质帝吃了。

梁冀害死了质帝，又从皇族里挑选了15岁的刘志继承皇位，即桓帝。

桓帝即位后，封梁冀3万户，增加梁冀所领大将军府的官属，位至三公；又封梁冀的兄弟和儿子都为万户侯。并封梁冀妻孙寿为襄城君，兼食阳翟租，岁入5000万，加赐赤绂，和长公主同样待遇。梁冀可以"入朝不趋，剑履上殿，谒赞不名"。朝会时，不与三公站在同一席子上，10天到尚书台办公一次。从此以后，不论事情的大小，都要经过梁冀决定，才可执行。不但文武百官的升迁要先到梁府去谢恩，就是皇帝的近侍也是由梁冀派遣，皇帝的起居行止都要报告梁冀。又隔了两年，总计梁冀一门，前后有7个封侯，3个皇后，6个贵人，2个大将军，夫人、女食邑称君者7人，尚公主3人，其余卿将尹校57人。梁冀在位20余年，威行内外，百僚侧目，没有任何人敢违其命。

梁冀无法无天地掌了将近20年大权，最后跟汉桓帝也闹起矛盾来。汉桓帝忍无可忍，就秘密联络了单超等5个跟梁冀有怨仇的宦官，趁梁冀没有防备，带领羽林军1000多人，突然包围了梁冀的住宅。

梁冀得知情况后，惊慌失措，知道自己活不了了，只好服毒自杀。

汉桓帝论功行赏，把单超等5个宦官封了侯，称作"五侯"。从那时起，东汉政权又从外戚手里转到宦官手里了。

桓帝依靠宦官的力量击败外戚专权，视宦官为心腹，而宦官的力量剧增，其威风亦不亚于外戚。汉末，士人批评时政。太学生则在太学中进行反宦官政治的组织和宣传，清议之风顿时盛行。再加上中下级官吏的声援，遂掀起了一个不小的反对宦官政治的浪潮。宦官见势不好，进行了凶猛的反攻，于是形成党锢之祸。

党锢之祸

党锢之祸是桓帝、灵帝时期，统治集团的内部权势之争。东汉政权自和帝后长期被宦官外戚轮流把持，到桓、灵时期，社会矛盾日益突出，政治腐败黑暗，宦官专权也到达了顶峰。宦官集团把持朝政，谋取私利，排斥异己，陷害忠良，先后制造了两次党锢惨祸。反对宦官的官僚士大夫和太学生受到惩罚，本人以及亲属、门生等或被逮捕，或被流放，或者禁锢终身不得做官。

⊙ 李膺像

东汉后期，官吏的任免权被宦官控制，正直的官僚士大夫在朝中不断遭受排挤和打击，而作为官吏后备军的太学生们更是感到仕途无

公元169年

中国大事记：
捕杀李膺、杜密、范滂等百余人，天下豪杰及儒学大家多被指为党人，是为第二次党锢之祸。

望，于是官僚士大夫和太学生联合起来，形成反对宦官集团的社会政治力量。他们抨击时弊，品评人物，被称为“清议”。有识之士力图通过清议，反对宦官专权，挽救危机四伏的东汉统治。清议之风的盛行，造成很大的舆论影响。

公元153年，宦官赵忠的父亲去世，安葬时葬礼隆重超出常规，刚正严明的朱穆令手下挖掘坟墓，亲自检查，发现有玉匣、木偶等违规葬品。朱穆下令逮捕赵忠家属，赵忠反而向桓帝告状，诬陷朱穆。太学生刘陶等人愤愤不平，联名上书请愿，桓帝迫于舆论压力赦免了朱穆。公元162年，宦官徐璜等向平定羌人叛乱有功的皇甫规敲诈勒索，遭到拒绝。徐璜等反诬告皇甫规私吞军饷。皇甫规被桓帝罚服苦役，太学生张风等人和一些官员联合起来共同上书，使皇甫规获得赦免。这两次以太学生主体的反对宦官的斗争取得了胜利，他们的活动对当权的宦官形成巨大的压力。

公元165年，陈蕃做了太尉，名士李膺做了司隶校尉。他们都是读书做官、操行廉正又看不惯宦官弄权的人，因而太学生都拥护他们。

李膺做司隶校尉的职责是纠察京师百官及附近各郡县官吏。有人向他告发大宦官张让的弟弟张朔做县令时，横行不法，虐杀孕妇，事后逃到张让家躲避罪责。李膺打听到张朔藏在张让家空心柱子中，亲率部下直入张让家中，“破柱取朔”，拉出去正法了。张让马上向汉桓帝哭诉。桓帝知道张朔的确有罪，也没有责备李膺。

李膺执法公正，刚直不阿，轰动了京师，受到士人和百姓的推崇。

过了一年，有一个和宦官来往密切的方士张成，从宦官侯览那里得知朝廷即将颁布大赦令，就纵容自己的儿子杀人。杀人凶手被逮起来，准备法办。就在这时，大赦令下来了。张成得意地对众人说：“有大赦诏书，司隶校尉也不能把我儿子怎么样。”这话传到李膺的耳朵里，李膺怒不可遏。他说：“张成预先知道大赦，故意叫儿子杀人，这是藐视王法，大赦轮不到他儿子。”就下令把张成的儿子处决了。

张成哪肯罢休，他与宦官侯览、张让一起商量了一个鬼主意，叫张成的弟子牢修向桓帝诬告李膺和太学生，罪状是“结成一党，诽谤朝廷”。

汉桓帝接到牢修的控告，便下令逮捕党人。除了李膺之外，还有杜密、陈寔和范滂等200多人，均在党人之列。朝廷通令各地抓捕这些人。李膺和杜密都被关进了监狱。

捉拿人的诏书到达了各郡，各郡的官员都把与党人有牵连的人申报上去，有的多达几百个。

第二年，有个叫贾彪的颍川人，自告奋勇到洛阳替党人申冤叫屈，汉桓帝的岳父窦武也上书要求释放党人。李膺在牢里采取以守为攻的办法，故意招出了好些宦官的子弟，说他们也是党人。宦官害怕，就对汉桓帝说：“现在天时不正常，应当施行大赦。”汉桓帝对宦官是唯命是从的，马上宣布大赦，把200多名党人全部释放了。

党人被释放后，宦官不许他们在京城居留，打发他们一律回家，并把他们的名字向各地通报，罚他们一辈子不得做官。这就是第一次党锢事件。桓帝袒护宦官集团，使社会更加黑暗，而正直的党人们却受到社会各阶层的称赞。党人范滂出狱回家，家乡人迎接他的车多达数千辆。

桓帝死后，灵帝即位，窦太后临朝，大将军窦武和太傅陈蕃辅政。他们起用李膺等被禁锢的党人，企图一举消灭宦官势力。宦官曹节等发动宫廷政变，劫持窦太后、挟制灵帝，窦武兵败自杀，陈蕃也被捕死于狱中。公卿百官中受陈、窦举荐的全部免官禁锢。公元169年，张俭揭发宦官的爪牙为非作歹，反被宦官倒打一耙，并乘机把上次禁锢过的党人牵连进去，李膺等100多人被捕死于狱中。又过几年，曹鸾上书为党人诉冤。灵帝反而重申党禁，命令抓捕一切与党人有关的人，凡是党人门生、故吏、父子兄弟和亲属，皆免官禁锢，这是第二次党锢事件。直到黄巾起义爆发，灵帝被迫赦免了党人，党锢才结束。

公元74年

世界大事记：
罗马授予西班牙人公民权。

黄巾起义

东汉末年，土地兼并严重，豪强地主势力日益扩张；宦官专权，吏治腐败，统治集团日趋腐朽，社会矛盾日趋激化；而天灾人祸不断，流民颠沛流离。走投无路的农民被迫奋起反抗，终于酿成了东汉中平元年（公元184年）中国历史上第一次有组织、有准备、全国性的农民起义——黄巾起义。

东汉外戚和宦官两大集团的争权夺利，使朝政混乱，吏制腐败。水旱、虫蝗、风雹、地震、牛疫等自然灾害频繁。灵帝时河内、河南地区大饥荒，出现了河内的老婆吃丈夫，河南的丈夫吃老婆的事情。农民起义此起彼伏。安帝时，毕豪率众起义揭开了反对东汉统治的序幕。

巨鹿郡有弟兄3个，老大名叫张角，老二名叫张宝，老三名叫张梁。3个人不仅有本领，还常常帮助老百姓排忧解难。

张角通晓医术，给穷人治病，从来不要钱，深得穷人的拥护。他知道农民只求安安稳稳地过日子，可眼下受地主豪强的压迫和天灾的折磨，多么盼望有一个太平世界啊！于是，他决定利用宗教把群众组织起来，便创立了一个教门叫太平道。

随着他和弟子们的传教广泛深入民间，相信太平道的人越来越多。大约花了10年的时间，太平道传遍了全国。各地的教徒发展到几十万人。

张角和其他组织者商议后，把全国8个州几十万教徒都组织起来，分为36方，大方有一万多人，小方六七千人，每方选出一个首领，由张角统一指挥。

他们秘密约定36方在“甲子”年（公元184年）三月初五那天，京城和全国同时举行起义，口号是：“苍天已死，黄天当立；岁在甲子，天下大吉。”“苍天”，指的是东汉王朝；“黄天”，指的是太平道。张角还派人在洛阳的寺庙和各州郡的官府大门上，用白粉写上“甲子”两字，作为起义的暗号。

可是，在离起义的时间还有一个多月的紧要关头，情况发生了变化，起义军内部出了叛徒，向东汉朝廷告了密。

面对突然变化的形势，张角当机立断，决定提前一个月举事。36方的起义农民接到张角的命令后，同时起义。因为起义的农民头上全都裹着黄巾作为标志，所以称做“黄巾军”。

⊙黄巾起义

公元184年

中国大事记：
张角率众起义，皆著黄巾，史称黄巾起义。

汉灵帝得到消息后，惊慌失措，忙拜外戚何进为大将军，派出大批军队，由皇甫嵩、朱儁、卢植率领，兵分两路，前去镇压黄巾军。

然而，各地起义军声势浩大，把官府的军队打得望风而逃。起义之初，起义军进展顺利：河北黄巾军生擒皇族安平王刘续、甘陵王刘忠；南阳（今河南南阳）黄巾军斩杀太守褚贡，围攻宛城；汝南黄巾军在召陵（今河南漯河市东北）打败太守赵谦军；广阳（今北京市西南）黄巾军攻破蓟县，杀幽州刺史郭勋。

起义军发展壮大后，张角自称天公将军，其弟张宝称地公将军，张梁称人公将军。张角、张梁驻广宗，张宝驻下曲阳，作为农民军中央基地，率部在冀州一带攻城掠地，同时节制各路义军；南阳黄巾军由张曼成率领，在南方扩张势力；汝南黄巾军由波才、彭脱率领，活动于颍川（在今河南禹州）、陈国（在今河南淮阳市）一线，成为黄巾第三大主力。黄巾军从北、东、南三个方向对京师洛阳形成包围之势。

黄巾农民军的“遍地开花”引起了东汉朝廷的恐慌。汉灵帝从温柔乡中醒来，匆忙组织武装镇压。他下令大赦党人，以缓和统治阶级内部矛盾；又下诏令各地严防起义军势力渗透，并积极集兵进剿。灵帝命国舅兼大将军何进统率左、右羽林军，加强洛阳防御，拱卫京师；左中郎将皇甫嵩、右中郎将朱儁率4万步骑进攻颍川黄巾军；北中郎将卢植率北军和地方军队进攻河北黄巾军。

张曼成率南阳黄巾军进攻中原战略要地宛城，遭南阳太守秦颉顽抗，张曼成战死。赵弘继为指挥，攻克宛城，部众发展至10余万人。六月，刚刚剿灭颍川起义军的朱儁，把屠刀挥向南阳黄巾军，与荆州刺史徐璆、南阳太守秦颉合兵两万余人围攻宛城。黄巾军拼死抵御，坚守两个多月。

朱儁见城坚难攻，遂退兵以诱敌，暗中设伏。赵弘不明虚实，出城追击，遭朱儁伏兵重创，被迫退回城中。但元气大伤的黄巾军已无力守城，余部于十一月向精山（今河南南阳市西北）转移，被官军追上，大部战死。

河南黄巾军被镇压后，东汉朝廷将重点转向河北。因卢植久攻广宗不下，何进改派东中郎将董卓接替卢植。但董卓恃勇轻敌，被张角大败于下曲阳。十月，朝廷再调皇甫嵩进攻广宗，适值张角病死，黄巾军失其主帅，士气受挫。皇甫嵩趁机在夜间发动突袭，起义军仓促应战，张梁等3万余人战死。十一月，皇甫嵩移师转攻下曲阳，张宝等10余万人被杀。至此，黄河南北的黄巾军主力先后被官军及地方豪强武装消灭。

公元185年农历四月，波才率部击败朱儁，进围皇甫嵩于长社（今河南长葛东北）。但因缺乏作战经验，依草结营，时值大风，皇甫嵩乘夜顺风纵火，起义军大溃；皇甫嵩随即联合朱儁、曹操三军合击黄巾军，斩杀起义军数万。官军乘胜进击汝南、陈国黄巾军，阳翟（今禹州）一战，波才战死；彭脱的黄巾军也在西华被击溃。八月，东郡（今河南濮阳市西南）黄巾军与官军大战于苍亭，7000余人被屠杀，主将卜己身死。颍川、汝南、东郡三郡黄巾军主力悉数被歼。

黄巾起义虽仅9个月便失败了，但起义的余波却持续了20多年。黄巾起义瓦解了东汉王朝的统治，外戚宦官的黑暗统治也因此结束了。

·农奴的悲惨生活·

汉朝土地私有化加剧，大量农民在土地兼并中破产，不少人沦为大庄园的农奴。大庄园一般有农民达万人，他们租种庄园主的土地，收获后要交大量的地租。此外，还要无偿为庄园主服劳役。奴婢是庄园中地位最低下的人，他们不仅失去土地，也失去人身自由，属于庄园主的私人财产。他们从事繁重的劳动，终生为庄园主服务。

离析与交融

- 三国鼎立
- 西晋醒风
- 东晋偏安
- 南北朝并立

公元190年

中国大事记：
董卓立刘协为帝，是为汉献帝，并以公孙度为辽东太守，自封为辽东侯、平州牧。

三国鼎立

袁绍拥兵自重

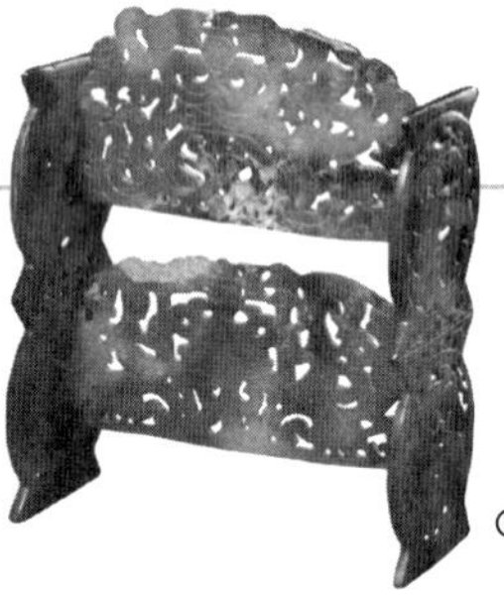
⊙玉座　东汉

汉灵帝在黄巾起义的风潮中，一命呜呼了。他死后，年仅 14 岁的皇子刘辩继承皇位，这就是汉少帝。由于少帝年幼，何太后便按惯例临朝。这样一来，朝政大权又落入了外戚、大将军何进的手里。

何进字遂高，因同父异母之妹被选入宫中，成为贵人，受宠于汉灵帝，后来被立为皇后，他也随之升迁。中平元年，由于爆发黄巾起义，何进被任为大将军，率左右羽林军五营士驻扎于都亭，以保卫京师。黄巾首领张角的部下马元义密谋在雒阳起兵，何进将其破获，因此功而晋封慎侯。灵帝死后，宦官蹇硕阴谋杀掉何进而立皇子刘协，结果反被何进诛杀。何进从袁绍之言，独揽大权，与袁绍等谋诛宦竖。终于事泄，被张让等先下手为强，遭杀身之祸。

袁绍，字本初，汝南汝阳(今河南商水西北)人。他出生于一个世代为官的地主家庭，从祖上袁安起，一直到袁绍的父亲袁逢，四代人中出了五个“三公”，人称“四世三公”。

由于何太后不同意消灭宦官，袁绍就劝何进密召驻扎河东的董卓带兵进京，用武力胁迫何太后。不料董卓还没有到达洛阳，宦官已得到消息，提前下手把何进杀死了。袁绍得知消息后，就和他的兄弟袁术带兵进宫，将搜捕到的宦官全部杀死了。

这时，董卓已率关西军进入洛阳。为了控制住局面，董卓假造声势，收编了何进的部下，独掌了朝政大权。此后，他便想废掉少帝刘辩，但又害怕众人不服，便找袁绍来商量，希望能借重袁绍的影响来控制朝野内外。谁知袁绍表示坚决反对，两人话不投机，拔刀相向。袁绍呆在京师，总担心董卓对他下手，便匆忙离开了京师。

袁绍走后，董卓立即废掉少帝刘辩，另立陈留王刘协为帝，这就是汉献帝。袁、董虽然反目成仇，但袁绍世代为官，是当时声名显赫的世家

·豪强贵族的庄园世界·

东汉是豪强势力极端膨胀的时代。豪族大姓往往世代高官，控制着中央和地方的政权，并且拥有规模很大的田庄，以经营庄园的形式称霸一方。他们经营的庄园一般以农业为主，兼营畜牧业、手工业和商业，基本上自给自足，每处庄园俨然是一个独立王国。东汉末年社会动荡，各地豪强的庄园普遍建立起防御性的军事堡垒，并拥有强大的武装的家兵。这时的庄园不仅是经营生产的单位，也是强大的军事组织。

公元190年

世界大事记：
罗马的马可·奥勒留圆柱建成。

大族，董卓顾及袁绍势力太大，为了缓和同袁绍的矛盾，就听从一些官员的劝告，任命袁绍为渤海太守。

初平元年（公元 190 年），关东州郡牧守联合起兵，共讨董卓，袁绍被推为关东军盟主，自号车骑将军，统率十八路诸侯攻打董卓。董卓不久被杀，关东军内部开始互相兼并。袁绍夺取冀州牧韩馥地盘，自领冀州牧，此后又夺得青州、并州。到建安四年（公元 199 年），袁绍已据黄河下游四州，领众数十万，成为当时东汉势力最强的北方诸侯。在反对董卓的队伍中，有一支不太引人注目的队伍，带领这支队伍的首领名叫曹操。

枭雄曹孟德

曹操，字孟德，小名阿瞒，沛国谯县（今安徽亳州）人。他父亲夏侯嵩是汉桓帝时大宦官曹腾的养子，随曹腾改姓了曹。

曹操从小就很聪明机警，善于随机应变。当时汝南名士许劭以善于评论人物著称，曹操特地登门拜访，请他品评自己。许劭起初不肯评说，经曹操再三追问，他才说："你在治世时，会成为能干的大臣；在乱世里，会成为奸雄。"

曹操在 20 岁的时候，当了一个叫洛阳北部尉的小官。洛阳是一座大城，皇亲国戚、达官显贵很多，他们经常胡作非为，没人敢管。曹操到任后，命令手下人做了十几根五色棒，高高挂起，表明无论是什么人，只要触犯法规、禁令，就要挨棒子。大宦官蹇硕的叔叔依仗权势，违法乱纪。一天，他违反禁令，深更半夜提刀乱闯，被巡夜的当场捉住，挨了一顿五色棒的痛打。从此以后，谁也不敢违反禁令，洛阳的治安有了好转，曹操的威名一下子传开了。

公元 190 年，曹操和各路讨伐董卓的大军，在陈留附近的酸枣（今河南延津西南）集合，组成一支"反董"联军，大家共同推举袁绍作为联军的盟主。

⊙ 魏武帝曹操像

受《三国演义》的影响，在许多人的心目中，曹操是个反面人物。实际上，曹操是一位雄才大略的政治家和军事家，他统一北方，使混乱的社会经济得到恢复，对于结束东汉末年的战乱功不可没。同时，曹操在文学上也卓有建树。

董卓听说各地起兵的消息，心惊胆战。他不顾大臣们的反对，决定迁都长安。汉献帝被迫离开洛阳后，董卓下令放火焚城。一时间，洛阳成了一片火海，致使洛阳的百姓流离失所，尸骨弃野。

这时，在酸枣附近集结的各路讨董大军都按兵不动，彼此观望。曹操看到这种情形，义愤填膺，带领手下五千人马，向成皋进兵。曹操的人马刚刚到了汴水，便遭到了董卓部将徐荣的攻击。双方力量对比悬殊，一交手，曹操便败下阵来。

曹操损兵折将，回到酸枣。他看到起义讨伐董卓的同盟军不能与他一起成就大事，就单独去了扬州（今安徽淮水和江苏长江以南），在那里招兵买马，养精蓄锐。

⊙ 军司马印　东汉

⊙ 关外侯印　东汉

曹操最初所建立的军队名为"青州兵"，军纪严整，制度森严。此印为当时军队中高级将领的印绶。

公元192年

中国大事记：
司徒王允杀董卓。董卓部将李傕等攻陷长安，杀王允。

王允除董卓

董卓到了长安后，就自称太师，要汉献帝尊称他是“尚父”。

他看到朝廷里的大臣们人心涣散，对他没有什么威胁，也就寻欢作乐起来了。他在离长安200多里的地方，建筑了一个城堡，称作郿坞。郿坞的城墙修得又高又厚，他把从百姓那里搜刮得来的金银财宝和粮食都贮藏在那里，单说粮食一项，30年也吃不完。

郿坞筑成以后，董卓得意地对人说：“如果大事能成，天下就是我的；如果大事不成，我就在这里安安稳稳度晚年，谁也打不进来。”

董卓有一个心腹，名叫吕布，勇力过人。董卓把吕布收作干儿子，叫吕布随身保护他。他走到哪里，吕布就跟到哪儿。吕布的力气特别大，射箭骑马的武艺，十分高强。那些想刺杀董卓的人，因为害怕吕布的勇猛，就不敢动手了。

司徒王允想除掉董卓，他知道要除掉董卓，必须先打吕布的主意。于是，他就常常请吕布到他家里，一起喝酒聊天。日子久了，吕布觉得王允待他好，也就把他跟董卓的事情向王允透露一些。

原来，董卓性格暴躁，稍不如他的意，就不顾父子关系，向吕布发火。有一次，吕布无意中冲撞了他，董卓竟将身边的戟朝吕布掷去。幸亏吕布眼疾手快，侧身躲过了飞来的戟，没有被刺着。为此，吕布心里很不痛快。

王允听了吕布的话，心里挺高兴，就把自己想杀董卓的打算也告诉了吕布。吕布答应跟王允一起干。

公元192年，汉献帝生了一场病，身体痊愈后，在未央宫接见大臣。董卓得到通报从郿坞到长安去。为了提防有人刺杀他，他在朝服里面穿上铁甲，在乘车进宫的大路两旁，派卫兵密密麻麻地排成一条夹道护卫。他还叫吕布带着长矛在身后保卫他。他认为经过这样安排，就万无一失了。

孰不知，王允和吕布早已设好计策。吕布安插了几个心腹勇士扮作卫士混在队伍里，专门在宫门口等候。董卓的坐车刚一进宫门，就有人拿起戟向董卓的胸口刺去。但是戟扎在董卓胸前铁甲上，刺不进去。

吕布见此情景，立即举起长矛，一下子戳穿了董卓的喉头。随即，吕布从怀里拿出诏书向大家宣布：“皇上有令，只杀董卓，别的人一概不追究。”董卓的将士们听了，都高兴地呼喊万岁。

长安的百姓听到奸贼董卓死了，欢声雷动，举杯相庆。可是，过了不久，董卓的部将李傕、郭汜攻入长安，杀死了王允，赶走了吕布，长安又陷入混乱动荡之中。

董卓在历史上被视为罪恶滔天的残暴之徒，人们习惯将造成东汉末年国家分崩离析的社会状况记在他的头上。其实，董卓只是一个勇猛而有谋略的边将，如果不是外戚、朝官的无能，他也不会拥帝自立，他的历史作用，只是打开了军阀混战的大门。

⊙ 描绘剪除董卓历史故事的年画——连环计

公元192年

世界大事记：
罗马帝国元首康茂德被亲信谋杀，前期罗马帝国终结。

迁都许城

东汉王朝经历了董卓之乱后，已经名存实亡，各地州郡割据一方，官僚、豪强趁机争城夺地，形成了大大小小的割据势力。

经过几年的苦心经营，曹操的势力渐渐壮大。最初他打败了攻进兖州(今山东省西南部和河南省东部)的黄巾军，在兖州建立了一个据点。他还将黄巾军的降兵补充到自己的军队中，扩大了武装。后来，他又打败了陶谦和吕布，成为一个强大的割据势力。

⊙ 汉献帝禅陵

公元195年，长安的李傕和郭汜发生火拼，互相攻伐。在这种情况下，外戚董承和一批大臣带着献帝逃出长安，回到洛阳。这时的洛阳宫殿，早已被董卓烧光了，到处是瓦砾碎石、残垣断壁、荆棘野草。汉献帝到了洛阳，没有宫殿，就住在一个官员的破旧住房里。一些文武官员，没有地方住，只好搭个简陋的草棚，遮风避雨。这些还不算，最大的难处是没有足够的粮食充饥。

这时候，曹操正驻兵在许城(今河南许昌)，听到这个消息，就和手下的谋士商量，把汉献帝迎过去。随后，他派出曹洪带领一支人马到洛阳去迎接汉献帝。

董承等大臣怀疑曹操另有图谋，发兵阻拦曹

·屯田制·

为了恢复和发展生产，曹操推行了屯田制和租调制。屯田分为民屯和军屯两类。民屯是把招募的流民按军事编制组织起来，50人为一屯，在屯司马的直接管理之下进行屯田。民田的屯田区设典农都尉等职，直隶于中央的大司农。民屯的土地由国家拨给，屯田民每年向国家交纳田租。军屯则是以兵士屯田，驻守各地的军队在保持原有军事建制的前提下，以营为生产单位，由将吏直接组织屯田，归中央政府的大司农属下官吏度支中郎将、度支校尉管辖。屯田的军队实行且田且守，收获物全部上交国家。屯田制是一种封建土地国有制度，它的实行，把大量土地和劳动力集中到政府手中，在一定程度上抑制了土地的兼并，促进了农业生产的恢复和发展，也有利于当时社会秩序的稳定。

公元192年

中国大事记：
曹操破青州黄巾军，收编其部众30余万，号青州兵。

洪的人马。后来，曹操亲自到了洛阳，向他们说明：许城有粮食，但是不便运输到洛阳来，只好请皇上和大臣们暂时迁到那里，免得在洛阳受冻挨饿。

汉献帝和大臣一听许城有粮食，都赞同了迁都的建议。公元196年，曹操把汉献帝迎到了许城。从那时起，许城成了东汉临时的都城，因此改称为许都。

曹操在许都给汉献帝修建了宫殿，献帝便正式上朝了。曹操自封为大将军，从此以后，曹操以汉献帝的名义向各地州郡豪强发号施令。

但是日子一久，由于要支付大批官员和军队的粮食供应，许都的粮食也发生困难了。经过十年混乱，到处都在闹饥荒。如果粮食问题不解决，大家也无法在许都呆下去了。

有个叫枣祗的官员向曹操提出一个办法，叫做“屯田”。他请曹操把流亡的农民召集到许都郊外开垦荒地，农具和牲口由官府提供。每年收割下来的粮食，官府和农民平分。

曹操接受了枣祗的建议，下令实行屯田。不久，许都附近的荒地就开垦出来了。一年下来，原来已经荒芜的土地获得了丰收。

曹操用皇帝的名义号令天下诸侯，又采用屯田的办法，解决了军粮供应问题，还吸收了荀攸、郭嘉等一批有才能的谋士，也就奠定了成就霸业的基础。

马钧发明翻车

马钧，三国曹魏时扶风（今陕西兴平东南）人，字德衡，是我国古代著名的机械制造专家。他简化了当时织菱机复杂的构造，创造出一种只有十二个踏板的新型织机，不但提高了生产效率，而且大大地提升了生产工艺水平。他改革旧的灌溉工具，发明了新的灌溉工具——翻车，不但使用操作方便、快捷，而且能够连续提水，使得引水灌溉的效率大大提高。这是我国古代最先进的排灌工具，也是当时世界上最先进的生产工具之一。

龙骨水车，在当时叫翻车。东汉时期，有个叫毕岚的人做过“翻车”，但是它的用途只是用作道路洒水，跟后来的龙骨水车不同。马钧制造的“翻车”，就是专门用于农业排灌的龙骨水车。它的结构很精巧，可连续不断提水，效率大大提高，而且运转轻快省力，连儿童都可以操作。

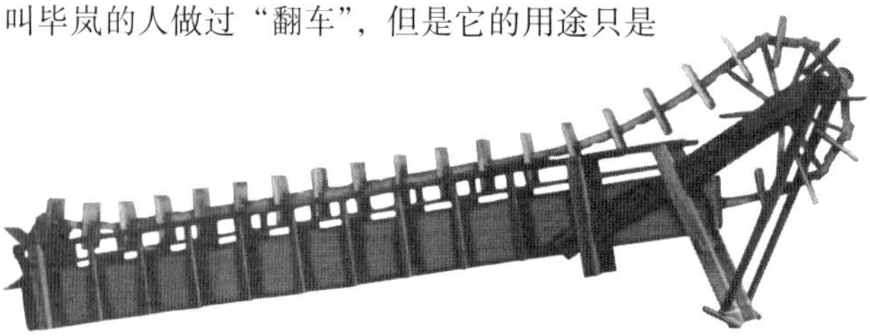

⊙ 龙骨水车模型　东汉

翻车又称龙骨车，是一种农业灌溉用具。东汉灵帝（公元168～189年）时毕岚发明，三国时马钧予以完善、推广。它由手柄、曲轴、齿轮链板等部件组成，初以人力为动力，后进而利用畜力、水力和风力。由于制作简便，提水效率高，很多地方一直沿用至今。

由于马钧发明的龙骨水车具有巨大优点，故而一问世就受到普遍欢迎，并迅速推广普及，成为农业生产的主要工具之一，并沿用了1000多年。

通过龙骨水车的发明，我们知道马钧是一个多么了不起的人！他是这一时期伟大的机械发明家，他的发明革新对后世产生了深远的影响。后人称颂他“巧思绝世”。

马钧曾任魏国博士。他非常喜欢研究机械，刻苦钻研，取得了机械制造方面的杰出成就。但是因为当时的统治集团对机械发明非常不重视，所以他一生都受到权势们的歧视，郁郁不得志。推崇马钧的傅玄这样感慨地说道，马钧，“天下之名巧也”，可与公输般、墨子以及张衡相比，但是公输般和墨子能见用于时，张衡和马钧一生未能发挥特长。

公元193年

世界大事记：
罗马禁卫军拥立朱利亚努斯为帝。同年，元老院杀朱利亚努斯，立塞维鲁为帝。

马钧在手工业、农业、军事等诸多方面都有革新和创造。

马钧改进了古代旧式织绫机，重新设计了新绫机。三国时的织绫机虽经简化，仍然是“五十综者五十蹑，六十综者六十蹑”，用脚踏动，非常笨拙，生产效率极其低下。马钧设计的新织绫机简化了踏具(蹑),改造了桄运动机件。将“五十蹑”，“六十蹑”都改成十二蹑，这样使新绫机操作简易方便，大大提高了生产效率。新织绫机的诞生是马钧最早的贡献，它大大促进了纺织业的发展。

在农业方面，马钧发明了龙骨水车，前面已经提到。

在军事方面，马钧改进了连弩和发石车。当时，诸葛亮改进的连弩一次可发数十箭，威力已很大。马钧在此基础上进行了再改进，威力又增加了5倍以上。马钧还在原来发石车的基础上，设计出了新式的攻城器械——轮转式发石车。它利用一个木轮，把石头挂在上面，通过轮子转动，连续不断地将石头发射出去，威力相当大。

马钧还制成了失传已久的指南车。指南车是一种辨别方向的工具。远古传说中，黄帝大战蚩尤之时，在雾气中迷失方向，于是制造指南车，辨明方向，打败了蚩尤。东汉时张衡制造过指南车，可惜失传了。马钧想把指南车重造出来，遭到了许多人的嘲笑和诘问。马钧苦心钻研，反复试验，终于运用差动齿轮的构造原理，制造出了指南车，“天下皆服其巧”。

马钧研究传动机械，发明了变化多端的“水转百戏”。他用木头制成原动轮，用水力来推动，使上层陈设的木人都动起来。木人能做各种动作，十分巧妙。

·指南车·

指南车通过传动机构或连或断的设计，使车上木人手臂始终指向南方。当车辆偏离正南方向时，如向左转弯，车辕的前端向左移动，而后端就向右移动，即会将右侧传动齿轮放落，从而使车轮的转动带动木人下大齿轮向右转动，恰好抵消车辆向左转的影响。木人手臂始终指向南方。

煮酒论英雄

曹操把汉献帝迎到许都的这一年，徐州牧刘备前来投奔他。那时，刘备驻守的徐州被袁术和吕布联军夺了去。

刘备是河北涿郡(今河北涿州)人，是西汉皇室的宗亲。他从小死了父亲，家境败落，跟他母亲一起靠贩鞋织席过日子。他对读书不太感兴趣，却喜欢结交豪杰。有两个贩马的大商人经过涿郡，很赏识刘备的气度，就出钱帮助他招兵买马。

当时，到涿郡应募的有两个壮士，一个名叫关羽，一个名叫张飞。这两人武艺高强，又跟刘备志同道合，日子一久，三个人的感情真比亲兄弟还密切。

刘备投奔曹操以后，曹操和刘备一起去攻打吕布。吕布兵败被杀。回到许都后，曹操请汉献帝封刘备为左将军，并且非常尊重刘备，走到哪儿，都要刘备陪在他身边。

这时候，汉献帝觉得曹操的权力太大了，又很专横，便要外戚董承设法除掉曹操。他写了一道密诏缝在衣带里，又把这条衣带送给董承。

董承接到密诏，就秘密地找来几个亲信，商量如何除掉曹操。他们觉得自己力量不够，认为刘备是皇室的后代，一定会帮助他们，就秘密与刘备联络。刘备果然同意了。

此后过了不久，曹操邀请刘备去喝酒。两个人一面喝酒，一面说笑，谈得很投机。他们谈着谈着，很自然地谈到天下大事上来了。曹操拿起

公元196年

中国大事记：
曹操挟汉献帝东迁于许昌，自此曹氏挟天子以令诸侯。

·曹魏时期的邺城·

邺城在今河北临漳县。建安九年(公元204年)，曹操攻克了邺城，自此居于邺城，不再去许都(今河南许昌)。此时邺城成为中国北方的政治中心，政令均出于此。曹魏时期的邺城在中国古代城市发展中占有重要的位置，成为一个新的发展阶段的标志。邺城为东西长的长方形城，布局匀称，结构合理。全城以金明门至建春门的东西大道为界分为南北两大区域，北半部主要建筑宫城、衙署、铜雀园等，南半部主要布置一般官署和普通居民居住的里坊。根据文献可知，曹魏邺城一改秦汉以来都城建有多处宫城的形式，集中内外朝于宫城，并减少了宫城在全城面积中所占的比例。著名的铜雀台与金虎台、冰井台并称三台，是邺城的大型高台建筑。三个高台以空中阁道相连，彩画精美，气势宏伟，犹如空中彩虹。建安文学的代表人物曹氏父子、王粲、徐干等人与此三台结下了不解之缘，不少意气风发、才华横溢的名诗佳句即诞生于三台之上。

酒杯，说："您看当今天下，有几个人能算得上英雄呢？"

刘备谦虚地说："我说不清楚。"

曹操笑着对刘备说："我看啊，当今的天下英雄，只有将军和我曹操两个人。"

刘备心里想着跟董承同谋的事，正感觉不安，听到曹操这句话，大吃一惊，身子打了一个寒战，手里的筷子掉在了地上。正巧在这时，天边闪过一道电光，接着就响起一声惊雷。刘备一面俯下身子捡筷子，一面说："这个响雷真厉害，把人吓成这个样子。"

刘备从曹操府中出来，总觉得曹操这样评价自己，将来会丢了性命，便等待机会离开许都。

事也凑巧，袁绍派他儿子到青州去接应袁术，要路过徐州。曹操认为刘备熟悉那一带的情况，就派他去截击袁术。刘备一接到曹操命令，就赶紧和关羽、张飞带着人马走了。

刘备打败了袁术，夺取了徐州，决定不回许都去了。

到了第二年春天，董承和刘备在许都合谋反对曹操的事败露了。曹操把董承和他的3个心腹都杀了，并且亲自发兵征讨刘备。

刘备听说曹操亲自带领大军进攻徐州，慌忙派人向袁绍求救。袁绍手下的谋士田丰劝袁绍乘许都兵力空虚的时候偷袭曹操，袁绍没有听从。

曹操大军进攻徐州，刘备兵少将寡，很快就抵挡不住，最后只好放弃徐州，投奔冀州的袁绍。

官渡之战

到汉献帝建安四年（公元199年）的时候，袁绍占据黄河下游四州，拥兵数十万，成为当时东汉势力最强的北方诸侯。不久袁绍被册封为大将军、太尉，总督冀州、幽州、并州、青州，成为中国黄河以北地区实际统治者。同年，袁绍看到刘备兵败之后，才感到曹操是个强大的敌人，由此准备向曹操发起进攻，直捣许都，劫夺汉帝。监军沮授、谋士田丰认为曹操的实力终究不如袁

⊙ **水田附船陶器　汉**

东汉末年，曹操占据北方，实行屯田，这样既能舒解军粮短缺的压力，又可操练军队，控制军纪。汉代规定，作战士兵每人以月供应粮物，粮物的进出都有严格的手续，曹操更是规范了这一程序，并且更为严密。此器即是军屯的士兵在水田中劳作的形象反映。

公元197年

世界大事记：
罗马皇帝统兵东征帕提亚。

绍，于是劝其进屯黎阳，据守黄河，以逸待劳，然后遣精骑不断骚扰曹军，不出3年便可击败曹操。而以郭图、审配为代表的一部分将领则主张迅速决战，一举消灭曹操，袁绍采纳后者的意见。

袁绍看到刘备兵败后，才感到曹操是个强大的敌人，决心进攻许都。

公元200年，袁绍调集了10万精兵，派沮授为监军，从邺城（冀州的治所，在今河北临漳西南）出发，进兵黎阳（今河南浚县）。他先派大将颜良渡过黄河，进攻白马（今河南滑县）。

当时，曹操的部下刘延驻守白马，坚守不出。曹操虽亲率大军驻扎在官渡（今河南中牟县），但是兵力也很少，只有三四万人，没有办法分兵来救。曹操很是着急。谋士荀攸向曹操献计说："我军兵少，面临强敌，正面交锋恐怕不易得手，应该分散袁绍的兵力。曹公您领兵向延津（今河南延津北）推进，摆出要渡黄河进攻袁绍后方的阵势，袁绍一定分兵向西，然后我们用轻骑突袭白马，攻其不备，一定可以擒获颜良。"曹操认为荀攸说得很有道理，便按他说的去做，进军延津。

⊙官渡之战示意图

袁绍知道后，十分惊慌，急忙命令黎阳的袁军星夜赶到延津渡口，截住曹军，不让他们过河。曹操见袁绍中计，便立即率领轻骑直扑白马。当时围攻白马的是袁绍的大将颜良、郭图，他们自恃兵多将广，又有黎阳做后盾，麻痹轻敌。曹军到白马后立即发动袭击，颜良、郭图毫无防备，被杀得大败。

袁绍听到这个消息，决定孤注一掷，全军渡河，追击曹军。沮授一再劝告袁绍，但袁绍向来刚愎自用，不听劝告，率大军渡过黄河朝延津以南而来，并派大将文丑率精兵追击曹军。

曹操见袁绍军追来，下令以后军为前军，绕道西进；令徐晃率600多名精锐骑兵在树丛中埋伏起来。文丑率大军追到，见路上扔满车辆物资，士兵们纷纷跳下马抢东西。这时曹军突然杀出，袁军仓促应战，大败而逃。文丑被徐晃一刀砍死，袁军士兵逃降的不计其数。

袁绍一再战败，一心想跟曹操决一死战。沮授经仔细分析，认为袁军新败不宜决战，曹操虽胜，但兵少粮缺，只要与曹长期对峙，曹操必败。袁绍骄傲成性，无人能劝，亲率大军直逼官渡。官渡离许昌不到200里地，是许昌的屏障，也是南北咽喉要道。一旦官渡失守，许昌危在旦夕。这时曹操只有死守官渡。曹军作战勇猛，又占有地利，袁绍攻了好几次，都无功而返，两军处于相持状态。

粮草缺乏的曹军被困官渡已一个多月，再也坚持不下去，曹操决定退守许都。荀彧正在许都留守，知道后便给他来信，让他再坚持一下，事情可能会有转机。在袁绍那里，许攸一眼看破曹操困境，认为曹操兵少，此时又去集中力量与袁军对抗，许都一定空虚；如果派一支精锐轻骑去偷袭许都，一定能攻下，也能把献帝控制在手中，再来讨伐曹操，曹操必被擒。即使许都攻不下，

公元200年

中国大事记：
孙策遇刺身死，其弟孙权掌事，周瑜、张昭等辅佐。

也会造成曹操首尾不能相顾的局面，曹操必败。但袁绍不听从他的建议。

许攸在袁绍手下郁郁不得志，想起曹操是他的老朋友，就连夜投奔了曹操。曹操在大营里刚脱下靴子，正想入睡，听说许攸来投奔他，高兴得顾不上穿靴子，光着脚板跑出来迎接许攸。他一见许攸的面便说："您来了，真是太好了！我的大事有希望了。"

许攸说："我知道您的情况很危急，特地来给您透露个消息。现在袁绍有一万多车粮食、军械，全都在乌巢放着。那里的守将是淳于琼，他的防备很松。您只要带一支轻骑兵去袭击，把他的粮草全部烧光，三天之内，袁兵就会不战自败。"

曹操得到这个重要情报后，立刻布置好官渡大营防守，自己带领5000骑兵，连夜向乌巢进发。他们打着袁军的旗号，对沿路遇到袁军的岗哨说，他们是袁绍派去增援乌巢的。曹军顺利地到了乌巢，放起一把火，把1万车粮食，烧了个一干二净。乌巢的守将淳于琼匆忙应战，也被曹军杀了。

乌巢被烧，袁绍决定偷袭曹操大营，切断他的归路，而不派兵去乌巢。张郃、高览被袁绍派去攻打曹军大营。张郃深知，如果粮草被烧，袁军将无法支持，必败无疑，他便去劝袁绍，但没有效果。张郃只好硬着头，同高览领着几万大军攻打官渡曹军大营。他们刚到达官渡，就遇到曹军的顽强抵抗，背后又受到从乌巢得胜回来的曹操的猛攻。张郃见袁绍成不了大事，便与高览率军投降了曹操。袁绍经此打击，实力大大削弱，袁绍的士兵不攻自乱，曹操率军奋力冲杀，袁军大败。袁军7万多人被杀死，袁绍慌忙带着儿子袁谭和800骑兵，向北逃窜。官渡之战结束后，曹操继续向袁绍的地区进兵。公元202年，袁绍病死。公元205年，曹操对袁谭发动进攻，袁谭兵败被杀，袁绍的另外两个儿子袁熙和袁尚逃往乌桓。公元206年，曹操攻下了冀、青、幽、并四州，统一了北方。

孙策入主江东

·骁勇善战的铁骑·

秦汉时代，骑兵装备轻巧，一般穿着轻型铠甲。这样的轻装骑兵机动灵活，适合运动战，但防护能力有限。这时未发明马镫，骑士两脚悬空，没有着力点，战斗力受到影响。汉末至魏晋，"铁骑"成为骑兵中的精锐部队，其特点是骑手和战马都佩上重型铠甲，防护严密，故又称"重装甲兵"。这种重装骑兵，防护力与冲击力兼备，在魏晋南北朝的战场上叱咤一时。另外，这时的骑兵已经使用马镫，骑士两脚有了着力点，有利于马上格斗，战斗力得到了加强。但由于装备笨重，机动性不强，在隋唐逐渐消失。

正当曹操经营北方的统一大业时，南方有一支割据势力渐渐壮大起来，这支队伍的首领就是入主江东（今长江下游的江南地区）的孙策、孙权两兄弟。

孙策，字伯符，吴郡富春（今浙江富阳）人，出身于当地一个名家大族。他的父亲孙坚因镇压汉末农民起义有功，朝廷封他为长沙太守。

孙坚后来又参加了讨伐董卓的联军。他到鲁阳（今河南鲁山县）时遇上袁术，被袁术封为破虏将军。在袁术和刘表争夺荆州的战斗中，孙坚打先锋，击败了刘表的大将黄祖。孙坚乘胜追击，渡过汉水，不料，在追击途中被黄祖手下一名躲藏在树丛中的士兵用暗箭射死。

孙坚死后，长子孙策接替他的职务，统领部队，继续在袁术手下供职。孙策打起仗来勇猛异常，总是一马当先，当时人们都称他为"孙郎"。

孙策想继承父志，干一番大事业，但总感

公元200年

世界大事记：
罗马官道遍布整个帝国。
北非迦太基城再度繁荣。

到在袁术手下难以施展自己的抱负。于是千方百计寻找机会脱离袁术，另寻出路。正巧孙策的舅舅、江东太守吴景这时被扬州刺史刘繇赶出丹阳，孙策便向袁术请求，去平定江东，替舅舅报仇。

孙策带领袁术拨给他的一千人马到江东去，以此来开辟自己的地盘。他一路上招募兵士，从寿春到达历阳(今安徽和县)时，已招募了五六千人。这时，孙策少年时的好朋友周瑜正在丹阳探亲，听说孙策出兵，就带领一队人马前来接应，帮助他补充了粮食和其他物资。这样，孙策进一步充实了自己的力量，而且增加了一个得力助手。

孙策带领军队，渡过长江，先后几次打败刘繇的军队，最后把刘繇从丹阳赶走，还攻下了吴郡和会稽郡，同时控制了江东大部分地区。

孙策到江东后，军纪严明，不许士兵抢掠百姓财物、侵害百姓利益，深得江东百姓的欢迎。

孙策平时爱好打猎。有一天，他追赶一头鹿，一直追到江边，他的马快，跟从他的人都被远远地甩在后面。这时，原吴郡太守许贡的三个门客正好守在江边。孙策在攻下吴郡时，杀了太守许贡，因此，许贡的门客一直在寻找机会替许贡报仇。他们见机会来了，便一齐向孙策突发冷箭。孙策的面颊中了一箭。

孙策的病情很快恶化，他自知好不了了，便把张昭等谋士请来，对他们说："我们现在依靠吴、越地区的人力资源，长江的险固，可以干一番事业，请你们好好辅佐我的弟弟。"

他又把孙权叫到面前，把自己的官印和系印丝带交给他，说："带领江东的人马，在战场上一决胜负，和天下人争英雄，你不如我；推举和任用贤能的人，使他们尽心竭力，保住现在的江东，我不如你。"当晚，这位纵横江东的"孙郎"便死去了。

孙策死后，弟弟孙权接替他的职务，掌管大权。在张昭和周瑜的帮助下，年仅19岁的孙权继承父兄业绩，担负起巩固发展江东的重任。

三顾茅庐

当曹操扫除北方残余势力的时候，在荆州依附刘表门下的刘备，也正寻找机会实现自己的政治抱负。他四处招请人才，为自己出谋划策。在投奔他的人当中，有个名士叫徐庶，刘备非常赏识他的才智，便拜他为军师。

有一天，徐庶对刘备说道："在襄阳城外20里的隆中，有一位奇士，您为什么不去请他来辅助呢？这位奇士复姓诸葛，名亮，字孔明。此人有经天纬地之才，人称'卧龙'。"

刘备听到有这样的贤才，非常高兴，便决定亲自去拜访诸葛亮。第二天，刘备带着关羽、张飞启程前往隆中。

刘备一行三人来到隆中卧龙岗，找到了诸葛亮居住的几间茅草房。刘备下马亲自去叩柴门，一位小童出来开门，刘备自报姓名，说明了来意。小童告诉他们："先生不在家，一早就出门了。"

⊙ 三顾茅庐图　明　佚名

公元200年

中国大事记：
曹操解白马之围，在官渡大败袁绍。

几天以后，刘备听说诸葛亮已经回来了，忙让备马，再次前往。时值隆冬，寒风刺骨。他们三人顶风冒雪，非常艰难地走到卧龙岗。当他们来到诸葛亮家，才知道诸葛亮又和朋友们出门了。刘备只好给诸葛亮留下一封信，表达了自己求贤若渴的心情。

刘备回到新野之后，一心想着诸葛亮的事，时常派人去隆中打听消息，准备再去拜谒孔明。三个人第三次去隆中时，为了表示尊敬，刘备离诸葛亮的草房还有半里地就下马步行。到了诸葛亮的家时，碰巧诸葛亮在草堂中酣睡未醒。刘备不愿打扰他，就让关张两人在柴门外等着，自己轻轻入内，恭恭敬敬地站在草堂阶下等候。

诸葛亮被刘备的诚心所打动，他根据自己多年来研究时势政治的心得体会，向刘备详细讲述了自己的政治见解，提出了实现统一的战略方针。他说:“现在曹操打败了袁绍，拥有百万兵马，又借天子的名义号令天下，很难用武力与他争胜负了。孙权占据江东，那里地势险要，民心顺服，还有一批有才能的人为他效劳，也不可以与他争胜负，但可以与他结成联盟。”

接着，诸葛亮分析了荆州和益州（今四川、云南和陕西、甘肃、湖北、贵州的一部分地区）的形势，认为如果能占据荆州和益州的地方，对外联合孙权，对内整顿内政，一旦机会成熟，就可以从荆州、益州两路进军，攻击曹操。到那时，功业可成，汉室可兴。

刘备听完诸葛亮的讲述，茅塞顿开。他赶忙站起来，拱手谢道：“先生的一席话，让我如拨开云雾而后见青天。”刘备从诸葛亮的分析中看到了自己广阔的政治前景，于是再三拜请诸葛亮出山。诸葛亮见刘备这样真诚地恳求，也就高高兴兴地跟刘备到新野去了。

从那时起，年仅27岁的诸葛亮用他的全部智慧和才能帮助刘备实现政治抱负，建立大业。从此，刘备才真正拉开了称霸一方的序幕。

赤壁之战

曹操统一北方后，于公元208年秋天率兵30万，号称80万，南下攻打荆州。当曹操的军队还没有到达时，刘表就病死了。他的两个儿子——长子刘琦、次子刘琮向来就不和睦，在刘表临终前几个月，刘琦出任江夏太守；刘琮被部下拥戴，继任荆州牧。刘琮是个贪生怕死的人，听说曹操来攻荆州，暗地派人投降，曹操兵不血刃地占领了襄阳，当时刘备和诸葛亮正在与襄阳一水之隔的樊城（今湖北襄樊）操练兵马，他还不知道刘琮已经投降。曹操大军逼近时，单凭自己的力量抵抗曹操已不可能，便与诸葛亮率军向江陵（今湖北江陵）退去。

⊙ **诸葛亮舌战群儒**
凭着雄辩的口才和满腹智慧，诸葛亮轻易达到了联吴抗曹的目的。

刘备在荆州很有影响，当他撤退时，有10多万百姓纷纷随他南下，辎重数千辆，男女老幼互相搀扶，所以每天走得很慢。曹操看出刘备想退守江陵的意图，亲自率五千骑兵，昼夜急行300多里，直奔江陵。曹军在当阳长坂追上刘备，大败刘备。曹操顺利占据江陵，而刘备却逃到刘琦驻守的夏口。此时刘备的军队除关羽的1万水军和刘琦的1万多步兵外，其余损失殆尽。

公元200年

世界大事记：
北美土著居民印第安人已经知道种植玉米。

⊙ 赤壁之战旧址，在今湖北蒲圻西北。

曹操席卷荆州的消息传到江东，孙权部下的文武官员都异常震动，有些人主张投降，孙权犹豫不决。在曹操进兵荆州以前，孙权就曾派鲁肃到荆州去探听虚实，鲁肃在当阳劝刘备把军队移驻到长江南岸的樊口（今湖北鄂城），以便和东吴互通声气。刘备乘机派诸葛亮和鲁肃一同前往柴桑（今江西九江）去见孙权，商议联合抗曹的策略。

这时候，孙权接到曹操的恐吓信，声称孙权若不投降，他将率80万大军直捣江东。曹操的威势使一些人吓破了胆，长史张昭就是其中之一。他认为只有投降才是上策。针对这种观点，周瑜批驳说："曹操挥师南下，后边有关西马超、韩遂的威胁，后方一定不稳定。再说曹军习于陆战，不习水战，他们与我们较量是舍长就短。另外，现在是寒冬十月，曹操军马粮草不足，北方士兵远涉江湖之间，水土不服，必生疾病。这些都是曹操致命的弱点。曹操号称80万大军，据我观察，曹操带来的军队不过十五六万，已疲惫不堪；从刘表那里所得军队，最多不过七八万，且人心不稳。这二十二三万军队人数虽多，但不堪一击。将军只要给我5万精兵，就足以打败曹操，请将军放心。"一番话说得孙权非常激动，他拔出宝剑，砍掉奏案的一角，厉声说道："诸将吏谁再敢说投降二字，就和这奏案一样！"

于是，孙权以周瑜为左督（总指挥），程普为右督（副总指挥），鲁肃为赞军校尉（参谋长），率精兵3万，与刘备大军一齐进驻长江南岸的赤壁（今湖北蒲圻西北），与江北曹操的军队隔江对峙。

曹操的士兵因来自北方，初到南方个个水土不服，很不习惯南方潮湿的气候，再加上不习惯乘船，没多久就病倒了许多人。曹操见士兵们身体虚弱，只好召集谋士们商量对策。这时，有人献上连环计：将水军的大小战船分别用铁环锁住，十几条船一排，每排船上再铺上宽阔的木板，不仅人可以在上面行走自如，就是马也可以在上面跑起来。曹操听了非常高兴，立即下令：连夜打造连环大钉，锁住大小战船。这样做后，效果果然不错，人在船上走，如履平地，一点也不觉得摇晃。

驻防在长江南岸的孙刘联军，看见曹操的战船连在一起，便想用火攻。正在发愁无法将火种靠近敌船时，周瑜手下的大将黄盖主动要求自己假装投降，以便靠近敌船。

周瑜很赞成黄盖的主意，两人经过商量，派人给曹操送去一封信，表示投降曹操。曹操以为东吴的人看清了形势，害怕兵败身亡，便没怀疑黄盖的假投降。

周瑜在江东将各路人马布置停当，只等东南风起，火攻曹营。

公元208年冬至那天半夜，果然刮起了东南

⊙ 东汉斗舰复原图

公元208年

中国大事记：
曹操自为丞相，杀太中大夫孔融。刘表卒，其子刘琮以荆州降曹。

⊙ 赤壁大战图

风，而且风势越来越猛。黄盖又给曹操去了一封信，约定当晚带着几十只粮船到北营投降。

当天晚上，黄盖率领20只战船，船上装满干草、芦苇，浇了膏油，上面蒙上油布，严严实实地把船遮盖住。每只船后又拴着3只划动灵活的小船，小船里都埋伏着弓箭手。降船扯满风帆，直向北岸驶去。曹军水寨的官员听说东吴的大将前来投降，都跑到船舷来观看。

黄盖的大船离北岸约2里左右时，只见黄盖大刀一挥，20只大船一齐着起火来，火焰腾空而起，20只战船像狂舞的火龙，一起撞入曹操的水军中。火趁风势，风助火威，一眨眼的工夫，曹军的水寨成了一片火海。水寨外围都是用铁钉和木板连起来的首尾相接的连环船，一时间拆也无法拆，逃也逃不走，只好眼巴巴地看着大火烧尽战船。黄盖他们则早已跳上小船，不慌不忙地接近北营，向岸上发射火箭。这样一来，不但水寨里的战船被烧，连岸上的营寨也着了火。一时间，江面上火逐风飞，一片通红，漫天彻地。

刘备、周瑜一看北岸火起，马上率水陆两军同时进兵，杀得曹军死伤了一大半，曹操败走华容道。刘备、周瑜水陆并进，乘胜追击，一直追到南郡。曹操在战斗中损兵折将。恰在这时，又传来孙权围攻合肥的消息，必须派兵驰援。曹操只得留下曹仁、徐晃驻守江陵，乐进驻守襄阳，自己率领其余的队伍踏上北归的路途。

赤壁之战，以孙刘联军胜利、曹操大败而告结束。这是三国时期以少胜多，以弱制强的著名军事战役，为三国鼎立奠定了基础。赤壁之战结束后，曹操再也无力南下，统一全国的愿望化成了泡影。孙权稳定江东，并且向岭南地区发展。刘备占据荆州，向益州发展。

刘备入川

赤壁之战以后，周瑜把曹操的人马从荆州赶了出去。在荆州的归属问题上，孙、刘两家发生了分歧。刘备认为，荆州本来是刘表的地盘，他和刘表是本家，刘表不在了，荆州理应由他接管；孙权则认为，荆州是靠东吴的力量打下来的，应该归东吴。后来，周瑜只把长江南岸的土地交给了刘备。刘备认为分给他的土地太少了，很不满意。不久，周瑜病死，鲁肃从战略的角度考虑，认为把荆州借给刘备，可以让他抵挡北方的曹操，东吴便可以借机整顿兵马，图谋大业。为此，他劝说孙权把荆州借给刘备。

借人家地方总不是长远之计，刘备按照诸葛亮的计划，打算向益州发展。正好在这个时候，益州的刘璋派人请刘备入川。

公元205年

世界大事记：
新罗派遣使臣赴日本。

原来，益州牧刘璋手下有两个谋士，一个叫法正，另一个叫张松。两人私交很深，都是很有才能的人。他们认为刘璋是无能之辈，在他手下做事没有出息，想谋个出路。

建安十三年（公元 208 年），张松出使曹操，归来后劝说刘璋与曹操断绝来往与刘备交好，并推荐刘璋派法正去见刘备。法正来到荆州后，刘备殷勤地接待了他，同他一起谈论天下形势，谈得十分融洽。法正回到益州后，就和张松秘密商议，想把刘备接到益州，让他做益州的主人。

建安十六年（公元 211 年），刘璋听闻曹操欲遣司隶校尉钟繇征讨张鲁占据的汉中（今陕西汉中市东），因此惧怕曹操得汉中后兼并益州。张松趁机劝刘璋迎接刘备入蜀，让他讨伐张鲁，法正于是再次被任命为使者，与孟达各率两千人出使刘备，迎请刘备入蜀。

刘备见到法正后，对于是否入蜀还有点犹豫。法正于是暗地里背叛刘璋，向刘备献策："阁下是英才，而刘璋无明主之能，以张松为内应，夺取益州；以益州的富庶为根本，凭借天府之国的险阻来成就大业，易如反掌。"当初诸葛亮的隆中对认为想要夺取天下就必须占据荆州和益州，法正、张松的倒戈实乃天赐良机，那时候，庞统已经当了刘备的军师，他坚决主张刘备到益州去。刘备听从了法正、庞统的劝说，让诸葛亮、关羽留守荆州，自己亲率人马到益州去。后来，张松做内应的事泄露了。刘璋杀了张松，布置人马准备抵抗刘备。

刘备带领人马攻打到雒城（今四川广汉北）时，受到雒城守军的顽强抵抗，足足打了一年才攻下来，庞统也在战斗中中箭而亡。随后，刘备向成都进攻，诸葛亮也带兵从荆州赶来会师。刘璋坚持不住，只好投降了。

公元 214 年，刘备进入成都，自称益州牧。他认为法正对这次攻进益州立了大功，便把他封为蜀郡太守。

诸葛亮帮助刘备治理益州，执法严明，不讲私情，当地有些豪门大族都在背地里吐露怨气。法正劝告诸葛亮说："从前汉高祖进关，约法三章，废除了秦朝的许多刑罚，百姓都拥护他。您现在刚来到这里，似乎也应该宽容些，这样才合大家心意。"诸葛亮说："您知道的并不全面。秦朝刑法严酷，百姓怨声载道，高祖废除秦法，约法三章，正是顺了民心。现在的情况与那时完全不同。刘璋平时软弱平庸，法令松弛，蜀地的官吏横行不法。现在我要是不注重法令，地方上是很难安定下来的啊。"

法正听了这番话，对诸葛亮十分佩服。

水淹七军

刘备巩固了在益州的地位后，自立为汉中王。他封关羽为前将军，派益州前部司马犍手下人费诗到荆州，把前将军的印绶送给关羽。关羽把他趁着曹操在汉中失败和士气低落之机准备进攻襄阳和樊城的打算告诉了费诗，请他回去向刘备报告。关羽在南郡后方布置好防务后，就准备发兵去攻打襄樊。

关羽叫南郡太守麋芳守江陵，将军傅士仁守公安，嘱咐他们随时供应粮草，必要的时候补充兵源，自己带着关平、周仓等率领一支人马去打樊城。樊城的守将曹仁听说关羽发兵，就向曹操报告求援。曹操派左将军于禁、立义将军庞德带领 7 队人马赶到樊城去帮助曹仁。

曹仁叫于禁、庞德屯兵樊北，互相支援。关羽的军队很快地渡过襄江，围住樊城，每天在城下叫战。虽然樊城内的兵马只有几千，可是驻扎在城北的却有 7 队兵马，声势浩大。曹仁就跟于禁商议好，一起夹攻关羽。于禁派两个部将董超和董衡带领两队人马先去试探一下，没有一顿饭的工夫，就被打得落花流水，死伤了 1/3，吓得曹仁不敢出来了。

曹兵坚守不战，汉军也没法攻破城池。关羽

公元208年

中国大事记：
孙权与刘备联合，在赤壁大败曹操。

便在白天带着十几个军士，登上高处观察地形。他看见樊城上曹军的旗号杂乱，士兵慌乱；又看到于禁营寨建在山谷里，四处一望，不禁喜上眉梢。

关羽回到营寨，马上吩咐将士们赶紧准备大小船只和木筏子。关平不解地问："我们在陆地打仗，为什么准备水具？"关羽说："现时是八月雨季，过不了几天就会有暴雨降临。我预料这场大雨，足以使江水泛涨，我们事先堵住各处水口，等到大水发来，就放水淹于禁营寨和樊城，战船可就有用了。"关平听了，连连表示赞同。

果然，开始下大雨了，过了很多天都没停下来。一天夜里，庞德坐在帐中，只听帐外水声怒吼，战鼓震地。他急忙出了营帐观看，只见四面八方，全是白茫茫的大水，士兵们随波逐流，漂走的不计其数。于禁、庞德急忙攀上小山避水。好不容易等到天亮，狂风暴雨好像发了疯一般，樊北地势低，平地积水高达3丈，把七军都淹没了，就是樊城，大水也涨到城墙的半腰，曹仁、满庞他们早已爬到城门楼上去了。

关羽、关平、周仓等人坐着大船，别的将士们划着小船，摇旗呐喊着，冲了过来。于禁见无路可逃，便举手投降了。关羽命人脱下于禁的衣甲，把他押在大船里，又去捉拿庞德。

这时，庞德夺了蜀兵的一只小船，正往樊城划去。关羽身边的周仓见了，跳入水中，掀翻小船，活捉了庞德。

⊙ 关公秉烛夜读图

关羽杀了不肯归降的庞德，率军兵乘水势未退，上战船直奔樊城。

关羽水淹曹仁大军，震动了整个中原。曹操得到消息，有些惊慌，打算暂时放弃许都，避开关羽的锋芒。这时，谋士司马懿献计说，关羽虽然智勇过人，但他与孙权不合。不如派人去游说孙权，约他从背后攻击关羽，这样，樊城之围会解除，中原也自然没有危险了。曹操听从了司马懿的计策。

七步成诗

建安二十五年（公元220年），66岁的曹操病死在洛阳。曹操死后，太子曹丕继袭他的魏王和丞相位，掌握朝廷大权。这时，有人告发他的弟弟、临淄侯曹植经常喝酒骂人，还扣押了他派去的使者。曹丕便立即派人到临淄把曹植押回邺城审问。

曹丕和曹植都是曹操的妻子卞后生的。曹植是曹操的四子，从小聪明过人，十几岁的时候，就读了不少书，写的文章很出色。

曹操在征战之余，很喜欢文学，也赏识文士。他见曹植文章出众，开始怀疑是别人代写的，试了曹植几次，果然觉得他才华出众，品格质朴，因此对他特别宠爱，多次想把他封为王太子，但很多大臣坚决反对，才未决定下来。

公元208年

世界大事记：
罗马皇帝塞维鲁亲征大不列颠。

曹丕怕自己地位不稳，也想方设法讨曹操喜欢。有一次，曹操出兵打仗，曹丕、曹植一同去送行。临别的时候，曹植当场念了一段颂扬曹操功德的文章，得到大家的赞赏。有人悄悄对曹丕说："大王要离开了，你只要表示伤心就是了。"曹丕果然在与曹操告别时抹起了眼泪。曹操很受感动，也掉下泪来。

曹操在世时，曹丕曾利用弟弟好酒贪杯的弱点，几次设计让弟弟出丑，损害父亲对弟弟的信任。曹丕做魏王后,对曹植依旧嫉恨在心。这一回，就抓住了机会，要处曹植死罪。

卞太后得知消息，急得不得了，赶忙在曹丕面前给曹植求情，要他看在同胞兄弟份上，对曹植从宽处理。

曹丕不能不依从母亲的话。再说，为了一点小事杀了兄弟，也不是体面的事，就把曹植的临菑侯爵位撤了，降为一个比较低的爵位。然后，曹丕把曹植召来，要他在走完七步的时间里作出一首诗。如果作得出，就免他的死罪。

曹植略微思索一下后，就迈开步子，边走边念出一首诗：

煮豆持作羹，漉豉以为汁，
其在釜下燃，豆在釜中泣。
本是同根生，相煎何太急。

曹丕听后，也觉得自己对弟弟逼得太狠，感到有些惭愧，就免去了曹植的死罪，把他遣回封地。最后,曹植在一个远离京城的小郡忧郁而死。

就在曹丕做了魏王的这一年秋天，他的亲信联名上书，劝汉献帝让位给魏王。

汉献帝做了30多年的挂名皇帝，接到大臣上书后，就让了位，曹丕封他为山阳公。曹丕的亲信大臣还隆重举行了一个"推位让国"的禅让仪式。

公元220年，曹丕称帝，建立魏朝，就是魏文帝。东汉王朝到此也正式结束了。

·建安文学·

建安（公元196～220年）是汉献帝的年号。建安时期是中国文学史上的一个非常重要的阶段，历史上称作"建安文学"，尤以诗歌为盛。建安文学的代表人物有曹操和他的两个儿子曹丕、曹植，以及建安七子（孔融、王粲、阮瑀、陈琳、徐干、应玚、刘桢）。由于他们亲身经历了东汉末年以来社会动荡战乱频仍之苦，本身又具有较高的才华，因此在继承汉代乐府民歌"感于哀乐，缘事而发"的优良传统和现实主义精神的基础上，创作出了大量优秀的诗篇，如曹操的《蒿里行》、《龟虽寿》，曹植的《白马篇》、《送应氏诗》，王粲的《七哀诗》等等，形成了慷慨悲凉的"建安风骨"，对于后代诗歌的发展有着至为深刻的影响。

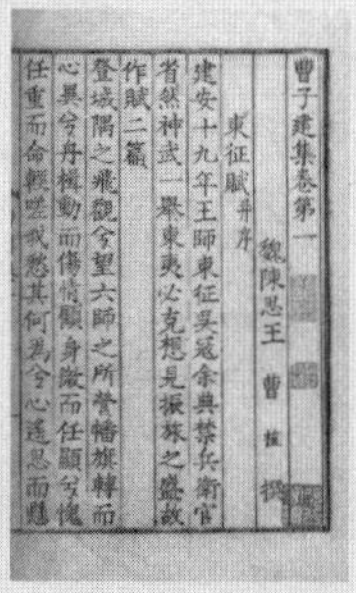
曹子建集卷第一
魏陳思王 曹植 撰
東征賦并序
建安十九年王師東征吳寇余典禁兵衛宫
省然神武一舉東夷必克想見振旅之盛故
作賦二篇
登城隅之飛觀兮望六師之所營幡旗轉而
心異兮舟檝動而傷情顧身微而任顯兮愧
任重而命輕嗟我愁其何為兮心遥思而懸

⊙《曹子建集》书影

火烧连营

蜀汉得知曹丕称帝的消息后，大臣们便拥立刘备承继汉家帝位。公元221年，汉中王刘备正式在成都即皇位，这就是汉昭烈帝。

由于孙权重用吕蒙，用计袭取了荆州，杀了关羽，使得蜀汉和东吴的矛盾越来越激化。刘备即位之后，便调集75万大军，以替关羽复仇为名，进攻东吴。刘备出兵前，张飞的部将叛变，杀了张飞投奔东吴。刘备旧恨未报又添新仇，报仇心切的他命令大军急进。蜀军先锋吴班、冯习很快攻占巫县(今重庆巫山)、秭归(今湖北秭归)。

公元214年

中国大事记：
刘备入成都，以诸葛亮为军师将军治蜀。

⊙火烧连营书影

东吴君臣吓得要命，赶紧派使者向刘备求和，但都没有效果。孙权正在着急的时候，大臣阚泽以全家担保举荐陆逊为统帅。于是孙权封镇西将军陆逊为大都督，赐给他宝剑印绶，带领5万人马抵御蜀军。

第二年正月，刘备到了姊归。蜀军水陆并进，直抵夷陵(今湖北宜昌东南)。刘备率领主力，进驻猇亭(今湖北宜都北)。他在长江南岸，沿路扎下营寨，水军也弃舟登陆。从巫峡到夷陵的六七百里山地上，蜀军一连设置了几十处兵营，声势非常浩大。

陆逊看到蜀军士气旺盛，又占据了有利地形，很难攻打，就坚守不出。这时，东吴的安东中郎将孙桓被蜀军包围在夷道(今湖北宜都西北)，派人向陆逊求救。陆逊手下的将领，也纷纷要求派兵救援。陆逊对大家说："孙桓很得军心，夷道城池牢固，粮草也很充足，不必忧虑，等我的计谋实现以后，孙桓就自然解围了。"

东吴众将见陆逊既不肯攻击蜀军，又不肯救援孙桓，认为他胆小怕打仗，都在背地里愤愤不平。

刘备在夷陵受阻，从这年(公元222年)一月到六月，一直找不到决战的机会。他为了引诱吴军出战，命令吴班带领几千人马，到平地上扎营，摆出挑战的架势。事先在附近山谷里埋伏了8000精兵，等候吴军。东吴众将以为机会来了，都想出击。陆逊阻止说："蜀兵在平地里扎营的兵士虽然少，可是周围山谷里一定有伏兵。我们不能上这个当，看看再说。"刘备见陆逊不上当，便把埋伏在山谷中的伏兵撤出。这一来，东吴诸将都佩服陆逊了。

陆逊通过观察，心中已经有数了，于是决定进行反击。陆逊先派一支军队试攻蜀军一处兵营。这一仗，吴军虽然打败了，但陆逊却找到了进攻蜀军的办法。

接着，陆逊命士兵每人拿着一把茅草冲入蜀营，顺风点火，发动火攻。那天晚上，风刮得很大，蜀军的营寨都是连在一起的，一个营起火，便延烧到另一个营。顿时，蜀军的营寨陷入了一片火海之中。陆逊率领大军，乘机反攻，一连攻破蜀军四十余座营寨，杀死蜀将张南、冯习等人。蜀军纷纷逃命，包围夷道的蜀军也都溃逃了。

刘备逃到夷陵西北的马鞍山。陆逊督促大军四面围攻，又杀死蜀军1万多人。刘备乘夜冲出重围，逃归白帝城(今四川奉节东)。

这一场大战，蜀军几乎全军覆没，军用物资也全被吴军缴获。历史上把这场战争"夷陵之战"，又称为"猇亭之战"。

七擒孟获

三国时期，在蜀汉的南部，就是今天云南、贵州和四川的南部，当时称为"南中"，散居着许多少数民族，总称为"西南夷"。但蜀在南中的统治并不巩固。建兴元年(公元223年)刘备死后，牂牁郡(今贵州凯里西北)太守朱褒、益州郡(今云南晋宁东)的大姓雍闿、越嶲郡(今四川西昌)豪族首领高定纷纷反叛。

因与孙权交战，蜀国实力大为削弱，经过一年多时间的内部整顿，"闭关息民"后，蜀建兴三年(公元225年)诸葛亮亲自率兵南征。出师前，他采纳部将马谡的建议，确定了以抚为主的攻心战术。七月，诸葛亮由越嶲入南中，派马忠率

公元209年

世界大事记：
加罗国遭入侵，新罗起兵救之。

东路军进攻牂牁，消灭朱褒的势力；又派李恢率中路军自平夷(今贵州毕节)直趋益州郡。自己亲率主力进入益州。这时雍闿已被高定的部下杀死，孟获代之为统帅，收集雍闿余部与诸葛亮对抗。孟获在当地少数民族中很有威望，所以诸葛亮根据自己的既定方针，决定生擒孟获，令其心服归降。

南蛮王孟获听说蜀兵南下就带兵迎战，远远看见蜀兵队伍交错、旗帜杂乱，心里就想："人们都说诸葛丞相用兵如神，看来言过其实了。"孟获冲出阵去，蜀将王平迎战。没有几个回合，王平回头就跑，孟获放胆追杀，一口气就追赶了20多里。忽然四下里杀声震天，蜀军冲杀了出来，左有张嶷，右有张翼，截断了退路。南兵大败，孟获死命冲出重围。然而前边路狭山陡，后边追兵渐近，孟获只得丢下马匹爬山；紧跟着又是一阵鼓声，埋伏在这里的魏延带领500人冲杀了出来，结果毫不费劲儿就活捉了孟获。

孟获被押到大帐里，诸葛亮问："现在你被活捉了，有何话说？"孟获说："我是因为山路狭陡才被捉住的。"诸葛亮道："你要是不服气，我放你回去如何？"孟获答得倒也干脆："你要是放了我，我重整兵马，和你决一雌雄，那时再当了俘虏，我就服了。"诸葛亮立即让人给孟获解开绑绳，放他回去。

孟获回寨以后，派他手下的两个曾被俘虏后又放回的洞主出战，但他们又打了败仗。孟获说他俩是故意用败阵来报答诸葛亮，把他们痛打了100军棍。这两人一怒之下，带了100多个放回的南兵，冲进孟获的营帐，把喝醉了的孟获绑了起来，献给了诸葛亮。

⊙ 诸葛亮像

诸葛亮笑着对孟获说："你曾经说过，再当俘虏就服了，现在还有什么话说？"孟获振振有词地说："这不是你的能耐，是我手下人自相残杀，这怎么能让我心服呢？"诸葛亮见他不服，就又放了他。就这样捉了放，放了捉，前后捉了孟获七次。

到了第七次擒住孟获时，诸葛亮也不和孟获说话，只是给他解了绑，送到邻帐饮酒压惊，然后派人对孟获说："丞相不好意思见你了，让我放你回去，准备再战。"孟获听了这话，流下了眼泪，他对左右说："丞相七擒七纵，从古至今没有发生过这样的事情。可以说，丞相待我仁至义尽了，我要是再不感谢丞相的恩德，可就太没有羞耻了。"说完来到诸葛亮面前，跪倒在地上

·白帝城托孤·

蜀汉章武三年(公元223年)，刘备病死白帝城。前一年，蜀军大败，刘备遭受了巨大的精神打击，心情抑郁；长期的戎马征战，又给他的身体以极大的损伤。退回白帝城后，刘备一病不起，病情日甚一日，于是召诸葛亮来到白帝城，托付后事。无才而年幼的太子刘禅、尚不稳定的蜀汉形势，都令刘备放心不下。他叮嘱诸葛亮：如果太子可以辅政，以诸葛亮的才能佐太子，定能成就大业；如果太子实在不行，请自代刘禅为帝，以拯救国家。诸葛亮动情地表示要鞠躬尽瘁，死而后已。白帝托孤后，刘备在白帝城永安宫病逝，享年63岁。之后刘禅即位，是为蜀后主，改元建兴，封丞相诸葛亮为武乡侯，领益州牧，政无巨细，皆出于亮。白帝托孤，刘备深深信赖诸葛亮；日后辅政，诸葛亮不负先主。这的确是历史上君臣相知的一段佳话。

公元219年

中国大事记：
刘备取汉中，自立为汉中王。
吴将吕蒙袭江陵，擒杀关羽，孙权全部占有荆州。

说："丞相天威，南人永远不再造反了。"诸葛亮当场封孟获永远为南人洞主，蜀兵占领之地，全部退还。孟获及家人感恩不尽，欢天喜地地回去了，诸葛亮便率领大军回到成都。

诸葛亮七擒孟获平定南中，不但解除了蜀汉的南顾之忧，稳定了后方，而且从南方调发了大量人力物力，充实了蜀汉的财政力量，从而可以专心于北方，挥兵北进汉中了。

马谡失街亭

诸葛亮平定南中之后，又做了两年的准备工作，在公元227年冬天，带领大军到汉中驻守。汉中接近魏、蜀的边界，在那里可以随时找机会向魏国进攻。

蜀军经过诸葛亮的严格训练，士气旺盛，阵容整齐。而且自从刘备死后，蜀汉多年没有出兵，魏国毫无防备。这次蜀军突然袭击祁山，守在祁山的魏军一下子就败退下来。蜀军乘胜进军，祁山的北面天水、南安、安定3个郡的守将都投降了蜀汉。

那时候，魏文帝曹丕已经病死。刚刚即位的魏明帝曹叡面对蜀汉的大举进攻，非常镇静，他派张郃带领5万人马赶到祁山去抵抗，还亲自到长安去督战。

诸葛亮到了祁山，准备派出一支人马去守街亭（今甘肃庄浪东南）。参军马谡主动请战，并立下了军令状。

马谡平时读了不少兵书，也很喜欢谈论军事。诸葛亮和他商量起打仗的事来，他就口若悬河，讲个没完。他也曾出过一些好主意，所以诸葛亮很信任他。但是刘备在世的时候，却看出马谡华而不实。他在生前特意对诸葛亮叮嘱说："马谡这个人言过其实，不可重用。"这次，诸葛亮派马谡去守街亭，想起刘备对马谡的评价，有所顾虑，便让王平做副将来帮助他。

马谡和王平带领人马刚到街亭，张郃也率领魏军从东面开过来。马谡看了地形，对王平说："这一带地形险要，街亭旁边的山上可以安营扎寨，布置埋伏。"

王平提醒他说："我们来这里之前，丞相嘱咐过，让我们坚守城池，稳扎营垒。在山上扎营是很危险的。"

马谡自以为熟读兵书，根本不听王平的劝告，坚持要把营寨扎在山上。王平一再劝说，马谡就是不听，只好央求马谡拨给他1000人马，驻扎在山下临近的地方。

张郃到了街亭后，看到马谡放弃现成的城池不守，却把人马驻扎在山上，暗暗高兴。他吩咐

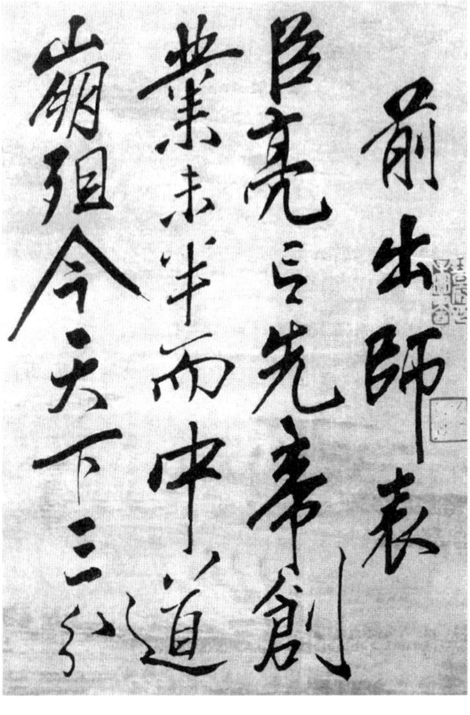

⊙ 行书前《出师表》帖　南宋　岳飞
诸葛亮出师一表，天下闻名，千古传颂，评为表中杰作。历朝历代忠臣烈士、迁客骚人书之不倦，或寄托性情，或激励明志。岳飞此帖，传为行军至南阳，秋夜深深，秋雨绵绵，遥想徽钦二帝远囚北国，一时忠心触动，挥泪如雨，写就诸葛武侯出师表，墨气淋漓，豪情毕现。

公元214年

世界大事记：
百济肖古王卒。百济与靺鞨互攻。

手下将士，在山下筑好营垒，把马谡扎营的那座山围困起来。马谡几次命令兵士冲击山下的魏军，但是由于张郃坚守营垒，蜀军不仅没法攻破，反而被魏军乱箭射死了许多士兵。

魏军又切断了山上的水源。蜀军在山上断了水，连饭都做不成，时间一长，军心动摇起来。张郃看准时机，发起总攻。蜀军兵士纷纷逃散，马谡阻止不住，只好自己杀出重围。

街亭的失守，影响了蜀军的战略局势。诸葛亮为了避免遭受更大损失，决定蜀军全部撤回汉中。

诸葛亮经过详细查问，知道街亭失守完全是由于马谡违反了他的作战部署。马谡也承认是自己的过错造成了失败。诸葛亮按照军法，斩杀了马谡。

诸葛亮虽然杀了马谡，但一想起他和马谡平时的情谊，心里就十分难过。

秋风五丈原

吴王孙权在曹丕、刘备先后称帝后，于公元229年农历四月，正式称帝。蜀汉的一些大臣认为孙权称帝是僭位，要求马上同东吴断绝往来。诸葛亮力排众议，认为蜀汉目前的主要敌人是魏国，应继续保持和东吴的联盟，攻伐魏国。

公元231年，诸葛亮第4次北伐魏国，出兵祁山。魏国派大将司马懿和张郃等一起率领人马开赴祁山。诸葛亮把一部分将士留在祁山，自己率领主力进攻司马懿。

司马懿知道诸葛亮孤军深入，带的军粮也不多，就在险要的地方筑好营垒，坚守不出。后来，魏军将领一再请求出战，并用话来讥刺司马懿。司马懿只好与诸葛亮打了一仗，结果被蜀军打得溃不成军。

诸葛亮几次出兵，往往因为粮食供应不上而退兵，这次又是如此。他接受了这个教训，设计了两种运输工具，叫做“木牛”、“流马”(两种经过改革的小车)，用它们把粮食运到斜谷口(在今陕西眉县西南)囤积起来。

公元234年，诸葛亮作好充分准备后，带领10万大军北伐魏国。他派使者到东吴，约孙权同时对魏国发起进攻，两面夹击魏国。

诸葛亮大军出了斜谷口，在渭水南岸的五丈原构筑营垒，准备长期作战；另派一部分兵士在五丈原屯田，跟当地老百姓一起耕种。魏明帝派

⊙ 五丈原诸葛亮庙碑

司马懿率领魏军渡过渭水，也筑起营垒防守，和蜀军对峙起来。

孙权接到诸葛亮的信，马上派出三路大军进攻魏国。魏明帝一面亲自率领大军开赴南面抵挡东吴的进攻；一面命令司马懿只许在五丈原坚守，不准出战。

诸葛亮焦急地等待东吴进兵的战况，但是结果令他很失望：孙权的进攻以失败而告终。他想跟魏军决战，但是司马懿始终固守营垒，任凭诸葛亮怎样骂阵，就是坚守不出。双方在那里相持了100多天。

诸葛亮在猜测司马懿的心理，司马懿也在探听诸葛亮的情况。有一回，诸葛亮派使者去魏营挑战，司马懿为了了解情况，假意殷勤地接待使

公元221年

中国大事记：

曹丕下令恢复五铢钱的使用，但因谷物价格仍然昂贵，半年后即停止使用。

者，跟使者聊天，问道："你们丞相公事一定很忙吧，近来身体还好吧！"使者觉得司马懿问的都是些无关大局的话，也就老实回答说："丞相的确很忙，军营里大小事情都亲自过问。他每天早早起来，很晚才睡。只是近来胃口不好，吃得很少。"

使者走了以后，司马懿就跟左右将士说："你们看，诸葛孔明吃得少，又要处理繁重的事务，能支撑得长久吗？"

不出司马懿所料，诸葛亮由于过度操劳，终于病倒在军营里。后主刘禅得到诸葛亮生病的消息，赶快派大臣李福到五丈原来慰问。李福跟诸葛亮谈了一些军国大事，就走了。过了几天，李福返了回来。他看到诸葛亮病势转重，哭了起来。诸葛亮睁开眼睛，对李福说："我知道您回来想问些什么，您想知道谁来接替我。您所要问的人，我看就是蒋琬吧。"李福说："丞相说的是。陛下正要我问丞相万一身子不好，由谁来继任您的工作。那么请问蒋琬之后，谁可以继任呢？"诸葛亮说："可以由费祎接替。"李福还想再问下去，诸葛亮闭上眼睛不回答了。

过了几天，年仅54岁的诸葛亮病死在军营里。按照诸葛亮生前的嘱咐，蜀军将领封锁了他去世的消息。他们把尸体裹着放在车里，布置各路人马有秩序地撤退。

司马懿探听到诸葛亮病死的消息，立刻带领魏军去追蜀军。刚过五丈原，忽然蜀军的旗帜转了方向，一阵战鼓响起，兵士们转身掩杀过来。司马懿大吃一惊，赶快掉转马头，下命令撤退。等魏军离得远了，蜀军将领才不慌不忙地把全部人马撤出五丈原。

这件事传到老百姓耳朵里，百姓编了歌谣嘲笑司马懿，说："死诸葛吓走了活仲达（仲达是司马懿的字）！"司马懿听了也不生气，说："我只能料到活的诸葛，怎么能料到死的呢！"后来，他又亲自跑到蜀军原来扎营的地方，观察了诸葛亮布置的阵势，赞叹说："诸葛孔明真是天下奇才啊！"

诸葛亮虽然没有实现统一中原的愿望，但是他的智慧和品格，一直被后代的人所称颂。

·诸葛亮与武侯祠·

诸葛亮毕生兢兢业业，把全部智慧和精力奉献给了刘家天下，"鞠躬尽瘁，死而后已"。他在民间受到的尊崇更是非同一般，这一点从各地修建的众多武侯祠就能看出来。因诸葛亮生前被封为武乡侯，死后谥号为忠武侯，故又名武侯祠。

⊙ 成都武侯祠　三国

现存武侯祠系清康熙十一年（1672年）重建，占地56亩，布局严整，古朴端庄。刘备殿是武侯祠中最高大的一座建筑，体现出一派帝王气象。正殿中，有刘备及其孙刘谌塑像。唐代祠内曾有其子刘禅塑像，因刘禅是乐不思蜀的昏君，不久就被人毁掉了。东偏殿有关羽及其子关兴、关平，部将周仓、张累塑像；西偏殿有张飞及其子张苞、孙张遵塑像。诸葛亮殿的规模要比刘备殿小得多。规模小，位置又在刘备殿之后，这种布局充分反映出君臣之间的主从关系。殿正中为诸葛亮贴金塑像，羽扇纶巾，儒雅端重。古代文人武将一旦遇到有明主赏识重用，往往鞠躬尽瘁以报知遇之恩，诸葛亮之于刘备，可谓其中典型。而君臣合祠的武侯祠，正是这种君臣相得的表现。

公元217年

世界大事记：
罗马卡拉卡拉大浴场完成。

司马懿篡权

诸葛亮死后的一段时期内，蜀国再也没有足够的力量进攻魏国。魏国虽然外部的压力减弱了，但内部却乱了起来。

司马懿（公元179 ~ 251年），字仲达，汉末三国时河南温县（今河南温县西南）人。他年少聪达，因见汉室衰微，不愿出来做官，曹操为丞相以后，使用强制手段辟司马懿为文学掾，后任丞相主簿。曹操晋封魏王后，司马懿为太子中庶子，佐助曹丕，当时司马懿“每与大谋，辄有奇策”，为曹丕所信任和重用，所以关系一直很好。公元226年魏文帝曹丕死，遗诏司马懿与曹真、陈群共同辅政，辅佐魏明帝。魏明帝时，司马懿为大将军，负责对蜀汉的战争，并平定辽东，功高望重，掌握了魏国大部分军权。他又利用职权拉拢世族官僚，形成以司马氏为核心的势力集团。

公元239年，司马懿奉命去关中镇守。在前往关中的路上，魏明帝曹叡给司马懿连续下了5道诏书，催他火速赶到洛阳。司马懿赶回洛阳宫中的时候，曹叡已经病势沉重，他握着司马懿的手，看着8岁的太子曹芳，说：“我等你来，是要把后事托付给你。你要和曹爽辅佐好太子曹芳。”

司马懿说：“陛下放心吧，先帝（曹丕）不也是把陛下托付给我的吗？”

曹叡死后，太子曹芳即位，这就是魏少帝。司马懿和大将军曹爽奉曹叡遗诏，共同执掌朝政。司马懿本人才智出众，文武双全。他在曹操执政时期，曾经帮助曹操推行屯田制。曹操儿子曹丕废掉汉献帝，自立为帝，司马懿也帮助出过许多主意，立了大功。因此，他得到曹丕的信任，掌握了军政大权。曹爽这个人没有什么才能，却依仗自己是皇帝宗室，总想排挤司马懿，独揽大权。

曹爽因司马懿年高望重，起初还不敢独断专行，有事总听听司马懿的意见。不久，他任用心腹何晏、邓飏等人掌管枢要，并奏请魏少帝提升司马懿为太傅。司马懿表面上升了官，实际上却被削了权。曹爽又安排自己的弟弟曹羲担任中领军，率领禁兵；曹训任武卫将军，掌管了一些军权。司马懿对曹爽专擅朝政，很是不满。他索性称风痹病复发，不参与政事，但是暗中却自有打算。

曹爽担心司马懿不是真的有病，正巧自己的心腹李胜调任荆州刺史，于是就命李胜到司马懿那里进行探察。李胜到了太傅府，求见司马懿。司马懿装出重病的样子。李胜回去后，把这次相见的情况告诉了曹爽，并说：“司马懿已经形神离散，只剩下一口气，活不了多久了。”曹爽满心高兴，从此就不再防备司马懿了。

一转眼就是新年。少帝曹芳按规矩要到高平陵去祭祀。曹爽和他的兄弟曹羲等人也一道前往。曹爽他们出了南门，浩浩荡荡地直奔高平陵。

等他们走远了，司马懿立刻带着他的两个儿子司马师和司马昭，率领自己的兵马，借着皇太后的命令，关上城门，占据武库，接收了曹爽、曹羲的军营。同时假传皇太后的诏令，把曹爽兄弟的职务给撤了。

曹爽接到了司马懿的奏章，不敢交给曹芳，又想不出主意。司马懿又派侍中许允、尚书陈泰来传达命令，让曹爽早些回去，承认自己的过错，交出兵权，那样就不会为难他们。

曹爽乖乖地交出兵权，回到洛阳侯府家中。司马懿把少帝曹芳接到宫里去，当天晚上就派兵包围了曹爽府第，在四角搭上高楼，叫人在楼上察看曹爽兄弟的举动。没过几天，又让人诬告曹爽谋反，派人把曹爽一伙人全部处死了。

曹爽死后，司马懿担任丞相，掌握了魏国的军政大权。

公元221年

中国大事记：
刘备在成都即皇位，是为汉昭烈皇帝、蜀先主，国号汉，改元章武。

司马昭之心

司马懿杀了曹爽之后，又过了两年，他也死去了，他的儿子司马师接替了他的职位。魏国大权落在司马师和司马昭兄弟两人手里。大臣中有谁敢反对他们，司马师就把他除掉。魏少帝曹芳早就对司马师兄弟的霸道行径极为不满，一直想撤掉司马氏兄弟的兵权。但还没等曹芳动手，司马师已经逼着皇太后，把曹芳废了，另立魏文帝曹丕的一个孙子曹髦即了皇位。

魏国有些地方将领本来就看不惯司马氏的专权行为，司马师废去曹芳后，扬州刺史文钦和镇东将军毌丘俭（毌丘，姓）起兵讨伐司马师。司马师亲自出兵，打败了文钦和毌丘俭。但是在回到许都之后，司马师也得病死了。

司马师一死，司马昭便做了大将军。司马昭比司马师更为专横霸道。

魏帝曹髦实在忍无可忍了。有一天，他把尚书王经等3个大臣召进宫里，气愤地说："司马昭之心，路人皆知，我不能坐着等死。今天，我要同你们一起去诛杀他。"

年轻的曹髦，根本不懂得怎样对付司马昭。他带领了宫内的禁卫军和侍从太监，乱哄哄地从宫里杀了出来。曹髦自己拿了一口宝剑，站在车上指挥。

司马昭的心腹贾充领了一队兵士赶来，与禁卫军打了起来。曹髦上前大喝一声，挥剑杀过去。贾充的手下兵士见到皇帝亲自动手，都有点害怕，有的准备逃跑了。

贾充的手下有个叫成济的，问贾充怎么办。

贾充厉声说："司马公平时养着你们是干什么的！还用问吗？"

经贾充这么一说，成济胆壮起来了，拿起长矛就往曹髦身上刺去。曹髦来不及躲闪，被成济刺穿了胸膛，当时就死了。

司马昭听说他手下人把皇帝杀了，也有点害怕了，连忙赶到朝堂上，召集大臣们商量。

老臣陈泰说："只有杀了成济，才勉强可以向天下人交代。"

司马昭见没法拖下去，就把杀害皇帝的罪责全都推在成济身上，给成济定了一个大逆不道的罪，把他的一家老少全杀了。

之后，司马昭从曹操的后代中找了一个15岁的曹奂即了皇位，这就是魏元帝。

智出阴平道

魏帝曹髦死后，司马昭的地位更加稳固了。于是，他决定进攻蜀国。

公元263年，司马昭调集了十几万大军，准备一举消灭蜀国。他派邓艾和诸葛绪各自统率3万人马，派钟会带领10万人马，兵分三路进攻蜀国。钟会的军队很快攻取汉中。邓艾的军队也到达沓中，向姜维进攻。姜维得知汉中失守，就将蜀兵集中到剑阁据守，抵御魏军。

钟会兵力虽强，但姜维把剑阁守得牢牢的，一时攻不进去，军粮的供应也发生了困难。钟会

⊙ 姜维像

公元220年

世界大事记：
哥特人开始入侵巴尔干地区和小亚细亚。

正想退兵时，邓艾赶到了。邓艾让钟会在这里与蜀军对峙，自己领兵从阴平小道穿插到蜀国的后方，这样就会攻破蜀国。钟会觉得邓艾的想法根本行不通，但一看邓艾很坚决，也就同意了。

邓艾派自己的儿子邓忠作先锋，每人拿着斧头、凿子，走在最前面，打开小路通道，自己则率领大军紧跟在后。

最后，邓艾他们到了一条绝路上，山高谷深，没法走了。大家一看悬崖深不见底，禁不住抽了一口冷气，好多人打了退堂鼓。邓艾当机立断亲自带头，用毡毯裹住身子先滚下去。将士们不敢落后，照着样子滚下去。士兵们没有毡毯，就用绳子拴住身子，攀着树木，一个一个慢慢地下了山。

邓艾集中了队伍，对将士们说："我们到了这儿，已经没有退路了，前面就是江油。打下江油，不但有了活路，而且能立大功。"镇守江油的将军马邈没料想到邓艾会从背后像天兵一样出现在眼前，吓得他晕头转向，只好竖起白旗，向邓艾投降了。

邓艾占领了江油城，又朝绵竹方向前进。蜀军驻守绵竹的将军是诸葛亮的儿子诸葛瞻。魏军人数太少，双方一交战，就吃了个败仗。

魏军第二次出去跟蜀军交战时都铁了心，反正打了败仗也不能活着回去。这一仗真非同小可，打得天摇地动。两军杀到天黑，蜀军死伤惨重，诸葛瞻和他的儿子诸葛尚都战死在疆场上。魏军胜利地占领了绵竹。

邓艾攻下绵竹，向成都进军。蜀人做梦也没有想到魏军来得这么快，再要调回姜维的人马也已经来不及了。后主刘禅慌忙召集大臣们商议对策，大臣们你一言我一语，都找不出好的办法，最后大臣谯周提议投降。于是后主刘禅就派侍中张绍等捧着玉玺到邓艾军营里去请求投降。

蜀国就这样灭亡了。姜维等人一直坚守剑阁，惊悉绵竹失守，接着，坏消息一个接一个，简直一日三惊，有的说后主想固守成都，有的说后主要向东投奔盟国东吴，有的说后主要向南进入建宁。姜维恐腹背受敌，即引军退至巴西境，至郪县时，后主诏书传来，命令全军投降。姜维"将士咸怒，拔刀斫石"。但事已至此，姜维也无力回天，只好奉诏到涪城向钟会投降。钟会赏识姜维是个好汉，把他当作自己人一样看待。后来，姜维利用钟会和邓艾之间的矛盾，劝钟会告发邓艾谋反，杀掉了邓艾。

⊙ 邓艾墓

邓艾死后，兵权就全都掌握在钟会的手里。但司马昭对钟会怀有野心早有戒备，遣中护军贾充率兵入蜀，钟会大惊，就想谋反自立。

姜维一心想着复国兴汉，觉着有机可乘，便假意赞同钟会的想法，劝钟会早杀众魏将，进而自立。钟会想听从姜维的意见，但一直犹豫不决。

后来，有人传言钟会和姜维要杀光北方来的将士，一下引起了兵变。钟会和姜维控制不住局面，被乱军杀死了。

蜀国灭亡的第二年，吴景帝孙休病逝，孙皓即帝位，改年号为元光。吴国朝政从此日益破坏，东吴亦一步一步走向灭亡。

公元227年

中国大事记：
诸葛亮向后主刘禅上《出师表》，随后率军北伐，进驻汉中。

乐不思蜀

蜀汉灭亡以后，后主刘禅还留在成都。到了钟会、姜维发动兵变，司马昭觉得让刘禅留在成都，说不定还会引起麻烦，就派人把刘禅接到洛阳来。

据《三国志》记载，刘备临终前嘱咐刘禅："汝与丞相从事，事之如父。"刘禅继位初期也确实听从父亲的遗命，"政事无巨细，咸决于亮"，放权给诸葛亮处理军政大事。随着刘禅对军国治理的深入了解，开始对诸葛亮进行北伐导致国力衰退的政策看法有分歧，可是基于刘备订立的北伐曹魏、恢复汉室的既定政策和诸葛亮在国内的崇高威望，刘禅在诸葛亮主政期间，以团结为重，全力支持诸葛亮的北伐。诸葛亮死后，据《三国志》记载，刘禅废除了丞相制，设立尚书令、大将军和大司马三职互相制衡，军政事务分开。后来"乃自摄国事"，提出"须吴举动，东西掎角，以乘其衅"，由蒋琬、费祎、董允等人主政，休养生息，积蓄力量后从长计议再北伐的政策，亲自处理除了对外战争领域之外的国内军政事务。刘禅对于继承了诸葛亮职务和志向的姜维也诸多掣肘，严重地拖慢了北伐的进度。后来，宦官黄皓得了势，蜀汉的政治就越来越糟了。

到了蜀汉灭亡，姜维被乱军所杀，大臣们死的死，走的走。随他一起到洛阳去的只有地位比较低的官员郤正和刘通两个人。刘禅不懂事理，不知道怎样跟人打交道，一举一动全靠郤正指点。

刘禅到了洛阳，司马昭用魏元帝的名义，把他封为安乐公，还把他的子孙和原来蜀汉的大臣共有 50 多人封了侯。司马昭之所以这么做，无非是为了笼络人心，稳住对蜀汉地区的统治罢了。但在刘禅看来，却是恩重如山了。

有一回，司马昭请刘禅和原来蜀汉的大臣参加宴会。宴会中，叫一班歌女为他们演出蜀地的歌舞。

一些蜀汉的大臣看了这些歌舞，想起了亡国的痛苦，伤心得几乎落下眼泪。只有刘禅咧开嘴，美滋滋地看着，就像在他自己的宫里观赏歌舞一样。

司马昭暗暗观察着刘禅的神情，宴会后，他对心腹贾充说："刘禅这个人没有心肝到了这个地步，即使诸葛亮活到现在，恐怕也没法使蜀汉维持下去了！"

过了几天，司马昭在接见刘禅的时候，问刘禅："您现在还想念蜀地吗？"

刘禅乐呵呵地回答说："这里挺快活，我不想念蜀地了。"

站在一旁的郤正听了，觉得太不像话。等刘禅回到府里后，郤正说："您不该这样回答晋王（指司马昭）。"

刘禅说："你看我该怎么说呢？"

郤正说："如果晋王以后再问起您，您应该流着眼泪说：'我祖上坟墓都在蜀地，我没有一天不想那边。'这样说，也许我们还有回去的希望。"刘禅点点头说："你说得很对，我记住了。"

后来，司马昭果然又问起刘禅，说："我们这儿招待您挺周到，您还想念蜀地吗？"

刘禅想起郤正的话，便把郤正教他的话原原本本地背了一遍。他竭力装出悲伤的样子，可就是挤不出眼泪，只好把眼睛闭上。

司马昭看了他这副模样，心里猜出是怎么回事，笑着说："这话好像是郤正说的啊！"

刘禅吃惊地睁开眼睛，傻里傻气地望着司马昭说："没错，没错，正是郤正教我的。"司马昭忍不住笑了，左右侍从也笑出声来。

司马昭这才看清楚刘禅的确是个糊涂透顶的人，不会对自己造成威胁，就没有想杀害他。刘禅的昏庸无能是出了名的。因刘禅小名"阿斗"，所以后来人们常把那种懦弱无能、没法使他振作的人，称为"扶不起的阿斗"。

公元222年

世界大事记：
百济侵新罗，两年后为新罗所败。

西晋醒风

蓄志灭东吴

司马昭灭了蜀汉，又准备进攻东吴。正在这时，他得了重病死了。他的儿子司马炎废掉魏元帝曹奂，自己做了皇帝，建立了晋朝，这就是晋武帝。从公元 265 年至 316 年，晋朝都以洛阳为国都，史称西晋。

西晋政权初步稳定以后，晋武帝司马炎接受羊祜的建议，积极准备攻灭东吴，统一中国。

羊祜是蔡邕的外孙，司马师的小舅子，从小喜欢读书，知识渊博，有辩才，文章写得好。有人把他比作孔子的弟子颜回。

从公元 269 年起，羊祜出任荆州都督，镇守襄阳，很受老百姓的爱戴。他到襄阳的时候，军营里的粮食还不够一百天用的，后来推行屯田政

⊙位至三公铜镜　三国

策，让士兵开垦荒地，粮仓里储满了粮食。他还对东吴军民讲究信用，投降过来的士兵想回去的随他们自愿。有些投降的人，回去后都说羊祜的好话。这样，投降的人就越来越多了。

晋武帝司马炎非常赞赏羊祜在襄阳的政绩，提升他为车骑将军。

羊祜决心采取一套攻心策略，用道义去争取民心。他每回跟东吴交战，一定按照约定的日子，决不偷袭，决不布置埋伏。将士当中有谁向他献计，只要听到话里有欺诈的计策，他就拿出上等的好酒，请献计的人喝，让他喝得醉醺醺的，开不得口。羊祜行军的时候，经过东吴的地界，士兵割了稻谷，也必须报告吃了多少粮食，按价赔偿人家。他出外打猎，每次

⊙羊祜雕像

公元265年

中国大事记：
司马炎废魏帝曹奂，自立为帝，是为晋武帝，国号晋，定都洛阳，史称西晋。

都郑重叮嘱手下将士只准在自己的地界内。碰巧，东吴的将士也在对面打猎，双方各不侵犯。如果有一只飞鸟或者一只野兽，先给吴兵打伤，飞到这边被晋兵抓住，必须送给对方。因此，吴人对他很是敬重，称他为羊公。

羊祜见时机慢慢成熟起来，便积极筹备伐吴。公元 276 年，羊祜上书，请示晋武帝征伐东吴。不料秦、凉二州的少数民族发生了动乱，朝廷大臣纷纷反对出兵东吴，只有杜预和张华赞成，于是建议被搁置下来。

又过了一年多，羊祜病了，他要求回到洛阳来。晋武帝请他坐车进宫，不必叩拜。后来又让他回家养病，不必上朝。接着，就派张华去向羊祜请教征伐东吴的计策。羊祜说："孙皓暴虐昏庸，今天去征伐，一定能够胜他。要是孙皓一死，吴人另立一个有能耐、爱护老百姓的新君，咱们即使有百万大军，恐怕也打不过长江去了。"

过了几天，张华向晋武帝详细报告了羊祜灭吴的谋略。晋武帝接受了羊祜的建议，拜杜预为平安东将军，统率荆州所有的军队。杜预受命后，招集兵马，储备粮草，准备伐吴。正在这个时候，羊祜病故了。

羊祜死后的第二年，杜预攻灭了东吴，统一了中国。在庆祝宴上，晋武帝拿起酒杯对大臣说："讨平东吴，统一天下，是羊太傅的功劳啊！"接着，他带领文武大臣到羊祜的墓前去祭奠，告慰已经安眠于地下的羊祜。

石崇斗富

·门阀制度·

门阀世族是以家族为基础、以门第为标准而形成的地主阶级中的特殊阶层。它的根源最远可以追溯到先秦时期的宗法制度。东汉以来，地主田庄崛起，世家大族在经济上占据了有利的地位，控制了朝廷选官的途径，就形成了累世公卿的显赫家族。九品中正制更加巩固了世族的地位。魏末司马氏夺取曹魏政权，依靠的就是世家大族的支持。因此整个西晋时期，世家大族的势力进一步膨胀，门阀世族制度就这样确立了。从此，地主阶级中的士、庶之别更加严格。门阀世族为了维护自身的特权，就极力地扩大和寒门庶族的差异。他们独自把持政权，完全支配了国家的权力，形成了典型的门阀政治。整个两晋南北朝时期，门阀制度都十分稳定。

全国统一后，晋武帝志满意得，整日沉湎在荒淫生活里。有他带头过奢侈的生活，朝廷里的大臣也仿效他，把摆阔气当作体面的事。

王恺是晋文帝司马昭文明皇后的弟弟，官拜右将军，颇得武帝的宠爱和器重，于是大权在握，欺压百姓，聚敛财富。他与当时的散骑常侍石崇、景献皇后从父的弟弟羊琇三人共称"三大富豪"。

羊琇和王恺都是外戚，他们的权势高于石崇，但是在豪富方面却比石崇逊色多了。石崇的钱到底有多少，连他自己也说不清。石崇的钱是哪儿来的呢？原来他在出任荆州刺史期间，除了疯狂地搜刮民脂民膏外，还干过抢劫的肮脏勾当。有些外国的使臣或商人经过荆州地面，石崇便像江洋大盗一样，公开杀人劫货。这样，他就掠夺了无数的钱财、珠宝，成了当时最大的富豪。

石崇到洛阳后，听说王恺非常富有，就想跟他比一比。他听说王恺家里用饴糖水洗锅子，就命令他家厨房用蜡烛当柴烧火。

王恺为了炫耀自己富有，就在他家门前的大路两旁，用紫丝编成屏障，一直延伸 40 里地。谁要上王恺家，都要经过这 40 里紫丝屏障，才

公元246年

世界大事记：
日本派遣使者访问百济。5年后，百济派遣使者访问日本，此后两国交往密切。

能到达。这个奢华的装饰，轰动了整个洛阳城。

石崇不服气。他用比紫丝贵重的彩缎，铺设了50里屏障，不仅比王恺的屏障长，而且更豪华。

王恺又输了一回。但是他不甘心，他向外甥晋武帝请求帮忙。晋武帝觉得这样的比赛挺有意思，就把宫里收藏的一株两尺多高的珊瑚树赐给王恺，好让王恺在众人面前夸耀。有了皇帝帮忙，王恺来了劲头。他特地请石崇和一批官员上他家喝酒。

宴席上，王恺不无得意地对众人说："我家有一件罕见的珊瑚，请大家一起来观赏怎么样？"王恺边说边让侍女把珊瑚树捧了出来。那株珊瑚有两尺高，长得枝条匀称，色泽鲜艳。大家看了赞不绝口，都说是难得一见的宝贝。

石崇在旁边冷笑了一下，顺手抓起案头上的一支铁如意（一种挠痒痒器物），朝着大珊瑚树正中，轻轻一砸，那株珊瑚被砸得粉碎。

周围的官员们都大惊失色，主人王恺更是气急败坏。

石崇不慌不忙地喊来他的随从，让他回家去，把家里的珊瑚树统统搬来让王恺挑选。

不一会，石崇的随从们搬来了几十株珊瑚树。这些珊瑚中，三四尺高的就有六七株，大的竟比王恺的高出一倍。株株长得条干挺秀，光彩夺目。

周围的人都看呆了。王恺这才知道自己的财富远远比不上石崇，也只好认输了。

晋武帝跟石崇、王恺一样，一面搜刮暴敛，一面穷奢极欲。西晋王朝从一开始就这样腐败不堪了。

⊙ **金谷园图**

此图描绘的是西晋富豪石崇与小妾绿珠在金谷园中的宴乐情景。

周处除"三害"

西晋时期，穷奢极欲的豪门官员比比皆是。但是，另外也有一些正直实干的人，周处就是其中的代表之一。西晋初年，周处担任广汉（今四川广汉北）太守，当地原来的官吏腐败，积下来的案件，有的长达30年没有处理。周处到任后，很快就把积案认真处理完了。后来他到京城做了御史中丞，凡是违法的，无论是皇亲还是国戚，他都敢大胆揭发。

周处原是东吴义兴（今江苏宜兴县）人。他的父亲很早就死了，他自小没人管束，成天在外面游荡。他个子长得比一般人高，力气也大，而且脾气暴躁，动不动就出手伤人，甚至动刀使枪。当地的百姓都害怕他。

义兴附近的山上有一只白额猛虎，经常出来

公元280年

中国大事记：
晋武帝司马炎派兵攻下建业，吴国灭亡，晋国完成了统一大业。

伤害百姓和家畜，当地的猎户也不能把它制服。

当地的长桥下，有一条大蛟（一种鳄鱼），出没无常。过往的船只常常受到威胁。义兴人把周处和南山白额虎、长桥大蛟联系起来，合称义兴“三害”。这“三害”之中，最使百姓感到头痛的要数周处了。

有一次，周处看见人们都闷闷不乐的样子，就问一个老年人：“今年收成挺好，为什么大伙那样愁眉苦脸呢？”

老人没好气地回答：“‘三害’还没除掉，能高兴得起来吗？”

周处第一次听到有“三害”一说，就问：“你指的‘三害’是什么？”

老人说：“南山的白额虎，长桥的蛟，还有你，这就是‘三害’。”

周处愣住了，他没有想到乡间百姓都把自己当作虎、蛟一般的大害了。过了一会儿，他说：“这样吧，既然大家都为‘三害’苦恼，我来除掉它们。”

第二天，周处果然带着弓箭、利剑，进山捕虎去了。在密林深处，随着一阵虎啸，一只白额猛虎窜了出来。周处躲在大树后面，一箭射去，正中猛虎前额，结果了它的性命。

又过了几天，周处穿上紧身衣，带了刀剑跳进水里去找蛟。那条蛟隐藏在水深处，发现有人下水，想过来咬。周处早就提防了，他猛地往蛟身上刺了一刀。那蛟受了重伤，逃向了江的下游。

周处一见蛟没有死，紧紧跟在后面追杀。

三天三夜过去了，周处还没有回来。大家议论开了，认为这回周处和蛟一定两败俱伤，都死在河里了。本来，大家以为周处能杀死猛虎、大蛟，已经挺高兴；这回“三害”都死了，大家更是喜出望外。

周处在第四天回到了家里才知道，他离家后，人们以为他死了，都为之高兴。这件事使他认识到，人们对他平时的行为痛恨到什么程度了。

他痛下决心，离开家乡到吴郡找老师求学。那时，吴郡有两个很有名望的人，一个叫陆机，一个叫陆云。他们见周处诚心诚意要改过自新，就收留了他。

从那以后，周处一面跟陆机、陆云读书学习，一面注意自己的品德修养。过了一年，州郡的官府都征召他去做官。等到晋朝灭掉东吴以后，他成了晋朝的大臣。

白痴皇帝

从魏国的明帝时开始，社会逐渐蔓延开一种奢侈浮华的风气。晋武帝在奢侈风气中又起了带头作用。统一以后，原来节俭的晋武帝追求起奢靡的生活，大兴土木、修建宫殿。晚年的晋武帝因为荒淫过度，身体状况逐渐下降，他不得不考虑继承人的问题。

晋武帝和他的祖父辈都是善于玩弄权术的人，可是他的儿子——太子司马衷却是一个什么都不懂的白痴。朝廷里的大臣都很担心，晋武帝死后，要是让这个低能儿即位，不知道会把朝政搞成什么样子。有些大臣想劝武帝另立太子，但又不敢开口明讲。

晋武帝也有些犹豫。他想试试他的儿子到底糊涂到什么程度。有一次，他派人给太子送去一卷文书，里面提到几件公事，要太子处理一下。

⊙ “富贵万岁”瓦当　西晋

太子的妻子贾妃，是个脑瓜灵活的女人，见到这卷文书，赶忙请来宫里的老师，替太子代做

公元250年

世界大事记：
大和文化在日本兴起。

答卷。那个老师很有学问，写出的卷子引经据典，讲得头头是道。

贾妃看了非常满意，旁边有个太监却提醒她："这份卷子好是好，只是皇上知道太子平常不太懂事，看了这样一份卷子，难免生疑。万一追究起来，事情就不好办了。"

贾妃经他一提醒，明白过来，便让略懂文墨的太监另外起草了一份粗浅的答卷，让太子抄写一遍，给晋武帝送去。

晋武帝一看，卷子虽然写得不高明，但是总算有问必答，可以看出太子的脑子还是清楚的，也就不再想废掉太子的事了。

公元290年，晋武帝病重。这时，太子司马衷已经30多岁了。按理说，30多岁的人可以处理政事了。但是晋武帝还是不放心，临死前立了遗诏，要皇后的父亲杨骏和他叔父汝南王司马亮共同辅政。杨骏想独揽大权，便和杨皇后串通起来，伪造了一份遗诏，指定由杨骏一人辅政。

晋武帝死后，太子司马衷继承皇位，就是晋惠帝。晋惠帝即位以后，根本管不了国家政事，还闹出一些笑话来。

新继位的晋惠帝天生愚钝，呆傻而不明事理。有一天，晋惠帝在皇宫的御花园游玩，见池塘中青蛙正呱呱鸣叫，他扯住一位侍从的衣襟问："青蛙是在为官家叫，还是为私家叫？"侍从早已熟知如何糊弄这位白痴皇帝，便应道："青蛙在官家地里时便为官家叫，在百姓的自家地里时，便是为私家叫。"晋惠帝听后，认为侍从言之有理，还赏了银子给侍从。

有一年，各地庄稼歉收。地方官员把灾情上报朝廷，说灾区饿死很多人。

晋惠帝知道这件事，就问大臣说："好端端的人怎么会饿死呢？"大臣回奏说："当地灾情严重，没有粮食吃。"

惠帝沉思了一下，说："为什么不叫他们多吃点肉粥呢？"大臣们听了，目瞪口呆。

有这样一个白痴当皇帝，西晋王朝难免要闹出乱子来了。

八王之乱

晋武帝统一全国以后，为了保住司马氏的天下，吸取了曹魏皇权太弱的教训，大封自己的子侄兄弟做王，让他们像众星拱月一样来护卫皇室。后来晋武帝又让诸王出任地方都督，诸王既有行政权力，又有数量可观的军队，如此一来，多位王掌握了封国的军政大权。晋武帝完成了分封宗室诸王的政治计划，自以为得计，认为司马氏的统治由此稳固，其实反而种下了祸根。然而，晋武帝没有想到，握有兵权的诸王野心越来越大，最终酿成了大祸。

晋惠帝司马衷即位后，军政大权落到杨太后的父亲杨骏手中。杨骏用阴谋权术，排除异己，引起皇后贾南风与晋宗室的强烈不满。

贾后不甘心让杨骏掌权，就暗中联系宗室诸王，让他们进京除掉杨骏。诸王早已心怀鬼胎，楚王司马玮一接到诏书，马上进了京城。贾后即以惠帝名义下诏，宣布杨骏谋反，在皇宫卫队的配合下，司马玮杀死了杨骏，并灭了他的三族，其他凡是依附杨家的官员也都掉了脑袋。

贾后除掉杨家势力后，为稳定大局，召汝南王司马亮入朝辅政。司马亮也是喜欢操控权柄的人，暗中谋划着夺取司马玮的兵权。贾后感到诸王难以控制，便生出了除掉诸王的想法。她先让惠帝下诏，派司马玮杀了司马亮全家。接着，贾后以司马玮擅杀朝廷重臣的罪名，将司马玮处死。这样，贾后夺得了西晋的全部大权。

可是，贾后没有儿子，她怕大权将来会落到别人手里，就假装怀孕，暗地里把妹夫韩寿的儿子抱来，说是自己生的。有了这个儿子，贾后就决定废掉太子，并且派人把他毒死，立抱来的孩子做太子。这个消息传出去以后，宗室群情激愤，以贾后篡夺司马氏天下为名义，起兵讨伐贾后。赵王司马伦当

公元290年

中国大事记：
晋武帝病逝，其子司马衷即位，为晋惠帝。晋武帝遗诏司马亮与杨骏共同辅政。

⊙八王之乱

即领兵入宫，派齐王司马冏废掉贾后，接着又将她毒死，之后司马伦废掉晋惠帝，自己称了帝。

在许昌镇守的齐王司马冏，听说赵王司马伦当了皇帝，非常不满，他向各处发出讨伐司马伦的檄文，号召大家共同起兵。成都王司马颖、河间王司马颙也有夺取政权的野心，他们和齐王司马冏联合起来，攻杀了司马伦。

齐王司马冏进入洛阳后，独揽大权，沉湎酒色。长沙王司马乂乘机起兵发难，司马颖、司马颙互相声援。司马冏与司马乂打了几年，兵败被杀。司马乂乘机入朝辅政，控制了朝政大权。司马颙见司马乂又独揽了朝政大权，恼羞成怒，随即发大兵讨伐司马乂，与司马颖联合，大举进攻洛阳。正当他们打得昏天暗地的时候，在洛阳城里的东海王司马越乘机偷袭了司马乂，并把他用火烧死了。司马颖也就乘机进入洛阳，做了丞相，控制了政权。

东海王司马越认为自己杀司马乂有功，却没捞到半点好处，很不甘心，就假借惠帝的名义，起兵讨伐司马颖。司马颖挟持着惠帝，到了长安。长安是在河间王司马颙的掌握之中，他看到司马颖兵败势穷，就乘机排挤司马颖，把惠帝控制在自己手里，独揽了朝政大权。

被司马颖打败逃走的东海王司马越见王浚的势力大，就和王浚联合起来，攻打关中。他打败了司马颙，进入长安。后来，司马越又把惠帝和司马颖、司马颙全都带回洛阳，把他们全都杀死，然后，立司马炽做皇帝，这就是晋怀帝。晋怀帝把即位的这一年改年号为永嘉元年(公元307年)。至此，8个王围绕皇权的血腥争夺告一段落。

八王之乱时间长达16年，8个王中死了7个，西晋的力量大大削弱了。此后，北方和西部的少数民族乘乱进攻中原，西晋王朝处在了风雨飘摇之中。

李特起义

八王之乱给百姓带来了无穷无尽的灾难，天灾人祸造成许多地方的农民没有饭吃，被迫离开自己的家乡，成群结队地外出逃荒。这些逃荒的农民叫做“流民”。

公元298年，关中地区闹了一场大饥荒，庄稼颗粒无收。略阳(治所在今甘肃天水东北)、天水等六郡十几万流民逃往蜀地。有个氐族人李特和他兄弟李庠、李流也夹杂在流民队伍中。一路上，李特兄弟常常接济那些挨饿、生病的流民。流民都很感激、敬重李特兄弟。

蜀地的百姓生活比较安定。流民进了蜀地后，就分散在各地，靠给富户人家打长工过活，流民

公元263年

世界大事记：
西西里爆发第三次奴隶大起义。

的生活总算稳定了下来。

可是过了不久，益州刺史罗尚要把这批流民赶回关中去。流民们听到消息，想到家乡正在闹饥荒，回去没有活路，人人都发愁叫苦。李特得知情况后，几次向官府请求放宽遣送流民的限期。并在绵竹设了一个大营，收容流民。不到一个月，流民越聚越多，约摸有 2 万人。

随后，李特又派使者阎彧去见罗尚，再次请求延期遣送流民。阎彧来到罗尚的刺史府，看到那里正在修筑营寨，调动人马，便立即返回绵竹把罗尚那里的情况一五一十地告诉了李特。李特立刻把流民组织起来，准备好武器，布置阵势，防备晋军的偷袭。

到了晚上，罗尚果然派部将带了步兵、骑兵 3 万人，向绵竹大营进攻。

3 万晋军刚进了营地，只听得四面八方响起了一阵震耳的锣鼓声。大营里预先埋伏好的流民手拿长矛大刀，一起杀了出来。这批流民勇猛无比，把晋军杀得丢盔弃甲，四散逃窜。

流民们杀散晋军，知道晋朝统治者不会罢休。大家一商量，一致推举李特为镇北大将军，李流为镇东将军，几个流民首领都被推举为将领。他们整顿兵马，向附近的广汉进攻，赶走了那里的太守。

⊙ 持盾武士俑　西晋

李特进了广汉，打开了官府的粮仓，救济当地的贫苦百姓。流民组成的军队在李特领导下，纪律严明，军威大振。蜀地的百姓平时受尽晋朝官府的压迫，现在来了李特，生活倒安定起来，都非常高兴。

过了不久，罗尚勾结当地豪强势力，围攻李特。李特在战斗中不幸牺牲，他的儿子李雄继续率领流民与晋军战斗。公元 304 年，李雄自立为成都王。两年后，又自称皇帝，国号大成。李雄死后，他的侄子李寿即位，改国号为汉。历史上称之为“成汉”。

刘渊反晋

李雄在成都称王的那一年，北方的匈奴贵族刘渊也自称汉王，反晋独立。

从西汉末年起，有一些匈奴人分散居住在北方边远郡县，他们和汉族人在一起生活久了，接受了汉族的文化。匈奴贵族以前多次跟汉朝和亲，可以说是汉朝皇室的亲戚，后来就改用汉皇帝的刘姓。曹操统一北方后，为了便于管理，把匈奴 3 万个部落集中起来，分为 5 个部，每个部都设一个部帅，匈奴贵族刘豹就是其中一个部的部帅。

刘豹死后，他的儿子刘渊继承了他的职位。刘渊自幼读了许多汉族人的书，文才很好，同时武艺也很高强。后来，刘渊在西晋的成都王司马颖（八王之一）部下当将军，留在邺城，专管五部匈奴军队。

公元 304 年，刘渊回到左国城，匈奴人想借八王混战之机，复国兴邦，便拥戴他做大单于。他集中了 5 万人马，亲自率军南下，帮助晋军攻打鲜卑兵。有人不解地问他：“为什么不趁这个机会灭掉晋朝，反倒去打鲜卑呢？”

刘渊说：“晋朝现在已经腐朽透顶了，灭掉它非常容易，但是晋朝的百姓未必会归顺我们。我看汉朝立国的年代最长，在百姓中还很有影响，

公元316年

中国大事记：
晋愍帝司马邺向汉国中山王刘曜递交降表，西晋历52年而亡。

我们的上代又与汉朝皇室有血缘关系，不如借用汉朝的名义，也许可以得到汉族百姓的支持。”

于是，建国号为汉，刘渊即汉王，尊蜀汉刘禅为孝怀皇帝，建元元熙。刘渊称王建汉后，势力不断增长。石勒造反兵败，率领胡人部众几千人、乌桓部落2000人归顺刘渊，上郡(今陕西北部)四部鲜卑陆逐延、氐酋大单于徵、东莱王弥等也都投奔刘渊，这样形成了一支由匈奴、鲜卑、氐、羌等各族组成的反晋力量，刘渊称帝的意图也渐明显。为给建立帝业做准备，刘渊四处出兵，频繁侵略晋地。永嘉二年(公元308年)冬十月,刘渊正式称帝。公元309年正月,刘渊又根据太史令宣于修建议，正式迁都平阳(今山西临汾西)。因从汾河水中获得治国玉玺，其上面写有“有新保之”，刘渊认为这对自己非常吉祥。

⊙ 匈奴人黄金铠甲

永嘉三年(公元309年)三月，晋将军朱诞归降刘渊，刘渊于是任命朱诞为前锋都督，刘景为大都督，起大军攻晋。洛阳的老百姓虽然恨透了腐朽的西晋王朝，但是更不愿受外族人统治。所以刘渊两次进攻，都遭到洛阳军民的顽强抵抗，没有占到一点便宜。

永嘉四年(公元310年)，刘渊死，刘聪杀刘和而自立为皇帝后，开始攻打西晋淮南各州郡。永嘉五年(公元311年)六月，各路汉军先后攻陷洛阳,俘司马炽,杀王公士民3万余人,纵兵大掠宫内珍宝、财物和宫女，又烧宫庙、官府和平房，史称“永嘉之乱”。同年，晋怀帝被汉兵俘虏到平阳，刘聪封他为会稽郡公，享受三司的礼仪，而且还将小刘贵人嫁给他为妻。

永嘉七年(公元313年)年初，刘聪在光极殿大宴群臣，饭饱酒酣时，命令晋怀帝穿上青衣行酒令取乐。这一情景让晋朝的故臣庾珉、王隽悲愤不已，大声痛哭。刘聪十分生气。二月，刘聪就将晋怀帝和晋朝的旧臣10多个人全都杀害。

晋怀帝被害的消息传到长安之后，太子司马邺举哀服丧，并且于四月即皇帝位，即孝愍皇帝，改元建兴。这时他只有14岁。当时的长安城里住户不超过一百，公私加起来也只有车4辆，文武百官既没有官服，也没有印绶，只有桑版刻上官号罢了，皇帝即位的仪式显得十分凄凉。

建兴四年(公元316年)，汉军在大司马刘曜的统领下，向长安发起强烈攻势。九月，汉军长安的外城被攻陷。在内无粮草、外无援兵之际,愍帝决定向汉军投降。索琳派自己的儿子去见刘曜,想靠请降来表功，没想到儿子被刘曜杀了。晋愍帝只得自己亲自光着上身，乘着羊车出城向汉军请降。汉帝刘聪降愍帝为光禄大夫,封怀安侯。刘曜被封为大都督，并且大赦天下，改元麟嘉。

至此，西晋共经历司马炎、司马衷、司马炽、司马邺四帝，历时52年(公元265 ~ 316年)而灭亡。

西晋灭亡之后，北方的各族人民(主要是匈奴、鲜卑、羯、氐、羌五个少数民族)纷纷起义，许多人像李雄、刘渊一样建立政权，前前后后一共出现16个割据政权，历史上称为“十六国”(旧称五胡十六国，胡是古时候对少数民族的泛称)。

公元268年

世界大事记：
哥特人南下希腊，掠占雅典、斯巴达。

东晋偏安

王马共天下

永嘉元年(公元307年)七月，朝廷命镇守下邳(今江苏睢宁西北)的琅琊王司马睿移镇建邺(今江苏南京)，又任命王衍弟王澄为荆州都督,族弟王敦为扬州刺史。建兴四年(公元316年)十一月，愍帝向刘聪投降，西晋灭亡。

建兴五年(公元317年)三月，晋愍帝被杀的消息传到建邺，琅琊王的僚属全都上表劝司马睿即皇帝位。司马睿(公元276～322年)，字景文,司马懿的玄孙。十日,司马睿于建康即位称帝,是为晋元帝。东晋王朝正式建立。建邺为了避愍帝司马邺的讳,改称建康。司马睿宣布大赦天下,改元建武，文武百官都官升二级。

司马睿在西晋皇族中,地位和名望都不太高。晋怀帝的时候，派他去镇守江南。他还带了一批北方的士族官员，其中最有名望的是王导。司马睿把王导看作知心朋友，对他言听计从。

司马睿刚到建康的时候，江南的一些大士族地主嫌他地位低，看不起他，都不来拜见。司马睿为此常常不安，便让王导想想办法。

王导把在扬州做刺史的王敦找来，两人商定了一个主意。

这年三月初三，按照当地的风俗是禊节，百姓和官员都要去江边“求福消灾”。这一天，王导让司马睿坐上华丽的轿子到江边去，前面有仪仗队鸣锣开道，王导、王敦和从北方来的大官、名士，一个个骑着高头大马跟在后面，这个大排场一下轰动了建康城。

⊙ **武士俑　东晋**
魏晋时期的戎服主要是袍和裤褶服。褶短至两胯，紧身小袖，交领。裤为大口裤，东晋的比西晋的裤腿更大，如今天的女裙裤，上俭下丰，是当时军服的一大特点。

江南有名的士族地主顾荣等听到消息，都跑来观看。他们一见王导、王敦这些有声望的人都这样尊敬司马睿，不禁大吃一惊，怕自己怠慢了司马睿，一个接一个地出来排在路旁，拜见司马睿。

从那以后，江南大族纷纷拥护司马睿，司马睿在建康便稳固了地位。

后来，北方战乱不止，一些士族地主便纷纷逃到江南避难。王导劝说司马睿把他们中间有名望的人都吸收到王府来。司马睿听从王导的意见，前后吸收了一百多人在王府里做官。

司马睿在王导的辅助下，拉拢了江南的士族，又吸收了北方的人才，他的地位就日渐巩固了。

公元317年，司马睿在建康即位，这就是晋

公元329年

中国大事记：
石勒打败前赵刘曜，统一了北方，两年后，石勒称帝，建后赵。

元帝。在这之后，晋朝的国都一直在建康。为了和司马炎建立的晋朝（西晋）区别开来，历史上把这个朝代称为东晋。

晋元帝总认为他能够得到这个皇位，都是凭借王导、王敦兄弟的帮助，所以，对他们特别尊重。他封王导担任尚书，掌管朝内的大权，让王敦总管军事，把王家的子弟封了重要官职。

当时，民间流传着这样一句话："王与马，共天下。"意思是：东晋的大权，由王氏同皇族司马氏共同掌握。

王敦掌握军权后，便不把晋元帝放在眼里。晋元帝也看出了王敦的骄横，于是渐渐疏远了王氏兄弟，另外重用了大臣刘隗和刁协。这样，刚刚建立的东晋王朝内部，又出现了裂痕。

石勒读《汉书》

晋元帝即位不久，汉国国主刘聪就病死了。汉国内部也闹起了分裂，刘聪的侄儿刘曜做了国主。他觉得再用汉朝的名义已失去了意义，便在公元319年改国号为赵。汉国大将石勒在与晋朝的征战中，扩大了势力，不愿再受刘曜的管束，也自称赵王。

石勒是羯族人，祖辈都是羯族部落的小头目。石勒年轻的时候居住在并州，后来并州闹饥荒，他和部落失散了。为了生存，他先后给人家做奴隶、佣人。

石勒受尽苦难的折磨，没有出路，就招集一群流亡的农民，组成了一支强悍的队伍。刘渊起兵以后，石勒前去投奔他，并在刘渊部下当了一员大将。

石勒归附匈奴刘氏的汉国后，在名义上是接受汉国的指挥，事实上也得到刘氏指挥下其他部队的声援和配合，从而成为刘氏的一支方面军，驰骋疆场，既助刘氏灭掉西晋，也逐步为自己建立后赵政权打下基础。

石勒从小没有受过汉族文化教育，不识字。他担任大将以后，渐渐懂得要成大事业，光靠武力不行，必须要用脑子，用谋略。后来，他把汉族士人张宾请来为他出谋划策。他还收留了一批北方汉族中家境贫寒的读书人，组织了一个"君子营"。

晋大兴二年（公元319年），石勒于襄国（今河北邢台）称王，下令禁止酿酒，郊祀宗庙时用

⊙ 两赵作战图
两赵大战，前赵溃败。

醴代酒。随之，又实行了一系列安民政策，鼓励农民耕田种地，取得成效。中原农业生产得以逐步恢复，石勒势力逐渐强大，国境也不断扩大。光初十二年（公元329年）九月，他的侄子石虎将前赵兵击溃。立国26年的前赵因此灭亡，秦陇的土地全部属于后赵。建平元年（公元330年）二月，后赵群臣请石勒即皇帝位。于是，石勒自称大赵天王，行皇帝事，立世子石弘为太子，立妃刘氏为王后，任命石虎为太尉、尚书令，封为中山王。这一年九月，石勒正式称皇帝，改元建平，以石弘为皇太子，对所有文武大臣都封赏。

石勒即位后，下诏命令公卿以下官员每年举选贤良方正，以广求人才。石勒自己没有文化，但是对读书人却十分重视。他命令部下，如果捉

公元285年

世界大事记：
儒学传入日本。

到读书人，不许杀害，一定要送到襄国来，让他自己处理。

在张宾的建议下，他又设立了学校，让他部下将领的子弟进学校读书。他还建立了保举和考试的制度，凡是各地保举上来的人经过考核评定，都可以做官。

石勒喜欢书，但自己不识字，就找一些文化人给他读书。他一边听，一边还随时发表自己的见解。

有一次，石勒让人给他读《汉书》，听到有人劝汉高祖封旧六国贵族的后代的那段历史时，他说："唉！刘邦采取这种做法是错误的，这样做还能够得天下吗？"讲书的人马上给他解释说，后来由于张良的劝阻，汉高祖才没有这样做。石勒点头说："这就对啦。"

⊙ 石勒雕像

由于石勒重视文化教育，起用人才，施行开明的政治，后赵初期出现了兴盛的景象。鼎盛时期，其管辖境地南逾淮河，东濒大海，西至河西，北接燕、代。除辽东慕容氏、河西张氏外，后赵尽占北方，隔淮河与东晋对峙。

建平四年（公元333年）石勒病逝，他的侄子石虎杀其子而自立为帝，迁都于邺城（今河北临漳西南）。石虎穷奢极欲，残虐无道。他在长安、邺城大兴土木，建造宫宇无数，奢华无比。为了满足自己荒淫的宫廷生活，他竟征发民间13到20岁的美女3万多人。

此外，石虎穷兵黩武，四处征伐，搞得民生凋敝，百姓痛苦不堪。

后赵太宁元年（公元349年）四月，石虎病亡，后赵乱。永宁二年（公元351年），后赵灭亡。后赵自石勒称赵王，历7主，共32年。

祖逖中流击楫

东晋在江南建国的时候，北方的黄河流域成为匈奴、羯、鲜卑、氐、羌等5个主要游牧民族争杀的战场。这5个少数民族分别建立了自己的国家，相互争霸，不断有国家成立和灭亡。

自从匈奴兵攻占了长安，结束了西晋统治，中国开始进入了历史上所称的"五胡乱中华"时期，即永嘉之乱的民族大迁徙时期。

在这长达130多年的时间里，先后有前赵（匈奴）、后赵（羯）、前燕（鲜卑）、前凉（汉）、前秦（氐）、后秦（羌）、后燕（鲜卑）、西秦（鲜卑）、后凉（氐）、南凉（鲜卑）、西凉（汉）、北凉（匈奴）、南燕（鲜卑）、北燕（汉）、夏（匈奴）等15个政权，连同西南地区氐族建立的成汉，一共16个国家，历史上称之为"五胡十六国"。这十六国与东晋政权处于长期的对峙状态。

那时，祖逖也夹在汹涌如潮的南逃人群中。在他经过淮泗的路上，他让老人和病人坐在自己家的马车上，自己的粮食、衣物与大家一起享用。遇有劫匪，他总是亲率家丁打退他们。南逃路上的祖逖获得了极好的口碑。

公元313年，琅琊王司马睿听说祖逖的声名，又得知他已经到达泗口，便任命他为徐州刺史。

公元333年

中国大事记：
石勒病死，太子石弘即帝位，后石勒的侄子杀石弘而自立，迁都邺城。

⊙ 彩绘闻鸡起舞图　民国　魏墉生　瓷板画
本画源自《晋书·祖逖传》："祖逖与司空刘琨俱为司州主簿，情好绸缪，共被同寝。中夜鸡鸣，蹴琨觉曰：'此非恶声也'。因起舞。" 祖逖立志为国效力，与刘琨互相勉励，半夜鸡啼起床舞剑。后成为有志者及时奋发的典故。

后又调任军谘祭酒，驻防京口（今江苏镇江）要隘。祖逖向司马睿进言说："中原大乱，胡人乘机攻进中原，百姓陷入水深火热之中，人人都想起来反抗。只要下令出兵，派一个大将去讨伐乱贼，一定会收复失地。"

司马睿只想偏安东南半壁江山，对于北伐并不抱太大希望，但是听祖逖说得很有道理，就任命祖逖为奋威将军、豫州刺史，发给他1000人吃的粮食、3000匹布，所有甲胄、武器、兵勇，都由祖逖自己解决。

祖逖带着招募的队伍，横渡长江。船到江心的时候，他拿起船桨敲打船舷（文言是"中流击楫"），向大家发誓说："我祖逖如果不能把中原的敌人扫平，就决不返回江南。"

祖逖渡江以后，将队伍驻扎在淮阴，又命人打造兵器，招兵买马，很快聚集了数千人。祖逖见士气旺盛，亲自率领人马进攻谯城（今属安徽亳州），又连续攻破石勒的各地割据武装。至此，祖逖名噪大江南北，北方戎狄贵族闻风丧胆。祖逖乘胜出击，派部下韩潜分兵进驻河南封丘，自己则进驻雍丘（今河南杞县），成为掎角之势，黄河以南的土地都回归东晋了。

祖逖北伐得到了中原人民的响应和支持，北伐队伍迅速扩大。祖逖身先士卒，不蓄私产，与将士同甘苦。北伐战争取得一定的成就，迫使石勒不敢窥兵河南。

就在祖逖积谷屯粮、厉兵秣马准备继续北伐、收复黄河以北的土地时，司马睿却任命了戴渊为豫州都督，叫祖逖听他指挥。

祖逖受到了主张偏安、不思进取的朝人牵制，很难施展北伐的抱负了。他心里又是忧虑，又是气愤，终于身染重病，郁郁而亡。

祖逖的北伐事业虽然没有完成，但他中流击楫的气概被后人所称颂。

虎头三绝顾恺之

顾恺之（约公元345 ~ 406年）字长康，又字虎头，晋陵无锡（今江苏无锡）人。他很有天才，少年就成名。相传顾恺之20岁左右时，高僧慧力在建康募捐修建瓦棺寺。为了帮助慧力筹集捐款，顾恺之便在寺内白壁上画了一幅维摩诘像，这幅画像神采焕发，宛如真人，轰动一时，观者赞赏不绝，施钱很快超过100万。谢安非常器重他，以为"有苍生以来，未尝见之"。

顾恺之多才多艺，工诗赋、书法，尤擅绘画，尝有"才绝、画绝，痴绝"之称，他字虎头，因此人称"虎头三绝"。他的画多是人物肖像及神仙、佛像、禽兽、山水等。顾恺之的人物画的特色是"传神"。为了达到传神的效果，他在画人物时很注重"点睛"。据说，他曾经等了好几年，才为自己画中的人物"点睛"。

顾恺之创作丰富，传世的作品有文献可考者60余件，现存代表作《洛神赋图》、《女史箴图》、《列女仁智图》等，皆为后代摹本。

公元289年

世界大事记：
罗马爆发阿拉狄翁领导的奴隶起义。

《洛神赋图》取材于魏陈思王曹植（字子建）的名篇《洛神赋》。曹子建在《洛神赋》中以神话故事曲折地表达自己失去爱情的痛苦，反映出曹氏家庭矛盾的尖锐，同时也反映出礼教束缚给男女青年带来的精神上的悲苦，题材很有意义。顾恺之利用绘画手段再现了文学原作的主题，生动感人。画卷从曹子建和他的随从在洛水看到洛神起，到洛神离去为止，全卷交织着欢乐、哀怨、怅惘的感情。作品构思巧妙，表达人物内心活动十分细腻。曹子建的精神依依难舍，怅然若失，浸沉在沉思默想之中，而洛神的回眸顾盼，含情脉脉，与神采飞动的境界相互生色。正如他自己曾说的，达到“悟通神化”的地步。

《女史箴图》是根据西晋文学家张虎华所撰《女史箴》一文而作的长卷。“女史箴”就是劝诫妇女的道德箴言。相传，此文是为讽喻当时的贾皇后而写的。《女史箴图》原作12段，现存9段。第四段绘有两名妇女对镜梳妆，另一女人对镜端详，画的右面有几行字大意是告诫妇女德行的修养比容貌的修饰更重要。画中线条非常纤细，如春蚕吐丝。

顾恺之的画对后世有深远影响，后人评论他的画“意存笔先，画尽意在”，“清淡雅奕，不求藻饰”，其笔法如春蚕吐丝，线条似行云流水，轻盈流畅，遒劲爽利，称为“铁线描”，与师承他的南朝陆探微、梁代张僧繇，并称“六朝三杰”。世人曾这样评价三人的作品：“像人之美，张得其肉，陆得其骨，顾得其神，神妙无方，以顾为最。”

顾恺之还著有《论画》、《魏晋胜流画赞》、《画云台山记》等绘画理论著作，提出并阐发了“以形写神”、“迁想妙得”的理论，对中国画的发展产生重大影响，国画界尊崇他为“画祖”、“画圣”。

⊙《洛神赋图》局部　东晋　顾恺之

此图取材于魏国曹植名篇《洛神赋》，表现作者由京师返回封地的途中与洛水女神相遇而产生爱恋的故事。全图采用长卷形式，分段描绘赋中的情节：开始是曹植在洛水边歇息，女神凌波而来，轻盈流动，欲行又止；接下来表现女神在空中、山间舒袖歌舞，曹植相观相送；最后女神乘风而去，曹植满怀惆怅地上路。各段之间用树石分隔，并以舟车无情地飞驶离去反衬人物的依依不舍之情，极为传神。

公元334年

中国大事记：
陶侃病逝，他明毅善断，被赞为“机神明鉴似魏武，忠顺勤劳似孔明”。

陶侃搬砖

祖逖死后，东晋王朝连续发生几次内乱。晋元帝想削弱王氏的势力，王敦一怒之下，起兵攻进了建康，杀了一批反对他的大臣。到了元帝的儿子晋明帝即位后，王敦又一次攻打建康，结果以失败告终，他不久也病死了。后来晋成帝(明帝的儿子)在位时，历阳(今安徽和县)镇将苏峻起兵反叛，攻进了建康。东晋朝廷派荆州刺史陶侃出兵平叛，花了两年时间，才把苏峻的叛乱平定了。

陶侃原是王敦的部下。后来，陶侃立了战功，做了荆州刺史。有人妒忌他，在王敦面前说他坏话。王敦把他调离到广州。那时候，广州是很偏僻的地方，调到广州等于是降了他的职。

陶侃到了广州，并没有灰心。他每天早晨把一百块砖头从书房里搬到房外；到了晚上，又把砖头搬运到屋里。每天都这样做，别人看了感到很奇怪，忍不住问这是做什么。

陶侃说：“我虽然身在南方，但心里一刻都没有忘记收复中原。如果闲散惯了，将来国家一旦需要我出力，怎么能担当得了重任呢？所以，我每天借这个锻炼身体。”

王敦死后，东晋朝廷把陶侃提升为征西大将军兼荆州刺史。荆州的百姓听到陶侃回来，都跑出来欢迎他。

虽然提升了官职，可陶侃还是谨慎小心。荆州衙门里大大小小的事情，他都要亲自过问，从来不放松。

他手下的一些官吏，经常喝酒赌博，因此而耽误了公事。陶侃知道后，非常生气。他吩咐人把酒器和赌具全都没收并毁掉，还鞭打了那些官吏。从这以后，谁都不敢再赌博喝酒了。

有一天，陶侃到郊外去巡视，看见一个过路人一边走，一边随手摘了一把没有成熟的稻穗，拿在手里玩弄。陶侃马上命令兵士把这个人捆绑起来，狠狠地打了一顿。

人们听说刺史这样爱护庄稼，种田就更有劲了。荆州地方也渐渐富裕起来。

陶侃一生带了41年的兵，由于他执法严明，公正无私，大家都很佩服他。在他管辖的地区，社会秩序井然，真做到了夜不闭户、路不拾遗！

咸和九年(公元334年)，陶侃告老还乡，途中病逝于樊溪，享年76岁，

陶侃不仅忠顺勤谨，为官清廉，而且文采极佳。他“喜文辞，行文如流”，名篇有《祖国赋》、《逊位表》，著有文集二卷行世。

书圣王羲之

在东晋时期，王氏是门第高贵的士族，当时有“王马共天下”的说法。在王氏家族中，出了一个大书法家，他就是王羲之。

王羲之从小酷爱书法，七岁时就开始练习写字。传说他在走路、休息的时候，也用手指比划着练字，仔细揣摩字体的结构和笔法，心里想着，手指在自己身上一横一竖、一笔一划地比划着。日子长了，衣服都被他划破了。他每天写完了字，总是要到自己门前的池塘里去洗刷毛笔和砚台，久而久之，池塘里的水都变成黑色的了。

由于王羲之长期勤学苦练，他的书法达到了炉火纯青的境界。谁能得到他的字，就像获得珍宝一样。据说，山阴地方有个道士很喜欢王羲之的书法，想请王羲之给写一本《道德经》。可是，他知道王羲之不肯轻易替人抄写经书。后来，他听说王羲之最喜欢白鹅，常常摹仿鹅掌划水的动作来锻炼手腕，以便运起笔来更加强劲而灵活。于是他就买了几只小白鹅，精心喂养。几个月以

公元295年

世界大事记：
波斯攻占罗马保护国亚美尼亚。

后，鹅长大了，全身羽毛丰满，非常可爱。道士故意把鹅放在王羲之时常经过的地方。一天，王羲之经过那里，看见这些羽毛洁白，姿态美丽的白鹅后，心里有说不出的喜欢，就向道士提出要买下这一群鹅。道士说："鹅是不卖的，不过，如果你能给我写一本《道德经》，我就把这群鹅赠送给你。"王羲之毫不犹豫地答应了，当场写好了一本《道德经》，交给了道士，带走了这群鹅。

王羲之出生在东晋大族士家，本来可以平步青云，做很大的官，可他喜欢逍遥自在，不愿做官。后来，扬州刺史殷浩与他关系很好，写信劝他出来，他才任职会稽内史。到那里做官，主要还是因为会稽的风景秀丽，可以娱人性情。王羲之曾经与谢安、孙绰等著名文人到会稽山阴(今浙江绍兴)的兰亭举行宴会。这些文人在兰亭会上乘兴作诗，共得诗37首，编成《兰亭集》。王羲之也在酒酣耳热之时，当场挥笔，为诗集作序，写成《兰亭集序》。这篇作品共有28行、324字，它的章法浑然一体，笔法粗细多变，字形疏密相掺，全篇"遒媚劲健，绝代所无"，连墨气也忽浓忽淡，最能体现王羲之书法的最高境界。全篇二十几个"之"字，字字不同，每个字有每个字

·东床快婿的故事·

太尉郗鉴听说太傅王导家的子侄都是少年才俊，就派了一个门生到王导家求亲。王导听明来意后，就让门生自己去东厢房里随意挑选。王家的公子果然个个眉清目秀，英姿勃发。诸位公子也听说了郗太尉选婿之事，于是个个收拾齐整，在屋子里正襟危坐。只有王羲之一个人袒腹躺在东床上，不把选婿之事放在心上。

门生回去之后对太尉说了王家诸位公子的情况，太尉听后高兴地说道："那个袒腹东床的公子，就是我的好女婿了。"于是，郗鉴就把女儿嫁给了王羲之。

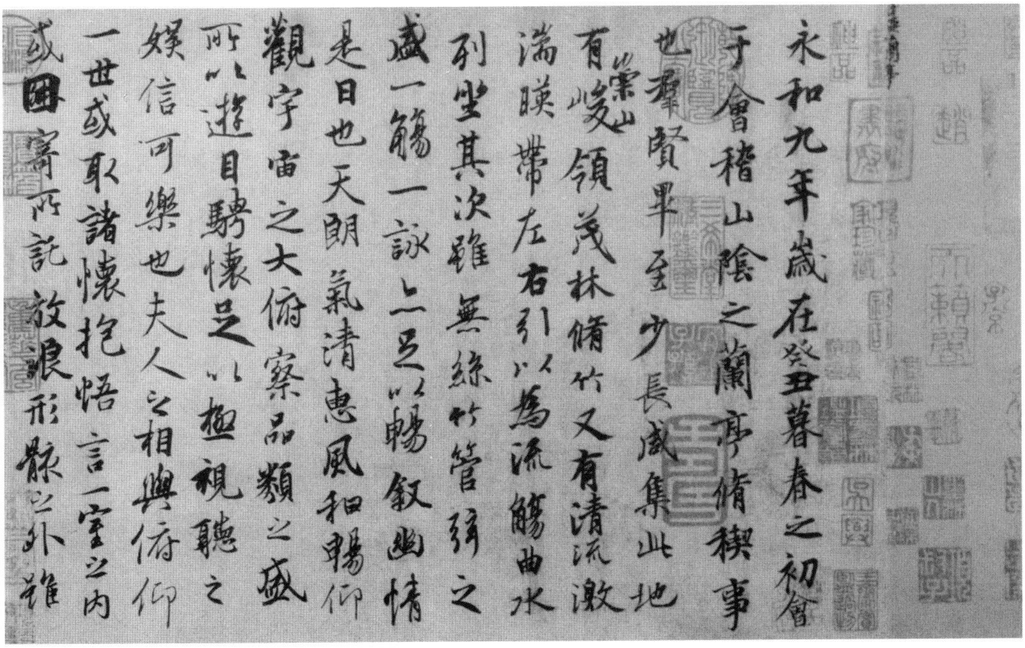

⊙《兰亭集序》帖　东晋　王羲之

公元353年

中国大事记：
晋殷浩北伐失败。王羲之写出《兰亭集序》。

的写法，笔法千变万化，令后人叹为观止。

关于《兰亭集序》有很多有趣的故事。古人每年三月初三，为求消灾除凶，到水边嬉游，称为修禊。东晋永和九年(公元353年)三月初三，大书法家王羲之和当时的名士谢安、孙绰、许询、支遁等42人来到这里修禊，举行了一次别开生面的诗歌会。一群文人雅士置身于崇山峻岭、茂林修竹之中，众皆列坐曲水两侧，将酒觞置于清流之上，任其漂流，停在谁的前面，谁就即兴赋诗，否则罚酒。据记载，在当时参与其会的42人中，11人各赋诗2首。9岁的王献之等16人拾句不成，

⊙ 羲之爱鹅图　清　任颐

王羲之是东晋著名的书法家，相传他常常观察鹅游水的姿势，从中悟出了用笔之法，从而养成了好鹅的性情。他曾经以写一部《道德经》作为筹码换取道士的一群鹅，一时间传为美谈。此画即拟意于此。桥下塘水涟涟，竹叶披纷掩映，两只白鹅游弋水中。桥头王羲之凭栏观鹅，其面目清秀，神情专注，手拿团扇却忘记扇动，尽显儒雅、恬淡之气。身旁童子则以臂、颔撑栏上，一手下垂，双目一眨不眨，姿势自然全神贯注。作者以浓淡墨写意，人物用笔挥洒自如，面部晕染合宜，衬景用墨浓淡相间，尽显雅境之淋漓气息。全画设色淡雅，力脱时习，追古意而极具文人画气息。

各罚酒3觞。王羲之将37首诗汇集起来，编成一本集子，并借酒兴写了一篇序文，这就是著名的"天下第一行书"《兰亭集序》。传说王羲之以后曾多次书写《兰亭集序》都不能达到原来的境界，这不仅验证了艺术珍品需要在天人合一的境界中才可造就，也表明了酒的神力和作用。

《兰亭集序》传到王羲之的后代智永时，由于智永出家当了和尚，临终时将它传给弟子辩才。辩才擅长书画，将《兰亭集序》珍藏在梁间暗槛之中。酷爱王羲之书法的唐太宗遍求兰亭真本，终于了解到它的藏处，于是想方设法谋取，但辩才始终不透露真情。唐太宗无奈，便派御史萧翼专程赶到越州设计骗取真迹。萧翼扮成一个穷书生，带着二王(即王羲之和王献之)的一些杂帖拜访辩才，同他交了朋友。两人经常饮酒赋诗，评论二王书画，在酒酣耳热之时，辩才终于透露出他藏有《兰亭集序》的真本。辩才将萧翼视为"好友"从而失去了警觉，将兰亭真迹置于桌案之上，不再放回梁间暗槛。终于有一天萧翼得知辩才外出，便潜入僧房盗走了兰亭真迹。萧翼偷走兰亭真迹后，来到地方官处，命令地方官传辩才来叩见朝廷御史。辩才到后，萧翼对他说明自己乃是奉圣旨来取兰亭真迹的，现在已经到手，特意唤他来告别。辩才听后，气昏在地，惊悸痛惜而死。唐太宗得到王羲之真迹后，令人摹刻翻拓，赐给他的皇子近臣，他临终时又将《兰亭集序》作为陪葬品埋入昭陵。从此这"天下第一行书"长埋地下，人们再也看不到它的真面目了。而后世流传的都是历代书法家的摹仿之作，难怪诗人陆游诗曰"茧纸藏昭陵，千载不复见"，为此叹息不已。

王羲之的作品虽然都遗失了，但他的书法对后世有着深远影响，唐代欧阳询、虞世南、褚遂良、薛稷、颜真卿、柳公权，五代杨凝式，宋代苏轼、黄庭坚、米芾、蔡襄，元代赵孟頫，明代董其昌，历代书学名家无不学习他。清代虽以碑学打破帖学的范围，但王羲之的书圣地位仍未动摇。他的行书艺术成为后世无法攀越的高峰，世代名家巨子通过比较、揣摩，无不心悦诚服，推崇备至。

公元303年

世界大事记：
戴克里先发布敕令，禁止基督教徒举行宗教仪式，并处死大批基督教徒。基督教遭遇历史上规模最大的一次迫害。

桓温北伐

桓温是东晋时谯国龙亢（今安徽怀远）人。桓温的父亲叫桓彝，在苏峻之乱中，被苏峻将领韩晃杀了。那一年桓温刚满15岁，他得知父亲被人杀害的消息后，悲痛欲绝，发誓要为父报仇。桓温长到18岁时，曾参与策划杀他父亲的江播死了，于是他怀揣刀剑大闹灵堂，杀了江播儿子江彪等6人。

生长在永嘉乱世中的桓温，青年时代就崭露头角。晋穆帝永和三年（公元347年），任职安西将军的桓温奉命率兵讨伐蜀地李势。

两军刚交兵时，形势对晋军极为不利，桓温的部下参军龚护战死，桓温的马也中了箭，桓温慌忙命令撤退。但击鼓士兵误解了桓温的意思，反而擂起了前进的战鼓，三军将士奋勇向前。李势完全没有料到桓温攻势这样猛烈，抵挡不住，连夜逃到葭萌关，后来，又派人求降。桓温大军浩浩荡荡进入成都，成汉王朝就这样灭亡了。桓温因此被提升为征西大将军，封临贺郡公，一时间声震朝野。

桓温灭掉成汉王朝，给东晋立了大功。但是东晋王朝内部矛盾很大，晋穆帝表面上提升了桓温的职位，暗地里却猜忌他。桓温要求北伐，晋穆帝没有同意，另派了殷浩带兵北伐。

殷浩出兵到洛阳，被羌族人打得大败，死伤了1万多人马。桓温再次上奏章要求朝廷将殷浩撤职办罪，并再次提出北伐。晋穆帝没办法，只好撤了殷浩的职，同意桓温带兵北伐。

永和十年（公元354年）二月，桓温率4万大军从江陵出发，经襄阳，出武关，越秦岭，大军直指关中，讨伐由氐族人苻氏建立的前秦政权。这是桓温第一次北伐。

前秦王苻坚派太子率5万大军与晋军对抗。这年四月，晋、秦两军大战于蓝田，秦军大败。桓温率军占领灞上，抵达前秦都城长安的郊区。当地老百姓纷纷牵牛担酒前来犒劳晋军。老人流涕道："不图今日复见官军！"六月，因军中缺粮，桓温被迫从潼关退兵。秦军跟踪追击，晋军损失1万多人。

⊙ **京口北固山图**

东晋征西大将军桓温曾驻守京口，并有“京口酒可饮，箕可使，兵可用”的豪言。

永和十二年（公元356年）六月，桓温进行第二次北伐，从江陵发兵，向北挺进。八月，桓温挥军渡过伊水，与羌族首领姚襄军二次战于伊水之北，大败姚襄，收复洛阳。桓温在洛阳修复西晋历代皇帝的陵墓，又多次建议东晋迁都洛阳。东晋朝廷对桓温的北伐抱消极态度，只求苟安东南，无意北还，桓温只得退兵南归。到升平三年（公元359年），中原地区被慕容氏的前燕政权所占领。隆和二年（公元363年），桓温被任命为大司马，都督中外诸军事，录尚书事，第二年又兼扬州刺史。桓温身为宰相，又兼荆扬二州刺史，尽揽东晋大权。

太和四年（公元369年），桓温利用执政之机，发动了第三次北伐，讨伐前燕政权。这年四月出

公元359年

中国大事记：
王猛任前秦京兆尹，抑制权豪贵戚，执法严厉又无所顾忌；一年内五次升官，至中书令。

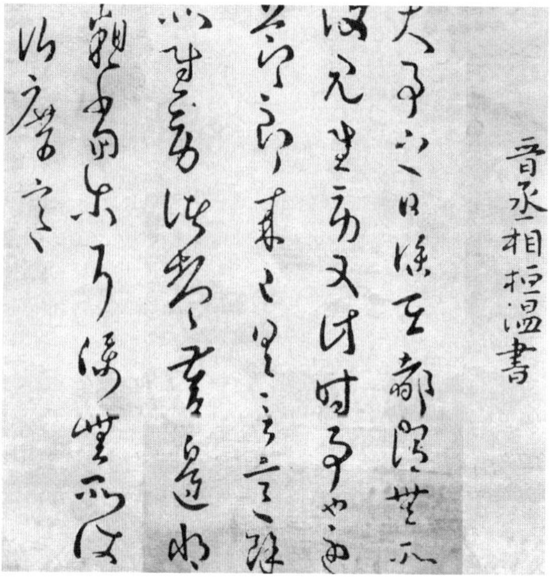

⊙ 大事帖　东晋　桓温

发，六月到金乡(今山东金乡)。桓温率水军经运河、清水河进入黄河，一直进军至枋头(今河南浚县西南，黄河重要渡口)。前燕王任命慕容垂为大都督，率5万军队前往抵御。这时，桓温犯了一个错误，他下令由水路运粮，结果燕军占领石门渡口，切断了水运粮道，桓温军队面临断粮的威胁。无奈之下，桓温只好命令全军撤退。退兵时，遭到了慕容垂的拦截，等桓温逃到山阳(今江苏淮安)时，手下已经没有多少人马了。

这次北伐的失利，使桓温已如日中天的威信大大降低了。然而，由于桓温长期掌握东晋的军事大权，他的野心却越来越大。他曾经说："男子汉如果不能流芳百世，也应当遗臭万年。"属下知道他的野心,向他献计，说要提高自己的威信，就先得学西汉霍光的办法，把现在的皇帝废了，自己另立一个皇帝。当时在位的皇帝是晋废帝司马奕。桓温带兵到建康，把司马奕废了，另立一个司马昱当皇帝，这就是晋简文帝。桓温当了宰相。

桓温改立新帝后，开始陷害一些政见与他不合的皇族和大臣，将殷、庾两大强族的势力削除殆尽。咸安二年(公元372年)六月，简文帝去世。桓温原本指望简文帝司马昱禅位于他，或自己摄理朝政，但大失所望。桓温于是拒绝入朝，直至宁康元年(公元373年)二月才到建康朝见孝武帝，并带兵入朝。群臣惊慌失措。由于侍中王坦之、吏部尚书谢安应付自如，桓温才没有发难，晋朝得以安宁。三月，桓温退兵。七月，桓温在姑孰病死，终年61岁。

扪虱谈天下

公元316年，早已被八王之乱弄得焦头烂额的西晋王朝寿终正寝了。在此前后，中国北方开始陷入十六国纷争的泥淖，而南方立足未稳的东晋政权也处于风雨飘摇的险境。就是在这样杂乱无章、硝烟弥漫的历史画面上，出现了两个名臣贤相的身影，"关中良相惟王猛，天下苍生望谢安"，两人分别留下了各自的精彩。

桓温第一次北伐时，将军队驻扎在灞上。有一天，有个穿着破旧短衣的读书人来军营求见桓温。桓温很想招揽人才，一听来了个读书人，便马上请他进来相见。

这个读书人叫王猛，从小家里很贫穷，靠卖畚箕谋生。但是他喜欢读书，很有学问。当时关中士族嫌他出身低微，瞧不起他，但他毫不介意。有人曾经请他到前秦的官府里做小官吏，他不愿意去，后来索性在华阴山隐居了下来。这回他听说桓温来到关中，特地到灞上求见桓温。桓温很想知道王猛的学识才能究竟如何，便请王猛谈谈当今的天下形势。

王猛把南北双方的政治军事形势分析得清晰明了，见解也很精辟，桓温听了暗暗佩服。王猛一边谈，一边把手伸进衣襟里摸虱子(文言是"扪

公元310年

世界大事记：
罗马皇帝君士坦丁一世夺占西班牙。

虱”)。桓温左右的侍从见了，都忍不住想笑。但是王猛却旁若无人，照样谈笑自若。

桓温看出王猛是一个难得的人才，从关中退兵的时候，他再三邀请王猛跟他一起走，还封他一个比较高的官职。王猛知道东晋王朝的内部不稳定，就拒绝了桓温的邀请，又回华阴山去了。如此一来，王猛却出了名。

后来，前秦的皇帝苻健死了，他的儿子苻生昏庸残暴，很快就被他的堂兄弟苻坚推翻。

苻坚是前秦王朝中一个有作为的皇帝。他在即位以前，有人向他推荐王猛。苻坚派人把王猛请来相见，两个人一见如故，谈起时事来，见解完全一致。苻坚非常高兴，像刘备得到了诸葛亮一样。

苻坚即位后，自称大秦天王。王猛在他的朝廷里做官，一年里被提升五次，成为他最亲信的大臣。官至吏部尚书、京兆尹等职，主持前秦的政务长达16年。他为政期间对内整顿吏治，压制不法贵族，重视农业生产，增加财政收入，对外加强战备，使得前秦的国力迅速强大，为统一北方奠定了基础。

有了王猛的帮助，苻坚镇压豪强，整顿内政，前秦国力日渐增强。王猛兼任京兆尹的时候，太后的弟弟、光禄大夫强德强抢人家的财物和妇女。王猛一面逮捕了强德，一面派人报告苻坚。等到苻坚派人来宣布赦免强德时，王猛早已把强德杀了。以后几十天里，长安的权门豪强、皇亲国戚有20多人被处死、判刑、免官。从此以后，谁也不敢胡作非为了。

⊙ 王猛像

王猛出身布衣，为人不拘小节。与当时东晋安西将军桓温畅谈天下局势时，把手伸进衣襟里摸虱子，桓温左右随从窃笑，王猛谈笑自若，旁若无人。后来襄助苻坚治理前秦，使前秦国势强盛一时。

苻坚赞叹说：“我现在才知道国家要有法制啊。”

前秦在苻坚和王猛的治理下，国力越来越强大。在十几年内，前秦先后灭掉了前燕、代国和前凉3个小国，黄河流域地区全成了前秦的地盘了。

公元375年，王猛得了重病。王猛对前来探望他的苻坚说：“东晋远在江南，又继承了晋朝的正统，现在内部和睦。我死之后，陛下千万不要去进攻晋朝。我们的敌人是鲜卑和羌人，留着他们终归是后患。要保证秦国的安全，就一定要先把他们除掉。”

⊙ 苻坚墓

公元375年

中国大事记：
晋谢安任扬州刺史，桓冲任徐州刺史。王猛死，临终时劝苻坚不可图晋。

苻坚一意孤行

王猛活着的时候，苻坚对他言听计从。苻坚励精图治，整饬军政、提倡儒学、广兴学校、鼓励农耕、兴修水利，使得前秦获得了长足的发展。经过多年经营，前秦国力日渐强盛，为统一北方准备了条件。从公元370年开始，苻坚先后攻灭前燕、仇池氐族、前凉和代，统一了北方，并进军西域。其疆域东极沧海，西并龟兹，南包襄阳，北尽沙漠，成为十六国中最强大的政权。但是王猛临死留下的忠告，苻坚却没有听。

王猛把鲜卑人和羌人看成前秦的敌手，但是苻坚却信任从前燕投降来的鲜卑贵族慕容垂和羌族贵族姚苌。王猛劝他不要进攻东晋，但苻坚却一定要进攻东晋，非把它消灭不可。

公元382年，苻坚认为时机成熟，就下决心大举进攻东晋。苻坚把大臣们都召集来，在皇宫的太极殿里商量出兵的事。苻坚说："我继承王位将近30年了，各地的势力差不多都平定了，只有东南的晋朝，还不肯降服。我们现在有97万精兵，我打算亲征晋朝，你们认为怎么样？"

大臣们纷纷表示反对。到后来，苻坚不耐烦了，他说："你们都走吧。还是让我来决断这件事。"大臣们见苻坚发火，谁都不再说话，一个个退出宫殿。最后，只剩下苻坚的弟弟苻融没走。

苻坚把苻融拉到身边，说："自古以来，国家大计总是靠一两个人决定的。今天，大家议论纷纷，没有得出个结论。这件事还是由咱们两人来决定吧。"

苻融面露难色地说："我看攻打晋朝不是很

⊙ 东晋时期的瓷器

公元320年

世界大事记：
印度笈多王朝建立。印度历史始有明确记载。

有把握。再说，我军连年打仗，兵士们疲惫不堪，不想再打了。今天这些反对出兵的，都是忠于陛下的大臣。希望陛下采纳他们的意见。”

苻坚没料到苻融也反对出兵，马上沉下脸来，说：“连你也说这种丧气的话，太叫人失望了。我有百万精兵，兵器、粮草堆积如山，要打下晋国这样的残余敌人，还怕打不赢吗？”

面对一意孤行的苻坚，苻融苦苦劝告说：“现在要打晋朝，不但没有必胜的把握，而且京城里还有许许多多鲜卑人、羌人、羯人，都是潜在的隐患。如果他们趁陛下远征的机会起来叛乱，后悔都来不及了。陛下还记得王猛临终前的遗言吗！”

此后，还有不少大臣劝苻坚不要进攻晋国。苻坚一概不理睬。有一次，京兆尹慕容垂进宫求见。苻坚让慕容垂谈谈对这件事的看法。慕容垂说：“强国灭掉弱国，大国兼并小国，这是自然的道理。像陛下这样英明的君王，手下又有百万雄师，满朝都是良将谋士，要灭掉小小晋朝，没有问题。陛下只要自己拿定主意就是，何必去征求别人的意见呢。”

苻坚听了慕容垂的话，喜笑颜开，说：“看来，能和我一起平定天下的，只有你啦！”

苻坚不听大臣们的劝说，决心孤注一掷，进攻东晋。他派苻融、慕容垂当先锋，又封姚苌为龙骧将军，指挥益州、梁州的人马，准备出兵攻晋。

谢安东山再起

公元383年八月，苻坚亲自统率97万大军从长安出发。一时间，大路上烟尘滚滚，步兵、骑兵再加上车辆、马匹、辎重，队伍浩浩荡荡，绵延千里。

一个月后，苻坚主力到达项城（在今河南沈丘南）。与此同时，益州的水军也沿江顺流东下，黄河北边来的人马也到了彭城（今江苏徐州市）。前秦的军队从东到西拉开一万多里长的战线，水陆并进，直扑江南。

消息传到建康，晋孝武帝和京城的文武百官都乱了手脚。晋朝军民都不愿让江南陷落在前秦手里，大家都盼望宰相谢安拿出对敌策略。

谢安是陈郡阳夏（今河南太康）人，士族出身。年轻的时候，与王羲之十分要好，经常在会稽东山游山玩水，吟诗作赋。他在当时的士大夫阶层中很有名望，大家都认为他是个非常有才干的人。但是他宁愿在东山隐居，不愿出来做官。

谢安到了40多岁的时候，才重新出来做官。因为谢安长期在东山隐居，所以后来把他重新出仕称为“东山再起”。

前秦强大起来以后，经常骚扰东晋北面的边境。为此，谢安把自己的侄儿谢玄推荐给孝武帝。孝武帝封谢玄为将军，镇守广陵（今江苏扬州市），掌管江北的各路人马，防守边境。

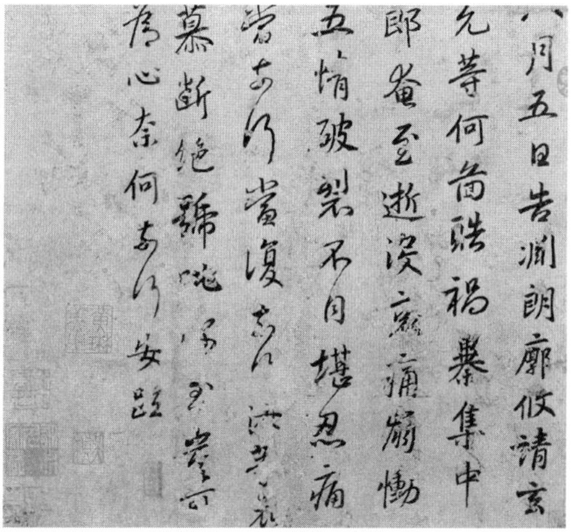

⊙ **行书中郎帖**

谢安史传善书，唐代李嗣真《书后品》赞之曰：“纵任自在，有螭盘虎踞之势。”根据此帖玺印及纸、墨，当属南宋绍兴御书院所临摹的古帖。米芾有《谢帖赞》云：“山林妙寄，岩廊英举。不繇不羲，自发淡古。”

谢玄是个文武全才的人。他到了广陵以后，

公元379年

中国大事记：
著名书法家王羲之去世。王羲之曾任东晋右军将军，人称王右军，号“书圣”。

⊙ 东山携妓图　明　郭诩
东晋谢安曾隐居会稽东山，故后人多以“东山”称之。此图即描绘谢安东山携歌伎游玩之事。

就招兵买马，整顿军队。当时有一批从北方逃难到东晋来的人，纷纷投到谢玄的麾下。他们中间有个彭城人叫刘牢之，武艺高强，打仗也特别勇猛。谢玄派他担任参军，叫他带领一支精锐的部队。后来这支经过谢玄和刘牢之严格训练的人马，成为百战百胜的军队。由于这支军队经常驻扎在京口（今江苏镇江市），京口又叫“北府”，所以人们把它称为“北府兵”。

这次，面对苻坚的百万大军，谢安决定自己在建康坐镇，派弟弟谢石担任征讨总指挥，谢玄担任前锋都督，带领8万军队前往江北抗击秦兵，又派将军胡彬带领五千水军到寿阳（今安徽寿县）去配合作战。

谢玄手下虽然有勇猛的北府兵，但是前秦的兵力比东晋多10倍，敌我兵力对比悬殊，谢玄心里到底有点紧张。出发之前，谢玄特地到谢安家去告别，想让谢安给他出出主意。哪知道谢安像没事一样连句嘱咐的话都没有，等了老半天，谢安还是不开腔。

谢玄回到家里，心里总有些忐忑不安。隔了一天，又请他的朋友张玄到谢安家去，托他向谢安探问一下。谢安一见张玄，也不跟他谈什么军事，马上邀请他到自己建在山里的一座别墅去下棋。整整玩了一天，张玄什么也没探听到。

到了晚上，谢安把谢石、谢玄等将领召集到家里来，把每个人的任务一件件、一桩桩都清清楚楚地交代一遍。大家看到谢安这样镇定自若，也增强了信心，都神情振奋地回军营去了。

那时候，在荆州镇守的桓冲听到形势危急，专门派出3000名精兵到建康来保卫京城。谢安对派来的将士说：“这里已经安排好了，你们都回去加强西面的防守吧！”回到荆州的将士向桓冲复命，桓冲忧心忡忡地对将士说：“谢公的气度确实令人钦佩，但是不懂得打仗。眼下大敌当前，他还那样悠闲自在；兵力那么少，又派一些没经验的年轻人去指挥。我看我们要大难临头了。”

公元325年

世界大事记：
君士坦丁一世规定复活节为每年春分后第一个满月后的第一个星期日。

淝水之战

前秦建元十二年（公元376年），前秦统一北方。建元十九年（公元383年）七月，苻坚不顾群臣反对，举大军攻东晋。八月，苻坚发动近百万大军南下，水陆并进。九月，苻坚的弟弟苻融率30万大军到达淮河前线，进攻寿阳。东晋宰相谢安遣尚书仆射谢石为大都督，以徐、兖二州刺史谢玄为前锋，率军8万前往迎敌。又命龙骧将军胡彬率水军五千援救寿阳。十月，苻坚求胜心切，他等不及各路人马聚齐，便命令苻融进攻寿阳。

寿阳是军事重镇，它的得失对于整个战局的胜负，具有举足轻重的作用。奉命增援寿阳的晋将胡彬，在半路上就接到寿阳失守的消息，只好退守硖石（今安徽寿县西北）。苻融马上命令部将梁成率众5万进攻洛涧（今安徽淮南市东），切断了胡彬与谢石大军的联系。

苻坚到了寿阳，派尚书朱序到晋军大营去劝降。朱序本来是东晋的将领，4年前在襄阳和前秦军队作战时兵败被俘，留在前秦。现在他见晋秦交战，知道自己为东晋出力赎罪的机会到了。他到晋营后，不但没有劝降，反而向谢石提出打败秦军的建议。他说："这次苻坚发动了百万人马攻打晋国，如果全部人马都到了，恐怕晋军无法抵挡。所以，应乘秦军还没集结的时候，赶快进攻秦军前锋。打败了它的前锋，便可挫伤秦军的士气，这样就可以战胜他们了。"

谢石听从了朱序的建议，派战斗力较强的北府兵将领刘牢之带领一支兵马，在夜晚神不知鬼不觉地来到洛涧，向秦军阵地发起突然袭击。正在睡梦中的秦将梁成听到喊杀声，吓出了一身冷汗，慌慌张张地从床上爬起来，上马迎战，结果被刘牢之一刀砍翻，送了性命。

秦军失去主将，四散奔逃，晋军乘胜追击。谢石带领晋军主力渡过洛涧，在离寿阳城只有4里地的八公山下，扎下营寨，与秦军主力隔淝水对峙。苻坚在寿阳城里接到洛涧秦军失利的消息，有些沉不住气了。

过了几天，谢石派人到寿阳城里，送给苻融一份战书，要求定期决战，条件是秦军把阵地向后撤出一些，腾出一块空地作为战场，让晋军渡过淝水决战。秦诸将都反对晋军的建议，苻坚和苻融却同意晋军的条件，说："让我们的士兵稍稍向后退一点，等他们正在渡过的时候，让我们的骑兵冲上去，一定能把他们消灭。"

⊙淝水古战场石碑

公元383年

中国大事记：
淝水之战爆发，苻坚战败，北方重新走向分裂。

⊙ 东山报捷图　明　仇英

谢安（公元 320 ~ 385 年）是东晋的一代名相，《世说新语》中关于他的词条最多，记载也最丰富。图中表现的正是《世说新语》中描述的“东山报捷”场面：报捷的童子侍立在一旁陈述战事的胜利，而谢安仍专心下棋，镇定自如。

谢石、谢玄得到前秦答应后撤的回音后，迅速整顿兵马，指挥渡河。

晋军渡过淝水，勇猛地冲向秦军阵地。朱序见状，就在秦军阵后大声高喊：“秦军败了，秦军败了！”正在后退的秦军，听到喊声，一时也分辨不清是真是假，逃的逃、躲的躲，整个队伍溃不成军。

苻融赶快跑到队伍后面，去拦阻队伍，不料连人带马被挤倒在地。他还没来得及从地上爬起来，就被赶上来的晋军一刀砍死。苻坚见形势不妙，吓得丢下士兵，只顾自己逃命。到洛阳（今河南洛阳）时，苻坚收拾残兵，只剩下十几万人了。

晋军乘胜追击，一口气追赶了 30 多里才收兵。谢石、谢玄连夜派人去建康报捷。当报捷的军士赶回建康的时候，谢安正在与客人下棋，他看过告捷的书信，悄悄地把它搁在床上，不露声色，照常下棋。等到客人问时，才漫不经心说：“孩子们已经打败贼军了。”

陶潜归隐

陶渊明又叫陶潜，浔阳柴桑（今江西九江）人，他祖上世代为官，曾祖父是陶侃，在东晋前期立过大功，曾掌管过八个州的军事，也就是那个每天搬运 100 块砖以锻炼意志的人。不过到了陶渊明的时候，家道已经衰落了。陶渊明小的时候喜欢读书，有“济世救民”的志向，又很仰慕曾祖父陶侃，也想干一番事业。

陶渊明到了 29 岁后，才在别人的推荐下，陆陆续续做了几任“参军”之类的小官。他看不惯官场逢迎拍马那一套，所以在仕途中辗转了 13 年之后，一腔热情便冷了，决心弃官隐居。这里还有一个不为五斗米折腰的故事。

那是陶渊明最后做彭泽县（今属江西）令的时候。他上任之后，叫人把衙门的公田全都种上做酒用的糯稻。他说：“我只要常常有酒喝就满足了。”他的妻子觉得这样做可不行，吃饭的米总得要有啊，就坚决主张种粳米稻。争执来，争执去，陶渊明让了步：200 亩公田，用 150 亩种糯稻，50 亩种粳米稻。陶渊明原想等收成一次再作打算，不料刚过 80 多天，郡里派督邮了解情况来了。县衙内有一个小吏，凭着多年的经验，深知这事马虎不得，就劝陶渊明准备一下，穿戴

公元331年

世界大事记：
君士坦丁一世迁都拜占庭，改名君士坦丁堡。

整齐，恭恭敬敬去迎接。陶渊明听后叹了口气，说："我不愿为了五斗米的薪俸，就这样低声下气向那种人献殷勤。"他当即脱下官服，交出官印，走出衙门，回老家去了。

陶渊明回家以后，下田干起了农活儿，起先只是趁着高兴劲儿干一点。到后来，经济上的贫困逼得他非把这作为基本谋生手段不可，干得就比较辛苦了。他经常从清早下地，直到天黑才扛着锄头踏着夜露回来。

陶渊明同农民的关系很好，对那些达官贵人却是另一副样子。在他55岁那年，他住的那个郡的刺史王弘想结识他，派人来请他到官府里叙谈。陶渊明理都不理他，让他碰了一鼻子灰。后来，王弘想了一个办法，叫陶渊明的一个老熟人在他常走的路上准备好酒菜，等陶渊明经过时把他拦下来喝酒。陶渊明一见酒，果然停了下来。当他们两人喝得兴致正浓的时候，王弘摇摇摆摆地过来了，假装是偶然碰到的，也来加入一起喝酒。这样总算认识了，也没惹陶渊明生气。

几年后，东晋的一代名将檀道济到江州做刺史。他上任不久，就亲自登门拜访陶渊明，劝说陶渊明出去做官，并要送给他酒食，都被陶渊明回绝了。当时在那一带隐居的还有刘遗民、周续之两人。他们同陶渊明合称"浔阳三隐"。事实上，这两个人和陶渊明一点也不一样，他们很有钱，同当官的交往密切。这些人只不过想借"隐居"来找个终南捷径罢了。

在陶渊明看来，真淳的上古之世邈远难求，而现实又如此让人无可奈何，理想的人生社会，只能寄托在文学之中。"一语天然万古新，豪华落尽见真淳。"元好问的评语，精当地点出了陶渊明文学创作的特点。

陶渊明在诗歌、散文、辞赋诸方面都有很高的成就，但对后代影响最大的是诗歌。陶诗现存126首，其中四言诗9首，五言诗117首。他的五言诗沿着汉魏以来文人五言诗的发展方向，进一步向着抒情化、个性化的道路发展。尤其值得指出的是，他把平凡的乡村田园劳动生活引入诗歌的艺术园地，开创了田园诗一派。

陶渊明依恋山水，旷达任真，他说自己"少学琴书，偶爱闲静，开卷有得，便欣然忘食，见树木交荫，时鸟变声，亦复欢然有喜。尝言五六月中，北窗下卧，遇凉风暂至，自谓是羲皇上人。"这样一种贴近自然的天性，赋予他的田园诗以物我浑融的意象和平淡醇美的风格。

他的田园诗主要是组诗《饮酒》、《归园田居》、《和郭主簿》等。诗人笔下的田园景物，既与其现实生活息息相关，又是诗人寄托情感的对象。且让我们听听在《归园田居》一诗中的夫子自道："少无适俗韵，性本爱丘山。误落尘网中，一去三十年。"这是一个天性热爱自然的人，置

⊙ 归去来辞诗意图　明　李在

公元386年

中国大事记：
鲜卑族首领拓跋珪建立“魏”，史称“北魏”。

身于名利场中，无异于锁向金笼的那只渴望自在啼鸣的鸟。归隐之后又是怎样的呢？同一首诗里他这样描写他的田园：

方宅十余亩，草屋八九间。榆柳荫后檐，桃李罗堂前。暧暧远人村，依依墟里烟。狗吠深巷中，鸡鸣桑树巅。户庭无尘杂，虚室有余闲。

地几亩，屋几间，远处青山隐隐，清溪环绕着村郭。房前屋后桃李春花淡淡地开放，榆柳疏疏落落地挂着新枝。暮霭和着炊烟袅袅升起，村落里东一声西一声的狗吠，透过薄雾传来栖息在树上的鸡的鸣叫。这里，人们日出而作，日入而息，一派宁静安乐的小康景象。在渊明的田园诗里，“自然”这一哲学概念，以美好的形象表现了出来。请看著名的《饮酒》之五：

结庐在人境，而无车马喧。问君何能尔？心远地自偏。采菊东篱下，悠然见南山。山气日夕佳，飞鸟相与还。此中有真意，欲辩已忘言。

由于陶渊明在这首诗里的吟咏，酒和菊已经成了他的精神和人格的象征。古人爱酒的不少，但是能够像陶渊明那样识得酒中三昧并且从中体悟人生真谛的却并不多；他写菊的诗也并不多，但就因“采菊东篱下，悠然见南山”这两句诗太出名了，菊便成了陶渊明的化身，也成为了中国诗歌里孤标傲世的高洁意象。

不过，陶渊明毕竟是有高远的人生理想的。当这种理想遭遇现实的棒喝而只能流于空想时，心中的幽愤难平是不可能完全被美酒和秋菊消解的。于是，在田园诗以外，他还写有大量的咏怀咏史的诗。《杂诗》十二首、《读山海经》十三首都属于这一类。在这些诗里，我们分明能够感受到静穆悠远的隐士对现实的憎恶与不安，对人生短促的无限焦虑，和那种强烈压抑的建功立业的渴望。正因如此，荆轲这位敢为知己者死的勇士的失败结局，才在陶渊明的心中激起如此强烈的感慨：“惜哉剑术疏，奇功遂不成。其人虽已没，千载有余情！”《山海经》里的刑天和精卫，也让他激动不已：

精卫衔微木，将以填沧海。刑天舞干戚，猛志故常在。同物既无虑，化去不复悔。徒设在昔心，良晨讵可待！

精卫仅是一只小鸟，而有填海之志，刑天被砍了头，却能以乳为目反抗不止，这种不屈服于命运的精神，表明陶渊明虽身在田园，却仍然渴望着有所作为的壮丽人生。

“千秋万岁名，寂寞身后事”用在陶渊明的身上，再恰当不过了。在他生活的当世，他仅仅是作为一位高雅的隐士被人称道的。当时的社会普遍推崇华丽绮靡的文学风格，他的诗歌朴素冲淡，并不合于当时人的口味。所以在他死后的两百年里，他的文学创作没有引起多大的重视。到了唐代，李白、杜甫也并没有对陶渊明表现出特别的尊崇。但是盛唐的山水田园诗派，明显受到了他的巨大影响。600年后的赵宋王朝，终于出现了一位陶渊明的异代知音，他就是苏轼。在苏轼的心目中，陶渊明在文学史上的地位毫无疑问应该在李杜之上。由于东坡的极力推重，人们终于发现了陶渊明其人其诗的价值。从此陶渊明走出了寂寞的田园。

·《搜神记》·

《搜神记》原本已散佚，今本系后人缀辑增益而成，20卷，共有大小故事454个。所记多为神灵怪异之事，也有一部分属于民间传说。其中《干将镆铘》、《李寄》、《韩凭夫妇》、《吴王小女》、《董永》等，暴露统治阶级的残酷，歌颂反抗者的斗争，常为后人称引。故事大多篇幅短小，情节简单，设想奇幻，极富于浪漫主义色彩。后有托名陶潜的《搜神后记》10卷和宋代章炳文的《搜神秘览》上下卷，都是《搜神记》的仿制品。《搜神记》对后世影响深远，如唐代传奇故事、蒲松龄的《聊斋志异》、神话戏《天仙配》，以及后世的许多小说、戏曲，都和它有着密切的联系。

公元337年

世界大事记：
古罗马帝国皇帝君士坦丁一世卒，波斯对罗马开战。

南北朝并立

刘裕成帝业

刘裕是丹徒县京口里(今江苏镇江)人，小名寄奴儿，出身贫苦，生逢乱世。刘裕的远祖是汉高祖刘邦的弟弟刘交。汉王朝覆灭后，刘氏家族也渐渐没落了。他的祖父刘靖，曾做过东安太守，父亲刘翘却只是个小小的郡功曹。

刘裕一出生，母亲便死了，他也差一点被扔掉。后来，他父亲给他取名裕，即多余的意思。婶母给他取了小名叫寄奴儿，即从小寄养他家的意思。刘裕15岁时，刘翘病死了，他的继母带着他和他的两个异母弟弟艰难度日。刘裕便做草鞋换粮食。生活虽然清贫，但他对继母却是十分孝敬，宁可自己饿肚子，也不让继母没有饭吃。

生活在贫困之中的刘裕，一直怀有建功立业的志向，于是他加入了东晋北府兵的行列，成为了一名士兵。后来，东晋北府兵将领孙元终让刘裕在他身边做了一名亲兵，不久又提拔他做司马。

刘裕后来做了参军，更加勤勉卖力。他三次带兵打败了孙恩，迫使孙恩逃到海上，从而被刘牢之当做心腹爱将，逐渐掌握了北府兵权。

后来，桓玄自立为帝，刘裕起兵讨伐。他联络各方豪杰，于公元404年秋正式开始了他的讨桓行动。刘裕的军队只有2000人，但个个英勇无比，在覆舟山一战，把桓玄的军队打得大败。

公元405年，晋安帝司马德宗回到建康，大封平叛有功之臣，刘裕被任命为都督扬、荆、徐等16州军事，成为了一个封疆大吏。

⊙ 刘裕像

刘裕(公元363～422年)，南朝宋开国君主，字德舆，小字寄奴。为政崇尚简约，实行“庚戌土断”，集权中央。谥武，庙号高祖。

公元409年初，南燕慕容超几次派兵侵犯淮北，杀东晋朝廷命官，抢劫财物，掳掠百姓。刘裕正想找机会立功，便上表请求北伐南燕。刘裕从建康出发，先出兵包围了南燕的国都广固(今山东益都西北)。南燕的国主慕容超着急了，向后秦讨救兵。

后秦国主姚兴派使者到晋军大营去见刘裕，说：“燕国和我们秦国是友好邻国。如果你们一定要逼燕国，我们不会坐视不救。”

刘裕听了使者的话，冷笑着说：“你回去告诉姚兴，我本来想灭掉燕国之后，休整3年再消灭你们。没想到你们愿意送上门来，那就来吧！”

使者走后，有人问刘裕：“您这样做，只怕会激怒姚兴，如果秦兵真的来攻怎么办？”刘裕泰然地说：“俗话说：‘兵贵神速’，他们如果真想出兵，就会偷偷出兵，为什么先派人来通知呢？

公元420年

中国大事记：
刘裕废晋恭帝，登基为帝，建立刘宋王朝，是为宋武帝。

这不过是姚兴虚张声势罢了。他连自己都顾不过来，哪有心思救人呢？”

不出刘裕所料，当时后秦正跟夏国互相攻打，根本无暇出兵救南燕。没过多久，刘裕就把南燕消灭了。朝廷命他兼任青、冀二州刺史，并允许他相机行事。也就是说，他可以自作主张，不必请示朝廷了。

不久，卢循在广州起义反晋，刘裕又率兵南征广州。东晋官兵在刘裕的严令督促下，积极奋战，刘裕带着年仅4岁的儿子刘义隆亲自到前线布防，鼓舞士气。士气高昂的东晋士兵，一举打败了卢循的军队。东晋朝廷又加封刘裕为太尉中书监，加黄钺，从此刘裕正式执掌了朝政大权。

刘裕掌握了大权后，便起了取代晋安帝的念头。晋安帝虽然是个白痴，但生命力却很旺盛。刘裕一心想做皇帝，但苦于安帝不死，便命王韶之入宫，将安帝活活勒死。刘裕见时机还没成熟，就立晋安帝的弟弟司马德文继位，这就是晋恭帝。晋恭帝在刘裕的控制下得过且过，成为了一名傀儡皇帝。

此后，刘裕便培植亲信，铲除政敌。刘毅、诸葛长民、司马休之等与刘裕政见不同的大臣纷纷被罢除。然后，他第二次北伐，克复关中，于义熙十四年(公元418年)受封为相国、宋公。这个时候，刘裕取代东晋的条件已经成熟。

这样勉强过了一年，已经57岁的刘裕觉得自己时日不多了，更加急于当皇帝了。晋元熙二年(公元420年)，手下之人拟好禅位诏，献于刘裕，他拿到晋恭帝处让其抄录，恭帝欣然操笔，书赤纸为“诏”。刘裕筑坛于南部，登上皇位，国号宋，是为宋武帝。刘裕改元永初，定都建康(今江苏南京)，改《秦始历》为《永初历》，废晋恭帝为零陵王。第二年六月，刘裕派人将他毒死，开了杀“禅让”退位者的先例。至此，历时104年、共11帝的东晋王朝结束，南北朝时期开始。

⊙ 骑马武士俑　南北朝

刘裕执政时较开明，减轻赋税，赦免奴客士兵。当了两年皇帝后，刘裕于公元422年病死，终年59岁。

·刘宋元嘉之治·

刘裕建宋以后，大力革新内政，推行改革。他死后，长子刘义符继位，整日耽于游乐，不理朝政，不久便被废掉。刘义隆即位，这就是宋文帝。他是一位很有作为的皇帝。他继承前代的事业，进行了一系列的改革。在政治上，他整顿吏治，加强对地方官的考察监督，同时放宽刑罚，诏求贤才；在经济上，他兴修水利，奖励耕织，减免赋税，积极开展赈灾活动；在社会思想文化建设上，他大力兴复学舍，发展教育。这样，刘宋王朝就出现了政治清明社会安定的大好局面。宋文帝的年号是元嘉，因此历史上把这段清明的统治时期称为“元嘉之治”。

公元348年

世界大事记：
波斯大败罗马于美索不达米亚。

拓跋珪建北魏

前秦淝水之战被东晋打败后，刚统一不久的北方又陷入分裂局面，拓跋珪趁机复国，他创造出“越过坚城，纵深攻击”的战法，以较小代价换取最大收获。在其子拓跋嗣、孙拓跋焘在位时更得到完善，使北魏逐渐发展壮大。

拓跋珪死后，拓跋嗣取得皇位，当时南朝的宋和西疆的大夏赫连氏是北魏的两大威胁。特别是宋在刘裕时曾攻占长安、洛阳，灭后秦，势力扩展到中原心脏，引起了北方诸政权的不安。拓跋嗣政权巩固后，便决心对抗防御宋了。

拓跋嗣调集军队欲攻打南朝宋的洛阳、虎牢、滑台三处要塞。他以奚斤带两万军队渡过黄河，在滑台东面屯营，准备强攻滑台。名臣崔浩谏道：南人擅长守城，从前秦主苻坚攻襄阳，一年都没打下来，损失惨重。如今大军团受阻于小城市，一旦敌人增援保卫，我军处境就危险了。不如遣铁骑四面分兵出击，直至淮河以北，掠夺粮食钱帛，把洛阳、滑台、虎牢三地分割在后方，成为孤城，隔断它们与宋都建康的联系，那么守军久无支援，必然会沿黄河撤退，三城即唾手可得。

拓跋嗣认为很在理，于是命奚斤依计而行。刚开始，奚斤军占领了滑台周围仓桓等小城，使滑台成为孤城；但这时奚斤没有纵深攻击，而是存侥幸心理，率魏军围攻滑台，结果强攻数日未克，奚斤向平城求援。拓跋嗣见奚斤未按计划作战，以致损兵折将，收效甚微，怒不可遏，即命太子拓跋焘留守平城，自率5万大军去增援奚斤。崔浩又谏言：滑台已被围困多日，既已强攻开了，不如继续攻打，指日可下。于是拓跋嗣令奚斤5日内攻下滑台，将功抵罪；再拿不下，二罪归一，决不宽恕。

奚斤率军冒着飞石流矢猛攻滑台，攻势一浪高过一浪。东晋滑台太守久守孤城，早已力不从心，为了活命，欲举城投降，但手下将士不从，太守只好只身逃跑。城中剩余士兵拒不降魏，奋死抵抗，魏军攻入城内，宋军和敌人展开激烈的巷战，力竭城陷。奚斤乘胜追击，前锋直抵虎牢关。拥有绝对优势的北魏军队相继攻占了虎牢、金墉城、洛阳，当年刘裕打下的河南诸地得而复失。

拓跋嗣之后，太武帝拓跋焘用此战法攻占大片土地，并于公元439年统一北方。

檀道济唱筹量沙

宋武帝刘裕在南方建立宋朝后，北魏太武帝拓跋焘正在加紧统一北方的大业。公元439年，太武帝灭了十六国中最后一个小国北凉，终于统一了北方。这样一来，在东晋灭亡后的170年的时间里，我国历史上出现了南北两个政权对峙的局面。南朝先后更换了宋、齐、梁、陈四个朝代；北朝的北魏，后来分裂为东魏、西魏；东魏、西魏又分别被北齐、北周取代。历史上把这段时期称为“南北朝”。

宋武帝只做了两年皇帝，就病死了。北魏趁宋朝举行国丧之机，大举渡过黄河，进攻宋朝，把黄河以南的大片土地都抢去了。宋文帝派檀道济率领大军去征讨。

有一回，魏军进攻济南，檀道济亲自率领将士来到济水边。在20多天里，宋军打了30多个胜仗，一直把魏军追到历城（在今山东省北部）。

这时候，檀道济有点自大起来，防备也松懈了。魏军瞅个机会，派两支轻骑兵向宋军的两翼发起突然袭击，把宋军的粮草全烧光了。军粮一

公元439年

中国大事记：
北魏太武帝拓跋焘灭北凉，统一北方。

断，宋军就没法维持下去了，檀道济便准备从历城退兵。

宋军中有个逃兵，到魏营把宋军缺粮的情况告诉了北魏的将领。北魏就派出大军追赶檀道济，想把宋军围困起来。宋军将士看到大批魏军围上来，都有点惊慌失措。只有檀道济不慌不忙地命令将士就地扎营休息。

当天晚上，宋军营寨里灯火通明，檀道济亲自带着一批管粮的兵士在一个营寨里查点粮食。一些兵士手里拿着竹筹唱着计数，另一些兵士用斗量米。

魏军的探子看见一只只米袋里面都是雪白的大米后，赶快去告诉魏将，说檀道济营里有很多军粮，要想跟檀道济决战，准是又打败仗。魏将得到消息，认为前来告密的宋兵是檀道济派来骗他们上当的，就把那个宋兵杀了。

其实，檀道济在营里量的并不是白米，而是一斗斗的沙子，只是在沙子上覆盖着少量的白米罢了。

天亮以后，檀道济命令将士披甲戴盔，自己则穿着便服，乘着一辆马车，不慌不忙地沿着大路向南转移。魏将经常被檀道济打败，本来对宋军就有点害怕，再看到宋军从容不迫地撤退，说不定他们在哪儿设下了埋伏，不敢去追。

檀道济以他的镇定和智谋，使宋军安全地回师。以后，北魏再也不敢轻易向宋朝进攻了。

檀道济在宋武帝、文帝两代，都立过大功。但是由于他功劳大、威望高，宋朝统治者就对他不放心了。

有一次，宋文帝生了一场病。宋文帝的兄弟刘义康就跟心腹商量说："如果皇上的病好不了，留下檀道济总是一个祸患。"他们就假借宋文帝的名义下了一道诏书，说檀道济有谋反的企图，把檀道济逮捕起来。

檀道济被捕的时候，气得眼睛里像要喷射出火焰来。他恨恨地把头巾摔在地上，说："你们这是在毁掉自己的万里长城！"

檀道济终于被杀了。这个消息传到北魏，魏国的将士都高兴得互相庆贺，说："檀道济死了，南方就没有什么叫人害怕的人啦！"

后来，北魏的军队打到江北的瓜步（今江苏六合）。宋文帝在建康的石头城上向远处遥望，感慨地说："如果檀道济活着的话，胡骑就不会这样横行了。"

⊙檀道济故里碑文

公元360年

世界大事记：
皮克特人和苏格兰人袭击不列颠。
匈奴人入侵欧洲。

高允讲实话

北魏的统治者原本是鲜卑族拓跋部落的人。后来，鲜卑贵族拓跋珪建立了北魏王朝，任用了一批汉族士人，其中最有名望的是崔浩。

崔浩在北魏统一北方的战争中，立了大功，受到北魏三代皇帝的信任。魏太武帝拓跋焘即位后，崔浩担任司徒的高官。由于他派了许多汉族人到各地担任郡守，引起了魏太武帝的不满。

后来，魏太武帝派崔浩带几个文人编写魏国的历史。在崔浩他们做这件事之前，太武帝叮嘱他们，写国史一定要根据实录。

崔浩等人按照要求，采集了魏国上代的资料，编写了一本魏国的国史。当时，皇帝要编国史的目的，原意是留给皇室后代看的。但是崔浩手下有两个文人，偏偏别出心裁，劝崔浩把国史刻在石碑上，还把石碑竖在郊外祭天坛前的大路两旁。

国史里记载的倒是真实的历史，但是北魏的上代没有多少文化，做了许多不体面的事情。过路的人看了石碑，就纷纷议论起来。

有人向魏太武帝告发，说崔浩等人成心揭露皇室的丑事。太武帝一听就火了，下令把写国史的人统统抓起来办罪。

⊙ 本尊如来坐像　云冈石窟　南北朝

公元451年

中国大事记：
史学家裴松之死，他以注《三国志》而闻名。

太子的老师高允也参加了编写工作。太子得到信儿后，非常着急。第二天，高允跟随太子一起上朝。

太子先上殿见了太武帝，说：“高允为人向来小心谨慎，而且地位也比较低。国史案件全是崔浩的事，请陛下赦免了高允吧。”

太武帝召高允进去，问他说：“国史全是崔浩写的吗？”

高允老老实实地回答说：“不，崔浩只抓个纲要。具体内容，都是我和别的著作郎写的。”

太武帝对太子说：“你看，高允的罪比崔浩还大，怎么能宽恕呢？”

太子又对魏太武帝说：“高允见了陛下，心里害怕，就胡言乱语。我刚才还问过他，他说是崔浩干的。”

太武帝又问道：“是这样吗？”

高允说：“我不敢欺骗陛下。太子这样说，只是想救我的命。其实太子并没问过我，我也没跟他说过这样的话。”

魏太武帝看到高允这样忠厚老实，心里有点感动，对太子说：“高允死到临头，还不说假话，这确是很可贵的。我赦免他无罪了。”

魏太武帝又派人审问崔浩。崔浩吓得面无血色，什么也答不上来。太武帝大怒，要高允起草一道诏书，把崔浩满门抄斩。

高允回到官署，犹豫了半天，什么也写不出来。他进宫对太武帝说：“如果崔浩仅仅是写国史，触犯朝廷，不该判死罪。”

魏太武帝认为高允在跟他作对，喊来武士，把他捆绑起来。后来经太子再三恳求，太武帝才把他放了。

后来，魏太武帝到底没有饶过崔浩，把崔浩和他的一些亲戚满门抄斩。但是由于高允的正直，没有株连到更多的人。据太武帝自己说：要不是高允，他还会杀几千个人呢。

魏太武帝在公元452年，被宦官杀了。又过了一年，南朝宋文帝的儿子刘骏继承皇位，这就是宋孝武帝。

谢灵运和鲍照

谢灵运是东晋名将谢玄之孙，他袭封祖上的康乐公爵位，世称谢康乐。谢氏家族为东晋功臣，改朝换代之后，受到刘宋王朝的压制。谢灵运本来是一位热心功名的人，但由于他所代表的王、谢家族与当时的统治者之间存在着矛盾，因而一直得不到重用。他心怀忧愤，无处发泄，便把精神寄托在山水之间。

或许谢灵运是中国几千年来最富有的诗人了。他在政治上的失意，并不影响他的高贵的门第。他在一个叫做始宁的地方建有一座很大的庄园，园中修筑江曲桐亭楼、山中精舍和石门别墅，栽种桃梅百里。这里背山临水，茂林修竹，景致幽雅，如同仙境一般。他就在这里流连山水，同时创作山水诗。这些诗作传到京城里，文士雅客们争相传颂，称赞他才华盖世。他却说：“天下才为一石，子建（曹植）独得八斗。剩下两斗呢，天下人共有一斗，另外一斗则非我谢灵运莫属。”话说到这份上，让人都不知道说他是谦虚还是骄傲。

但是他的确是中国文学史上第一个大力创作山水诗的人。他的创作，扩大了诗歌题材的领域，丰富了诗歌创作的技巧。

在游山玩水的过程中，或沿溪缓行，或登临栈道，或仰观飞泉，或攀摘卷叶，耳目所及，皆以入诗，便成一幅美丽图画。他描写山水景物，主要依据游览时的亲眼所见，运用在当时算是清新自然的语言加以精细描绘。在他笔下，山就是山，水就是水，物就是物，读者感受到的只是自然山水的光彩、动静、声响。

他的创作高潮期是担任永嘉太守以后。离开京城这年夏天，他沿富春江溯流而上，经桐庐转婺江而达金华，然后改由陆路到青田，再顺流而下，直抵永嘉。这一路上景色秀丽，风光明媚，

公元376年

世界大事记：
西哥特人迁入罗马，成为日耳曼民族大迁徙的开端。

谢灵运诗兴大发，写下《七里濑》、《初往新安桐庐口》、《夜发石关亭》等著名的诗篇。到永嘉后他不问政事，纵情游玩，踏遍这里的山山水，写下了诸如《登池上楼》、《登江中孤屿》这样出色的作品。

虽然他就像是一位火候未青的雕刻者，在诗里处处留下斧痕，不过他的佳句实在不少：

野旷沙岸净，天高秋月明。
——（《初去郡》）
池塘生春草，园柳变鸣禽。
——（《登池上楼》）
云日相晖映，空水共澄鲜。
——（《登江中孤屿》）

这些名句语言工整精练，境界清新自然，犹如一幅幅鲜明的图画，从不同的角度向人们展示着美丽的大自然，给人以清新开朗的美感。尤其是“池塘生春草”两句，由于元好问的极力推崇，更是为人所熟知。

鲍照出身寒微，与谢灵运是两个不同的阶层。他少有才名，曾经担任过秣陵令、中书舍人等官职，后来又担任临海王前军参军，在一次战争中为乱军所杀。鲍照曾经自叹“孤门贱生”，不受人重视，一生受尽了歧视和打击。

鲍照的文学成就是多方面的，诗、赋、骈都有名作，而最能体现其特色的，当数七言乐府诗，尤以《拟行路难》十八首为人称道。鲍照有时直抒胸臆，有时则纯用比兴，大抵以抒写悲愤为主。比如第四首：

泻水置平地，各自东西南北流。人生亦有命，安能行叹复坐愁。酌酒以自宽，举杯断绝歌路难。心非木石岂无感，吞声踯躅不敢言！

全诗突出了一个“愁”字，所叹者愁，酌酒为消愁，悲歌为泻愁，吞声不言则更添愁。第六首中说：“对案不能食，拔剑击柱长叹息。丈夫生世能几时，安能蹀躞垂羽翼！”抒发主人公拔剑击柱，仰天长叹，有志难伸而悲愤满怀之情。

在《拟行路难》中还有一些诗，写的是游子、思妇以及弃妇的愁苦之情。如第八首写思妇想念远方的征夫：“床席生尘明镜垢，纤腰瘦削发蓬乱。”借写室内器物的积满尘垢和女主人的懒于妆饰，来表现相思之苦。

除了《拟行路难》之外，《梅花落》也是鲍照七言乐府诗的名作，诗是这样写的：

中庭杂树多，偏为梅咨嗟。问君何独然。念其霜中能作花，露中能作实。摇荡春风媚春日。念尔零落逐寒风，徒有霜华无霜质。

《梅花落》本是汉乐府笛曲。鲍照借此古题，称赞梅花能在严寒中开放，又叹其风华不能长久，显然是用了比兴的手法，借梅花喻人，曲折地流露出对于社会的不满。

鲍照的诗歌创作对于稍后的沈约、谢朓以及唐代诗人都有很大的影响。

⊙ **莲社图　南宋　佚名**

《莲社图》描述东晋时期的高僧慧远在江西庐山虎溪东林寺结盟白莲社的故事。参加莲社的都是当时的名流，有陶渊明、谢灵运、宗炳、刘程之等人。下图表现的是谢灵运骑马而去，陶渊明因为腿病由学生与儿子架抬前往。

公元462年

中国大事记：
祖冲之奏上《大明历》。他首次把圆周率准确数值推算到小数点后7位数。

祖冲之创新历

宋孝武帝期间，出了一个杰出的科学家祖冲之。祖冲之的祖上于西晋末年，为了逃避战乱而迁到江南。他家是科学世家，世代掌管国家的历法。祖冲之在这样的家庭里，从小就读了不少书。他特别喜爱天文学、数学和机械制造，并且常常显示出不凡的才华。到了青年时期，他已经享有博学的名声，受到宋孝武帝的重视，被朝廷聘到学术机关从事研究工作。

祖冲之先后任过南徐州（今镇江市）从事史、公府参军、娄县（今昆山市东北）令、谒者仆射、长水校尉等官职。其主要贡献在数学、天文历法和机械三方面。在机械学方面，他设计制造过水碓磨、铜制机件传动的指南车、千里船、定时器等。此外，他在音律、文学、考据方面也有造诣。他精通音律，擅长下棋，还写有小说《述异记》，是历史上少有的博学多才的人物。

在数学方面，他写了《缀术》一书，被收入著名的《算经十书》中，作为唐代国子监算学课本，可惜后来失传了。

在数学上，祖冲之把圆周率数值准确推进到小数点后7位，成为世界上最早把圆周率数值推算到7位数字的科学家。在圆周率的计算上，我国最早采用周三径一的方法，但祖冲之认为这样得出的数字并不准确。所以，在前人的基础上，他进一步算出更精确的圆周率数据。祖冲之得出的圆周率，其盈数为3.1415927，不足数为3.1415926，也是 π 的数字小于盈数而大于不足数。同时，祖冲之还确定了 π 的两个分数值，其约率为：$\pi=22/7$，密率为：$\pi=335/113$。

祖冲之计算圆周率准确到小数点后第六位，这是当时世界上最先进的成就。从分子分母不超过百位数的分数来说，密率335/113是圆周率值的最佳近分数。为了纪念他这一对数学方面的贡献，人们把圆周率称为“祖率”。直到15、16世纪，外国数学家才打破这个记录。

⊙祖冲之像

中国当时是以农业立国，有着重视和研究天文历法的传统。祖冲之关心国计民生，极为注重天文历法的研究。当时朝廷采用的是《元嘉历》，它是天文学家何承天编订的。祖冲之对这本《元嘉历》作了深入研究和推算后，发现《元嘉历》仍然不够精密。经过长期的实际观测和仔细的验算，并吸取了历代各家历本的成就，他终于重新制订了一部新的历法——《大明历》。

祖冲之经过长期观察，证实存在岁差，并计算出冬至点每45年要回向移动一度，测算出一个太阳年是365.24281481日，与近代科学测得的日数只相差50秒，误差只有60万分之一。

公元462年，年方33岁的祖冲之把《大明历》送给朝廷，要求颁布实行。宋孝武帝命令懂历法的官员对它进行讨论。随即，爆发了一场革新派和保守派的尖锐斗争。

在这场论战中，祖冲之那精辟透彻、理实交融的分析，折服了许多大臣。于是宋孝武帝决定在更元时改用新历。可是，还没多久，宋孝武帝就死了。直到祖冲之死去10年之后，他创制的《大明历》才得以推行。

宋孝武帝死后十几年，掌管宋朝禁卫军的萧道成灭了宋朝。公元479年，萧道成称帝，建立南齐，这就是齐高帝。

公元382年

世界大事记：
波斯铠甲及其制造技术传入中国。

孝文帝改革

自从太武帝被宦官杀死后，北魏政治腐败不堪，不断引起北方人民的反抗。公元471年，北魏孝文帝拓跋宏即位后，顺应历史潮流，实行了一系列汉化改革。

孝文帝改革首先围绕政治、经济制度进行。当时执政的冯太后是孝文帝的祖母，她是颇有才干的女政治家。献文帝死后，5岁的孝文帝继位，她以太皇太后身份临朝称制。

从公元484年开始，冯太后颁布了一系列的改革措施。

第一，整顿吏治，实施俸禄制。北魏前期吏治败坏，地方官员不论政绩好坏，任期都是6年。官吏没有俸禄，生活来源靠自行搜刮，巧取豪夺。冯太后针对吏治的混乱，规定官吏任期由政绩优劣决定，并推行班禄制，即给官吏发俸禄，官吏贪污价值一匹绢以上者一律处死。

第二，实行均田制，发展经济。中原地区经过长期战乱，经济受到严重破坏，土地大片荒芜，世家大族乘机兼并土地，国家财政日益困难。北魏太和九年(公元485年)十月，北魏推行均田制。均田制是北魏政权在奴隶制残余这一特殊历史条件下实行的一种土地分配制度，是封建土地所有制的一种补充形式。同时，均田制使游离的劳动力重新和土地结合起来，扩大了自耕农的数量和政府的纳税面，推动了农业生产的发展和北魏政权封建化的进程。

均田制的具体内容是：一、政府授给均田农民露田。露田只能种植五谷，不许栽种树木，并不许买卖，农民年满70岁或身死后须将田归还官府。二、初授田的男子另给田20亩作为世业，并可终身拥有，但须在3年内栽种桑树50株，枣树5株，榆树3株。三、给予新迁居而来的农民园宅田，每3口1亩，奴婢每5口1亩。四、地方官吏按品级授给公田，刺史15顷，县令、郡丞6顷，不准买卖。五、老幼残疾者没有受田资格。

第三，建立三长制，加强对地方的控制。冯太后废除了宗主督护制，规定5家立一邻长，5邻立一里长，5里立一党长，这三长负责掌管田产、户口，征发租调徭役，维护地方治安等。三长制的建立确立了户籍制度，巩固了地方统治秩序。冯太后的这些改革措施，推动了北方经济的恢复和发展，加强了中央集权。

冯太后病逝后，孝文帝亲政，继续改革，主要进行的是以“汉化”为中心的文治改革。魏都平城地处边塞，气候严寒，农业生产条件差，交通运输也不便利，而迁都是政治经济发展的必然要求，但总是阻力重重。文帝首先取得任城王的支持，并精心编导了一幕“外示南讨、意在谋迁”的喜剧。公元493年，文帝亲率30万大军渡过黄河，进驻洛阳，准备大举南征。当时正值秋雨绵绵，军队疲惫不堪。众大臣纷纷跪在御马前，叩头哭劝，请求停止讨伐南齐。孝文帝让群臣在

⊙ **农耕图　南北朝**

太和九年，北魏孝文帝颁布了均田令，授给平民与奴隶农田耕种，农田不得买卖。均田制以法律形式确认了劳动者对于土地的占有权与使用权。其后，隋唐均沿用并完善了此土地制度。

公元494年

中国大事记：
北魏孝文帝宣布迁都洛阳，实行改革。

南征和迁都之间选择，百官宁愿迁都也不愿冒险南征。公元 494 年，孝文帝把都城迁到洛阳。

迁都洛阳后，孝文帝实行全面汉化政策。从平城迁来的人都得改为洛阳籍，死后也要葬在洛阳。同时，他们都得改穿汉服，学说汉语，并改鲜卑姓为汉姓，号召胡汉通婚。孝文帝改姓为元，并带头娶 4 个汉姓女子做后妃，又为 5 个弟弟娶汉人为妻，并把公主们嫁给汉人。

孝文帝改革是成功的，它缓解了民族矛盾和阶级矛盾，巩固了鲜卑贵族在北方的统治，促进了各民族之间的融合，对中国多民族的统一做出了贡献。

郦道元著《水经注》

在北魏时期，有一本地理学巨著叫《水经注》，他的著者郦道元是我国古代最卓越的地理学家之一。

郦道元 (? ~ 527 年)，字善长，北魏范阳郡涿县 (今河北涿县) 人。

郦道元出生在官僚世家，青少年时代随父亲在山东生活。对当地的风土人情深入了解后，逐渐对地理考察产生兴趣。父亲去世后，道元袭爵永宁侯，在孝文帝身边做官。后来外调，做颍川太守、鲁阳太守和东荆州刺史等职。在辗转各地做官的过程中，他博览群书，并进行实地考察，对当地的地理和历史有了深入的了解和研究。

神龟元年 (公元 518 年)，郦道元被免职回到洛阳。在这期间，他感觉以往的地理著作如《山海经》、《禹贡》、《汉书·地理志》都太过简略，《水经》只有纲领而不详尽。于是，他花费大量心血，广泛参考各类书籍，结合多年的实地考察经验，历时七八年，终于完成地理学名著《水经注》。

郦道元做官时得罪了小人，被他们设下陷阱，派去视察反状已露的雍州刺史萧宝夤的辖区。孝昌三年 (公元 527 年) 十月，郦道元在阴盘驿序 (今陕西临潼东) 时，遭到萧宝夤部队袭击，被残忍杀害。

《水经注》共 40 卷，约 30 万字，文字 20 倍于原书《水经》，共记有 1252 条河流。

《水经注》这部在当时世界地理文献中无与伦比的著作，成就巨大，主要表现在以下四个方面。

其一，在水文地理方面。《水经注》共记载了 1252 条大小河流，按一定次序对水文进行了详细的描述。如河流的发源、流程、流向、分布、水量的季节变化以及河水的含沙量和河流的冰期等。在河源的描述上，有陂池、泉水、小溪以及瀑布急流。全书共记载峡谷近 300 个，瀑布 64 处，类型名称 15 个。《水经注》记载了伏流 22 处，其中有石灰岩地区的地下河和松散沉积孔隙水；记载的湖泊总数超过 500 个，类型名称 13 个，其中有淡水湖也有咸水湖；记载了泉水几百处，其中温泉 31 处。这些为后世研究古今水文变迁提供了重要的参考文献。《水经注》还记载了无水旧河道 24 条，为寻找地下水提供了线索；记载了井泉的深度，为该地区地下水位变化规律提供了依据和参照。

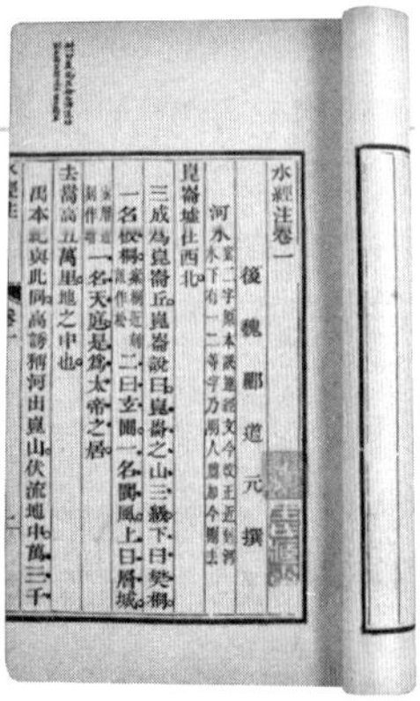
⊙《水经注》书影

其二，在生物地理方面。《水经注》记载了大约 50 种动物种类。不仅明确记载了动物的分布区域，而且记载了各地所特有的动物资料。特别是黄河淡水鱼类的洄游，是世界上该方面现存最早的文献记载。《水经注》还记载了约 140 种植物种类，描述了各地不同类型的植物群落，尤其注重植被状况。

其三，在地质地貌方面。《水经注》记载了 31 种地貌类型名称，山近 800 座；记载了洞穴 46 个，按不同性状结构取不同名称。《水经注》还记载了许多化石，包括古生物残骸化石和遗迹

公元392年

世界大事记：
罗马承认基督教为国教，并下令严禁异教。

化石；记载了矿物约20余种，岩石19种；记载了山崩地震约10余处。其中关于流水侵蚀、搬运和沉积作用的解释，成为古代最早的流水地貌成因理论。

其四，在人文地理方面。《水经注》中记载的农业地理，包括农田水利、种植业、林业、渔业、畜牧业和狩猎业等；工业地理，包括造纸、纺织、采矿、冶金和食品等；运输地理，包括水上运输和陆上运输以及水陆相连的桥梁、津渡等。《水经注》还记载了地名约17000多个，有全面阐释的2134个。

《水经注》是一部杰出的地理学巨著，它是对北魏以前的地理学的一次全面总结，为后世地理研究提供了非常详尽的参考文献。

梁武帝出家

梁朝趁北魏内乱之机，曾几次出兵北伐。但梁武帝出师不利，不但没能占到便宜，还死伤了不少军民。此后，双方都无力征伐，彼此相安无事。

梁武帝没有当上皇帝之前，对百姓和士兵都挺关心，到了登上皇位后，就换了一副面孔。他对皇亲国戚格外宽容，对百姓却尽情搜刮掠夺。他的臣下更是贪得无厌。有人告发他的弟弟萧宏谋反，库里藏有兵器。梁武帝一听，这还了得。他亲自带人去萧宏家搜查，结果看到萧宏家的库房里堆满了布、绢、丝、棉，还有数以亿计的钱财。梁武帝看到没有谋反的迹象，就对萧宏说："阿六呀，你的家当还真不少啊！"

其他的王公侯爷看到梁武帝对此一点也不在意，就更加肆无忌惮地搜刮民脂民膏了。

梁武帝到了晚年，开始崇信佛教，借佛教名义愚弄百姓，搜刮钱财。他修建了一座规模宏大、富丽堂皇的同泰寺为自己诵经拜佛之用，自己装成一副苦行僧的样子，早晚到寺中朝拜。有一次，他到同泰寺"舍身"，表示要出家做和尚。他这一出家做和尚，国中无主，大臣们急得像热锅上的蚂蚁，最后只得去寺中劝他回来。他做了4天和尚，大臣们出钱把他从同泰寺中赎了出来。这样的滑稽剧总共演了4次，大臣们一共花了4亿钱的赎身钱。这笔钱，都转嫁到老百姓身上去了。而且在他最后赎身回宫的那个晚上，竟派人把同泰寺的塔烧了，却说是魔鬼干的。为了压住魔鬼，又下诏要造一座几丈高的高塔来压住，继续叫百官捐钱。

梁朝就这样一天天地衰弱了，就像一个苹果，里头全烂了，外面看不出来，只要有人踏它一脚，就什么都完了。

·佛教的盛行·

佛教传入中国以后，东汉末年开始流行。魏晋南北朝时，身处动乱年代历尽苦难的人们对于现实世界感到无能为力，而佛教教义宣扬众生平等，相信善恶因果，今生不好还可以希望来生，引导人们把希望寄托在佛天的保佑与来生的福报上面。统治者也出于种种原因积极提倡佛教。名僧释道安先后在黄河南北、襄阳、长安等地宣扬佛法，受到了东晋和前秦统治者的格外尊崇，他整理和翻译佛经，编制佛经目录，制定佛教的仪轨和戒律，对于佛教的兴盛起到了很大的推动作用。比释道安稍晚的鸠摩罗什是一位原籍天竺的高僧，他翻译佛经近300卷，当时的僧人聚集在长安，参加译经工作的不可胜数。两晋南北朝的历代统治者，都广修佛寺，大造佛像，佛教盛极一时。

公元557年

中国大事记：
陈霸先建立陈朝，立都于健康，是为陈武帝。

侯景反复无常

梁武帝有一天晚上做了个梦，梦见北朝的刺史、太守都来向南梁王朝投降。这个梦无非是他日思夜想造成的。

20天后，恰好西魏的大将侯景派人来，说他跟东魏、西魏都有冤仇，打算投降南梁，还表示愿意把他控制的函谷关以东13个州都献给南梁。

侯景原来是东魏丞相高欢部下的一员大将，高欢让他带兵在黄河以南镇守。高欢临死的时候，怕侯景叛乱，派人召侯景回洛阳。侯景怕自己去洛阳会被害死，就不接受东魏的命令，带着人马向西魏投降了。

西魏丞相宇文泰也不信任侯景，打算解除他的兵权。侯景又转向南梁投降。

梁武帝接受了侯景的投降，把侯景封为大将军、河南王，并且派他的侄儿萧渊明带着5万兵马去接应侯景。

萧渊明带兵北上，受到东魏的进攻。梁军已经很久没有打仗了，人心涣散，被东魏打得几乎全军覆没。萧渊明也被俘虏了。

东魏又向侯景进攻，侯景大败，只带着800多人逃到南梁境内的寿阳。

东魏派使者到南梁讲和，还说愿意把萧渊明送回来。侯景知道了这件事，害怕对自己不利，就决定叛变。

侯景的人马很快就打到了长江北岸，梁武帝急忙派他的侄儿萧正德到长江南岸布防。

侯景派人诱骗萧正德做内应，说推翻了梁武帝后，就拥戴他做皇帝。萧正德利欲熏心，秘密派了几十艘大船，帮助侯景的军队渡过长江，还亲自带领侯景的军队渡过秦淮河。之后，侯景顺利地进入建康，把梁武帝居住的台城包围起来。

台城里的军民奋力抵抗，双方相持了130多天。到了后来，台城里的军民有的在打仗中死去，有的病死饿死，剩下的已不到4000人。

到了这个时候，谁也没法挽回败局。叛军攻进了台城，梁武帝也成了侯景的俘虏。

侯景自封为大都督，掌握了朝廷的生杀大权。他先杀了那个一心想做皇帝的萧正德，然后把梁武帝也软禁起来。最后梁武帝连吃的喝的也没有了，活活饿死在台城里。梁武帝死后，侯景又先后立了两个傀儡皇帝。公元551年，他自立为皇帝。

侯景当了皇帝后，到处搜刮掠夺，给百姓带来深重的灾难。第二年，梁朝大将陈霸先、王僧辩率领大军从江陵出发，进攻建康，把侯景的叛军打得一败涂地。最后，侯景只带了几十个人出逃，半路上被他的随从杀死了。

南梁王朝经过这场大乱之后，分崩离析。公元557年，陈霸先在建康建立了陈朝，这就是陈武帝。

⊙ 骑兵和步兵战斗图　南北朝

乾坤变幻

隋朝兴衰

大唐气象

五代十国

公元581年

中国大事记：
北周大臣、外戚杨坚废北周静帝，自立为帝，建立隋。

隋朝兴衰

杨坚建隋

北魏崛起后统一了五胡十六国，北周又进一步扩大了北朝的地域，成为南北对峙中北方的最后一个政权。公元581年，北周相国杨坚迫使自己的外孙、9岁的周静帝退位，自立为帝，改国号为隋，在北周政权的基础上建立了隋朝。杨坚积极改革，增强实力，灭掉了南方陈朝政权，结束了东晋以来数百年分裂的局面，统一了南北。

⊙ 隋文帝像

杨坚生于贵族之家。父亲杨忠是西魏、北周的军事贵族，西魏时因辅佐宇文泰建立政权，受封为十二大将军之一；北周时官至柱国大将军，封为随国公。杨坚后来袭父职，他的妻子独孤氏是鲜卑大贵族独孤信的爱女，他的女儿杨丽华是北周宣帝的皇后。宣帝好酒色，常在后宫酗酒，并实施严刑酷法，统治无道，北周政权日趋衰落。宣帝死后，宦官郑译、刘昉假传遗诏，召杨坚进宫，并极力主张让他入宫辅政，杨坚因此总揽军政大权，并逼迫颜之仪交出天子玉玺和兵符。

为防止各地的诸侯王发动兵变，杨坚借口赵王要嫁女儿给突厥，把北周皇室成员召进京都，又让静帝下诏书把威望极高的元老重臣尉迟迥召回京师。尉迟迥统兵数十万，北联突厥，南结陈朝，在相州举兵反杨，同杨坚对抗。杨坚以韦孝宽为行军元帅发兵讨伐，尉迟迥兵败自杀。杨坚在重臣李穆、韦孝宽的支持下，不到半年时间，就平定了各方叛乱。公元581年，杨坚自称随王，后经“禅让”代周称帝，但因随字不吉利，便改国号为隋，杨坚即是隋文帝。隋朝建立后，文帝采取加强中央集权和发展社会经济的改革措施，国力渐渐强盛，为统一全国奠定了基础。

隋初，北方突厥的势力强盛，与隋朝对抗。突厥可汗曾率军南下大举侵隋，隋军损失惨重。后突厥内部发生叛乱，隋才得到短暂安宁。不久突厥内部矛盾更加激化，并分裂为东、西两汗国。

公元558年

世界大事记：
克洛维第四子克洛退尔重新统一全部法兰克，即位为法兰克王，称克洛退尔一世。

文帝利用突厥的分裂进攻突厥，突厥大败，东突厥归附隋朝。隋文帝完成了北方的统一，转而集中兵力于南方。

文帝积极作伐陈的准备工作，令大将军贺若弼和韩擒虎镇守离陈朝较近的广陵和庐江；大将杨素调集水工大造战船，做渡江的准备。公元587年，文帝灭掉后梁的割据势力，扫除了向陈进军的障碍。公元588年，隋文帝诏告天下，历数陈后主的罪恶，以瓦解陈军斗志，为战争做好舆论准备。之后，文帝令儿子杨广率兵50多万兵分8路，南下攻陈。

陈后主从小生活在宫廷中，根本不知创业和守业的艰难，沉湎于酒色，不理政事。朝中大臣有劝他以国事为重的就被他杀掉。当后主得知隋朝进攻后还不以为然，宣称有王气在陈朝。隋朝首先在长江沿岸对陈军发起全面进攻，陈军毫无抵抗力，隋军乘胜包围建康。

公元589年初，隋将韩擒虎、贺若弼率军渡江，分两路攻入建康。后主和张贵妃、孔贵妃躲到景阳殿的枯井中，最终还是当了俘虏，陈朝灭亡。自西晋以来的分裂局面结束了，南北又归于统一，全国进入稳定时期。

文帝灭陈

在北方动乱不安的时候，南陈王朝获得了一个比较安定的时期，经济渐渐发展起来。但是第五个皇帝，却是一个荒唐得出奇的陈后主。

陈后主名叫陈叔宝，是个不过问国事、只知道喝酒玩乐的人。他大兴土木，为他的宠妃们造起了三座豪华的楼阁，自己常在里面淫乐。他手下的宰相江总、尚书孔范等人，也都是一伙腐朽不堪的文人。陈后主和宠妃经常在宫里举行酒宴，宴会的时候，就把这些文人大臣召来，通宵达旦地喝酒赋诗。还把他们的诗配上曲子，又挑选了1000多个宫女，专门为他们演唱。

陈后主过着荒唐生活的同时，北方的隋朝却渐渐强大起来，并在为灭掉陈朝做着准备。

杨坚在建国之始，便开始谋划消灭陈朝，统一全国。开皇七年(公元587年)十一月，朝中宰相向隋文帝献策说："每年逢江南收获时节，我们便四处扬言说将攻打陈，他们必然放弃农事进行驻防，这样他们的粮食便会减产，财力亦随之日渐困乏。如此再三，他们的防备必将松弛，我们便可以趁机过江攻陈。"文帝采纳了此计。同月，隋文帝下令大造巨型战船，准备进攻陈朝。隋将原梁宗室萧岩率兵投降陈朝，隋朝有了进攻陈朝的借口。

⊙ **历代帝王图卷·陈后主像　唐　阎立本**
陈后主承父祖之业，割据江南，内惑于张孔二贵妃，外惑于群小，以至国破家灭，身为臣虏，入隋后贪求爵禄，是以隋文帝叹曰："陈叔宝全无心肝！"

公元584年

中国大事记：
隋开广通渠，从大兴城引渭水至潼关三百余里，以方便漕运。

公元588年，隋文帝造了大批战船，派他的儿子晋王杨广、丞相杨素担任讨陈元帅，贺若弼、韩擒虎为大将，带领51万大军，分8路进兵，向陈朝攻来。

杨素率领的水军从永安出发，其他几路隋军也进展顺利，都将队伍开到江边。北路的贺若弼的人马到了京口，韩擒虎的人马到了姑孰。江边的陈军守将慌忙向建康告急。告急的警报传到建康时，陈后主正跟宠妃、文人们醉得一塌糊涂。他收到警报，连拆都没有拆，就往床下一扔了事。

公元589年正月，贺若弼的人马从广陵渡江，攻克京口；韩擒虎的人马从横江渡江到采石，两路隋军一齐向建康扑来。

到了这个时候，陈后主才如梦方醒。这时城里还有十几万人马，但是陈后主手下的宠臣江总、孔范一伙哪里懂得指挥，隋军很快就攻进了建康城。

隋军打进皇宫，搜了半天也没有找到陈后主在哪里。后来，捉住了几个太监，才知道陈后主躲到后殿的井里去了。隋军兵士来到后殿，果然有一口井。往下一望，是个枯井，隐约看到井里有人，就高声呼喊，让井里的人出来。井里没人答应。兵士们威吓着大声说："再不出来，我们就要扔石头了。"说着，拿起一块大石头放在井口比画，做出要扔的样子。井里的陈后主吓得尖叫了起来。兵士把绳索丢到井里，把陈后主和他的两个宠妃拉了上来。

南朝的最后一个朝代——陈朝灭亡了。中国自从公元316年西晋灭亡起，经过270多年的分裂局面，又重新获得了统一。

科举制的创立

科举就是采用分科考试的办法选拔官吏，是政府以不同科目对学有所长的读书人进行考试的制度。贵族和高官子弟可以通过门第关系做官，除此以外的子弟经过科举取得做官资格后，还需再通过吏部考试，考试合格的才可以做官。科举制是隋朝创立的，完备和兴盛于唐宋，衰落于明清，清朝末年被完全废除，共存在了1300余年。它起源于门阀等级制度盛行的时代，是当时先进的政治制度，它采用公平竞争的方式，对各种人才择优而用，是合乎时代潮流的，对后世的政治、文化、生活方式产生了深远的影响。

⊙ 科举考试图

魏晋南北朝时期，选拔人才使用的是曹魏创立的"九品中正制"。曹操为网罗人才一再宣布"唯才是举"，曹丕在此基础上采用九品官人之法，就是选择有见识的官员，任各地方的中正，负责评审本地读书人的才能德行，将他们分为九品（等级），以此作为吏部授官的依据。

后来九品中正制流弊百出，严重地压制并摧残了优秀人才。由于许多寒门及庶族地主强烈要求参与政治，统治者也迫切需要科举制来选拔人才，为它的统治服务。文帝即位后，正式废除九品中正制，实行科举。

公元583年

世界大事记：
拜占庭借法兰克人兵力进击伦巴德人。

公元 598 年，隋文帝设立志行修谨（有德行）和清平干济（有才能）两科，他下诏命令五品以上京官和地方官总管、刺史按这两科推荐人才，这被看作是科举制的开始。隋朝的科举制大体上有两种情况：一种是临时性的特科，一种是常设科目。公元 603 年隋文帝下诏，以明知古今、通识治乱、究政教之本、达礼乐之源等科目选拔人才。以后科举的名目逐渐增多。

公元 607 年，炀帝下诏以德行敦厚、刚毅正直、执宪不挠、文才秀美、才堪将略、膂力骁壮等十科选拔德、才、体各方面表现突出的人，这些科目都是临时规定的特科，科目较具体，标准较明确，比较公平。比较固定的常设性科目有秀才、明经、进士三科，这些科目必须经过考试。秀才科先考试策，再考杂文，需要应试者具有很高的学识，录取标准很高，隋朝 37 年的历史中共录取了十多个人；杂文的题目往往是模拟名人名篇，难度很大。明经科主要是测试经典，即测试对某一儒家经典的熟悉程度，考中的人数较多。进士科是炀帝所创并且放宽了录取标准，它只试策，不考杂文，主要考文才。考中科举后只是获得了明经进士出身，取得了做官的资格，这之后还要通过吏部的考试才能任命为官员。当时考中的也就是做县尉、功曹等九品小官，他们在当时政治上并不占重要地位，但对后世有重大影响。这样一种新的选官制度在隋朝产生了，由此开始了文官考试制度的历史。

科举制的创立和九品中正制的废除，表明门阀世袭制的衰落和中央集权制的加强，它把读书、应考和做官联系在一起，这就给一般的甚至贫寒的子弟有一个公平的机会。同时，它把选官的权力集中在吏部和朝廷，加强了中央集权。

·唐代科举制·

唐代科举制的完备：唐朝考生来源有生徒和乡贡两种。唐代科举分制举和常举。制举由皇帝下诏举行，以待特别之才，随时设科，常见的有博学宏辞科、贤良方正科等。文宗后废除制举。常举分秀才、明经、进士、明法等科。唐初，秀才等级最高，到太宗时便废止了；明经主要考试经义；进士科在贞观年间试策和经义，高宗时加试诗赋，到玄宗后改变为以试诗赋为主，此科后来独占重要地位。常举首先要通过礼部的考试，考中进士，只具备了做官的资格，然后还要通过吏部考试，考试合格的才授予官职。吏部先考书、判，看书写是否工整，文理是否通顺；然后考试身、言，看体貌是否俊伟，说话是否清晰。

赵绰依法办事

隋文帝统一全国后，采取了许多巩固统治的措施：改革官制兵制；建立科举制度；严办贪官污吏。经过一番整顿治理，政局稳定，社会经济开始繁荣起来。

隋文帝又派人修订了刑律，把那些残酷的刑罚都废除了。这本来是件好事，但是隋文帝本人却不完全按照这个刑律办事，往往一时发怒，便不顾刑律规定，随便下令杀人。

隋文帝的做法，叫大理（管理司法的官署）的官员十分为难。大理少卿赵绰觉得有责任维护刑律公正，常常跟隋文帝顶撞。

在大理官署里，有一个叫来旷的官员，听说隋文帝对赵绰不满，想迎合隋文帝，就上了一道奏章，说大理衙门执法不严。隋文帝看了奏章，认为来旷说得很中肯，就提升了他的官职。

来旷自以为皇帝很赏识他的做法，就昧着良心，诬告赵绰徇私舞弊，放了一些不该赦免的犯人。

公元587年

中国大事记：
隋文帝下令大造巨型战船，准备进攻陈国。

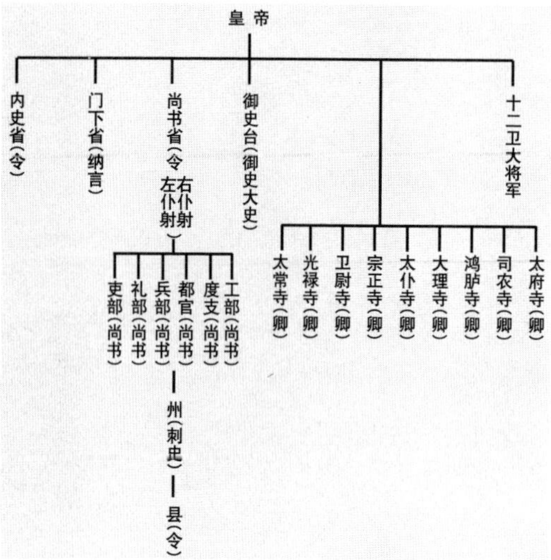

⊙ 隋三省六部制简表

隋文帝虽然嫌赵绰办事不合他的心意，但是对来旷的上告，却有点怀疑。他派亲信官员去调查，发现根本没有这回事。隋文帝弄清真相后，勃然大怒，立刻下令处死来旷。

隋文帝把这个案子交给赵绰办理，他觉得这一回来旷诬告的是赵绰自己，赵绰一定会同意他的命令。哪知道赵绰还是说："来旷有罪，但是不该判死罪。"

隋文帝很不高兴，起身就离朝回内宫去了。

赵绰在后面大声嚷着说："来旷的事臣就不说了，不过臣还有别的要紧事面奏。"

隋文帝信以为真，就让赵绰随他进了内宫。隋文帝问赵绰要奏什么事。赵绰说："我有三条大罪，请陛下发落。第一，臣身为大理少卿，没有管理好下面的官吏，使来旷触犯刑律；第二，来旷本不该被判处死，臣却不能据理力争；第三，臣请求进宫，本来无事可奏，只是因为心里着急，才欺骗了陛下。"

隋文帝听了赵绰最后几句话，禁不住笑了。在一旁坐着的独孤皇后很赏识赵绰的正直，便让侍从赐给赵绰两杯酒。隋文帝终于同意了赦免来旷，改判革职流放。

隋文帝吸取了陈后主亡国的教训，比较注意节俭，对那些有贪污奢侈行为的官吏，一律严办，连他的儿子也不例外。他发现太子杨勇讲究排场，生活奢侈，很不高兴，渐渐疏远了杨勇。

皇子晋王杨广很狡猾，他摸到父亲脾气，平时装得特别朴素老实，骗得了隋文帝和独孤皇后的信任，再加上杨素经常在隋文帝面前说他的好话——结果，隋文帝把杨勇废了，改立杨广为太子。直到他病重的时候，才发现杨广是个品质很坏的人。后来，杨广害死了父亲，夺取了皇位，这就是历史上出名的暴君隋炀帝。

李春建赵州桥

古老的赵州桥，像一条美丽的彩虹横卧在赵州（今河北赵县）城南洨河之上。唐朝文人赞美它如同"初云出月，长虹饮涧"。它结构坚固，雄伟壮观，历经1400多年的风霜，依然屹立不倒，可以称得上是我国桥梁建筑史的奇迹。

赵州桥，又名安济桥，也叫大石拱桥，是我国现存最早的大型石拱桥，也是世界上现存最古老的跨度最长的敞肩圆弧拱桥。它全长50.83米，宽9米，主孔净跨度为37.02米。赵州桥全部用石块建成，共用石块1000多块，每块的重量达1吨，整个桥梁自重约为2800吨。大桥自建成到现在，期间经历了10次水灾、8次战乱和多次地震，承受了无数次人畜车辆的重压，都没有被破坏，让人不能不佩服其施工的精巧和科学。

赵州桥建于隋代开皇中期（公元605～618年），是由隋代著名的桥梁工匠李春设计和主持建造的。隋时的赵县是南北交通的必经之路，由此北上可到重镇涿郡（今河北涿州市），南下可抵东都洛阳，交通十分繁忙。可是这一要道却被

公元587年

世界大事记：
日本用明天皇卒。

洨河所阻断，严重影响了南北交通。到了洪水季节，甚至不能通行。在洨河上建造一座大型石桥成为人们的迫切需要，朝廷授命李春负责大桥的设计和施工。

李春是隋代的无数普通工匠中一位杰出代表，身份的普通使他在史书中没有记载，有关他的文字记载仅见于唐代中书令张嘉贞为赵州桥所写的“铭文”中：“赵郡洨河石桥，隋匠李春之迹也，制造奇特，人不知其所为。”

李春率领工匠来到赵县，对洨河及两岸地质等情况进行了实地的综合考察，在认真总结了前人建桥经验的基础上，提出了独具匠心的设计方案。然后再按照设计方案组织施工，出色地完成了赵州桥的建造。

赵州桥不仅设计独特，而且建造技术也非常出色，在我国桥梁技术史上有许多创新和贡献，表现在以下几个方面：

采用坦拱式结构，改变了我国早期拱桥半圆形拱的传统。赵州桥的主孔净跨度为37.02米，而拱高只有7.23米，矢跨比（拱高和跨度之比）为1:5左右，这样就实现了低桥面和大跨度的双重目的。这种结构不仅使桥面平坦，易于车马通行，而且还有节省用料和施工方便的优点。

开敞肩之先河。李春把以往桥梁建筑中采用的实肩拱改为敞肩拱，即在大拱两端各设两个小拱。其中一小拱净跨为3.8米，另一拱净跨为2.8米。这种设计的好处有三：一是可节省材料，二是减少桥身自重，三是能增加桥下河水的泄流量。这种大拱加小拱的敞肩拱设计不仅增加了造型的优美，而且符合结构力学理论，提高了桥梁的承载力和稳定性。

单孔设计。建造比较长的桥梁，我国古代一般采用多孔形式。李春采取了单孔长跨的形式，河心不设立桥墩，石拱跨径长达37米之多。这在我国桥梁史上是一项空前的创举。

合理选择桥基址，设计了独具特色的桥台。李春选择洨河两岸较为平直的地方建桥，地层都是由河水冲积而成，表面是粗砂层，以下是细石、粗石、细砂和黏土层。

基址特别牢固。赵州桥的桥台的特点是低拱脚、短桥台、浅桥基。李春在桥台边打入许多木桩，目的是为了减少桥台的垂直位移（即由大桥主体的垂直压力造成的下沉）；采用延伸桥台后座的办法，目的是为了减少桥台的水平移动（即由大桥主体的水平推力造成的桥台后移）。另外，为了保护桥台和桥基，李春还在沿河一侧设置了一道金刚墙。这种设计不仅可以防止水流的冲蚀作用，而且使金刚墙和桥基以及桥台连成一体，增加了桥台的稳定性。

赵州桥的敞肩圆弧拱形式是我国劳动人民的

⊙ 赵州桥

公元588年

中国大事记：
隋文帝亲遣将士51.8万进攻陈，攻克陈都建康，陈灭亡。

一个伟大的创造，西方直到14世纪才出现敞肩圆弧石拱桥，比我国晚了600多年。赵州桥建筑结构奇特，融科学性和民族特色为一体，是我国古代建筑的精品。1991年，赵州桥被美国土木工程师学会选定为世界第12处“国际土木工程历史古迹”。

开凿大运河

举世闻名的京杭大运河，与万里长城并称为中国古代最伟大的工程，是世界上开凿最早、最长的一条人工河道。它始凿于春秋末期（公元前5世纪），后经隋朝（公元7世纪）和元朝（13世纪）两次大规模扩展，成为北起北京、南至杭州的南北交通大动脉。它跨北京、天津以及河北、山东、江苏、浙江四省，沟通海河、黄河、淮河、长江、钱塘江五大水系。

经隋朝数次开凿形成的南北大运河，是世界上最长的运河。它全长1794千米，水面宽50多米，最窄的地方也有30～40米。运河修通后，隋炀帝杨广率领数达几千艘、长达200里的船队，从洛阳出发，一路浩浩荡荡前往扬州游玩。杨广乘坐的龙舟，高15米，宽17米，长达67米。由此不难看出大运河的规模和通航能力。

南北大运河是由广通渠、通济渠、山阳渎和永济渠以及江南运河连接而成。其开凿的时间前后不一，计有20多年之久。

开皇四年（公元584年），隋文帝杨坚为了改善漕运，命宇文恺率水工凿渠，“引水自大兴城（即长安）东至潼关三百余里，名曰广通渠”，历时3个月。

开皇七年（公元587年），隋文帝出于军事上的需要，下令调集民工，开挖江淮河段，“于扬州开山阳渎”。山阳渎长约300里，疏导了春秋时吴王夫差所开的邗沟，引淮河水入长江。

⊙隋文帝雕像

大业元年（公元605年），隋炀帝杨广调集河南诸郡民工100余万人，开挖通济渠。自洛阳西苑引谷、洛水入黄河，又从洛阳东面的板渚引黄河水与汴水合流，然后又分流，折入淮水，直达淮河南岸的山阳。通济渠、山阳渎连接后，淮河南北漕运畅通。

大业四年（公元608年）春，隋炀帝又调集河北诸郡民工100余万人开挖永济渠。这个工程先引沁水入黄河，又自沁水东北开渠，到达临清合屯氏河。主要用途是通舟北巡，所以称之为御河。

大业六年（公元610年）冬，隋炀帝下令修江南运河。工程从京口（今江苏镇江）开始到余杭入钱塘江，全长800余里，河宽10余丈。

隋朝修筑的南北大运河，以洛阳为中心，北通涿郡，南达余杭，西至

公元588年

世界大事记：
阿拉伯、突厥人合攻波斯，失败。

长安，把钱塘江、长江、淮河、黄河、海河 5 条大水系联系起来，形成了一个四通八达的水运网络。这是一项举世闻名的水利工程。

南北大运河开凿的原因，演义小说都归结为隋炀帝醉心游乐。事实上，主要因为是当时社会经济发展和政治方面的客观需要。从经济方面来说，当时政治中心长安和洛阳人口激增，粮食供应严重不足；而江浙一带“有海陆之饶，珍异所聚，故商贾并凑”，资源丰富，十分繁华。南北的经济需要交流，水运方面的状况尤其需要改善，漕运南方的粟米丝帛到中原地区来，促进了南北之间的贸易往来。从政治军事方面来说，南方广大地区大小起义始终不断，隋王朝鞭长莫及。为了进一步控制南方，隋王朝也需要修建一条运河来及时运兵，以镇压当地的反隋活动。开凿南北大运河是经济、政治和军事的需要，也是时代的需要和历史发展的必然；当朝统治者的个人好恶并不是最主要的原因。

隋朝南北大运河的开凿，功在当时，利在千秋。大运河自从凿通以后，就成为我国南北交通的大动脉，运河中“商旅往返，船乘不绝”。唐代诗人皮日休在《汴河铭》说：“今自九河外，复有淇汴（即运河），北通涿郡之渔商，南运江都之转输，其为利也博哉！”在运河两岸，商业都市日益繁荣。自隋唐以后，沿运河两岸如杭州、镇江、扬州、淮安、淮阴、开封等地，都逐渐成为新兴商业都会，这些城市历经宋、元、明、清而不衰，成为繁盛一方的大都市。开挖大运河，要穿越复杂的地理环境，从设计施工到管理，都需要解决一系列科学技术上的难题。工程涉及到测量、计算、机械、流体力学等多方面的科技知识。这一工程的完成，反映了我国古代劳动人民的聪明才智和创造精神。

·京杭大运河的兴修·

京杭大运河始凿于公元前486年，是世界上最长的运河。主要经历3次较大的兴修过程：

第一次是在公元前5世纪的春秋末期。吴王夫差为了北上伐齐，调集民夫开挖自今扬州到淮安入淮河的运河。因为途经邗城，所以得名“邗沟”。邗沟全长170千米，是大运河最早修建的一段。

第二次是在7世纪初的隋朝。即本文的南北大运河。

第三次是在13世纪末的元朝。元定都北京后，为了使南北相连，不再绕道洛阳，前后花了10年时间，先后开挖了“济州河”和“会通河”，又在北京与天津之间新修“通惠河”。新的京杭大运河比绕道洛阳的大运河缩短了900多千米。

隋炀帝三下江都

隋炀帝当上了皇帝，就开始追求享乐起来。他生性好玩，享乐游玩的兴趣要经常更换，因此频繁出巡。

隋炀帝一生中曾经 8 次巡游，其中 4 次北游，1 次西巡，3 次游江都。他在位时，呆在京城长安的日子加起来还不到一年。他每次出行都劳民伤财，挥霍无度，天下百姓怨声载道，苦不堪言。

隋炀帝曾镇守过江都，所以对江都一直情有独钟。江都虽然经济并不发达，但地域辽阔，风景秀丽，物产丰富，是个令隋炀帝心驰神往的地方。

第一次巡游江都时，隋炀帝下令建造了龙舟、楼船等大小船只数千艘。龙舟高 15 米，宽 17 米，长 70 米。龙舟上有 4 层建筑，最上层是正殿、内殿和东西朝堂；中间两层是用金玉装饰得金碧辉煌的房间，有 120 间；最下层是内侍宦官居住

公元598年

中国大事记：
隋军攻打高句丽失败。

的地方。还有比隋炀帝乘坐的龙舟规模略小的翔螭舟，专供皇后乘坐。此外，还有各式各样的船只，数不胜数。

这些船动用拉船的民夫共计8万多人，其中拉漾彩级以上的有9000多人，而仅龙舟就需要1080个身穿华丽服饰的民夫拖曳着前进。其规模之大，前所未有。船队绵延200余多里，当第一艘船已出发50多天之后，最后一艘船才从洛阳驶出。隋炀帝船队浩浩荡荡、壮观无比，当然花费也很大，仅每天所需食物的数量就极其庞大。隋炀帝要求船队所经过的地方，500里内都必须进献食物。进献食物多的州郡县至用100辆车来运送。所供食物中，空中飞的，水里游的，陆上走的，无所不有，吃不完的在出发时就扔掉。他还下令营建离宫，从长安到洛阳营建了40多处。公元605年仲夏，隋炀帝从显仁宫出发前往江都游玩，这是他第一次巡游江都。

如果隋炀帝第一次巡游江都还有出于巩固其政权、加强对南方豪强士族的控制的考虑，那么隋炀帝第二次巡游江都则完全是为了玩乐。俗话说得好，“人逢喜事精神爽”。自从隋炀帝西巡河右归来后，他一直处于极度兴奋之中。公元611年，隋朝各郡总共增加了24.3万名男丁，新归附的也有64.15万人，人口的增加说明他政策英明、治国有方，这当然是喜事之一。第二件喜事是隋炀帝对全国各地驻军的军械武器进行了一番考察，他看到的都是精美锐利的枪械武器。第三件事是这一年各藩部落酋长都聚集到洛阳，与隋炀帝同乐，显示出当时各民族之间关系和谐，亲如一家。第四件喜事是曾在武力威逼下拒不归顺的流求也在这一年俯首称臣。这四件喜事令隋炀帝高兴不已，他认为自己这几年励精图治，辛苦劳累了几年没有白费。看到自己的治理成就，他飘飘然了，想好好放松一下，于是便打算第二次巡游江都。为了尽情享乐，他令人在江都营建江都宫等许多宫殿，最有名的当数位于城西北旧观音寺蜀冈东峰的迷楼了。此楼修建得气势恢宏、富丽堂皇，隋炀帝的奢侈腐化由此可见一斑。

⊙ 隋炀帝龙舟出行图　清　佚名

公元611年，隋炀帝第二次巡游江都。这次游幸，又是大肆挥霍。不仅如此，隋炀帝一行到了江都，还大摆酒席，宴请江淮以南的名士，炫耀豪华，向百姓摆威风。

公元617年，隋炀帝第三次出游江都时，农民起义的烽火已燃遍大河上下、长江南北，隋王朝的统治已是岌岌可危了。可是隋炀帝只顾个人享乐，根本不顾百姓死活。在游江都之前，停泊在江都的几千艘龙舟全被起义军烧毁了。隋炀帝马上下令重新建造，规格比原来的还要豪华富丽，

公元589年

世界大事记：
西哥特人皈依天主教。

耗费了大量的钱财，百姓也已穷困到了极点。

隋炀帝的船队从宁陵向睢阳开进时，常常搁浅，拉纤的民夫用尽力气，一天也走不了几里路。炀帝十分恼火，下令追查这一段河道是哪个官员负责开凿的。经查问，原来这个河段的负责人是麻叔谋。这时，督造副使令狐达乘机上书告发麻叔谋蒸食婴儿、收受贿金等事。于是，炀帝下令查办麻叔谋，并将当时挖这一段河道的5万名民工统统活埋在河岸两旁。

隋炀帝到达江都后，更加荒淫无度，每天都与嫔妃美女一起饮酒作乐。此时，他见天下大乱，心中也常常烦躁不安。一天，他照镜子时对萧后说："我这颗头颅将会葬送谁手呢？"他还准备了毒药带在身边，准备在危急时吃。

隋炀帝一人出游，几乎是全天下的人民都在为他准备行装、供奉食物。他的游幸，给人民带来了深重的灾难，以致百姓没有饭吃，只能剥树皮、挖草根，或者煮土而食，有的地方还出现了人吃人的现象。至此，隋朝江山已处于风雨飘摇之中了。

瓦岗起义

隋炀帝穷兵黩武，公元612 ~ 614年三次出兵征伐高句丽都是无功而返，每次动用几百万人，致使田地荒芜，民不聊生。

河北和山东是隋炀帝进攻高句丽的主要军事基地。这里人民受害最深，加以水旱灾荒的发生，起义首先在这里爆发。王薄在长白山起义，揭开了隋末农民大起义的序幕。王薄号召农民不要为打高句丽而到辽东送死，各地起义者纷纷响应。公元613年，礼部尚书杨玄感乘炀帝二征高句丽之机起兵反隋。他是隋代两朝重臣杨素的儿子，东征时在黎阳督运粮食，十多万人跟随他攻围东都。隋炀帝极为惊恐，立刻让进攻高句丽的隋军回朝，并派遣隋将率军抗击。王薄、杨玄感相继败死，但反隋局面已经形成。隋炀帝被农民起义吓得坐卧不安，每天晚上心惊肉跳，常在睡梦中大叫有贼，要几个美女像哄小孩那样摇抚才能入睡。

大业十二年(公元616年)，由于各地起义队伍迅速发展，隋炀帝意识到隋王朝危在旦夕，便将注意力放到镇压农民起义上来。隋王朝逐渐加强了对起义军的镇压，但各路起义军经过持久的战斗，壮大了力量，也开始与它对抗，攻陷了很多郡县，消灭了大量的郡兵和府兵。

在隋王朝集中力量进行镇压的情况下，少数最早的起义军受到挫折。起义军吸取分散作战易于被各个击破的教训，在大业十三年(公元617年)初，形成了杜伏威领导的江淮起义军、窦建德领导的河北起义军与李密、翟让领导的瓦岗军三大义军。

⊙ 铜虎符　隋
隋朝调发府兵的凭证。

瓦岗军的首领翟让原来在东郡衙门里当差，因为得罪了上司，被关进了监牢，还被判了死罪。有个狱吏很同情他，在一天夜里，偷偷地给翟让解下镣铐，把他放了。

翟让出了监牢，逃到东郡附近的瓦岗寨，招集了一些贫苦农民，组织了一支队伍。当地一些青年人听到消息后，都来投奔他。这些人中有一个17岁的青年叫徐世勣，不但武艺高强，而且很有谋略。

翟让听从徐世勣的意见，带领农民军到荥阳一带，打击官府和富商，夺了大批钱粮。附近农民来投奔翟让的越来越多，队伍很快壮大到1万多人。

公元616年

中国大事记：
隋炀帝杨广三下扬州，李密投奔瓦岗军。

这时，有一个叫李密的青年前来投奔翟让，并且帮助他整顿人马。李密对翟让说："从前刘邦、项羽，也不过是普通老百姓，后来推翻了秦朝。现在皇上昏庸残暴，民怨沸腾，官军大部分又远在辽东。您手下兵精粮足，要拿下东都和长安，打倒暴君，是很容易办到的事！"

接着，两人商量了一番，决定先攻打荥阳。荥阳太守见事不妙，慌忙向隋炀帝告急。隋炀帝派大将张须陀带大军前来镇压起义军。

李密请翟让在正面迎击敌人，他自己带了一千人马埋伏在荥阳大海寺北面的密林里。

张须陀根本没把翟让放在眼里，莽莽撞撞地指挥人马杀奔过来。翟让抵挡了一阵，假装败退。张须陀紧紧在后面追赶，追了10多里，路越来越窄，树林越来越密，进入了李密布置的埋伏圈。李密见敌军到了，一声令下，埋伏着的瓦岗军将士奋勇杀出，把张须陀的人马团团围住。张须陀左冲右突，没法突围，最后全军覆没。张须陀也被起义军杀死了。

经过这次战斗，李密在瓦岗军里声望提高了。李密不但号令严明，而且生活俭朴，对起义将士也十分关心。日子一久，将士们就渐渐倾向他了。

后来，翟让觉得自己的才能不如李密，就把首领的位子让给了李密。大家推李密为魏公，兼任起义军元帅。

瓦岗军在洛口建立了自己的政权。不久，又乘胜攻下许多郡县，隋朝官吏士兵都纷纷前来投降。瓦岗军一面继续围攻东都，一面发出讨伐隋炀帝的檄文，历数炀帝的罪恶，号召百姓起来推翻隋王朝的统治。这样一来，震动了整个中原。

正当瓦岗军不断发展壮大的时候，它的内部却发生了严重分裂。翟让让位给李密后，翟让手下有些将领很不满意。有人劝翟让把权夺回来，翟让却总是一笑了之。这些话传到李密耳朵里，李密就心生疑虑了，李密的部下也撺掇他把翟让除掉。李密为了保住自己的地位，终于起了杀心。

有一天，李密请翟让喝酒。在宴会中，李密把翟让的兵士支开后，假意拿出一把好弓给翟让，请他试射。翟让刚拉开弓，李密便暗示埋伏好的刀斧手动手，把翟让杀了。

从此，瓦岗军开始走向衰弱了。这时，北方由李渊带领的一支反隋军却日益强大起来。

⊙瓦岗军点将台遗址

公元600年

世界大事记：
英国肯特国王制定了英格兰第一部法典。

大唐气象

李渊起兵

在反隋的割据势力中，李渊父子集团最终扫灭群雄，统一中国。

李渊出生于关陇一个贵族家庭。其祖父原是西魏八柱国之一，北周刚建国时被追封为唐国公。其父原任北周柱国大将军。李渊生于周天和元年（公元566年），幼年丧父，7岁袭唐国公爵。隋灭北周后，李渊先后任身侍卫官、太原刺史等职。

公元616年，突厥侵入北部边境，隋炀帝命李渊和马邑太守王仁恭合力抵抗。结果战事不利，隋炀帝于是派使者押李渊和王仁恭至江都治罪。李渊一方面托辞不赴江都，故意纵情声色；另一方面加紧策划。

公元617年，隋炀帝派李渊到太原去当留守（官名），镇压农民起义。但是隋炀帝不信任他，还任命王威和高君雅为太原副留守，以监视李渊。

李渊有四个儿子，其中第二个儿子李世民是个很有胆识的青年，他很喜欢结交朋友。晋阳（今山西太原）县令刘文静就是李世民非常赏识的一个朋友，他跟李密有亲戚关系。李密参加起义军以后，刘文静受到株连，被革了职，关在晋阳的监牢里。

李世民得知刘文静坐了牢，急忙赶到监牢里去探望。李世民拉着刘文静的手，一面叙友情，一面请刘文静谈谈对时局的看法。

刘文静早就知道李世民的心思，他说："现在杨广远在江都，李密正进攻东都，到处都有人造反，这正是打天下的好时机。我可以帮您招集十万人马，您父亲手下还有几万人。如果用这支力量起兵，不出半年就可以打进长安、取得天下。"

李世民回到家里，反复想着刘文静的话，觉得很有道理。但是要说服他父亲，却不是一件容易的事。正好在这个时候，太原北面的突厥（我国古代北方游牧民族之一）可汗向马邑进攻。李渊派兵抵抗，连连打败仗。李渊怕这件事传到隋炀帝那里，要追究他的责任，急得不知怎么办才好。

⊙ **彩绘贴金武官俑　唐**
此俑所穿铠甲颜色华丽，边缘绘绿、红、蓝等色构成的宝相花纹。

李世民抓住这个机会，就找李渊劝他起兵反隋。李世民对李渊说："皇上委派父亲到这里来讨伐反叛的人。可是眼下造反的人越来越多，您能讨伐得了吗？再说，皇上猜忌心很重，就算您立了功，您的处境也将更加危险。唯一的出路，只有起来造反。"

公元617年

中国大事记：
太原留守李渊父子起兵反隋。

李渊犹豫了许久，才长叹一声，说："我思考你说的话，也有些道理，我只是有些拿不定主意。好吧！从现在起，是家破人亡，还是夺取天下，就凭你啦！"

李渊把刘文静从晋阳监牢里放了出来。刘文静帮助李世民，分头招兵买马。李渊又派人召回正在河东打仗的另两个儿子李建成和李元吉。

要起兵必须扩大兵力，李渊为太原留守，虽握有重兵，但是仍须招募一支自己的队伍。可是公开招募会引起高君雅、王威的注意。恰在此时，马邑人刘武周杀死了马邑太守王仁恭，占据马邑郡，起兵反隋，且自称皇帝，还勾结突厥直驱太原。于是，这为李渊公开募兵提供了借口。

李渊以讨伐刘武周为托词，召集各位将领商议，提出自己招募兵丁。高君雅和王威迫于当时的形势，只好同意说："公地兼亲贵，同国休戚，若俟奏报，岂及事机；要在平贼，专之可也。"于是，李渊命李世民与刘文静、长孙顺德、刘弘基、窦琮等人去招募士兵。不多久，便募兵近万人。这支队伍由李渊、李世民父子私自控制和直接指挥，是晋阳起兵的主力。

李渊父子大量募兵，毕竟无法完全掩盖其真实的想法，况且其所用将领长孙顺德、刘弘基是为了逃避征辽诏令而逃到太原的，而窦琮也是逃犯。高君雅、王威见此，怀疑李渊有谋反之心，于是就暗中策划利用晋祠祈雨的机会，将李渊父子诱骗来并全部杀死。不料此事被经常出入王、高家的刘文龙得知，于是刘文龙立刻将此事报告给李渊。因此，李渊决定先发制人。

公元617年初夏的一天夜里，李渊命令长孙顺德、赵文恪等人带领500壮士，和李世民的精兵一起埋伏于晋阳宫城外，严密封锁。第二天清晨，李渊与高君雅、王威在留守府大厅议事。按照计划，刘文静召鹰扬府司马刘政会入厅，说："有密状，知人欲反。"李渊故意让王威先看，但是刘政会不给，并说："所告乃副留守事，唯唐公得视之！"李渊接过密状一看，是控告王、高暗引突厥入侵。王、高正待辩解，刘文静与长孙顺德、刘弘基等将王威、高君雅逮捕入狱。事也凑巧，第二天果然有突厥数万人进攻晋阳，民众以为是王、高所致，于是李渊趁机杀掉高君雅、王威。这标志着李渊父子正式开始晋阳起兵。

晋阳起兵后，李渊父子的目标就是乘虚入关，直取长安，以号令天下，建立新的王朝。在长安(今陕西西安)的统治者听说李渊带兵进攻，忙派大将宋老生和屈突通分别领兵数万，在霍邑与河东抵抗李渊大军。

大业十三年(公元617年)七月，李渊率军进攻宋老生驻守的霍邑，却逢秋雨连绵，无法开战，而且道路泥泞，军粮运输困难。相持数日，眼看军粮将尽，李渊准备退兵，李世民劝阻道："今兵以义动，进战则克，退还则散；众散于前，敌乘于后，死之无日。"听了李世民的意见，李渊决定不撤兵。

八月，连日的阴天终于放晴，李渊遂下令攻城，并由李世民率兵诱敌出城，双方展开决战。

⊙ **战争壁画**

敦煌莫高窟第十二窟唐代的战争壁画。从双方隔河相峙、筑城而战的紧张场面，可看到"城"之于"战"的重要。

公元604年

世界大事记：
日本圣德太子引入中国政治制度。

李世民身先士卒，奋勇冲锋，“砍杀数十人，两刀皆缺，流血满袖”。霍邑一战，李渊大获全胜，斩杀了隋将宋老生，攻下了霍邑。随后，李渊率兵进攻河东郡，虽取得初战的胜利，但是隋将屈突通固守河东郡，李渊久攻不下。后根据李世民的建议，李渊留下部分兵力包围和牵制屈突通，自己率主力部队渡过黄河，直取长安。

同时，李渊在关中地区的家属和亲族也纷纷起兵响应，其中有李世民的胞妹平阳公主、李渊的从弟李神通，李渊的女婿段纶也在蓝田县聚众万余人。

在这种有利形势下，李渊父子一路上采取收揽人心的办法，废除了隋朝的严刑酷法，还开仓济贫。一面收编关中各地的起义军，一面争取关中地主阶级的支持。数月中，李渊、李世民的军队已达 20 万人，并于十月开始围攻长安。

十一月，长安城破，李渊率军进入长安宫，立年仅 13 岁的代王杨侑为帝，是为隋恭帝，并改元义宁，遥尊江都的隋炀帝为太上皇。李渊总揽军政大权，晋封为唐王。李建成为唐王世子，李世民为京兆尹、秦公，李元吉为齐公。

义宁二年（公元 618 年）三月，隋炀帝在江都被部下杀死，隋朝灭亡。五月，李渊在长安称帝，定国号唐，李渊就是唐高祖，年号为武德。然后立世子李建成为皇太子，李世民为秦王，李元吉为齐王。

·租庸调制·

唐朝初年，对田赋户籍制度进行了改进。唐高祖武德七年（公元624年），朝廷颁布了均田令，改进了前代的均田制。在此基础上，推行租庸调制。政府规定征敛赋役原则是“务在宽简”，农民的主要负担是租庸调。具体规定是：每丁每年纳租粟二石；输调绢二丈，绵三两，或是输布二丈五尺，麻三斤；每年服徭役20天，如不应役则按每天三尺绢折纳，叫作输庸。凡是加役15天者，可以免调；加役30天者，租调全免，额外加役最多不能超过30天。租庸调制是统治者轻徭薄赋政策的具体体现，农民的负担比前代大为减轻，社会秩序日趋稳定，经济也随之繁荣。

统一全国

从公元 618 年李渊称帝建国到公元 624 年统一全国，共历时 7 年之久。从晋阳起兵到长安建国，李渊是起了决定作用的，但是对于建国、镇压各地农民军、消灭地主武装割据，这些任务大部分是由李世民领导完成的。

李渊建都长安后，面临的形势十分严峻，四周强敌遍布：薛举集团占据兰州、天水一带，并时常进攻关中；李轨集团占据武威一带，亦虎视关中；刘武周则占据马邑，并时常勾结突厥南下威胁晋阳；梁师都占据夏州朔方，在北面威胁着关中地区。因此，消灭四周强敌，完全控制关中、陇西地区（今甘肃省），以关中为根据地，再消灭关东群雄，从而建立统一的中央政权，就成为唐朝统治集团的必然选择。

统一战争的第一步，就是消灭实力较强且经常进攻关中的薛举父子。薛举是河东汾阴（今山西万荣西南宝鼎）人，家私巨万，交结豪强，雄于边朔。公元 617 年，薛举自称秦王，封儿子仁杲为齐公。从公元 617 年底到公元 618 年春，唐军曾与薛举进行了两次大战。公元 618 年十一月，薛举再次进攻长安，不料在出兵前暴病而死，遂由其长子薛仁杲率军出征，李世民率兵迎敌。

李世民见敌军来势凶猛，便下令坚守，避其锋芒，伺机出战。两军相持60余日，秦军粮食耗尽，

公元620年

中国大事记：
唐高祖以帝礼葬隋炀帝杨广于扬州西北七千米的雷塘。

军心浮动；况且薛仁杲有勇无谋、残暴成性，其部下已有多人投降世民。至此，李世民认为战机成熟，便以少数部队引开秦军，然后亲领主力从秦军背后袭击。秦军溃败，逃往折墌。于是李世民率大军乘胜追击，渡过泾水，围攻折墌城。至半夜，守城秦军纷纷投降唐军，薛仁杲走投无路，只好于第二天出城投降。

公元619年，占据河西五郡的大凉皇帝李轨，因内部矛盾重重而使政权分崩离析。户部尚书安修仁与其兄安修贵发动兵变，并俘获李轨，将其押至长安，后处死。

同年，割据马邑的刘武周勾结突厥，向山西发起进攻。数支唐军先后迎战，均被其打败，镇守太原的李元吉闻风趁黑夜逃回长安。刘武周的先锋宋金刚则乘势打到了河东，“关中大骇”。在这种不利形势下，高祖李渊准备放弃河西，固守关西。此时，秦王李世民审时度势，向李渊说道：“太原，王业所基，国之根本；河东富实，京邑所盗，若而弃之，臣窃愤恨。愿假臣精兵3万，必冀平殄武周，克复汾、晋。”

⊙秦王破阵乐图　唐

·昭陵六骏·

唐太宗李世民为了纪念他当年驰骋沙场所立下的赫赫战功，贞观十年(公元636年)命令：“朕所乘戎马，济朕于难者，刊石为镌真形，置为左右。”于是贞观十一年(公元637年)即将曾与他一同征战的六匹战马，由唐代著名画家阎立本亲自绘稿，选派当时的优秀雕刻家精心雕刻成六块浮雕，置于昭陵北司马门内东西两廊，是为“昭陵六骏”。

于是李渊征调关中全部兵力，由李世民率领由龙门渡过黄河迎战敌军。过黄河后，李世民将大军驻扎在柏壁坚守，与刘武周先锋宋金刚之军队相持。期间，李世民时常离开营阵侦察地形。有一次，李世民带领很少的轻骑兵外出侦察敌情。骑兵四散而去，李世民与一名士兵登上一小山丘休息。忽然，敌军从四周包围了山丘，李世民与士兵都没有发觉。恰巧在这个时候，有一条蛇追逐一只田鼠，碰到了士兵的脸。士兵惊醒，发现敌军正在包抄上来，于是赶紧叫李世民上马，眼看就要被敌兵追上。李世民十分镇静，他手取大羽箭，张弓便射，一发就将敌兵的将领射死。敌兵见此，慌忙撤退。

在相持中，李世民派出精兵切断了宋金刚的粮道。两个月后，宋金刚面对强敌无粮草供应，只好撤退。

李世民则率领大军趁机追杀，“一昼夜行二百余里，战数回合”。一直追击到雀鼠谷（今山西介休县西南），终于追上宋金刚部队，“一日八战，皆破之，俘斩数万人。夜，宿于雀鼠谷西南，世民不食二日、不解甲三日矣，军中只有一羊，世民与将士分而食之”。刘武周、宋金刚失败后逃往突厥，均被突厥杀死。公元620年，李世民收复了太原。

公元620年夏，关东地区原有的李密、王世

公元616年

世界大事记：
东罗马在西班牙的领土被西哥特人夺回。

充、宇文化及、窦建德四支强大的军事力量，其中的李密、宇文化及都已失败，只剩下王世充、窦建德两大集团。在消除了来自于背后和侧面的威胁后，唐高祖李渊诏令李世民东征，直指河南一带的王世充集团。

王世充本姓支，字行满，西域胡人。王世充集团本来是隋炀帝派来镇压瓦岗军的军事力量。打败瓦岗军李密后，王世充于公元618年在洛阳自立为帝，国号郑。

在唐军的猛烈攻击下，王世充原先所属州县的一些官员纷纷降唐。至公元620年底，洛阳城外的王世充所属州县大部分已落入唐军之手，洛阳城处在李世民大军的包围之中。

洛阳城坚壕深、军备充实，但在唐军的长期围困下，王世充在洛阳孤城中危在旦夕。为了解围，王世充向河北的窦建德求援。

窦建德是河北、山东一带势力最强的一支起义军的领袖，他出身农民，于公元618年称帝，定国号夏。他的部下认为，唐朝在消灭了王世充以后，必将会进攻窦建德。因此，窦建德率领10万大军前来救援王世充。

这样，唐军的处境变得极为危险，内部出现了不同的主张：一种是主张退守新安，寻机再战；另一种是进占虎牢关（河南荥阳西北），挡住窦建德前进的道路，然后趁机消灭他，如此一来，洛阳不攻自破。

李世民采用后一种主张，命屈突通等协助齐王元吉围困洛阳，自己率精兵3500余人急奔虎牢关，挡住窦建德的前进道路。

两军相持三个月。五月一日，李世民渡河，并假装粮草已尽，让士兵牧马于河北以迷惑窦建德，他本人则于当晚返回虎牢关。窦建德果然中计，第二天早晨全军出击，陈兵汜水，长达20里，鸣鼓大喊而进，要与唐军决战。

⊙ 李世民陵墓

公元621年

中国大事记：
李世民平定王世充、窦建德，大胜而回。

李世民胸有成竹，决定按兵不动，以逸待劳，等到敌军疲乏后再出击。

果然，到了中午，窦建德的军队饥饿困乏，互争饮水，席地而坐，已无斗志。李世民看准战机，下令攻击，唐军铁骑直冲向窦建德军队的阵地。窦建德仓促应战，不久其阵势大乱，全线崩溃。唐军追杀30多里，俘获敌军5万多人，窦建德本人中枪，退至牛口渚时被俘。

虎牢关之战后，王世充惊惶不已，准备突围南走襄阳，但是部下一致反对，王世充不得不自缚投降。河南、河北尽归唐朝所有。

同时，割据江淮一带的杜伏威归顺了唐朝。大将李靖平定了长江中游的萧铣。后来窦建德的部将刘黑闼、杜伏威的旧部辅公祐分别再次起兵作乱，都被李世民迅速扑灭。公元624年，江南也被唐朝平定。至此，唐朝完全统一了中国。

玄武门之变

公元621年，李世民平定王世充、窦建德后大胜而归。高祖李渊认为前代官职皆不足以称之，因此特设天策上将一职，位在王公之上。十月，李世民以天策上将领司徒、陕东道大行台尚书令。

李世民的声望、地位和权势日增，令太子李建成受到威胁。于是在王珪和魏徵的建议下，李建成向高祖请求领兵征战。高祖以李建成为陕东道大行台及山东道行军之帅，于公元623年率军讨伐刘黑闼、徐圆朗。这是李建成在统一大业中立下的唯一重大战功。

李建成与李世民的矛盾，由于统一战争的结束而迅速激化，形成明争暗斗之势。

在朝廷中，最受高祖宠幸的裴寂支持李建成，支持李世民的大臣有萧瑀、陈叔达等。在后宫中，秦王李世民曾得罪过高祖的宠妃张婕妤、尹德妃，于是这些人便常常在高祖面前说太子李建成的好话，说李世民的坏话。如此一来，朝廷和宫中都有人支持李建成，形势对李建成颇为有利。他们之间的斗争终于因为突厥的进攻而演变成流血事件。

⊙ 唐太宗像

公元626年夏，突厥南下犯边。太子李建成为进一步拉拢李元吉，于是向高祖建议，让齐王李元吉代替李世民出征，被高祖采纳。这样，李元吉当上了主帅。出发前，李元吉请求高祖调秦王府中的大将尉迟敬德、程知节、段志宏、秦叔宝同他一起出征，并从秦王府挑选精锐士兵以补充李元吉的军队，此举目的在于为杀害秦王作准备。李建成与李元吉密谋，在李建成和李世民为李元吉宴别时，安排伏兵，先杀李世民，然后再杀尉迟敬德。李建成对李元吉许诺，即位后立即封他为皇太弟。有人将李建成与李元吉的密谋报告给李世民，李世民忙与长孙无忌和尉迟敬德商量对策，决定先动手除掉李建成和李元吉。

六月三日，太史令傅奕向唐高祖秘密奏报，

公元619年

世界大事记：
波斯征服埃及。

说太白星再次出现在秦地，“秦王当有天下”。于是唐高祖询问李世民，李世民趁机向唐高祖告状，指控太子李建成和齐王李元吉淫乱后宫，并且设计谋害自己。高祖听后极为惊讶，决定第二天早朝时进行查问。

六月四日天还没亮，李世民命长孙无忌、尉迟敬德、侯君集、张公瑾等人率领精兵提前埋伏在宫城北面的玄武门，这是李建成和李元吉上朝时的必经之地。六月四日清晨，唐高祖上朝，裴寂、萧瑀、陈叔达、宇文化及等均已入朝，只等李建成兄弟三人到来。此时，李建成、李元吉已进入玄武门，一路走来。当二人行至临湖殿时，发觉情况有些异常，于是立即掉转马头，准备回府。不料此时李世民突然出现，并且在后面呼喊二人，李元吉回身张弓搭箭，射杀李世民，但是连发三箭，都没能射中。李世民的目标是李建成，他一箭就将李建成射死。就在此时，尉迟敬德带着70多名骑兵赶到，朝李建成、李元吉射箭，李元吉坠马后逃入树林中，李世民策马追赶，结果衣服被树枝挂住，也坠马落地。李元吉力气很大，这时跑过来夺取了弓箭要射杀李世民，恰巧尉迟敬德驱马赶到，李元吉慌忙放弃李世民向成德殿逃跑，结果被尉迟敬德一箭射死。东宫和齐王府的将士听说出事了，于是派兵猛攻玄武门。这时，尉迟敬德提着李建成、李元吉的人头赶到，东宫与齐王府的将士见主人已死，立即溃散而逃。

唐高祖对玄武门之事已有所耳闻，于是李世民派尉迟敬德进宫担任宿卫。唐高祖见尉迟敬德

⊙ 玄武门壁画

头戴铁盔，身穿铠甲，手持长矛，大吃一惊，便问：“今日乱者谁邪？卿来此何为？”尉迟敬德回答说：“秦王以太子、齐王作乱，起兵诛之，恐惊动陛下，遣臣宿卫。”唐高祖这才明白刚才发生的一切，于是派人将敕令向众将士宣读，交战双方才放下兵器。玄武门之变以秦王李世民的胜利而结束。

六月七日，高祖立李世民为太子，诏书说：“自今军国庶事，无论大小悉委太子处决，然后闻奏。”实际上，唐高祖已把国家的全部权力交给了李世民。两个月后，唐高祖下达诏书，让位给太子，自己当太上皇。于是李世民在东宫显德殿即位，改元贞观，即中国历史上著名的唐太宗。

以人为镜

由于唐太宗鼓励进谏，并且能够虚心纳谏，因此贞观年间出现了一批敢于直谏的大臣，如王珪、魏徵、刘洎、褚遂良等，形成了以进谏为忠的风气。在众多的谏臣中，最著名的是魏徵。

魏徵，字玄城，钜鹿曲城人，隋末参加李密领导的瓦岗军，曾任窦建德的起居舍人，窦建德兵败之后，入唐任太子洗马。玄武门之变前，魏徵曾建议李建成尽量培植自己的力量，及早除掉李世民。

玄武门之变后，有人向李世民告发了魏徵策划杀他的事。李世民找来魏徵，板着脸问道：“你为什么在我们兄弟之间挑拨是非？”魏徵神色自如地回答说：“要是皇太子早听我的话，就不会发生今天的事了！”左右大臣都替魏徵捏把汗，

公元624年

中国大事记：
唐朝设尚书、中书、门下三省，是最高的权力机关。

没想到李世民竟然转怒为喜。他觉得魏徵很正直，就任命他做了谏议大夫。于是他开始参与朝政的一些重大的决策，后一度拜相任侍中，封郑国公，成为唐太宗的得力助手。魏徵不但有卓越的文治武功，而且还有一套系统的政治思想。他总结了历代治国安邦之道，其功绩在中国古代政治史上是不可比拟的。

魏徵以讽谏出名，被誉为“前代诤臣一人而已”。他曾多次谏止太宗意气用事，有时甚至令太宗下不了台。魏徵还注重提醒太宗要防微杜渐，善始善终。魏徵前后陈谏200余事，曾有“兼听则明，偏听则暗”、“君好比舟，民好比水，水能载舟，亦能覆舟”等著名的政治谏言。

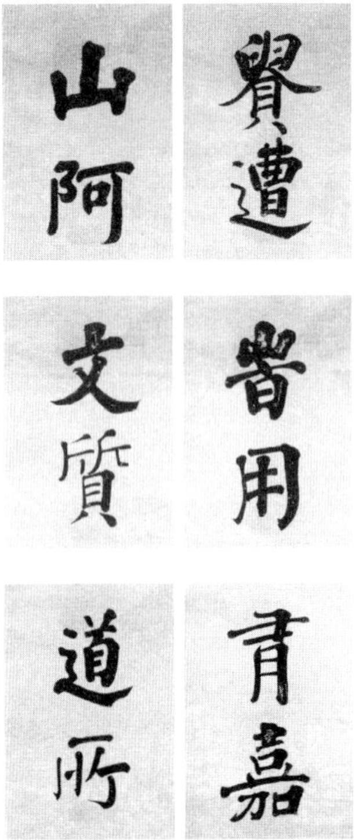

⊙ **魏徵古帖**

传说唐初虞世南书名远播，太子李世民从其学“戈”法，一日，李世民将写“戬”字，空书右半边“戈”旁，召虞世南补写。之后拿给魏徵看，并说：“朕学虞世南，似乎已尽其法。”魏徵细看一番，评曰：“天笔所临，万象不能逃其形，非臣书所可仰。今仰观圣作。惟‘戬’字‘戈’法逼真。”李世民大加赞叹，可见魏徵书法鉴赏力之高。

公元626年，唐太宗派人征兵。有大臣建议说：有些16岁以上的男孩，虽然不满18岁，可长得身材高大，也应该让他们当兵打仗，唐太宗同意了。但是魏徵扣住诏书不发。唐太宗催了几次，魏徵就是不发。唐太宗气得火冒三丈，对魏徵说道：“你好大的胆子！竟然敢扣住我的诏书不发？”魏徵不慌不忙地说：“我不赞成您这样做！军队强大不强大，不在于人多人少，而在于用兵得法。好比湖里的鱼和水，您把水弄干了，可以捉到很多鱼，但是到明年湖中就无鱼可捞了。如果把那些不到18岁的男子都征来当兵，以后还到哪里征兵呢？”唐太宗虽觉得有理，可就是不服气。魏徵也生气了，不顾一切地说：“陛下，您已经好几次说话不算数、失信于民了！”魏徵一席话，说得唐太宗哑口无言。他别扭了好半天，才老老实实承认了自己的错误。于是，又重新下了一道诏书，免征不到18岁的男子。

公元628年，通事舍人郑仁基的女儿年满16岁，花容月貌，长孙皇后得知后，请求太宗召此女入宫，聘为九华。当时诏书已经发出，只是还未派出册封的使者，魏徵得知此女已许给了陆氏，于是忙向太宗进谏。太宗听后，立即以手诏回答魏徵，并表示自责，下令将郑氏女归还旧夫。

由于魏徵敢于犯颜直谏，所以太宗在魏徵面前非常注意约束自己的言行。有一次，唐太宗要去南山巡游，车马都已准备了，却又改变主意不去了，魏徵问唐太宗何故，唐太宗笑着回答说：“本来是打算去，后来怕你不高兴，所以就不去了。”还有一次，唐太宗在御花园中玩弄一只新得的鹞鹰，正玩得尽兴，看见魏徵远远走来，太宗忙把鹞鹰藏在怀里。其实魏徵早就看见了，于是故意把汇报时间拖长。等魏徵走后，唐太宗发现鹞鹰已经闷死了。还有一次，唐太宗去洛阳巡视，中途在昭仁宫（今河南寿安）休息，他对用膳安排不周大发脾气。魏徵当面批评唐太宗说：“隋炀帝就是因为常常为百姓不献食物而发火，或者嫌

公元620年

世界大事记：
日本撰《天皇记》、《国记》。

进献的食物不精美，使百姓背上沉重的负担而灭亡了，陛下应该从中吸取教训。如能知足，今天这样的食物陛下就应该满意了；如果贪得无厌，即使食物再好一万倍，也不会满足。”唐太宗听后不觉一惊，说：“若不是你提醒，恐怕我就难得听到这样中肯的话了。”

公元643年，63岁的魏徵得了重病。唐太宗不断派人前去探视他的病情。这一天，唐太宗听说魏徵病危，急忙领着皇太子，亲自到他府里去看望。唐太宗难过地问魏徵：“您还有什么话要说么？”魏徵用微弱的声音说：“我最担心的就是国家的危亡啊！如今国家昌盛，天下安定，希望陛下您在太平的时候要想到可能出现的危险局面啊(文言是居安思危)!”唐太宗边听边点头，表示一定记住他的话。几天以后，魏徵病死了。唐太宗十分悲痛，亲自为他撰写了墓碑的碑文。此后，他还时常怀念魏徵。有一次，唐太宗在朝堂上对大臣们说：“用铜做镜子，可以整理衣帽；用历史做镜子，可以知道兴亡的道理；用人做镜子，可以明白自己的过失。我常常拿这三面镜子来审视自己的得失。如今魏徵去世了，我就少了一面镜子啊！”

·三省六部制·

三省六部制是自西汉以后形成的政治制度，到唐朝时这种制度趋于完善。国家中央机关主要由“三省”和“六部”构成。三省是最高的权力机关，分别是中书省、门下省、尚书省，各省长官是辅佐皇帝处理天下政事的最高官员。中书省负责掌管制令决策，门下省掌管封驳审议。所有的军国大事，必须由中书省拟定诏书，门下省审议复奏，然后交付尚书省颁布实行。各部门以及地方所呈的重要奏章，也必须通过尚书省交给门下省审定，然后由中书省呈请皇帝批阅。尚书省是一个执行机关，下统6部分别为吏部、户部、礼部、兵部、刑部、工部，各部下有四个属司，一共24司，负责处理全国的各类具体的行政事务。

魏徵的忠言直谏和唐太宗的虚心纳谏，使唐朝出现了繁荣的局面，形成了后世历史学家称赞的“贞观之治”的局面。

贞观之治

从公元627～649年，这段时间是唐太宗统治的时期。在这期间，封建统治较为开明，经济发展迅速，社会秩序稳定，历史上把这段时期称为“贞观之治”。

唐太宗经历了隋末农民战争，目睹了强大的隋朝怎样在农民起义的打击中分崩离析，因此他时时注意以隋朝的灭亡为教训，十分重视人民的力量。他常常说:“君好比舟,民好比水,水能载舟,亦能覆舟。”因为有了这种认识，唐统治者为了实现长治久安，较为重视民生问题。

在经济上，唐太宗继续实行均田制。均田制规定：凡18岁以上的男子，分给口分田80亩，永业田20亩。口分田在农民死后要归还国家，由国家另行分配；永业田则归农民所有，可以买卖或传给子孙。与均田制相适应的赋役制度是租庸调制。租是指每年纳粟二石；庸是指每年服役20天，可以让农民纳绢代役；调是指每年纳绢二丈、棉三两或布二丈五尺、麻三斤。唐太宗对租庸调制没有进行重大改革，但是在即位后实行了轻徭薄赋的政策，减轻农民的负担。他尽量减少徭役的征发，即使非征不可的徭役也多改在农闲时征发。如公元631年，皇太子承乾年满13岁，需要举行加冠典礼，这样要征发各地的府兵作为仪仗队。唐太宗认为当时正是农忙的季节，不应

公元625年

中国大事记：
突厥与唐互市，中原从边疆获得大量牲口用于耕地。

该影响正常农事，于是下诏将冠礼改在秋后农闲时举行。

唐太宗还很重视兴修水利，朝廷设有专门的官员以“掌天下川渎陂池之政令”，另外还命各地兴修水利。他还经常派使者到各地考察官吏，劝课农桑。

⊙ 文官图 唐
唐初多因袭隋制，帝王及文武百官均能戴图中所示的黑色帻，至贞观后，则为帝王、内臣所专用。

在政治上，唐太宗总结了前代的经验教训，对三省六部制进行了适当变革。唐代时的三省是指尚书省、中书省、门下省。尚书省是执行政令的最高行政机关，尚书省下设有吏、户、礼、兵、刑、工六部，尚书省的最高长官是尚书令，因为李世民曾任尚书令。为了避讳，便以左右仆射作为尚书省的最高长官。中书省主要管理军国大事的审议和决定，负责进奏章表、草拟诏敕等，因而有“中书出诏令”之说，其最高长官是中书令。门下省的职责是对中书省的决议进行审查，不同意的可以驳回，其长官是侍中。三省六部制的实行巩固了中央集权，行政效率明显提高。也正是因为依靠三省六部制，唐太宗的政令才能畅通。

在地方上，唐实行州县制，设刺史和令为州、县长官。唐太宗十分注重地方官吏的选拔，常把刺史的名字写在寝宫的屏风上，并在每个人的名字下记录他的政绩，以决定奖惩。唐太宗规定，县令须有五品以上的中央官员保举，各州刺史必须由皇帝选拔任命。

为了选拔人才，他还确立了完整的科举制度。科举制度为地主阶级知识分子参与政治提供了机会。唐代科举制已实行分科，其中以进士科最重要。有一次，唐太宗在金殿端门俯视新科进士鱼贯而入的盛况，得意地说：“天下英雄，入吾彀中矣。”

在文化教育上，唐太宗尊崇儒学。从贞观二年开始以孔子为先圣，在国学中设置庙堂，以备祀典，并下令各州县都置孔子庙。为培养更多通晓儒学的士人，唐太宗大力兴办学校。在朝廷设国子监、弘文馆、崇文馆，在地方设京都学及府、州、县学。国子监规模很大，曾有8000多学生。

唐太宗还十分重视历史的借鉴作用，他曾说：“以古为镜，可以知兴替。”因此，在贞观年间，史书编纂取得了重要的成就，编了晋、梁、陈、北齐、北周、隋等朝的史书。除此之外，还开始编修国史。

在个人方面，唐太宗提倡节俭，并以身作则。唐太宗即位后，没有大兴土木，建造新的宫殿，而是住在隋朝时建造的已破旧的宫殿里。公元628年秋天，大臣们想为唐太宗建造一座楼阁，但是当年发生了天灾，于是唐太宗就把这件事阻止了。在建造自己的陵寝时，唐太宗亲自制定规格：以山为陵，能放得下棺材即可。

经过唐太宗的励精图治，唐朝出了政治清明、社会安定、经济发展、文化繁荣的局面。犯罪的人也大大减少了，有一年，全国仅有29人被判死刑。天下百姓路不拾遗、夜不闭户，民风淳朴，呈现出太平盛世的景象。

公元625年

世界大事记：
新罗派使节来唐。

李靖夜袭阴山

⊙ 李靖像

唐太宗刚即位的时候，中原战事基本结束，但边境还经常受到游牧民族的侵扰。特别是东突厥，当时还很强大，常常威胁唐朝的边境。当初，唐高祖一心对付隋朝，只好靠妥协的办法，维持和东突厥的友好关系，但东突厥贵族仍旧不断侵扰唐朝边境，使得北方很不安宁。

唐太宗即位不到20天，东突厥的颉利可汗便率领10多万人马，一直打到离长安只有40里的渭水边。颉利以为唐太宗刚即位，内部不稳，一定无力抵抗，便先派使者进长安城见唐太宗，扬言100万突厥兵马上就到。

唐太宗亲自带了房玄龄等6名将领，骑马来到渭水边的桥上，指名要颉利出来对话。

唐太宗隔着渭水对颉利说："我们两家已经订立了盟约，几年来还给你们许多金帛，为什么要背信弃义，带兵进犯？"

颉利觉得理亏，表示愿意讲和。过了两天，双方在便桥上重新订立盟约。接着，颉利就退兵了。从这以后，唐太宗加紧训练将士，每天召集几百名将士在殿前练习弓箭。

第二年，一场大雪覆盖了北方。东突厥死了不少牲畜，大漠以北发生饥荒。颉利可汗加紧压迫其他部族，引起各部族的反抗。颉利派他的堂兄弟突利去镇压，反被打得大败。

唐太宗利用这个机会，派出李靖、徐世勣等4名大将和大军10多万，由李靖统率，分路向突厥攻击。

李靖很快便攻下定襄，得胜还朝。唐太宗十分高兴，说："从前汉朝李陵带领5000兵卒，结果被匈奴所俘虏；现在你以3000轻骑深入敌人后方，攻下定襄，威震北方，这是自古以来少有的成功战例啊！"

颉利逃到阴山以北，担心唐军继续追赶，便派使者到长安求和，还说要亲自前来朝见。唐太宗一面派唐俭到突厥安抚，另一方面又命令李靖带兵前去察看颉利动静。

李靖领兵来到白道（在今内蒙古呼和浩特西

·安西、北庭都护府·

唐王朝统一全国之后，采取了积极措施，使西域与内地的联系进一步加强。唐太宗在公元640年攻破高昌以后，在高昌设立了安西都护府，负责管辖天山以南直至葱岭以西、阿姆河流域的广大地区。公元702年，武则天为了进一步巩固西北边疆，在庭州设立了北庭都护府，管辖天山以北包括阿尔泰山和巴尔喀什湖以西的广大地区。安西都护府管辖有著名的军事重镇"安西四镇"——龟兹、疏勒、于阗、焉耆；北庭都护府管辖下的驻军主要有瀚海军、伊吾军、天山军等。安西、北庭两个都护府既是唐朝在西域的最高行政管理机构，又是军事指挥机构。唐朝在西域有效地行使政治军事权力，任命各级官吏，统率边防守军，推行中央政令。这对巩固西北边防，维护国家统一，推进西域和内地以及中西文化交流，都有着重要的意义。

公元630年

中国大事记：
唐代名相杜如晦去世。
四夷君长尊唐太宗为“天可汗”。

北），与在那里的徐世勣会师。两个人商量对付颉利的办法。李靖说：“颉利虽然打了败仗，但是手下还有很多人马。如果让他逃跑，以后再要追他，就很困难了。我们只要选1万精兵，带20天的粮，跟踪袭击，把颉利捉住，就可以大获全胜了。”徐世勣表示赞成，两支军队便向阴山进发了。

颉利得知唐军骑兵来到，慌忙上马逃走。李靖指挥唐军追杀，突厥兵没有主帅，全军溃败。唐军歼灭突厥兵1万多，俘获了大批俘虏和牲畜。颉利东奔西逃，最后被他的部下抓住交给唐军，随后被押送到长安。

一度很强大的东突厥就这样灭亡了。唐太宗并没有杀死俘虏，同时，在东突厥原址设立了都督府，让突厥贵族担任都督，并由他们管理各部突厥。

这次胜利，使唐太宗在西北各族中的威信大大提高。这一年，回纥等各族首领一起来到长安，朝见唐太宗，拥护唐太宗为他们的共同首领，尊称他是“天可汗”。

根据温彦博的提议，唐太宗把投降的突厥人安置在幽州至灵州一带，并设6个都督府进行统治。

吐谷浑是鲜卑的一支，生活在青海一带，经常入侵唐朝的兰州、凉州。公元635年春天，唐太宗派李靖、侯君集进攻吐谷浑。李靖率唐军深入吐谷浑腹地，连续击败其精锐部队，首领伏允兵败自杀，伏允的儿子慕容顺向唐军投降。唐太宗封慕容顺为西平郡王。

随后，唐太宗又派兵征服高昌、西突厥，天山南路各小国纷纷归附唐朝。唐朝将安西都护府迁至龟兹，统领龟兹、焉耆、于阗、疏勒四镇，称“安西四镇”。

对于处理唐与各民族的关系，除了必要的战争手段外，唐太宗更多的是实行开明的民族政策，他曾说：“自古毕贵中华，贱夷、狄，朕独爱之如一。”对于各少数民族，不管是主动归附的，还是被征服的，唐太宗都尊重他们的生活方式和风俗习惯，并且任命他们原来的首领担任各级官职以进行管理。西域各族人和亚洲许多国家的人，不断来到长安拜见和观光。在这一时期，我国高僧玄奘也通过西域各国去天竺求取佛经。

玄奘取经

玄奘的原名叫陈祎，洛州缑氏（今河南偃师缑氏镇）人，是长安大慈恩寺的和尚。他从13岁出家做和尚起，就认真研究佛学。后来他到处拜师学习，很快就精通了佛教经典，被尊称为三藏法师（三藏是佛教经典的总称）。玄奘发现原来翻译过来的佛经有很多错误，就决定到天竺去学习佛经。

公元629年（一说公元627年），当时唐朝还没有实现全国的统一，突厥经常侵扰中原，边塞局势不稳，唐朝政府禁止出国。玄奘上书朝廷要求出国取经被拒绝。这年秋天，长安闹饥荒，朝廷同意僧侣外出就食，玄奘乘机离开长安，来到边塞重镇凉州。凉州都督执行朝廷命令，逼令玄奘返回长安，幸得当地高僧的帮助得以逃避禁令。他昼伏夜行，风餐露宿，到瓜州时朝廷的通缉令也到了，瓜州州吏为他这

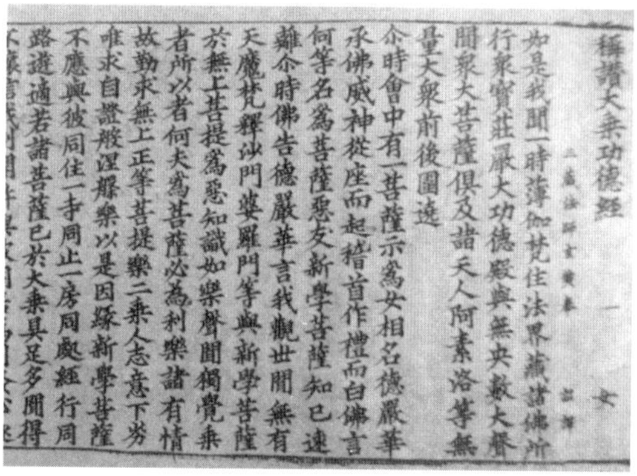
稱讃大乘功德經　一
三藏法師玄奘奉　詔譯
如是我聞一時薄伽梵住法界藏諸佛所
行衆寶莊嚴大功德殿與無央數大聲
聞衆大菩薩俱及諸天人阿素洛等無
量大衆前後圍遶
爾時會中有一菩薩示為女相名德嚴華
承佛威神從座而起稽首作禮而白佛言
何等名為菩薩惡友新學菩薩知已速
離爾時佛告德嚴華言我觀世間無有
天魔梵釋沙門婆羅門等與新學菩薩
於無上菩提為惡知識如樂聲聞獨覺乘
者所以者何夫為菩薩必為利樂諸有情
故勤求無上正等菩提樂二乘人志意下劣
唯求自證般涅槃樂以是因緣新學菩薩
不應與彼同住一寺同止一房同處經行同
路遊適若諸菩薩已於大乘具足多聞得

⊙ 玄奘译《功德经》内页

公元627年

世界大事记：
百济遣使至唐，唐谕之勿侵新罗。

种立志求经、勇往直前的精神打动，毅然放他西行。途中他结识了一个西域人，并请他做向导。玄奘越过玉门关不久向导就跑了。他独自一人继续赶路，进入大戈壁。800里的沙漠上无飞鸟，下无走兽，他迷路了，慌乱中又弄翻了水袋。但他曾经发誓，宁可西行而死，决不东归而生，便继续西行。几天后，他昏倒在沙漠里，幸而离绿洲不远，他被凉风吹醒，又找到水源，才摆脱困境。出了大沙漠，玄奘经伊吾国来到高昌国，

高昌王麹文泰也笃信佛教，听说玄奘是大唐来的高僧，十分敬重，请他讲经，还恳切地要他留在高昌。玄奘坚决不肯。麹文泰没法挽留，就给玄奘备好行装，派了25人，带着30匹马护送；还写信给沿路24国的国王，请他们保护玄奘安全过境。

玄奘带着一行人马，越过雪山冰河，经历了千辛万苦，到达碎叶城(在今吉尔吉斯斯坦北部托克马克附近)，西突厥可汗接待了他们。从那以后，玄奘一路上十分顺利，通过西域各国进入到天竺。

天竺摩揭陀国有一座古老的叫作那烂陀的大寺院。寺里有个戒贤法师，是天竺有名的大学者。玄奘来到那烂陀寺，跟着戒贤法师学习。5年后，他把那里的经全部学会了。

摩揭陀国的戒日王是个笃信佛教的国王，他听到玄奘的名声后，便在他的国都曲女城(今印度北方邦境内卡瑙季)为玄奘开了一个隆重的讲学聚会。天竺18个国的国王和3000多高僧都参加了。戒日王请玄奘在会上讲经说法，还让大家讨论。会议开了18天，大家十分佩服玄奘的精彩演讲，没有一个人提出不同的意见。最后，戒日王派人举起玄奘的袈裟，宣布讲学圆满成功。

玄奘的游历，不仅在佛学上取得了巨大成功，还促进了东西方的文化交流。公元645年，他带着600多部佛经，回到阔别10多年的长安。他的取经事迹，轰动了长安人民。在长安西郊，他受到朝野僧侣“空城出观”的热烈欢迎。不久，唐太宗又召见了他，随后下令组织规模宏大的译场，调集高僧协助玄奘翻译佛经。

19年中他共译经论74部，1335卷。他的另一贡献是完成了由他口述、门徒辩机记录而成的世界名著《大唐西域记》。玄奘历时19年，跋涉25000千米的西游取经，直接沟通了唐朝与中亚、西亚、南亚的联系，特别是中国与印度的友好关系，至今人们仍认为玄奘是中印友好的象征。

⊙ 玄奘像

·鉴真东渡·

鉴真和尚（公元688～763年）是唐代著名的高僧，俗姓淳于，扬州人，精于佛教律宗。当时日本的佛教还不够完备，日僧荣叡和普照随遣唐使入唐邀请高僧到日本传授戒律，访求十年找到了鉴真。天宝元年(公元742年)，鉴真不顾弟子的劝阻和地方官的阻挠，发愿东渡传法。前四次都未能成行，第五次漂流到了海南岛，荣叡病死，鉴真双目失明。但是他不改初衷，第六次搭乘日本遣唐使团的船只东渡，终于在天宝十三载（公元754年）到达日本，被日本人称为“过海大师”、“唐大和尚”。他在日本传播佛教和先进的唐文化，后来被日本天皇任命为大僧都，成为日本律宗的始祖。公元763年，鉴真在日本圆寂。他对中日文化交流做出了巨大贡献，1000多年来一直受到日本人民的敬仰。

公元637年

中国大事记：
长孙无忌与房玄龄等奉命修《贞观律》。

文成公主入藏

吐蕃人是藏族的先祖，唐初在青藏高原上生活，并日益壮大起来。大约在公元620年，吐蕃赞普(吐蕃人的首领)松赞干布的父亲统一了西藏各个部落。后来，松赞干布做了赞普，把都城迁到逻些(今拉萨)，制定了官制和法律，建立了强大的奴隶制政权。松赞干布渴慕唐风，希望能和大唐和亲。

贞观八年(公元634年)，松赞干布遣使入唐进贡并请婚。唐太宗没答应，派冯德遐前去抚慰。松赞干布又遣使随冯德遐入朝，"多赍金宝，以奉表求婚"，也未获准。贞观十四年(公元640年)，松赞干布再遣大相禄东赞带着5000两黄金，数百件珍宝，去长安求婚。唐太宗向禄东赞仔细询问了吐蕃的情况，答应把美丽多才的文成公主嫁给松赞干布。

传说当时到长安求婚的有五个国家的使臣，唐太宗决定出几道难题，考一考这些使臣，谁回答得正确，就把公主许配给谁的国王。

⊙ 文成公主入藏壁画　吐蕃

唐太宗叫侍从拿出一颗珍珠和一束丝线，对使臣们说："谁能把丝线穿过珍珠的小孔，就把公主嫁给谁的国王。"这是一颗中间有一个弯弯曲曲小孔的珍珠，叫九曲珍珠。一根软软的丝线怎能从弯弯曲曲的小孔中穿过呢？几位使臣拿着丝线不知怎么办。禄东赞灵机一动，他捉来一只蚂蚁，把丝线拴在蚂蚁的身上，再把蚂蚁放进小孔的一端，然后向小孔内吹气。一会儿，蚂蚁爬出了小孔的另一端，丝线也就在蚂蚁的带动下，穿了过去。

接着，唐太宗又出了第二道难题。他命令马夫赶来100匹母马和100匹马驹，要求辨认一百对马的母子关系。其他使臣束手无策，只有禄东赞想出了办法。禄东赞把母马和马驹分别圈起来，只喂马驹草料，不喂水。过了一天，再把马驹放出来，小马驹渴得厉害，纷纷找自己的妈妈吃奶，就这样，禄东赞辨认出它们的母子关系。

于是，到了公元641年，唐太宗就派礼部尚书、江夏王李道宗护送文成公主，动身进入吐蕃。据《吐蕃王朝世袭明鉴》等书记载，文成公主出嫁队伍非常庞大，唐太宗给的嫁妆非常丰厚。有释迦佛像、珍宝、金玉书橱、360卷经典、各种金玉饰物，又有很多烹饪食物，各类饮料，各种花纹图案的锦缎垫被，卜筮经典300种，用以分别善与恶的明鉴，营造与工技著作60种，治404种病的医方100种，医学论著4种，诊断法5种，医疗器械6种。还带了大量谷物和芜菁种子等入藏。松赞干布于河源迎亲，对唐行子婿之礼，还在逻些专门建筑了一座华丽的王宫，就是现在的布达拉宫。在这座王宫里，松赞干布和文成公主举行了隆重的婚礼。

文成公主进藏，在吐蕃历史上是一件重大事件。文成公主到达吐蕃，不仅带去各种谷物、蔬菜种子，而且带去了工艺品、药材、茶叶及各种

公元630年

世界大事记：
印度戒日王进军德干失败，被迫撤回北印度。

书籍。吐蕃过去没有文字，无论什么事都用绳打结，或在木头上刻符号表示。文成公主劝松赞干布设法造字。于是，松赞干布指令吞弥・桑布扎去研究，后来创制出了30个字母及拼音造句的文法。从此吐蕃有了自己的文字。所有这些，都极大地促进了经济文化的发展。

永徽元年（公元650年），松赞干布去世后，文成公主一直居住在西藏。她热爱藏族同胞，深受百姓爱戴，曾设计和协助建造大昭寺和小昭寺。在她的影响下，汉族的碾磨、纺织、陶器、造纸、酿酒等工艺陆续传到吐蕃；她带来的诗文、农书、佛经、史书、医典、历法等典籍，促进了吐蕃经济、文化的发展，加强了汉藏人民的友好关系。她带来的金质释迦佛像，至今仍为藏族人民所崇拜。永隆元年（公元680年），文成公主逝世，吐蕃王朝为她举行隆重的葬礼，唐遣使臣赴吐蕃吊祭。至今拉萨仍保存藏人为纪念她而造的塑像，距今已1000多年历史。青海省玉树县也建有文成公主庙。庙中央的文成公主坐像，端坐于狮子莲花座上，身高8米，形象生动，雕刻精细。这里一年四季香火不断，酥油灯昼夜长明，前来朝拜的藏汉群众络绎不绝。相传文成公主前往拉萨途中，曾在此地停留很长时间，留下了许多美丽的传说。

初唐四杰

王杨卢骆当时体，轻薄为文哂未休。尔曹身与名俱灭，不废江河万古流！

只要对唐代文学略有了解的人就都知道，这是诗圣杜甫对初唐四杰的高度评价。四杰指的是生活在高宗、武后时期的王勃、杨炯、卢照邻、骆宾王四位诗人，他们都是英姿逸发的少年天才，但是在仕途上，又都是地位卑微，坎坷不遇。王勃（公元650 ~ 676年）很小的时候就有才名，朋友们把他和他的两位哥哥比作“王氏三珠树”。他出名的机会在乾封元年（公元666年），这一年高宗要到泰山封禅，他向朝廷进献《宸游东岳颂》和《乾元殿颂》，文采菁华，风传一时。沛王李贤把他招到门下作文字工作。但没过多久，王勃因为一篇文章得罪了皇帝，被逐出了王府。他四处游历，先后到了江汉和蜀中，结识卢照邻，两人过从甚密。此后他也曾几度出仕，作过小官。有一次因为私藏钦犯差点被杀头，因为朝廷改元大赦天下才保住性命，但还是被革掉了功名。上元三年（公元676年），他远道看望父亲，途中落水受到惊吓而死。这一年他27岁。

⊙ **滕王阁图　元　夏永**

此图根据唐代王勃的《滕王阁序》文意绘制而成，描绘中国四大楼阁之一的“滕王阁”，界画精丽，上部题有《滕王阁序》的全部文字。

王勃的诗内容广泛，风格高华。除了每个中国人都知道的“海内存知己，天涯若比邻”之外，他的好诗还真不少。比如《山中》一诗写道：“长江悲已滞，万里念将归。况属高风晚，山山黄叶飞。”以大江的水流迟缓暗示自己不愿再走，以纷飞的黄叶状写自己的乡愁情绪，俊逸清新。但要说影响最大的作品，自然非那篇传诵千古的《滕王阁序》莫属。这篇骈文以生动的文笔，从各方面极力地铺叙滕王阁的壮丽和阁中宴饮的盛况，

公元640年

中国大事记：
孔颖达撰写《五经正义》，是当时科举考试的主要依据。

⊙ 骆宾王《咏鹅》诗意图　清　恽寿平
此图表现骆宾王最脍炙人口的名诗《咏鹅》："鹅鹅鹅，曲项向天歌，白毛浮绿水，红掌拨清波。"画风淡雅精工，设色温润新奇。恽寿平（1633～1690年），初名格，字寿平，后以字行，号南田，又号云溪外史等，江苏常州人，是清代六大画家之一。

并即景生情，抒发了自己怀才不遇的愤懑和客愁羁旅的伤情。这类主题前人写得多了，并不新鲜。这篇作品最大的特点是意境开阔宏伟，声调和谐优雅，词采精练华美。并不太长的一篇文章，几乎处处是警语，处处是丽句：

落霞与孤鹜齐飞，秋水共长天一色。

关山难越，谁悲失路之人？萍水相逢，尽是他乡之客。

老当益壮，宁移白首之心？穷且益坚，不坠青云之志。

这些名句情真意切，同时又平仄协调，属对工稳，没有一点斧凿的痕迹。所谓才华横溢，用在王勃身上才觉得名实相符。

与王勃相比，杨炯（公元650～?）的才气就少了一些。他的诗歌内容主要是抒写离别的情绪，形式上全部是五言，而且名篇佳句也不多，所以略而不论。

卢照邻（公元634～?）号幽忧子。在四杰当中，他的遭遇和命运是最苦的，一生几乎全在悲惨的岁月中度过。他的诗歌创作内容较为丰富，形式也比较完备，而其中成就最高的是七言歌行。他的名篇是《长安古意》，诗中有些句子读起来特别有意味：

梁家画阁中天起，汉帝金茎云外直。楼前相望不相知，陌上相逢讵相识？借问吹箫向紫烟，曾经学舞度芳年。得成比目何辞死，愿作鸳鸯不羡仙。……节物风光不相待，桑田碧海须臾改。昔时金阶白玉堂，即今惟见青松在。寂寂寥寥扬子居，年年岁岁一床书。独有南山桂花发，飞来飞去袭人裾。

这些诗句四句一换韵，读来自然流转，具有特别的音乐之美。

在四杰里，骆宾王（公元619～?）的年龄最大。骆宾王的创作大部分是五言律诗，其中最能表现他的豪迈遒丽风格的，是从军一类题材的诗。骆宾王有过从军的经历，对军旅生活有实际的观察和体验，故而以雄放见长，颇能见出诗人的豪迈气概。此外，骆宾王也写一些揭露黑暗现实的诗。这类诗或抨击统治者的荒淫腐朽，或反映妇女的不幸遭遇，或抒写个人的失意愁怨，都有一定的深度。和王勃有些类似，骆宾王的卓著名声，也不是因为他的诗，而是因为他的一篇骈文。这篇骈文题目是《代李敬业传檄天下文》，后人也称作《讨武瞾檄》。公元684年，唐朝开国功臣李勣（即徐世勣）的长孙李敬业在扬州起兵，讨伐临朝称制的武则天。骆宾王当时正在李敬业幕府，代李敬业写下了这篇著名的檄文。作者站在拥唐讨武的立场上，历数武则天屠兄杀姊、鸩母弑君、蓄谋篡唐称帝的种种罪名，号召天下起而伐之。文章挥洒自如，痛快淋漓，词采风茂，声势雄壮。他在交代李敬业的军事实力后，这样写道：

班声动而北风起，剑气冲而南斗平。喑呜则山岳崩颓，叱咤则风云变色。以此制敌，何敌不摧，以此攻城，何城不克！

声光赫赫，山岳震动，为李氏义旗增色不少。他在晓谕唐室旧臣时说："言犹在耳，忠岂忘心？一抔之土未干，六尺之孤安在？"最后以"试看今日之域中，竟是谁家之天下"作结，气势磅礴，大义凛然，千载之下，犹能感觉到作者的虎虎生气。

公元637年

世界大事记：
阿拉伯军队占领波斯首都泰西封。

女皇武则天

唐高宗是个懦弱平庸的人，他即位以后，把朝政大事交给他的舅父、宰相长孙无忌处理。后来，他又立武则天为皇后，武则天权力欲很强，逐渐掌握了朝政大权，成为了中国历史上唯一的女皇帝。

武则天(公元624～705年)，名曌，并州文水(今山西文水)人。她的父亲武士彟原来是一个很有钱的木材商人，隋末时弃商从戎，成了一名府兵制下的鹰扬府队正。李渊起兵反隋，武士彟转而参加了李渊的军队，后来在唐朝廷为官，官至工部尚书，封应国公。武则天9岁时，父亲死去。14岁时，已经近40岁的唐太宗听说她长得很美，便选她入宫，赐号武媚，人称媚娘，后来又封为才人。

唐太宗死了以后，她和一些宫女依旧制被送到感业寺去做尼姑。唐高宗李治当太子时曾与她有暧昧关系，于是让她蓄发入宫侍寝，封为昭仪。但武则天心里还不满足，想进一步夺取皇后的位

⊙ 无字碑

现存陕西乾县乾陵陵园，碑额刻八条螭首尾相交，两侧线雕龙云纹，初立时，未刻一字，表示帝王功高德大，无法用文字表述，取《论语》“民无德而称为”之意。

⊙ 武则天像

子，于是武则天千方百计想陷害王皇后。

武则天生了一个女儿，有一天，王皇后来探望，爱抚地摸了摸，逗了逗。王皇后走后，武则天竟狠心地把女儿掐死，用被子盖好。当高宗来看时，她便诬陷是王皇后杀了她的女儿，使王皇后有口难辩。唐高宗因此大怒，从此动了废王立武的念头。

到了公元655年九月，唐高宗不顾褚遂良、长孙无忌等人的反对，正式提出废王皇后，立武则天为后。

有一天，唐高宗问李勣：“我打算立武昭仪做皇后，褚遂良他们坚决反对，你看这事该怎么办呢？”李勣看见高宗废立决心已下，便说：“废立皇后，这是陛下的家事，何必一定要得到外人同意呢？”许敬宗也说：“农人多割10斛麦子，尚且想换个新媳妇，何况天子富有四海，立新皇后没有什么不可以的！”于是高宗决定，废王皇后为庶人，册封武氏为皇后。

武则天当皇后以后，很快形成了自己的势力集团，参与朝政。她利用高宗与元老重臣之间的矛盾，在短短几年内，就杀了长孙无忌，罢免了20多个反对他的重臣。武则天对拥护她的人全都重用，李义府、许敬宗因而青云直上，当了宰相。到了后来，武则天甚至同高宗一起垂帘听政，

公元674年

中国大事记：
武则天自称"天后"，已经成为唐王朝的实际统治者。

·武则天与乾陵·

乾陵坐落在陕西梁山之巅，距西安80千米。一代女皇武则天和她的丈夫合葬在这里。"乾"是天的意思，按八卦方位，梁山在京城西北，正处在"乾"的方位上，故名乾陵。乾陵所在州县亦随之改称乾州和乾县。陵园海拔千米以上，原有内外两重城墙，内城围墙周长40千米，保存至今的是一组精美的大型石刻群。

武则天葬乾陵，是"头枕梁山，脚蹬渭河，卧望长安"。高岭之巅是长达700米的司马道。步行在司马道上，两边是对称排列的由124件石刻组成的石刻群：标志帝王陵墓的八棱柱形华表；象征明君盛世的祥禽瑞兽——翼马、朱雀，朱雀即鸵鸟，是吐火罗（今阿富汗）特使参加高宗李治葬礼时带来的赠品；为皇帝乘骑的鞍马，旁立牵马的侍从，神情安逸；戴冠持剑、侍卫皇帝的直阁将军，威武健硕。其中还有参加高宗葬礼的外国使者和少数民族首领的宾王石像61尊，可惜石像头部皆被人凿去。在四门外还各置蹲狮、石马，所谓"蕃王俨侍立层层，天马排列势欲腾"。这众多的石刻，屹立于梁山之巅，无不与山陵默契配合，构成一种磅礴的气势，一股肃穆庄严的气氛油然而生。朱雀门东侧是著名的"无字碑"。武则天预料后人将对自己褒贬不一，临终遗言："己之功过由后人评述。"因此她的纪念碑只字未刻。而人们来到乾陵，面对那空前创举的无字碑时，都不得不对1300年前的女皇帝那超越时代的政治风度赞叹不已，因为历史本身已经对武则天的功过作了最公正的评判。

当时朝臣并称他们为"二圣"，即称高宗为天皇，武后为天后。武则天作威作福，高宗一举一动都受她约束。唐高宗很不满，就秘密把大臣上官仪找来，让他起草废武后的诏书。消息传到武则天那里，武则天怒气冲冲地去见唐高宗。她厉声问高宗说："这是怎么回事？"唐高宗十分害怕，没了主意，就结结巴巴地说："我本来没有这个意思，都是上官仪教我这么干的。"武则天立刻命人杀掉上官仪等人。从此大小政事，都由武则天一人定夺。

唐高宗感到武氏一派的威胁越来越大，担心李家的天下难保，就想趁自己还在世，传位给太子李弘（武则天的长子）。但是，武则天竟用毒酒害死了李弘，立次子李贤做太子。不久，又把李贤废为平民，改立三儿子李显为太子，弄得唐高宗束手无策。

到公元683年十二月，唐高宗病死，太子李显即位，就是唐中宗。武则天以皇太后的身份临朝执政。后来，她容忍不了唐中宗重用韦氏家族的人，又废了唐中宗，立她的四儿子李旦为帝，就是唐睿宗。

⊙武后步辇图　唐　张萱

公元640年

世界大事记：
百济遣子弟入唐，请入国子学。

同时，她不许睿宗干预朝政，一切事务由她自己做主。

载初元年（公元690年）七月，武后的亲信法明、怀义和尚等10人献呈《大云经》，内有女主之文，陈符命，说武则天是弥勒下界，应该做人间主。这一切都是为武则天称帝制造理论根据。九月三日，侍御史傅游艺猜中了武则天的心思，率关中百姓900人上表，请改国号为周，赐皇帝武姓。武则天假装不许，但升傅游艺为给事中。百官及帝室宗戚、百姓、四夷酋长、沙门、道士6万余人又请改唐为周，睿宗皇帝亦不得不上表请改武姓。于是武则天在九月九日宣布改唐为周，改元天授。十二日，武则天受尊号为圣神皇帝，将睿宗皇帝立为皇嗣，赐姓武，以皇太子为皇太孙。十三日，立武氏七庙于神都洛阳，追尊其父王为始祖父皇帝，平王少子武为睿祖康皇帝，又立武承嗣为魏王，武三思为梁王，武氏诸姑姊为长公主。十月，制天下武氏悉免课役。

武则天掌理朝政期间，上承贞观之治，下启开元盛世，经济发展，社会稳定，为唐帝国的全面繁荣奠定了坚实的基础。她重视发展农业，继续推行轻徭薄赋、与民休息的政策；又广开言路，善于纳谏，对符合她意愿的建议她乐意采纳，反对她的意见她在一定程度上也能听取，甚至能容忍对她的人身攻击。

武则天最大的贡献在于改革官制，削弱三省六部制的相权，加强御史台的监督作用；同时打击旧门阀士族，扶植庶族地主出身的官僚，使更多的寒族参与政治。她完善了科举制，为表示对选拔人才的重视，她亲自过问，开创了殿试的先例，并且开设武举，由此培养和选拔了一批文臣武将，如狄仁杰、张柬之等。但武则天任用酷吏、制造冤狱并广开告密之风，形成政治上的恐怖。她生活奢侈，支持佛教，大修宫殿、佛寺，并宠信张易之等小人，朝政日益败坏。

公元705年，武则天病重，宰相张柬之等人发动政变，迫使武则天退位，唐中宗复位。同年，82岁的武则天病死，她生前曾留下“祔庙、归陵，令去帝号，称则天大圣皇后”的遗言，并令人在陵前高高竖起一座无字碑。

药王孙思邈

孙思邈（公元581 ~ 682年），京兆华原（今陕西耀县孙家塬村）人，是我国隋唐时期伟大的医药学家，后世尊之为“药王”。孙思邈的医学造诣很高，是隋唐时期医药界的佼佼者。宋代林亿称道：“唐世孙思邈出，诚一代之良医也。”

孙思邈出生于一个普通的农民家庭。他自幼聪颖好学，敏慧强记，7岁时每天能背诵1000多字，人称神童。他幼年多病，家中为他治病几乎倾家荡产。他经常见到老百姓生病没有钱医治而死去，加上自己的切身体会，他10岁时已决心要当一名医生。他花了整整10年的时间来刻苦攻读医书，钻研医学，20岁时已能给亲朋邻里治病，他本人所患的疾病最后也由自己治愈。

30岁时，孙思邈离开家乡，长途跋涉到太白山隐居，边行医采药，边研究炼丹术。这期间他成功地炼成了太一神精丹（即氧化砷）。孙思邈用它来治疗疟疾，疗效非常好。后来这种方法经阿拉伯人传入欧洲，引起较大反响。40岁时，孙思邈在切脉诊候和采药制丹等方面已经卓然成家，医术也日臻成熟。

⊙《千金方》书影

公元683年

中国大事记：
唐高宗去世，中宗李显即位，政事决于武则天。

⊙ 孙思邈扎针

针灸包括针法和灸法，起源于新石器时期的砭石疗法，后世不断地加以发展和完善。针法和灸法所依据的理论、施行的体位基本相同，并常常配合应用，故一般合称为针灸。灸法是将艾叶（或其他药物）揉碎，加工成艾绒，再制成艾条或艾柱，点燃后熏烤，烧灼体表的特定部位，如穴位、患处等来治疗疾病的方法。

在民间治病救人的同时，晚年孙思邈主要从事著书立说。70岁时，孙思邈积50年医疗实践之经验，编写了《千金要方》，30年后，又写成《千金翼方》。《千金要方》和《千金翼方》相辅相济，成为中医学史上极有实用价值的医学手册。除此以外，孙思邈还著有《枕中素书》、《福禄论》、《会三教论》、《老子注》、《庄子注》、《明堂图注》、《孙真人丹经》、《龟经》、《玄女房中经》、《摄生真录》、《千金食治》、《禁经》等。

孙思邈一生淡泊名利，隋文帝、唐太宗、唐高宗多次请他出来做官，他都托病辞而不受。他一生大部分时间生活在农村，为百姓治病。病人来向他求医，不论其贫富贵贱，亲近生疏，他都能做到一视同仁。遇到患传染病的危险病人，他也不顾个人的安危，及时为病人诊治。他高尚的医德颇受世人敬重，当时的大学士宋含文、名士孟诜和初唐四杰之一的卢照邻等均以“师资之礼”待他。擅长针灸的太医令谢季卿，以医方针灸著名的甄权、甄立言兄弟，长于药性的韦慈藏，唐初名臣魏徵，都是他的好友。

《千金方》是孙思邈的代表著作，书名取自“人命至贵，有贵千金；一方济之，德逾于此”之义。《千金方》是《千金要方》和《千金翼方》的合称。《千金要方》又称《备急千金要方》，共30卷，分医学总论、妇人、小儿、七窍、诸风、脚气、伤寒、内脏、痈疽、痔漏、解毒、备急诸方、食治、养性、平脉、针灸等法，总计232门，收方5300个。《千金翼方》是对《千金要方》的补编，也是30卷，其中收录了唐代以前本草书中所未有的药物，补充了很多方剂和治疗方法。这两部书，收集了大量的医药资料，是唐代以前医药成就的系统总结，对学习和研究我国传统医学有重要的参考价值。后人称《千金方》为“方书之祖”。

《千金方》首创“复方”形式，是医学史上的重大革新。孙思邈在《千金要方》中发展为一病多方，灵活变通了张仲景《伤寒论》中一病一方的体例。有时两三个经方合成一个“复方”，以增强治疗效果；有时一个经方分成几个单方，以分别治疗某种疾病。

《千金方》把妇科列为临床各科之首，为中医妇科和儿科的发展作出了重要的贡献。

《千金方》在食疗、养生、养老方面也作出

·《唐本草》·

《唐本草》又称为《唐新修本草》，是唐高宗显庆四年（公元659年）编修成功的第一部国家药典，也是世界历史上第一部药典。《唐本草》由《本草》20卷、《本草目录》1卷、《药图》25卷、《药图目录》1卷、《图经》7卷构成。《本草》部分共收载药物844种，对每味药物的性味、产地、采制、功用和主治都作了详细介绍。《药图》是描绘药物的形态，《图经》是配合《药图》的说明文字。《图经》和《药图》早已失传，《本草》现在也只有残存的卷本，但是其中的内容绝大部分都保留在后代的药物学著作中。

公元641年

世界大事记：
印度戒日帝国与唐朝互派使节。

了巨大贡献。《千金方》还谈到了系统的养生问题，提出去“五难”（名利、喜怒、声色、滋味、神虑）和“十二少”（思、念、欲、事、语、笑、愁、荣、喜、怒、好、恶），以及按摩、调气、适时饮食等。《千金方》是我国现存最早的一部医学百科全书，在中药学上有很高的价值。

名相狄仁杰

武则天对那些反对她的人，进行残酷的迫害；对那些有才能的人，不计较门第出身，破格任用。她手下有许多有才能的大臣，其中最著名的是宰相狄仁杰。

狄仁杰，字怀英，太原（今山西太原）人。祖父狄孝绪贞观年间做过尚书左丞，父亲狄知逊做过夔州长史。狄仁杰在少年时热爱读书。有一次县吏下来询问一桩案情，他周围的人都争着向县吏说出自己的想法，唯独狄仁杰聚精会神地读书，不理不睬。县吏责怪他，狄仁杰说，我正和书中圣贤对话，没有工夫和凡夫俗子搭腔。

公元676年初，狄仁杰升任为大理丞。大理丞是负责掌管案件审判的官员。当时积压了许多纠缠不清的案件，狄仁杰以卓越的才能，一年内处理了17000余件，件件都处理得公平合理，没有一个喊冤叫屈的。

唐高宗知道狄仁杰这人不但有胆气，而且有才识，便擢升他为侍御史。侍御史是负责监察弹劾百官的官员。狄仁杰常常置个人安危于不顾，与那些有权有势的贪官进行斗争。

狄仁杰对朝事直谏也很出名。高宗执政时，大将军权善才误砍昭陵柏树，高宗要杀他，狄仁杰认为权善才罪不该死，据理力争。高宗终因理屈，将其改为流放。狄仁杰重民生业，力革弊政，在任宁州刺史时，妥善处理汉族与少数民族的关系，颇受尊敬。在任江南巡抚使时，烧毁祭典之外的祠庙1700余所。武则天执政后，想建造大像，需要费钱数百万，狄仁杰认为此举劳民伤财，便直言进谏，于是武则天免了此役。

武则天当上皇帝后，更加赏识狄仁杰的才干，不断提升他的官职，最后让他当了宰相。

天授二年（公元691年）九月，狄仁杰拜相。

⊙ 狄仁杰像

有一次，武则天问狄仁杰：“卿在汝南（豫州），甚有善政，卿欲知谮者名乎？”狄仁杰回答说：“陛下以臣为过，臣请改之；以臣无过，臣之幸也，不愿知谮者名。”武则天被他的宽宏大量所感动，更加重用狄仁杰。

公元692年，酷吏来俊臣诬告狄仁杰谋反，狄仁杰被捕下狱。狄仁杰为了不被冤死，等待时机，就承认自己谋反。来俊臣还要逼狄仁杰供出另外一些同谋的大臣。狄仁杰怒不可遏，气愤地把头向柱子撞去，血流满地，以至来俊臣不敢再审问。后来，狄仁杰乘看管松懈，偷偷写成一纸冤状，放在棉衣里转给儿子。儿子接到冤状急忙向武则天上报，引起武则天的注意。武则天亲自召来狄仁杰，问他为什么要造反。狄仁杰回答说：“如果不承认造反，我早死在酷刑之下了。”武则天又问他为什么要写谢罪表。狄仁杰说：“没有这样的事。”武则天这才知道是来俊臣阴谋陷害他。

后来，狄仁杰又恢复了宰相官职。这时，武则天在立李氏为太子还是立武氏为太子的问题上犹豫不决。武则天的侄儿武承嗣、武三思为谋求

公元712年

中国大事记：
唐睿宗传位于太子李隆基，即唐玄宗。

⊙ 狄仁杰书墓志　唐

此为大周故相州刺史袁公瑜墓志，由河北道安抚大使狄仁杰撰写。狄仁杰为一代名相，书名遂为政名所掩，此志可为佐证。

太子地位，在暗地里频繁地活动，曾多次让人劝说武则天立武氏为太子。他们大肆宣扬自古到今从来没有一个皇帝立异姓为太子的。狄仁杰趁武则天还没有拿定主意，便劝她立李氏为太子。他说："陛下您想想，姑侄的关系和母子的关系哪个亲。陛下立儿子为太子，在千秋万岁之后，配食太庙，享受祭祀，承继无穷；如果立侄儿为太子，就没有听说太庙中供姑姑的！"狄仁杰的这些关键的话触动了武则天的心。

狄仁杰做宰相，善于推举贤才。先后推举的有桓彦范、敬晖、窦怀贞、姚崇等数十人，均官至公卿，有的后来成为宰相。

狄仁杰善于用人，能够让他们发挥各自的才能。就是已经归降的少数民族将领，狄仁杰也能使他们充分发挥作用。如契丹部落的两员大将李楷固和骆务整，骁勇异常，屡次打败唐朝军队，许多唐朝将领死在他们手中。后来，这两个人都来归顺唐朝，大臣们纷纷上书，要求处死他们。最后，武则天接受了狄仁杰的意见，赦免了他们的罪过，派他们到边境驻守。这两人驻守边境，尽忠守职，从此边境平安无事。

狄仁杰晚年的时候，武则天更加敬重他，尊称他为"国老"，而不直接叫他的名字。

公元700年，狄仁杰病死。武则天非常悲痛，罢朝三日，追封他为梁国公。以后，每有不能决断的大事，武则天就想起狄仁杰，慨叹地说："老天为什么要那么早夺走国老呢！"言语中，对狄仁杰充满了无限怀念之情。

开元盛世

李隆基（公元685 ~ 762年），为唐睿宗李旦第三子，唐第七代皇帝。他性格果断，仪容英武，且多才多艺，尤其擅长音律。他初被封为楚王，后改封为临淄王。

李隆基于景云二年（公元711年）和姑母太平公主发动政变，将韦后之余党消灭，拥其父睿宗即位。因李隆基除韦后有功，唐睿宗李旦立其为太子。延和元年（公元712年）七月，西方出现彗星，经轩辕入太微至大角，于是，太平公主遣方士向睿宗进言："彗星是预示当除旧布新之星；彗星一出，帝座也随之变位，这表明太子要为天子了。"他们向睿宗进此言的意思是李隆基将要弑君篡位，让睿宗赶快将其除掉。睿宗不理解他们的意图，说："传位于太子就可避灾，我已经下了决心，传位于他。"

李隆基知道后，急忙入宫，叩头道："我功劳微薄，越诸位兄弟成为太子，已经觉得日夜不安了，如父皇让位于我，会使我更加不安。"睿宗说："我之所以得天下，都是因为你的缘故。现在帝座有灾，传位于你，为的是转祸为福，你怀疑什么？"李隆基仍再三推辞，睿宗说："你是孝子，为什么非要等我死后在柩前即位呢？"李隆基只好流泪应之。太平公主和其同党也力谏皇帝，认为不可让位，但是睿宗主意已决。于是唐睿宗在七月二十五日诏令正式传位于李隆基。

八月三日，李隆基（玄宗）即位，尊睿宗为太上皇帝。八月七日，唐玄宗李隆基改元为先天，大赦天下。

公元642年

世界大事记：
戒日王在曲女城举行无遮大会，由玄奘宣讲大乘佛教理论。

玄宗即位之初就重用贤相姚崇和宋璟励精图治。姚崇讲究实际，宋璟坚持原则，守法则正，二人鼎力辅佐朝政，使赋役宽平、刑罚清省、百姓富庶。玄宗不仅重视人才的选拔与任用，而且广开言路，虚心纳谏。姚崇提出的抑制权贵、不接受礼品贡献、接受谏诤、不贪边功等建议，玄宗不仅采纳而且严格执行。宋璟敢于犯颜直谏，玄宗对他又敬又怕。

为改变当时的奢侈之风，玄宗下诏将皇帝服御和金银器玩销毁，重新造成有用的物品，交给国家使用；把珠玉锦绣在殿前焚毁，并规定后妃以下，不准穿锦绣珠玉。在玄宗的倡导下，节俭成了时尚。对日益扩大的佛教势力，玄宗下令严禁建造佛寺道观、铸造佛像、抄写佛经，禁止百官和僧尼、道士往来，并精简僧尼人数，从而扼制了寺院势力。

开元年间，玄宗采取了一系列措施整顿改革。为安定皇位，稳定政局，玄宗采取出刺诸王、严禁朝臣交结诸王和抑制功臣等措施。出刺诸王即玄宗解除诸王皇亲国戚的兵权，让他们做外州的刺史并严格限制他们，使他们不能掌握一地的军政大权，从而无法叛乱。而且规定诸王不能同时留居京城，减少他们和京官接触的机会。对那些功臣权势，玄宗或罢免他们的官职或让他们出任地方官。这就消除了动乱的隐患。为强化皇权，玄宗裁减冗官，加强吏治，革新政治。针对武后以来官吏冗滥的现象，玄宗下令免去员外官、试官、检校官数千人，撤销、合并闲散司、监十余所，从而精简了官僚机构，节约了开支。同时健全监察机构，严格选拔官吏制度，赏罚严明。玄宗对官员实行严格的考核，在开元四年组织的县令考试中，不及格的 45 人立即被罢免。另外，他还鼓励官员外任。玄宗比较注意发展经济。开元初年，流民人数巨大，玄宗采取检田括户、抑制兼并的措施，下令在全国清查户口和土地，安置逃亡人口，将籍外土地重新分给农民耕种。这样就打击了豪强地主的兼并活动，增加了国库收入。其次大力兴修水利，发展农业。玄宗当政期间，全国共兴建了 56 项农田水利工程，相当于全唐水利工程总数的 20% 以上。

玄宗即位后的一系列改革，使政治清明、百姓富庶、国力强盛、社会繁荣昌盛，唐朝达到了全盛时期。开元二十年(公元 732 年),天下人口 786 万户、4543 万人；开元二十八年(公元 740 年)，天下人口 841 万户，4814 万人。唐都长安有人口百万，是著名的国际文化中心，也是当时世界上最大的城市。唐代不仅商业发达，而且对外贸易兴旺，往来于唐和波斯、天竺、大食等地的商船络绎不绝。数以万计的外国使节、商人、僧侣和留学生居住在长安。开元五年(公元 717 年)、二十一年(公元 733 年)，日本派出的遣唐使均在 550 人以上。气象万千的长安就是开元盛世的最好写照。

·唐长安城·

唐长安城，兴建于隋朝，时称大兴城，唐朝易名为长安城，为隋唐两朝的首都。它是隋文帝君臣建立的中国古代最宏伟的都城，反映出大一统王朝的宏伟气魄。为体现统一天下、长治久安的愿望，城池在规划过程中包揽天时、地利与人和的思想观念。“法天象地”，帝王为尊，百僚拱侍。为容纳更多的人口以及迁徙江南被灭各国贵族以实京师的宏伟计划，将城池建设得超前大，面积达84平方千米，是汉长安城的2.4倍，明清北京城的1.4倍，是同时期的拜占庭王国都城的7倍，是公元800年所建的巴格达城的6.2倍，为当时世界大城之一。长安城由外郭城、宫城和皇城三部分组成，城内百业兴旺，最多时人口接近300万。唐王朝建立后，对长安城进行了多方的补葺与修整，使城市布局更趋合理化。龙首原上大明宫的建立，更显一代帝国一统天下的气度与风范。

公元717年

中国大事记：
唐玄宗强征一行入京，改撰新历。一行大胆创新，将中国古代历法的制订工作提高到一个新水平。

姚崇灭蝗

唐玄宗在平定太平公主集团、执掌全部大权后，国内仍然是经济凋敝，吏治混乱，困难重重。

面对百废待兴的局面，玄宗决心首先整顿吏治，任用贤人。先前武则天和韦后为了收买人心，用人不问才干，大量任用官吏，导致官僚机构膨胀。玄宗首先下令严格官员铨选制度、裁汰冗员，规定今后没有战功及别敕，吏部、兵部不得任命官员，消除了人浮于事的现象。

在整顿吏治的同时，他还起用贤臣姚崇和宋璟。姚崇在武周和睿宗朝已两次入朝为相，素有“救时宰相”之称。开元元年（公元713年）十月，玄宗召见姚崇，宣布任命姚崇担任兵部尚书、同中书门下平章事。玄宗以为姚崇会大喜过望，但姚崇却沉默不语，也不拜谢龙恩，心中好生奇怪。稍后姚崇才对皇帝说：“臣有建议十项，如果皇上不听或者不实行它，臣斗胆冒死不接受皇上的任命。”玄宗颇感兴趣，便让他说来听听。姚崇逐一说出他的十项要求：实行仁政；不求边功；不要让宦官干政；减少百姓赋税；不要再建造寺庙；以礼法对待大臣等。玄宗听完姚崇的十项建议，郑重承诺愿意实行，接受了姚崇的建议，任命他当宰相。姚崇任宰相后，在很短的时间内，便把朝政治理得焕然一新。

正当玄宗励精图治的时候，河南一带发生了一场特大蝗灾。中原的广阔土地上，到处都是成群的飞蝗。那蝗群飞过的时候，黑压压的一片，

⊙ **庄园生活图　唐　敦煌石窟**

图中表现的是具有西北地方色彩的地主庄园。一座二层门楼围绕着回廊的院落里，殿阁内富者坐在胡床上，主妇在院中吩咐指点。侍仆们忙碌地出出进进。院外宽阔的马圈里拴着肥壮的马匹，饲养者肩扛着扫帚，端着饲料走近墙边，附近的田野里雇农正紧张地犁地，生活气息浓厚。

公元646年

世界大事记：
日本推行大化革新。

遮天蔽日。蝗群落到哪里，哪里的庄稼就被啃得荡然无存。灾情越来越严重，受灾的地区也越来越大。地方官吏向朝廷告急的文书，像雪片一样传到京城。

宰相姚崇向玄宗上了一道奏章，认为蝗虫不过是一种害虫，处理得当，是可以治理的。只要各地官民齐心协力驱蝗，蝗虫完全可以扑灭。

唐玄宗很信任姚崇，立刻批准了姚崇的奏章。姚崇下了一道命令，要百姓一到夜里就在田头将火堆燃起。等飞蝗看到火光飞下来，就集中扑杀；同时在田边掘个大坑，边打边烧。

各地官民发动起来，用姚崇的办法灭蝗，效果很显著。仅汴州一个地方就扑灭了蝗虫14万担，灾情缓解了下来。

可是那时在长安朝廷里有一批官员，认为姚崇的灭蝗办法过去没人做过，现在这样冒冒失失推行，只怕会闯出乱子来。

唐玄宗见反对的人多，也有点犹豫不定。他又找姚崇来问，姚崇镇定自若地回答说："做事只要合乎道理，不能讲老规矩。再说历史上大蝗灾的年头，都因为没有采取好的扑灭措施，造成严重灾害。现在，河南河北积存的粮食不多，如果今年因为蝗灾而没收获，将来百姓没粮吃，流离失所，那样才危险呢。"

唐玄宗一听蝗灾不除，国家安全会受到威胁，就害怕起来，说："依你说，该怎么办才好？"

姚崇说："大臣们不赞成我的办法，陛下也有顾虑。我看这事陛下只管交给我来处理。万一出了乱子，我愿意受革职处分。"

由于姚崇不顾个人安危，只考虑国家的安全、百姓的生活，坚决灭蝗，各地的蝗灾终于平息下来。

姚崇一生节俭，衣着朴素，妻子儿女也过着贫寒的生活。开元四年（公元716年）姚崇病重，宋璟前往探视，见他家床铺破席，门无布帘，时值刮风下雨，只好将竹席挡雨，深受感动。姚崇死后，家中无钱发丧，后有一个老家人自愿卖身替他办丧事。玄宗听说后，赏赐了他100段布帛、200石粮食。后玄宗偶经他的墓地，见墓地上空无墓碑，感动得泪雨滂沱，命人为他立碑，并亲手书写了碑文，以嘉良臣。

唐玄宗在他即位以后的前20多年中，除了姚崇之外，还任用过好几个有名的贤相，比如宋璟、张说、韩休、张九龄等人。他还愿意采纳宰相和大臣们的正确意见，实行了很多有利于经济发展的措施。

一行测子午线

唐代高僧一行（公元683～727年），俗名张遂，魏州昌乐（今河南南乐）人，是唐代著名的佛学家和数学家，也是我国古代最杰出的天文学家之一。

一行的曾祖父张公谨是唐太宗李世民的开国功臣，他的父亲张檀曾做过县令，但是张氏家族在武则天时期已经衰微。

一行自幼聪颖过人，读书过目不忘；稍长，博读经史书籍，对于历象和阴阳五行尤其感兴趣。那时的京城长安玄都观藏书丰富，观中的主持道长尹崇是远近闻名的玄学大师。一行前往拜谒，尹崇对于他的虚心求学极为嘉许，耐心地给予指导。

⊙ 一行像

有一次，尹崇借给一行一部汉代扬雄所作的玄学名著《太玄经》。可是没过几天，一行就把这部书还给了尹崇。尹崇很不高兴，严肃地对他

公元724年

中国大事记：
一行开始主持大规模的测量子午线活动，取得极大的成就。

说："这本书道理深奥，我虽已读了几遍，论时间也有几年了，可还是没有完全弄通弄懂，年轻人，你还是拿回去再仔细读读吧！"一行十分郑重地回答说："这本书我的确已经读完了。"然后，取出自己读此书的心得体会《大衍玄图》和《义诀》等交给尹崇，尹崇看后赞叹不已，称赞他是博学多识的"神童"。从此一行就以学识渊博闻名于长安。

武则天执政时，梁王武三思图谋不轨，四处网罗人才。一行为逃避武三思的拉拢，跑到嵩山，拜高僧普寂为师，剃度出家，改名敬贤，法号一行。普寂为了造就他，让他四处游学。从此，他走遍了大江南北的名山古寺，到处访求名师，一边研究佛学经义，一边学习天文历法、阴阳五行以及地理和数学等。唐代郑处海的《明皇杂录》中记载了一则故事，说一行不辞千里，访师求学，受到在天台山国清寺驻锡的一位精通数学的无名高僧的指导，为他以后编制《大衍历》打下了良好的数学基础。

唐玄宗李隆基即位后，多次征召一行，他均以身体欠佳为由婉辞。公元717年，唐玄宗特地派他族叔张洽去接，他才回到长安。一行一到京城就被召见，唐玄宗问他特长，他说只是记忆力好些。唐玄宗当即让太监取宫人名册。一行看过一遍，就将宫里所有人的姓名、年龄、职务依次背出。唐玄宗大为叹服，恭称"圣人"，并让他做了自己的顾问。在长安期间，一行住在华严寺，有机会和许多精通天文和历法的印度僧侣交往，获得了许多印度天文学方面的知识。他与印度高僧一起研讨密宗佛法，翻译了很多佛教经典。

为了观测天象，一行在机械制造家梁令瓒的援助之下，创制出了黄道游仪和水运浑象等天文仪器。通过实际的观测，一行重新测定了150多颗恒星的位置，发现与古代典籍所载的位置有若干改变，现代天文学称之为"恒星本动"。

⊙泰陵石碑

公元724～725年，一行主持了规模宏大的天文大地测量，测得了子午线1°的长，这是世界上首次实测子午线。

从公元725年起，一行历经两年时间编制成了《大衍历》（初稿）20卷，纠正了过去历法中把全年平均分为二十四节气的错误，是我国历法的一次重大改革。

公元668年

世界大事记：
日本中大兄即位，是为天智天皇。

开元十五年（公元727年）十一月二十五日，一行陪同唐玄宗前往新丰（今陕西临潼东北新丰镇）时病倒，当晚即与世长辞，时年44岁。玄宗敕令将他的遗体运回长安安葬，并为他建筑了一座纪念塔。

实测子午线时，一行基本上按照隋朝刘焯的设计方案，派太史监南宫说在黄河南北选定四个地点（今河南的滑县、开封、扶沟、上蔡）进行实地测量，推翻了过去一直沿用的“日影千里差一寸”的谬论。一行根据测量的结果，经过精确计算，得出了“大率五百二十六里二百七十步而北极差一度半，三百五十一里八十步，而差一度”的结果。就是说，子午线每1°为131.11千米（近代测得子午线1°长110.94千米）。这实际上是世界上第一次实测子午线长度的活动，英国著名的科学家李约瑟一再称：“这是科学史上划时代的创举。”

雕版印刷术

印刷术是我国古代四大发明之一。它的发明和推广，推动了社会的进步和人类文明的发展，被称为“文明之母”。

⊙ 雕版印刷工具　唐

雕版印刷术是印刷术最早的印刷模式，它的出现，标志着印刷术的产生，不愧是人类历史上一项划时代的发明。

关于雕版印刷技术发明的年代，学界有好几种说法，有东汉说、东晋说、魏晋南北朝说、隋朝说、唐朝说、五代说、北宋说。但是根据考古研究，有一点是可以肯定的，那就是雕版印刷技术发明在隋末唐初。在发现的唐代雕版印刷品中，最具代表性的是公元868年雕印的《金刚经》和韩国发现的武则天时代的《无垢净光大陀罗尼经》。

雕版印刷术的发明有着深刻的历史背景；伴随着物质基础的充裕和技术条件的成熟，雕版印刷术的产生，已成为历史发展的必然。隋唐以前，造字、镂金、制笔、研墨、造纸等奠定了物质基础，制陶、印章、刻石、捶拓、模像、凸版印花等提供了技术条件，这是一个不断积累、由量变到质变逐渐完善的成长过程。

在物质基础方面，主要是指对雕版印刷术发明起决定作用的纸、笔、墨。造纸术发明后，经过蔡伦、左伯和张永等造纸专家的改进和推广，迅速取代了竹帛。到魏晋南北朝时期，发明了帘床抄纸器，造出了匀细的薄纸；采用涂布技术，提高了纸张的吸墨性能；广泛采用染潢技术，使纸的质量不断提高。造笔和制墨技术均发明于先秦，经过近1000年的改进，魏晋时期已经十分成熟。造纸、造笔和制墨技术的成熟，为雕版印刷术的发明奠定了坚实的物质基础。

在技术条件方面，主要是捶拓与石碑拓本技术和镂花模板、刺孔漏印、凸版印花技术，以及印章与佛像模印技术这三种技术方法的成熟。其一，捶拓与石碑拓本这种方法，在印刷术发明以前，是一种较简便的复制文字的方法。具体操作方法是将润湿的纸平铺于石上，用软刷将纸刷匀，经过捶打使纸紧贴在石面上，然后再用细布包裹棉花做成拓包，蘸上墨汁，在纸面上轻轻拓刷，因为石上的字是凹进石面的，所以有文字的部分受不着墨，把纸揭下来，便成为一件黑底白字的复制品，这就是拓本，也称拓片。其二，镂花模板、刺孔漏印及凸版印花这些方法，是古代纺织业的印染技术。镂版印花，是用两块雕镂成同样花纹的木板或油纸版等，将织物置于两块花版之

公元738年

中国大事记：
唐支持南诏统一洱海地区，册封皮罗阁为“云南王”。

间，将其夹紧，然后在雕空处注以色浆，印上花纹；刺孔漏印，是在硬纸板上刺孔成像，然后再进行描画或直接从孔透墨印刷；凸版印花，又称木版印花，其花版不镂空，花纹图案呈阳纹凸起状，印花时，将色浆或染料涂在花版的凸纹线条上，然后铺上丝织物加压，织物上便显出花纹。其三，印章与佛像模印。印章是对镌刻甲骨、金石这一传统的继承。印章有阳文和阴文两种，阳文刻的字是凸出来的，阴文刻的字是凹进去的。

雕版印刷是我国古代应用最早的印刷术，其工作原理是：首先把木材锯成一块块的平木板，把要印的字写在薄纸上，反贴到木板上，然后根据每个字的笔画，用刀一笔一笔雕刻成阳文，使每个字的笔画都凸起在木板上。木板雕好以后，就可以印书了。

印书的时候，先用一把刷子蘸了墨，在雕好的板上刷一下，接着，用白纸覆在板上，另外拿一把干净的刷子在纸背上轻轻刷一下，把纸拿下来，一页书就印好了。一页一页印好以后，装订成册，一本书就做成了。这种在木板上雕字印刷的方法，被称为“雕版印刷”。雕版印刷的版材，古人最初一般选用梓木，所以称刻版为“刻梓”或“付梓”。以后也广泛使用梨木和枣木，故刻版亦被称为“付之梨枣”。

雕版印刷术，具备工艺简单、费用低廉、印刷快捷的显著优点，比之早先的手写传抄要优越百倍，所以一经发明，便受到人们的普遍欢迎，迅速得到推广和传播。

雕版印刷在唐代民间广泛应用于以下三个方面：一、宗教活动。大量佛教、道教经典典籍被印刷出版；二、刻印诗集、音韵书和教学书籍。白居易和元稹的诗集被“模勒”出版，受到百姓喜爱；三、历法、医药等科学书籍的印刷。

雕版印刷术是中国的一项独特的发明，它是无数劳动人民集体智慧和经验的结晶。

·火药的发明·

火药的研究始于古代炼丹术，中国是最早发明火药的国家，黑色火药在晚唐正式出现。从战国至汉初，帝王贵族们沉醉于神仙长生不老的幻想，驱使一些方士道士炼“仙丹”，在炼制过程中逐渐发明了火药的配方。隋末唐初的医药学家孙思邈在《孙真人丹经》中，记载了世界上最早的火药配方，被称为硫磺伏火法。唐元和三年（公元808年），炼丹家清虚子所著的《铅汞甲庚至宝集成》卷二之中，记载了“伏火矾法”。该法用马兜铃代替了孙思邈方子中的皂角。唐朝末年，火药已开始用于军事。唐哀帝天祐元年（公元904年），郑璠攻打豫章（今江西南昌），他命令兵士“发机飞火”，烧了龙沙门。这是中国首次将火器用于战争的记录。大约在13世纪时，火药传到了阿拉伯、波斯等地，后又从阿拉伯传到了欧洲。

口蜜腹剑

唐玄宗执政二十多年，见天下太平，便渐渐滋长了骄傲怠惰的情绪。他觉得，天下太平无事，宰相管政事，将帅守边防，自己何必那么为国事操心。于是，他就追求起奢侈享乐来了。

宰相张九龄看在眼里、急在心上，常常给唐玄宗提意见。唐玄宗本来对张九龄很尊重，但是到了后来，再也听不进张九龄的意见了。

李林甫原是吏部侍郎，奸诈狡猾。他善于拉拢宦官和妃嫔，故而对皇帝的一举一动了如指掌。因此，他每次都能揣测到皇帝的心思而去奏旨，深得唐玄宗的赏识。当时唐玄宗对武惠妃最为宠爱，其子寿王瑁也最受玄宗喜欢。李林甫谄附武

公元672年

世界大事记：
日本大海人从东国举兵造反，史称“壬申之乱”。

惠妃，由此得以擢升为黄门侍郎。开元二十二年（公元734年）五月二十八日，李林甫、张九龄、裴耀卿三人分别被唐玄宗任命为礼部尚书、中书令、侍中，同为中书门下三品。

唐玄宗想提升李林甫为宰相，跟张九龄商量。张九龄看出李林甫是个心术不正的人，就直截了当地说：“宰相的地位，关系到国家的安危。陛下如果拜李林甫为相，只怕将来国家就要遭难了。”李林甫听到这些话，把张九龄恨得咬牙切齿。

朔方（治所在今宁夏灵武）将领牛仙客没读过书，但是很会理财。唐玄宗想提拔牛仙客，张九龄不赞同。李林甫在唐玄宗面前说：“像牛仙客这样的人，是宰相的合适人选；张九龄是个书呆子，没有大局观念。”

有一次，唐玄宗又找张九龄商量任用牛仙客的事。张九龄还是不同意。唐玄宗生气地说：“难道什么事都得由你做主吗！”

经过几件事，唐玄宗越来越讨厌张九龄，加上李林甫的挑拨，终于找了个借口撤了张九龄的职，让李林甫当了宰相。

李林甫当上宰相后，第一件事就是要把唐玄宗和百官隔绝，不许大家在玄宗面前提意见。

有一个谏官不肯依附李林甫，上奏本向唐玄宗提建议。第二天他就接到命令，被降职去外地做县令了。大家知道这是李林甫的意思，以后谁也不再向玄宗提意见了。

李林甫自知在朝廷中的名声不好。凡是大臣中能力比他强的，他就千方百计地把他们排挤出朝廷。他要排挤一个人，表面上不动声色，笑脸逢迎，却在背地里暗箭伤人。

有一个官员叫严挺之，被李林甫排挤去外地做刺史。后来，唐玄宗想起他，跟李林甫说：“严挺之在什么地方？这个人很有才能，可以任用。”李林甫说：“陛下既然想念他，我去打听一下。”

退朝后，李林甫忙把严挺之的弟弟找来，说：“你哥哥不是一直很想回京城见皇上吗，我有一个办法能让他如愿。”

严挺之的弟弟见李林甫对他哥哥很关心，当然很感激，连忙请教怎么办才好。李林甫说：“只要叫你哥哥上一道奏章，就说自己得了病，请求回京城来治病就行了。”

严挺之接到他弟弟的信，果然上了一道奏章，请求回京城看病。这时，李林甫就拿着奏章去见唐玄宗，说：“实在太可惜了，严挺之现在已经得了重病，干不了大事了。”

唐玄宗惋惜地叹了口气，也就作罢了。像严挺之这样上当受骗的还有很多。但是，不管李林甫装扮得多么巧妙，他的阴谋诡计还是被人们识破了。人们就说李林甫这个人是“嘴上像蜜甜，肚里藏着剑”（成语“口蜜腹剑”就是这样来的）。

公元747年，玄宗欲广招贤士，下令凡有一技之长者，都可到长安参加考试。李林甫下令郡县官吏先行挑选，然后送到尚书省，由尚书复试、御史中丞监试，然后再挑选几人送至皇上。考试结果，李林甫未录取一人，却向玄宗贺喜说：“这些人才能平庸，可见野无遗贤。”

李林甫在宰相的职位上，一干就是19年，一个个有才能的正直的大臣全都遭到排挤，一批批阿谀奉承的小人都受到重用提拔。就在这个时期，唐朝的政治从兴旺走向衰败，“开元之治”的繁荣景象也消失了，接着就发生了“天宝之乱”（天宝是唐玄宗后期的年号）。

⊙ 李林甫像

公元750年左右

中国大事记：
唐玄宗设梨园教歌舞，后世称戏班为梨园。

李白傲权贵

唐玄宗暮年时，宠爱年轻美貌的杨贵妃，并把她的近亲都封了官。唐玄宗和杨贵妃每天都在宫里饮酒作乐，时间一久，宫里的一些老歌词听腻了，他便派人到宫外去找人来给他填写新词。就这样，贺知章推荐李白进了宫。

李白字太白，自号青莲居士，又号谪仙人，祖籍陇西成纪，是凉武昭王李暠的后代。李白出生在西域碎叶城(位于今巴尔喀什湖南)，5岁的时候，他父亲才千里迢迢拖儿带女回到内地，在绵州昌隆县(今四川江油县)清廉乡(一作青莲乡)定居下来。

李白的父亲从小就对李白进行严格的教育和培养，所以李白5岁时就能诵六甲，10岁时就读遍了诸子百家的书，连佛经、道书他也拿来读。

20岁前后，李白游历了蜀中的名胜古迹，并作了《登锦城敬花楼》、《白头吟》、《登峨眉山》等名诗。雄伟壮丽的山川，开阔了李白的视野，养育了李白广阔的襟怀、豪迈的性格和对祖国无比热爱的思想感情。李白决心像历史上一些杰出人物那样，干一番轰轰烈烈的大事业。但他不愿像当时的读书人那样，走科举入仕的道路，而是希望依靠自己的学问、品德，获得声誉，一举成名。

⊙ **太白醉酒图　清　改琦**
唐代大诗人杜甫于唐玄宗天宝五载(公元746年)初至长安，分咏当时八位著名酒徒的个人性情和艺术成就。其中有这样的诗句“李白斗酒诗百篇，长安市上酒家眠。天子呼来不上船，自称臣是酒中仙”，淋漓尽致地描绘了李白作为“诗仙”的狂傲和放逸不拘。此图是清代著名画家改琦为这一诗句所作的人物画，再现了李白的洒脱和轻狂。

抱着这种目的，李白在家乡时就开始了“遍访诸侯”的活动。出蜀之后十余年中，李白游历了大半个中国。他的求仕活动未获得成效，他的诗歌却越来越成熟了，而社会的阅历和生活的磨难，更使他洞悉到世态的炎凉。在这期间，李白写下了许多不朽的诗篇，他自己也因而名满天下。后来，贺知章利用唐玄宗找人填写歌词的机会把李白如何有才学、如何想为国出力的情况奏明了唐玄宗。唐玄宗很爱才，对李白的诗也十分欣赏，当即决定召见李白。

公元742年，李白应召进宫。10余年来的愿望终在这一天实现，李白简直有点飘飘然了，于是他口中吟出“仰天大笑出门去，我辈岂是蓬蒿人”的诗句，高高兴兴地面见唐玄宗去了。

·力士脱靴·

李白在长安时，诗人名声大噪，产生了许多关于他的优美动听的传说，如龙巾拭吐、御手调羹、贵妃捧砚、力士脱靴等。相传，一天玄宗与贵妃在沉香亭赏菊花，歌舞急需新词，就命人找李白。而李白在一家酒楼已醉得不省人事。宦官高力士派人将他抬到宫中，玄宗扶李白躺于玉床，贵妃亲调醒酒汤，酒醉中的李白将脚伸给站在身旁的高力士，高力士就单腿跪地为李白脱靴。李白酒醒后，挥笔写成“云想衣裳花想容，春风拂槛露华浓”《清平调三章》，玄宗看后非常高兴。

公元676年

世界大事记：
新罗统一朝鲜半岛大部分。

李白到长安后，被安置在翰林院，以才华出众经常为皇帝起草诏命，或侍从皇帝出游，写些宫廷题材的诗文；侍从之暇，则在繁华的长安市上游冶饮酒，贺知章金龟换酒的事就发生在这时候。对于他们的宴饮盛况，杜甫在《饮中八仙歌》中有生动的记载，李白的风采最为出众："李白斗酒诗百篇，长安市上酒家眠。天子呼来不上船，自称臣是酒中仙。"

⊙ 李白诗意图 明 谢时臣

此图依据李白诗《望庐山瀑布》绘制而成，诗曰："日照香炉生紫烟，遥看瀑布挂前川。飞流直下三千尺，疑是银河落九天。"

但是由于他本人的桀骜不驯，不但官僚显贵容不得他，连唐玄宗也打消了重用他的念头，把他晾在一边。李白意识到自己的处境，经过一番思索，终于下决心离开。就这样，他怀着怨愤而又眷恋的心情，告别皇帝，告别京城。这时距应诏入京刚好3年。他的名篇《蜀道难》、《行路难》、《月下独酌》以及一部分《古风》，都写于这个时期。

李白不幸离开长安，却赶上了一个千年的约会。这个意外的相逢，或许是文学史上最美的故事。他出京后，向东到了洛阳，在这里和杜甫相遇。诗仙和诗圣终于会面了，而且还加上了高适。他们三人一同东游梁宋，终日痛饮狂歌，慷慨怀古。这年的秋天，高适一人独自南游，李白和杜甫继续同行，到了齐鲁大地。二人情同手足，"醉眠秋共被，携手日同行"，结下深厚的友谊。

此后李白继续自己的天涯孤旅。他北游燕蓟，南返梁宋，往来于宣城、金陵等地，直到安史之乱爆发，前后一共10年时间。这10年是他创作的高峰期。他或批判现实，或寄情于纵酒求仙，或赞美祖国的大好河山，或怀念真挚的情谊。《梦游天姥吟留别》、《将进酒》、《梁甫吟》、《远别离》、《秋浦歌》组诗、《宣州谢朓楼饯别校书叔云》、《闻王昌龄左迁龙标遥有此寄》、《哭晁卿衡》、《赠汪伦》等篇章，就写于这一时期。《宣州谢朓楼饯别校书叔云》写于居留宣城期间。谢朓楼是南朝谢朓担任宣城太守时修建的楼。李白对谢朓十分钦服，登上他的故楼，自然会有万千感慨：

弃我去者，昨日之日不可留；
乱我心者，今日之日多烦忧。
长风万里送秋雁，对此可以酣高楼。
蓬莱文章建安骨，中间小谢又清发。
俱怀逸兴壮思飞，欲上青天揽明月。

公元755年

中国大事记：
唐朝安禄山反于范阳，安史之乱爆发，至公元763年结束，使唐朝元气大伤。

抽刀断水水更流，举杯销愁愁更愁。
人生在世不称意，明朝散发弄扁舟。

若论感情之奔放激烈，《将进酒》最能代表李白的特色。一开篇，诗人就用两组奔放跳荡的排比长句，如天风海雨迎面扑来：

君不见黄河之水天上来，奔流到海不复回。
君不见高堂明镜悲白发，朝如青丝暮成雪。

万里长河是那样的伟大，而生命是如此的渺小脆弱。这是一种惊心动魄的巨人式的悲伤，但是悲伤却不悲观，在诗仙看来，“人生得意须尽欢，莫使金樽空对月”。

全诗笔酣墨饱，由悲转乐、转狂傲、转愤激，如黄河奔流，有气势亦有曲折。感情悲愤而发为狂放，诗句豪纵而不觉其浮嚣，自有一种震动古今的气势与力量。

天宝十四载，安史之乱爆发。安禄山在范阳起兵，洛阳称帝，攻破潼关。玄宗幸蜀，长安沦陷，整个国家陷入混乱之中。

此时李白已年近花甲，他认为当此天下大乱之际，正是壮士立功之秋。他进永王李璘的幕府。玄宗幸蜀，太子即位称帝。安史之乱还未完全平复，皇家兄弟先打起来了，结果永王战败。李白沦为朝廷的囚犯，坐监狱，遭流放，甚至几乎被杀头。李白在狱中，亲人朋友多方营救，但是朝廷还是判处他长流夜郎。亲人相送至浔阳江头，然后他只身西行。他仍旧作诗、喝酒，走到了白帝城。这时候朝廷大赦天下，诗人欣喜的心情无法言表，立即返舟东下，重出三峡：

朝辞白帝彩云间，千里江陵一日还。
两岸猿声啼不住，轻舟已过万重山。

遇赦后，他又作了很多诗。如《自汉阳病酒归寄王明府》、《豫章行》，都是很感人的诗篇。《庐山谣寄卢侍御虚舟》一诗中，他这样描写庐山：“登高壮观天地间，大江茫茫去不还。黄云万里动风色，白波九道流雪山。”一位饱经沧桑的老人，竟然还能写出如此豪壮的诗句，从古到今，能有几人？

李白以不世之才自居，顽强而执着地追求着惊世骇俗的功业。一直到临终，他还写了一首《临路歌》：

大鹏飞兮振八裔，中天摧兮力不济。
余风激兮万世，游扶桑兮挂左袂。
后人得之传此，仲尼亡兮谁为出涕！

安禄山叛乱

自唐中宗年间起，朝廷开始在边镇设置节度使，作为常设的军事长官。开元年间，节度使的设置越来越多。至天宝元年（公元742年），全国共分设了九道节度使，领兵40万。节度使逐渐成为集行政、财政、军事大权于一身的最高长官，由此埋下了藩镇坐大的祸根。

唐玄宗在位期间，为加强边境的防御，在重要的边境地区设立了10个军镇（也就是藩镇），这些军镇的长官叫节度使。节度使的权力很大，不仅带领军队，还兼管行政和财政。按照当时的惯例，节度使立了功，就有被调到朝廷当宰相的可能。

李林甫掌握朝政大权后，不但排挤打击朝廷的文官，还猜忌边境的节度使。担任朔方等4个镇节度使的王忠嗣立了很多战功，他手下就有著名的将领哥舒翰、李光弼等人。李林甫见王忠嗣的功劳大，威望高，怕他被唐玄宗调回京城当宰相，就派人向唐玄宗诬告王忠嗣想拥戴太子谋反，王忠嗣为此险些丢掉了性命。

当时，边境将领中有一些胡人。李林甫认为胡人文化低，不会威胁到自己的地位，就在唐玄宗面前竭力主张重用胡人。在这些胡人节度使中，唐玄宗、李林甫特别欣赏平卢（治所在今辽宁朝

公元701年

世界大事记：
日本修成《大宝律令》，大化改新完成。

·藩镇割据·

安史之乱以后，地方节度使的势力进一步膨胀，所据的藩镇俨然成为独立王国，而中央政府却无力控制，形成了弱干强枝的局面。各藩镇中，势力最大为祸也最烈的是安史之乱的降将张忠志、田承嗣、李怀仙所治的成德、魏博、卢龙三镇。他们表面上尊奉朝廷，实际上各拥强兵，自任将吏，自收赋税。其职位也往往父死子继、兄终弟及，朝廷只能事后追认。此外重要的藩镇还有淄青、淮西、宣武、沧景等。藩镇割据使得唐朝后期的政局极为动荡不安，中央政府对藩镇进行了长期的斗争。唐宪宗元和十三年（公元818年），藩镇割据终于得到了控制和清除，唐王朝出现了“元和中兴”的暂时复兴局面。但仅仅两年后，唐宪宗被宦官杀死，藩镇相继恢复割据，一直延续到唐朝灭亡。

阳)节度使安禄山。

安禄山为营州（今辽宁朝阳）人。父亲是胡人，母亲是突厥人，安禄山年幼时父亲就死了，一直随母亲住在突厥族里。他母亲后来嫁给了突厥将军安波注的哥哥安延偃，安禄山也就冒姓安氏，名叫禄山。他在30岁前一直混迹在边疆地区，是一个不很安分的商人。30岁那年步入军旅，在不到4年的时间就做到平卢将军。

安禄山经常搜罗奇禽异兽、珍珠宝贝，送到宫廷讨好唐玄宗。他知道唐玄宗喜欢边境将领报战功，就采取许多卑劣的手段，诱骗平卢附近的少数民族首领和将士到军营来赴宴。在酒席上，用药酒灌醉他们，把兵士杀了，又割下他们首领的头，献给朝廷报功。

唐玄宗常常召安禄山到长安朝见。安禄山抓住这个机会，使出他的手段，逢迎拍马讨唐玄宗的喜欢。安禄山长得特别肥胖，又装出一副傻乎乎的样子。唐玄宗一见到他就高兴得不得了。

安禄山得到了唐玄宗和李林甫的信任，做了范阳、平卢两镇及河东(治所在今山西太原)节度使，控制了北方边境的大部分地区。他秘密扩充兵马，提拔了史思明、蔡希德等一批猛将，又任用汉族士人高尚、严庄帮他出谋划策，囤积粮草，磨砺武器。只等唐玄宗一死，他就准备造反。

⊙李林甫

没过多久，李林甫病死了，杨贵妃的同族哥哥杨国忠借着他的外戚地位，继任了宰相。杨国忠本来是个流氓，安禄山瞧不起他，他也看不惯安禄山，两个人越闹越僵。杨国忠几次三番在唐玄宗面前说安禄山一定要谋反，但是唐玄宗正在宠信安禄山，自然不相信他的话。

公元755年农历十月，安禄山作了周密准备以后，决定发动叛乱。这时，正巧有个官员从长安到范阳来。安禄山便假造了一份唐玄宗从长安发来的诏书，向将士们宣布说：“接到皇上密令，要我立即带兵进京讨伐杨国忠。”将士们都觉得事出突然，但

公元710年

中国大事记：
刘知儿撰写《史通》，《史通》是刘知儿的代表作，也是他唯一传于后世的作品。

是谁也不敢对圣旨表示怀疑。第二天一早，安禄山就带领叛军出兵南下。15万步兵、骑兵在河北平原上进发，一时间，道路上烟尘滚滚，鼓声震天。中原一带已经有一百年左右没有发生过战争，老百姓好几代没有看到过打仗。沿路的官员逃的逃，降的降。安禄山叛军一路南下，几乎没有遭到什么抵抗。

范阳叛乱的消息传到长安，唐玄宗开始还不相信，认为是有人造谣，到后来警报一个个传来，他才慌了起来，召集大臣商议对策。满朝官员没有经历过这样的大变乱，个个吓得目瞪口呆，不知所措。只有杨国忠反而得意洋洋地说："我早说安禄山要反，我没说错吧。不过，陛下尽管放心，他的将士不会跟他一起叛乱。10天之内，一定会有人把安禄山的头献上。"

唐玄宗听了这番话，心情才安稳下来。可是，谁知道叛军在短短的时间内便长驱直入，一直渡过黄河，占领了洛阳。

马嵬驿兵变

潼关形势险要，道路狭窄，是京城长安的门户。封常清与驻屯陕州的大将高仙芝一起退守潼关（今陕西潼关东北）。玄宗听信监军宦官的诬告，杀死高、封两人，起用病重在家的大将哥舒翰统兵赴潼关。叛将崔乾祐在潼关外屯兵半年，没法攻打进去。

叛军攻不进潼关，但是关里的唐王朝内部却生起事端。哥舒翰主张在潼关坚守，等待时机；郭子仪、李光弼也从河北前线给唐玄宗上奏章，请求引兵攻打安禄山的老巢范阳，让潼关守军千万不要出关。但是，宰相杨国忠却反对这样做。他在唐玄宗面前说潼关外的叛军已经不堪一击，哥舒翰守在潼关按兵不动，歼灭叛军的时机会丧失掉。昏庸的唐玄宗听信杨国忠的话，接二连三派使者到潼关，逼哥舒翰带兵出潼关。

哥舒翰明知出关凶多吉少，但是又不敢违抗皇帝的圣旨，只好痛哭一场，带兵出关。关外的叛将崔乾祐早已做好准备，只等唐军出关。崔乾祐派精兵埋伏在灵宝（在今河南省西部）西面的山谷里。哥舒翰的20万大军一出关，就中了埋伏，20万大军几乎被叛军打得全军覆没。哥舒翰也被俘虏了。

⊙ **明皇幸蜀图　唐　李昭道**

此图描绘唐玄宗为避安史之乱而行于蜀中的情景，画中山石峻立，着唐装的人物艰难行于途中。

潼关失守后，关内已无险可守。从潼关到长安之间的一些地方官员和守兵，都纷纷弃城而逃。到了此时，唐玄宗才感到形势危急，他让杨国忠赶紧想办法。杨国忠召集文武百官商量，大家都失魂落魄，谁也想不出一个好主意来。杨国忠知道留在长安已经没有了生路，就劝玄宗逃到蜀地去。当天晚上，唐玄宗、杨国忠带着杨贵妃和一群皇子皇孙，在将军陈玄礼和禁卫军的护卫下，悄悄地打开宫门，逃出了长安。他们事先派了宦官到沿路各地，让官员准备接待。

公元710年

世界大事记：
日本迁都奈良，进入奈良时代。

谁知，派出的宦官早已经自顾逃命了。唐玄宗一伙人走了半天也没有人给他们送饭。他们走走停停，第三天到了马嵬驿（在今陕西兴平县西）。随行的将士疲惫不堪，饥渴难忍。他们心里越想越气，好好的长安待不住，弄得到处流亡，受尽辛苦。他们认为，这全都是受了奸相杨国忠的拖累，这笔账应该向杨国忠算。

这个时候，有二十几个忍饥受饿的吐蕃使者拦住杨国忠的马，向杨国忠要粮。杨国忠正忙着应付，周围的兵士便嚷起来："杨国忠要造反了！"一面嚷，一面向他射起箭来。

兵士们杀了杨国忠，情绪更加激昂起来，把唐玄宗住的驿馆也包围了。唐玄宗听到外面的吵闹声，问是怎么回事，左右太监告诉他，兵士们已把杨国忠杀了。唐玄宗大惊失色，不得不扶着拐杖，走出驿门，慰劳兵士，要将士们回营休息。

兵士们哪里肯听唐玄宗的话，照样吵吵嚷嚷。玄宗派高力士找到将军陈玄礼，问兵士们不肯散的原因。陈玄礼回答说："杨国忠谋反，贵妃也不能留下来了。"

玄宗说："贵妃常居深宫中，怎知国忠谋反之事呢？"高力士回答说："贵妃实是无罪，但禁军将士已杀其兄国忠，贵妃伴陪陛下左右，将士心中不安。愿陛下三思，禁军将士安则陛下安。"无奈，唐玄宗为了平息变乱，只好下了狠心，叫高力士把杨贵妃带出去，用带子勒死了。将士们听到杨贵妃已经被处死，总算除了一口恶气，撤回了军营。

唐玄宗经过这场兵变打算继续西行，老百姓将他拦住，让他留下来还击安禄山。玄宗便分3000人给太子李亨，令太子击破逆贼，收复长安。

天宝十五载（公元756年）七月，太子李亨于灵武即皇帝位，是为肃宗，尊玄宗为太上皇帝，改元至德。

⊙ 杨贵妃像

杨贵妃（公元719～756年），蒲州永乐（今山西永济）人，小名玉环，自幼丧父，在叔父家长大，后入选寿王府，被封为寿王妃。天宝四载（公元745年）八月，唐玄宗册封杨玉环为贵妃，从此恩宠十余年，杨门也随之显贵。

·募兵制·

从武则天开始，由于均田制遭到破坏，建立在其基础之上的府兵制也开始崩溃。唐玄宗于开元十年（公元722年）采纳建议，下令实行招募宿卫的新办法。招募来的职业兵称长从宿卫，分别隶属于十二卫。这种雇佣兵以当兵为职业，长期在军中服役，由国家供给资粮，保障武器，而且免除赋税。开元二十五年（公元737年），朝廷改革征防军，面向社会招募情愿人伍长期驻扎边镇者，可以自带家口，由政府供给田宅，这种兵称作长征健儿。从此，征兵制改为了募兵制。天宝八载（公元749年），府兵制正式废除。这种兵制上的变化，对以后的社会政治和军事产生了巨大的影响，宋、明末、清末、民初都实行募兵制。

公元757年

中国大事记：
十月，睢阳陷落，张巡、南霁云、雷万春等遇害。

草人借箭

唐玄宗匆忙逃出长安不久，安禄山的叛军便攻进了长安。郭子仪、李光弼得到长安失守的消息，不得不放弃河北，李光弼退守太原，郭子仪回到灵武驻守。原来已经收复的河北郡县又重新被叛军占领。

叛军在进入潼关之前，安禄山派唐朝的将领令狐潮去攻打雍丘（今河南杞县）。令狐潮原来是雍丘县令，安禄山占领洛阳的时候，令狐潮就投降了他。雍丘附近有个真源县，县令张巡不愿投降，就招募了1000多个壮士，占领了雍丘。令狐潮带了4万叛军来进攻。张巡和雍丘将士坚守60多天，将士们穿戴着盔甲吃饭，负了伤也不下战场，打退了叛军300多次进攻，叛军死伤无数，终于迫使令狐潮不得不退兵。

令狐潮又集合人马来攻城。张巡组织兵士在城头上射乱箭把叛军逼回去。但是，日子久了，城里的箭射光了。为了这件事，张巡非常心急！

一天深夜，雍丘城头上一片漆黑，隐隐约约有成百上千个穿着黑衣服的兵士，沿着绳索往墙下爬。这一情况被令狐潮的兵士发现了，报告给了主将。令狐潮断定是张巡派兵偷袭，就命令兵士向城头放箭。直到了天色发白，叛军才看清楚，原来城墙上挂的全是草人。

张巡的兵士们在雍丘城头上高高兴兴地拉起草人。那千把个草人上，密密麻麻插满了箭。兵士们查点了一下，竟有几十万支之多。这样一来，城里的箭就足够用啦！

又过了几天，与前几天夜里一样，城墙上又出现了“草人”。令狐潮的兵士见了又好气，又好笑，以为张巡又来骗他们的箭了。于是，谁也不去理它。

哪儿知道这一次城上吊下来的并非是草人，而是张巡派出的500名勇士。这500名勇士乘叛军没有准备，向令狐潮的大营发起突然袭击。令狐潮无法组织起有效的抵抗，几万叛军失去指挥，四处乱奔，一直逃到十几里外，才停了下来。令狐潮连连中计，气得咬牙切齿，又增加了兵力攻城。他屯兵在雍丘北面，不断骚扰张巡的粮道。叛军有几万人之多，张巡的兵士不过一千人，但是张巡瞅准机会就出击，总是得胜而回。

过了一年，睢阳（今河南商丘）太守许远派人向张巡告急，说叛军大将尹子奇带领13万大军要来进攻睢阳。张巡接到告急文书，马上带兵去了睢阳。

肃宗至德二年（公元757年）七月六日，叛军大将尹子奇又起兵数万攻打睢阳。睢阳城被围多日，粮食已吃尽，将士每人每天只能以米一盒，杂以茶纸、树皮而食。张巡令部将南霁云率30骑奋杀突围，求救于临淮。但临淮守将惧怕贼兵，拥兵不救。叛军知道临淮守将不来救援的消息后，围攻更急。茶纸被吃光，便杀战马而食；马亦杀光，又罗雀掘鼠而食；雀鼠也尽，张巡忍痛杀己之爱妾，许远也杀其奴，以供士兵之食；然后尽杀城中妇人食之，继之以男子老弱。当时城中人知必死，无一叛者，最后只剩下400余人。十月九日，叛军攻上城头，守城士卒都因病或因饿无力再战。张巡、南霁云、雷万春等36人都被杀害。张巡临死时毫无惧色，大义凛然。

·刘晏理财·

安史之乱中，京师遭遇粮荒，粮食价格飞涨，军队和百姓都临饥馑。叛乱平息后，公元763年，度支盐铁转运租庸使刘晏经过实地考察，整顿漕运，采用分段转输法，使每年有数十万石江淮粮食得以运至关中。同时，他又改变盐法，稳定了盐价。刘晏理财20年，改善了安史之乱后财政紊乱的状况。

公元718年

世界大事记：
日本在《大宝律令》基础上修成《养老律令》。

画圣吴道子

在中国艺术史上，有三位艺术家被戴上“圣”的桂冠：一位是晋代王羲之，被誉为“书圣”；一位是唐代杜甫，被誉为“诗圣”；还有一位被誉为“画圣”，那就是唐代的吴道子。

吴道子，画史尊称他为吴生，又名道玄。他的生卒年代已不可考，只知道他一生主要活动在唐朝开元、天宝年间（公元713～755年）。吴道子出生在阳翟（今河南禹州），幼年失去双亲，生活贫困。他曾跟从张旭、贺知章学习书法，后跟随张僧繇学习。迫于生计，他曾向民间画工和雕匠学习。由于他刻苦好学，才华出众，20岁时就已经很有名气。

唐玄宗把吴道子召入宫中担任宫廷画师，为他改名道玄。他成为御用画家，没有皇帝的命令，不能擅自作画。这一方面对他这样一个平民意识很强的艺术家来说是一种约束和限制，另一方面又使他获得了最优厚的条件，不再浪迹江湖；而且利用这种条件，他可以施展自己的艺术才华。吴道子性情豪爽，不拘小节，画画时必须喝酒，因此，他经常是醉中作画。传说他描绘壁画中佛头顶上的圆光时，不用尺规，挥笔而就。在龙兴寺作画的时候，观者水泄不通。他画画速度很快，像一阵旋风，一气呵成。

当时的都城长安是全国文化中心，汇集了许多著名的文人和书画家。吴道子经常和这些人在一起，这使他的技艺不断提高。有一次，在洛阳，他同书法老师张旭和善于舞剑的裴将军相遇。吴道子观看裴旻持剑起舞，左旋右转，神出鬼没，变化万端，很受启发，即兴在天宫寺墙壁上画了一幅壁画，画时笔走如飞，飒飒有声，顷刻而成。随后张旭又在墙壁上作书。这一次使在场数千观众大饱眼福，高兴地赞叹：“一日之中，获观三绝！”还有一次，唐玄宗要看嘉陵江的景象，派吴道子去写生。吴道子回来后，让人准备了一匹素绢，用了一天时间，在大同殿上画出嘉陵江300余里风光。

⊙ 宝积宾伽罗佛像

吴道子常曰：“众皆密于盼际，我则离披其点画，众皆谨于象似，我则脱落其凡俗。”

公元758年

中国大事记：
唐肃宗任命宦官鱼朝恩为观军容使。

⊙ 天王送子图　唐　吴道子

唐玄宗赞叹不已，认为和李思训用几个月功夫画成的嘉陵山水一样美妙。

吴道子是一个多产的画家，他作品的数量很多。吴道子兼擅人物、佛道、神鬼、鸟兽、草木、殿阁、山水等，尤其精于佛道、人物画，长于壁画创作。据记载，他曾在长安、洛阳两地寺观中绘制壁画多达300余幅，奇踪怪状，无有雷同，其中尤以《地狱变相》闻名于时。

吴道子的绘画对后世影响极大，他被人们尊为“画圣”，被民间画工尊为“祖师”。苏轼曾称赞他的艺术“出新意于法度之中，寄妙理于豪放之外”。吴道子的绘画无真迹传世，传至今日的《送子天王图》可能为宋代摹本，它所表现的是释迦牟尼降生为净饭王子以后，其父净饭王抱他拜谢天神的佛经故事。从中可见吴道子的基本画风。另外还流传有《宝积宾伽罗佛像》、《道子墨宝》等摹本，莫高窟第103窟的《维摩经变图》也被认为是他的画作。

李泌归山

唐肃宗在灵武即位不久，身边的文武官员只有30人。这个临时建立的朝廷，什么事都没有秩序，一些武将也不太听指挥。肃宗想平定叛乱，非常需要有个能人来帮助他。这时，他想起他当太子时的一个好朋友李泌，就派人从颍阳(今河南境内)把李泌接到灵武来。

李泌原是长安人，从小就很聪明，读了不少书。当时的宰相张九龄看到他写的诗文，对他十分器重,称赞他是个“神童”。肃宗当太子的时候，曾向玄宗上奏章，想给李泌一个官职。李泌推说自己年轻，不愿做官，玄宗就让他和太子交上了朋友。后来，他看到政局混乱，索性跑到颍阳隐居了起来。

这一回，唐肃宗来请他，他想到朝廷遭到困难，就到了灵武。唐肃宗看见李泌，高兴得像得到宝贝一样。那时候的临时朝廷，不太讲究礼节。唐肃宗跟李泌就像年轻时候一样，进进出出总在一起，大小事情，全都跟他商量。李泌出的主意，唐肃宗全都听从。

唐肃宗想封他当宰相，李泌坚辞不受。后来肃宗只好任命李泌为元帅府行军长史(相当于军师)。

那时候，郭子仪也到了灵武。朝廷要指挥全国的战事，军务十分繁忙。四面八方送来的文书，从早到晚没有一刻的间歇。唐肃宗命令把收到的文书一律要先送给李泌拆看，除非特别紧要的，

公元733年

世界大事记：
卡拉布里亚、西西里等地教会脱离罗马教皇管辖。

⊙ 迎玄宗图　唐　佚名

至德二年（公元757年）十月十九日，唐肃宗从凤翔起驾进长安，并派太子太师韦见素入蜀，奉迎玄宗。

才直接送给肃宗。宫门的钥匙，由太子李俶和李泌两人掌管。李泌有时忙得连饭也顾不上吃，觉也不能睡安稳。

第二年春天，叛军发生内讧，安禄山的儿子安庆绪杀了安禄山，自己称帝。这本来是个消灭叛军的好机会，但是肃宗急于回长安，不听李泌的计划，让郭子仪的人马从河东回攻长安，结果打了败仗。后来，郭子仪向回纥（我国古代北方民族之一）借精兵，集中了15万人马，才把长安攻了下来。接着，又收复了洛阳。叛军头目安庆绪逃到了河北，不久，史思明也被迫投降。

唐军收复了长安和洛阳，唐肃宗便觉得心满意足起来，用骏马把李泌接到了长安。

一天晚上，唐肃宗请李泌喝酒，并且留他在宫里安睡。李泌趁机对肃宗说："我已经报答了陛下，请让我回家做个闲人吧！"

唐肃宗说："我和先生几年来患难与共，现在正想跟您一起享受安乐，怎么您倒要走了呢？"无奈李泌一再请求，唐肃宗虽然不愿让李泌离开，最终也只好同意。李泌到了衡山（在今湖南省），在山上造了个屋子，重新过起了隐居生活。

中兴名将李光弼

李光弼是契丹人，原籍营州柳城（今辽宁朝阳）。父亲李楷洛原本是契丹首领，武则天年间归顺唐朝，被封为左羽林大将军。李光弼从小擅长骑马射箭，为人严肃坚毅，沉着果断，具有雄才大略。早年担任左卫亲府左郎将，后来逐渐晋升为河西节度使王忠嗣的府兵马使，王忠嗣非常赏识他，对他十分优待。

安禄山发动叛乱后，大将军郭子仪知道李光弼是一位了不起的将才，就推荐他为河东节度副使，后任朔方节度使、兵马副元帅。

⊙ 骑兵铜像　唐

李光弼执法严明，言行一致。唐肃宗即位后，李光弼奉命来到灵武，做了户部尚书。当时太原

公元759年

中国大事记：
史思明杀死安庆绪，自立为大燕皇帝。

节度使王承业政务松弛，侍御史崔众掌握兵权，号令不行，唐肃宗便命李光弼带兵5000人至太原，接过了崔众的兵权。

公元757年，叛将史思明、蔡希德以10万大军围攻太原。当时留守的李光弼军队不足1万人，双方力量相差很大。将士们都主张加固城墙，全力坚守。李光弼认为这是消极防守，应该在防守中积极主动地出击。李光弼动员百姓拆掉房屋做擂石车，叛军靠近则发石攻打。史思明则命令部下建造飞楼，围上帐幕，筑土山接近城墙。李光弼便组织人力挖地道直到土山下，这样，土山便自然倒塌了，然后出其不意派精兵出击。史思明害怕了，留下蔡希德继续攻城，自己先逃走了。李光弼看出叛军力量削弱，军心动摇，便抓住这一时机，组织主力军奋勇出击，史思明军队迅速溃败。

公元759年，史思明杀了安庆绪，改范阳(今北京西南)为燕京，自称为大燕皇帝。不久，史思明整顿人马准备重新攻打洛阳，唐肃宗加封李光弼为太尉、中书令，命令他去攻打叛军。李光弼到了洛阳，当地官员听说叛军势力强大，都很害怕，主张退守潼关。李光弼权衡了一下，认为这个时候官兵决不能退，但可以转移到河阳(今河南孟县)。史思明率兵进入洛阳后，发现是一座空城，只得率军到河阳南面与唐军对峙。

史思明为了显耀自己兵强马壮，每天把一批批战马牵到河边洗澡。李光弼见状，想出一计。他命令将军中500多匹马集中起来，把小马关在厩里，待史思明放马洗澡之时，把母马赶到城外。母马思念小马，便嘶叫起来，而史思明的马听到马群叫声，立即挣脱缰绳，浮水泅过河来。史思明一下子失去了上千匹好马，气得咬牙切齿，立即纠集几百条战船，前面用一条火船开路，准备把唐军浮桥烧掉。李光弼得到消息，命令士兵准备几百条粗长竹竿，用铁甲裹扎竿头。待叛军的船靠近后，唐军几百条竹竿一齐顶住火船，火船无法靠近，很快便烧沉了。唐军又在浮桥上发射擂石机关炮攻击叛军，叛军死伤无数，仓惶逃窜。不久，李光弼打败了史思明。

李光弼多次扫平叛乱，战功卓著，后来被晋封为临淮郡王。不久，图像悬挂于凌烟阁，赐铁券、予一子以三品衔。后因受宦官牵制，在洛阳北邙山战败。宦官鱼朝恩和程元振屡次在皇帝面前进谗言，蓄意加害李光弼，李光弼也一度被撤了帅职。

后来，史思明被他的儿子史朝义杀死。公元763年，史朝义兵败自杀。从安禄山发动叛乱，到史朝义失败，中原地区经历了8年的战火浩劫，史称“安史之乱”。

⊙郭子仪雕像

公元753年

世界大事记：
法兰克人用小型银币取代仿东罗马的金币。

诗圣杜甫

安史之乱的结束，对于饱受战乱之苦的百姓来说，真是一件大喜事。当时在樟州（今四川三台）过着流亡生活的诗人杜甫得知消息，更是与妻儿老小一起欣喜若狂。

杜甫字子美，出身于官僚地主家庭，祖父杜审言是武则天时的著名诗人。他幼年就失去母亲，父亲外出做官，他被寄养在洛阳的姑母家中。杜甫自幼聪明过人，7岁便开始作诗，10多岁就同当时的文人名士交游，受到广泛的称赞，他们把他的文章和汉代著名文学家班固、扬雄相比拟。杜甫年轻时代正是我国历史上著名的开元盛世，也是他一生中最快意的时期。

公元735年，杜甫回洛阳应试，没有考中。两年后，他又北游齐、赵，与朋友一起呼鹰逐兽，饮酒赋诗，流连于山水之间，这一时期杜甫的诗具有浓厚的浪漫主义色彩。

杜甫热爱生活，热爱祖国的大好河山。他嫉恶如仇，对朝廷的腐败、社会生活中的黑暗现象都给予批评和揭露。

天宝五载（公元746年），杜甫来到京城长安。他先是参加考试，结果奸相李林甫妒贤嫉能，竟然让所有的考生全部落榜，并给皇帝上表称贺，

⊙ **杜甫草堂**

草堂位于四川省成都市，杜甫曾在此生活3年。

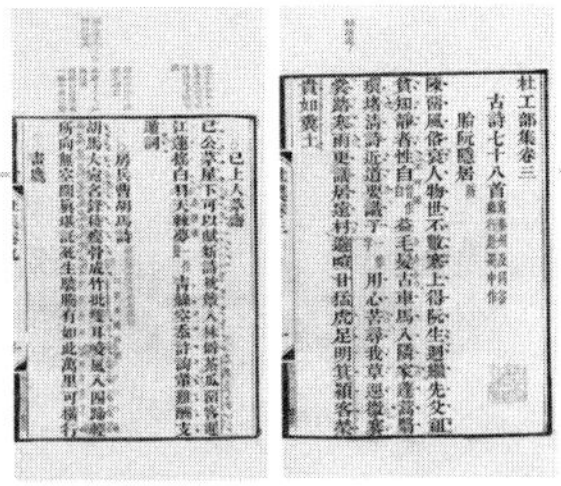

⊙《杜工部集》书影

唐杜甫撰，明王世贞、王慎中，清王士祯、邵长蘅、宋荦等评。

说“野无遗贤”。正规渠道走不通，杜甫只有和众人一样，到处去拜访达官贵人，期望得到他们的帮助。这种生活太伤自尊了，杜甫想起来就觉得屈辱：

朝扣富儿门，暮随肥马尘。
残杯与冷炙，到处潜悲辛！
（《奉赠韦左丞丈二十二韵》）

但是生活仍然是那样无可奈何。整整十年的时间，杜甫困守长安，到头来，总算弄到了正八品下的官职——右卫率府兵曹参军，负责管理兵器和仓库门的钥匙。

然而杜甫“走马上任”的官定之日——天宝十四载（公元755年）十一月，也就是安禄山造反之时。国家残破，生灵涂炭，杜甫连这个比芝麻还小的官也做不成了。他先是带着一家老小流亡，途中他得知太子李亨即位，便把家人安置下来，自己去投奔皇帝效力，不料却被叛军捉住并押解到长安。又是一个春暖花开的季节来了，漫步在昔日繁盛的曲江边，一切都触动着诗人敏感的神经：

少陵野老吞声哭，春日潜行曲江曲。
江头宫殿锁千门，细柳新蒲为谁绿？
……
人生有情泪沾臆，江水江花岂终极？
黄昏胡骑尘满城，欲往城南望城北。
（《哀江头》）

公元763年

中国大事记：
史朝义自杀，“安史之乱”结束。

过了几个月，杜甫冒险从长安逃出，到肃宗那里，很快被任命为“左拾遗”，就在御前当值。就任不久，他因上疏营救被罢相的房琯，触怒肃宗，下狱问罪。幸亏有人相救，才保住性命。但是皇帝再也不想用他，于是让他回家探亲。这个打击很沉重，但它给诗人带来了创作的巨大丰收。他的所有反映国运民瘼的代表性作品，都在这时出现了。

《北征》是一首长篇叙事诗。全诗分为五大段，依次叙述了蒙圣恩放归探亲，辞别朝廷登程时的忧虑情怀，归途所见的破败景象和引起的感慨，到家后与妻子儿女团聚的悲喜交集的情景，以及在家中对朝廷局势的关心，最后表达了对国家前途的信心和对肃宗中兴的期望。

《羌村》三首，则具体而形象地描写了探亲还家的种种情景：刚到家时合家悲欣交集的场景、在家时的忧国的苦闷以及邻居相访的情谊。一切都是如实地写来，颇见诗人的白描功力。以第一首为例：

峥嵘赤云西，日脚下平地。
柴门鸟雀噪，归客千里至。
妻孥怪我在，惊定还拭泪。
世乱遭飘荡，生还偶然遂。
邻人满墙头，感叹亦歔欷。
夜阑更秉烛，相对如梦寐。

在夕阳西下的时候抵达家门，满天是峥嵘起伏重叠万状的赤云。迎接归客的是喧闹的鸟雀。爱妻和孩子们第一眼看到我时都愣住了，他们压根没想到，在这人命危浅的年月，亲人还能活着回来。远远旁观的邻人们，看着这一幕历经生死的意外重逢，也不禁心酸而泣下。夜深人静了，可是一家人还沉浸在重聚的喜悦之中，幸福来得太突然了，这一切难道是在梦中吗？

这首诗最为人称道之处，就在于它洗净铅华，于自然平淡之中见出款款深情。“妻孥怪我在，惊定还拭泪”、“夜阑更秉烛，相对如梦寐”，抓住典型的生活情景与人物的心理活动，故能感人至深。

这一时期，个人的遭遇也就是整个社会的苦难。杜甫在飘零的旅途上，忠实地描绘出时代的面貌和自己内心的悲哀。《北征》《羌村》三首、“三吏”、“三别”、《春望》、《月夜》、《自京赴奉先咏怀五百字》等，每一篇都是那个时代的忠实的记录。

在这个兵荒马乱的年月，杜甫实在找不到养家糊口的活路了，他想到了此时正在蜀中做官的朋友高适。乾元二年（公元759年），杜甫到了成都。第二年春天，在亲友的帮助之下，他在成都西郊的浣花溪畔盖了一所草堂。这下总算有了一个安定的家，虽然简陋，但环境清幽：

⊙ **杜甫诗意图　明　项圣谟**
此图取意于杜甫诗句“千家山郭静朝晖，日日江楼坐翠微”。

公元754年

世界大事记：
罗马教皇为法兰克“矮子”丕平举行涂油礼。

去郭轩楹敞，无村眺望赊。
澄江平少岸，幽树晚多花。
细雨鱼儿出，微风燕子斜。
城中十万户，此地两三家。

（《水槛遣心》）

家安下了，自然会有客人来，这当然是令人高兴的事情：

舍南舍北皆春水，但见群鸥日日来。
花径不曾缘客扫，蓬门今始为君开。
盘飧市远无兼味，樽酒家贫只旧醅。
肯与邻翁相对饮，隔篱呼取尽余杯。

（《客至》）

⊙南山诗刻　唐　杜甫

诗中不仅具体地展现了酒菜款待的场面，还出人意料地突出了邀请邻人助兴的细节，表现了诚挚真率的友谊。但是这种宁静美妙的日子只有两三年的时间，由于他所倚重的朋友几度离开成都，他的生活时时发生危机。草堂经常被大雨淋得屋漏床湿，家里也经常吃了上顿没下顿。在这样的艰难困苦中，杜甫表现出了圣人的淑世情怀。他并不单单地为自己的一己之困而烦心，而是想到了普天之下和自己一样身在困境的人们，祈愿他们能够过得比自己好：

安得广厦千万间，大庇天下寒士俱欢颜，风雨不动安如山。呜呼！何时眼前突兀见此屋？吾庐独破受冻死亦足！

（《茅屋为秋风所破歌》）

然而，就是这样的生活也难以为继。杜甫不得不带着家人告别草堂，告别成都。他经过将近一年的漂泊，到达了奉节白帝城。依靠地方长官的照顾，他在这里住了下来。又是一段安定的生活，杜甫得以大力地写诗。在大约两年的时间里，杜甫写了430多首诗，诗歌艺术达到了炉火纯青的境地。尤其是他的律诗创作，登上了一个前人没有达到的、后人也无法企及的艺术高峰。后人把他的律诗专称为“杜律”，成为写作律诗的最高准则。《咏怀古迹》5首、《秋兴》8首，以律诗写组诗，是他的律诗里登峰造极的代表之作。其他如《登高》、《登楼》、《春夜喜雨》、《蜀相》、《野老》、《白帝城最高楼》、《旅夜书怀》等，莫不是传诵千古、堪为典则的名篇。仅以《登高》为例：

风急天高猿啸哀，渚清沙白鸟飞回。
无边落木萧萧下，不尽长江滚滚来。
万里悲秋常作客，百年多病独登台。
艰难苦恨繁霜鬓，潦倒新停浊酒杯。

这首诗在声律上极其精密。八句都是工整的对仗句，而全诗这种严整的对仗又被形象的自然

公元780年

中国大事记：

唐废除租庸调制，实行两税法。

陆羽撰写世界上第一部茶叶专著——《茶经》。

流动掩盖起来，精密得不着痕迹。句中平仄谐调，轻重疾徐，变化有致。

三峡的楼台淹留日月，但是诗人开始想念家乡了。大历三年(公元768年)，杜甫携家人乘舟东出三峡，开始了人生最后一次漂泊。江陵、公安、岳阳、衡阳……但就是回不了他魂牵梦萦的河南巩县。两年时间，江流上的一叶孤舟就是他的家。大历五年(公元770年)的冬天，经受一生流离之苦的诗圣，终于停下了浪迹天涯的脚步，静静与天地造化相融为一。“千秋万岁名，寂寞身后事。”这是杜甫写给李白的句子，正好也应在了他自己的身上。他把自己的苦难，化作了彪炳千秋的壮美诗篇，铸成了一部沾溉后世的诗史。

颜真卿就义

颜真卿(公元709～785年)字清臣，琅琊临沂(今山东临沂)人，唐代杰出的书法家。范文澜称其为“唐朝新书体的创造者”《祭侄文稿》被称为“天下第二行书”。

公元782年，有五个藩镇叛乱，尤以淮西节度使李希烈兵势最强。他自封天下都元帅，向唐境进攻。

五镇叛乱，让朝廷大为惊慌。唐德宗找宰相卢杞商量对策，卢杞说：“不要紧，只需派一位德高望重的大臣去规劝他们，不需动一刀一枪，就能平定叛乱。”

唐德宗问卢杞说：“你看派谁去合适？”

卢杞推荐年老的太子太师颜真卿，唐德宗马上同意了。

其时，颜真卿已是七十开外的老人了。听说朝廷派他到叛镇那里去，许多文武官员都为他的安全担心。但是，颜真卿却不在意，带了几个随从就出发了。

听说颜真卿来了，李希烈便想给他一个下马威。于是在见面的时候，叫他的部将和养子1000多人围聚在厅堂内外。颜真卿刚刚开始规劝李希烈停止叛乱，那些部将、养子们就冲了上来，个个手里拿着明晃晃的尖刀，围住颜真卿进行谩骂、威胁，摆出要杀他的阵势。颜真卿毫不畏惧，面不改色，对着他们冷笑。

李希烈假惺惺站起来保护颜真卿，让他的养子退下。接着，把颜真卿送进驿馆，想慢慢软化他。

过了几天，四个藩镇的首脑都派使者来跟李希烈联络，希望李希烈即位称帝。李希烈大摆筵席款待他们，也请颜真卿参加。

叛镇派来的使者看到颜真卿来了，都向李希烈祝贺说：“早听说颜太师德高望重。现在元帅将要即位称帝，太师正好来到这里，不是有了现成的宰相吗？”

颜真卿扬起眉毛，对着四个使者骂道：“做什么宰相！我快80了，要杀要剐无所畏，难道会受你们的诱惑，怕你们的威胁吗？”

四名使者被颜真卿凛然的神色震住了，缩着脖子不敢说话。

一年以后，李希烈自称楚帝，又派部将逼颜真卿投降。兵士们在囚禁颜真卿的院子里，架

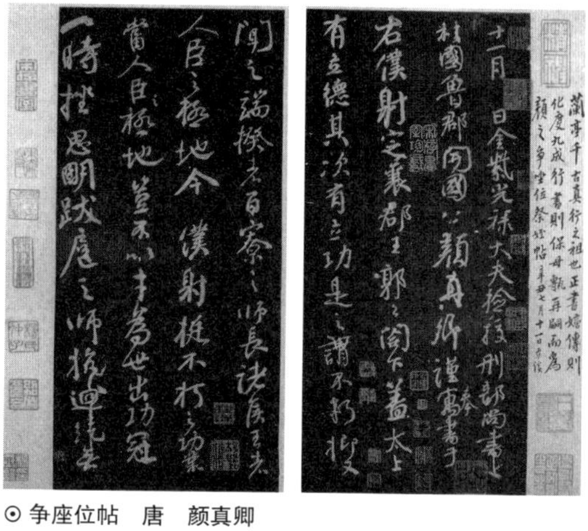

⊙ 争座位帖　唐　颜真卿

公元756年

世界大事记：

丕平进军意大利，强迫其将拉文那总督区、彭塔波利斯等地割让与教皇，此即教会史上著名的“丕平献土”。

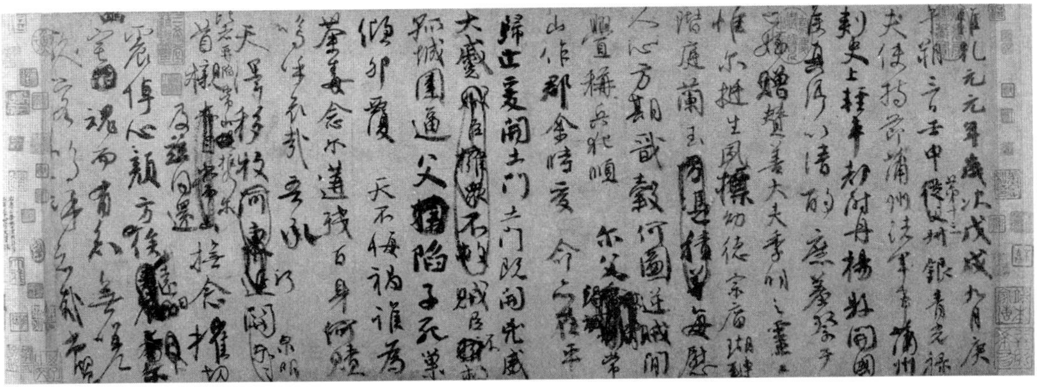

⊙ 祭侄文稿　唐　颜真卿

此墨迹为颜真卿祭奠其侄子季明的祭文，全部情感、悲痛注于笔端，因而张晏评价道：“告不如书简，书简不如起草。盖以告是官作，虽端楷终为绳约；书简出于一时之意兴，则颇能放纵；而起草又出于无心，是其心手两忘，其妙见于此也。”

起柴火，倒足了油，威胁颜真卿说：“再不投降，就把你烧死！”

颜真卿二话没说，纵身就往柴火中跳去，叛将们急忙把他挡住，向李希烈禀报。

李希烈想尽办法也没能使颜真卿屈服，就派人逼迫颜真卿自杀了。

李愬夜袭蔡州

安史之乱使唐王朝由盛转衰，朝廷权威下降，地方藩镇势力强大；父死子继，不服从中央委派，控制财、政、军权，形成割据。代宗、德宗朝都实行削藩以加强中央集权，但成效甚微。宪宗即位时，长安毗邻的淮西镇已割据50余年，严重威胁朝廷，宪宗决定征讨。

公元814年农历闰八月，淮西节度使吴少阳死，其子吴元济自领军务，并发兵四出侵掠。对淮西早有戒心的唐宪宗，遂于十月以严绶为招抚使，督诸道兵进讨。但严绶无能，被吴元济打败。宪宗以韩弘为将代之，但韩弘出于私心，想以贼自重，不愿淮西速平，以至损兵折将，让淮西军气焰更加嚣张。正当宪宗为淮西战事毫无进展犯愁之际，身为太子詹事的李愬挺身而出。宪宗龙颜大悦，让宰相裴度领军，李愬为先锋，进征淮西。

公元817年农历一月李愬任唐、随、邓三州节度使后，着手制定奇袭吴元济老巢蔡州的战略方案。他至唐州抚恤伤卒，假装自己懦弱以使淮西军松懈轻敌。在与叛军的几次交锋中，他对俘捉的敌方兵将，皆以礼相待，不加侮辱，让他们感恩而愿死心塌地归顺，并详尽地把淮西

⊙ 王建《赠李愬仆射》诗中记叙了夜袭蔡州城时风雪交加、人马息声的行军场面，从这组唐骑兵蜡像可以想见当时的情景。

公元805年

中国大事记：

唐顺宗登基，年号为永贞，对朝政进行了改革。

的战备情况告诉他，使他知己知彼。有一次，唐军俘获了吴元济手下骁将丁士良，士兵们请求把他的心挖出以解众恨，但李愬见丁面无惧色，暗自叹服，令为其松绑，免其死罪。丁士良本以为必死，没想到李愬放了他，泪水顿时倾眶而出，给李愬跪下感谢并言愿以死报李之厚爱。李愬扶起他，任他为"捉生将"，又用其计擒住淮西又一骁将吴秀琳，并以礼相待，吴秀琳也感激不尽，愿报效朝廷。李愬发现吴秀琳部下有个叫李宪的，智勇双全，很是喜欢，便为其改名"忠义"，帐下留用。

不久李愬设计生擒了吴元济军中骨干李祐，此人精于谋略又勇武善战，之前屡败唐军，令唐军损失惨重。唐营部将纷纷请求杀掉他，李愬为保护他，在派人押他入京时，密奏宪宗，请求赦免李祐以为己用，并强调若杀之则淮西难平。宪宗在李愬的苦求下赦免了李祐。李愬当即任他为"六院兵子使"，让他配刀出入大本营。李祐为李愬对己信赖有加而感激涕零，随即献计"雪夜袭蔡州"。李愬大喜。

⊙《雪夜取蔡州》书影

公元817年农历十月十日，大雪纷飞，寒风凛冽，这天下午，李愬突然号令三军紧急集合，以李祐、李忠义为先锋率三千人马东进，自己率主力跟进，唐州刺史田进诚引3000人殿后。部队东急行60里，袭占沿途要点，抵汝南张柴村后，李愬令丁士良领500人留守以断诸道桥梁；又遣兵五百警戒朗山，然后向全军宣布此行目的是去蔡州捉拿吴元济。全军将士大惊失色，监军大哭："果堕李祐奸计！"李愬不作理会，令三军继续前进。士兵们以为此行有去无还，但将令不敢违抗，只得前进。时"大风雪，旌旗裂，人马冻死者相望"，夜半，风雨更加肆虐，唐军在四点钟抵达了蔡州城下。蔡州自李希烈反唐以来，经吴少诚、吴少阳到吴元济，官军不至此地已30多年了，因此，吴元济毫无防备。李祐、李忠义首当其冲，率兵在城墙上掘坎而上，杀掉熟睡的门卒，只留更夫继续打更，城中像什么也没发生一样平静如常，唐军神不知鬼不觉地已进至内城。

鸡鸣时分，风雪稍停，李愬军已占据吴元济的外衙，这时守卫才发现情况异常，忙告于吴元济。吴元济此时还未睡醒，听到报告，不以为然，说："慌什么？这是俘虏抢东西罢了，等天亮时把他们全杀了就是。"稍后又有士兵报城已失守，吴元济仍不在意，说这一定是驻洄曲的士兵索取寒衣来了。及至听到李愬军中号令之声，吴元济才大惊，忙组织军队登牙城抵抗，但此时唐军已全部蜂涌入城，他哪能挡得住？无奈之下吴元济出城投降，李愬把他解送长安，淮西遂平。

公元763年

世界大事记：
鉴真法师在日本去世。

永贞革新

唐德宗宠信宦官，贪得无厌的宦官便想尽办法来盘剥百姓，不择手段地掠夺财物。他们设立了“宫市”，派太监专门到宫外采购宫里需要的东西。这些太监看到他们需要的货物，只付给百姓十分之一的价钱，强行购买。后来，索性派了几百个太监在街上瞭望，看中了就抢走，叫做“白望”。

还有一些宦官在长安开设“五坊”。五坊是专门替皇帝调养雕、鹘、鹞、鹰、狗的地方。五坊里当差的太监，叫做五坊小儿。这批人饱食终日，无所事事，专门向百姓敲诈勒索。

那时候，太子李诵住在东宫，由两位官员——王叔文、王伾陪伴读书。太子读书之余，喜欢下棋写字。而王叔文和王伾，一个是个好棋手，一个写得一笔好字，于是他们俩就经常在东宫陪太子读书下棋。

王叔文是下级官员出身，多少了解一些百姓疾苦。他趁跟太子下棋的机会，向太子反映外面的情况。太子听到宦官借宫市为名在外面胡作非为，大为不满。有一次，几个侍读的官员在东宫议论起这件事，太子气愤地说：“我见到父皇，一定要告知这件事。”

王叔文说：“我看殿下眼下还是不宜管这些事。如果坏人在皇上面前挑拨离间，说殿下想收买人心，皇上怀疑起来，殿下很难辩白。”

太子猛然醒悟说：“没有先生提醒，我很难想到这一点。”

从此，太子对王叔文更加信任。王叔文认为德宗已是暮年，太子接替皇位是迟早的事，就私下替他物色朝廷中有才能的官员，跟他们结交。

没想到过了一年，太子得了中风病，说不出话来。年老的唐德宗为此事急出病来，贞元二十一年(公元805年)正月二十三日，德宗去世，时年64岁。二十六日，太子李诵于太极殿即皇帝位，是为顺宗。

顺宗即位前，已因中风而不能说话，所以不上朝堂处理国事。

唐顺宗不能说话，只得靠原来在东宫伴他读书的官员王叔文、王伾来帮他处理朝政。王叔文明白自己力量不够，不便公开掌握朝政大权，只好请一个老资格的官员韦执谊出来做宰相，自己当一名翰林学士，为顺宗起草诏书。他和韦执谊、王伾相互配合，又起用了刘禹锡、柳宗元等一些有才能的官员，这才把朝政大权揽了过来。

⊙ 三彩宦官俑　唐

王叔文掌权后，第一件要做的就是整顿宦官欺压百姓的坏风气。他替唐顺宗下了一道诏书，免了一些苛捐杂税，统统取缔了宫市、五坊小儿一类欺负百姓的事。这个措施一实行，长安百姓个个拍手称快，一些作恶多端的宦官却气歪了脸。

王叔文又对财政制度进行了改革，历史上称为“永贞革新”（“永贞”是唐顺宗的年号）。

王叔文大力度的改革，自然触犯了掌权的宦官。宦官头子俱文珍认为王叔文的权力过大，便以顺宗的名义解除了王叔文翰林学士的职务。

不出一个月，俱文珍又勾结一批拥护他们的

公元808年

中国大事记：
唐朝清虚子著《太上圣祖金丹秘诀》，记载了原始火药配方，火药发明当在此之前。

老臣，以顺宗病重不能执政为由，由太子李纯监国。又过了一个月，太子正式即位，这就是唐宪宗。

顺宗一退位，俱文珍等一批宦官立刻把王叔文、王伾革职，贬谪到外地去。第二年，又处死了王叔文。“永贞革新”不到一年就全盘失败，那些支持王叔文一起改革的官员也受到了牵连。

诗杰白居易

中唐时期的白居易是一位为世人所熟悉、所敬慕的诗人。在整个古代文学史上，他也是堪称一流的大诗人。

白居易，字乐天，号香山居士，出生在河南郑州新郑一个官僚士族家庭里。幼时的白居易聪明过人，五六岁起就开始写诗，八九岁时已能按照复杂的音韵写格律诗。

16 岁时，白居易初次进京应举，当时的苏州太守韦应物把他引见给大诗人顾况。他送上新诗作《赋得古原草送别》，顾况看着诗卷，轻轻吟诵起来：

离离原上草，一岁一枯荣。
野火烧不尽，春风吹又生。
远芳侵古道，晴翠接荒城。
又送王孙去，萋萋满别情。

顾况读完后不禁拍案叫绝。从此，白居易的声名大振。

白居易 20 岁时回到安徽宿县家中，废寝忘食，发奋攻读。从 28 岁起，他完全靠自己的力量，“十年之间，三登科第”。

白居易在中央和地方总共做了 40 多年官，中间也曾辞职和被贬过，但他为官清正廉洁，从来不向恶势力低头。

白居易在陕西周至县当县尉时，结识了陈鸿、王质夫，三人同游仙游寺，聊天中时常谈及唐玄宗和杨贵妃的故事。白居易感慨兴叹，于是大家鼓励他写一首叙事诗，后来终于写成名篇《长恨歌》。《长恨歌》以刚刚成为历史的唐明皇和杨贵妃的爱情故事为题材，诗人意在写出这一桩历史上莫大的悲剧，以为将来之鉴。全诗可以分为前后两大部分。前半部分对唐明皇的纵情误国和杨贵妃的恃宠致乱作了讽刺和批评，这是符合诗人的创作意图的。但是写到后半部分，诗人几乎把所有的才气和情感都倾注在这两位爱情悲剧的主角上，对他们的不幸寄寓了深深的同情。以现在的作文标准来看，这几乎可以算作“偏题”，一定是不合格的了，但多亏诗人是受情感的驱使而不是受理智的约束，才有了这传诵不衰的爱情名篇。

白氏長慶集目録
卷之一
賀雨　讀張籍古樂府
哭孔戡　凶宅
夢仙　觀刈麥 時爲盩厔縣尉
題海圖屏　羸駿
廢琴　李都尉古劍
雲居寺孤桐　京兆府新栽蓮 時爲盩厔縣尉趨府作
月夜登閣避暑　初授拾遺
贈元稹　哭劉敦質
答友問　雜興三首
宿紫閣山北村　讀漢書
贈樊著作　蜀路石婦
折劍頭　登樂遊園望

⊙《白氏长庆集》(唐白居易著)书影

现在看这首长诗的后半部分。诗人着力描写了唐明皇和杨贵妃生离死别以后双方的思念之情，具有浓郁的浪漫主义色彩。诗中极力地铺陈和渲染了马嵬之变以后唐明皇对杨贵妃的哀思悼念：

蜀江水碧蜀山青，圣主朝朝暮暮情。行宫见月伤心色，夜雨闻铃肠断声。

在入蜀途中，风尘荏苒，一路仓皇，尚且见

公元774年

世界大事记：
法兰克王查理应邀出征意大利，大败伦巴第王于巴威亚，并意大利北部于法兰克王国，自称“法兰克与伦巴第人之王”。

月伤心，闻雨肠断，回到昔日共同生活的长安，睹物思人，又是怎样的凄楚心境：

归来池苑皆依旧，太液芙蓉未央柳。芙蓉如面柳如眉，对此如何不泪垂？春风桃李花开夜，秋雨梧桐叶落时。西宫南内多秋草，落叶满阶红不扫。梨园弟子白发新，椒房阿监青娥老。夕殿萤飞思悄然，孤灯挑尽未成眠。迟迟钟鼓初长夜，耿耿星河欲曙天。鸳鸯瓦冷霜华重，翡翠衾寒谁与共？悠悠生死别经年，魂魄不曾来入梦。

走在昔日同行同止的故地，看见芙蓉绽放，就想起了爱人的笑靥；看见新柳垂枝，就想起了爱人的细眉。这里的一枝一叶，莫不关联着心灵最深处的那份情感。生死悠悠，相别经年；在帐冷灯昏的深深寂寞里，度过了多少年不眠的长夜，爱妃的一缕芳魂却从未入梦以慰相思。于是有一个临邛道士帮助寻找，上天入地两处茫茫都不见。后来，终于在海上虚无缥缈的仙山之上找到了杨妃。仙境里的她，玉容寂寞梨花带雨，原来是一样的苦苦相思。她殷勤地迎接汉家的使者，含情脉脉托物寄情，重申前誓，以回报玄宗对她的思念：

临别殷勤重寄词，词中有誓两心知。七月七日长生殿，夜半无人私语时。在天愿作比翼鸟，在地愿为连理枝。天长地久有时尽，此恨绵绵无绝期！

刻骨的相思化为了不绝的长恨，李杨的爱情得到高度的升华，普天下的痴男怨女从中看到了自己的影子，激起了强烈的心灵震撼。精炼的语言，优美的形象，回环往复而又缠绵悱恻的旋律，使这首诗成为了一个精妙绝伦的艺术珍品。

白居易为官期间也很关心百姓的疾苦，如诗歌《新丰折臂翁》就和杜甫的名作《兵车行》有些类似。诗中借一位88岁的老人追述他当年“夜深不敢使人知，偷得大石槌折臂”的惨痛故事，说明了百姓不愿参加不义之战的真实心态。《卖炭翁》则对下层劳动人民寄予了无限的同情，而对倚势凌人的官宦充满了憎恨。

⊙ 白居易《琵琶行》诗意图　明　仇英

公元807年，白居易被授翰林学士，3年后，被任为左拾遗。因屡次直言进谏和写了不少讽喻诗，白居易为权贵们所记恨。在一连串的恶毒攻击下，唐宪宗不分青红皂白，把白居易贬为江州（今江西九江）司马。这一打击，使白居易郁郁不乐，在悲哀和愤恨中，写下了“似诉平生不得志”的传世名篇《琵琶行》。《琵琶行》是诗人遭到政治打击被贬官为江州司马时的作品。在一个深秋的夜晚，诗人去浔阳江头为友人送行。在醉不成欢、满目凄凉的分别时刻，忽然听到了阵阵动人心弦的琵琶声。原来是一位独守空船的女子正用琵琶抒发自己的哀怨。她本是京城长安的一位色美艺高的名妓，在年长色衰之后，不得不委身于一个重利轻情的商人，就这样飘零于江湖间，一天天地打发自己的寂寞时光。琵琶女

公元822年

中国大事记：
唐穆宗派使者去吐蕃会盟，双方确立甥（吐蕃赞普）舅（唐朝皇帝）关系，次年立“唐蕃会盟碑”。

的一席倾诉和凄凄切切的琵琶曲，让诗人想起了自己的遭遇。20年前自己也曾心怀壮志走进长安，但几番坎坷，几番磨难之后，也和这位可怜的歌妓一样被抛出了京城，过着屈辱的生活。于是诗人发出了“同是天涯沦落人，相逢何必曾相识”的深沉感叹。这首诗不仅内涵饱满，而且在艺术上也达到了极高的成就，是中国诗歌史上的典范。

后来，白居易又被召回长安。在长安城，他看到昔日的朋友们个个为了权势明争暗斗，意识到此地不可久留，于是上奏本，力求外放，得到了批准。

白居易晚年目睹朝政黑暗，对政治斗争深感厌倦，便辞官隐居洛阳。在那里，他十分喜爱清幽的香山寺，便携书僮移居那里，并和寺僧结社，经常唱酬，自号“香山居士”。

此后，白居易便把全部精力都投入到诗歌创作中去了。他一生共写了2800多首诗，后人对他的为人和文学成就有着高度的评价。

柳公权笔谏

柳公权（公元778 ~ 865年），字诚悬，京兆华原（今陕西耀县）人，唐代杰出书法家。他从小就喜爱书法，勤奋练字，据说他手上磨起了厚厚的茧子，衣肘补了一层又一层，他也毫不在乎。经过苦练，柳公权终于成为著名书法家。29岁时他考中进士，在地方担任一个低级官吏，后来唐穆宗偶然看见他的笔迹，认为是书法圣品，就把柳公权召到长安。那时，柳公权已40多岁。他的为人既有骨气又一丝不苟；同样地，他的字也显露了他这种特质。在长安，他的声望与地位得到提高，一般王公贵族都不惜巨金争相请他作书。

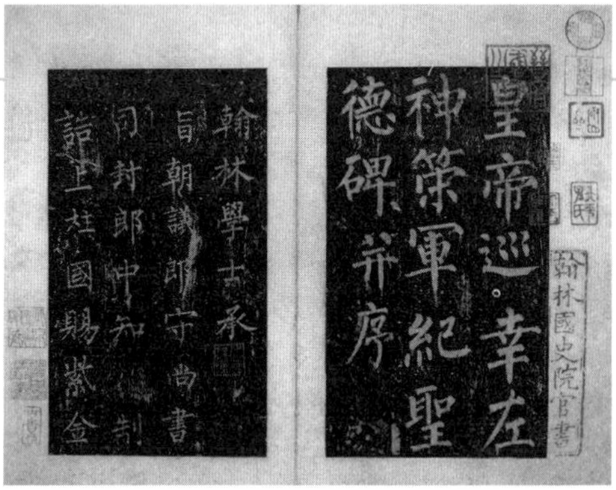

⊙ 神策军碑　唐　柳公权

此碑刻于唐会昌三年（公元843年），立在唐神策左军驻地，故而拓体极少，为柳公权66岁时书，书法劲健，笔画圆厚，为柳公权书法中的最佳作品，行书完整，犹如墨迹。

柳公权能很好地总结自晋至唐楷书书体的变化发展。他最初由王羲之书法入手，后来专学欧、颜。他的书法继承了颜体雄壮的特点，避开了颜字肥壮的竖画，把横竖画写得大体均匀而瘦硬；又吸取了北碑中方笔字斩钉截铁、棱角分明的特点，把点画写得好像刀切一样爽利、深挺；他还继承了初唐的秀媚书风，创造了具有自己独特艺术风格的“柳体”。康有为在《广艺舟双楫》中说“柳公权出，矫肥厚之病，专尚清劲”。他的楷书尤为知名。其楷书结体劲媚，自成一家，与颜真卿齐名，人称“颜柳”。

柳公权官至太子少师，世称“柳少师”。由于他的书名显赫，许多人甚至外国使者也专门带着财宝来求购他的字迹。当时大臣家庙的碑志，几乎都出自柳公权手笔。他的字在唐穆宗、敬宗、文宗三朝一直受到重视。他官居侍书，长在禁中，仕途通达。文宗皇帝称他的字是“钟王复生，无以复加焉”。他却性格刚直，并经常借书法向皇帝讽谏。据说唐穆宗曾问他怎样用笔最佳，他说：“用笔在心，心正则笔正。”这句名言被后世传为“笔谏”佳话。

柳公权的书法可分为两大类风格：一类以《金刚经刻石》、《冯宿碑》等为代表，结体严谨平稳，笔法灵巧劲挺，具有晋唐以来楷书的劲媚意趣；一类以《神策军碑》、《玄秘塔碑》为代表，一变晋唐楷书姿媚的风格，严谨之外又开阔疏朗，体势劲媚，自成一体。总之，他的书法，下笔斩钉

公元817年

世界大事记：

法兰克王路易将帝国分于其子：罗退尔、丕平和日耳曼路易。

截铁、干净利落、刚劲挺拔，结体严谨浑厚。他虽学颜，但自出新意，故与颜并称“颜筋柳骨”。

柳公权的传世作品很多，碑刻《金刚经刻石》、《玄秘塔碑》、《神策军碑》最能代表其楷书风格。柳公权的行草书有《伏审》《十六日》《辱向帖》等，风格仍继承王家风范，结体严谨，潇洒自然。另有墨迹《蒙诏帖》、《王献之送梨帖跋》。柳公权书法作品中最有代表性的是《玄秘塔碑》。《玄秘塔碑》作于唐武宗会昌元年(公元841年)二月，原碑现存于陕西西安碑林。此碑在柳公权传世的书迹中最为著名，是历来影响最大的楷书范本之一。

柳公权是对书法艺术发展作了重要贡献的一位著名书家。由于他的书法造诣很深，名望很高，故为后世人们所重视，论者说：“书贵瘦硬方通神。”柳公权的书法以此取胜，成为后世人们学习的楷模。宋代的朱长文在《墨池编》中说：“公权正书及行楷，皆妙品之最，草不夫能。其法出于颜，而加以遒劲丰润，自成名家。”

韩愈直谏

裴度、李愬平定了淮西叛乱后，唐宪宗觉得脸上光彩，决定立一个记功碑，来纪念这一次胜利功绩。裴度手下有个行军司马韩愈，擅长写文章，又跟随裴度到过淮西，了解淮西的情况。唐宪宗就命令韩愈起草《平淮西碑》。

韩愈(公元768～824年)，字退之，郡望为河北昌黎，曾经担任过吏部侍郎，死后朝廷又给了“文”的谥号，所以有韩昌黎、韩吏部、韩文公等称谓。他3岁而孤，早年随兄嫂游宦避乱，游离转徙。他7岁读书，13岁能文，后来跟从独孤及和梁肃学习。贞元八年(公元792年)韩愈考上进士，然后又去吏部考试，接连3次失败，于是他不得不去当其他官员的幕僚。几年后被任命为四门博士，总算正式地步入了仕途，历任监察御史、刑部侍郎、潮州刺史、国子监祭酒、兵部侍郎、吏部侍郎等职，有过多次遭贬谪的经历。

宋代的苏轼在《潮州韩文公庙碑》一文中评韩愈说：“文起八代之衰，而道济天下之溺；忠犯人主之怒，而勇夺三军之帅。”这通常被视为对韩愈其人最为精当的评价。他的一生，在政治、哲学、文学各方面都有较高的成就，而主要成就又在文学方面。

韩愈在文学方面的最大成就是他的散文。他一生致力于散文创作的实践，写出了许多典范性的散文作品。这些作品形式多样，内容丰富，表现力强，无论是抒情说理还是写人叙事，都有强烈的艺术效果。

韩愈的散文大致可以分为论说文、记叙文、抒情文三大类。其论说文或阐明自己的政治和哲学主张，或议论时政的得失，或是针砭世俗发抒内心的牢骚，或是发表自己的文学主张。《原道》、《原毁》、《谏迎佛骨表》、《师说》、《马说》、《送孟东野序》、《进学解》等，都是以后文人们写文论道的样板。他在《送孟东野序》的开篇这样写道：

大凡物不得其平则鸣。草木之无声，风挠之鸣。水之无声，风荡之鸣。……金石之无声，或击之鸣。人之于言也亦然。有不得已者而后言，其歌也有思，其哭也有怀。凡出乎口而为声者，其皆有弗平者乎！

韩愈从自然界的各种天籁得到启发，加以比附，在此基础上鲜明地提出了著名的“不平则鸣”的观点。行文奇偶交错，整齐而富有变化。

韩愈的记叙文，有叙事的，比如《平淮西碑》称颂唐宪宗力排众议平定叛乱的功绩。他写人的文章最多，如《张中丞传后序》记叙张巡、许远、南霁云等英雄，《柳子厚墓志铭》详细记载柳宗元的生平事迹。这些作品记叙十分生动，人物形象非常鲜明。

公元829年

中国大事记：
唐的龙骨水车传入日本。

韩愈的抒情散文，多数见于祭文、书信、赠序。这类文章最能够见出作者真挚的性情，也是韩愈散文中最好读的一类文章。其中有表现骨肉之间深厚感情的，也有表现朋友交往患难情谊的。以《祭十二郎文》为例，作者在追叙兄嫂的抚育之恩以及他与侄儿十二郎幼年时“就食江南，零丁孤苦，未尝一日相离”的患难与共的经历之后，有这样一段抒情：

吾与汝俱少年，以为虽暂相别，终当久与相处，故舍汝而旅食京师，以求斗斛之禄。诚知其如此，虽万乘之公相，吾不以一日辍汝而就也。……呜呼！汝病吾不知时，汝殁吾不知日；生不能相养以共居，殁不得抚汝以尽哀；敛不凭其棺，窆不临其穴。吾行负神明，而使汝夭，不孝不慈，而不得与汝相养以生，相守以死，一在天之涯，一在地之角，生而影不与吾形相依，死而魂不与吾梦相接。吾实为之，其又何尤！彼苍者天，曷其有极！

作者行文朴素，如泣如诉，仿佛是与逝者共话家常，在述说中自然地流露出对于十二郎的怀念与痛悼之情，令人肝肠寸断。

韩愈的古文，气势充沛，纵横捭合，或诡谲，或严正，如长江大河，浑浩流转。在司马迁之后，他是成就最为显著的散文大家，受到古代文人的高度推崇。后来，人们把他和柳宗元两人称为“古文运动”的创导人。

韩愈不但文章写得好，还是个直言敢谏的大臣。在他写完《平淮西碑》之后，便做出了一个得罪朝廷的举动。

原来唐宪宗到了晚年，崇信起佛教来。他听说凤翔的法门寺里有一座叫护国真身塔的宝塔，塔里供奉着一根骨头，据说是释迦牟尼佛祖留下来的一节指骨，每30年才能开放一次，让人礼拜瞻仰。人们瞻仰之后，便能够求得风调雨顺，富贵平安。

佛骨崇拜本来就是违背释迦牟尼“四大皆空”的祖训的，但许多寺院为了迎合僧众的需要，就人为制造一些假佛骨（影骨）或假舍利（舍利是火化时修行者体内结石遇高温后的结晶体，假舍利则大多为水晶制品）。唐宪宗对此深信不疑，特地派了30人的队伍，到法门寺把佛骨隆重地迎接到长安。他先把佛骨放置在皇宫里供奉，而后送到寺里让大家瞻仰。下面的一班王公大臣也千方百计想得到瞻仰佛骨的机会。

韩愈向来不信佛，对这样铺张浪费来迎接佛骨很不满意，便给唐宪宗上了一道奏章，劝谏宪宗不要干这种劳民伤财的事。他说，佛法的事，中国古代没有记载，只是在汉明帝以来，才从西域传进来。历史上凡是信佛的王朝，国运没有长的，可见佛是不可信的。

唐宪宗接到这个奏章，龙颜大怒，立刻把宰相裴度叫了来，说韩愈诽谤朝廷，一定要处死他不可。

裴度连忙替韩愈求情，唐宪宗才慢慢消了气，说：“韩愈说我信佛过了头，我还可宽恕他；他竟说信佛的皇帝寿命都不长，这不是在咒我吗？就凭这一点，我决不能饶了他。”

后来，有很多人替韩愈求情，唐宪宗没杀韩愈，把他降职到潮州去当刺史，一年后才回到了长安，负责国子监（朝廷设立的最高教育机构）的工作。就在这一年（公元820年），唐宪宗死在宦官手里。他的儿子李恒即位，是为唐穆宗。

⊙韩愈书法

公元829年

世界大事记：
统一的英吉利王国形成。

朋党之争

宦官专权时期，朝廷官员中凡是有反对宦官的，大都受到打击排挤。一些依附宦官的朝官，又分成两个不同的派别。牛党是以牛僧孺、李宗闵为首的官僚集团，李党是以李德裕为首的官僚集团。唐宪宗时，两党政争开始，穆宗时朋党正式形成，历经敬宗朝、文宗朝、武宗朝、宣宗朝，两党此起彼伏，反复较量，持续达半个世纪之久。两党斗争的形式是交替掌权，一党掌权，就积极排挤另一党，把朋党利益置于国家利益之上。两派官员互相攻击，争吵不休，这样闹了40年，历史上把这场政治争斗叫作“朋党之争”。

这场争吵开始于唐宪宗在位之时。有一年，长安举行考试，选拔能够直言敢谏之人。在参加考试的人中有两个下级官员，一个叫李宗闵，另一个叫牛僧孺。两个人在考卷里都批评了朝政。考官看了卷子后，认为这两个人都符合选拔的条件，就把他们向唐宪宗推荐了。

宰相李吉甫知道了这件事。李吉甫是个士族出身的官员，他本来就对科举出身的官员有想法，现在出身低微的李宗闵、牛僧孺居然对朝政大加指责，揭了他的短处，更加令他生气。于是他在唐宪宗面前说，这两人被推荐，完全是因为跟考官有私人关系。唐宪宗对李吉甫的话深信不疑，就把几个考官降了职，李宗闵和牛僧孺也没有得到提拔。

⊙ **朋党之争图**

唐代党争既有传统士族与庶族斗争的一面，又混杂了大官僚地主阶级之间的斗争。争斗中两派又援引宦官作靠山，得势后便大力排挤政敌，从而演变成为掌权而进行的互相倾轧，结果进一步加深了统治危机。

李吉甫死后，他的儿子李德裕凭借他父亲的地位，做了翰林学士。那时候，李宗闵也在朝做

·甘露之变·

唐后期宦官大权在握，不仅引起官僚的不满，而且也使帝位受到威胁。公元835年，唐文宗与宰相李训、郑注等合谋诛灭宦官。当文宗在紫宸殿上朝时，李训使人报告在左金吾仗院内石榴树上，冬夜降甘露，空中有紫云。这是吉祥的征兆，百官纷纷去看。宦官仇士良到左金吾厅时，有风吹动帷幕，他发现幕后有埋伏，便急忙挟持文宗退入内殿，随后就派禁兵大杀朝臣官吏，逢人便杀。甘露之变后，宦官更加专横，向上胁迫皇帝，向下视宰相官员如草芥。文宗自叹受制于家奴，痛不欲生。以后的皇帝更是宦官的傀儡，从而唐朝内部日益混乱和分裂，政治日益腐朽黑暗。

公元874年

中国大事记：
王仙芝在长垣起义。次年，黄巢在冤句率众响应。

官。李德裕对李宗闵批评他父亲这事件，仍旧记忆犹新。

唐穆宗即位后，又举行了进士考试。有两个大臣因为有熟人应考，就在私下里与考官勾通，但是考官钱徽没卖他们人情。正好李宗闵有个亲戚应考，结果被选中了。这些大臣就向唐穆宗告发钱徽徇私舞弊。唐穆宗问翰林学士，李德裕便谎称有这样的事。唐穆宗于是降了钱徽的职，李宗闵也受到牵连，被贬谪到外地去做官。

李宗闵认为李德裕存心排挤他，恨透了李德裕，而牛僧孺当然同情李宗闵。从这以后，李宗闵、牛僧孺就跟一些科举出身的官员结成一派，李德裕也与士族出身的官员拉帮结派，双方明争暗斗得很厉害。

唐文宗即位之后，李宗闵利用宦官的门路，当上了宰相。李宗闵向文宗推荐牛僧孺，把牛僧孺也提为宰相。这两人一掌权，就合力对李德裕进行打击，把李德裕调出京城，派往四川(治所在今四川成都)做节度使。

唐文宗本人因为受到宦官控制，没有固定的主见。一会儿用李德裕，一会儿用牛僧孺。一派掌了权，另一派就日子不好过。两派势力就像走马灯似地轮流转换，把朝政搞得十分混乱。

牛、李两派为了争权夺利，都向宦官讨好。李德裕做淮南节度使的时候，监军的宦官杨钦义被召回京城，人们传说杨钦义回去必定掌权。临走的时候，李德裕就办酒席请杨钦义，还给他送上一份厚礼。杨钦义回去以后，就在唐武宗面前竭力推荐李德裕。到了唐武宗即位以后，李德裕果然当了宰相。他竭力排斥牛僧孺、李宗闵，把他们都贬谪到南方去。

公元 846 年，唐武宗病死，宦官们立武宗的叔父李忱即位，就是唐宣宗。唐宣宗对武宗时期的大臣全都排斥，即位的第一天，就把李德裕的宰相职务撤了。

李德裕一贬再贬，于公元 848 年死于贬所，从此李党瓦解，牛李党争以牛党的胜利告终。宣宗以后，牛李两派的领袖人物相继去世，朋党终于停息。

历经六朝近 40 年的牛李党争，使官僚集团陷于严重的内耗之中，他们为争夺自身的政治权力而丧失理智，不惜一切，乃至损害国家人民的利益，但两党官员有些还是做出一些政绩的。如李党首领李德裕曾经辅佐朝廷北破回纥，安定边陲；又平定昭义镇叛乱；抑制宦官权力，并裁减冗官、禁断佛教。但他却又不择手段维护自己的同党，陷害敌党，可惜一代名相身陷朋党倾轧中而“功成北阙，骨葬南溟”。

黄巢起义

唐朝末年，经过藩镇混战、宦官专权和朝廷官员中的朋党之争，朝政混乱不堪。尽管唐宣宗是一个比较精明的皇帝，但也不能改变这种局面。唐宣宗死后，先后接替皇位的唐懿宗李漼、僖宗李儇只知寻欢作乐，追求奢侈糜烂的生活，腐朽到了极点。僖宗初年，河南、山东一带连年天灾，庄稼颗粒不收，许多人以草籽、槐树叶充饥，而官府只知向百姓搜刮。于是，唐末大规模的农民起义在这里爆发。

⊙ 黄巢像

公元 874 年，也就是唐僖宗即位那一年，濮州(治所在今河南范县)地方有个盐贩首领王仙芝，带领几千农民，在长垣(在今河南)起义。

公元843年

世界大事记：
法兰克罗退尔与其弟在凡尔登缔结条约，查理曼帝国被三分，奠定后来法兰西、德意志和意大利疆域的基础。

王仙芝称自己为天补平均大将军，发出文告，揭露朝廷造成贫富不等的罪恶，这个号召很快得到贫苦农民的响应。不久，冤句(今山东曹县北)地方的盐贩黄巢也起兵响应。

后来，黄巢和王仙芝两支起义队伍汇合了，继而转战山东、河南一带。黄巢决定跟王仙芝分两路进军，王仙芝向西，黄巢向东。不久，王仙芝率领的起义军在黄梅(在今湖北)打了败仗，他本人也被唐军杀死了。

王仙芝失败后，剩余的起义军重新与黄巢的队伍会合，大家推黄巢为王，又称冲天大将军。

当时在中原地区的官军力量还比较强，起义军进攻河南的时候，唐王朝在洛阳附近集中大批兵力准备围攻。黄巢看出官军的企图，决定攻打官军兵力薄弱的地区，于是带兵南下。后来，一直打到广州。

起义军在广州休整后不久，岭南地区发生了瘟疫。黄巢于是决定挥师北上。

公元 880 年，黄巢统率 60 万大军开进潼关，声势浩大。

起义军攻下了潼关，唐王朝惊恐万状。唐僖宗带着妃子和宦官头子田令孜，向成都出逃，来不及逃走的唐朝官员全部出城投降。

过了几天，黄巢在长安大明宫称帝，国号叫大齐。经过 7 年的斗争，起义军终于取得了胜利。

但是，黄巢领导的起义军长期流动作战，攻占过的地方，都没留兵防守。几十万起义军占领长安以后，四周还是官军势力。没过多久，唐王朝便调集各路兵马，把长安围住。长安城里的粮食供应发生了严重困难。

黄巢派出大将朱温在同州(今陕西大荔)驻守。在起义军最困难的时候，朱温竟投降了唐朝。

三月，唐僖宗任用先前因兵败逃往鞑靼部落的李克用父子以攻击黄巢军。李克用率沙陀兵 5 万讨伐起义军，取得成效。四月，联合忠武、河中、义武等军击溃黄巢军，收复长安。

黄巢带领起义军撤退到河南时，又遭到朱温、李克用的围攻。公元 884 年，黄巢攻打陈州(治今河南淮阳)失利，官军紧紧追赶。最后，黄巢在泰山狼虎谷兵败遇害。

⊙黄巢进长安

长达 10 年之久的唐末农民大起义沉重地打击了唐朝政权，导致统一王朝彻底的大分裂。黄巢虽没有灭亡唐朝，但土崩瓦解的唐王朝已名存实亡。

·白马驿之祸·

唐末农民战争之后，唐王朝已经名存实亡。天复三年（公元903年），朱全忠利用自己的军事实力，大规模地诛杀宦官。第二年，朱全忠逼唐昭宗迁都洛阳，并强行命令朝廷百官随驾东行，随后指使人暗杀昭宗，立太子李柷为帝，这就是唐哀帝。天祐二年（公元905年），朱全忠大肆贬逐朝臣，紧接着又在白马驿把30多位被贬的大臣全部杀死，尸体全部投入河中，史称“白马驿之祸”。这次事件以后，朱全忠在政治上的阻力已经全部扫除。天祐四年（公元907年），朱全忠逼迫唐哀帝禅位，自己当了皇帝，改国号梁，建都开封，他就是梁太祖。五代的历史开始了。

公元907年

中国大事记：
朱温逼唐哀帝禅位，自即帝位，国号梁，史称后梁，中国进入五代十国时期。

五代十国

海龙王钱镠

开平元年(公元907年)四月，梁王朱温即帝位，国号大梁，建元开平，是为梁太祖。大梁的建立，标志着中国重新分裂，五代十国的混战从此开始。

朱温又名朱全忠，他原本是黄巢部将，后见起义军大势已去，便举兵降唐。唐朝廷授朱温任宣武军节度使、右金吾大将军、河中行营招讨副使，赐名全忠，后授为梁王。朱温先后杀昭宗、立幼主、屠诸王、灭朝士，摧残唐王朝的统治。

公元907年农历正月，朱温强迫哀帝下诏，定于二月禅位。三月，哀帝正式降下御札，禅位于朱温。四月，梁王朱温更名朱晃，服衮冕，登上皇帝宝座，史称后梁太祖。改元开平，国号大梁，以汴州为开封府，称东都。以唐东都洛阳为西都，废唐西京长安，改称大安府，置佑国军。将哀帝降为济阴王，迁于曹州，派兵防守，次年将哀帝杀死。将枢密院撤废，另设崇政院，任命首辅敬翔为使。

至此，自武德以来经21帝、289年的李唐王朝为梁王朱温所亡。以后50多年的时间里，中原地区前后更替了5个王朝——梁、唐、晋、汉、周(为了跟以前相同名称的王朝区别，历史上把它们称作后梁、后唐、后晋、后汉、后周)，合称为五代。五代时期，在南方和巴蜀地方，还出现了许多割据政权，有的称王，有的称帝，前后建立了九个国(前蜀、吴、闽、吴越、楚、南汉、南平、后蜀、南唐)，加上建立在北方的北汉，一共是十国。所以又把五代时期称做“五代十国”时期。

朱温刚一即位，镇海(治所在今浙江杭州)节度使钱镠第一个派人到汴京祝贺，表示愿意臣服于梁。朱温很高兴，立即把他封为吴越王。

吴越王钱镠为唐代镇海、镇东节度使。后梁灭唐后，于后梁龙德三年(公元923年)二月，

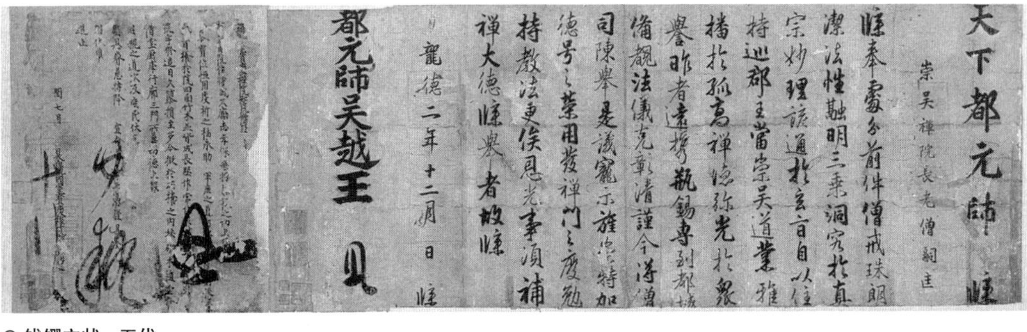

⊙ 钱镠文状　五代

公元868年

世界大事记：
伊本·图伦自立，据埃及和叙利亚而建图伦王朝。

派兵部侍郎崔协等为使，拉拢钱镠并册封其为吴越国王。从此，吴越开始建国，都城设在杭州。

吴越国王钱镠为杭州临安人，出身寒门。年轻时以贩私盐为生，后应募参军，慢慢掌握军权而占据两浙之地。唐末时被封为越王和吴王。后梁初立，吴越为提高自身地位及加强国力，一改别国的做法而和后梁建立良好的外交关系，被封为吴越王兼淮南节度使。他虽受封却不对梁称臣而称吴越国，次年改元天宝，是一个表面臣属而实际独立的政权。吴越国的版图在十国之中较为狭小，包括杭、越、湖、苏等13州。因其国小力弱，孤处东南，所以一直对北方朝廷示好纳贡，以联络中原抗衡周边政权为国策。

钱镠当了上节度使后，开始追求奢华的生活享受。他在临安盖了豪华的住宅，出门时坐车骑马，兴师动众。他的父亲对他这样的做法，很看不过去。他对钱镠说："我家祖祖辈辈都是靠打鱼种庄稼过日子，没有出过做官的人。你处在今天的位置，周围都是敌对势力，还要跟人家争城夺地。我怕我们钱家今后要遭难了。"钱镠听了很有感触，从那以后，他做事谨小慎微，只求保住这块割据地区。

由于钱镠长期在混乱动荡的环境里生活，使他养成了一种保持警惕的习惯。他给自己做了个"警枕"，就是用一段滚圆的木头做枕头，倦了就斜靠着它休息；如果睡熟了，头从枕上滑下，人也惊醒过来了。他除了自己保持警惕外，还严格要求他的将士。

钱镠就是靠小心翼翼地做事才保持住他在吴越的统治地位的。吴越国虽然不大，但是因为长期没有遭到战争的侵扰，经济渐渐繁荣起来。后来，钱镠征发民工修筑钱塘江的石堤和沿江的水闸，这样就有效地防止了海水倒灌；又叫人把江里的大礁石凿平，方便船只来往。民间因他在兴修水利方面的贡献，给他起了个"海龙王"的外号。

吴越自后梁开平元年（公元907年）建国，至宋太平兴国三年（公元978年）降宋，共历5主，计71年。

儿皇帝石敬瑭

后唐河东节度使石敬瑭是后唐明宗的女婿，早年与唐末帝李从珂一齐追随明宗，都以能征善战著称。后来，石敬瑭与李从珂发生了矛盾，上奏弹劾李从珂，唐明宗大怒，将其免职。

唐明宗死后，他的儿子李从珂做了后唐皇帝，这就是唐末帝。唐明帝在位时，唐末帝已与石敬瑭不和，等到他登基后，两人终于闹到公开决裂的地步。

石敬瑭本是勇将，沙陀部人，辅佐李克用和李存勖，屡立战功，升至刺史。李嗣源对他很器重，将自己的女儿嫁给了他，让他统领自己的亲军精锐骑兵"左射军"。

石敬瑭不仅在战场上救岳父李嗣源，在遇到政治难题时又是他为李嗣源分析局势，指点迷津，体现出了过人的政治谋略。这方面最突出的就是劝李嗣源顺应时势，在兵乱时取得帝位。石敬瑭后来去河东任节度使，并兼云州、大同军等地蕃汉马步军总管，掌握了河东这块后唐起源地区的军政大权。

石敬瑭不仅在军事和政治方面有勇有谋，有韬略，在地方事务的治理方面也表现出色。在陕州、魏博、河东等地，他都很有政绩。

李从珂派兵讨伐石敬瑭，石敬瑭眼看要抵挡不住了，这时，有个叫桑维翰的谋士给他出个主意，让他向契丹人求救兵。

那时候，耶律阿保机已经死了，他的儿子耶律德光做了契丹国主。桑维翰帮石敬瑭起草了一封求救信，对耶律德光表示愿意拜契丹国主做父亲，并且答应在打退唐军之后，将雁门关以北的幽云十六州，即幽州、云州等十六个州的大片土

公元916年

中国大事记：
契丹族首领耶律阿保机建立契丹国。

地献给契丹，而这一区域都是战略要地。

耶律德光正打算向南扩张土地，听到石敬瑭给他的优厚条件，立刻出五万精锐骑兵援救晋阳。后来，耶律德光来到晋阳，石敬瑭亲自出城迎接，卑躬屈膝地把比他小十岁的耶律德光称作父亲。

经过一番观察，耶律德光觉得石敬瑭的确是死心塌地投靠他，便正式宣布石敬瑭为皇帝。石敬瑭称帝后，立刻按照原来答应的条件，把幽云十六州送给了契丹。

石敬瑭在契丹的支持下，带兵南下攻打洛阳，接连打了几个胜仗。石敬瑭攻下洛阳，灭了后唐，在汴京正式做了中原的皇帝，国号叫晋，这就是后晋高祖。石敬瑭为获取契丹的支持以打击不归服的藩镇，并通过与之交好来安定后晋的北部边界，于是向契丹上奏章，把契丹国主称作“父皇帝”，自己称“儿皇帝”。石敬瑭做了7年的儿皇帝，病死了。他的侄儿石重贵即位，这就是晋出帝。晋出帝向契丹国主上奏章的时候，自称孙儿，不称臣。耶律德光借机说晋出帝对他不敬，带兵进犯。

契丹两次进犯中原，都被晋朝军民打败了。但是后来，由于汉奸的出卖，契丹兵攻进了汴京，俘虏了晋出帝，把他押送到契丹。后晋便灭亡了。

⊙ 出行图　契丹
图中人物为典型契丹男子形象，留髡发，带耳环，身着各色长袍，腰系革带，有拿笔砚的，有握短刀的，也有双手捧黑色皮帽的，表现等待出发的情形。

公元947年，耶律德光进了汴京，自称大辽皇帝（这一年契丹改国号为辽）。

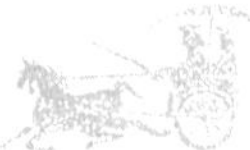

周世宗斥冯道

辽兵被迫退出中原的时候，后晋大将刘知远在太原称帝。随后，率领大军向南进兵。刘知远的军队纪律严明，受到中原百姓的欢迎。刘知远很快收复了洛阳、汴京等地。同年六月，刘知远在汴京建都，改国号为汉。这就是后汉高祖。

刘知远只做了10个月皇帝就得病死了。他的儿子后汉隐帝刘承祐即位以后，乾祐三年（公元950年）十一月，辽军攻打后汉辖地，后汉隐帝任郭威为天雄节度使，前去抗击。郭威率军离去不久，隐帝忽又派使者去杀郭威。郭威大怒，带兵攻入东京，隐帝为郭威部队所杀。郭威进入开封后，请后汉李太后临朝听政，并议立后汉高祖侄刘赟为帝。郭威又率大军前去抗辽，行到澶州时，数千名将士鼓噪起来，将黄旗披在郭威身上，要拥戴郭威为皇帝。郭威接受了他们的建议，废刘阴公，自任监国。第二年正月，后汉太后无奈下诰书，授予郭威皇帝玉符，郭威即位（是为后周太祖），国号周，改元为广顺。后汉从此灭亡。

郭威（公元904～954年）字文仲，邢州尧山（今河北隆尧）人，18岁从军。后晋末，曾协助后汉高祖刘知远建国，任枢密副使。汉隐帝时任枢密使，负责征伐之事，并平定汉中、永兴、凤翔三镇叛乱。称帝后于显德元年（公元954年）正月病逝，在位3年，庙号太祖。

后周太祖出身贫苦，很能体量民间疾苦，同

公元907年

世界大事记：
苏门答腊岛上的马打兰国建立。

时他也有些文化，注意重用人才，改革政治。在他的治理下，五代时期的混乱局面开始好转。

公元954年，后周太祖死了。他没有儿子，生前把柴皇后的侄儿柴荣收做自己的儿子。柴荣从小聪明能干，练得一身武艺。周太祖死后，柴荣继承皇位，这就是周世宗。

即位后，柴荣继承郭威重农恤民的政策和统一中国的大志，重用王朴等贤能之士，浚通漕运，发展文教，虽然在位仅6年，在39岁病逝，但却是一位有作为的皇帝。

柴荣重用王朴，王朴献“平边策”，提出先攻南唐，取江北以控制南方诸国，再取后蜀和幽州，最后解决契丹边患的战略思想；又提出争取民心和避实击虚等建议，柴荣都加以采纳，成功地发动了一系列统一兼并战争。周世宗刚即位时，北汉国主刘崇认为周朝局势不稳，正是进占中原的大好时机。他集中了3万人马，又请求辽主派出1万骑兵，向潞州(治所在今山西长治)进攻。

消息传到汴京，周世宗立即召集大臣商议对策。他提出要亲自出征。

大臣们看周世宗态度挺坚决，也不好说什么了。这时，有一个老臣站出来反对，他就是太师冯道。

冯道从后唐明宗那时候起，就当了宰相。后来，换了4个朝代，他都能随机应变，一些新王朝的皇帝，也乐得任用他。所以，他一直位居宰相、太师、太傅等职。

周世宗对冯道说：“过去唐太宗都是自己带兵最终平定了天下。”冯道说：“陛下与唐太宗相比，谁更英明呢？”周世宗看出冯道瞧不起他，激动地说：“我们有强大的军队，要消灭刘崇，还不是像大山压鸡蛋一样容易。”冯道说：“陛下能像一座山吗？”周世宗听罢一甩袖子，怒气冲冲地离开了朝堂。后来，由于有其他大臣的支持，周世宗把亲征的事决定了下来。

周世宗率领大军到了高平(在今山西省)，与北汉兵相遇，双方摆开了阵势。

刘崇指挥北汉军猛攻周军，情况十分危急，周世宗见状亲自上阵，指挥他的两名将领赵匡胤和张永德各带领两千亲兵冲进敌阵。周军兵士看到周世宗沉着应战，也奋勇冲杀。最后，北汉兵抵挡不住，大败而逃。

高平一战，大大提高了周世宗的声望。过了两年，他又亲自征讨南唐(十国之一)，后周显德二年(公元955年)、显德三年(公元956年)、显德四年(公元957年)三次征伐南唐，柴荣每次都胜，后南唐自去帝号，割地请和。后周平定长江以北，得州14、县60。后周又谋取蜀邻地，显德二年(公元955年)大败后蜀，取秦、成、阶、凤4州。显德六年(公元959年)，柴荣以契丹没有彻底离开中原为由，决意北伐。后周多次将辽师击败，取燕南之地，柴荣于此役染病班师，很快就病逝，未能完成统一大业。

柴荣在位6年，多施仁政惠民，不只是减免苛政，还在大兵过后，淮南大饥时，命发放米粮与淮南饥民。其未竟之志，在他死后由赵匡胤继续完成。他死后，由年仅7岁的儿子柴宗训接替皇位，就是周恭帝。

董源画江南

董源，字叔达，又名董元，江南钟陵(今江西进贤西北)人，五代时期著名山水画家。南唐中主李璟时以擅长绘画入宫，担任北苑(即后苑)副使，因此画史上又称他“董北苑”。

董源的山水画曾得到李璟的垂青。据说李璟年轻时曾在庐山修建别墅，将山泉林园胜景融为一体。他为了能时时看到庐山景致，特地派董源画了一幅《庐山图》。董源将五老奇峰、云烟苍松、泉流怪石和庭院别墅巧妙地绘入一图。李璟观后，称赞不绝，爱不释手，命人挂在卧室里，朝夕对

公元951年

中国大事记：
郭威即位，改国号为周，是为后周太祖。

画观赏，犹如长居庐山中。由此可见董源构思的巧妙和写景艺术的高超。

还有一次，忽然下了一场大雪，铺天盖地，京都呈现出一片银雪的世界。李璟见此雅兴大发，召集群臣登楼摆宴、赏雪赋诗；并招来当时的画坛高手董源、高太冲、周文矩、朱澄、徐崇嗣等人。他们各有所长，分工合作，由高太冲画中主像，周文矩画侍臣及乐工侍从，朱澄画楼阁宫殿，董源画雪竹寒林，徐崇嗣画池塘鱼禽。不久一幅栩栩如生的《赏雪图》完成了。董源画的雪竹寒林是这幅画中直接描绘雪冬之景的。他胸有成竹，临阵不慌，放手对景勾画，将积雪压竹、丛林寒瑟的景象传神地描绘出来。这次活动和《赏雪图》被北宋的美术评论家郭若虚记述在他的《图画见闻志》里，遗憾的是该图已经无法见到了。

董源山水画的重要特点在于着色，景物富丽，有李思训金碧山水的画风。宋代米芾评价董源的山水画说："董源天真平淡……近世神品，格高无与比也。峰峦出没，云雾显晦，不装巧趣，皆得天真，岚色郁苍，枝干劲挺，咸有生意；溪桥渔浦，洲渚掩映，一片江南也。"董源在构图方面的特点是"出自胸臆"，他"写山水、江湖、风雨、溪谷，峰峦晦明，林霏烟云，与夫千岩万壑，重汀绝岸，使览者得之，真若寓目于其处也，而足以助骚客词人之吟思，则有不可形容者"。董源画山最著名的手法是披麻皴。这是一种细长圆润的石纹画法，形如麻线下披，因而得名。董源画大树，曲处甚简，多作劲挺之状；"画小树，不先作树枝及根，但以笔点成形"；"画杂树，只露根，而以叶点高下肥瘦，取其成形……最为高雅，不在斤斤细巧"。这些都表明了董源的技法在前人基础上有所发展。

董源聪明好学，刻苦自励。他善于吸收隋唐以来的艺术成果和经验。除了山水画外，他还兼工人物、龙水、牛虎等画科。当时有不少权贵之家请董源绘龙水屏风，享誉颇久。《图画见闻志》上说他画牛虎，有"肉肌丰混，毛毳轻浮，具足精神，脱略凡格"之评。董源的人物画十分逼真，宛然如生。传说后主李煜在碧落宫召冯延巳入宫议事，冯延巳行至宫门，逡巡不敢进。后主久待不至，遣内侍催促。冯说："有宫娥著青红锦袍，当门而立，未敢竞进。"内侍与他走近同看，原来是董源所绘嵌在八尺琉璃屏中的夷光像。由此可见董源的人物画成就之高。

董源是山水画中江南画派的开山祖师，他融会唐代画家王维的水墨技法和李思训的青绿技法，结合实际景物，发展创造，自成一家。

⊙潇湘图　五代　董源　绢本

这是一幅典型的江南山水画，山峦连绵起伏，草木葱茏，洲渚交横，江水宽阔平静。左岸立有8人，内有2位朱衣女子，另5人似在奏乐。不远处正驶来一小船，船上6人，再远处有拉网的渔夫及独坐小舟的垂钓者等。图中山势连绵起伏，草木青葱翁郁，江水浩渺，汀渚错落，给人以优雅深远、辽阔迷离之感。画面人物较多，有张网捕鳍者，有驾舟垂钓者、游玩观赏者、弦歌雅奏者。人物用粉白青红诸色填染，颇为醒目。

王朝更迭

- 宋朝大业
- 大元帝国
- 明的集权与裂变
- 清朝兴衰

公元960年

中国大事记：
陈桥兵变，赵匡胤“黄袍加身”，建立宋，史称北宋。

宋朝大业

黄袍加身

赵匡胤出生于河南洛阳将门之家，胆识过人，武艺超群。21岁时投奔郭威，成为郭威帐下的一名士兵。公元951年，掌握后汉军权的郭威，谎称契丹入侵，太后命他统军北征。后汉大军渡过黄河，到达澶州时，将士们将黄袍披在郭威身上，拥立郭威为帝。郭威率军掉头南行，回后汉京师东京，建立后周。赵匡胤也逐步升为滑州副指挥。

不久，郭威病逝，其养子柴荣即位，就是周世宗。世宗有雄才大略，他南征北战，同时励精图治，革新政治。即位之初，北汉勾结辽国大举攻周，世宗率军亲征。双方在高平大战，世宗亲冒矢石督战，当后周军队形势危急时，禁军将领赵匡胤和张永德拼死保护世宗。高平大捷后，赵匡胤被提拔为禁军高级将领，负责整编禁卫军。他精心挑选武艺超群的壮士，组成勇敢精锐的殿前诸班，这以后成了后周战斗力最强的队伍。世宗也由此开始了他“十年平定天下”的战略行动。几乎每次征战，赵匡胤都立下汗马功劳，成为世宗的得力虎将。世宗正当开拓疆土、北征辽国时，不幸英年早逝。

世宗在征辽途中捡到一块木牌，上写“点检做天子”，心中就有几分猜忌。当时张永德任禁军最高统帅殿前都点检，他又是周太祖郭威的女婿。世宗担心禁军将帅权势过重会发动政变，就匆匆撤掉了张永德，换上了赵匡胤。但这却使赵匡胤的实力更加雄厚，他做了禁军的最高统帅，掌握了后周军权。

⊙ 宋太祖赵匡胤像

世宗死后，他年幼的儿子登基做了皇帝。公元960年，后周接到边境送来的紧急战报：北汉国主和辽国联合出兵，攻打后周边境。

赵匡胤得令后，立刻调兵遣将，带了大军从东京出发。军校苗训自称知天文，找到主帅的门吏楚昭辅说：“我看见太阳下边还有一个太阳，而且有一道黑光来回荡漾了好长时间。一日克一日，这是天命啊！”快到夜晚时，部队还没有走出很远，只好在陈桥驿安营扎寨，这时离京城不过20里路。当天晚上，将领们反复商议，说现

公元961年

世界大事记：
拜占庭从阿拉伯人手中收复了希腊克里特岛。

⊙ 河南封丘陈桥乡“宋太祖黄袍加身处”碑

在皇帝还小，即使战死他也不知道，不如推赵匡胤为天子，大家可以荣华富贵。他们到军营四处游说，煽风点火，一时军士大哗，都聚集在赵匡胤营前喊着：“点检当天子！”

赵匡胤的弟弟赵光义和归德军掌书记赵普知道时机已经成熟，于是连夜派人骑快马回京城，将殿前都指挥使石守信和都虞侯王审琦这两个赵匡胤的心腹叫来，商量办法。天快亮的时候，叫喊着的军士们已经逼近赵匡胤休息的房舍，赵光义和赵普进去，叫起了赵匡胤，走出房门。只见许多军校站在庭院中，手里还拿着武器，一齐叫喊：“愿奉点检当天子！”这时早有人从背后给赵匡胤披上黄龙袍，所有在场的都跪倒在地上，高喊着“万岁”，向赵匡胤叩拜。其实这不过是赵匡胤在背后导演的一出闹剧而已。

随即，赵匡胤率大军进入东京城。文武百官齐集崇元殿，为赵匡胤举行受禅大典。但是到了黄昏时分，还没等到小皇帝的禅位诏书，众人都不知如何是好，幸好翰林学士陶谷早有准备，已经拟好了诏书。于是，就用陶谷起草的禅位诏书举行仪式。宣徽使领着赵匡胤来到龙墀的南面，朝北跪拜，接着，宰相们上前搀扶起赵匡胤登上崇元殿，穿上皇帝行大礼的衮服和冠冕，端坐到龙椅上，接受群臣的拜贺，这就算正式登上了皇位。

赵匡胤因为原来做过归德军节度使，并驻扎在宋州（今河南商丘），所以，他把国号改为宋，并以东京（今河南开封）为京城。后来，他让周朝小皇帝和符太后迁到西宫，并封小皇帝为郑王。

赵匡胤登基后，赐给内外百官军士爵位，实行大赦，凡被贬官的都恢复原职，被流放发配的放回原籍。他派官员祭祀天地，报告改朝换代的事，还派出宦官带了诏书向天下人宣告宋朝的建立。

杯酒释兵权

赵普，字则平，幽州蓟县人，是陈桥兵变的关键人物。他多谋善策，读书虽然不多，但对政事有独到的见解。曾经担任赵弘殷的军事判官，对赵弘殷很忠心。据说有一次赵弘殷生病，幸亏赵普日夜伺候，方转危为安。赵弘殷感动之余，便认他作同宗。赵弘殷的儿子赵匡胤发现赵普是个人才，见识高远，很想收为已用，便向父亲借调赵普任自己的推官。陈桥兵变时，赵普任掌书记，是赵匡胤的心腹谋士。

赵匡胤的母亲杜太后视赵普为自己亲人，平日里总是以“赵书记”称呼他。陈桥兵变中的关键人物就是赵普，所以赵匡胤建宋后论功行赏，授予赵普右谏议大夫、充枢密直学士。公元962年，赵普任掌管全国军事的枢密使、检校太保，后任宰相。赵匡胤与赵普相交甚久，互相了解，关系非同一般，赵匡胤视赵普为智囊和军师，事无巨

公元961年

中国大事记：
宋太祖召大将石守信、王审琦等饮酒，令其放弃兵权，即所谓“杯酒释兵权”。

细都要与他商量，再作最后的决定。

赵匡胤提倡大臣读书，赵普就熟读《论语》，并以其中所讲用于政事上。他曾经对赵匡胤说：“我有一本《论语》，用半部佐助您平定天下，用半部佐助您治理天下。”以致留下了“半部《论语》治天下”的美谈。赵普的脾气很倔犟，他曾经上奏推荐一个人任职，赵匡胤不用。第二天，赵普还推荐这个人，赵匡胤还是不用。第三天，赵普又推荐这人，赵匡胤大发脾气，将奏折撕碎扔在地上。赵普也不害怕，不慌不忙地跪下把破碎的奏折粘贴起来，第四天又到朝廷上向赵匡胤上奏举荐。赵匡胤没办法，只好下诏重用这个人。

⊙ 雪夜访赵普图　明　刘俊
此画描绘的是宋太祖雪夜私访宰相赵普商议统一大计的故事。

从一建立宋朝起，如何结束和防止唐末五代军阀割据政局不稳的局面一直是赵匡胤的心结，他经常跟赵普谈起这个话题。陈桥兵变后论功行赏，以石守信为归德军节度使，以王审琦为泰宁军节度使、殿前都指挥使，掌握着国家最精锐和数量近全国总兵额一半的禁军，负责出征和保卫皇帝与都城的任务。又让手握重兵的慕容延钊任殿前都点检，韩令坤担任侍卫亲军都指挥使。赵普对此感到很担心，多次警示赵匡胤。赵匡胤说：“他们都像我的亲兄弟一样，是靠得住的，不会背叛我。你可能多虑了。”赵普深思后回答赵匡胤：“现在他们一定不会反，但是有朝一日，他们被手下有野心的人黄袍加身，到时他们就身不由己了。”他又把赵匡胤与柴荣的关系作了比较，当年柴荣待赵匡胤恩重如山，但赵匡胤还是在部下的鼓动下夺取了后周的政权。生动的事例使赵匡胤如梦初醒。

有一天，他主动找来赵普，说：“从唐末以来，几十年时间，出了 8 姓 12 个君王，僭称皇帝和篡夺政权的事比比皆是，战乱不断。我想要结束天下的战争，开创长治久安的局面，应该用什么方法呢？”赵普说：“陛下考虑到这个问题，是天地神人的福气。我看，关键是节度使权力太大，造成尾大不掉的后果，而危及皇权，只要削弱他们的行政权，剥夺他们的兵权，那些节度使就不敢有什么想法了”。赵匡胤恍然大悟，决心依照赵普说的办。

公元 961 年，为了保证自己地位不受威胁，赵匡胤首先把讨伐李重进回来的大将慕容延钊的殿前都点检职务免去，改任山南东道节度使，免去韩令坤侍卫亲军都指挥使的职务，改任成德节度使。此后不再设殿前都点检一职。接下来，赵匡胤又谋算起他最亲信的老朋友的军权。有一天晚朝以后，赵匡胤将石守信等大将留下来喝酒叙旧。

公元962年

世界大事记：
教皇约翰十二世为德意志奥托一世加冕称帝，“神圣罗马帝国”从此形成，意大利北部合并于帝国。

赵匡胤趁酒酣耳热之际，命令身边的太监退出。他拿起一杯酒，请大家喝干之后说：“我要不是有你们帮助，也不会有今天这个样子，但是你们哪儿知道，做皇帝也有很多难心事，还不如做个节度使自在。不瞒你们说，这一年来，我就没有睡过一夜安稳觉。”

石守信等人听了很吃惊，连忙问这是什么原因。

赵匡胤说：“这不是明摆着吗？皇帝这个位子，谁不眼红呀？”

石守信等人听赵匡胤这么一说，都惊慌失措，跪在地上说：“陛下为什么这样说呢？现在天下已经太平无事了，谁还敢对陛下不忠呢？”

赵匡胤摆摆手说：“你们几位我是信得过的，只怕你们的部下当中，有人贪图富贵，往你们身上披黄袍，你们想不干，恐怕也不行吧？”

石守信等听赵匡胤这么说，顿时感到大祸临头，连连磕头，流着泪说：“我们都是粗心人，想得不周到，请陛下给我们指引一条出路。”

赵匡胤说：“我替你们着想，你们不如把兵权交给朝廷，去地方做个闲官，置些田产房屋，给子孙留点家业，平平安安地度个晚年。我和你们结为亲家，彼此毫无猜疑，这样不是很好吗？”

石守信等一齐说：“陛下为我们想得太周到啦！”

第二天，石守信等大臣一上朝，每人都递上一份奏章，说自己年老多病，请求辞职。赵匡胤马上准许，收回他们的兵权，赏给每人一大笔财物，打发他们到各地去做节度使。历史上把这件事称为“杯酒释兵权”。

在杯酒释兵权解除了石守信等重臣元老的军权后，赵匡胤又采取措施加强禁军，并用各种手段牢牢控制住禁军，使其成为巩固统治最重要的力量，以对抗实力强大的各地方节度使。

同时，赵匡胤一反五代重武轻文的陋习，重用文人，让文官取得了武官的许多权力，使各地武官的权力大幅缩小，建立起了以皇帝为中心的封建中央集权政治制度，成功解决了军阀割据问题，有利于社会的安定和经济的发展。

开宝九年（公元976年）十月，赵匡胤因病逝世，终年50岁，谥号英武圣文神德皇帝，庙号太祖。

李后主亡国

宋太祖稳定了内政，将国家的权力集于一身后，便开始做统一中国的打算。当时，五代时期的“十国”，留下来在北方割据的有北汉，在南方割据的还有南唐、南平、南汉、吴越、后蜀等。要统一全国，该先从哪里下手呢？宋太祖越想思绪越乱。

一个风雪交加的夜里，赵普正在家里烤火取暖，宋太祖找上门来。赵普连忙请宋太祖进屋，拨红了炭火，在炭火上炖上肉，叫仆人拿出酒来招待。宋太祖此行，正是为了与赵普商量如何一统全国。

这一夜，宋太祖和赵普决定了先攻灭南方，后平定北方的计划。在随后的10年里，宋王朝先后出兵灭了南平、后蜀、南汉。这样，南方只剩下南唐和吴越两个割据的政权了。

南唐偏安江南，社会相对稳定，城市经济繁荣。中主李璟、

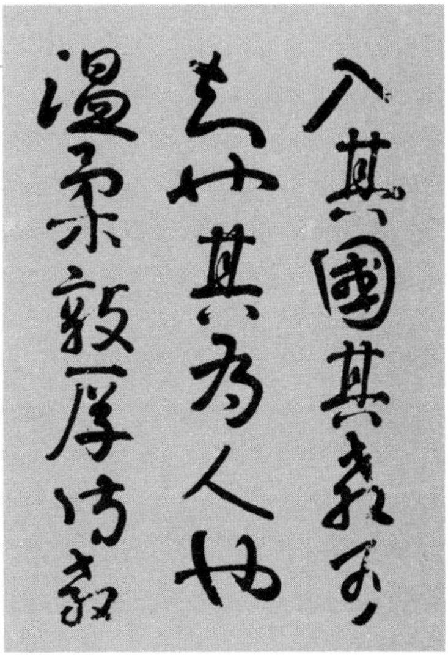

⊙ 李煜书法

公元974年

中国大事记：
宋太祖以李煜不肯入朝拜见为名，发兵十万攻打南唐。

后主李煜、宰相冯延巳都十分爱好填词，他们不仅写艳情而且抒真情，既有对好景不长、人生易逝的喟叹，也有深沉的故国之恋和亡国之痛。其中，李煜(公元937～978年)的创作独步当时，成为文学史上卓尔不群的杰出词人。

李后主是一位九五之尊的帝王，也是一位天才的艺术家，书法、绘画、音乐无所不精。当他即位称帝的时候，国家已岌岌可危，他在对北宋的委曲求全中过了十几年的生活，这一期间他依然是纵情声色，侈陈游宴。

公元974年农历九月，宋太祖派大将曹彬、潘美带领10万大军分水、陆两路攻打南唐。

宋军到了长江边，马上用竹筏和大船赶造浮桥。这个消息传到南唐的国都金陵(今江苏南京市)，南唐君臣正在歌舞饮宴。李后主问周围大臣该怎么办，大臣说："从古至今，没听说搭浮桥过江的，不必理会！"

后主边笑边说："我早说过这不过是小孩子的把戏罢了。"

3天后，宋军搭好浮桥，潘美的步兵在浮桥上如履平地，跨过长江。南唐的守将抵挡不住，败的败，降的降。10万宋军转瞬间就打到金陵城边。

那时候，李后主正在宫里跟一批和尚道士诵经讲道，宋军到了城外，他还一无所知呢。等他到城头上巡视，才发现城外到处飘扬着宋军旗帜。

李后主连忙调动驻守上江的15万大军来救。救兵刚到了皖口，便遭到宋军的两路夹攻，南唐军全军覆没。李后主叫人在宫里堆了柴草，准备放火自焚，但是最终胆怯了，后来带着大臣出宫门，向曹彬投降。

李后主被押到东京，过着囚徒的生活。两年以后，在七月七日他的生日那天，他在寓所让旧日宫妓作乐，唱他新作的《虞美人》一词：

春花秋月何时了，往事知多少？小楼昨夜又东风，故国不堪回首月明中。

雕栏玉砌应犹在，只是朱颜改。问君能有几多愁，恰似一江春水向东流。

这是一首饱含亡国之泪的绝望悲歌，词人的一腔悲慨之情，如出峡奔海的滔滔江水，永无止

⊙ **南唐文会图　北宋　佚名**

这幅图描绘了南唐后主李煜和三位文士在庭院聚会的情形。院前有荷塘，院后有芭蕉，左右有丛竹老树，环境清幽，富有自然的意趣。李煜振笔疾书，其他三人静静围观，奴婢则直立以待。李煜的艺术才能是多方面的，他的书法崇尚瘦硬，骨力遒劲，人称"铁钩锁"、"金错刀"、"撮襟书"。

公元963年

世界大事记：
教皇约翰十二世被奥托废黜，利奥八世当选为教皇。

息。凄婉的乐声传到外面，宋太宗赵光义听到后大怒，就派人把他毒死了。

李煜从南唐国主降为囚徒的巨大变化，明显地影响了他的创作，使他前后期的词作呈现出不同的风貌。前期的词写对于宫廷生活的迷恋，不外是红香绿玉那一套，在国家危急存亡之秋，这些词读起来让人满不是滋味。他的第一首真正好词，应该是作于亡国北去、辞别庙堂之际的《破阵子》：

四十年来家国，三千里地山河。凤阁龙楼连霄汉，玉树琼枝作烟萝，几曾识干戈。

一旦归为臣虏，沈腰潘鬓消磨。最是仓皇辞庙日，教坊犹奏别离歌，垂泪对宫娥。

先极言昔日的太平景象，家国一统，河山广阔，宫阙巍峨，花草艳美。而一旦国破家亡，只有凄凉悲苦。在告别祖庙的那一天，宫中的乐工还吹奏起离别的曲子。此时的笙歌再没有欢乐，却加深了别离的悲凉。全词明白如话，而真挚的感情深曲郁结，动人心弦。

身为囚徒的岁月，度日如年。他从往日豪奢的帝王生活中醒过来，却发现自己已经什么都不是了，没有尊严和富贵，也没有自由。面对残酷的现实，他只有把“日夕以眼泪洗面”的深哀巨痛，尽情地倾泻在他的词里。除了那首给他带来死亡的《虞美人》之外，他还写有《子夜歌·人生愁恨何能免》、《清平乐·别来春半》、《浪淘沙·往事只堪哀》、《望江南·多少恨》、《浪淘沙令·帘外雨潺潺》等许多名作。他在这些作品中，念念不忘的是往日雕栏玉砌的生活，同时沉浸在绵绵长愁里。请看《相见欢》一词：

无言独上西楼，月如钩。寂寞梧桐深院锁清秋。

剪不断，理还乱，是离愁。别是一般滋味在心头。

一个被幽禁的人有着常人难以体会的孤独与寂寞。身处西楼，举头望月。如钩的残月，淡淡的清光，照着梧桐的疏影。如此凄清的景象，人何以堪？过去的欢乐永远过去了，如今只剩下千丝万缕的离愁，紧紧地缠绕着孤苦伶仃的一个人。这种愁，是回忆？是伤感？是忧虑？言语已经无法说清，唯有自己慢慢地咀嚼。

宋太宗征辽

后晋高祖石敬瑭为感谢契丹助其灭后唐，入主中原，把幽云十六州割给契丹并自称“儿皇帝”。公元979年宋灭北汉，以幽云十六州为基地屡扰宋边的辽国成了宋王朝北面最大的边患。宋太宗积极部署，欲收回幽云十六州。

公元979年农历六月，灭掉北汉的宋太宗踌躇满志，欲北上一举收复幽云十六州。宋太宗亲率大军10万出镇州(今河北正定)北进，突破了辽军在拒马河的阻截，进围幽州，击败城北辽军1万余。二十六日，太宗命宋渥、崔彦进等四将率军分四面攻城。辽将韩德让和耶律学古一面安抚军民，一面据城固守待援。屯驻清沙河（今北京昌平境内）北的辽将耶律斜轸因宋军势大而不敢冒进，只声援城内辽军。辽景宗于六月三十日闻知南京被围，急遣南府宰相耶律沙率兵往救，耶律休哥统帅五院军之精锐驰赴前线。七月初六，耶律沙大军至幽州，宋太宗督诸路军攻击，两军战于高粱河，耶律沙力战不支而败退。然而当时的宋军连续近二十日不停地猛攻幽州城，士卒早已疲殆，故而追击甚慢。令宋太宗始料未及的是，耶律休哥率军出其不意间道而来，人人手持火炬直冲，宋军不知其多寡，未等接战心里已经发怵，不敢接战。耶律休哥先收容耶律沙败军，使之与宋军相持，然后与耶律斜轸各自统率精锐骑兵，

公元976年

中国大事记：
十月二十日，宋太祖病，其弟赵光义入问疾，天未明而太祖死，传为赵光义所杀。

⊙ 宋代武士复原图

从耶律沙的左右翼挺进，乘夜夹攻宋军。这时宋军才发觉已被包围，又无法抵抗辽军的猛攻，只能纷纷后退，连夜南退，争道奔走，溃不成军。甚至宋太宗也与诸将走散，诸将也找不到各自的部下军士。耶律休哥一直追到涿州城下，获得兵器、符印、粮草、货币不可胜计。

高粱河之战是宋朝第一次大规模主动出击辽国，是宋朝为收复幽云失地做出的第一次努力，最后以失败告终。

高粱河落败后，宋辽平静了几年，但宋太宗积极筹划二度北伐，以雪前耻。公元982年辽景宗去世，耶律隆绪继位，是为圣宗，因年幼，其母萧太后摄政。宋雄州守将贺令图以辽帝年幼、内部不稳，建议太宗再攻幽州，太宗心动。参知政事李至以粮草、军械缺乏，准备不充分而反对，但太宗不听，于公元986年三月发兵3路攻辽。东路曹彬10万人出雄州，中路田重进出飞狐（今河北涞源），西路潘美、杨业出雁门，三路合围幽州。

宋西路军很快攻下寰、朔、云、应等州，中路攻占灵丘、蔚州等战略要地，东路夺占固安、涿州。辽国获悉宋军北伐，即派耶律抹只率军为先锋，驰援幽州，萧太后偕辽圣宗随后亲往督战。辽军意图是以南京留守耶律休哥抵御宋东路军，耶律斜轸抵制宋西路和中路军，而圣宗、太后率大军进驻幽州，以重兵击溃宋东路，再击退西、中路。由于辽军主攻点不在西、中路，故宋中、西两路捷报频传，东路宋军将士纷纷主动请战，促主帅曹彬北上。曹彬难抑众愿，遂率军北进，一路不断遭到辽军袭扰。时值夏季，天气酷热，宋军体力消耗很大，抵达涿州时，东路军上下均已疲惫不堪。

此时辽圣宗和萧太后所部辽军已从幽州北郊进至涿州东50里的驼罗口，攻占固安，而与曹彬对峙的是辽悍将耶律休哥，他正虎视眈眈，欲伺机攻击宋军。曹彬鉴于敌主力当前，难以固守拒战，而己军又面临粮草将尽的形势，令军队向西南撤退。辽耶律抹只和耶律休哥见时机已到，即令辽军追击宋军。五月三日，宋军在歧沟关被辽军赶上，困乏的宋军抵挡不住锐气正盛的辽军，大败。辽军追至拒马河，宋军四散奔逃，溃不成军，死伤数万，所遗弃的兵甲不计其数。

宋太宗得知东路军惨败，遂令中路军回驻定州，西路军退回代州，并以田重进、张永德等沉稳持重的将领知诸州，以御辽可能发起的进攻。东路宋军已遭重创，而西路战事仍在进行。八月宋西路主帅潘美、监军王侁拒绝副帅杨业的合理建议，迫令其往朔州接应南撤的居民，杨业要求在陈家谷设伏以防御辽军追击。杨业与辽西路主帅耶律斜轸在朔州南激战，因遭辽萧挞凛军伏击而败退。杨业按预定计划退到陈家谷，本以为此地有宋军埋伏将截击辽军，哪料潘美、王侁违约，早已率军逃走；杨业愤慨自己被出卖，但仍率孤军力战，终因势单力薄全军覆没。杨业身负重伤后被俘，绝食而死。

北宋朝廷发起的旨在收回幽云十六州的幽州之战，因自身的种种原因以惨败结束。

公元969年

世界大事记：
罗斯大公入侵保持加利亚，夺其首都。

王小波起义

当年黄巢起义军逼近长安时，唐僖宗曾率领大批世族官僚逃窜到四川。五代时，唐朝的“衣冠之族多避乱在蜀”，土地兼并问题比中原地区更为突出，世族豪强地主疯狂地兼并土地，占有大批“旁户”。旁户实际上是地位低下的依附农民，他们除了要向豪族地主交纳地租，还要承担官府的各种沉重的赋税徭役。由于旁户所受的剥削较其他地区更加严酷，生活更加穷苦，使得四川已经成为当时国内阶级矛盾最尖锐的地区。

北宋政府建立后，对四川农民的处境不但未作任何改善，反而加强了对他们的剥削。川蜀地区在五代时期建立过前蜀、后蜀两个政权，长期远离战火，尤其后蜀时期的国库十分丰实。宋灭后蜀以后，曾纵兵大肆掳掠，还把后蜀府库里存放的金、银、珠宝、铜币之类的“重货”和绢帛布匹等“轻货”运往京城开封。为此，强征了大量民夫，这就更加重了农民的负担。

四川成都一带，人多地少，农民多兼营纺织、采茶等副业。但官府连这个也不放过，除常规赋税外，官府在成都还设置了“博买务”，垄断布帛贸易，禁止个体农民和小商贩自由买卖。豪强大地主则趁机“释贱贩贵”，投机倒把，敲剥百姓，从中渔利。这就使得越来越贫困的农民不断丧失家业田产，许多小商贩被迫失业，农民的家庭手工业遭到严重破坏。北宋政府还把茶叶划入专卖，对茶农低价购茶，高价卖米，使广大茶农纷纷破产，生路断绝。

宋太宗淳化四年（公元993年），四川一带大旱，造成大饥荒。农民在天灾人祸的胁迫下，终于奋起反抗，发动了武装起义。

青城县有个农民叫王小波，他和妻弟李顺都以贩茶为生，官府禁止民间买卖茶叶之后，他们断绝了生路，于是王小波决心起义。王小波向各地贫民提出：“吾疾贫富不均，今为汝均之。”“均贫富”的口号得到了广大贫苦农民的响应，起义军很快发展到数万人。王小波领导起义农民攻克青城县，“旬日之间，归之者数万人”。接着又攻克彭山县，将贪赃虐民的县令齐元振处死。这年冬天，王小波率众攻打江源县。他在战斗中身先士卒，不幸牺牲。起义队伍没有动摇，他们共推李顺为统帅，继续起义。李顺号令严明，所到之处，把乡里的富人大姓召集来，命令他们如实申报各自所有的财产和粮食，除按人口给他们留下够用的数量外，所余全部发放给贫苦农民，得到大家的拥护。李顺领导农民军连克蜀、邛二州，队伍已增加到数十万人。接着，他率领部队挥戈东下，从西南和西北两面向成都逼进，“所向州县，开门延纳”。

·官僚机构的膨胀·

北宋建国以后，为了建立起坚固的统治基础，通过恩荫、科举、进纳、军功等途径，极力地扩大官僚队伍。以恩荫为例，因父、祖一辈官位高，则子孙也可被授予官职。每逢皇帝生辰和3年一次的祭天大典，高官的亲族子弟和门客等都有得官的机会，恩荫之滥，无以复加。宋真宗时，文武百官为9700多人，宋仁宗时增至1.7万人，英宗时则超过了2.4万人。朝廷制度规定，文官3年一迁，武官5年一迁，只要在职期间没有大的过错者，纵然无功也能够照例升迁，因此官员们袭守成规，无所建树，只等按时加官就可以了，整个官场暮气深重。同时，官僚们竞相兼并田地，也给封建农业经济带来了冲击。庞大而腐败的官僚队伍，给朝廷带来了极大的财政负担和社会危机。

1004年

中国大事记：
契丹大举攻宋，宋真宗率军亲征，双方签订“澶渊之盟”。

公元994年正月，起义军攻克成都，李顺在军民的拥戴下，建立了大蜀农民政权，李顺自称大蜀王，改元应运，并铸造了“应运元宝”和“应运通宝”货币。起义军战士还在脸上刺“应运雄军”四字，以纪念胜利。大蜀政权建立后，依然坚决执行“均贫富”的政策。李顺一面整顿人马，一面继续派兵攻占各州县，这时，北到锦州，南至巫峡，大部分地区都为大蜀政权所控制，宋朝的“败卒亡官”四散逃命，地主豪绅“人心恐悚”。这时，起义军已发展到“数逾百万”了。

消息传到东京，宋太宗非常惊慌，赶快召集宰相商量对策。随后派遣宦官王继恩为剑南西川招安使，统帅中央禁军前去镇压。李顺为阻止宋军入川，也派农民军数万人北取剑门，控制栈道，以拒宋军于险关之外。但农民军在战斗中伤亡太重，退回成都。李顺又亲率起义军20万围攻梓州，因遭宋军夹击，战斗不利，也相继撤回。宋军进围成都时，正值农民军大都出去攻取其他州县，只有10万人守卫成都。经过拼死抵抗，不久城破，李顺在混战中身亡。

李顺起义失败后，起义军在眉州战斗的将领张余，仍继续转战于四川各地，直到公元996年五月，各地起义军才陆续被宋军镇压下去。

这次起义虽然失败了，但它使得宋朝改变了对川蜀地区的政策，“旁户”这一名称从此很少出现，博买务也取消了。

寇准谋国

幽云十六州是中原的天然屏障，直接关系着中原的安危。中原王朝从后周柴荣起，就开始与辽争夺燕云。赵匡胤建立北宋后，国力无法与辽抗衡，就采取了先南后北的方针。他曾积极储存钱帛，准备或以赎回的方式收回，或用这笔钱作军费，以武力攻取燕云。其弟宋太宗赵光义统一北汉后，就亲征伐辽，要乘胜收复幽云。宋军初战时极为顺利，一直打到幽州，但辽军苦守坚城，幽州久攻不下。太宗率军在高粱河与辽国援军展开激战，结果在辽援军的夹击下大败。太宗身中两箭，匆忙乘驴车逃走。几年后，太宗趁辽国圣宗幼小、母后萧太后专政的机会，兵分3路北伐辽国。但由于东路军不顾进兵计划，贪功冒进，宋军大败。

宋太宗两次伐辽失败，朝廷内外谈辽色变，宋政府采取妥协退让政策，在河北沿边的平原上广修河渠池塘，广植水稻和柳、榆林，阻挡辽国的铁骑。宋真宗即位后对辽更是以和为贵。辽军见宋朝软弱可欺，就不断遣兵南下，威胁宋廷。只是由于大将杨延昭等人奋起抵抗，辽军才无法长驱直入。

1004年，辽国再次南侵。辽圣宗及萧太后亲披甲胄，督军30万，大规模南下，深入宋境内地，直抵澶州北城，离北宋首都东京只有一河之隔。

告急的消息不断地传到已经当了宰相的寇准那里，一个晚上竟来了5次。寇准不慌不忙，只说声“知道了”，照样喝酒下棋。宋真宗却慌了，他把寇准叫来，问：“大兵压境，我们怎么办？”

寇准说：“这好办，只要5天时间就够了。”没等真宗再发问，寇准接着说：“现在只有陛下亲自出征，才能长我军士气，灭敌人威风，我们就一定能打败强敌！”站在旁边的一些大臣听后都慌了，怕寇准也让自己上前线，都想赶快走开。

宋真宗也是个胆小鬼，听了寇准的话，脸都吓白了，就想回皇宫躲起来。寇准郑重地说：“您这一走，国家的事没人决断，不是坏了大事了吗？请您三思！”在寇准的坚持下，宋真宗才平静下来，商量起亲征的事。

过了几天，辽军的前锋已经打到了澶州（今河南濮阳），情况万分紧急。同平章事王钦若趁机劝真宗迁都避敌，寇准据理力争，真宗才答应亲征。

公元980年

世界大事记：
维京人在格陵兰岛定居，并开始向北美其他地区探险。

宋真宗和寇准带领人马离开东京往北，来到韦城（在今河南境内）时，听说辽国兵马十分凶猛，宋真宗又害怕了。有的大臣趁机再向他提出到南方去的事。

宋真宗派人把寇准找来，问他："有人劝我到南方去避风险，你看怎么样？"寇准心中生气，可还是耐心地说："您千万别听那些懦弱无知的人的话。前方的将士日夜盼您呢！他们知道您亲征，就会勇气百倍，您要是先走了，军心就会动摇，就要打败仗。敌人在后面紧紧追赶，就是想逃到南方也是不可能的了！"宋真宗听了，还是下不了决心，皱着眉头，一声不吭，停了一会儿，他让寇准出去。

寇准刚出来，遇到将军高琼，连忙对他说："将军这次打算如何为国出力呢？"

高琼说："我是一个武人，愿意为国战死！""好，你跟我来！"

寇准带着高琼又来到宋真宗面前，说："我对您说的，您要是不信，就再问高琼好了！"接着，他又把反对迁都和主张亲征的事说了一遍。

高琼听了，连声对宋真宗说："宰相说得非常对，您应该听他的。只要您到澶州去，将士们就会拼死杀敌，一定会打败辽军！"

寇准激动地接过话，"陛下，机不可失，眼下正是打败辽军的好机会，您应该立即出征！"宋真宗让寇准说得也露出笑容，抬头看了看站在旁边的卫官王应昌。王应昌紧紧握住挂在腰上的宝剑，说："陛下亲征，一定成功，假如停止前进，敌人更加猖狂！"寇准和两员武将抗敌的坚定态度感染了宋真宗，他这才下了决心去澶州亲征。

宋真宗亲征的消息传到前线，宋军将士士气大振。当辽军攻打澶州城的时候，宋军拼死抵抗，威虎军头张瑰眼疾手快，一箭射死了辽军统帅萧挞凛。辽军见统帅未战而死，顿时士气低落。辽军见形势不利便主动提出和谈。而真宗本无抵抗之心，急忙答应与辽议和。他不顾寇准等人的反对，派使臣曹利用前往和谈，告诉曹利用哪怕赔百万白银也行。寇准不得已，告诉曹利用超过30万就杀了他。经过几次讨价还价，双方达成协议：宋辽约为兄弟之国，宋帝尊辽萧太后为叔母，辽主称宋帝为兄；宋朝每年交给辽朝绢20万匹、银10万两等。因议和地点在澶州城下，故称"澶渊之盟"。

澶渊之盟是在宋朝军事有利的条件下订立的屈辱性条约。它开了赔款的先例，成了宋朝财政的重负和民众的重压。但澶渊之盟结束了宋辽之间的战争，使边境相对稳定，宋辽两国由此保持了上百年的和平局面。

⊙寇准像

1038年	中国大事记： 元昊正式称帝，国号大夏，建都兴庆府。

元昊建西夏

宋真宗一味地妥协求和，这种做法虽然安下了辽朝那一头，但西北边境的党项族(古代少数民族之一)贵族却趁机侵犯宋朝边境，提出无理要求。宋真宗疲于应付，只好妥协退让，封党项族首领李继迁为夏州刺史、定难军节度使。1004年，李继迁死后，又封他的儿子李德明为西平王，每年送去大批银绢，以示安抚。

李德明的儿子元昊是个雄心勃勃的人。他精通汉文和佛学，多次打败吐蕃、回鹘等部落，势力范围不断扩大。他劝说李德明不要再向宋朝称臣。

李德明不肯接受他的意见。直到李德明死后，元昊继承了西平王的爵位，才按照自己的主张，设置官职，整顿军队，准备脱离宋朝的控制，自立门户。

⊙ 西夏王陵

西夏王陵是西夏历代帝王和达官贵戚的埋葬地。陵园内有九座西夏帝王陵墓，近二百座陪葬墓似众星拱月布列其周围。西夏王陵糅合了汉族传统风格与本族特色，气势宏伟，号称塞外戈壁的“金字塔”。

1038年，元昊正式宣布即位称帝，国号大夏，建都兴庆(今宁夏银川市)。因为它在宋朝的西北，历史上叫做西夏。

元昊称帝以后，派使者要求宋朝承认。那时候，宋真宗已经死去，在位的是他的儿子赵祯，即宋仁宗。宋朝君臣讨论的结果，认为这是元昊反宋的表示，就下令削去元昊西平王爵位，断绝贸易往来，还在边境关卡上张榜悬赏捉拿元昊。元昊被激怒了，就决定大举进攻。

那时，在西北驻防的宋军兵士有三四十万，但是这些兵士分散在24个州的几百个堡垒里，而且各州人马都直接由朝廷指挥，彼此之间没有作战配合。西夏的骑兵却是统一指挥，机动灵活，所以常常打败宋军。

一年后，西夏军向延州进攻，宋军又打了一个大败仗。宋仁宗十分生气，把延州知州范雍革了职，另派大臣韩琦和范仲淹到陕西指挥抗击西夏。

范仲淹到了延州，改革边境上的军事制度。

·由简到繁的西夏服饰·

西夏衣冠制度规定西夏男子以穿着圆领窄袖的袍服为主，也可以穿交领长袍。这两种衣服的衣襟都是右衽，与唐朝流行的服装很相似。女子穿交领长褙子，内系细裥百褶裙，脚穿尖头弓鞋。青绿色是平民的服饰颜色，适合劳动，穿着非常简朴。随着与宋朝的不断往来，西夏决定“制小蕃文字，改大汉衣冠”，并得到了宋朝的允许。至此，西夏服饰的种类和形式多了起来。从形制上看，有皇太后的法服、皇后法服、太子法服、嫔妃法服、朝服、便服等，并且在每一服饰种类后面，还有其他详细的名称和形式。男子服饰大概有26种，女子服饰大概有19种。

从西夏民族服饰发展的过程来看，呈现了由简到繁的一种规律和趋势，这是完全符合历史发展潮流的。

1000年

世界大事记：
波利尼西亚毛利人在新西兰定居。

他把延州 1.6 万人马分为 6 路，由 6 名将领率领，日夜操练，宋军的战斗力显著提高。西夏将士看到宋军防守严密，不敢进犯延州。

1041 年 2 月，西夏军由元昊亲自率领，向渭州进犯，韩琦集中所有人马布防，还选了 1.8 万名勇士，由任福率领出击。

任福带了几千骑兵迎击西夏兵，两军相遇，双方打了一阵，西夏兵丢下战马、骆驼就逃。任福派人侦察，听说前面只有少量的敌兵，就在后面紧紧追赶。

任福带着宋军向西进兵，到了六盘山下，连西夏兵的影子都没看见。只见路边有几只银泥盒子，封得很严实，兵士们走上前去，端起银泥盒子听了一下，有一种跳动的声音从里面发出。兵士报告任福，任福吩咐兵士打开盒子。只见里面接连飞出了一百多只带哨的鸽子，在宋军的头上飞翔盘旋。

原来，西夏兵采取了诱敌战术。在六盘山下，元昊带了 10 万精兵，早已布置好埋伏，只等那鸽子飞起，四面的西夏兵就一齐杀出，将宋军紧紧围在中央。宋军奋力突围。从早晨一直打到中午，大批的西夏兵不断从两边杀出。宋兵边打边退，伤亡不断增加。

任福身上中了 10 多支箭，兵士劝任福逃脱。任福说："我身为大将，兵败至此，只有以死报国。"他又冲了上去，死在西夏兵刀下。

这一仗，宋军死伤惨重，元昊获得大胜。韩琦听到这消息，非常难过，上书朝廷处分。宋仁宗撤了韩琦的职。范仲淹虽然没直接指挥这场战争，但是被人诬告，也降了职。

从这以后，宋夏多次交兵，宋军连连损兵折将，宋仁宗不得不重新起用韩琦、范仲淹指挥边境的防守。两人同心协力，爱抚士卒，军纪严明，西夏才不敢再进犯。

范仲淹推行新政

范仲淹 (公元 989 ～ 1052 年)，宋苏州吴县 (今江苏苏州) 人。父亲在他很小的时候就死去了，因为家里贫穷，母亲不得不带着他改嫁了人家。范仲淹在十分艰苦的环境中成长，他在一座庙里居住、读书，穷得连三餐饭都吃不上，每天只得熬点薄粥充饥，但是他仍旧苦学不辍。有时候，读书到深更半夜，实在倦得睁不开眼，就用冷水泼在头上，去除倦意，继续攻读。这样苦读了五六年，终于成为一个学识渊博的人。

大中祥符年间，范仲淹中进士。入仕后，他关心民众疾苦，政绩显著。天圣初他任泰州兴化令，主持修筑捍海堰，世称"范公堤"。

范仲淹最初在朝廷当谏官，因为看到宰相吕夷简滥用职权，谋求私利，就向仁宗大胆揭发。这件事触犯了吕夷简，吕夷简怀恨在心，诬陷范仲淹结交朋党，挑拨君臣关系。宋仁宗听信了吕夷简的话，贬谪范仲淹去了南方。直到西夏战争发生以后，才把他调到陕西去防守边境。

⊙ 范仲淹像

范仲淹在宋夏战争中屡立战功，宋仁宗觉得他确实是个难得的人才。这时候，宋王朝因为内政腐败，加上在跟辽国和西夏战争中军费和赔款支出浩大，财政极为紧张。宋仁宗就把范仲淹从陕西调回京城，任命他为副宰相。

范仲淹回到京城后，宋仁宗马上召见了他，

1043年

中国大事记：
宋仁宗以范仲淹、富弼、韩琦等执政，进行改革，史称庆历新政。

要他提出治国的方案。范仲淹知道朝廷弊病太多，不可能一下子都改掉，准备一步一步来。但是，禁不住宋仁宗一再催促，就提出了10条改革措施。

正在改革兴头上的宋仁宗看了范仲淹的方案，立刻批准在全国推行。历史上把这次改革称为“庆历新政”(“庆历”是宋仁宗的年号)。

范仲淹的新政刚一推行，就在朝中引发了巨大波澜。一些皇亲国戚、权贵大臣、贪官污吏见自己的利益受到威胁，纷纷闹了起来，散布谣言，攻击新政。那些原来就对范仲淹不满的大臣天天在宋仁宗面前说坏话，又说起范仲淹与一些人结党营私，滥用职权。

宋仁宗看到有那么多的人反对新政，就动摇起来。范仲淹被逼得无法在京城立足，便主动要求回到陕西防守边境，宋仁宗批准了。范仲淹刚走，宋仁宗就下令废止新政。

在文学创作上，他亦提出不少新颖的观点，主张“应于风化”。他传下来的诗词仅有6首，其中《渔家傲》突破了当时词限于男女、风月的界线而开创了新的词风，这首词是他在西北负责抵抗西夏入侵时所作。词中表达了作者决心捍卫边疆的英雄气概，同时也反映了作者思念家乡的情绪和战士们生活的艰苦，格调苍凉悲壮，慷慨激昂，与那些靡丽的闺怨词形成鲜明对比。

范仲淹的文学主张和他政治革新的要求相同，认为“国之文章，应于风化，风化厚薄，见于文章”，反对那种“专事藻饰，破碎大雅，反谓古道不适于用”的浮华文风。他擅长词赋文章，所作政论趋向古文，著名的《岳阳楼记》就是其中的代表作。

范仲淹因改革政治一事，受了很大打击，但是他并不因为个人的遭遇感到懊恼。一年之后，他的一位在岳州(治所在今湖南岳阳)做官的老朋友滕宗谅，重新修建当地的名胜岳阳楼，请范仲淹写篇纪念文章。范仲淹挥笔写下了《岳阳楼记》。在这篇著名的文章里，范仲淹提到：一个有远大政治抱负的人，他的思想感情应该是“先天下之忧而忧，后天下之乐而乐”。这两句名言一直被后人传诵，而岳阳楼也因范仲淹的文章而名扬四海。

欧阳修改革文风

范仲淹遭遇排挤后，支持新政的大臣富弼被诬陷是范仲淹的同党，丢了官职；韩琦替范仲淹、富弼辩护，也受到牵连。当时，虽然有些人同情范仲淹，但是碍于形势，不敢出头说话。只有谏官欧阳修大胆给宋仁宗上书说：“自古以来，坏人陷害好人，总是说好人是朋党，诬蔑他们专权。范仲淹是难得的人才，为什么要罢免他？如果听信坏人的话，把他们罢官，只能使亲者痛，仇者快！”

欧阳修是著名的文学家，庐陵(今江西永丰)人。他4岁的时候，父亲就病死了，母亲带着他到随州(今湖北随州)投奔他的叔父。欧阳修的母亲一心想让儿子读书成人，可是家里穷，买不起纸笔。她就用屋前池塘边上生长的荻草秆儿在泥地上划字，教欧阳修认字。幼小的欧阳修在母

⊙《欧阳文忠公集》书影

亲的教育下，很早就爱上了书本。

后来，欧阳修读了韩愈的散文，觉得韩愈的文笔流畅，说理透彻，跟流行的文章完全不同。他就认真研究琢磨，学习韩愈的文风。长大以后，他到东京参加进士会考，连考三场，都得了头名。

欧阳修20多岁的时候，已经在文坛上很有声誉了。欧阳修的诗、词、散文和政论文都很有名，他强调道对文的决定作用，要写好文章，首先必

1006年

世界大事记：
印度尼西亚默拉皮火山喷发。

须培养良好的道德素养，并且能行之于身。在此基础上，他反对那些高谈阔论而没有实际内容的文章，认为那种文章对时政于事无补。正因如此，欧阳修有相当一部分文章是政论文，体现了他的政治伦理观念和文学主张，又因为这些文章针对实际有感而发，写得婉转流畅、丰满生动、说理透彻，让人读来正气凛然，像《朋党论》、《与高司谏书》等都是名篇。

欧阳修的散文，无论写景状物，叙事怀人，都显得摇曳生姿。虽然他的官职不高，但是十分关心朝政，正直敢谏。

这一次，欧阳修支持范仲淹新政，又出来替范仲淹等人说话，让朝廷一些权贵大为气恼。他们捕风捉影，把一些罪名安在欧阳修身上，最后又把欧阳修贬谪到滁州(今安徽滁州市)。

滁州四面环山，风景优美。欧阳修到滁州后，除了处理政事之外，常常游览于山水之间，怡情悦性。当地有个和尚在滁州琅琊山上造了一座亭子供游人休息，欧阳修登山游览之时，常常在这座亭上喝酒作文。他自称“醉翁”，便给亭子起了个名字叫醉翁亭。他写的散文《醉翁亭记》，成为人们传诵的杰作。

欧阳修做了十多年地方官，由于宋仁宗赞赏他的文才，才把他调回京城，在翰林院供职。

欧阳修积极提倡改革文风，在担任翰林学士以后，更把这种想法付诸实施。有一年，京城举行进士考试，朝廷派他担任主考官。他认为这正是选拔人才、改革文风的大好时机，在阅卷的时候，凡是发现华而不实的文章，他一概不录取。从此以后，考场的文风就发生了变化，大家都学着写内容充实和文风朴素的文章了。

欧阳修在大力改革文风的同时，还十分注意发现和提拔人才。许多原来没什么名气的人才，因他的赏识和提拔推荐，一个个都成了名家。最出名的有曾巩、王安石、苏洵和他的儿子苏轼、苏辙。

毕昇发明活字印刷术

众所周知，印刷术是我国古代的四大发明之一。隋唐时期出现的雕版印刷术，是最初的印刷模式。雕版印刷虽然比手抄书写要快很多倍，质量也提高很多，但还存在着不少的缺陷。雕版印刷要花费大量的木材，而且用版量很大，不仅存放不便，不好管理，出现错字也不易更正；而且雕版用过之后就变成废物，造成资源的浪费。

北宋庆历年间(1041～1048年)，印刷术取得了重大突破。布衣发明家毕昇发明了活字印刷术。活字印刷术弥补了雕版印刷术的不足，大大节省了人力、物力和财力，非常方便快捷。活字印刷术的发明是印刷术发展史上一项具有划时代意义的创造。

关于活字印刷术的发明者毕昇，历史缺少记载，仅能从沈括的《梦溪笔谈》中知道他是庆历年间的一介布衣，生平籍贯均不可考证。毕昇死后，他的活字印被沈括的“群从所得”。

《梦溪笔谈》里记载，活字印刷的程序为：首先选用质地细腻的胶泥，刻成一个个规格统一的单字，然后用火烧硬，即成胶泥活字；把活字分类放在相应的木格里，一般常用字，如“之”、“也”等字要备用几个至几十个，以备重复使用。排版的时候，在一块带框的铁板上面敷上一层用松脂、蜡和纸灰之类混合制成的药剂，接着把需要的胶泥活字从

⊙ 毕昇雕像

1044年	中国大事记： 元昊取消帝号，宋以钱帛换取“夏国主”之名。

备用的木格里拣出来，按文字顺序排进框内，排满就成为一版；排好后再用火烤，等药剂开始熔化的时候，用一块平板把字面压平，等到药剂冷却凝固后，就成为固定的版型。这样就可以涂墨印刷了。印完之后，再用火把药剂烤化，用手一抖，胶泥活字就可以从铁板上脱落下来，下次可以再用。

毕昇首创的泥活字版，使书籍的大量印刷更为方便。《梦溪笔谈》说“若印十百千本，则极为神速”。活字印刷，还可以一边印刷，一边排版，胶泥活字还可重复使用，实在是既节省了时间，又节省了材料。活字印刷术的方便快捷由此可见一斑。

毕昇之所以能够发明活字印刷术，来源于他对于生活的耐心观察、思考和体悟。有个有趣的小故事说，毕昇发明活字印刷是受了他两个儿子玩过家家的启发。他的师兄弟们不明白为什么毕昇那么幸运地发明活字印刷术，师傅开口说：“毕昇是个有心人啊！你们不知道他早就在琢磨改进工艺了。冰冻三尺，非一日之寒啊！”

毕昇在发明泥活字印刷的过程中，还研究过木活字排版。但是由于他所选用的木材的木质比较疏松，刷上墨后，受湿膨胀不均，干了还会缩小变形，加上不能和松脂药剂粘连，因此没有采用。后来经过人们的反复试验和研究，木活字印刷最终获得了成功。元代的农学家王祯造木活字3万多个，排印自己编撰的书。可以说，毕昇的早期探索，在某种程度上启发了木活字的发明者。

毕昇的创造和探索，开了后世一系列材料活字的先河。南宋时，出现了铜活字。南宋末或元初，有人使用铸锡活字。明代出现了铅活字。清代，山东徐志定使用瓷活字印刷。这些活字都是在毕昇的胶泥活字基础上进行的改进。

活字印刷术的发明和使用，不仅大大推动了中国印刷业的发展，而且对于世界文明的发展产生了巨大的影响。从13世纪开始，活字印刷术开始由中国传入朝鲜半岛、日本等地，后来又经由丝绸之路传入波斯和阿拉伯，再传入埃及和欧洲。在1450年左右，德国人古登堡受活字印刷的影响，发明了铅、锡、锑的合金活字印刷。活字印刷术的传入，为欧洲的文艺复兴和近代科学的兴起提供了重要的物质条件。

活字印刷术的发明，促进了人类文化知识广泛的传播和交流，大大推动了世界文明的发展。

王安石变法

宋仁宗在位40年，虽然朝中有像范仲淹、包拯等一些正直的大臣，但是并没有真正使他们发挥作用，因而国家越来越衰弱下去。宋仁宗没有儿子，死后由一个皇族子弟做他的继承人，这就是宋英宗。治平四年(1067年)正月，宋英宗病逝，英宗长子赵顼即皇帝位，是为宋神宗。

宋神宗看到国家衰弱的景象，有心改革一番，可是他周围的人，都是仁宗时期的老臣，就连富弼这样支持过新政的人，也变得暮气沉沉了。宋神宗想，要改革这种现状，一定得找个得力的助手。

宋神宗即位之前，身边有个叫韩维的官员，

⊙ 王安石像

1035年

世界大事记：
威廉即位为诺曼底公爵，在位期间使诺曼底成为极有权力的公国。

常常在神宗面前谈一些好的见解。神宗称赞他，他说："这些意见都是我朋友王安石说的。"从那时起，宋神宗就对王安石有了一个好印象。现在他想找助手，便想到了王安石。于是下了一道命令，把正在江宁做官的王安石调到京城来。

王安石是北宋中期的改革家、思想家和文学家。他出生于世宦之家，博学强记，能文善赋，早年就负有盛名，22岁中进士，出任地方官。他年轻时，文章就写得很出色了，得到了欧阳修的赞赏。

王安石在地方做了20年的官，名声越来越大。后来，宋仁宗调他到京城做管理财政的官。他一到京城，就向仁宗上了一份近一万字的奏章，提出他对改革财政的主张。宋仁宗刚刚废除范仲淹的新政，并不热心于改革，便把王安石的奏章束之高阁。王安石知道朝廷没有改革的决心，自己又跟一些官员合不来，就趁母亲去世的时机，辞职回家了。

这一次，王安石接到宋神宗召见的命令，又听说神宗正在物色人才，就高高兴兴地进京来了。他一到京城，宋神宗就单独召见他。神宗一见面就问他说："你看要治理国家，该从哪儿入手？"他从容地回答说："先从改革旧的法度，建立新的法度开始。"

熙宁二年(1069年)，宋神宗把王安石提为副宰相。二月，神宗与王安石共同商讨后，为实行变法专门设立了一个机构——制置三司条例司，主要工作就是制定新的财政经济政策，颁行新制，以通天下之利。同年七月，制置三司条例司建议实行均输法，宋神宗采纳后便下诏实行，在"便转输，省劳费，去重敛，宽农民"等方面，收到较好的成效。

九月，王安石主持改革常平仓制度，推行青苗法。青苗法的实施，在限制官僚望族利用高利贷盘剥等方面，收到成效，同时为朝廷获取了大量利息。十一月，宋实施农田水利法，也称农田水利条约或农田水利约束。水利法实行后亦颇见成效，熙宁九年(1076年)，兴修水利10793处，受益民田36万多顷，公田1915顷。后有募役法、市易法、方田均税法等等出台。

王安石的变法巩固了宋王朝的统治，取得了富国强兵的显著成效。政府的财政状况大有改善，北宋军事实力明显提高。在与西夏交战中，取得了熙河之役的胜利，收复故地二千里，这是北宋历史上十分少见的胜利。然而，由于变法涉及面广，阻力很大，未能真正解决社会矛盾，遭到两宫太皇太后、皇太后及元老重臣如司马光、文彦博、吕公著等守旧派的激烈反对。宋神宗听到反对的人不少，就动摇起来。

王安石眼看新法实行不下去，便上书辞职。宋神宗也只好让王安石暂时离开东京，去江宁府休养。

第二年，宋神宗又把王安石召回京城当宰相。谁知几个月后，天空出现了彗星。这本来只是一种正常的自然现象，但是在当时的人看来这是不吉利的预兆。宋神宗又慌了，要大臣对朝政提意见。一些保守派便趁机对新法攻击诬蔑。王安石竭力为新法辩护，让宋神宗不要相信这种迷信的说法，但宋神宗还是犹豫不定。

后来王安石无法继续贯彻自己的主张，便于

·庆历新政·

庆历三年（1043年），范仲淹被宋仁宗任命为参知政事。他和富弼、欧阳修提出10项改革方案：属整顿官僚机构方面的有抑侥幸、精贡举、择长官、均公田等；属于富国强兵方面的有厚农桑、修武备、减徭役等；属于取信于民的有重命令等。其改革的中心是吏治，即加强对官吏的考核，调整地方官；改善科举制度，限制大臣子弟凭身份得到官衔；任命各州县设立学校等。但反对派极力攻击改革，诬陷范仲淹专权结党，甚至勾结契丹。范仲淹被排挤离开了朝廷，富弼等也被调到外地。实行一年多的新政措施被废除。

1069年

中国大事记：
宋神宗任命王安石为相，开始改革，史称王安石变法。

1086年春天，再一次辞去宰相的职位，回江宁府去了。神宗去世后，10岁的哲宗即位，太皇太后高氏临朝，起用司马光执政，尽废新法，史称“元祐更化”。哲宗亲政后，逐渐恢复新法，但由于新旧党争，新法已没有什么进展了，北宋王朝也逐渐走向衰亡。

《资治通鉴》

王安石虽然罢了相，宋神宗还是把他定下的新法推行了将近10年。1085年，宋神宗病死，年仅10岁的太子赵煦即位，这就是宋哲宗。哲宗年幼，他祖母高太后临朝听政。高太后一向反对新法，她临朝后，便把反对新法最激烈的司马光召到京城担任宰相。

司马光（1019～1086年），字君实，北宋陕州夏县（今山西夏县）人。他父亲司马池，官任天章阁（皇帝藏书阁）待制（皇帝顾问）。司马池为人正直、清廉，这对司马光有深刻的影响，时人赞誉司马光是“脚踏实地的人”。司马光自幼酷爱史学，“嗜之不厌”。仁宗宝元元年（1038年）司马光中进士，历仕仁宗、英宗、神宗三朝，任天章阁待制兼侍讲、龙图阁直学士、翰林学士、御史中丞等职。

司马光在当时的大臣中，名望最高。他的名声，从他幼小的时候就已经开始传开了。他7岁那年，就开始专心读书。不论是酷暑，还是严寒，他总捧着书不放，有时候连吃饭喝水都忘了。他不但用功读书，而且很机灵。有一次，他和小伙伴们在后院子里玩耍。院子里有一口大水缸，有个小孩爬到缸沿上，一不小心，掉进缸里。缸大水深，眼看孩子快要没顶了。别的孩子们一见出了事，吓得一面哭喊，一面往外跑，找大人来救。司马光不慌不忙，从地上搬起一块大石头，使尽力气朝水缸砸去。缸被砸破了，水从缸里流了出来，被淹在水里的小孩也脱险了。这件偶然的事情，让幼小的司马光出了名。

宋神宗在位的时候，司马光担任翰林学士。司马光和王安石本来是交往密切的好朋友，后来王安石主张改革，司马光不赞同，两个人就分道扬镳了。

王安石做了宰相以后，提出的一件件改革措施，司马光全都反对。

司马光很喜欢研究历史，他认为治理国家的人，一定要通晓从古以来的历史，从历史中吸取兴盛、衰亡的经验教训。他又觉得，从上古到五代，历史书实在繁杂无序，做皇帝的人没有那么多精力去看。于是，他很早就动手编写一本从战国到五代的史书。宋英宗在位之时，他把一部分稿子献给朝廷。宋英宗觉得这是本对巩固王朝很有好处的书，十分赞赏这项工作，就专门为他设立了一个编写机构，叫他继续编下去。

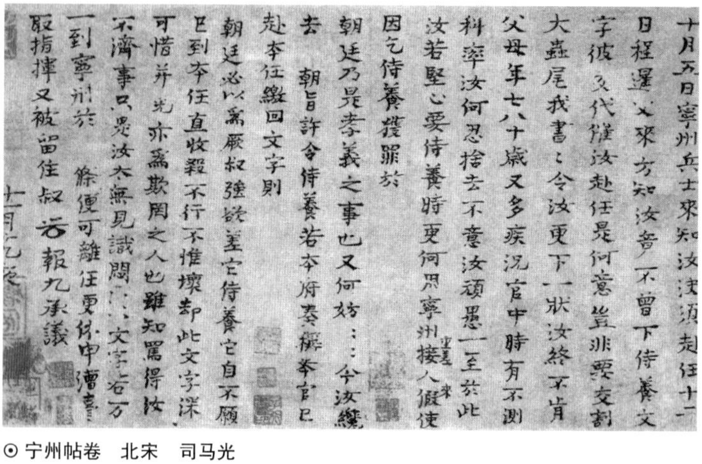

⊙ 宁州帖卷　北宋　司马光

宋神宗即位以后，司马

1054年

世界大事记：
基督教会分裂为东部正教和西部罗马公教（天主教）。

光又把编好的一部分稿子献给宋神宗。宋神宗不欣赏司马光的政治主张，但是对司马光编书却十分支持。他把自己年轻时收藏的2400卷书都送给了司马光，让他好好完成这部著作，还亲自为这本书起了个书名，叫《资治通鉴》(“资治”就是能帮助皇帝治天下的意思)。

司马光一共花了19年时间，才完成了这部著作。《资治通鉴》是中国最著名的编年体通史，上起周威烈王二十三年（公元前403年），下迄后周显德六年(公元959年)，记载了包括周、秦、汉、魏、晋、宋、齐、梁、陈、隋、唐、后梁、后唐、后晋、后汉、后周在内的16个朝代的1362年历史。分为294卷，共计300多万字，另外《目录》30卷，《考异》30卷，其中《周纪》5卷，《秦纪》3卷，《汉纪》60卷，《魏纪》10卷，《晋纪》40卷，《宋纪》16卷，《齐纪》10卷，《梁纪》22卷，《陈纪》10卷，《隋纪》8卷，《唐纪》81卷，《后梁纪》6卷，《后唐纪》8卷，《后晋纪》6卷，《后汉纪》4卷，《后周纪》5卷。

司马光是为了巩固当时的封建政权才编写《资治通鉴》的，这就决定了此书的内容主要是政治史。他把历史上的君主依据他们的才能分为五类：第一类是创业之君，比如汉高祖、汉光武帝、隋文帝、唐太宗等；第二类是守成之君，如汉文帝和汉景帝；第三类是中兴之帝，如汉宣帝；

⊙《资治通鉴》书影

第四类是陵夷之君，如西汉的元帝、成帝，东汉的桓帝、灵帝；第五类是乱亡之君，如陈后主、隋炀帝。在司马光看来，最坏的是那些乱亡之君，他们“心不入德义，性不受法则，舍道以趋恶，弃礼以纵欲，谗谄者用，正直者诛，荒淫无厌，刑杀无度，神怒不顾，民怨不知”，像陈后主、隋炀帝等就是最典型的例证。对于乱亡之君，《通鉴》都作了一定程度的揭露和谴责，以为后世君主鉴戒。

高太后临朝听政后，把司马光召回朝廷。这时的司马光已经是又老又病了，但是他反对王安石新法的思想却毫不放松。他一当上宰相，第一件大事就是把新法的思想废除掉。王安石听到废除新法的消息，十分生气，不久就郁郁而终。而司马光的病也越来越重，在同年九月也死去了。

文豪苏轼

1037年农历一月八日，四川眉山一个清寒的人家里，传出了几声清脆的啼哭声，又一个崭新的生命诞生了。已经28岁的苏洵大喜过望，更让他高兴的是这个孩子生得眉清目秀，体格不凡。苏洵以“夫子登轼而望之”之义为儿子取名为“轼”。苏轼的母亲程氏精通文史，十分注意对子女的早期教育。在她的悉心培育下，苏轼不负众望，少年时期即通经史，习字作文，下笔千言，一挥而就。22岁时，他和弟弟苏辙高中同榜进士，深得欧阳修赏识。

3年后，守母制毕，父子3人再上京城，此时，他父亲因自27岁后发愤读书，刻苦励志，为当时名流所重，免试任秘书省校书郎，负责编纂礼书。“三苏”之名，震动京师。3年后，苏洵在任上病故，苏轼兄弟扶榇南归，又守制3年。这时苏轼已经年近30，然而，他仍然胸怀壮志，“达则兼济天下”的理想依然在心里激荡澎湃。但这3年中，朝政发生了变化，以王安石为代表的改

1084年

中国大事记：
司马光主编《资治通鉴》成书，历时19年。

革派在宋神宗的支持下推行新法。由于新法实施过程中的确存在若干问题，苏轼对新法本来就不十分赞成，所以他上书言指出新法中的一些弊病，不料触犯了一些人的利益。知道自己的政见不被采纳后，苏轼被迫请求出调为地方官。据记载，这段时间，苏轼历任杭州、密州（今山东诸城）、徐州等地知州。苏轼每到一处，都能励精图治，兴利除弊，为当地百姓做出贡献，自然赢得了人民的爱戴和景仰，和改革派也暂时相安无事。可是时局变幻莫测，苏轼又耿直敢言，所以无论是变法的新党还是守旧的老党，都不把他当作自己人。他们吹毛求疵，在苏轼诗集中找一些稍露棱角的句子作为借口，一次又一次地将苏轼逼到悬崖的边缘。

经过“乌台诗案”和其他几次陷害后，苏轼对政治清明的信心已经丧失殆尽。绍圣四年，因为又一次无中生有的中伤，当权者余恨未解，将刚在惠州安顿好的苏轼转谪到海南。

因为这时苏轼已年近60岁，他自己也说：“垂老投荒，无复生还之望。”伤心之余，他只得把安顿下来的家属留在惠州，独自带着幼子苏过漂洋过海。全家人都预感这次是生死之别，他们静静地听苏轼吩咐后事，默默地看着那一叶小舟消失在巨浪滔天的茫茫海天之际。“生人作死别，恨恨哪可论！”

命运并不因为苏轼的天纵文才和勤政为民而对他有青眼有加，流放到海南7年后，苏轼终于得到一纸赦令，踏上了北归旅程。然而，他没有李白“千里江陵一日还”的幸运。多年的磨难和旅途的劳累，消磨了苏轼全部的生命和精力，他艰难地走到了生命的尽头，1104年8月24日，他在友人代为借租的一所房子里溘然长逝。苏轼与世长辞，朝野俱痛，几百太学生自发到佛舍祭奠他，为这样一代文人之厄叹惋哀悼。苏轼的词飘飘欲仙，不惹红尘，自有一种出世脱俗的飘逸，如他的《水调歌头》就是这样：

明月几时有，把酒问青天。不知天上宫阙，今夕是何年？我欲乘风归去，又恐琼楼玉宇，高处不胜寒。起舞弄清影，何似在人间？转朱阁，低绮户，照无眠。不应有恨，何事长向别时圆？人有悲欢离合，月有阴晴圆缺。此事古难全，但愿人长久，千里共婵娟。

这是苏轼在密州任职时所写的，是一首在文学史上负有盛誉的词。苏轼当时和弟弟苏辙已七年没有见面，这种血肉相连的感情在美酒和月华的催化下，终于凝成了一首千古绝唱。在诗人笔下的月华也通了人意，她转过朱红大门，绕过雕花琐窗，照着天下相思的人们。苏

⊙ 苏轼回翰林院图　明　张路

此图表现这样的情节：苏轼因与王安石政见不和，被贬外官，不久被皇帝诏回任命于翰林院。一日，皇太后诏见苏轼，重申对他的信任，论及往事，不觉潸然泪下。之后，皇太后派人摘下座椅上的金莲灯为其照明，送其回翰林院。

1086年

世界大事记：
英国开始编制《末日审判书》。

轼不禁又问道："月儿你远离尘嚣，不应该再有什么遗憾的，可为什么偏偏在人间相思难聚的时候圆得如此难堪呢？"看来，人间有悲欢离合，就和月亮有阴晴圆缺一样是难免的啊。想到这里，诗人对远在千里之外的弟弟说："即使我们相隔千里，无法相见，但只要我们能共同沐浴着这一片月亮的清辉，也就该满足了。"这样，本来沉重的思亲之情，在作者几经转折之后，就从抑郁翻转为超脱。

一般都将苏轼看作是豪放派词人，其实问题并不这么简单。苏轼的词包罗万象，风格多变，有豪放旷达如《念奴娇·赤壁怀古》者；有婉约凄恻如《江城子·十年生死两茫茫》者；也有活泼真切如《浣溪沙》五首者。人们之所以用"豪放词人"来评价苏轼，是因为自从苏轼之后，词开始走出了"花间派"专咏风花雪月的路子，转而写生活中积极向上的事物和感情。从根本上看，苏轼真正称得上豪放的，只有《江城子·密州出猎》等几首，像前面所说的《念奴娇·赤壁怀古》可能都不是。词写到最后时，苏轼追古思今，想想自己已经年过四旬，却壮志成空。忍不住悲从中来，说："故国神游，多情应笑我，早生华发。人生如梦，一樽还酹江月。"

苏轼对词的贡献是多方面的，他扩大了词的内容，提高了词的境界。胡寅的《酒边词序》说苏词"一洗绮罗香泽之态，摆脱绸缪婉转之度，使人登高望远，举首高歌，而逸怀浩气超乎尘埃之外矣"。的确如此，从苏轼之后，词不但可以写花前月下的卿卿我我，也可以写政治情怀和民生疾苦，甚至连农村的生活生产也被他纳入词中，这在词史上是一次重大突破。

苏轼还有几首小词写得清新流畅，饶有情趣。如《蝶恋花》：

花褪残红青杏小，燕子飞时，流水人家绕。枝上柳绵吹又少，天涯何处无芳草？

墙里秋千墙外道，墙外行人，墙里佳人笑。笑渐不闻声渐消，多情却被无情恼。

·苏门四学士·

苏门四学士指北宋四位诗人黄庭坚、晁补之、秦观和张耒的并称，得名于元脱脱《宋史·黄庭坚传》："黄庭坚与张耒、晁补之、秦观等俱游苏轼门，天下称为四学士"。四人均出于苏轼门下，宋哲宗元丰年间又都在秘书省供职，称学士，故称之。黄庭坚（1045～1105年），字鲁直，号山谷道人，又号涪翁，北宋著名诗人、书法家，江西诗派的开创者，与苏轼并称"苏黄"。晁补之（1053～1110年），字无咎，有词集《晁氏琴趣外篇》，以词著名，风格近似苏轼；散文清新流畅，诗歌清峻。秦观（1049～1100年）字太虚，后改字少游，高邮（今属江苏）人，秦观是苏门文士中最为出色的词人，"愁"是其最常见的主题，风格纤细轻柔、缠绵悱恻，王国维评为"最为凄婉"，名篇有《踏莎行》、《鹊桥仙》、《满庭芳》等。张耒（1054～1114年），字文潜，号柯山，楚州淮阴人，其诗风格朴素平易。

这首词写于作者贬谪途中，苏轼此时仕途不顺，心中极为不适，外出散步时走到一家人的院墙外，听见里面有清脆的笑声传来，他知道这肯定是富人家的女孩在园内赏春。她们青春年少，无忧无虑，正是人生最幸福的时候。而自己空怀壮志，只为一封奏书，就拖家带口一路南奔。这样的日子何时才能结束？相传苏轼的爱妾朝云在唱到这首词泣涕满襟，说："妾所不能歌者，'枝上柳绵吹又少，天涯何处无芳草'也。"这也许正是苏轼感触最深的一联吧。对苏轼个人而言，本来应该大有作为的一生竟会因为一言不慎而付诸东流。这是怎样一种深沉而无奈的悲哀！历史的轻烟已经散去，知道这些隐曲的，可能只有随风而去的古人了。

1115年

中国大事记：
女真族首领完颜阿骨打称帝，国号金。

李纲抗金

就在宋朝国力日渐衰弱的同时，我国东北地区的女真族却逐渐强大起来。1115 年，完颜阿骨打建立了金国。之后，强大的金军屡次南侵，宋朝只有抵抗的能力。

宋宣和七年 (1125 年)，北宋王朝腐败，金军大举南下，消息传到东京，北宋君臣慌作一团，群臣请求徽宗禅位于皇太子赵桓，以便号召各地官兵和百姓起兵勤王。宋徽宗赵佶一听，直吓得魂飞魄散，急忙写下了“传位东宫”的诏书宣布退位，自己当了“太上皇”，并且连夜带着亲兵逃出了京城。太子赵桓即位，这就是宋钦宗。他在宫中也六神无主，宰相白时中、杨邦彦乘机劝他弃城逃往襄阳。兵部侍郎李纲听说后，立刻求见宋钦宗。

李纲在殿上责问宋钦宗，说：“太上皇把固守京城的千斤重担托付给陛下，现在金兵还没到，陛下就把京城抛弃了，将来怎么向太上皇交代，怎么向全国的百姓交代？”

宋钦宗哑口无言。白时中却怒气冲冲地说：“金军来势汹汹，锐不可当，京城哪里能守得住？”

李纲怒视白时中，反问道：“天下的城池，还有比京城更坚固的吗？如果京城守不住，那么天下就没有守得住的城了。况且宗庙社稷、百官万民都在这里，丢开不顾，还去守卫什么？如果我们鼓励将士，安慰民心，就一定能守住京城！”

李纲的一片忠心打动了宋钦宗，他马上让李纲负责守京城。李纲随即去城楼上调兵遣将，布置好守城的人马准备迎击金军。

几天后，宗望率领 10 万铁骑，来到东京城下。这一天，天刚亮，金兵就疯狂地攻城了。他们沿着汴河出动了几十只火船，企图顺流而下，烧掉城楼。李纲早有准备，在汴河里布置了一排排的木桩，又从蔡京府中搬来了大量的假山石，垒塞在门道间，使金军火船无法前进。这时，布置在城下的 2000 多名敢死队员一齐上前，手执长竿铙钩，牢牢地钩住那些火船，使它进退不得，不久那些火船便化为灰烬。

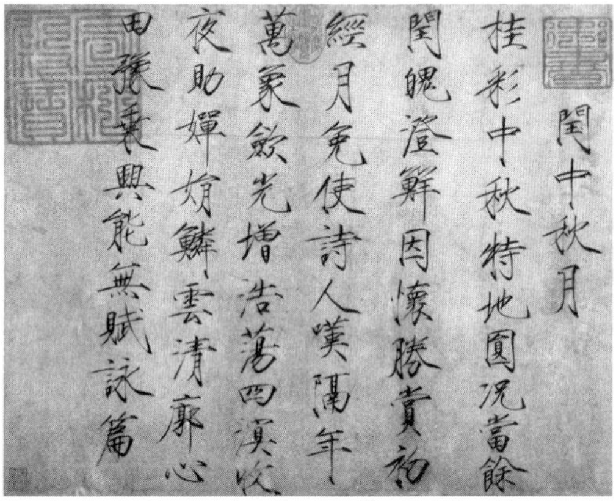

⊙ 闰中秋月诗帖　北宋　赵佶
此帖乃宋徽宗独创的瘦金体的代表作，细劲有神，瘦挺险峭，融黄庭坚、薛稷二家之长，变化以适己意。

宗望一计不成又生一计，把他的王牌铁骑搬了出来。他们身穿铁甲，头戴兜鍪，全身只露出两个眼睛，刀箭不入，十分凶悍。但因为是骑兵，在城下施展不开，只能坐在大船里顺流而来。李纲便把城下的兵撤到城头上，也不放箭，只是让那些船只驶近水门前。紧接着一声令下，巨大的石块如暴雨般向下投掷。任凭你的兜鍪怎样坚韧，百十斤重的石块落在头上，也只有脑浆迸裂，一命呜呼。船只也被砸碎，跌入汴河的铁甲兵上不了岸，只有活活被淹死。

宋军将士斗志高昂，他们个个奋勇杀敌。李纲脱去官服，亲自擂鼓激励将士，打退了敌人一次又一次的进攻。

金军统帅宗望孤军深入，千里奔袭宋朝都城，原打算速战速决，却不料东京的防守那样坚固、严密。不仅城池久攻不下，而且损兵折将、伤亡惨重，只好派人议和。

1104年

世界大事记：
英王亨利一世率兵入侵诺曼底，第二年诺曼底公爵罗伯特兵败被俘。

靖康之辱

在金将宗望被迫退兵的时候，种师道向宋钦宗建议，趁金军渡黄河之际，发动一次袭击，把金军消灭掉。宋钦宗不但不同意这个好主意，反而把种师道撤了职。

金军退走以后，宋钦宗和一批大臣以为从此可以安稳度日了，哪料到东路的宗望虽然退了兵，西路的宗翰率领的金军却不肯罢休。靖康元年(1126年)十月，金军又开始对北宋发动进攻，太原、真定很快失守。十一月中旬，西、东两路金军相继渡过黄河。钦宗君臣知道金军渡河向东京进军的消息后，吓得惊慌失措，不知该怎么退敌。宋钦宗派大将种师中带兵前去援救，半路上被金军包围，种师中兵败牺牲。投降派的一些大臣正嫌李纲在京城碍事，就撺掇宋钦宗把李纲派到河北指挥作战。

李纲明知道自己遭到排挤，但是要他上前线抗金，他也不愿推辞。李纲到了河北，招兵买马，准备抗金。但是朝廷却命令他解散招来的新兵，立刻前往太原。李纲调兵遣将，分3路进兵，但是，那里的将领都受朝廷的直接指挥，根本不听李纲的命令。由于3路人马没统一领导，结果打了一个大败仗。

李纲名义上是统帅，却没有实际指挥权，只好向朝廷提出辞职。宋钦宗撤了李纲的职，把他贬谪到南方去了。金国君臣最怕李纲，现在李纲罢了官，他们就再没有顾忌了。金太宗又命令宗翰、宗望向东京进犯。

这时候，太原城被宗翰的西路军围困了8个月后，终于陷落在金兵手里。

太原失守之后，两路金军同时南下。各路宋军将领听到东京吃紧，主动带兵前来援救。宋钦宗和一些投降派大臣忙着准备割地求和，竟命令各路援军退回原地。

面对两路金军不断逼近东京，宋钦宗被吓昏了。一些投降派大臣又成天劝宋钦宗向金求和。宋钦宗只好派他弟弟康王赵构到宗望那里去求和。

赵构经过磁州(今河北磁县)，州官宗泽对赵构说："金国要殿下去议和，不过是骗人的把戏而已。他们已经兵临城下，是求和的态度吗？"

磁州的百姓也拦住赵构的马，不让他去金营求和。赵构也害怕被金国扣留，就留在了相州(今河南安阳)。

没过多久，两路金军已经赶到东京城下，继而猛烈攻城。城里只剩下3万禁卫军，不久就差不多逃跑了一大半。各路将领因为朝廷下过命令，也不来援救东京。这时候，宋钦宗已是叫天天不应，叫地地不灵了。

⊙ 临萧照瑞应图　明　仇英
此图描绘的是赵构从磁州北回，渡河时刚上岸冰即拆裂，高宗幸免于难。

眼看末日来到，没有办法，宋钦宗痛哭了一场，亲自带着几个大臣去金营送降书。宗翰勒令钦宗把河东、河北土地全部割让给金国，并且向金国献金1000万锭，银2000万锭，绢帛1000万匹。宋钦宗一一答应，金将才把他放回了城。

宋钦宗派了24名官吏帮金军在皇亲国戚、各级官吏、和尚道士等人家里彻底查抄，前

1127年	中国大事记： 金废徽宗、钦宗，立张邦昌为帝，北宋灭亡。

后抄了20多天，除了搜去大量金银财宝之外，还把珍贵的古玩文物、全国州府地图档案等也抢劫一空。

靖康二年(1127年)三月七日，金人扶植张邦昌建立傀儡政权。四月一日，金将宗望、宗翰押着被俘而扣留在金营的宋徽宗、宋钦宗和皇子、皇孙、后妃、宫女等400余人回归金国，同时满载掠夺的大量金银财宝。金军退兵时，还将宋宫中所有的法驾、卤簿等仪仗法物和宫中用品，以及秘阁、太清楼、三馆所藏图书连同内侍、内人、伎艺工匠、倡优、府库蓄积席卷一空。

宗泽卫京

靖康二年(1127年)二三月，金废宋徽、钦二帝，册立张邦昌为楚帝，后撤兵北归。金退兵后，东京军民和朝廷旧臣就不再拥戴张邦昌，各路“勤王”兵马也纷纷开往开封，声讨张邦昌。张邦昌无奈，迎宋元祐皇后入宫垂帘听政。四月，元祐皇后手书至济州，让康王即帝位。五月初一，赵构于应天府(今河南商丘)登皇帝位，即宋高宗，改元建炎，重建了宋王朝，历史上称为南宋。

宋高宗即位以后，迫于舆论的压力，不得不把李纲召回朝廷，担任宰相。而实际上他信任的却是亲信黄潜善和汪伯彦。

李纲担任宰相后，提出许多抗金的主张，还极力在宋高宗面前推荐宗泽。宗泽，字汝霖，婺州义乌(今属浙江)人，元祐六年(1091年)进士。曾被召任为宗正少卿，充议和使，因他反对议和而改任磁州知州。他在磁州时曾击退金兵。宗泽是一位坚决抗金的将领。金兵第二次攻打东京的时候，宗泽领兵抗击金兵，一连打了13次胜仗。有一次，他率领的宋军被金军包围，金军的兵力比宋军多10倍。宗泽对将士们说：“今天进也是死，退也是死，我们一定要从死里杀出一条生路来。”将士们受到他的激励，以一当百，英勇冲杀，果然打退了金军。

宋高宗对宗泽的勇敢早有耳闻，这次听了李纲的推荐，就派宗泽去东京府做知府。

这时候，金军虽然已经从东京撤出，但是东京城经过两次大战，城墙已经全部损坏了。金兵又经常在北面活动，东京城里人心惶惶，秩序混乱。

⊙ 宗泽墓，位于今浙江义乌。

宗泽在军民中很有威望。他一到东京，就杀了几个抢劫犯，东京的秩序便渐渐安定了下来。

宗泽到了东京之后，积极联络各地民众组织起来的义军。河北各地义军听到宗泽的威名，都自愿接受他的指挥。这样一来，东京城的外围防御巩固了，城里人心安定，存粮充足，物价稳定，重新恢复了大战前的局面。

但是，就在宗泽准备北上恢复中原时，宋高宗和黄潜善、汪伯彦却嫌南京不安全，做好了继续南逃的准备。李纲因反对南逃，被宋高宗撤了职。

不久，金军又分路大举进攻。金太宗派大将兀术(又叫宗弼)向东京进攻，宗泽事先派部将分别驻守洛阳和郑州。兀术带兵接近东京的时候，宗泽派出几千精兵绕到敌人后方，把敌人退路截断，又和伏兵前后夹击，把兀术打得狼狈逃窜。

金军将士对宗泽又害怕，又钦佩，提到宗泽，

1105年

世界大事记：
意大利北部各城市组成城市联盟。

都称他为宗爷爷。宗泽依靠河北义军积蓄兵马，认为完全有力量收复中原，便接连向高宗上了二十几道奏章，要求朝廷派大军北伐、收复失地，并请求高宗速还东京。但高宗一直没有批准他的出兵计划，他多次奏请高宗还京，都被黄潜善、汪伯彦所阻。

这时候，宗泽已经是70岁的年迈老人了，他见朝廷没有收复中原的想法，一气之下，背上发毒疮病倒了。一些将领去问候他，宗泽已经病得很重，他睁开眼睛激动地说："我因为不能报国仇，心里忧愤，才得了这个病。只要你们努力杀敌，我就死而无憾了。"

将领们听了，个个感动得流下了泪水。宗泽临死之前，用足了全身的力气，呼喊："过河！过河！过河！"然后才闭上眼睛。东京军民听到宗泽去世的消息，没有一个不伤心流泪的。

宗泽去世后，朝廷派杜充接替宗泽的职位。杜充是个昏庸无能的人，他一到东京，就把宗泽的一切防守措施都废除了。没多久，中原地区又全部落在金军手里。

岳家军大败兀术

南宋初年，金军几次南下，威胁南宋政权。南宋军民奋起抗金，金军一举灭亡南宋的计划失败，高宗才得以苟安江南。金国扶植刘豫为大齐皇帝，建立大齐傀儡政权，与南宋对峙。接着，又放宋旧臣秦桧南归，利用他破坏南宋的抗金力量。秦桧到南宋后，千方百计取得高宗的信任，被任命为宰相。尽管南宋处于极为不利的地位，但是当时的抗金战场上依然活跃着无数保家卫国的英雄。岳飞，就是南宋抗金的一面旗帜。

岳飞是相州汤阴(今河南汤阴)人，从小刻苦读书，尤其爱读兵法。他还力大过人，十几岁的时候就能拉开300斤的大弓。后来，他听说同乡老人周同武艺高强，就拜周同为师，学得一手百发百中的好箭法。

后来，岳飞从了军。金兵南下的时候，他在东京当一个小军官。有一次，他带领100多名骑兵，在黄河边练兵，忽然对面来了大股金兵。兵士们都吓得不知所措，岳飞却不慌不忙地说："敌人虽然多，但他们不知道我们有多少兵力。我们可以趁他们没准备的时候击败他们。"说着，就带头冲向敌阵，斩了金军一名将领。兵士们受到岳飞的鼓舞，也冲杀上去，果然把金军杀得落花流水。

从这以后，岳飞的勇猛便出了名。过了几年，他在宗泽部下当了将领。岳飞跟宗泽一样，把抗金作为自己的职责。

宗泽死后，岳飞的队伍仍旧坚持在建康附近战斗。这回趁兀术北撤的时候，他跟韩世忠配合，打得兀术一败涂地。

绍兴四年(1134年)，岳飞奉命挥师北伐。仅用3个月，就收复了襄汉地区六州之地，这是南宋建立以来第一次大规模收复失地。年仅32岁的岳飞被封为开国侯和节度使，成为与韩世忠等享有此殊荣的大将中最年轻的一个。之后，岳飞率军收复了河南许多地方。金国见形势不好，就决定与南宋议和。高宗听到和议，喜不自胜，遂复用秦桧为相，同金国订立和议，向金称臣纳贡。岳飞强烈反对议和，并向高宗指出秦桧误国心怀不忠。从此，秦桧对岳飞怀恨在心。

岳家军军纪严明。一次，有个士兵擅自用百姓的一束麻来缚柴草，被岳飞发现，当即就按军法处置了。岳家军行军经过村子，夜里都在路旁露宿，老百姓请他们进屋，没有人肯进去。岳家军中有一个口号，叫作："冻死不拆屋，饿死不掳掠。"

岳飞在作战之前，总是先把将领们召集起来，一起商量作战方案，然后才出战。所以打起仗来，每战必胜。金军将士见到岳家军，没有一个不害怕的，他们中间流传着一句话："撼山易，撼岳家军难。"

1139年，金国内部发生政变，兀术掌握大

1129年	中国大事记： 金军袭扬州，宋高宗逃至杭州，宋将苗傅、刘正彦兵变，迫高宗退位未遂。

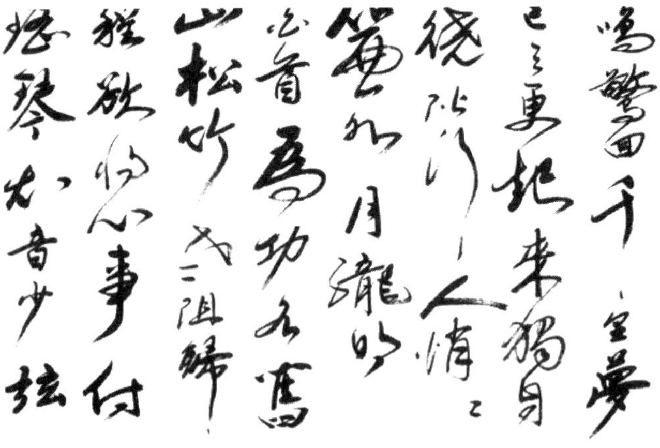

⊙岳飞的书法

权。第二年（1140年），兀术撕毁和约，兵分四路向南宋大举进攻，宋金间展了规模空前的激战。在东线，宋将刘锜指挥原八字军取得顺昌大捷，击败兀术的部队10万多人。在中原战场上，岳飞不顾秦桧阻挠，率岳家军进行反攻，收复了河南中部的一些地区，并派军袭击金军后方。兀术趁岳家军兵力分散之机，率精锐骑兵直逼岳家军指挥中心郾城。岳飞命其子岳云率轻骑攻入敌阵，往来冲杀，直杀得金军尸横遍野。勇将杨再兴单骑冲入敌阵，杀死金兵数百人。金军队中突然冲出15000铁骑，中间的金兵“铁浮图”三骑并连，头带双层铁盔，身被重甲，两翼是轻疾如飞的骑兵“拐子马”，向岳家军平推过来。岳飞派步兵手持麻扎刀、大斧，上砍敌兵，下砍马足。一匹马摔倒，其他的两匹也不能动了，行动不便的重骑兵完全失去了威力。岳飞则率领精骑与拐子马激战，金军大败。郾城大捷是宋金双方精锐部队之间的大决战，宋军以少胜多，给金军以沉重打击。

岳家军节节胜利，一直打到距离东京只有45里的朱仙镇。河北的义军得知岳家军打到朱仙镇的消息，都欢欣鼓舞，渡过黄河来同岳家军会合。老百姓用牛车拉着粮食慰劳岳家军，有的还顶着香盆来欢迎，个个兴奋不已。

岳飞眼看形势大好，胜利在望，也止不住内心的兴奋。他鼓励部下说：“大家共同努力杀敌吧。等我们直捣黄龙府的时候，再跟各路弟兄痛饮庆功酒！”

莫须有罪名

绍兴和议之后，兀术派使者给秦桧送去密信说：“你天天向我们求和，但是岳飞不死，我们就不放心。一定得想法子把他杀掉。”秦桧接到密信，就对岳飞下了毒手。

秦桧先唆使他的同党、监察御史万俟卨（万俟是姓）给朝廷上奏章，攻击岳飞骄傲自满，捏造了岳飞在金兵进攻淮西的时候拥兵观望、放弃阵地等许多“罪名”。万俟卨开了第一炮以后，又有一批秦桧同党接连上奏章对岳飞进行攻击。

岳飞知道秦桧要陷害他，就主动要求辞去了枢密副使的职务。然而，事情并没能到此结束。

⊙岳飞坐像，在今浙江杭州岳王庙内。

1113年

世界大事记：
西亚爆发反抗十字军起义。

岳飞原来是大将张俊的部下，后来岳飞立了大功，受到张俊的妒忌。秦桧知道张俊对岳飞不满，就与张俊勾结起来，唆使岳家军的部将王贵、王俊，诬告另一个部将张宪想发动兵变、攻占襄阳，帮助岳飞夺回兵权；还诬告岳飞的儿子岳云曾经给张宪写信，秘密策划这件事。

岳飞、岳云两人被逮捕到大理寺的时候，张宪已被拷打得遍体鳞伤。岳飞见了，心里又难过、又气愤。

万俟卨开始审问岳飞，他拿出王贵、王俊的诬告状，放在岳飞面前，吆喝着说："朝廷并没有亏待你们三人，可你们为什么要谋反？"

岳飞说："我没有对不起国家之处，你们掌管国法的人，可不能诬陷忠良啊！"

秦桧又派御史中丞何铸去审问岳飞，岳飞一句话也不说，他扯开上衣，露出脊梁让何铸看，只见岳飞背上刺着"尽忠报国"四个大字。何铸看后大为震动，不敢再审，就把岳飞押回监狱。随后，他又看了一些卷案，觉得岳飞谋反的证据不足，只好向秦桧照实回报。

秦桧认为何铸同情岳飞，不再让他审问，仍叫万俟卨罗织罪名。万俟卨一口咬定岳飞曾经给张宪写信，部署夺军谋反的计划。他们没有物证，就诬说原信已经被烧毁了。

这个案件一拖就是两个月，审讯毫无结果。朝廷官员都知道岳飞冤枉，有些官员上奏章替岳飞申冤，结果却遭到秦桧陷害。

老将韩世忠气愤地亲自去找秦桧，责问他凭什么说岳飞谋反，证据是什么。秦桧吞吞吐吐地说："岳飞给张宪写信，虽然没有证据，但是这件事莫须有（就是'也许有'的意思）。"韩世忠愤怒地说："'莫须有'三个字，怎能叫天下人心服！"

1142年一月的一个夜里，这位年仅39岁的抗金英雄被害牺牲。岳云、张宪也同时被害。

岳飞被害以后，临安狱卒隗顺偷偷地把他的遗骨埋葬起来。直到宋高宗死后，岳飞的冤案才得到平反昭雪。人们把岳飞的遗骨改葬在西湖边的栖霞岭上，后来又在岳墓的东面修建了岳庙。岳飞死后20年，孝宗即位后才以礼改葬，建庙鄂州；37年后赐谥武穆；70年后，宁宗追封其为鄂王。

·杭州岳王庙·

岳飞一生尽忠报国，却被秦桧等人以"莫须有"之罪名害死在风波亭。他的故事千百年来广为流传，一直受到人们的敬重。埋葬着岳飞尸骨的杭州岳王庙就成为人们缅怀、凭吊他的地方。

岳王庙大体上可以分为两大部分，祠堂和墓园。祠堂有门楼、忠烈祠、启忠祠、南枝巢、正义轩、精忠柏亭等组成。门楼是岳王庙的大门。悬挂着一块绘有龙凤图案的黑底竖匾，上写"岳王庙"三个金色大字。门内有12根大立柱，柱头雕刻着岳飞一生的主要经历。人们熟知的四座白铁塑像就在墓园的门内两侧，四尊铁人就是陷害岳飞的秦桧、秦桧的妻子王氏、万俟卨、张俊。他们反绑着手，面向岳飞坟跪了千年，受到人们的唾弃。靠近石像的石柱上，写了这样一幅对联："青山有幸埋忠骨，白铁无辜铸佞臣"。

⊙ 岳王庙内秦桧夫妇铁铸跪像

1164年	中国大事记： 宋金和议达成，宋金以完颜亮南侵以前的疆界为准。 宋皇帝向金主自称“侄儿”。

钟相杨幺起义

赵宋朝廷苟安于江南半壁江山，花天酒地，醉生梦死，残酷地刮搜民脂民膏，使得江南人民处于水深火热的境地。建炎四年(1130年)，钟相领导的农民起义，率先在湖南洞庭湖地区揭竿而起。

1130年，金兵攻占了潭州，抢掠了一阵走了。随后，被金兵打败的宋朝团使孔彦舟，又带着一批残兵败卒在那里趁火打劫，催粮逼租。当地百姓没有了生路，便在钟相带领下，举行了起义。

钟相(? ~ 1130年)，自号钟老爷、天大圣，武陵(今湖南常德)人。他继承了北宋农民起义领袖王小波、李顺的口号，即“等贵贱，均贫富”，表达了农民要求政治上平等、经济上均分财富的强烈愿望。建炎四年(1130年)二月，钟相聚众万余人，建国号楚，任臣拜将。起义军势不可挡，很快攻占了鼎、澧、荆南、潭、峡等19个州县。

南宋朝廷得知消息，十分恐慌，任命孔彦舟担任捉杀使，镇压起义军。孔彦舟派出一批奸细，假扮成贫民，混进钟相起义军队伍，随后对起义军发起攻击，里应外合，打败了起义军。钟相和他的儿子钟子昂被捕，惨遭杀害。钟相被害后，起义军推举杨幺为首领，继续和官军作战。起义军在杨幺领导下，在洞庭湖沿岸建立营寨，队伍越来越壮大。

南宋朝廷又派程昌寓担任镇抚使，镇压起义军。程昌寓到了鼎州，不惜血本制造了大批车船，每船装载1000水兵，由人踏车就可以使船进退。程昌寓指挥水军使用车船攻打起义水寨，水寨滩头水浅，车船开进港汊便搁在浅滩里动弹不得了。起义军见时机已到，发起攻击，官军兵士丢了车船就逃，车船全都落在了起义军手里。

杨幺起义军在洞庭湖建立了根据地，队伍发展到20万人，占领了广大的地区。1133年农历四月，杨幺立钟相的儿子钟子仪作太子，杨幺自称大圣天王。起义军每占领一个地方，就宣布免除百姓的一切劳役和赋税，百姓无不欢欣鼓舞。

南宋朝廷把杨幺起义军看作心腹大患，又派王瓒带兵6万进攻。王瓒不敢再用大船，改用小船进攻。起义军用车船迎战官军，车船高的有几丈，来往自如。他们又在船身前后左右都装上了拍竿，拍竿上缚着一块块大石。官军的小船刚一接近，他们就摇动拍竿，将大石甩出把敌船打沉。车船上还能发出一种用硬木削尖的“木老鸦”，和弓箭一起发射，打得官军叫苦不迭。

到了1135年，也就是起义的第6个年头，宋高宗派宰相张浚亲自督战，又从抗金前线把岳飞的军队抽调回来参战。这时起义军将领有人动摇叛变，杨幺大寨最终被官军攻破，杨幺被俘牺牲，坚持6年的起义失败了。

书生退敌

绍兴和议之后，宋金双方有20年没有发生战争。宋高宗和一批投降派对于这个偏安的局面非常满意，他们在临安修筑起豪华的宫殿府第，过起纸醉金迷的生活来了。

在这段时间里，金国统治集团内部动荡。贵族完颜亮杀死了金熙宗，自立为帝，历史上称海陵王。完颜亮把金国的京都从上京迁到燕京，他野心勃勃，一心想消灭南宋。

1161年农历九月，完颜亮做好了一切准备，发动全国60万大军，组成32支部队，全部出动，向南宋发起进攻。

完颜亮的大军逼近淮河北岸，防守江北的主帅刘锜生病了，不能带兵打仗，他派副帅王权到淮西寿春防守。王权是个贪生怕死的家伙，还没

1122年	世界大事记： 德意志皇帝与教皇签订《沃姆斯宗教协定》，延续近半个世纪之久的册封权争端终于得到解决。

见到金军的人影儿，早已闻风逃奔，一直逃过长江，直到采石才停下来。

宋高宗听到王权兵败，就将王权撤了职，另派李显忠代替王权的职务，并且派宰相叶义问亲自去视察江淮防务。

叶义问也是个胆小鬼，他自己不敢上前线，派一个叫虞允文的中书舍人（文官名）去慰劳采石的宋军将士。

虞允文到了采石，王权已经被撤职，接替他职务的李显忠却还没到。对岸的金军正在准备渡江，宋军还没有主将，到处人心惶惶，秩序混乱。

虞允文看到队伍这样涣散，非常吃惊，他觉得等李显忠来已经来不及了，就立刻把宋军将士召集起来，对他们说："我是奉朝廷的命令到这里来劳军的。你们只要为国家立功，我一定报告朝廷，论功行赏。"

大伙儿见虞允文出来做主，都来了精神。他们说："我们恨透了金人，谁都抵抗。现在既然有您做主，我们愿意拼命作战。"

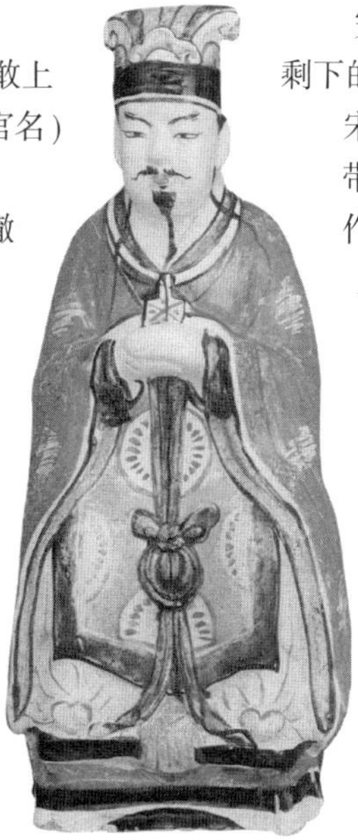

⊙ 文官坐像　金

虞允文是个书生，从来没有指挥过打仗，但是爱国的责任心使他鼓起勇气。他立刻命令步兵、骑兵都整好队伍，排好阵势。

宋军刚刚布置停当，金军就已经开始渡江了。完颜亮亲自指挥金军进攻。几百艘大船迎着江风，满载着金军向南岸驶来。不久，金军便开始陆续登岸。

虞允文命令部将时俊率领步兵出击。时俊挥舞着双刀，带头冲入敌阵。士兵们士气高涨，奋勇冲杀。金军进军以来，从来没有遭到过这样顽强的抵抗，还没有适应这样的敌手，就很快败下阵来。

完颜亮在采石渡江没有成功，就带着剩下的人马到扬州去，准备从那里渡江。

宋军在采石大胜之后，主将李显忠才带兵到达，李显忠了解了虞允文指挥作战的情况，非常钦佩。虞允文对李显忠说："敌人在采石失败之后，一定会到扬州去渡江。镇江那边没准备，情况很危急。我打算到那边去看看。"

镇江的守将是老将刘锜。那时候，刘锜已经病得不能起床了。虞允文安慰了他一阵，就来到军营，命令水军在江边训练。在他的布置下，宋军制造了一批车船，在江边的金山周围来回巡逻，快得像飞一样。北岸的金军看了十分吃惊，赶快报告完颜亮。完颜亮不仅不信，还把报告的人打了一顿板子。

金军将士无法容忍完颜亮的残酷统治，还没等完颜亮发出渡江命令，当天夜里就拥进完颜亮的大营，杀死了他。完颜亮一死，金军就撤退了。

完颜亮带兵攻打南宋的时候，金国内部也起了内讧。一些不满完颜亮统治的大臣另外拥戴完颜雍为皇帝，这就是金世宗。采石大战后，金世宗为了稳定内部局势，派人到南宋议和，宋金战争又暂时停了下来。

"家祭毋忘告乃翁"

"死去原知万事空，但悲不见九州同。王师北定中原日，家祭毋忘告乃翁"。陆游（1125～1210年）以强烈的爱国热情和深厚的文学功力，将自己的所见所闻，所思所感，都一一记录到了自己的诗文之中。

陆游字务观，号放翁，浙江山阴（今绍兴）人。他出身于历代仕宦之家，由于局势十分动荡，童年时代一直随着父亲四处流转。29岁时，他赴京

1178年

中国大事记：
南宋朝廷追谥岳飞为武穆。

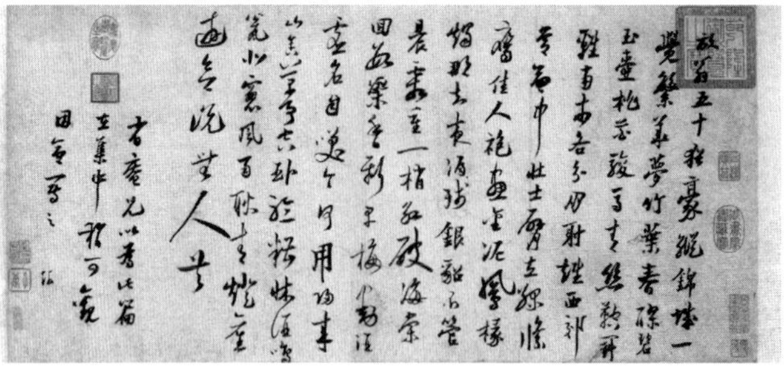

⊙ **怀成都十韵诗卷帖　南宋　陆游**

这是陆游回忆 50 岁左右在四川做参议官时的诗卷，当时范成大身为四川制置使，和他“以文字交，不拘礼法”，于是“人讥其颓放，因自号放翁”。

（临安）参加科举考试，因名列奸相秦桧孙子之上而受到秦桧的排挤。直到秦桧死后，才被起用。

陆游才思敏捷，功力精深，诗作数量惊人，自称“六十年间万首诗”并非浮夸。他至今流传下来的诗篇就有 9000 多首，是中国历史上留下诗篇最多的诗人之一。他的诗反映了广阔的社会生活，涉及南宋前期社会现实的各个方面，他把对收复失地的决心，对抗敌将士的崇敬，对中原父老的同情和怀念，以及对投降派的蔑视和憎恨，全都写进了他的诗篇。

南宋时期最大的矛盾是宋金之间的对峙和冲突，对金究竟是战是和，南宋朝野上下形成了不同的政治派系。陆游是坚决的主战派，他“慷慨欲忘身”的战斗精神使他的诗歌充满了鲜明的战斗性和时代性。他对投降派的无情揭露和批判，是他爱国诗歌中最为明丽的色彩。而这种愤激情感表现得最为强烈的是《关山月》：

和戎诏下十五年，将军不战空临边。朱门沉沉按歌舞，厩马肥死弓断弦！戍楼刁斗催落月，三十从军今白发。笛里谁知壮士心，沙头空照征人骨。中原干戈古亦闻，岂有逆胡传子孙？遗民忍死望恢复，几处今宵垂泪痕？

在这首诗里，他几乎是把批判的矛头直接对准了最高统治者：“和戎诏下十五年，将军不战空临边”，这是怎样的一种悲哀？诗人痛感收复中原无望，担心南宋朝廷最终会把大好的锦绣河山拱手送人。然而，诗人最不愿意看到的局面却最终成了现实。

收复故土也是陆游诗中十分重要的一个主题，诗人一涉及到这个问题就显得分外的沉重和无奈。如他的《题海首座侠客像》：

赵魏胡尘千丈黄，遗民膏血饱豺狼。功名不遣斯人了，无奈和戎白面郎。

作者一腔气血无处洒，只得将复国壮志，寄托在一个遥远的“侠客”身上，体现出“有志不获骋”的悲哀。

陆游诗集中另一首诗《书愤》则表现了诗人杀敌报国的英雄气概和壮志难酬的无限愤慨：

早岁那知世事艰，中原北望气如山。楼船夜雪瓜洲渡，铁马秋风大散关。塞上长城空自许，镜中衰鬓已先斑。出师一表真名世，千载谁堪伯仲间？

这首诗，反映出陆游爱国诗歌中所特有的悲愤中见豪壮的艺术风格。

即使晚年闲居山阴的一个小村，在梦里他还是记挂着祖国的安危：

僵卧孤村不自哀，尚思为国戍轮台。夜阑卧听风吹雨，铁马兵河入梦来。

在陆游的诗中，像这样写梦言志的诗还有许多。

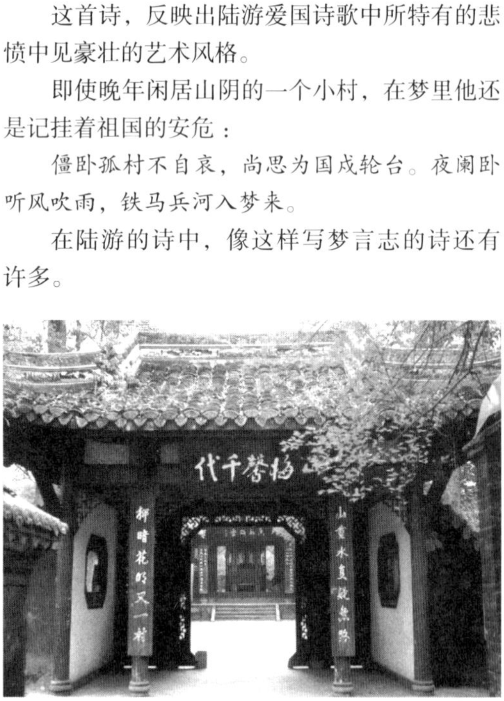

⊙ **陆游祠**

1123年

世界大事记：
日本鸟羽天皇让位，其子崇德天皇即位，关白藤原忠通摄政。

陆游的诗歌反映面广，除了直接表现爱国主题之外，还有不少反映农村生活的诗。如《游山西村》：

莫笑农家腊酒浑，丰年留客足鸡豚。山重水复疑无路，柳暗花明又一村。箫鼓追随春社近，衣冠简朴古风存。从今若许闲乘月，拄杖无时夜叩门。

全诗勾勒出一幅极富民俗风情的山村生活图画，诗中“山重水复疑无路，柳暗花明又一村”之联，已因为其富含人生哲理而成为广泛流行的成语。

陆游的诗风格多样，既有雄浑奔放的一面，也有清新婉丽的一面，他善于锻炼字句，尤其工于对偶。他反对追求过分的雕琢和险怪，因而他的诗比较接近口语，“清空一气，明白如话”，而又妥帖自然。另外，他有时也比较喜欢用典故来表情达意，这又为他的诗增添了些许书卷气。

英雄之词

辛弃疾（1140 ~ 1207 年）以“壮岁旌旗拥万夫”的豪语抒写了英雄之词，为后人留下了许多雄浑豪放的词章。

辛弃疾出生于济南历城，家世不显，父亲曾为金国县令，但未忘国耻，使辛弃疾从小受到影响。辛弃疾 22 岁时，散尽家财，聚众两千余人，参加到反金战争中。他们投靠到义军耿京部下，但却发生了僧人义端弃信北逃的事件，耿京大怒，在辛弃疾的要求下，耿京给他 3 天期限处理此事，辛弃疾遂率军北上，杀死了义端这个反复小人。不久义军内部又出现了叛徒，张安国伙同邵进杀死耿京，投降金人。辛弃疾得知此事后，亲率 50 精兵，夜袭济州，将张安国连夜押回建康，斩首示众。这传奇一般的经历在文学史上是绝无仅有的。

后来辛弃疾率众南归，担任了一系列地方官。在任职期间，他潜心分析了抗金以来历年的得失，写成《美芹十论》，进奏朝廷，虽然得到了孝宗的看重，但因为内部的种种掣肘，他的理想并不能顺利实现。辛弃疾一生反对和议，盼望早日恢复中原，但未能为南宋小朝廷所接受，他被一步步地排挤出统治中心，直至被免职。从 42 岁到 68 岁的漫长岁月，词人主要在江西上饶一带的农村中度过。他一面笑傲山水，旷达自适，为自己离开官场而庆幸，但另一面，闲居退隐并不能消释他心中的无限愤慨。寄身田园，他并没有忘怀故国的分裂，他在同友人的往来赠答诗歌中，总是以坚持抗金相互激励。

⊙ **辛弃疾像**

辛弃疾字幼安，号稼轩，历城（今山东济南）人。其词多抒写力图恢复国家统一的爱国热情，倾诉壮志难酬的悲愤，热情洋溢，慷慨悲壮，笔力雄厚，与苏轼并称为“苏辛”。

辛弃疾是两宋词人中词作最多的作家，有 600 多首。“器大者声必闳，志高者意必远”，真正将词从花间樽前拉回现实生活中的，是辛弃疾。辛词中有着广泛的社会内容，有山河破碎、南北分裂的现实，奋发昂扬的爱国热情；有壮志难酬的无限愤慨，也有对主降苟安、昏暗朝政的无情批判；由于曾在上饶闲居过一段时间，辛词中还出现了文人笔下少有的农村生活和田园风光。辛弃疾在苏轼的基础上进一步扩大了词的题材范围，他几乎达到了无事、无意不可入词的地步。

辛词向来被人称为“英雄之词”，和婉约词的柔婉细腻完全不同，辛词以气魄宏伟、形象

1199年	中国大事记： 南宋颁行统天历。

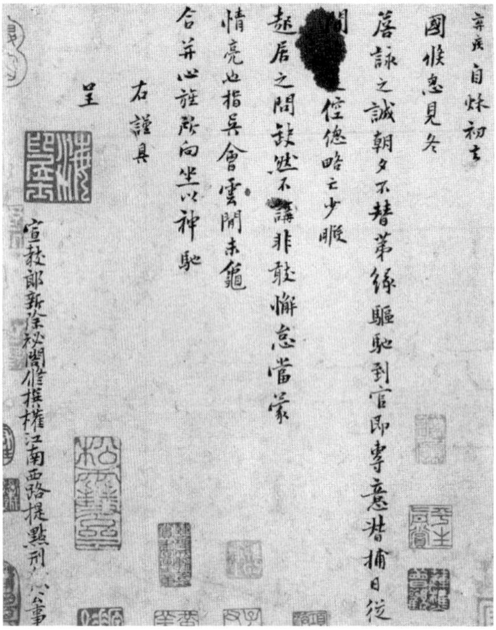

⊙ 去国帖　南宋　辛弃疾

飞动见长，它常常将大河、高楼、奔雷、巨浪等奇伟壮观的形象写入词中，从而使词的境界阔大，声势逼人。强烈的爱国主义思想和战斗精神是辛词的基本思想内容，辛词往往熔写景、叙事、抒怀为一炉，采用多种表现手法，增强了词的表现力和感染力。尤其值得一提的是辛词的语言也是个性化的，和它的思想内容相适应，雄深雅健，舒卷自如。在辛词中，写得最为深沉感慨、沉郁苍凉的还是抒发壮志难酬的词，以《破阵子·为陈同甫赋壮词以寄之》、《永遇乐·京口北固亭怀古》《菩萨蛮·书江西造口壁》等最为著名。其中《永遇乐·京口北固亭怀古》连用5个典故，借古人抒写自己的忧愤，表现出对英雄的向往和对战斗的渴望，被后人评为辛词第一。

辛弃疾致力于爱国词的写作，得到了志同道合的词友如陈亮、韩元吉、刘过等人的响应唱和，在南宋词坛上形成了一个爱国词派。

白石道人

姜夔（1155 ~ 1209年）和辛弃疾、吴文英在南宋词坛上鼎分三家，各逞风流。姜夔是江西人，父亲以进士入仕，转任多处，他也随之奔走于各任所之间。姜夔壮年后，受知于当时名流杨万里、范成大等，并与他们结下了深厚的友谊。

姜夔去苏州拜访范成大，作《暗香》、《疏影》二词，范成大读后大喜，当即将小红赠给他，姜夔在过吴江垂虹桥作诗道：“自作新词韵最娇，小红低唱我吹箫。曲终过尽松陵路，回首烟波十四桥。”由此可见姜夔的风流豪爽。

姜夔对诗文、音乐和书法都有相当深厚的造诣，但真正让他在文坛上名垂千古的是他的词。姜夔用健笔写柔情，情深韵胜。他的词大致有纪游、送别、怀归、伤乱、感遇、咏物六类，在这些作品中，或流露对时事的感慨，或慨叹自己身世的漂零和对意中人的思念。他善于用清丽淡雅

⊙ 姜夔像

姜夔字尧章，号白石道人，饶州鄱阳（江西鄱阳）人。早年孤贫，生活比较艰苦。他具有多方面的文艺才能，但屡试不第。中年后，长住杭州，渐渐厌倦江湖游士的生活，豪门清客色彩渐浓。为诗初学黄庭坚，而自拔于宋人之外。

1124年

世界大事记：
十字军在威尼斯人的协助下占领推罗。

的词句构成一种清幽的意境来寄托落寞孤寂的心情，用暗喻、联想等手法赋予所咏对象以种种动人情态，将咏物和抒情完美地结合在一起。如《玲珑四犯》中用“叠鼓夜寒，垂灯春浅”、“酒醒明月下，梦逐潮声去”这样深幽峭寒的景物来烘托自己“天涯羁旅”的凄凉况味。由于深谙音律，姜夔能够自度曲律，创作新调，因此在词作的语言上多用单行散句，特别讲究声律，纠正了婉约派词人平熟软媚的作风，给词一种清新挺拔的风格，从而把婉约词推到了一个新的高度。

历来论姜词者多举其《暗香》、《疏影》二词。其实，姜词中胜于此者不少，如这首《扬州慢》：

淮左名都，竹西佳处，解鞍少驻初程。过春风十里，尽荠麦青青。自胡马窥江去后，废池乔木，犹厌言兵。渐黄昏，清角吹寒，都在空城。

杜郎俊赏，算而今重到须惊。纵豆蔻词工，青楼梦好，难赋深情。二十四桥仍在，波心荡，冷月无声。

细品词味，不免觉得有词人自己淡淡的影子徘徊其中。

姜夔的许多词都附有小序，如《扬州慢》：

淳熙丙申至日，予过维扬。夜雪初霁，荠麦弥望。入其城，则四顾萧条，寒水自碧。暮色渐起，戍角悲吟。予怀怆然，感慨今昔，因而自度此曲。千岩老人以为有《黍离》之悲也。

这段文字短小精致，别有一种隽永的艺术魅力，不但介绍了写作的时间、地点、背景、缘由，概括了全词的旨意，还点出了前辈萧藻德（千岩老人）的评语，既具有珍贵的文学史料价值，同时也是一篇精美的小散文。对姜夔的词来说，许多小序就是词的有机组成部分，它们或交待词的写作背景，或论述词的音韵格律，或描摹当时的景物环境，都显得别出心裁。

⊙ **小红低唱图　清　任颐**

姜夔对垂虹桥最是偏爱，有一次，他在那里与挚友范成大告别，与小红坐船远去，留下诗作一首：“自作新词韵最娇，小红低唱我吹箫。曲终过尽松陵路，回首烟波十四桥。”此图表现的正是在松荫掩映下，一叶轻舟上，小红低唱，姜夔吹箫的情景。

理学的形成

理学作为一种伦理道德，是反映统治阶级利益的官方思想，是维护封建统治的思想武器；它作为一种学术思想和哲学体系，又是我国古代哲学思想发展到较完备阶段的产物。

宋代的理学，又称道学、新儒学，它以儒学为中心，融会佛道而形成。这种思想以“理”或“天理”为宇宙万物的本体，作为人们思想、行为的根本原则，所以称为理学。它又以三纲五常的伦

1208年

中国大事记：
宋金重订和议，宋金边界得以维持，宋增加岁币。

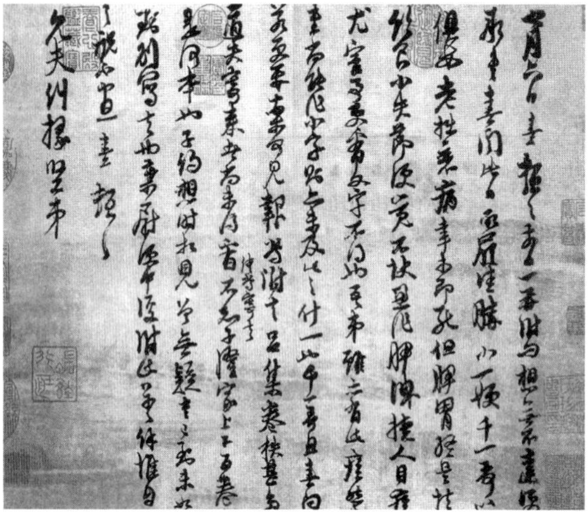

⊙ 朱熹行书墨迹

理道德为基本内容，以明道为目标，继承古代的道统，所以称道学。宋代理学以程颢、程颐和朱熹为代表，即所谓程朱理学。

程朱理学是从周敦颐开始的。周敦颐提出了“太极”的概念，认为“太极”是宇宙的本体。他引用了道家思想阐释儒学，建立了理学的宇宙论。程颢和程颐是北宋理学的代表人物，是理学的奠基人，他们都是周敦颐的学生。二程的思想直接继承了理学的开创者周敦颐，吸收了他的《太极图说》中的宇宙生成图式，并发展了他的“太极”说，提出“理”作为宇宙的本体，从而为理学建立了体系。后经朱熹进一步完善，遂成了封建社会官方的正统哲学，并统治元、明、清思想界长达数百年之久。

二程理学体系的核心是理或天理，并把它作为宇宙的本源，说它是先于一切事物而存在的，一切都是理产生的。二程用理来解释一切，认为封建伦理道德如君臣之道、父子之道、夫妇之道都是天理的体现。二程进一步要求去掉欲求。有人曾问程颐，家贫的寡妇是否可以再嫁。他认为饿死是小事，失节可就是大事了。这就是“去人欲，明天理”的主张。

南宋的朱熹是程朱理学的集大成者。朱熹，字元晦，号晦庵，别称紫阳。他是二程的四传弟子，一生精力用于著书讲学，是中国封建社会后期影响最大的哲学家。他完成了儒学的复兴，形成了与汉唐经学不同的新儒学体系。他进一步把“气”引入了理学，并从理与气的关系上探讨天地万物的哲学意义。他认为理是万物的本体，而气则是金、木、水、火等构成万物的材料。理和气两者相依相存，但理先于气，气依理而存在。万物有万理，万理的总和就是太极。万物的形成依赖于气，气又是理的表现。

朱熹把儒学的伦理纲常加以新的解释，赋予了新的内容，他使三纲五常理论化，又在二程的基础上提出了“存天理，去人欲”的道德观，这成为禁锢人性的封建伦理规范。他创建的一套体系严整的新儒学思想，成为宋以后历代封建王朝的官方思想。他是著名教育家，一生讲学不辍，先后在白鹿洞书院、岳麓书院等地讲学，培养出了大批儒学弟子。他编著的《四书集注》，后来成了科举考试的必读书。理学对中国的社会政治、传统文化和思想意识形态产生了巨大的影响。

·朱熹学派遭禁锢·

朱熹学派在南宋时被诬为“伪学”，遭到禁锢。宋孝宗时，朱熹上书批判贪官唐仲友，而他是宰相王淮的亲戚。王淮就使孝宗斥责朱熹学说欺世盗名。宁宗即位后，朱熹上书宁宗提防大臣窃权。宰相由此怀恨在心，不断对宁宗挑拨，发布朱熹的十罪状，使理学书籍遭到焚毁。后有人公然上书要求处死朱熹。宁宗又公布了朱熹伪学逆党名单，致使朱熹的门徒不敢露面。朱熹病逝后，宁宗下诏只许他的门徒参加葬礼。9年后，宁宗定朱熹谥号为“文”，称他为朱文公。这时，朱熹学说才得到政府的肯定。

1125年	世界大事记： 贝鲁特地区农民起义，反抗十字军。

大元帝国

一代天骄

南宋北伐屡屡失败的同时，金国也因内部腐败而渐渐走向衰落。这时，北方的蒙古族却日渐强盛起来。

铁木真出生于蒙古孛儿只斤氏族。曾祖合不勒统一了蒙古尼伦各部。后来，叔祖忽图剌和父亲也速该也相继做了尼伦部的乞颜部的首领。

也速该英勇善战。在成吉思汗出生的那一天，也速该征讨塔塔儿部凯旋。为了纪念出征的武功，他给这刚出生的儿子取名铁木真。“铁木真”蒙语的意思是“精钢”。青少年时的铁木真武艺超群，才智过人，远近闻名。为了重振家业，铁木真去找父亲的安答（结义兄弟）克烈部首领王罕。在王罕的庇护下，铁木真开始积聚力量，势力迅速壮大。后来，铁木真迁居到怯绿连河上游的桑沽儿小河，建立了自己的营地，铁木真被推举为部族的汗。

1196年，铁木真联合王罕，配合金国军队，在斡里札河围歼了反叛金国的塔塔儿部，杀死了他们的首领。战后，金国封王罕为王，任命铁木真为招讨使，铁木真名声大振。此后，他又战胜了篾儿乞等部，攻取呼伦贝尔草原。1202年，铁木真彻底歼灭塔塔儿部，占领了西起斡难河，东到兴安岭的广大地区。1203年，王罕与铁木真反目，大战于合兰真沙陀，铁木真大败。随后，铁木真重整旗鼓，发动突然袭击，大败蒙古族最强大的克烈部，王罕父子逃亡后被杀。

1204年，铁木真征服蒙古草原上唯一能和自己对抗的乃蛮部的首领太阳罕。1206年，统一了西起阿尔泰山，东到兴安岭的整个蒙古草原。各部贵族在斡难河源头举行盛大集会，推举铁木真

⊙ **成吉思汗放鹰捕猎图**

这是一幅中国丝绸上的绘画，狩猎是蒙古人重要的生活内容。在狩猎时，鹰是猎人的向导，它负责搜寻猎物，引导方向，所以蒙古人出猎时往往将鹰带在身边。

1219年	中国大事记： 成吉思汗率军西征。

为大汗，建立了强大的蒙古汗国。随后，成吉思汗开始建立蒙古汗国的国家制度。

成吉思汗的黄金家族是蒙古汗国的最高统治集团，拥有全部的土地和百姓。他按照分配家产的方式，将百姓和土地分给自己的子弟亲族。成吉思汗推广了千户制度，将全蒙古的百姓划分为95千户，任命蒙古的开国功臣以及原来的各部贵族担任那颜（意为千户长），世袭管领。为了维护自己的至高无上的统治地位，成吉思汗还建立了一支由大汗直接控制的人数达1万人的常备护卫军。这支强大的护卫军成为巩固蒙古汗国、进行对外战争的有力工具。

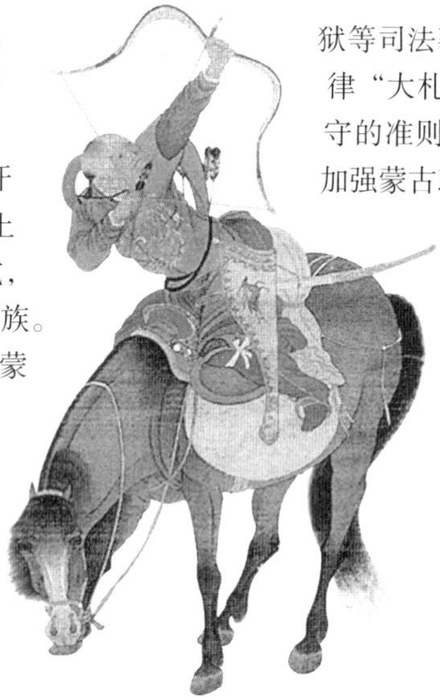

⊙ 骑射图　蒙古

此图绘箭在弦上蓄势待发的瞬间，表现出蒙古人的矫健，很有“弯弓射大雕”之势。

成吉思汗还根据畏兀儿文字创造了蒙古文字，用这种畏兀儿蒙古文发布命令，登记户口，编订法律，大大加强了统治，推进了蒙古文化的发展。

成吉思汗又任命自己的养子失吉忽秃忽为大断事官，负责分配民户，后来又让他掌管审讯刑狱等司法事务。成吉思汗还制定了蒙古法律“大札撒”，作为全部蒙古人民都要遵守的准则。法律的制定，对于安定社会，加强蒙古政权的统治起到了积极的作用。

蒙古汗国建立之后，成吉思汗开始向外扩张。他先后三次入侵西夏，迫使西夏称臣纳贡，并随同蒙古一同进攻金国。1211年，成吉思汗南下进攻金国，1215年，攻占了中都燕京。

1219年，成吉思汗踏上征讨花剌子模的万里西征之路。1220年，成吉思汗连破花剌子模的要塞不花剌、撒麻耳干等城，花剌子模逃往里海一带，成吉思汗穷追不舍。1221年，成吉思汗占领花剌子模全境以及中亚的许多地区。1222年，血洗花剌子模中心城市玉龙杰赤后，大军继续西进，并于1223年跨过高加索山，一直打到克里米亚半岛、伏尔加河流域、多瑙河流域。1224年，成吉思汗决定东归，1225年，回到蒙古，这场持续7年的西征终于结束。

蒙古灭金

1206年，铁木真称成吉思汗，在斡难河建立了蒙古汗国，成为北方草原地区新兴的强大势力。蒙古汗国一直受女真贵族建立的金国统治，金国统治者经常向蒙古部族勒索各种贡物，激起了蒙古族人民的不满和反抗。蒙古汗国确立奴隶制以后，奴隶主贵族掠夺财富的欲望不断膨胀；成吉思汗建国以后，开始发动南侵金国的战争。

1211年农历二月，成吉思汗率众南下，开始了对金的侵略战争。蒙古军首先突袭金军要隘，金军士气低落，无力抵抗，金军守将仓皇撤兵。蒙古军顺利占领抚州（今内蒙古集宁市东）后，成吉思汗率众继续追击，经过3天鏖战，金军损失惨重。十月，蒙古军过紫荆关、居庸关，前锋部队直逼中都（今北京市）。1212年春，蒙古军攻打中都时，遭到金守将完颜天骥的埋伏和夜袭，蒙军被迫撤军。

1212年秋，成吉思汗再次南侵，攻打金的西京府（今山西大同市）。蒙古军队与金援兵元帅左都监奥屯襄部发生激战，金军全军覆没。蒙古军在围攻西京时，遇到金左副元帅兼西京留守赛里的顽强抵抗。成吉思汗在作战中身中流矢，再加上一时也攻不下西京，只好撤回阴山。

1130年

世界大事记：
诺曼人建立西西里王国。

1213年秋，成吉思汗又从阴山南下，一直打到怀来，与金尚书左丞完颜纲10万军队展开激战，金军精锐全部溃散，损失极其惨重。成吉思汗率军乘胜进攻，相继占领河北、河东广大地区，直抵黄河北岸。然后又向东攻占山东诸地，直到海滨，对中都形成包围之势。金国无奈，只好提出议和的要求，蒙古大军携带掠夺来的人口和财富得胜而归。

1214年农历五月，金宣宗不愿再受蒙古军队的骚扰，迁都南京（今河南开封市）。成吉思汗又立即派兵南下，进占中都。同时，蒙古木华黎部攻占金东京（今辽宁辽阳市）和北京（今内蒙古宁城县西），金国实力大减。

⊙ 成吉思汗陵旅游区一角

1217年八月，被封为太师兼国王的木华黎，率兵出征，接连攻克太原、汾州（今山西汾阳县）、绛州（今山西新绛县）、潞州（今山西长治市）、平阳。1221年，木华黎大军直指陕西，进攻延安，金延安知府固守城池，蒙古军只好撤退。1222年八月，木华黎转攻被金国收复的太原府，太原再次失守。不久，蒙古军攻占河中府（今山西永济县）。

1223年春，木华黎决定亲率大兵10万，先攻打凤翔府（今陕西凤翔县），再取京兆（今陕西西安市），但是在进攻的过程中，却遭到沉重打击，只好撤兵。

⊙ 成吉思汗统一漠北图

骑兵的作用从成吉思汗率领的蒙古铁骑身上最能体现出来。

1227年七月，成吉思汗病死。1229年八月，成吉思汗第三子窝阔台继承汗位。窝阔台继位后，大举侵金。此次用兵，窝阔台旨在消灭金国。

庆阳之战、卫州之战、潼关凤翔之战后，1231年五月，窝阔台分兵三路合围汴

1233年

中国大事记：
宋朝与蒙古约定联合出兵抗金。

京（今河南开封市），中路窝阔台率兵攻陷河中府，左路斡陈那颜进兵济南，右路拖雷出凤翔，攻破宝鸡，直指汴京。经过钧州三峰山之战，金国军队主力损失殆尽，主要将领大多战死，元气大伤，灭亡指日可待。1232 年一月，蒙古军队围攻汴京，虽然金国军民奋力保卫汴京，但金哀宗却逃到了蔡州，汴京、中京（今河南洛阳市）相继陷落。

1233 年，蒙古与南宋达成协定，协力围困蔡州。蔡州被困 3 个月后城破，金哀宗自杀，金国灭亡。

贾似道误国

蒙古、南宋联合灭了金国以后，南宋出兵想收复开封、河南一带土地。窝阔台借口南宋破坏协议，向南宋发起进攻。从这以后，蒙古与南宋双方不断发生战争。

到窝阔台的侄儿蒙哥即位后，派他弟弟忽必烈和大将兀良合台进军云南，占领了西南地区。1258 年，蒙哥分 3 路进兵攻打南宋。他自己亲率主力进攻合州（今四川合川），忽必烈攻打鄂州（今湖北武昌），另一路由兀良合台率领，从云南向北攻打潭州（今湖南长沙），3 路的进军路线，都直指临安。

警报一个接一个送到临安，南宋朝廷震动了。宋理宗命令各路宋军援救被忽必烈围困的鄂州；又任命贾似道担任右丞相兼枢密使，去汉阳督战。贾似道，字师宪，台州天台（今属浙江）人，嘉定六年（1213 年）生于官宦之家。他少年时整天游荡赌博，不思上进，后来靠父亲的关系，荫补为嘉兴司仓。他的姐姐做了宋理宗的贵妃后，贾似道开始官运亨通，一两年内便由正九品籍田令升为正六品军器监，并于嘉熙二年（1238 年）中进士。理宗还特别召见了贾似道，予以勉励。新任丞相的他，原本是个不学无术之徒。这一回，宋理宗派他上汉阳前线督战，他只好硬着头皮去了。

忽必烈攻城越来越猛。贾似道眼看形势紧张，就瞒着朝廷，偷偷地派了一个亲信到蒙古大营去求和，表示只要蒙古退兵，宋朝就愿意称臣，进贡银绢。正巧这时候，忽必烈接到他妻子从北方派人送来的密信，说蒙古一些贵族正准备立他弟弟阿里不哥做大汗。忽必烈见汗位要被弟弟占了，就答应了贾似道的请求，订下了秘密协定，赶着回去争夺汗位去了。

贾似道回到临安，瞒着私自订立和约的事，还抓了一些蒙古兵俘虏，吹嘘各路宋军大获全胜，不但打跑了鄂州的蒙古兵，还把长江一带的敌人也全部肃清了。

宋理宗听信了贾似道的谎言，认为贾似道立了大功，特意下了一道诏书，赞赏贾似道指挥有方，给他加官晋爵。贾似道由此进一步掌握了大权。他随即使人编造左相吴潜罪状上奏理宗，吴潜被罢相。宦官董宋臣已在吴潜为相时被斥出朝，支持董宋臣的阎妃在同年七月病死。贾似道进而清除朝中异己，一手把持了政权。从此，贾似道

⊙ 蒙古人攻城图　伊朗　志费尼

1168年

世界大事记：
英国牛津大学创立。

·马上的天下·

蒙古族迁徙、征战均依赖于马匹，马匹在他们的生活中有重要地位，因此蒙古人被称为“马背上的民族”。他们知道马匹对自己的重要性，所以对其格外爱护。在速不台攻篾儿乞之前，成吉思汗就对他进行叮嘱“要爱惜乘马……平时行军……马辔也要摘掉，这样才能爱护战马”，如果有人违此命令，是熟人遣回，不认识的人斩首。成吉思汗对马匹的爱护超乎我们想象。同时，他们用各种织纹装饰马鞍，这样既显出自身的威严与地位，对马本身也起了保护作用。而且，在长期的生活和战争中，蒙古族积累了丰富驯养马匹的经验，并逐渐形成一套行之有效的规章制度，违者重罚。这样就让他们的马匹永远矫健雄壮，也让成吉思汗东征西战，雄跨欧亚。

在理宗、度宗两朝独专朝政长达15年。

贾似道隐瞒求和真相，骗取权位，陆续对抗蒙有功的将士给予打击。贾似道又实行所谓“打算法”，只要在抗战中支取官物作军需的人，一律治罪。贾似道控制御史台，反对贾似道的官员都被御史台以各种罪名予以免官。

景定五年(1264年)，理宗赵昀养子赵禥即皇帝位，即宋度宗。次年，度宗加封贾似道为太师。赵禥认为贾似道有“定策”之功，每逢他朝拜，也定回拜，称贾似道为“师臣”，而不呼其名。朝廷百官都称贾似道为“周公”。

忽必烈打败了阿里不哥，稳定了内部以后，在1271年称帝，改国号叫元，他就是元世祖。元世祖借口南宋不履行和约，派大将刘整、阿术出兵进攻襄阳，把襄阳城整整围了5年。贾似道把前线来的消息一一封锁起来，不让宋度宗知道。有个官员向宋度宗上奏章告急，奏章落在贾似道手里，那个官员马上被革职了。最终，襄阳还是被元兵攻破了。消息传来，南宋朝廷大为震惊。这个时候，贾似道再想瞒也瞒不住了，就把责任推给襄阳守将，免了守将的职了事。

元世祖见南宋这样腐败，便决定一鼓作气消灭南宋。他派左丞相伯颜率领元军20万，分兵两路，一路从西面攻鄂州，另一路从东面攻扬州。这时，宋度宗病死了，贾似道拥立一个4岁的幼儿赵㬎做皇帝。伯颜攻下鄂州后，沿江东下，直指临安。贾似道一面带领7万宋军驻守芜湖，一面派使臣到元营求和。伯颜拒绝议和，命令元军在长江两岸同时发起进攻，宋军全线溃败，贾似道逃回扬州。到了这个时候，南宋灭亡的局势已经无法挽回了。

襄樊之战

1268年，忽必烈纳宋降将刘整，下决心拿下襄阳，而后浮汉入江，直趋临安。九月，忽必烈派都元帅阿术、刘整率军进围襄樊。针对宋军长于守城和水战的特点，蒙古军依据襄樊宋军设防在城西，便南筑堡连城，切断城中宋军与外界的联系，完成了对襄樊的战略包围。阿术还建立水师以防备宋水军援襄——刘整造船5000艘，并日夜操练，以改变战术上的劣势。

蒙古军修筑的鹿门堡、白河城使襄阳处于孤立无援的境地，宋军几次反包围，都归于失败，伤亡惨重。1269年七月，宋将张世杰率军自临安来援，与蒙古军大战于樊城外围，被阿术打败。八月，宋将夏贵率军救援襄阳，遭蒙古军和被改编的汉军夹击，兵败虎尾洲，损失2000人及50艘战船。1270年春，襄阳守将吕文焕率军出城攻万山堡，阿术诱敌深入，而后令部将张弘范、李

1271年

中国大事记：
忽必烈改国号为元，是为元世祖。

庭反击，宋军大败，退回襄阳。九月，宋援军范文虎水军又为蒙古水陆两军击走。翌年初，元气恢复的范文虎卷土重来，阿术亲率大军迎击，宋军大败，损失战舰100余艘。3年中，宋蒙古双方在襄樊外围反复争夺，宋军终未能突破包围圈。

1271年，忽必烈改国号为元，随即采取措施加紧对襄樊的围攻。1272年初，元军对樊城发起总攻，三月，阿术率军攻破城郭，增筑重军，并进一步缩小了包围圈，宋军退至内城坚守。四月，宋名将李庭芝招募荆楚等地民兵3000人，派张顺、张贵兄弟率领驰援襄阳。临行前张顺激励士卒说："此次援襄任务艰巨，人人都要有必死的决心和斗志。你们当中若有人贪生怕死，就请趁早离开，免得影响大家。"三千士卒群情振奋，皆表示愿拼死报国。五月，张顺、张贵在高头港集结船队，每只船都安装火枪火炮，结成方阵，备好强弩利箭，张贵突前，张顺殿后，驰入元军重围。在磨洪滩，三千勇士强攻密布江面的元军舰只，将士先用强弩射向敌舰，靠近后再用大斧猛砍敌人，元军被杀溺而死者不计其数，张顺、张贵军冲破层层封锁，如愿进入襄阳城中。这一行动的胜利极大地鼓舞了襄阳军民抗敌的信心。张顺在这次战斗中战死，几天后，襄阳军民在水中找到他的尸体，只见他依然披甲执弓，怒目圆睁。军民怀着沉痛和敬佩的心情安葬了他，并为之立庙祭祀。

⊙ 元代名铳

铳上有"射穿百札，声动九天"、"神飞"等铭文，这种火器在攻城时更显其威力。

张顺、张贵带来的大批军用物资缓解了襄阳危机，但在元军重重封锁下，形势仍很严峻。张贵与郢州殿帅范文虎相约南北夹击，打通襄阳外围交通线。范文虎率五千精兵驰龙尾洲接应，张贵率所部出城会合范文虎。张贵按约定日期辞别吕文焕，率部顺汉水东下，临行检点人数，发现少了一名因犯军令而遭鞭笞的士卒，他知道计划已泄露，决定迅速行动，在元军采取措施前实现与范文虎会师。张贵军乘夜放炮开船，突出重围。阿术忙遣数万人阻截，封死江面。张贵军接近龙尾洲时，遥见龙尾洲方向旌旗招展，战舰无数，张贵以为是范文虎之接应部队，遂举火晓示，对方即迎火光驶来。等至近前，张贵才发现：哪里是什么范文虎，尽是元军，他们接宋军叛卒告密，早占领了龙尾洲，专等张贵。于是两军在此处展开激战，由于元军是以逸待劳，宋军是长途跋涉，极度疲惫，结果宋军失败，张贵被俘，不屈就义。元军令四名宋降卒抬着张贵尸体到襄阳城下昭示宋军开城出降，吕文焕杀掉四个降卒，将张贵与张顺合葬，立双庙祭祀。

1272年秋，元军为了尽快拿下襄樊，决定先攻樊城，襄、樊唇亡齿寒，樊城一失，襄阳即指日可下。1273年初，元军从三个方向进攻樊城，忽必烈又遣炮匠至前线，造炮攻城。元军烧毁了樊城与襄阳间的江上浮桥，使襄阳宋军眼见樊城危急却只能望江兴叹。刘整率元军战舰抵达樊城城下，用炮击塌城西南角，元军弃岸鼓噪而入城内。宋将牛富率军与元军展开巷战，终因势孤力单，牛富投火殉国。另一宋将天福见城告破，痛不欲生，拒降元军，也入火自焚，樊城失陷。

樊城沦落，襄阳更加危急。城中军民拆屋作柴烧，苦苦支撑。吕文焕数次遣人突围而出向朝廷告急，但宋朝奸相贾似道当权，对告急置之不理，却在皇帝耳边大言"天下太平"。1273年二月，元骁将阿里海牙炮轰襄阳城。由于孤立无援，敌人攻势猛烈，城中人心动摇，城中将领纷纷出城投降。吕文焕自感大势已去，遂开城投降。

1204年

世界大事记：
十字军攻占拜占庭帝国首都君士坦丁堡。

文天祥抗元

元军乘胜南下，眼看就要打到临安了。4岁的皇帝赵㬎自然无法处理朝政，他祖母谢太后和大臣们一商量，赶紧下诏书，要各地将领带兵到临安救驾。诏书发到各地，响应的人寥寥无几，只有赣州的州官文天祥和郢州（今湖北钟祥）守将张世杰两人立刻起兵救援。

文天祥接到朝廷诏书，立刻招募了3万人马，排除种种干扰，领兵到了临安。右丞相陈宜中派他到平江（今江苏苏州）防守。这时候，元朝统帅伯颜已经渡过长江，3路进兵攻取临安。其中一路从建康出发，越过平江，直取独松关（今浙江余杭）。陈宜中得到消息，马上命令文天祥退守独松关。文天祥刚离开平江，独松关已经被元军占领，想再回平江，平江也在这时陷落了。

⊙ 文天祥《沁园春》诗意图

"嗟哉人生，翕欻云亡，好轰轰烈烈做一场。"有人评价此首作品：此等作品，不可以寻常词观之也！

谢太后和陈宜中惊慌失措，赶紧派了一名官员带着国玺和求降表到伯颜大营求和。伯颜却指定要南宋丞相亲自去谈判。陈宜中害怕被扣留，不敢到元营去，偷偷地逃往了南方。张世杰不愿投降，一气之下，带兵出海去了。谢太后无可奈何，只好宣布文天祥接替陈宜中做右丞相，让他到伯颜大营去谈判投降。

文天祥答应到元营去，但是他心里却另有打算。他带着大臣吴坚、贾余庆等到了元营，根本不提求和的事，反而义正辞严地责问伯颜说："你们究竟是想跟我朝友好呢，还是想存心消灭我朝？"

伯颜说："我们皇上（指元世祖）的意思很清楚，没有消灭宋朝的打算。"

文天祥说："既然是这样，那么请你们立刻把军队撤回。如果你们硬要消灭我朝，南方军民一定会跟你们打到底，那样对你们也不会有好处的。"

伯颜把脸一沉，用威胁的口气说："你们再不老实投降，就饶不了你们。"

文天祥也气愤地说："我是堂堂南宋宰相。现在国家危急，我已经准备拼死报答国家，哪怕刀山火海，我也毫不畏惧。"

文天祥的气势把伯颜的威胁顶了回去，周围的元将个个都惊呆了。之后，伯颜让别的使者先回临安去跟谢太后商量，却把文天祥扣留了下来。

随同文天祥到元营的吴坚、贾余庆回到临安，把文天祥拒绝投降的事向谢太后奏报了一番。谢

1279年

中国大事记：
元军破崖山，陆秀夫负幼帝蹈海而死，宋朝灭亡。

太后一心想投降，便改任贾余庆做右丞相，到元营去求降。伯颜接受降表后，把文天祥请进营帐，告诉他宋朝廷已另外派人来投降。文天祥气得痛骂了贾余庆一顿，但是投降的事已无法挽回了。

1276年，伯颜带兵进入了临安，谢太后和赵㬎出宫投降。元军把赵㬎当做俘虏押往大都(今北京市)，文天祥也被一同押走。一路上，他一直在考虑怎样逃脱。路过镇江时，他和几个随从人员商量好，趁元军没防备之机，逃出了元营。

后来，扬州的宋军主帅李庭芝听信谣言，以为文天祥已经投降，便悬赏缉拿他。不得已，文天祥等人夜行日宿，历尽千难万险，从海口乘船到了温州。在那里，他听说张世杰和陈宜中在福州拥立新皇帝即位，就决定去福州。

文天祥复任右丞相兼枢密使。景炎二年(1277年)，他进兵江西，收复州县多处，后因寡不敌众，败退广东，依旧坚持抵抗元兵。祥兴元年(1278年)十二月，他在五坡岭(今广东海丰北)被俘。

投降元朝的张弘范劝说文天祥招降张世杰，他写了《过零丁洋》诗作为答复。元朝专横跋扈的宰相阿合马来威逼利诱，文天祥不为所动。后来，陆秀夫背着南宋皇帝赵㬎投了海，张世杰也以身殉职，南宋灭亡。

南宋灭亡以后，张弘范又劝文天祥投降，文天祥嗤之以鼻。到了元朝的大都以后，南宋的前丞相留梦炎、受封为瀛国公的宋恭帝赵㬎前来劝降，都碰了一鼻子灰回去了。文天祥的慷慨陈词、义薄云天让所有的人都无计可施。从这以后三年当中，他一直被关在阴暗潮湿的监狱中。在此期间，他读到投降元朝的弟弟和在监狱中的妻子儿女的来信。但他没有被百般的折磨吓倒，没有被千般的利诱迷惑，更没有被万般的亲情感动，始终没有投降，表现了自己的气节。1283年农历一月八日，元世祖忽必烈召见文天祥，进行最后一次劝降。文天祥回答说："我是大宋的状元宰相，宋朝灭亡，我只能是死，不能活。"第二天就慷慨就义。

文天祥著有《文山先生全集》。他前期的诗文大多是应酬之作，赣州起兵以后，风格迥然不同，诗词散文都悲壮刚劲，被人传诵至今。

张世杰死守崖山

在临安被元兵占领、小皇帝赵㬎被俘虏去大都以后，南宋皇族和大臣陆秀夫护送赵㬎的两个哥哥——9岁的赵昰和6岁的赵昺逃到福州。陆秀夫派人找到张世杰、陈宜中，把他们请到福州。3个大臣一商量，便拥立赵昰即位，继续反抗元朝。

文天祥得到消息，感到有了兴国的希望，马上也赶到福州，在新的朝廷里担任枢密使。

1276年十一月，元大将董文炳率兵攻进福建，赵昰被张世杰和陆秀夫等人护送到海上，到达惠州。十二月，赵昰又坐船下海，途中被元军袭击，因惊吓过度而患病，第二年四月在州岛病逝，时年11岁。

赵昰死后，张世杰又拥立赵昺即位，改元祥兴。至元十五年(1278年)六月，雷州被元军攻破，

⊙ 陆秀夫像

1221年	世界大事记： 日本发生“承久之乱”。

张世杰带着赵昺撤到崖山（今广东新会），开始建筑工事，企图凭借险要地形久守。

元世祖担心，如果不迅速扑灭南方的小朝廷，会有更多的宋人响应。就派张弘范为元帅，李恒为副帅，带领2万精兵，分水陆两路南下。

张弘范先派兵攻打驻守在潮州的文天祥。不久，文天祥便因兵少势孤，兵败被俘了。

崖山地处我国南面海湾里，背山面海，地势十分险要。有幕僚对张世杰说：“北兵以舟师堵塞海口，则我不能进退，不如先行占据！如有幸而胜，是我们大宋之福；即使不能取胜，至少可以向西避开北兵。”张世杰道：“年复一年航于海上，什么时候是个头儿呢？这次就与北兵一决胜负！”张世杰在海上把1000多条战船一字排开，用绳索连接起来，船的四周还筑起城楼，决心跟元军决一死战。

张弘范先用火攻，失败后，就用船队封锁海口，断绝了张世杰通往陆地的交通。宋军忍饥挨饿，誓死抵抗，双方相持不下。

这时候，元军副统帅李恒也从广州赶到崖山跟张弘范会师。张弘范增加了兵力，重新组织力量进攻。他把元军分为4路，围攻宋军。张世杰知道大势已去，急忙把精兵集中在中军，又派人驾驶小船去接赵昺，准备组织突围。

⊙ 至元年铸鼎　元

此鼎铸于至元年间，体积大，便于携带，是元军的日常用品，用来热汤。

赵昺的坐船由陆秀夫保护着，他对张世杰派出来接赵昺的小船弄不清是真是假，担心小皇帝落在元军手中，就拒绝了使者的要求。他对赵昺说：“国家到了这步田地，陛下也只好以身殉国了。”说着，就背着赵昺跳进了大海，淹没在滚滚波涛里了。

张世杰没有接到赵昺，便指挥战船，趁着夜色朦胧，突围撤退到海陵山。这时候，海岸又刮起了飓风，把张世杰的船打沉了，这位誓死抵抗的宋将落水牺牲。南宋的最后一支军队覆没，至此宋朝彻底灭亡。

1279年农历二月，元朝统一了中国。

马可·波罗来华

元世祖在位时期，中国是世界上最强大最富庶的国家，西方各国的使者、商人、旅行家纷纷慕名来中国观光，其中最有名的要数马可·波罗。

马可·波罗的父亲尼古拉·波罗和叔父玛飞·波罗是威尼斯的商人，兄弟俩常常到国外去做生意。有一次，忽必烈的使者在布哈拉经过，见到这两个欧洲商人，感到很新奇，便邀请他们一起来到上都（今内蒙古自治区多伦县西北）。忽必烈听到来了两个欧洲客人十分高兴，把他们召进行宫，问这问那，特别热情。

忽必烈从他们那儿听说了一些欧洲的情况，要他们回欧洲给罗马教皇捎个消息，请教皇派人来传教。两人就告别了忽必烈，离开了中国。他们在路上走了3年多，才回到威尼斯。那时候，尼古拉的妻子已经死去，留下了已经15岁的孩子马可·波罗。

马可·波罗听父亲和叔父说起中国的繁荣景象，羡慕得不得了，央求父亲带他一块儿去中国。尼古拉觉得让孩子一个人留在家里不放心，就决定带他同走。

尼古拉兄弟拜见了教皇，随后带着马可·波罗到中国来。路上又花了3年多时间，在1275

1280年

中国大事记：
郭守敬编成《授时历》，测定一年为365.2425天。

年到了中国。那时候，忽必烈已经即位称帝，听说尼古拉兄弟来了，便派人到很远的地方迎接，一直把他们接到上都。

尼古拉兄弟带着马可·波罗进宫拜见元世祖。元世祖一看尼古拉身边站着一位少年，诧异地问这是谁，尼古拉回答说："这是我的孩子，也是陛下的仆人。"

元世祖看着英俊的马可·波罗，连声说："你来得太好了。"当天晚上，元世祖特地在皇宫里举行宴会，欢迎他们。后来，又把他们留在朝廷里办事。

⊙马可·波罗像

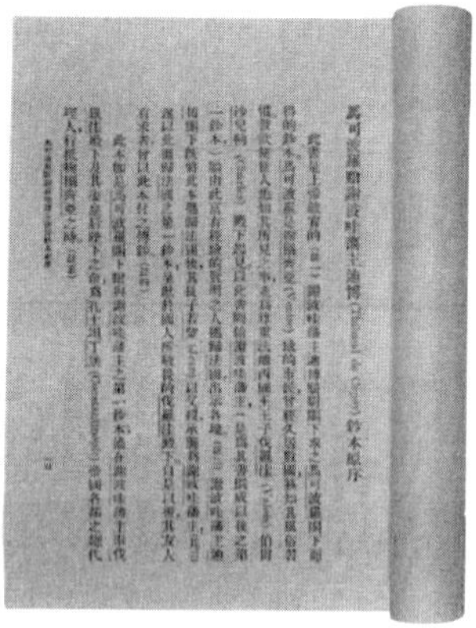

⊙《马可·波罗游记》书影

马可·波罗聪明伶俐，很快学会了蒙古语和汉语。元世祖见他进步这样快，十分赏识他。没有多久，就派他到云南去办事。马可·波罗每到一处，都留心观察风俗人情。回到大都，就详细向元世祖汇报，元世祖高兴地夸奖马可·波罗能干。马可·波罗在中国整整住了17年，被元世祖派到许多地方视察，还经常出使到国外。

日子一久，3个欧洲人开始思念起家乡来，三番五次向元世祖请求回国。但是元世祖宠爱着马可·波罗，舍不得让他们回去。到了后来，元世祖见他们思乡心切，只好答应。

马可·波罗回国后，向人们讲述了东方和中国的情况。有一个名叫鲁思梯谦的作家，把马可·波罗讲述的事记录下来，编成一本叫做《马可·波罗游记》(一名《东方闻见录》)的书。在这本游记里，马可·波罗把中国的著名城市都作了详细的介绍，称颂中国的富庶和文明。这本书一出版，便激起了欧洲人对中国文明的向往。

从那以后，中国和欧洲人、阿拉伯人之间的来往更加密切。阿拉伯的天文学、数学、医学知识开始传到中国来；中国古代的三大发明——指南针、印刷术、火药，也传到了欧洲(中国的另一个大发明造纸术传到欧洲要更早一些)。

红巾军起义

元朝从成宗以后，又传了9个皇帝，皇室斗争日趋激烈，政治也越来越腐败，人民生活在水深火热之中。最后一个皇帝元顺帝妥欢帖睦尔即位后，荒淫残暴，百姓没有了活路，纷纷起来造反。

河北有个叫韩山童的农民，聚集了不少受苦受难的百姓，烧香拜佛，后来慢慢发展成了白莲会(一种秘密宗教组织)。韩山童对他们说："佛祖见天下大乱，将要派弥勒佛下凡，拯救百姓。"

正巧这时黄河在白茅堤决口，两岸百姓遭受了严重的水灾。1351年，元王朝征发了汴梁(今河南开封)、大名等地民工15万和兵士2万人，到黄陵冈开挖河道，疏通河水。

韩山童决定利用这个机会起事。他先派几百个会徒去做挑河民工，在工地上传播一支民谣："石人一只眼，挑动黄河天下反。"

民工们不懂这首歌谣是什么意思，开河开到了黄陵冈，有几个民工忽然挖出一座石人来。大家好奇地聚拢来一瞧，只见石人脸上正是一只眼，

1248年

世界大事记：
德国科隆大教堂开始建造，1322年建成。

都禁不住呆住了。这件新鲜事很快地在十几万民工中传开，大家心里想，民谣说的真地应验了，既然石人出来了，天下造反的日子自然也来到了。

不用说，这个石人是韩山童事先派人偷偷地埋在那里的。百姓被鼓动起来了。韩山童便挑选了一个日子，聚集起一批会徒，杀了一匹白马、一头黑牛祭告天地。大家都推举韩山童做领袖，号称“明王”，并约定日子，在颍州(今安徽阜阳)起义，起义军用红巾裹头作为标记。然而正在歃血立誓的时候，有人走漏了消息。官府派兵士抓走了韩山童，押到县衙杀了。韩山童的妻子带着他儿子韩林儿，逃脱了官府追捕，到武安(今河北武安)躲了起来。

韩山童的伙伴刘福通逃出包围，把约定起义的农民召集起来，攻占了颍州等地。在黄陵冈开河的民工得到消息，也杀死了河官，纷纷投奔刘福通。起义兵士头上裹着红巾，百姓就把他们称做“红巾军”。不到10天的工夫，红巾军已经发展到10多万人。

刘福通的红巾军陆续攻下了一些城池。江淮一带的农民早就受到白莲会的影响，也纷纷响应刘福通起义。

1354年，元顺帝派丞相脱脱动用了西域、西番的兵力，号称百万，围攻占领高邮的张士诚起义军。起义军正处在危急存亡之时，元王朝突然发生内乱，脱脱被撤掉官爵。元军失去了统帅，不战自乱，全军崩溃。

第二年二月，刘福通把韩山童的儿子韩林儿接到亳州(今安徽亳县)正式称帝，国号宋，称韩林儿为小明王。

刘福通是反抗元朝统治战争中伟大的农民起义领袖，他率领新兴的武装力量，打击了军事力量强大的蒙古帝国。元朝把亳州大宋政权看作是心腹大患，令丞相脱脱率大军前往镇压。为了避开元军的攻击。1358年，刘福通攻占汴梁后，分三路向蒙古进兵，发动总攻。其中毛贵的东路军一直打到元大都城下。刘福通攻占汴梁后把小明王韩林儿接来，定汴梁为都城。

元王朝不甘心失败，纠集地主武装加紧镇压红巾军，致使三路北伐军先后失利，汴梁重新落在元军手里。元王朝又用高官厚禄招降了张士诚。刘福通保着小明王逃到安丰(今安徽寿县)后，受到张士诚的袭击，1363年，刘福通战死。

北方红巾军失败后，南方红巾军还在活动。蒙古帝国和韩宋的力量相互完全消耗，元朝的灭亡近在眼前。

处于南北红巾军之间的朱元璋，利用这一有利条件，按照徽州老儒朱升提出的“高筑墙，广积粮，缓称王”的建议，自1356年占领集庆后，先后削平了陈友谅、张士诚、明玉珍等势力，势力扩张到苏南、浙江、安徽一带。刘福通战死后，朱元璋救出皇帝韩林儿,将其迎往滁州。1366年，朱元璋命令廖永忠迎韩林儿至应天府，途中韩林儿落水淹死。最后，朱元璋命令大将徐达挥师北上，推翻了元朝统治，于1368年建立了明朝。

⊙ 刘福通雕像

1285年

中国大事记：
元大都修建完工，历时18年。

头角峥嵘的铜豌豆

在所有的元杂剧作家中，关汉卿的名字无疑是最响亮的。关于他的生平，只能从钟嗣成的《录鬼簿》中知道他是大都（今北京）人，大约生于金末，卒于元成宗大德年间(1297 ~ 1307年)，平生多与歌女伎人为伍，不但擅于写剧本，还能亲自演出，是当时剧坛公认的领袖。元朝统一后，他曾南行至杭州、扬州一带。

关汉卿一生所作剧本多达60余种，今存18种。他现存的杂剧从内容看，大致可以分为三类：社会公案剧、爱情婚姻剧和历史故事剧。其中社会公案戏歌颂了人民的反抗斗争，揭露了社会的黑暗和统治阶级的残暴，代表作有《窦娥冤》、《蝴蝶梦》、《鲁斋郎》等；爱情婚姻剧主要描写下层妇女争取爱情、婚姻的自由，突出了她们在斗争中的机智和勇敢，代表作有《救风尘》、《望江亭》、《拜月亭》等；历史故事剧主要是歌颂历史英雄，代表作有《单刀会》、《西蜀梦》等。

关汉卿的作品较多地表现了下层人民的生活状态和悲剧命运，有一种鲜明的执着于现实的人生态度，让人在绝望中仍能看见希望的光芒。当然，由于生活时代的复杂和动荡不定，他的思想常常呈现出起伏不定和危机意识。如对巧合的依赖，对命运的让步，对科举的无法忘怀和对传统道德观念的依存和屈服等等。

《窦娥冤》是关汉卿公案剧中的代表作，真实地记录了窦娥悲惨而短暂的一生，作品中人物刻画精湛细腻，戏剧冲突扣人心弦，反抗精神强烈鲜明。作者以高超的艺术手腕，细致地刻画了窦娥内心矛盾冲突和性格的不同侧面，使她成为一个令人同情和崇敬的、有血有肉的艺术形象。

《窦娥冤》第三折是全戏的高峰，这是一场唱工戏。开始的[正宫端正好]、[滚绣球]等几支曲子，把窦娥的满腔怨恨如火山爆发般倾泻出来。窦娥胸中的激愤之情汹涌澎湃，犹如山呼海啸，震撼人心！而此后的[倘秀才]、[叨叨令]、[快活三]、[鲍老儿]等曲情绪陡然转化，从另一侧面表现了窦娥深沉细腻、忠厚善良的性格。剧中窦娥与婆婆生离死别的描写，情绪低回深沉，场面凄楚哀怨，深深地叩动着人们的心扉。最后窦娥发出三桩誓愿，这是作者一种大胆的艺术处理，其精神是浪漫主义的。剧终时窦天章的出现以及窦天章对案情的重新审理，表现了对窦娥的深切同情，也体现了古人善恶有报的良好愿望。

⊙《窦娥冤》年画

《窦娥冤》以“感天动地”的艺术魅力，热情地歌颂了窦娥的反抗与斗争，无情地揭露了封建社会的黑暗，鼓舞人们向丑恶势力进行不屈不挠的斗争。《窦娥冤》在艺术上所

1250～1273年

世界大事记：
神圣罗马帝国"大空位时期"。

取得的成就是相当高的，它是戏剧中本色派的代表作。从窦娥被典卖到被屈杀，无一不真实而集中地反映了当时社会中下层人们的生活现实，而她父亲从穷书生到贵官，也是当时读书人普遍的梦想。

关汉卿是一位杰出的语言艺术大师，他汲取大量民间生动的语言，熔铸精美的古典诗词，创造出生动流畅的语言风格。他的人物语言，酷似人物口吻，符合人物身份，如本剧中窦娥的朴素无华，张驴儿的无赖油滑，都维妙维肖。《单刀会》是关汉卿历史剧中的代表作，剧作描写了三国时期蜀国关羽和吴国鲁肃之间为了荆州而展开的一系列斗智斗勇的故事，曲文沉浑苍凉，意境阔大豪迈。相比之下，《西蜀梦》则显得更为低沉和伤感，写的是张飞和关羽被杀之后，阴魂不散，去找刘备，在路上相逢的故事。这部剧作比较真实地写出了创业人物事业难成的感慨，想必这也是关汉卿自己积郁多年的遗憾。

《西厢记》

《西厢记》全名《崔莺莺待月西厢记》，其作者是元代著名杂剧家王实甫。王实甫名德信，大都（今北京）人，生平事迹难以实考，约卒于元代中后期。他一生创作了14种剧本，《西厢记》大约写于元朝元贞、大德年间(1295～1307年)。时人贾仲明给他写的悼词称："新杂剧，旧传奇，《西厢记》，天下夺魁。"

《西厢记》的素材来自于唐代诗人元稹根据自己的亲身经历写成的传奇《莺莺传》：

元稹从小家境贫寒，当他成人后，因为文名远扬而过上轻裘肥马的生活。

他生性风流，用情不专，早年和表妹崔氏相恋，并已成夫妻之实，后来为了在仕途上更上一层楼，他狠心抛弃表妹，娶了裴尚书的女儿。若干年后，两人都各自成家，但元稹仍要求崔氏以外兄身份相见，遭到了崔氏的拒绝。《莺莺传》就是元稹这一段情感经历的真实写照，也是《西厢记》的创作源头。

金章宗时期的董解元，在说唱文学作品的基础上，将这个爱情故事改编成了5万字左右的演唱词，名为《弦索西厢记》。在董西厢中，才子佳人大团圆，而不是张生对崔莺莺的始乱终弃。作者理直气壮地宣告："自古佳人，合配才子。"

王实甫就是在这样丰富的艺术积累上加工再创作了《西厢记》，从根本上改变了《莺莺传》的主题思想，把男女主人公塑造成对爱情坚贞不渝，敢于冲破封建礼教束缚的新形象，在父母之命、媒妁之言、门当户对的禁锢下，作者直接喊出了"但愿有情人终成眷属"。

《西厢记》在故事情节上和董西厢基本上差不多，人物都有鲜明的个性。王实甫恰到好处地掌握着分寸，使笔下的人物具体生动，而不仅仅是概念的化身。如张生对爱情热烈痴情，却不轻薄下流；作品一方面写他思念莺莺时的惆怅和忧郁，同时又写他得到莺莺信简时手舞足蹈的喜剧性动作，使得这个形象真实可信；而崔莺莺多情执着，反抗老夫人也十分坚定，但在爱情的道路上她却小心翼翼地试探着。

元杂剧一般以本色语言为主，《西厢记》却在杂剧本色语言之外，又适当地渗入了不少典雅、富丽的书卷气。《西厢记》善于吸取前代名作佳句，再加以深化加工、点染而成妙语，或者描写风景，或者描绘人物，或者抒发感情，都显得恰到好处。在《西厢记》剧本中，没有无缘无故的景物描写，也没有脱离景物的情感抒发，剧中经常运用衬托的手法来写人物的心情。

《西厢记》是我国古典戏剧的现实主义杰作，对后来《牡丹亭》、《红楼梦》等以爱情为题材的小说、戏剧的创作产生了深远的影响。

1351年

中国大事记：
元末农民起义开始，颍州刘福通、蕲州徐寿辉等相继起义。

明的集权与裂变

和尚皇帝

在刘福通带领红巾军征战的同时，据守在濠州的郭子兴领导的红巾军也在日益壮大。濠州虽处在元军的包围中，但义军将士们英勇不屈，众志成城，使元军无计可施。

一天，在凛冽的寒风中，匆匆赶来了一位衣衫褴褛的年轻和尚。城卫怀疑他是元军的奸细，一面将他捆在拴马桩上，一面派人去通报元帅郭子兴。郭元帅闻讯赶到城门，只见绳索紧缚的和尚相貌奇伟，气度非凡，心里不禁暗暗称绝。此人便是后来的大明开国皇帝朱元璋。

朱元璋祖籍江苏沛县，本名朱重八。当时布衣百姓一般都不取正式名字，只用行辈或父母年龄合计数作为称呼。

朱元璋小时候一有空就跑到皇觉寺去玩耍，这寺内的长老见他聪明伶俐，讨人喜欢，便抽空教他识文认字。朱元璋天赋过人，过目不忘，天长日久，便也粗晓些古今文字了。

朱元璋17岁那年，淮北发生旱灾、蝗灾和瘟疫，他的父母、长兄在不到半个月的时间里相继死去，乡里人烟稀少，非常凄凉。朱元璋走投无路，只好剃发进了皇觉寺，当了一个小行僧，整天扫地上香，敲钟击鼓，还经常受到那些老和尚的训斥。为了混口饭吃，朱元璋只好忍气吞声。

后来，灾情越来越严重，靠收租米度日的皇觉寺再也维持不下去了。主持只好把寺里的和尚一个个打发出去云游化斋，自谋生路。进寺刚刚50天的朱元璋也只得背上小包袱，一手拿木鱼，一手托瓦钵，穿城越村，加入了云游僧人的队伍。

⊙ **明太祖朱元璋像**
朱元璋道：天下之治，天下之贤共理之；天下始定，民财力俱困，要在休养安息；得贤为宝。

云游中，朱元璋亲眼目睹了混乱不堪的世事，对当时的社会有了深刻的认识，人生经验也大大丰富。他决定广泛交游，等待出人头地的时机。

1273年

世界大事记：
神圣罗马帝国进入哈布斯堡家族统治时期。

3年后，他回到了皇觉寺，不久，接到了已在郭子兴部队当了军官的穷伙伴汤和的来信，邀他前去投军。于是他连夜奔往濠州城。在征战过程中，朱元璋知人善任，为人豁达大度，文士冯国胜、李善长等为他出谋划策，英勇善战的常遇春、胡大海也来投奔他。攻下滁州和和州后，他整顿军纪，申明纪律，禁止军队抢掠奸淫，因此深得百姓的拥护。郭子兴死后，朱元璋被升为左副元帅，第二年，他率众占领建康，成为红巾军内部一支力量强大的武装力量。

此后，朱元璋逐渐把郭子兴的旧部全部纳入自身旗下，并以建康为根据地，不断扩充势力。当时，在他北面的刘福通、韩林儿所率红巾军正受到地主武装的袭击；西面的徐寿辉被部将陈友谅所杀，陈友谅不能服众，将士离心；明玉珍因为不服陈友谅的领导，在四川自立，国号大夏；东面的张士诚和方国珍受到元政府的劝诱，接受了元的官号。元朝的主力指向刘福通等人，朱元璋便趁机在浙东发展，逐渐控制了皖南、浙东地区。

由于红巾军内部的分裂腐化和元政府的镇压，刘福通一部在1363年时兵败，刘福通牺牲，红巾军力量削弱，起义失败。朱元璋这时占据浙东，发展生产，罗致人才，巩固统治，实力渐渐壮大。

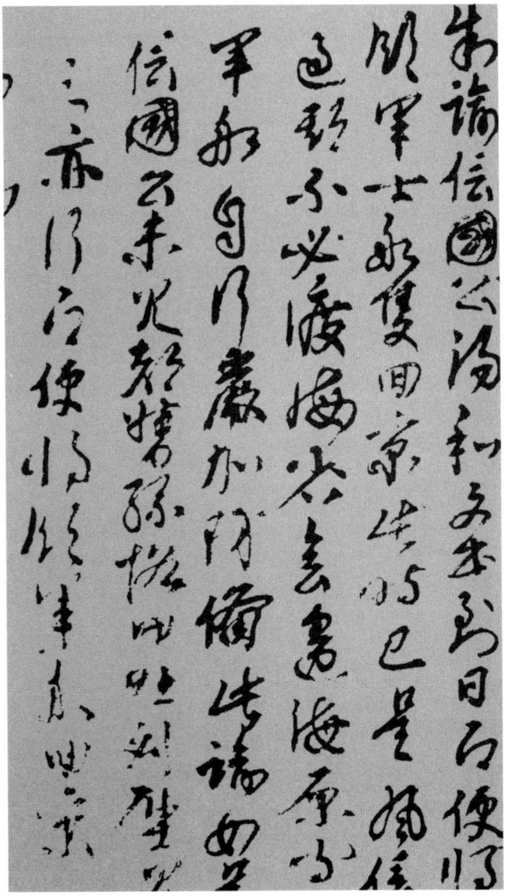

⊙ 论不必渡海帖　明　朱元璋

鄱阳湖大战

当朱元璋向南方发展势力的时候，遇到了一个强敌名叫陈友谅。陈友谅年轻时曾为县吏，元末农民战争爆发后，参加徐寿辉、邹普胜、倪文俊等人领导的天完红巾军，初为簿书掾，后以功升元帅。元至正十七年（1357年）九月，倪文俊谋害徐寿辉未成，逃奔黄州，陈友谅趁机袭杀倪文俊，并其部众，自称宣慰使，随后改称平章，掌握天完实权。此后两年继续进行反元战争，他占据江西、湖南和湖北一带，地广兵多，自立为王，国号叫汉。1360年，他率领强大的水军，从采石沿江东下，进攻应天府，想一下子吞并朱元璋占领的地盘。

朱元璋赶忙召集部下商量对策。大家七嘴八舌，议论纷纷，只有新来的谋士刘基呆在一旁，一声不吭。

朱元璋犹豫不决，散会后，把刘基单独留下来，问他有什么主意。刘基说："敌人远道而来，我们以逸待劳，还怕不能取胜？您只需用一点伏

1368年

中国大事记：
明军攻入大都，元朝灭亡，朱元璋在应天称帝，国号明，建都南京。

兵，抓住汉军的弱点痛击，就可以打败陈友谅了。”朱元璋听了刘基的话，非常高兴。

朱元璋有个部将康茂才，跟陈友谅是老相识。朱元璋把康茂才找来，和他定下了引陈友谅上钩的计策。

康茂才回到家里，按照朱元璋的吩咐写了封信，连夜叫老仆去采石求见陈友谅。陈友谅见了这封信，并不怀疑，问老仆说：“康公现在在什么地方？”

老仆回答说：“现在他带了一支人马，在江东桥驻守，专等大王去。”

陈友谅连忙又问：“江东桥是什么样子？”老仆说：“是座木桥。”

⊙ 鄱阳湖之战

陈友谅在老仆走后，立刻下令全体水军出发，由他亲自带领，直驶江东桥。没想到到了约定地点，竟没见木桥，只有石桥。

一霎间，战鼓齐鸣，朱元璋安排在岸上的伏兵一起杀出，水港里的水军也加入战斗。陈友谅遭到突然袭击，几万大军一下子溃败下来，被杀死的和落水淹死的不计其数。此后，朱元璋的声势越来越大。

1363 年农历四月二十三日，陈友谅乘朱元璋率军北援安丰(今安徽寿县)红巾军、江南空虚之机，挥师号称 60 万，取道水路，围攻洪都(今南昌)，并占领吉安、临江、无为州。守将朱文正率军奋力固守，坚持两月；并派人向朱元璋告急。朱元璋闻讯后，令朱文正继续坚守，以疲惫消耗陈军；随即亲率水军 20 万于七月六日救援洪都。陈友谅围攻洪都 85 天不克，闻朱元璋来救，即撤围移师鄱阳湖准备决战；朱元璋十六日亦进至鄱阳湖口。

为把陈军困于湖中，朱元璋先部署一部分兵力扼守泾江口和南湖嘴，切断陈友谅归路；又调信州(今江西上饶)兵守武阳渡(今南昌东)，切断陈军侧后；然后亲率水师由松门(今江西都昌南)进入鄱阳湖，形成关门打狗之势。

二十日，两军在康郎山(今江西鄱阳湖内)水域遭遇。陈军巨舰联结布阵，展开数十里，颇有气势；但睿智的朱元璋看出其首尾相接、不利进退的弱点，于是将己方舰船分为 20 队，每队都配备大小火炮、火铳、火蒺藜、神机箭和弓弩。命令各队接近敌舰时，先发火器，再射利箭，继以短兵相搏。次日，双方激战开始。朱元璋爱将徐达身先士卒，率舰队奋勇冲击，击败陈军前锋，毙敌 1500 余人，缴获巨舰一艘。俞通海乘风发炮，焚毁 20 余艘陈军舰船，陈军死伤甚众，朱军伤亡也不少。战至日暮，双方鸣金收兵，战斗告一段落。

二十二日，陈友谅率全部巨舰出战。朱军因舟小，不能正面进攻，接连受挫。下午，东北风起，朱元璋纳部将郭兴的建议，改用火攻。他选择敢

1285年

世界大事记：
法王腓力三世卒，其子“美男子”腓力即位。

⊙ 陈友谅墓
陈友谅是与朱元璋争夺天下的有力对手。消灭陈友谅，使朱元璋摆脱了腹背受敌的局面，为朱元璋统一天下扫除了一个巨大障碍。

死士驾驶7艘渔船，船上装满火药柴薪，逼近敌舰，顺风放火，一时风急火烈，迅速蔓延，湖水尽赤。陈军巨舰被焚数百艘，死者过半，陈友谅弟陈友仁、陈友贵及大将陈普略均被烧死。朱元璋挥军乘势猛攻，又毙敌2000余人。二十三日，陈友谅瞅准朱元璋旗舰发起猛攻。朱元璋刚刚移往他舰，原舰便被陈军击碎。二十四日，俞通海等率领6疾舰突入陈军舰队，勇往直前，如入无人之境。朱军士气振奋，再次猛烈攻击。陈友谅不敢再战，转为防御。为控制长江水道，当晚，朱元璋进扼左蠡（今江西都昌西北），陈友谅亦退至渚矶（今江西星子南）。

相持3天，陈友谅屡战屡败；陈军左、右金吾将军见大势已去，投降朱元璋，陈军军心动摇，形势越发不利。朱元璋乘机致书陈友谅劝降，陈为泄愤，尽杀俘虏；而朱元璋却反其道而行之，放还全部俘虏，并悼死医伤，以分化瓦解敌军。为阻止陈军逃遁，朱元璋移军湖口，命常遇春率舟师横截湖面，又在长江两岸修筑木栅，并置火筏于江中。陈友谅被困湖中一个月，军粮殆尽，将士饥疲，于是孤注一掷，冒死突围。八月二十六日，陈友谅由南湖嘴突围，企图进入长江，退回武昌，却陷入朱军的包围。陈军复走泾江，又遭朱军伏兵截击，陈友谅中箭身死。残部5万余人于次日投降朱元璋，只有张定边逃回武昌。1364年农历二月，朱元璋兵抵武昌，陈友谅子陈理投降，朱元璋的势力扩大到两湖。

朱元璋再三申明军纪，告诫出征将士，北伐不是攻城略地，而是平定中原、推翻元朝、解除人民痛苦。随后还发布了由宋濂起草的告北方官吏和人民的檄文，文中提出“驱逐胡虏，恢复中华，立纲陈纪，救济斯民”的口号，这对中原地区的广大汉族人民具有很强的号召力；檄文还表示，对于蒙古人和色目人若愿为新皇朝臣民，则与中原人民一样看待。

北伐军节节胜利，迅速攻下山东诸郡。至正二十八年(1368年)四月占领开封，平定河南，同时攻克潼关。八月，攻克元朝首都大都(今北京)，元顺帝见孤城难守，于是带着后妃太子慌忙弃城逃走，奔向漠北，统治中原长达97年的元朝灭亡。

在南征北伐不断取得胜利的情况下，至正

·火器的发展·

火器制造技术发端于宋朝，在明朝发展到中国古代的最高水平。以现代技术划分，火器有爆炸性火器，如雷、炸弹等;有燃烧性火器，如火球、燃烧弹等;有管形火器，如火铳、火炮等;有喷射性火器，如火箭等。金属管形火器出现在元朝，这是兵器发展史上的重要事件，从此火器逐步取代冷兵器，向近代枪炮的方向发展。在明朝的开国战争中已经大规模使用金属管形火器。其后金属管形火器继续发展，由简单的火铳发展到鸟枪、巨炮，制作技术及性能均有极大提高。

1372年

中国大事记：
朱元璋下令以农桑和学校的开展状况考察官吏的政绩。

二十八年正月，40岁的朱元璋告祀天地，于应天南郊登基，建国号大明，改元洪武，以应天为南京。经过16年的征战讨伐，朱元璋终于实现了自己的梦想，从一个横笛牛背的牧童、小行僧，成为明朝的开国皇帝。

1371年，明军入川，夏主明昇降，四川平定。1381年，朱元璋命傅友德、沐英、蓝玉进攻云南，次年攻破大理，基本上完成了南方的统一。1387年，冯胜、傅友德、蓝玉奉命进攻辽东元朝残将纳哈出，纳哈出无路可走，只好投降，辽东平定。至此，除漠北草原和新疆等地外，全国已基本上统一。

胡惟庸之案

建明之初明太祖设置拱卫司，统领校尉，隶属都督府，为皇帝侍从军事机构，后改拱卫司为拱卫指挥使司。洪武二年(1369年)，拱卫指挥使司又重新更名为亲军都尉府，另设仪鸾司归其统领。后又将仪鸾司改为锦衣卫，下设指挥使、指挥同知、指挥佥事、南北镇抚司镇抚、千户五职，皇帝任命自己心腹出任指挥使。锦衣卫建立前的仪鸾司只是替皇帝管理仪仗的普通侍卫机构，改为锦衣卫后，权力增添了很多。除拥有侍卫职权外，还有权巡察缉捕和审理诏狱。

胡惟庸是凤阳定远人，1373年由右丞相升任左丞相。胡门生故吏遍于朝野，形成一个势力集团，威胁皇权。1378年，明太祖对中书省采取行动。一天，胡惟庸的儿子骑马在大街上横冲直撞，结果跌落马下，被一辆过路的马车轧了，胡惟庸将马夫抓住，随即杀死。明太祖十分生气。十一月又发生了占城贡使事件。占城贡使到南京进贡，把象、马赶到皇城门口，被守门的太监发现，报与明太祖。明太祖大怒，命令将左丞相胡惟庸和右丞相汪广洋抓进监狱。但是，两丞相不愿承担罪责，便推说接待贡使是礼部的职责。于是，明太祖便把礼部官员也全部关了起来。

两相入狱，御史们理解了皇上的意图，便群起攻击胡惟庸专权结党。于是，1380年，明太祖以擅权枉法的罪名处死了胡惟庸和有关的官员，同时宣布废除中书省，以后不再设丞相。

明太祖以专权枉法之罪杀了胡惟庸后，胡案就成为他打击异己的武器，以致受牵连而被杀者达3万多人。

⊙ **锦衣卫木印　明**

锦衣卫是明代内廷侍卫侦察机关，始建于洪武十五年(1382年)，专门从事侍卫缉捕弄狱之事，是皇帝的侍卫与耳目，与明王朝相伴始终。明初朱元璋为加强中央集权，以刑部、都察院，大理寺分典刑狱，称三法司，让其互相制约，如遇重大要案由三法司会审结案。这枚木印是三法司会同刻置的。

学士宋濂，在明朝开国初期受过明太祖重用，后来又当过太子的老师。宋濂为人谨慎小心，但是明太祖对他也不放心。有一次，宋濂在家里请了几个朋友喝酒，第二天上朝，明太祖问他昨天喝酒的事，宋濂一一照实回答。明太祖笑着说："你没欺骗我。"原来，宋濂家那天请客的时候，明太祖早已偷偷派人去监视了。后来明太祖称赞宋濂说："宋濂跟随我19年，从没说过一句谎言，也没说过别人一句坏话，真是个贤人啊！"宋濂68岁时告老还乡，明太祖还送他一块锦缎，说："留着它，32年后，做件百岁衣吧！"

胡惟庸案件发生后，宋濂的孙子宋慎被揭发是胡党，于是宋濂也受到株连。明太祖派锦衣卫把宋濂从金华老家抓到京城，要处死他。

1291年

世界大事记：
埃及苏丹占领十字军最后据点阿克。

马皇后知道这件事后，劝明太祖说："老百姓家为孩子请个老师，尚且恭恭敬敬，何况是皇帝家的老师呢。再说，宋先生在乡下居住，他怎么会知道孙子的事呢？"

明太祖正在气头上，不肯饶恕宋濂。当天，马皇后陪明太祖吃饭，她呆呆地坐在桌边，不喝酒，也不吃肉。明太祖感到奇怪，问她是不是身体不舒服。马皇后难过地说："宋先生就要死了，我心里难受，在为宋先生祈福呢。"

马皇后和太祖是患难夫妻，明太祖平时对她也较尊重，听她这一说，也有点感动，才下令赦免宋濂死罪，改成充军茂州（今四川茂县）。70多岁的宋濂禁不起这场折腾，没到茂州就死去了。

过了10年，又有人告发李善长明知胡惟庸谋反不检举揭发，犯了大逆不道的罪。李善长是第一号开国功臣，又是明太祖的亲家，明太祖大封功臣的时候，曾经赐给李善长两道免死铁券。可是明太祖一翻脸，把已经77岁的李善长和他的全家70几口全部处死。接着，再一次追查胡党，又处死了1.5万余人。

事情并没到此结束。过了3年，锦衣卫又告发大将蓝玉谋反。蓝玉是明朝开国大将，被明太祖封为凉国公。1391年，四川建昌发生叛乱，明太祖命蓝玉讨伐。临行前，明太祖面授机宜，命蓝玉手下将领退下，连说3次，竟无一人动身；然而蓝玉一挥手，他们却立刻没了身影。这使明太祖下决心要除掉蓝玉。1392年的一天，早朝快结束时，锦衣卫指挥使参奏蓝玉谋反，明太祖随即令人将其拿下，并由吏部审讯。当吏部尚书詹徽令蓝玉招出同党时，蓝玉大呼："詹徽就是我的同党！"话音未落，武士们便把詹徽拿下，审判官们目瞪口呆，不再审了。3天后，明太祖将蓝玉杀死，尔后，就是大规模的清洗和株连。胡、蓝两案，前后共杀4万人。

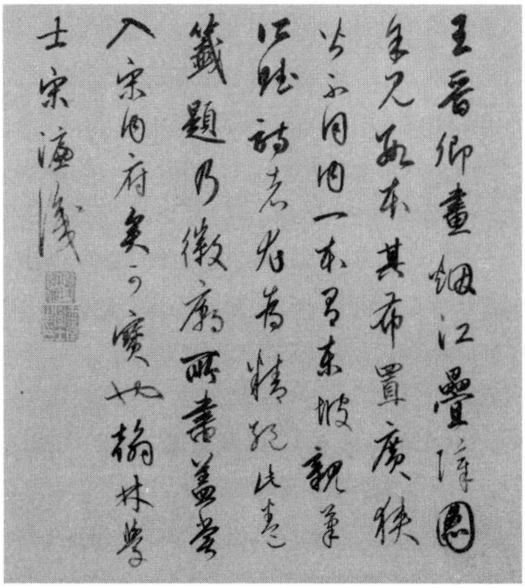

⊙ 宋濂草书
宋濂不仅是明代开国重臣，还是一名杰出的书法家，他的字行笔流畅、气势不凡，自成一派。

·厂卫机构·

明代专制集权的强化达到了前所未有的程度，它首创了封建专制制度之下的特务政治。为了监视和控制臣民，保证他们对于皇帝的效忠，明太祖朱元璋在洪武十五年（1382年）于南京设立了一个专门保卫皇帝并从事秘密特务活动的机构——锦衣卫。锦衣卫的长官指挥使由皇帝的亲信心腹担任，其下设有17个所和南北镇抚司，以及千户、百户、总旗、小旗等属职。它直接向皇帝负责，遇有重大的政治案件，不受普通司法部门的审理，完全由锦衣卫查办。永乐十八年（1420年），明成祖又设立由宦官统领的东厂；西厂是成化十三年（1477年）所设；内行厂是正德初年设置。这些机构的头目多由司礼监太监担任。厂卫机构用刑十分残酷，有廷杖、立枷等刑名；到魏忠贤当权时又设断脊、堕指、刺心、"琵琶"等酷刑。在厂卫统治之下，冤狱多不胜数，朝野上下人人自危。

1399年

中国大事记：
朱元璋之子燕王朱棣起兵争夺皇位，史称“靖难之役”。

对于明太祖的滥杀，皇太子朱标深表反对，曾进谏说：“陛下诛戮过滥，恐伤和气。”当时明太祖没有说话。第二天，他故意把长满刺的荆棘放在地上，命太子拣起。太子怕刺手，没有立刻去拣，于是明太祖说：“你怕刺不敢拣，我把这些刺去掉，再交给你，难道不好吗？现在我杀的都是对国家有危险的人，除去他们，你才能坐稳江山。”然而太子却说：“有什么样的皇帝，就会有什么样的臣民。”明太祖大怒，拿起椅子就扔向太子，太子只好赶紧逃走。

燕王进南京

明太祖杀了一些权位很高的大臣，把他的24个儿子分封到各地为王。明太祖认为这样做，可以巩固他建立的明王朝的统治，却不料后来引起了一场大乱。

明太祖60多岁的时候，太子朱标死了，朱标的儿子朱允炆被立为皇太孙。各地的藩王大都是朱允炆的叔父，眼看皇位的继承权落到侄儿的手里，心里不服气。特别是明太祖的第4个儿子——燕王朱棣，他多次立过战功，对朱允炆更瞧不起了。

朱允炆的东宫里，有个官员叫黄子澄，是朱允炆的伴读老师。有一次，黄子澄见朱允炆一个人坐在东角门口，心事重重，便问他为什么发愁。朱允炆说：“现在几个叔父手里都有兵权，将来如何管得了他们。”黄子澄跟朱允炆讲了西汉平定七国之乱的故事来安慰他。朱允炆听后，心总算放宽了一点。

1398年，明太祖死了，皇太孙朱允炆继承皇位，这就是明惠帝，历史上又叫建文帝（建文是年号）。当时京城里就听到谣传，说几位藩王正在互相串通，准备谋反。建文帝听了这个消息害怕起来，忙让黄子澄想办法。

黄子澄找建文帝另一个亲信大臣齐泰一起商量。齐泰认为诸王之中，燕王兵力最强，野心最大，应该首先把燕王的权力削除掉。黄子澄不赞成这个做法，他认为燕王已有准备，先从他下手，容易引发突变。于是，两人商量好先向燕王周围的藩王下手。建文帝便依计而行。

燕王早就暗中练兵，准备谋反。为了麻痹建文帝，他假装得了精神病，成天胡言乱语。齐泰、黄子澄不相信燕王有病，他们一面派人到北平把燕王的家属抓起来，一面又秘密命令北平都指挥使张信去捕燕王，还约定燕王府的一些官员做内应。不料张信是站在燕王一边的，反而向燕王告了密。

⊙ 明成祖像

燕王是个精明人，知道建文帝毕竟是法定的皇帝，公开反叛，对自己不利，就说要帮助建文帝除掉奸臣黄子澄、齐泰，起兵反叛。历史上把这场内战叫做“靖难之变”（靖难是平定内乱的意思）。

1337年

世界大事记：
英法百年战争开始。

这场战乱，差不多打了3年。到了1402年，燕军在淮北遇到朝廷派出的南军的抵抗，战斗进行得十分激烈。有些燕军将领主张暂时撤兵，燕王却坚持打到底。不久，燕军截断南军运粮的通道，发起突然袭击，南军一下子垮了。燕军势如破竹，进兵到应天城下。

过了几天，守卫京城的大将李景隆打开城门投降。燕王带兵进城，只见皇宫火光冲天。燕王派兵把大火扑灭时，已经烧死了不少人。他查问建文帝的下落，有人报告说，燕兵进城之前，建文帝下令放火烧宫，建文帝和皇后都跳到大火里自焚了。

随后，燕王朱棣即了位，这就是明成祖。七月初一，朱棣于南郊大祀天地后，回到奉天殿，诏令当年六月以后，仍以洪武三十五年为纪，第二年(1403年)为永乐元年。建文帝所改易的祖宗成法，一律恢复旧制。七月初三，又诏令把建文时更定的官制改回洪武旧制。九月初四及次年五月，朱棣先后两次赐封靖难功臣。十一月十三日，朱棣册立妃徐氏为皇后。

朱棣即帝位后，为了巩固自己的皇位，又进行了大量的充满血腥的屠杀活动。他将建文帝亲信大臣50余人列为奸臣，悬赏捉拿。捉住后，不仅将其本人杀害，而且还株连九族。

兴建北京城

北京古代被称为“山环水抱必有气”的理想都城。西部的西山为太行山脉；北部的军都山为燕山山脉，均属昆仑山系。两山脉在北京的南口（今北京昌平南口）会合，形成向东南展开的半圆形大山湾，山湾环抱的是北京平原。在地理格局上，北京“东临辽碣，西依太行，北连朔漠，背扼军都，南控中原”，是一处战略要地。

1399年，明成祖发动靖难之役，夺得帝位后，于1403年改北平为北京。永乐四年（1406年），明成祖开始筹划迁都北京，并开始营建北京宫殿。1420年，建成紫禁城宫殿、太庙、五府六部衙门、钟鼓楼等，同时将南城墙南移0.8千米，以修建皇城。永乐十九年（1421年）正式迁都北京。此后又在北京南郊修建了天地坛和山川先农坛。

·迁都北京·

北京宫殿、郊庙的大规模营建开始于永乐四年（1406年），历经15年完成。皇城位于元都旧址，只是稍微东移，有奉天、华盖、谨身三殿，乾清、坤宁两宫及午门、西华、东华、玄武四门等，完全同于金陵旧制，只是比其更为壮丽。

永乐十八年（1420年）十一月，北京宫殿修建已到了收尾阶段，钦天监奏明年五月初一为吉日，应御新殿受朝贺。朱棣开始正式迁都北京，诏示天下，并遣户部尚书夏原吉诏皇太子及皇太孙，限期十二月底到北京。后又下诏，从第二年正月起，北京为京师，设六部，去行在之称，并取南京各印信给京师诸衙门，另铸南京诸衙门印信，全部加“南京”二字。十二月，北京郊庙、宫殿落成。

永乐十九年（1421年）正月初一，迁都基本完成，十一日大祀南郊，十五日大赦天下。从此，北京就成了明王朝的都城。明朝两京制的格局形成，北京逐渐成为全国的政治、军事中心，既可以就近指挥长城一线的军事防御，又能加强对于东北地区的控制，巩固了明王朝的统一。

1421年

中国大事记：
明迁都于北京。

1436年至1445年，明英宗对北京城进行了第二次增建，主要工程包括：将城墙内侧用砖包砌；开挖太液池南海；建九门城楼、瓮城和箭楼；城池四角建角楼；城门外各立牌坊一座；护城河上的木桥全部改为石桥，桥下设水闸，河岸用砖石建造驳岸。整修之后的京城形成了极其坚固的城防体系。

北京是中国历史上最后3个封建王朝元、明、清的都城，其设计规划体现了中国古代城市规划的最高成就，被称为“地球表面上，人类最伟大的个体工程”。明北京城是在元大都的基础上建成的，从形状来看，呈“凸”字形，是以一条纵贯南北，长达8千米的中轴线进行布置的。外城南部正中的永定门是这条中轴线的起点，北部的钟鼓楼则是中轴线的终点。明时的北京城分内城、外城，皇城和紫禁城位于内城之中。内城分为九门，分别为正阳门、崇文门、宣武门、朝阳门、东直门、阜成门、西直门、德胜门、安定门。外城分为七个城门，即永定门、左安门、右安门、广宁门、广渠门，以及两座方便进出的小城门：东便门与西便门。

故宫气势恢宏，庄严华丽，是明清两代的皇宫，亦是中国古代宫殿建筑的扛鼎之作。

故宫又称紫禁城，紫禁二字系从紫微星垣而来。大家知道，我国古代天文学家把天上的恒星分为三垣、二十八宿和其他星座。其中的三垣为太微垣、紫微垣和天市垣，紫微星垣（北极星）位于三垣的中央,是所有星宿的中心。紫,即为“紫微正中”，皇宫是人间的“正中”；“禁”是指皇宫大内，严禁侵扰。

故宫修建于1406年，工程的营建者是明成祖朱棣。朱棣曾在北京做燕王，对北京的地理有深刻的认识。

《明史》记载，修建故宫时征集了全国著名工匠10多万名，役使民夫达100万之多，整个工程历时15年，直到1421年才最后完成。此后又多次重建和扩建，但整体面貌保持未变。

故宫是一座砖木结构建筑，所用的建筑材料来自全国各地。木料主要来自京郊房山悬山中，也有部分来自湖广、江西、山西等省。汉白玉石料亦来自房山县。宫殿里砌墙用的砖叫澄浆砖，是在山东临清烧制的；铺地用的方砖叫做金砖，是在苏州烧制的。整个紫禁城用砖超过了1亿块。

施工所用的材料作工非常精细。譬如砌墙用的澄浆砖，是先把泥土放入池水中浸泡，经过沉淀，然后取出过滤后的细泥，最后才把细泥晾干做坯。还有就是砖块之间、石板之间的粘合剂，材料是煮过后捣碎的糯米和鸡蛋清，选用这种粘合剂，不仅粘力强，而且效果平整美观。

建成后的故宫占地面积72万平方米，内有房屋有9999间，外有高达10米的城墙（南北960米，东西760米），四角各有一座屋顶有72条脊的角楼。在最外端，还有一条宽52米的护城河环绕四周。

故宫的建筑布局整体分为外朝和内廷两大部分。外朝是明清皇帝治理朝政的主要场所，以太和、中和、保和三大殿为中心，文华殿和武英殿分列两翼。内廷是皇帝处理日常政务和皇族后妃们居住的地方，一般称为“三宫六院”，主要包括乾清宫、交泰殿、坤宁宫、东西六宫以及御花园。

外朝三大殿是故宫中轴线上的主要建筑。三殿均建在汉白玉砌成的8米高巨大平台上，台分3层，中上层各9级，下层台阶21级，每层都有汉白玉栏杆围绕，总面积约8.5万平方米。太和殿也称“金銮殿”，是紫禁城的正殿，也是建筑群中最为高大的建筑。它高26.92米，东西面宽63.96米，南北进深37.20米。中和殿位于太和殿的后面，是一座亭子形方殿，高18.87米。保和殿为三大殿的末殿，屋顶为歇山式，高20.87米。

故宫建筑设计严谨，表明了我国古代的木构建筑设计到明清时期已经非常的规范化和程序化。在这一时期，殿式建筑以“斗口”作为基本模数。每一个等级的各部分用料尺度是一定的。确定了斗口，就确定了各种尺度，大大简化了工程营建的程序。拼合梁柱构件技术也是这一时期的重大成果。通过小块木料的拼合组成可用的大

1347～1351年

世界大事记：
黑死病肆虐欧洲各地，死者占总人口三分之一以上。

木料，大大节省了工程用料。在建筑施工中，广泛采用了模型设计的方法，称之为“烫样”。

故宫是我国同时也是世界上现存规模最大最完整的古代木结构建筑群，它是我国木结构建筑的典范。1987年，联合国教科文组织世界遗产委员会将其列为世界文化遗产。

郑和下西洋

明成祖夺得皇位后，有一件事总使他心里不安稳，那就是皇宫大火扑灭之后，没有找到建文帝的尸体。为了把这件事查个水落石出，他派出心腹大臣去各地秘访建文帝的下落，但是这件事不好公开宣布，就借口说是求神问仙。

后来，明成祖又想，建文帝会不会跑到海外去呢？于是，他就决定派一支队伍，出使国外。(这是明成祖派郑和下西洋原因的其中一种观点。)他想到跟随他多年的宦官郑和，是最合适的人选。

郑和(1371～1433年)，本姓马，小字三保。郑和自幼受到家庭探险精神的熏陶，为他日后出海远洋打下了基础。明初，郑和入宫做宦官，因靖难立战功，赐姓郑名和，人称“三保太监”。

1405年六月，明成祖正式派郑和为使者，带一支船队出使“西洋”。那时候，人们叫的“西洋”，指的是我国南海以西的海和沿海各地。郑和带的船队，一共有2.78万多人，除了兵士和水手外，还有技术人员、翻译、医生等。他们驾驶62艘大船，从苏州刘家河(今江苏太仓浏河)出发，经过福建沿海，浩浩荡荡，扬帆南下。

郑和第一次出海，到了占城(在今越南南方)、爪哇、旧港(在今印度尼西亚苏门答腊岛东南岸)、苏门答腊、满剌加、古里、锡兰等国家。他每到一个国家，先把明成祖的信递交国王，并且把带去的礼物送给他们。许多国家见郑和带了那么大的船队，而且态度友好，都热情地接待他。

郑和这一次出使，一直到第三年九月才回来。西洋各国国王见郑和回国，也都派了使者带着礼物跟着他一起回访。各国的使者见了明成祖，送上大批珍贵的礼物。明成祖见郑和把出使的任务完成得很出色，高兴得合不拢嘴。后来，明成祖觉得没有必要再去寻找建文帝了，但是出使海外的事，既能提高中国的威望，又能促进与各国的贸易往来，有很多好处。此后，郑和又进行了6次出海航行：从1407年九月～1409年九月，1409年十月～1411年七月，1413年十一月～1415年七月，1417年五月～1419年八月，1421年一月～1422年八月，1431年闰十二月～1433年七月。郑和出海7次，先后一共到过印度洋沿岸30多个国家。

⊙ 郑和像

前三次的出行，郑和最远都只到达古里。他们在东南亚及南亚一带活动，打通航道，建立贸易中转站。后面几次主要进行商品贸易，郑和航队给所经国家带去大量中国的瓷器、铜器、丝绸、锦绮和茶叶，同时带回来许多亚洲国家的

1405～1433年

中国大事记：
明朝郑和等7次出使西洋，历30余国，为航海史上的壮举。

特产，像胡椒、象牙、宝石、药材、香料和珍禽异兽等，大大促进了中国与亚洲各国的经济交流。每到一处，郑和都派人了解当地风俗习惯，宣扬中华文明。

第四次出海到达非洲东海岸的麻林国时，麻林国遣使随贡，献上麒麟、天马、神鹿等吉祥珍兽，给京城带来了轰动。成祖龙颜大悦，认为异邦进贡麒麟是国势鼎盛、尧舜再世的征象。

在第七次即将航行出使时，成祖驾崩，仁宗即位，下令停止下西洋。宣宗即位后，看见因下西洋活动的停止，海外诸国来朝日益减少，就决定再次遣使下西洋。这时郑和已年近60，又踏上了最后一次下西洋的航程。1433年农历三月船到古里时，郑和因积劳成疾而病逝，王景弘代郑和率船队于七月抵达南京，结束了伟大的航程。

郑和是中国历史上杰出的航海家，他在航海、外交、军事、建筑等诸多方面都表现出卓越的智慧与才识。郑和在明军中长大，经受了战火考验，深得朱棣宠信。加上郑和知识丰富，熟悉西洋各国的历史、地理、文化、宗教，具有卓越的外交才能。在下西洋前，郑和曾出使暹罗、日本，有外交活动的经验。此外，郑和具有一定的航海、造船知识。在下西洋途中，郑和通过航海实践，不断地丰富航海知识，积累航海经验，提高航海技术，使他能成功率领船队远航。正是由于郑和自身条件和所具备的才能，加上他为朱棣所赏识，并委以重任，成为下西洋船队的统帅，不负重望，出色地完成下西洋的远航任务。

自2005年起，每年的7月11日被定为中国的航海日，规定全国所有船舶鸣笛挂彩旗，这一天正式郑和首次下西洋的公历日期——1405年7月11日。

郑和七下西洋，时间持续29年，行踪遍及亚非30多个国家和地区，最南到达爪哇，西北到波斯湾和红海，最西侧非洲东海岸，是历史上空前的壮举，其时间之早，规模之大，都是后来的哥伦布和麦哲伦所不及的。郑和下西洋，增加了中国与南洋各地联系，传播了中华文明，影响十分深远。郑和下西洋是中国古代历史上最后一件世界性的盛举，由于郑和下西洋的政治目的大于经济目的，没有发动民间的商业贸易，全部的开支都依赖明朝强大的国力来支撑，于是，明朝全盛时期过后，再也没有雄厚的经济实力来支持这项庞大的工程了，下西洋也随之停止。

土木之变

明成祖从他侄儿手里夺得皇位，怕大臣不服他的管制，便特别信任身边的宦官。这样一来，宦官的权力就渐渐大起来。到了明宣宗的时候，连皇帝批阅奏章也交给宦官代笔，宦官的权力更大了。

有一年，皇宫要招收一批太监。蔚州（今河北蔚县）地方有名叫王振的人，年轻的时候读过一点书，参加几次科举考试都名落孙山，便在县里当了教官。后来因为犯罪该判充军，听说皇宫招太监，就自愿进了宫，从而充了罪罚。宫里识字的太监不多，王振粗通文字，所以大家都叫他王先生。后来，明宣宗派他教太子朱祁镇读书。朱祁镇年幼贪玩，王振就想出各种各样法子让他玩得高兴。

宣宗卒时，朱祁镇仅有9岁，朝臣有人欲立襄王为帝。在大学士杨士奇、杨荣等人力争下，终使朱祁镇于正月初十即皇位，是为明英宗，以第二年为正统元年。二月，尊皇太后为太皇太后。太皇太后主持军政大事，下令停办所有不急之务，勉励幼小的皇帝好学上进。

这一做法致使仁宣时期政治较好的状况得以延续，“海内富庶，朝野清晏”、“纲纪未弛”。同时，杨士奇、杨荣、杨溥等元老重臣依然在朝中发挥重大作用。他们遵从宣宗遗嘱，在太皇太后的领

1356年

世界大事记：
英法普瓦捷之战爆发。

导下尽心辅佐幼主，对稳定明王朝政局、保持良好的局面，起到了重要的作用。

当时，侍奉朱祁镇读书的太监便是王振，他善于迎合朱祁镇的心理，深受朱祁镇赏识。朱祁镇即位后不久，王振便当上了司礼监太监，帮助明英宗批阅奏章。明英宗年少好玩，根本不问国事，王振趁机掌握了朝廷军政大权。朝廷大员谁敢顶撞王振，不是被撤职，就是被充军发配。一些王公贵戚都讨王振的好，称呼他“翁父”。王振的权力可以说是顶了天了。

这个时候，我国北方的蒙古族瓦剌部已经强大起来。1449年，瓦剌首领也先派3000名使者到北京进贡马匹，要求赏金。王振发现也先谎报人数，而且还将进贡的马匹减少了，于是就削减了赏金。也先又为他的儿子向明朝求婚，也被王振拒绝。这一来，也先被激怒了，他率领瓦剌骑兵进攻大同。守大同的明将出兵抵抗，被瓦剌军打得溃不成军。

边境的官员向朝廷告急，明英宗召集大臣商量对策。大同离王振家乡蔚州不远，王振在蔚州有大批田产，他怕家产受损失，竭力主张英宗带兵亲征。兵部尚书邝埜（埜同野）和侍郎于谦认为朝廷准备不够充分，不能亲征。明英宗对王振言听计从，不管大臣劝谏，就冒冒失失决定亲征。

明英宗叫他弟弟郕王朱祁钰和于谦留守北京，自己跟王振、邝埜等官员100多人，带领50万大军从北京出发，浩浩荡荡向大同开去。

过了几天，明军的前锋在大同城边被瓦剌军打得全军覆没，各路明军也纷纷溃退下来。明军退到土木堡（在今河北怀来东）时，太阳刚刚下山，有人劝英宗趁天没黑，再赶一阵，进了怀来城（今河北怀来）再休息，即使瓦剌军来了，也可以坚守。可是王振却想着落在后面装运他家财产的几千辆车子，硬要大军在土木堡停下来。土木堡名称叫做堡，其实没有什么城堡可守。不久，明军就遭到了瓦剌军的伏击。明军毫无斗志，丢盔弃甲，狂奔乱逃。瓦剌军紧紧追赶，被杀和被乱兵踩死的明军不计其数，邝埜在混乱中被杀死，祸国殃民的奸贼王振也被禁军将领樊忠一铁锤砸死。明英宗做了俘虏。历史上把这次事件称做“土木之变”。

此一战役，明军死伤数10万，文武官员亦死伤50余人。英宗被俘消息传来，京城大乱。廷臣为应急，联合奏请皇太后立郕王朱祁钰即皇帝位。皇太后同意众议，但郕王却推辞不就。文武大臣及皇太后正在左右为难之时，英宗秘派使者到来，传口谕命郕王速即帝位。郕王于九月初六登基，是为景帝，以第二年为景泰元年，奉英宗为太上皇。瓦剌自俘虏明英宗，便大举入侵中原，并以送太上皇为名，令明朝各边关开启城门，乘机攻占城池。十月，攻陷白羊口、紫荆关、居庸关，直逼北京。

·二十四衙门·

二十四衙门是明代宫廷内负责皇帝及其家族私人生活的宦官机构。明朝宦官设置始于明初。洪武三十年（1397年）设有十二监二司七局。各监设太监、少监、监丞等。成祖迁都北京后，正式形成二十四衙门，包括十二监四司八局。十二监为司礼监、内官监、御用监、司设监、御马监、神宫监、尚膳监、尚宝监、印绶监、直殿监、尚衣监、都知监。四司为惜薪司、钟鼓司、宝钞司、混堂司。八局为兵仗局、银作局、浣衣局、巾帽局、针工局、内织染局、酒醋面局、司苑局。二十四衙门各设掌印太监统领本衙之事。二十四衙门中，以司礼监最为显要，其在明代历史上因为可以代替皇帝誊写“朱批”而出尽风头。

1449年	**中国大事记：** 明英宗亲率大军出征瓦剌，在土木堡被俘，史称“土木之变”。

于谦守京城

英宗被俘的消息传到北京后，满朝文武大臣乱作一团，没有一个人能拿出好主意。翰林侍讲官徐珵主张走为上策，向南撤退。此时，朝中你一言，我一语，吵吵嚷嚷，毫无结果。正在关键时刻，兵部侍郎于谦挺身而出，他说：“京都是国家的根本，如果朝廷一撤出，大势就完了，大家难道忘了南宋的教训吗？”

于谦（1397 ~ 1457 年），字廷益，浙江钱塘人。为永乐十九年进士，曾任监察御史、兵部侍郎、大理寺少卿、山西、河南巡抚、兵部尚书等职。

于谦的主张得到许多大臣的赞同。皇太后和郕王朱祁钰眼看在这关键时刻，能站出一位力挽狂澜的忠臣，当然满心欢喜，立即委以于谦兵部尚书的重任，让他负责指挥军民守城。

景泰元年（1450 年）九月，景帝即位不久，瓦剌军进逼宣府城下。于谦面对敌我兵力悬殊的态势，一面抓防卫，一面抓备战，大力征募新兵，调运粮草，赶制兵器，不到一个月，就征集了 20 万人马，做好一切迎敌的准备。

十月，也先挟持着被俘的皇帝英宗攻破紫荆关，兵逼北京城。于谦主张先打掉也先的嚣张气焰，鼓舞士气。他调集了 22 万军队，做好迎战准备，并作了周密布置：都督王通、副都御史杨善率部守城，其余将士分别驻扎在 9 个城门外，列阵待敌。

明军副总兵高礼首先在彰义门外告捷，歼敌数百，夺回民众千人。狡猾的也先眼看明军有于谦等将领指挥，硬攻不能取胜，便变换手法，以送还英宗为名，准备诱杀于谦等人，但被于谦识破了。

也先见此计不成，便采取强攻。于谦不在正面与敌人拼杀，他派骑兵佯攻，把敌军引入伏击圈内，便用埋伏好的火炮轰击。瓦剌军伤亡惨重，也先的弟弟勃罗也在炮火中丧生。

瓦剌军围攻京都，屡遭挫败，进攻居庸关又遭守将罗通的抵抗。也先怕归路被明军切断，忙带着英宗向良乡（北京房山区东）后撤。明军乘胜追击，大获全胜。也先带着残兵败将逃回塞外。

北京之战，瓦剌军受到重挫，引起内部不和。也先见留着英宗也没有多大作用，就把他送回了京都。从此，瓦剌军再也不敢进犯明朝了。

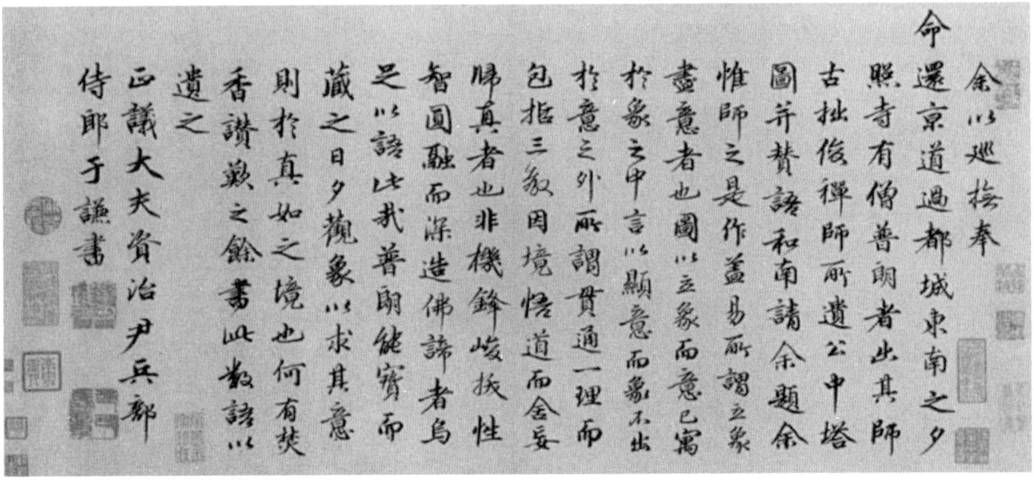

⊙ 于谦《题公中塔图赞》

1378年

世界大事记：
法国与意大利公开断绝关系。

于谦迫使瓦剌于景泰元年释放英宗，并说服景帝迎英宗归国。他改革亲军旧制，创立团营，整肃军纪，加强训练，毫不松懈。他本人才识过人，忧国忧民，深受景帝器重。天顺元年(1457年)正月，于谦被陷害致死。他曾有“粉身碎骨全不怕，要留清白在人间”的著名词句，不幸竟成为他自身的写照。后人辑他的诗文为《于忠肃集》流世。

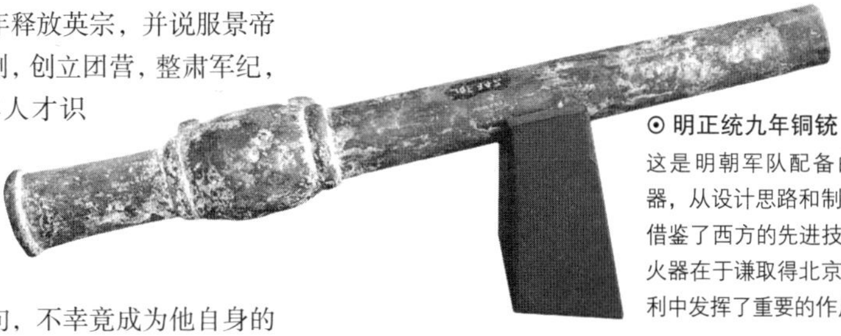

⊙ **明正统九年铜铳**
这是明朝军队配备的重型火器，从设计思路和制造工艺都借鉴了西方的先进技术。这类火器在于谦取得北京保卫战胜利中发挥了重要的作用。

宪宗即位后，为于谦平反，恢复官衔。孝宗即位后，又追赠其为太傅，谥肃愍，为他建“旌功祠”。后神宗改谥为“忠肃”。

杨一清除内患

弘治十八年(1505年)五月，明孝宗朱祐樘去世，朱厚照即帝位，以第二年为正德元年，大赦天下，是为武宗。

孝宗只有武宗这么一个皇子，因此非常宠爱。武宗生而好动，自幼贪玩，登基之后，再也无人约束他，可以随心所欲了，贪玩好动的本性不久就暴露了出来。他废除了尚寝官和文书房侍从皇帝的内官，以减少对自己行动的限制。后来连早朝也不愿上了，为后来世宗、神宗的长期罢朝开了先河。诸位大臣轮番上奏，甚至以请辞相威胁，但小皇帝依旧我行我素，大臣们也无可奈何。

明武宗统治时期的政治状况，与弘治时期恰恰相反，非常腐朽。朱厚照即位后，重用宦官刘瑾、马永成、谷大用、魏彬、张永、邱聚、高凤、罗祥等八人，时称“八虎”。这八名宦官每天引诱武宗耽于声色犬马之间。武宗纵情声色，不理政事，将批复奏章之事都交由刘瑾等人处理。刘瑾把持朝政之后，欺压百官，大发淫威，仁人志士纷纷辞职归乡。明王朝统治日趋腐朽。

刘瑾在武宗当太子的时候就侍奉他，刘瑾善于察言观色，随机应变，深受信任。太子继位后，他数次升迁，爬上司礼监掌印太监的宝座。一旦大权在握，便引诱武宗沉溺于骄奢淫逸中，自己趁机专擅朝政，时人称他为“立皇帝”，武宗为“坐皇帝”。他排陷异己，朝中正直官员大都受他迫害，而小人则奔走其门，成为其党羽。刘瑾利用权势，肆意贪污。他劝武宗下令各省库藏尽输京师，从中贪污大量银两。各地官员朝觐至京，都要向他行贿，谓之“见面礼”，动辄白银千两，凡官员升迁赴任，回京述职，都得给他送礼。

正德二年(1507年)八月，明武宗在刘瑾等宦官引导蛊惑下，开始修建豹房。武宗即位初，曾让宦官依照京师店铺在宫中设店，自己穿上卖货人的衣服出售货物，碰到争议就叫宦官充当市正调解。在酒店中又有所谓当垆妇，供武宗淫乐。此次修建的豹房也是为他享乐而用，位于西华门侧。武宗日夜居于其中，命教坊乐工陪侍左右，纵情享乐。此后，武宗连宫殿也不去了。那些教坊乐工因得皇帝宠幸，皆不可一世，刘瑾等人更为嚣张。正德三年(1508年)正月，刘瑾于退朝时发现了揭露自己罪行的匿名书，大怒，矫旨令百官跪在奉天门下受训，从正午到日暮，暴晒于烈日之下，不得随便移动。当时，有10余人当场昏倒，且渴死3人，之后又逮捕300人下锦衣卫狱。刘瑾生性凶残，杀官吏、老百姓无数，致使京城之中人人自危，无安宁之日。

1510年，安化王朱寘鐇以反对刘瑾为名，发兵反叛。明武宗派杨一清指挥宁夏、延绥一带的军士，起兵讨伐朱寘鐇，又派宦官张永做监军。

杨一清本是陕西一带的军事统帅，因为他为

1506年

中国大事记：
明武宗以太监刘瑾掌司礼监。

人正直，不与刘瑾同流合污，被刘瑾诬陷迫害，后来经大臣们在皇上面前说情，才被释放回乡。这回明武宗为了平定藩王叛乱，才又重新任用他。

杨一清到宁夏时，叛乱已经被杨一清原来的部将平定，杨一清、张永把俘获的朱寘鐇押解去北京。杨一清早就有心把刘瑾除掉，他打听到张永原是“八虎”之一，刘瑾得势以后，张永和刘瑾产生分歧，就决心拉拢张永。

⊙ 文一品官乌纱帽　明

回京的路上，杨一清找张永密谈，说：“这次靠您的力量，平定了叛乱，这是值得高兴的事。但是铲除一个藩王容易，要解决内患可就难了。”

张永不解地说：“您说的内患是什么？”

杨一清靠近张永，用手指在掌心里写了一个“瑾”字。

张永看后，皱起眉头说：“这个人每天在皇上身边，耳目众多，要铲除他可不容易啊！”

杨一清说：“您也是皇上亲信。这次胜利回京，皇上一定会召见您。趁这个机会您把朱寘鐇谋反的起因向皇上奏明，皇上一定会把刘瑾杀了。如果大事成功，您就能名扬后世啦！”

张永犹豫了一下，说：“万一失败，我们怎么办？”

杨一清说：“如果皇上不信，您可以痛哭流涕，表明忠心，大事可成。不过这件事一定要快动手，晚了怕泄漏机密。”

张永一到北京就按杨一清的计策，当夜在武宗面前揭发刘瑾谋反。明武宗命令张永带领禁军把刘瑾捉拿起来。刘瑾毫无防备，正躺在家里睡觉，禁军把他逮住后，打进大牢。

明武宗派禁军抄了刘瑾的家，抄出黄金24万锭，银元宝500万锭，珠玉宝器不计其数；还抄出了龙袍玉带，盔甲武器。明武宗龙颜大怒，立即下令处死了刘瑾。

·明十三陵·

北京昌平区北部天寿山有明代十三位皇帝的陵寝，从明永乐到崇祯，共有14位皇帝，除了景泰帝朱祁钰葬在京西金山，其余13个皇帝都在这里安葬，所以统称为明十三陵。各个陵墓的规模大小不一，皇帝在位时间长，世道太平，就有充足的时间来修建，明成祖的长陵修了18年，世宗永陵修了12年，这些陵墓的规模就较大，地面建筑也比较豪华；在位时间短，生前没来得及建陵，死后葬期紧迫，陵墓规模小，工程简单。明朝末代皇帝崇祯生前没有来得及建陵，死后就葬在他的田贵妃墓中，称为思陵。十三座皇陵既独立又互有联系，它们有一个总体规划，有一个总的陵区入口和一条共有的神道。整个陵区约有40平方千米，正门在南面，名为大红门。它的前面还有一座五开间的高大石牌坊，是整个陵区的标志。进入大宫门，又一座高大的四方形碑亭，石碑上刻的是朱棣的子孙为他歌功颂德的碑文。经碑亭向北即进入神道，两旁分列着狮、骆驼、象等6种石兽共12对，以及文臣武将等3种立像共6对，这18对石雕分列神道两旁，十分壮观。神道尽头是一座棂星门，进门后还需经过两座石桥才有道路分别通向各座皇陵。十三陵中已对游人开放的是长陵、定陵、昭陵，近年来又重修了永陵。群山之内，各陵均依山面水而建，布局庄重和谐。游人至此，面对眼前宏伟的建筑，远处颓败的陵墙，无不感慨万端。

1397年

世界大事记：
丹麦、瑞典、挪威三国合并。

冒死劾严嵩

正德十六年（1521年）三月，武宗病逝。因他无子，故未立储君，皇太后张氏命太监张永、谷大用等与内阁和大学士们共同商议继承帝位的人选。首辅杨廷和早有准备，从袖中摸出《皇明祖训》说："兄终弟及，谁能渎焉。兴献王长子，宪宗之孙，孝宗之从子，大行皇帝之从弟，序当立。"皇太后张氏予以批准。于是，朱厚熜便得入继帝位。

朱厚熜自安陆至京师，即帝位，以次年为嘉靖元年，是为明世宗。朱厚熜为宪宗之孙，兴献王之子，从族谱关系上讲，他是明武宗的堂弟，血缘关系最近，所以得以即帝位。世宗执政初期任用杨廷和为首辅，锐意改革，重振朝纲。他罢免了各地镇守宦官，免除对民众的额外征敛，颇多善政，但很快就转变作风，并挑起大礼议之争，朝中的正直大臣纷纷被杀或被迫辞职。明世宗即位后，大臣主张尊孝宗为皇考（死去的父皇），生父为皇叔，世宗虽然不悦，也勉强遵从。3年后，世宗采纳了张璁等中下层官吏的建议，下诏改称生父为皇考，称孝宗为皇伯考。朝中群臣听到消息非常震惊，跪在宫门哭谏。世宗大怒，下令将190余人下狱治罪，其余官员才不敢再争。这次事件开启了明代朝臣中的党争之风。从此，他任用奸相严嵩，国政日坏。世宗还十分迷信方术，崇信道教，他于嘉靖十五年(1536年)五月大肆销毁金银佛像，引起民众不满。

嘉靖二十一年(1542年)十月，明世宗在京师内外广选8岁至14岁的女子入宫淫乐。在嘉靖皇帝眼中，宫女们的生命一钱不值，因此即便是贵如皇后的主子们也是朝不保夕。张皇后被嘉靖囚禁而死，方皇后被杀，陈皇后被嘉靖暴踢流产而亡。另据史载，嘉靖年间被处罚杀死的宫女前后达200余人。宫女们最终忍无可忍，准备杀了嘉靖。她们下手前商量："不如下了手罢，强

⊙ 明世宗朱厚熜像

如死在（他的）手里。"嘉靖二十一年（1542年）十月二十一日夜，以杨金英为首的10余个宫女乘嘉靖睡熟之机，一齐上手欲勒死了他，终因误拴死结未能成功。事后杨金英等以"谋逆"罪被凌迟处死，判尸枭首示众。这一事件史称"壬寅宫变"。事发的第二天，明世宗移至西苑万寿宫，从此再不临朝听政。

明世宗不仅本人信道，当上皇帝以后，还要全体臣僚都要尊道，尊道者升官发财，敢于进言劝谏者轻则削职为民，枷禁狱中，重则当场杖死。嘉靖帝时道士邵元节、陶仲文等官至礼部尚书，陶仲文还一身兼少师、少傅、少保数职，这在明朝历史上是空前绝后的。明世宗信奉道教，好长生术，宫中每有斋醮，就命词臣起草祭祀文章。这些文章用朱笔写在青藤纸上，谓之"青词"。

严嵩(1480～1567年)，字惟中，号介溪，

1517年

中国大事记：
葡萄牙派大使来中国。

江西分宜人，弘治进士。嘉靖二十一年(1542年)任武英殿大学士，入阁参预机务，兼礼部尚书。他对明世宗一味谄媚，窃权夺利，诛杀异己。严嵩善于撰写一些焚化祭天的“青词”，从而受到皇帝的宠幸。他于嘉靖二十三年(1544年)八月唆使言官弹劾翟銮父子在考进士时作弊，使翟銮被削职为民。九月，严嵩升任首辅，独揽国政，被称为“青词宰相”。他年过花甲，整天在西苑值庐，未曾归家洗沐，明世宗被其勤奋感动，更为信任于他。严嵩以儿子严世藩和义子赵文华为爪牙，拉拢锦衣卫都指挥陆炳，操纵朝政10多年，权倾朝野，收礼纳贿，为所欲为，弄得明王朝政治极为黑暗，边防松弛不堪。

这时候，北面鞑靼部(蒙古族的一支)统一了蒙古各部，逐渐强大起来，对明朝造成很大的威胁。严嵩不但不加强战备，反而贪污军饷，鞑靼首领俺答好几次打进内地，明军都没有力量抵抗。1550年(农历庚戌年)，蒙古鞑靼部首领俺答率军进犯大同。明朝总兵仇鸾以重金贿赂俺答，请他移师别处，于是俺答东犯蓟州，很快攻到北京城下。明世宗急忙下诏调兵保卫京师。仇鸾上奏骗取了世宗的信任，被封为平虏大将军，各路明军均由他调遣。他虽握有重兵，却不敢指挥对敌作战。俺答大军掳掠无数牲畜、人口、财物后，向西撤退，只留下小部分军队迷惑明军，而仇鸾10万大军居然不敢发一箭。最后，俺答大军安然出塞。这次事件史称“庚戌之变”。过了一年，严嵩的同党、大将军仇鸾又勾结俺答，准备议和。这件事引起了一些正直大臣的愤慨，特别是兵部员外郎杨继盛，更是义愤填膺。

杨继盛，保定容城人。他7岁的时候，就失去了母亲。他父亲见他有志气，就让他一面放牛，一面读书，果然进步很快。后来他参加科举考试，中了进士，在京城里受到不少大臣的赏识。

杨继盛为人正直，看不下严嵩、仇鸾一伙丧权辱国的行为，就向明世宗上奏章，反对议和，希望朝廷发愤图强，训练士兵，抵抗鞑靼。明世宗看了奏章，也有点动心，但是禁不起仇鸾一伙撺掇，反而把杨继盛降了职。

杨继盛被贬谪后不久，明朝和鞑靼便议和了，但是没多长时间，俺答就破坏和议，进攻明朝边境。仇鸾密谋暴露，吓得发病死了。到了这时，明世宗才想到杨继盛的意见是对的，便把他调回京城。严嵩还想拉拢杨继盛，哪知道杨继盛对严嵩深恶痛绝，他回到京城刚一个月，就给明世宗上奏章弹劾严嵩，揭发严嵩十大罪状，条条都有真凭实据。

这道奏章击中严嵩的要害，严嵩气急败坏，在明世宗面前反咬一口，诬陷杨继盛。明世宗大怒，把杨继盛关进大牢。后来严嵩撺掇明世宗把杨继盛杀害了。

严氏父子当权之后，对世宗一味献媚，恃宠专权，残害忠良，并害死夏言、曾铣、张经、杨继盛等人。同时卖官受贿，培植同党，致使四方官员争相行贿，且贪得无厌，在南京置了大量的土地。尤其是他在执政后期，由于侵吞军饷，使战备松弛，东南倭祸和北方边患十分严重，而赋役日增，灾害频繁，天人怨恨。

自嘉靖三十七年(1558年)之后，世宗对严嵩逐渐不满，而对大学士徐阶更为信任。方士蓝道行和严嵩有矛盾，利用扶乩的机会，借仙人之口指出严嵩父子是奸臣，明世宗便产生了罢免严嵩的想法。御史邹应龙探知明世宗意图，在徐阶授意下，于嘉靖四十一年(1562年)五月十九日上疏弹劾严嵩父子索取贿银、卖官鬻爵、广置田宅，奏请斩杀严世藩，罢免严嵩。明世宗遂以严嵩放纵严世藩有负国恩为由，令其辞官还乡，并捉拿严世藩及家奴严年入狱。

嘉靖四十四年(1565年)三月，严世藩被斩。严嵩被罢黜为民，寄食墓舍，于隆庆元年(1567年)死去。江西巡抚成守节奉令抄没严嵩江西的家产，查得黄金3万多两，白银202万两，府第房屋6600多间，田地山塘27000余亩，珍珠宝石不计其数。

1399年

世界大事记：
英国兰开斯特王朝时期开始。

海瑞罢官

严嵩掌权时，不仅他的自家亲戚，就连他手下的同党，也都是依仗权势作威作福之辈。上至朝廷大臣，下至地方官吏，谁敢不让着他们几分！

可是在浙江淳安县里，有一个小小的县官却能够秉公办事，对严嵩的同党也不讲情面。他的名字叫海瑞。

海瑞 (1514 ~ 1587 年)，自号刚峰，生性峭直严厉，不肯阿上，又清苦自律，力摧豪强，厚抚穷弱，所以深受百姓拥护，而经常触忤当道，曾经三次丢官，一度入狱。

他 20 多岁中了举人后，被调到浙江淳安做知县。海瑞到了淳安，认真审理过去留下来的积案，不管什么疑难案件，到了海瑞手里，都一件件调查得水落石出，从不冤枉一个好人。当地百姓都称他是“海青天”。

有一次，京里派御史鄢懋卿到浙江视察。鄢懋卿是严嵩的干儿子，敲诈勒索的手段更阴险。他每到一个地方，地方官吏要是不“孝敬”他一笔大钱，他是决不会放过的。各地官吏听到鄢懋卿要来视察的消息，都一筹莫展。可鄢懋卿却装出一副奉公守法的样子，他通知各地，说他向来喜欢简单朴素，不爱奉迎。

海瑞听说鄢懋卿要到淳安来，就给鄢懋卿送了一封信，信里说：“我们接到通知，要我们招待从简。可是据我们得知，您每到一个地方都是花天酒地，大摆筵席。这就叫我们不好办啦！要按通知办事，怕怠慢了您；要是像别的地方一样大肆铺张，又怕违背您的意思。请问该怎么办才好？”

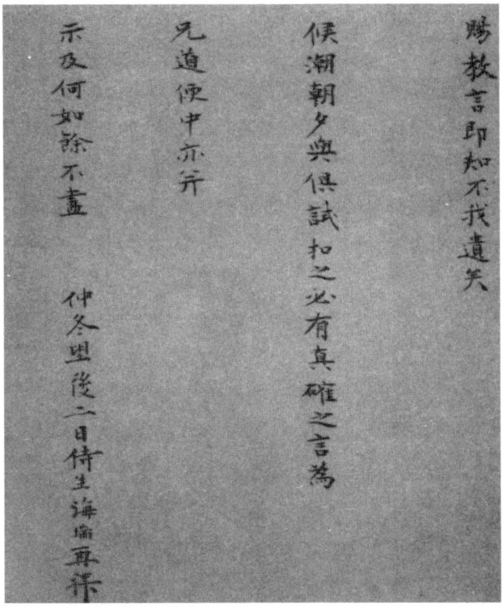

⊙ 海瑞《奉别帖》墨迹

· 乡试和会试 ·

明朝的科举分为乡试和会试两级。子、午、卯、酉之年，在各省省城举行乡试，也叫秋闱，考中者称为举人。辰、戌、丑、未之年，各地举子会集京城举行会试，也叫春闱，考试合格的称作贡士。贡士再经过由皇帝亲自主持的殿试，考试合格者统称进士，分三甲张榜公布：一甲三人，分别是状元、榜眼、探花，赐进士及第；二甲若干人，赐进士出身；三甲若干人，赐同进士出身。所有进士都由朝廷任以官职。朝廷规定，所有的考试命题，一律出自《四书》、《五经》，考生的答案限制以宋朝朱熹所作的《四书集注》为依据，不准有自由发挥，文章的格式、用语都有统一的体式，即所谓的“八股文”。明朝的科举制度，实际上不是为国家选拔人才，而是为专制政权选拔奴才，它已经成为文化进步的阻碍。

1554年

中国大事记：
胡宗宪受命以御史巡按浙江，整治沿海倭寇。

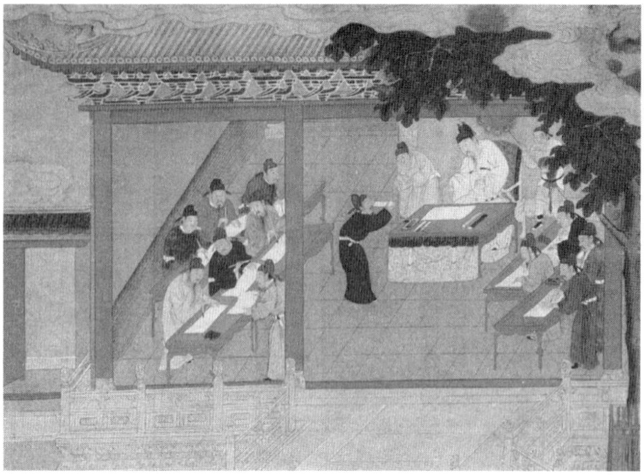

⊙ **殿试图**

此图描绘学子们正在完成皇宫中皇帝举行的殿试。明朝科举考试内容为八股文，也称制艺、制义、时艺、时文、八比文；因题目取于四书，又称四书文。八股文是封建统治者扼杀人才、钳制思想的工具。

鄢懋卿看到这封揭他老底的信，气得咬牙切齿。但是他早听说海瑞是个铁面无私的硬汉，心里有点害怕，就临时改变主意，绕过淳安，到别处去了。

通过这件事，鄢懋卿对海瑞怀恨在心。后来，他在明世宗面前狠狠告了海瑞一状，海瑞被撤了淳安知县的职务。

严嵩倒台后，鄢懋卿也被充军到外地，海瑞恢复了官职，后来又被调到京城做官。

那时候，明世宗已经有20多年没有上朝了，他整天躲在宫里跟一些道士们鬼混，一些朝臣谁也不敢说话。海瑞虽然官职不大，却大胆写一道奏章向明世宗劝谏，把明王朝的昏庸腐败现象痛痛快快地揭露出来。

海瑞这道奏章在朝廷引起了一场轰动，更触怒了明世宗。明世宗看了奏章后，又气又恨，下令把海瑞抓了起来，交给锦衣卫严刑拷打。直到明世宗死了，海瑞才被释放。

神宗即位后，他任右佥都御史巡抚应天知府，打击豪强，平反冤狱，大修水利，推行一条鞭法，为民众做了很多好事，深受百姓爱戴。但海瑞不肯迎合上官，一贯恃才傲物的宰相张居正亦不免暗怀嫉恨，终于把海瑞第三次排挤出朝。

万历十三年(1585年)，海瑞在赋闲16年后，以72岁的高龄被召为南京右都御史。他作风不改，依旧是一心为民，两袖清风。万历十五年(1587年)，海瑞病殁任上。海瑞去世后，身无分文，连为其办理丧事的钱也是大家捐集而成。发丧时，农辍耕，商罢市，号哭相送数百里不绝。后来赐谥“忠介”。

戚继光抗倭

明朝嘉靖年间，我国东南沿海一带倭患猖獗，他们滋扰抢掠，杀人放火，给当地人民带来了极大的痛苦和灾难，人民纷纷起来进行抗倭斗争。在抗倭斗争中功绩最大的就是戚继光率领的戚家军。在以戚家军为代表的抗倭行动下，倭寇之患基本被荡平，保障了东南沿海人民的生命和财产安全。

倭寇最早出现在元末明初，当时日本处于南北朝分裂时期。日本西南的封建割据势力除了互相争战外，还常勾结海盗、商人和浪人武士在中国沿海进行武装掠夺和骚扰，形成了最初的倭患。永乐时因为军备整饬，加强了海防，又同日本政府交涉，所以倭寇没能进行大规模骚扰。但到了正统以后，明朝政治日益腐败，海防松弛，倭寇侵扰又渐渐猖獗起来。嘉靖时，随着东南沿海一带商品经济的发展，一些经商的富豪地主与倭寇勾结，形成武装劫夺集团，气焰十分嚣张，倭患达到高潮。明政府曾派朱纨做浙江巡抚，监督抗倭。朱纨看到问题症结在于闽浙富豪通倭，便打击了一些地主奸商，并积极加强海防抗倭，

1427年

世界大事记：
阿拉伯数学家卡西著《算术之钥》，系统地论述了算术、代数的原理、方法等。

但因触犯了富豪大户的利益而处处受到阻挠，被迫自杀。

后来，朝廷派熟悉沿海防务的老将俞大猷去平乱。俞大猷一到浙江，就打了几个胜仗。可是不久，江浙总督张经被严嵩的同党赵文华陷害，俞大猷也被牵连坐了牢。沿海的防务没人指挥，倭寇又猖獗起来。朝廷把山东的将领戚继光调到浙江，这个局面才得到扭转。

戚继光，字元敬，山东蓬莱人。戚继光的六世祖戚详原是朱元璋部将，东征西讨近30年，最后在云南战死。明太祖追念戚详的功绩，授他的儿子戚斌为明威将军，世袭登州卫（今山东蓬莱）指挥佥事。

1544年，父亲戚景通病死，17岁的戚继光承袭了登州卫指挥佥事，从此开始了他的军职生涯。两年后，戚继光分工管理屯田事务。这时，卫所的军丁大多逃亡，屯田遭到破坏，海防受到很大影响。戚继光了解了这些情形，进行清理整顿，很快收到成效。

戚继光著有《纪效新书》，为明代著名兵书，所述内容具体实用，既是抗倭中练兵实战的经验总结，又反映了明代训练和作战的特点，尤其是反映了火器发展到一定阶段上作战形式的变化，具有较高的军事学术价值。

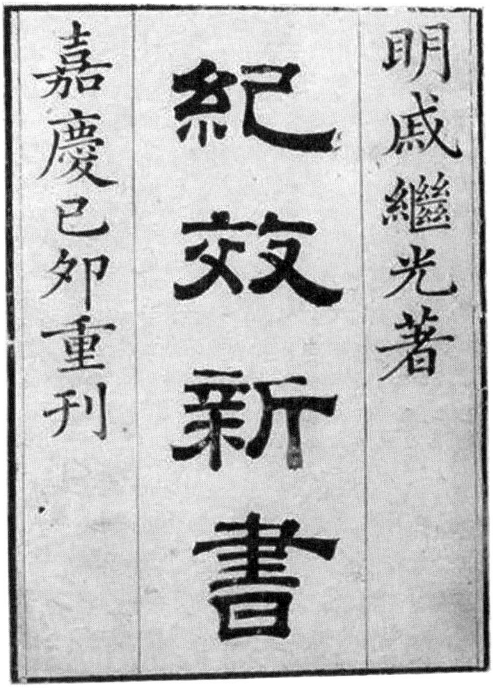

⊙《纪效新书》内页

·戚家军与蓬莱水城·

山东蓬莱水城是我国现存最早、最完整的古代水军基地，总面积达27万平方米。明代以前是古登州港，与交州、扬州、广州并称中国古代四大口岸，也是东渡日本、朝鲜的重要港口。明洪武九年（1376年），在此基础上依山麓地形构筑城池，疏浚小海引入海水，用以停泊船舰。其水门、防波堤、平浪台、码头、灯楼等海港建筑和城堞墙、敌台、水闸、护城河等防御性建筑共同构成一个严密的海上军事防御体系，成为当时驻扎水军、停泊船舰、水上操演、出哨巡洋的军事基地。

明朝中期日本武士、商人和海盗经常骚扰沿海地区，是为倭寇。沿海人民饱受威胁，屡遭损害，但倭寇作风剽悍，来去如风。戚继光精选4000余名农民和矿工，训练成一支军纪严明的劲旅，史称“戚家军”。戚家军既能陆战又能海战，巡游东西，转战在东南沿海的海面上。他们作战勇猛，所向披靡，使倭寇闻风丧胆，几无立足之地。戚继光戎马生涯40多年，智勇兼备，多谋善断，练兵有方。指挥戚家军“飚发电举，屡摧大寇”，在东南沿海扫灭倭寇，廓清海疆，成为雄峙大海的不朽军魂，牢固地守卫着中国的沿海边疆。

1566年

中国大事记：
海瑞因上疏被罢官。

⊙ 戚家祠堂

戚继光调到浙江抗倭前线后，发现军队缺乏训练，临阵畏缩，根本不能打仗。针对明军兵惰将骄、纪律松弛、战斗力低等弱点，戚继光两上《练兵议》，并以“杀贼保民”为号召，在嘉靖三十八年(1559年)九月亲自往义乌、金华招募素质良好的矿工和农民入伍，经过数月的精心编制与严格训练，组成了3000多人的新军。

新军在戚继光领导下，纪律严明，作战英勇，对百姓秋毫无犯，多次建立战功，战斗力非常强，被人们誉为“戚家军”。

1561年四月，倭寇聚集了1万多人，驾数百艘战船，又一次大举侵扰浙东的台州和温州，骚扰了大片地区，声势震动了整个东南。戚家军迅速出击，先在龙山和雁门岭打败倭寇，接着驰援台州，在台州外上峰岭设伏。戚家军士兵每人执松枝一束，隐蔽住身体，使倭寇以为是丛林，等倭寇过去一半，立刻发起进攻。士兵一跃而起，居高临下，猛烈冲锋，全歼了这股倭寇。台州的战斗历时一个多月，共斩杀倭寇1400多人，烧死溺死4000多人。戚继光因功升为都指挥使。

这时，福建沿海倭患严重，福建巡抚向朝廷一再告急。戚继光奉命到福建抗倭，仅仅3个月，就荡平了横屿、牛田、林墩3个倭寇巢穴。戚继光升任都督同知、总兵官，镇守福建全省及浙江金华、温州二府。

不久，倭寇又聚集了2万多人，陆续在福建泉州、漳州、兴化等地登陆。戚家军分成数支，和倭寇展开激战，在一个月内就打了12次胜仗，杀死倭寇3000多人。1563年十一月，2万多倭寇围攻仙游。仙游军民昼夜在城上死守，情势十分危急。戚继光调各路明军，切断仙游倭寇与福建其他各处倭寇的联系，对围攻仙游的倭寇发起总攻，一举把这批倭寇消灭了。仙游大捷是以戚家军为主力的明军继平海卫之战后的又一重大胜利，共歼灭倭寇2000多人。

接着，戚继光又在同安、漳浦两地指挥戚家军大败倭寇，使福建境内倭患平定下来。1565年以后，广东总兵俞大猷官复原职，戚继光任职副总兵配合抗击倭寇。经过戚继光、俞大猷等抗倭将领的共同努力，以及沿海军民的浴血奋战，到1566年时，横行几十年的倭患，终于得到基本解决。

李时珍论药

明世宗在位期间，贪图享乐，但又担心有死掉的那一天，享乐的日子就此结束。于是，他便挖空心思想得到长生不老的药剂，并下令让各地官吏推荐名医。正在楚王府里做医生的李时珍，便被推荐到朝廷做太医。

李时珍（1518～1593年），字东璧，亦名可观，晚年号濒湖山人，湖北蕲州（今湖北蕲春蕲州镇）人。

李时珍出身于医学世家，其父李言闻是当地有名的医生，曾做过太医吏目。他从小爱好读书，14岁考中秀才，后来参加乡试考举人，屡试不中。

20岁那年，李时珍身患“骨蒸病”(即肺结核)，幸得父亲精心诊治痊愈，于是下决心弃儒从医，潜心钻研医学。李时珍24岁开始学医，以后大量阅读了《内经》、《本草经》、《伤寒论》、《脉经》等古典医学著作。

1455年

世界大事记：
英国“玫瑰战争”爆发。

1545年，蕲州一带洪水泛滥成灾，灾后瘟疫流行，人民贫困，无钱求医。李时珍有志学医，又体恤民众疾苦，借此机遇临床实践，治好了许多病人。由于勤奋钻研，37岁的李时珍已成为荆楚一带的名医，“千里求药于门”者，络绎不绝。

有一次，楚王的儿子得了一种抽风的病，久治不愈。楚王慕名派人请李时珍为他儿子诊病。李时珍看了病人的气色，又按了按脉，知道这孩子的病是由肠胃引起的。他开了调理肠胃的药方，楚王的儿子吃过药后，病就全好了。楚王非常高兴，挽留他在府中任“奉祠正”兼楚王私人医生，李时珍同意了。他知道楚王一向与郝、顾两个富绅交往密切，而这两家藏书很多，借此机会可以弄到《神农百草经》《证类本草》等历代药典研究，既可以丰富自己的医学知识，又可以为今后撰著《本草纲目》打下基础。

不久，明世宗下令让全国名医集中太医院，楚王只好遵旨推荐李时珍赴京都太医院任职。李时珍也借此机会，更好地与名医切磋交流医术，同时，阅读了许多民间看不到的善本医学经籍。在此期间，他几次提议编撰《本草》一书，但都被拒绝。李时珍只在太医院呆了一年，就告病归乡了。

回乡后，他边行医，边查阅前贤著述、药典、典故、传奇等。此外他踏遍青山，尝尽百草，足迹遍及河南、河北、江西、安徽、江苏等省，又攀登了天柱峰、茅山、武当山，采集标本，求教于药农、果农，亦冒险品尝了仙果(榔梅)，熟食鼓子花(旋花)。

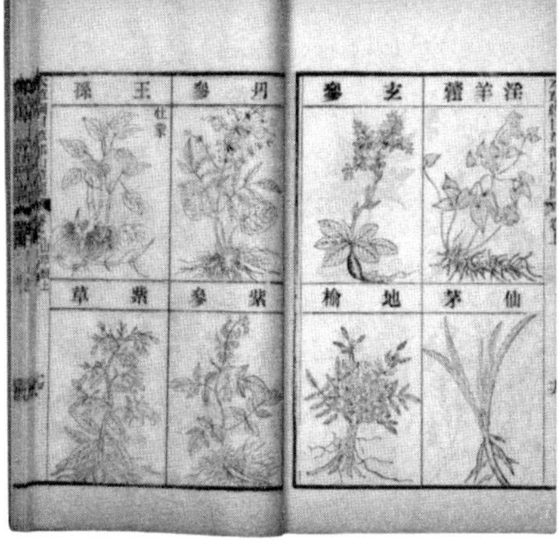
⊙《本草纲目》书影

·持续进步的农耕技术·

明代，铁质农具的质量随着炼铁技术的提高而得到改良，农耕种田更加追求集约经营，精耕细作被放在首位。在整地方面，讲求深耕达七八寸，以使土壤彻底松软。在选种和播种上，重视收集、选育新种和优良种子，并提前浸种以便早播。

李时珍花了将进30年的时间，写成了著名的医药著作《本草纲目》一书。《本草纲目》共有52卷，190万字，分为16部(卤、玉、金、石、草、谷、菜、果、木、服器、虫、鳞、介、禽、兽、人)62类，载有药物1892种，其中载有新药374种，收集医方11096个，绘图1111幅。在药物分类上改变了原有上、中、下三品的简单分类法，采取了“析族区类，振纲分目”的科学分类，过渡到按自然演化的系统上来。这种从无机到有机、从简单到复杂、从低级到高级的分类法在当时是十分先进的。其中对植物的科学分类，比瑞典的林奈早200年。《本草纲目》是一本既有总结性又有创造性的著作。

《本草纲目》除了在药物学方面有巨大的成就外，在化学、地质和天文等诸多方面也有突出贡献。譬如在化学方面，记载了纯金属、金属、金属氯化物、硫化物等一系列的化学反应。

《本草纲目》不仅是我国的一部药物学巨著，而且也是我国古代的百科全书。正如李时珍儿子李建元在《进本草纲目疏》中说的：“上自坟典、下至传奇，凡有相关，靡不收采，虽命医书，实该物理。”

《本草纲目》在万历年间就已经流传到了日本，以后又传到朝鲜半岛和越南，并在17、18世纪传到了欧洲。

1568年

中国大事记：
明朝任命戚继光总理蓟州、保定、昌平三镇练兵事。

《三国演义》

《三国演义》是中国文学史上第一部长篇历史演义小说，全称《三国志通俗演义》，作者罗贯中是以晋朝陈寿的《三国志》为史实基础的。

关于罗贯中的生平，见于记载的很少，只能大致推测他的生卒年在1310 ~ 1385年之间。传说他很有政治抱负，曾入张士诚幕，朱元璋统一天下后，转而从事小说创作。他具有多方面的创作才能，曾写过乐府隐语和戏曲，但以小说成就为主，现存署名罗贯中的作品有《三国志通俗演义》、《隋唐志传》、《残唐五代史演义传》和《三遂平妖传》等。

《三国演义》的内容十分庞杂，时间和空间的跨度极大，涉及的人物也很多。作者以刘蜀政权为中心，抓住三国斗争的主线，井然有序地展开故事情节，描写了公元184年到280年间近一个世纪的的历史故事，始于黄巾起义，止于西晋统一，形成了一个庞大有机的故事整体。全书集中描绘了三国时期各封建统治集团之间的军事、政治、外交等方面的斗争，揭示了当时社会的黑暗和腐朽，谴责了统治阶级的残暴和丑恶，反映了生活在灾难和痛苦中的人民迫切希望和平统一的愿望。

三国时期人才辈出，在政治、军事、经济、外交等方面或明或暗的斗争中，不同的人物表现了各自非凡的才能。《三国演义》刻画了许多不同特点的英雄人物，而他们都不是孤立的。如董卓、曹操和刘备；诸葛亮、周瑜和司马懿；张飞、关羽和吕布等。这些不同的人物，或为一方霸主，或为沙场猛将，或为大帐谋士。

就董卓、曹操和刘备来说，董卓完全是邪恶和残暴的代名词，他烧杀掳掠，奸淫妇女，所犯罪行，真可谓擢发难数。曹操在书中是一个奸雄，他有智有谋，为官不避豪强，国难当头挺身而出，献计献策。在献刀杀董卓的故事中，充分显示了他的英勇和机智。尤其是当董卓、吕布识破他的意图后，他还能镇定自若，借机脱身而去。但同时曹操又是多疑的，只因一句无头无尾的话，便杀死吕伯奢一家。刘备是作者全力打造的“明主”形象，他宽仁待民，对将士以诚心和义气为重。为了成就大业，他能够做到与民秋毫无犯，甚至在关键时刻，他也能够与民众共进退，如在当阳撤退时，他不肯抛弃百姓先行。他知人善用，对诸葛亮、关羽、张飞、赵子龙的态度，可以说感人肺腑。当然，像他双手抛子、白帝托孤等情节也是他权谋的一种表现。

⊙ 关羽擒将图　明　商喜

关羽是三国时期蜀汉著名的大将，勇猛善战，在历史上留下了温酒斩华雄、过五关斩六将、刮骨疗毒、水淹七军等脍炙人口的故事，被后世尊为“关公”、“关夫子”、“武圣”。此图描绘的就是关羽“水淹七军，生擒庞德”的故事，图中关羽红脸长髯、威风凛凛，关平、周仓分立左右，阶下被缚者为庞德。

在《三国演义》中，塑造得最为出色的形象无疑是诸葛亮，他几乎就是超人智慧和绝世才能的化身。他隐居隆中时，对天下局势了如指掌，初见刘备即提出据蜀、联

1457年

世界大事记：
瑞典贵族驱逐查理七世，选举丹麦国王为瑞典国王。

吴、抗魏的战略。在后来大大小小的战役中，他总能够出奇制胜。尤其在火烧赤壁这段故事中，三方的主要首脑都粉墨登场，各自扮演着自己的角色，他的草船借箭、祈禳东风、华容布阵，无一不是出人意料的大手笔。刘备去世后，蜀国国力大减，他安居平五路、七擒孟获、六出祁山，一手撑起艰难的局面。那种排除万难的才能、坚忍不拔的毅力和“鞠躬尽瘁，死而后已”的精神结合在一起，成了封建时代“贤相”的典型。

⊙《三国演义》书影

读《三国演义》需要注意的是它“尊刘贬曹”的思想，从对董、曹、刘三人事迹和结局的描写就能看出这种取向，书中的这种思想并不是罗贯中所独创的，它最迟起于宋代，此后不断得到加强。这一方面是历史学方面的原因，一方面是受惯了欺凌和剥削的中下层民众对“明君”盼望的结果。

《三国演义》中还有一个重要问题就是它所宣扬的“义气”。小说第一回就极力写刘、关、张三人的桃园结义，不求同年同月同日生，但求同年同月同日死。这个盟誓决定了他们三人名为君臣、实同骨肉的关系。这种义气是小私有道德观念的反映，表现了他们在遇到困难时互相支援、见义勇为的积极品德。但另一方面，这种义气也有局限性，如关羽遇害后，刘备把个人的义气置于国家利益之上，不顾诸葛亮、赵子龙等的劝告，举兵伐吴誓死为关羽复仇，结果损兵折将，蜀国国力从此日衰。

《三国演义》是中国长篇章回历史小说的开山之作，其艺术结构既宏伟壮阔，又不失严密和精巧，同时在照顾历史事实的基础上，又适应了艺术情节的连贯。

·三国故事的流传·

三国故事很早就流传于民间。据杜宝《大业拾遗录》记载，隋炀帝观赏水上杂戏，便有曹操谯水击蛟、刘备檀溪跃马等节目。李商隐《骄儿》诗说：“或谑张飞胡，或笑邓艾吃。”可见到了晚唐，三国故事已经普及到小儿都知的程度。宋代通过艺人的表演说唱，三国故事更为流行。这时的三国故事已有明显的尊刘贬曹倾向。苏轼《东坡志林》记载：“王彭尝云：涂巷中小儿薄劣，其家所厌苦，辄与钱，令聚坐听古话。至说三国事，闻刘玄德败，频蹙眉，有出涕者；闻曹操败，即喜唱快。”宋元时代三国故事更是经常被搬上舞台。金元演出的三国剧目至少有《三战吕布》、《赤壁鏖兵》、《隔江斗智》等30多种。现存早期的三国讲史话本，有元至治年间所刊《三国志评话》，其故事已粗具《三国演义》的规模。与此同时，戏剧舞台上也大量搬演三国故事，现存剧目即有40多种，桃园结义、过五关斩六将、三顾茅庐、赤壁之战、单刀会、白帝城托孤等重要情节都已具备。此后罗贯中“据正史，采小说，证文辞，通好尚”，创作出杰出的历史小说《三国志通俗演义》。他充分运用《三国志》和裴松之注等史籍所提供的材料，重要历史事件都与史实相符；又大量采录话本、戏剧、民间传说的内容，在细节处多有虚构，形成“七分实事，三分虚假”的面目。

1572年	中国大事记： 明穆宗死，太子即位，是为明神宗。

《水浒传》

⊙ 施耐庵像

《水浒传》描写了北宋末年以宋江为首的农民起义的英雄故事。关于《水浒传》的作者，历来存在着争议。目前学术界比较倾向于认同是施耐庵编著，后经过罗贯中的加工。施耐庵，名耳，后更名为子安，字耐庵，元末明初人，具体生卒年不详，大约和《三国演义》的作者罗贯中同时代而年纪稍长，据《兴化县续志》记载，他是罗贯中的老师。关于他的祖籍也说法不一：一说是浙江钱塘（今浙江杭州）人，一说是江苏苏州人。他年少时颇有才名，在元至顺辛未年（1331年）中进士，做了两年钱塘县令，后来因为不容于当朝权贵而辞官回乡，安心著书立说。据说他曾经参加过张士诚的农民起义军，做过幕僚，未为可信。

水浒的故事在民间流传甚广，主要作品有龚开的《宋江三十六人赞》，以及元杂剧中的《双献头》、《李逵负荆》等。《水浒传》就是在民间传说、话本和戏曲的基础上写成的，是中国四大古典名著之一。该书通过宋江起义这一历史故事，真实地描绘了当时政治腐败、奸臣当道、民不聊生的社会全貌，反映了“官逼民反”的社会现实，以极大的热情歌颂了梁山英雄的大起义，深刻地揭露了人民与统治阶级间不可调和的矛盾。《水浒传》全书可分前后两大部分。前70回为前半部分，写各路英雄纷纷上梁山大聚义，打官军，聚义堂排座次。《水浒传》里的英雄走上造反的道路，各有不同的原因；但是在逼上梁山这一点上，许多人是共同的。如阮氏三雄的造反是由于他们不满官府的压榨，参加劫“生辰纲”的行动，上了梁山；解珍、解宝是由于受地主的掠夺起而反抗的；鲁智深曾是个军官，他好打不平，结果也被逼上山落草；武松出身贫民，为报杀兄之仇，屡遭陷害，终于造反；林冲原是东京80万禁军教头，是个有地位的人，他奉公守法，安分守己，但最终也被逼上梁山。71回以后为后半部分。后半部分由5个小部分组成，即征辽、平田虎、

⊙ 三打祝家庄　清

此为清代后期苏州年画，图中人物形象鲜明，把梁山泊好汉与祝家庄地主豪强激战的场面生动地描绘了出来，足见水浒故事在民间流传甚广。

1460年

世界大事记：
葡萄牙王子“航海家”亨利去世。

平王庆、平方腊及结局。其中平田虎、平王庆两部分是后来加的，今天有的百回本征辽之后紧接平方腊，没有这两部分。后半部分中，梁山大军受朝廷招安，成为官军，南北征战，英雄们或死或伤，渐渐离散，很少有人善终。

“忠义”是梁山好汉行事的基本道德准则，甚至梁山义军的武装反抗，攻城掠地，也被解释为“忠”的表现。但也就是这种“忠”的力量，最终把梁山大军引到了投降朝廷的灭亡道路。在征讨方腊后，108将只剩下27人回朝，而宋江却仍以所谓的“忠义”自诩。所以他会把最后一杯毒酒留给李逵，将梁山事业断送得干干净净。

《水浒传》的故事内容富有传奇性，情节跌宕起伏，变化莫测，一波未平，一波又起。作品塑造了许多性格鲜明的英雄形象，有人说《水浒传》中的人物不是看出来的，而是“听”出来的。许多人物的语言极有个性，如宋江慷慨背后却又谨小慎微，武松刚毅而略带几分强悍，李逵的粗豪，鲁智深的豪爽等，都是由他们的语言表现出来的。

《水浒传》人物众多而身份、经历又各异，因而表现出各自不同的个性。林冲的刚烈正直，鲁智深的嫉恶如仇、暴烈如火，武松的勇武豪爽，李逵的纯朴天真、戆直鲁莽，无不栩栩如生。这些英雄人物的个性虽然比较单纯，却并非简单粗糙。比如鲁智深性格是暴烈的，却常在关键时刻显出机智。又如李逵，作者常常从反面着笔，通过似乎是“奸猾”的言行来刻画他的纯朴。作者常常能够把人物的传奇性和富于生活气息的细节结合得很好，使他们的形象显得有血有肉。

小说中许多不重要的人物以及反面人物，虽然着墨不多，却写得相当精彩。像高俅发迹的一段，他未得志时对权势人物十足的温顺乖巧、善于逢迎；一旦得志，公报私仇、欺凌下属，又是逞足了威风，凶蛮无比。这种略带漫画味的描绘有着很强的真实感。

《水浒传》十分重视情节的生动曲折，总是在情节的展开中通过人物的行动来刻画人物的性格。这些情节又通常包含着激烈的矛盾冲突，包含着惊险紧张的场面，包含着跌宕起伏的变化，富于传奇色彩。这种非凡人物与非凡故事的结合，使得整部小说充满了紧张感。

《水浒传》的语言也独具风格。施耐庵创造性地继承和发展了“说话”的语言艺术，以北方口语、山东一带口语为基础，形成了明快、洗炼、表现力非常强的《水浒传》语言。状人叙事时，多用白描，不用长段抒写，寥寥几笔就神情毕肖。同时，《水浒传》的语言开始从《三国演义》的类型化写法摆脱出来，走向初步个性化写法，这标志着传统的写实方法在古代小说创作上的重大发展。

《水浒传》是中国小说史上第一部成熟的白话长篇小说，标志着我国白话长篇章回小说进入成熟的大发展时期。由它所开创的英雄传奇小说，不但启发了《金瓶梅》、《水浒后传》、《三侠五义》等小说，而且时至今日，依然是艺术家取法的宝库，并对中华民族的精神气质产生着深远的影响。

·英雄传奇小说·

以《水浒传》为代表的这一类小说，通常被人们称为英雄传奇小说，以便和以《三国志演义》为代表的历史演义小说区别开来。英雄传奇小说和历史演义小说的共同点在于主要人物和题材都有一定的历史根据；两者的区别则在于，前者一般是从宋元小说话本中的“说公案”之类的题材发展而来，而后者是由“讲史”话本演化而成的；前者以塑造英雄人物为重点，后者则着眼于全面地描写历史的兴亡更替；前者的故事虚多于实，甚至主要出于虚构，后者比较注重依傍史实。在明代的英雄传奇小说中，继《水浒传》之后，较有名的还有《杨家府演义》、《大宋中兴通俗演义》等。

1578年

中国大事记：
张居正主政，命人丈量天下田亩。

《西游记》

《西游记》源于唐朝高僧玄奘赴印度取经的史实，作者吴承恩（1500～1582年）字汝忠，号射阳山人，淮安山阳（今江苏淮安）人，出生在一个由书香门第破落的小商人家庭。他在科场上极不得意，直到45岁才补为岁贡生，当了一个小官，不久辞官归隐，以卖文为生。

《西游记》全书100回，大致可分为3个部分：第一部分是前7回，写孙悟空“大闹天宫”。孙悟空原是破石而生的美猴王，占领花果山水帘洞后，海外拜师，学得72般变化。他不愿受冥府、天界管束，大闹“三界”，自封“齐天大圣”，与玉皇大帝分庭抗礼，搅得天昏地暗。第二部分为8～13回，交代取经的缘由，写魏徵斩龙、唐太宗入冥、观音访求高僧和唐僧出世，为取经作了铺垫。第三部分为14～100回，由41个小故事组成，写了孙悟空在猪八戒、沙僧的协助下保护唐僧前往西天取经，一路克服了81难，斩妖除怪，历尽艰险，终于取回真经，师徒5人也都修成正果。

通过孙悟空这一艺术形象，作者寄托了人们的生活理想。他天生地长，闯龙宫夺得金箍棒，闹冥司勾掉生死簿上的姓名，在花果山上自在称王，无拘无束。在取经的过程中，孙悟空并未改变其基本的性格特征，他照旧桀骜不驯，对玉皇大帝、太上老君等尊神放肆无礼，对如来佛和观音菩萨也常显出一副玩世不恭的样子；当唐僧冤屈他，要将他赶出取经队伍时，他首先想到的是取下“紧箍咒”，恢复自由自在的生活。这是人性摆脱一切束缚、彻底自由的状态，是神话中才能表现出来的人对于自由的幻想。

《西游记》虽然是神话小说，但是正如鲁迅在《中国小说史略》中说的，《西游记》“讽刺揶揄则取当时世态，加以铺张描写”。《西游记》神话实际上表现了丰富的社会内容，曲折地反映出明代社会的黑暗，有很明显的现实批判意义。唐僧师徒取经路上遇到的妖魔鬼怪很多都是菩萨或天神的坐骑，当孙悟空打败妖魔，准备灭杀的时候，它们的主人往往就出来说情，将它们救走。从这里，我们可以看出明代社会有势力的宦官庇护他们的干儿子干孙子们贪赃枉法的影子。那些庄严尊贵的神佛，在作者笔下也时常显出滑稽可笑的面貌。玉皇大帝的懦弱无能、太白金星的迂腐和故作聪明，像观音菩萨在欲借净瓶给孙悟空时，还怕他骗去不还，要他拔脑后的救命毫毛做抵押。就是在西天佛地，阿难、迦叶二尊者也不肯“白手传经”，而如来居然堂而皇之地为这种敲诈勒索行径作辩护。这些游离于全书基本宗旨和主要情节的“闲文”，不仅令人发噱，而且表现出世俗欲念无所不在、人皆难免的意识。

《西游记》中的艺术形象，既以现实的人性为基础，又加上作为其原型的各种动物的特征，再加上浪漫的想象，写得生动活泼，令人喜爱。如孙悟空的热爱自由、不受拘束、勇于反抗等特点，体现着人性的欲求。而他的神通广大、变化无穷，则是人们自由幻想的产物；他的机灵好动、淘气捣蛋，又是猴类特征和人性的混合。猪八戒的形象也颇值得注意。他行动莽撞、贪吃好睡、懒惰笨拙，这些特点既与他错投猪胎有关，又是人性的表现。自然，猪八戒也有些长处，如能吃苦，在妖魔面前从不屈服，总记得自己原是“天蓬元帅”下凡等等。但他的毛病特别多，他贪恋女色，好占小便宜，对孙悟空心怀嫉妒，遇到困难常常动摇，老想着回高老庄当女婿，在取经的路上，还攒着一笔小小的私房钱。他在勇敢中带着怯懦，憨厚中带着奸滑。猪八戒的形象，体现了人类普遍存在的欲望和弱点。但在作者笔下，这一形象不仅不可恶，而且很有几分可爱之处。

《西游记》的语言生动流利，尤其是人物对话，富有鲜明的个性和浓烈的生活气息，富有幽默诙谐的艺术情趣。吴承恩提炼民众生活中的口语，吸收其中的新鲜词汇，利用它富有变化的句法，

1488年

世界大事记：
葡萄牙航海家迪亚士抵达好望角。

熔铸成优美的文学语言。敌我交锋时，经常用韵文表明各自的身份；交手后，又用韵文渲染炽烈紧张的气氛。它汲取了民间说唱和方言口语的精华，在人物对话中，官话和淮安方言相互融汇，如“不当人子”、“活达”、“了帐”、“断根”、“囫囵吞”、“一骨辣”这些词语，既不难理解，又别有风趣。往往只用寥寥几笔，就能将人物写得神采焕发，写出微妙的心理活动。

《西游记》以讽刺、幽默的笔调，运用浪漫主义手法，使小说充满了奇特的幻想，表现了罕见的艺术想象力，为以后神魔小说的创作提供了成功的范例。

⊙《西游记》图册　清

《西游记》问世后，各种表现唐僧师徒取经故事的艺术题材相继涌现，上图描绘了孙悟空脱困五行山，拜唐僧为师的情景。

·西游故事的流传·

《西游记》的故事经历了一个漫长的演变过程。《西游记》所写的唐僧取经故事是由玄奘的经历演绎成的。玄奘口述西行见闻，由弟子辩机写成《大唐西域记》。他的弟子慧立、彦悰又写成《大唐大慈恩寺三藏法师传》，记述玄奘西行取经事迹。为了宣传佛教并颂扬师父的业绩，他们不免夸张其辞，并插入一些带神话色彩的故事。此后取经故事即在社会上广泛流传，愈传愈离奇。在《独异志》、《大唐新语》等唐人笔记中，取经故事已带有浓厚的神异色彩。南宋的说经话本《大唐三藏取经诗话》，开始把各种神话与取经故事串联起来，书中出现了猴行者。他原是“花果山紫云洞八万四千铜头铁额猕猴王”，化身为白衣秀士，来护送三藏。他神通广大、足智多谋，一路杀白虎精、伏九馗龙、降深沙神，使取经事业得以“功德圆满”。这是取经故事的中心人物由玄奘逐渐变为猴王的开端。猴行者的形象源于我国古代的志怪小说。《吴越春秋》、《搜神记》、《补江总白猿传》等书中都有白猿成精作怪的故事，而李公佐的《古岳渎经》中的淮涡水怪无支祁的“神变奋迅”和叛逆性格同取经传说中的猴王尤为接近。书中的深沙神则是《西游记》中沙僧的前身，但还没有出现猪八戒。到元代，又出现了更加完整生动的《西游记平话》，其主要情节与《西游记》已非常接近。

1581年

中国大事记：
明朝张居正改革赋役制度，推行一条鞭法。

张居正改革赋役

明世宗千方百计寻找长生不老的药方，不但没有得到，反而误服了有毒的“金丹”，命丧九泉。明世宗死后，他的儿子朱载垕即位，这就是明穆宗。

明穆宗在位期间，大学士张居正才华出众，得到穆宗的信任。隆庆六年(1572年)五月，仅仅执掌朝政6年的明穆宗病危，他诏令大学士高拱、张居正、高仪为顾命大臣，令他们辅佐幼帝。二十六日，穆宗于乾清宫病逝，享年36岁，葬于昭陵。六月初十，皇太子朱翊钧遵遗诏继承帝位，改次年为万历元年，是为明神宗。

大学士张居正(1525～1582年)，湖广江陵县(今湖北江陵)人，字叔大，号太岳。嘉靖二十六年(1547年)进士，历任编修、礼部侍郎兼翰林院学士、吏部左侍郎兼东阁大学士、礼部尚书兼武英殿大学士，加少保兼太子太保等职，是明代著名政治家。

隆庆六年七月，他与宦官冯保的私交很好，且两人共同辅助幼年明神宗执掌朝政。神宗即位只过了一个月，大学士张居正即利用宦官冯保将高拱排挤掉，代之为首辅，并推荐礼部尚书吕调阳兼文渊阁大学士，参预机务。至此，张居正、冯保两人执掌明王朝政权。张居正根据穆宗的嘱托，像老师教学生一样，辅导年仅10岁的明神宗。他自编了一本图文并茂的历史故事书，叫做《帝鉴图说》，每天讲给神宗听。

神宗把张居正当作严师看待，既尊敬又惧怕。再加上太后和宦官冯保支持张居正，朝中大事几乎全部由他做主了。为扭转嘉靖、隆庆以来军政腐败、财政空虚、民不聊生的局面，以除旧布新、振纲除弊和富国强兵为宗旨，张居正在整顿吏治、整饬边防、整顿经济、兴修水利等众多方面进行了一系列的改革。

那个时候，沿海的倭寇已经肃清了，但北方的鞑靼部还不时入侵内地，对明王朝构成威胁。

⊙ 张居正为皇帝编著的《帝鉴图说》

张居正把抗倭名将戚继光调到北方去镇守蓟州(在今河北北部)，戚继光从山海关到居庸关的长城上修筑了3000多座堡垒，以防鞑靼的进攻。戚家军号令严明，武器精良，多次打败鞑靼的进攻。鞑靼首领俺答见使用武力不行，便表示愿意和好，要求通商。张居正奏明朝廷，封俺答为顺义王。以后的二三十年中，明朝和鞑靼之间没有发生战争，北方各族人民的生活也安定下来。

当初，由于朝政腐败，大地主兼并土地，巧取豪夺，地主豪绅越来越富，国库却越来越穷。张居正下令清查土地，结果查出了一批被皇亲国戚、豪强地主隐瞒的土地，这一来，使一些豪强地主受到了抑制，增加了国家的收入。

丈量土地后，张居正又把当时名目繁多的赋税和劳役合并起来，折合成银两来征收，称为“一条鞭法”。经过这种税收改革，一些官吏就不能营私舞弊了。

经过10年的努力，张居正的改革措施起到明显的效果，使十分腐败的明朝政治有了转机，国家的粮仓存粮也足够支用10年的。但是这些改革触犯了一些豪门贵族的利益，他们表面不得不服从，背地里却对张居正恨之入骨。

由于张居正的权力太集中了，明神宗皇权旁落。这时候，又有一批亲近的太监在内宫用各种办法给他取乐。

后来，由张居正做主，把那些引诱神宗胡闹的太监全部赶出宫去，太后还让张居正代神宗起

1492年

世界大事记：
哥伦布到达美洲。

草了罪己诏（皇帝责备自己的诏书）。这件事发生后，使明神宗与张居正的矛盾进一步激化。

1582年，张居正病死，明神宗亲政。那些对张居正不满的大臣纷纷攻击张居正执政时专横跋扈。第二年，明神宗把张居正的官爵全部撤掉，还派人查抄了张居正的家。张居正的改革措施也遭到极大的破坏，刚刚有一点转机的明朝政治又昏暗下去。

东林党与阉党之争

明朝后期，朝臣结党，派系林立。万历三十二年（1604年），落职还乡的原吏部郎中顾宪成在地方官员的资助下，与高攀龙同讲学于无锡东林书院。他们讽议时政，裁量人物，其言论形成了广泛的社会影响，在朝在野的各种政治人物和东南城市势力以及一些地方实力派都聚集他们周围，形成了一个声势浩大的东林党。

早期与东林党对立的主要是一批代表大地主集团利益的官员。东林党与各党派的斗争是以争“京察”为发端的，以后争论的中心逐渐转移到太子废立问题上来。后期党争主要是与以魏忠贤为首的阉党的斗争。魏忠贤原是当地有名的市井无赖，后因赌博输尽了家产，做了太监。熹宗时，魏忠贤与熹宗乳母客氏勾结，日益得宠，成为新的政治集团，被称为“阉党”。

东林党曾为熹宗登基之事出过大力，他们当政后，开始整顿朝纲，将很多腐败官员罢免。这些人便纷纷投靠魏忠贤，魏忠贤把东林党人看成阻止他实现野心的重要障碍。天启四年（1624年），魏忠贤在宫内基础已牢固，开始向外廷出击。六月，素以刚直敢谏著名的左副都御史杨涟上疏参劾，列举魏忠贤24条大罪，并请求驱逐客氏出宫。魏忠贤设计使熹宗下旨严责杨涟。不久，杨涟和东林党另一重要成员左光斗一起被罢了官。天启五年（1625年），阉党爪牙许显纯捏造口供，将杨涟、周朝瑞、左光斗、袁化中等人下在锦衣卫大狱中，不久又将他们杀害。天启六年（1626年），魏忠贤捏造了“七君子”事件，把东林党人周启元等7人迫害致死。此外，为了打击反抗和不肯依附他们的官员，魏忠贤的党羽们还编列了黑名单，将不肯同流合污的官员指为东林党，列在黑名单上。当时开列黑名单已成为一大风气，东厂西厂都照单捕人，并把他们弄死。一时间，朝廷上下乌烟瘴气，魏忠贤的权势达到了顶峰。

天启七年（1627年）熹宗病逝，崇祯继位，魏忠贤大势已去，自知被天下人所憎恨，难以自保，便自缢而死，阉党势力也遭到严重打击。东林人士逐渐返回朝廷。

东林党人主张改良政治、开放言路，反对横征暴敛，提倡减轻人民负担、缓和矛盾，并为此进行了坚持不懈的斗争，他们敢于揭露批判黑暗腐败政治，为民请命，为挽救明朝危机做出了巨大努力，反映了社会进步势力的要求。

努尔哈赤建后金

当明王朝政治越来越腐败的时候，满族的前身女真族那时正居住在今松花江南北以及黑龙江一带。早在11世纪时，女真族的完颜部就曾建立过政权。元时一部分女真人迁入中原，另一部分仍留在东北。明初女真生产渐渐发展，出现了阶级分化。作为满族主体的建州女真定居于赫图阿拉（今辽宁新宾一带），接受明政府的有效管辖，定期交纳贡赋。建州女真不断扩大势力，渐渐强大起来，其首领是爱新觉罗·努尔哈赤。

努尔哈赤出生在建州女真的贵族家庭里。祖

1619年

中国大事记：
萨尔浒之战，后金大败明军。

⊙ 努尔哈赤像

父觉昌安和父亲塔克世都被明朝封为建州左卫的官员，努尔哈赤从小就学习骑马射箭，练得一身好武艺。

努尔哈赤25岁那年，建州女真部土伦城城主尼堪外兰，引来明军攻打古勒寨城主阿台。阿台的妻子是觉昌安的孙女，觉昌安便带着塔克世到古勒寨去，途中碰上明军攻打古勒寨，觉昌安和塔克世都死在混战中。

努尔哈赤痛哭了一场，葬了他的祖父、父亲，但是想到自己的力量太弱，不敢得罪明军，就把怨恨全集中在尼堪外兰身上。努尔哈赤满腔悲愤地回到家里，找出了他父亲留下的盔甲，分发给他手下的兵士，向土伦城进攻。尼堪外兰根本不是努尔哈赤的对手，狼狈逃走。努尔哈赤攻克了土伦城后，趁机又征服了建州女真的一些部落。

努尔哈赤灭了尼堪外兰，声名远扬。过了几年，他统一了建州女真。这样一来，引起女真族其他部落的恐慌。当时女真族有三部，除了建州女真之外，还有海西女真和“野人”女真。海西女真中数叶赫部实力最强。1593年，叶赫部联合了女真、蒙古9个部落，合兵3万，分3路向努尔哈赤进攻。

努尔哈赤听到九部联军来攻，便在敌军来路上埋伏了精兵；在路旁山岭边，安放了滚木石块。九部联军一到古勒山下，建州兵就派出一百骑兵挑战。叶赫部一个头目冲过来，马被木桩绊倒，建州兵上去把他杀了，另一头目当时被吓昏过去。这样一来，九部联军没有了统一指挥，四散逃窜，努尔哈赤乘胜追击，打败了叶赫部。又过了几年，努尔哈赤统一了女真族各部。

·八旗制度·

努尔哈赤在统一女真各部的过程中，把原先的“牛录”（一种女真人从事军事和狩猎的小行动集体）改造成为“固山”（汉语“旗”的意思）。到1601年，他已经设立了黄、白、红、蓝四旗，1615年，正式建立了八旗制度。规定每300人立为一牛录，5牛录立一扎兰额真，5扎兰额真立一固山额真（旗）。同时又在旧有的黄、白、红、蓝四旗之外，增加镶黄、镶白、镶红、镶蓝四旗（即是在原来四种颜色的旗帜上镶上不同颜色的边缘，规定黄、白、蓝旗镶红边，红旗镶白边）。皇太极即位以后，又把归附的蒙古人和汉人编为蒙古八旗和汉军八旗。以后又将东北少数民族编入布特哈八旗。八旗制度在建立之初，兼有军事、行政和生产三方面的职能。后来受到中原文化的影响，把黄色作为皇帝的专用颜色，因此满族八旗正黄、镶黄两旗就成了天子亲自统帅的两旗，顺治以后，加上正白旗，合称为上三旗，地位要高于另外的下五旗。

1519～1521年

世界大事记：
麦哲伦环球航行。

努尔哈赤统一了女真后，把女真人编为八个旗。旗既是一个行政单位，又是军事组织。为了麻痹明朝，努尔哈赤继续向明朝朝贡称臣，明朝廷认为努尔哈赤态度恭顺，便封他为“龙虎将军”。

1616年，努尔哈赤认为时机成熟，就在八旗贵族拥护下，在赫图阿拉即位称汗，国号金。历史上为了跟过去的金国区别把它称为“后金”。

萨尔浒之战

1618年，努尔哈赤召集八旗首领和将士誓师，宣布跟明朝结下七件冤仇，叫作“七大恨”。第一条就是明朝无故杀死了他的祖父和父亲。为了报仇雪恨，他决定起兵征伐明朝。

努尔哈赤亲自率领2万人马攻打抚顺。他先写信给抚顺明军守将李永芳，劝他投降。李永芳见后金军来势凶猛，无法抵抗，就投降了。后金军俘获人口、牲畜30万。明朝的辽东巡抚派兵救援抚顺，也被后金军在半路上打垮了。

明神宗得知消息后，派杨镐为辽东经略，讨伐后金。杨镐率总兵杜松、马林、刘铤、李如柏，又通知朝鲜、叶赫部出兵助攻，合11万人，浩浩荡荡杀奔后金。杨镐令总兵马林率1.5万人出开原，入浑河上游，从北面进攻；总兵杜松领3万人担任主攻，由沈阳出抚顺关入苏子河谷，从西面进攻；总兵李如柏率2.5万兵由西南进攻；总兵刘铤率兵1万与朝鲜兵1.5万由南进攻；杨镐坐镇沈阳指挥，四路大军会攻赫图阿拉。

经过侦察，努尔哈赤得知山海关总兵杜松率领的中路左翼是明军主力，他们正从抚顺出发，打了过来。努尔哈赤决定集中兵力，先对付杜松。

杜松是一位身经百战的名将。从抚顺出发时，天正下着大雪，杜松立功心切，不管气候恶劣，急急忙忙冒雪行军。他先攻占了萨尔浒（今辽宁抚顺东）山口；接着，把一半兵力留在萨尔浒扎营，自己带了另一部精兵攻打后金的界藩城（今新宾西北）。

努尔哈赤一面发兵增援吉林崖，一面亲率4.5万旗兵直扑驻萨尔浒的明军西路主力。两军展开激战，杀得天昏地暗。杜松军点燃火炬照明以便准确炮击，后金军利用明军的火光，以暗击明，集矢而射，杀伤甚众。时起大雾，努尔哈赤趁雾引一路军越过堑壕，拔掉栅寨，攻占明军营垒。明西路军遂溃，死伤逾万。与此同时，杜松万余军在吉林崖也遭后金军重创，杜松战死，明西路军全军覆没。

明军主力被歼，南北二路显得势弱，处境孤单。马林率北路军进至尚间崖时，得知杜松覆灭，不敢前进，就地防御。他环营挖掘三层堑壕，将火器部队列于壕外，骑兵继后；又命潘宗颜、龚念遂各率万人屯于大营数里外以成犄角之势，并环战车以迟滞后金。努尔哈赤在击灭杜松后，已率八旗主力转锋北上，迎击明北路军。随后，后金军一部骑兵横冲龚念遂阵营，并以步兵正面冲击破明军车阵，龚军大败。主力后金军与马林部明军大战于尚间崖，刚击溃龚念遂的后金骑兵已迂回到马林军侧后，与主力前后夹击，马林大败。努尔哈赤挥军乘胜追击，八旗骑兵又冲垮潘宗颜军，北路明军大部被歼。坐镇沈阳的杨镐接

⊙ 八旗大纛

八旗大纛是八旗军队的八面军旗。1601年努尔哈赤创建黄、白、红、蓝四旗军队，每旗军队各以本旗色布绣一云龙为本旗旗徽。1615年，增建镶四旗，旗帜均镶边。

1626年

中国大事记：
明将袁崇焕在辽东大败后金，努尔哈赤受伤而死，其子皇太极即位。

⊙ 萨尔浒大战的遗物——明代铁炮

到两路人马覆灭的消息，连忙派快马传令另外两路明军立刻停止进军。

中路右翼的辽东总兵李如柏胆小谨慎，行动也特别迟缓，他一接到杨镐的命令，急忙撤退。剩下的是南路军刘铤。杨镐发出停止进军命令的时候，南路军因迷路未能如期到达目的地，而又不知明北、西二路已被歼，仍向北开进，当快到萨尔浒时，努尔哈赤已击败马林，挥师南下，作好了迎战准备。努尔哈赤以主力埋伏于赫图阿拉南，另以少数士兵冒充明军，持着杜松令箭，诈称西路明军已迫近赫图阿拉，要刘速进会攻。刘铤毫不怀疑，带着人马进入了后金军的包围圈。后金军里应外合，四面夹击，明军阵势大乱。刘铤虽然英勇，但毕竟寡不敌众，战死在乱军中。

这场战争从开始到结束，只有5天的时间，杨镐率领的10万明军损失过半，文武将官死了300多人。这就是历史上著名的“萨尔浒之战”。

萨尔浒之战后，明朝元气大伤。两年后，努尔哈赤又率领八旗大军，接连攻占了辽东重要据点沈阳和辽阳。1625年三月，努尔哈赤把后金都城迁到沈阳，把沈阳称为盛京。从那以后，后金就对明朝的统治构成了威胁。

袁崇焕大战宁远

萨尔浒大战之后，明王朝派老将熊廷弼出关指挥辽东军事。熊廷弼是个很有指挥才能的将领，可是担任广宁（今辽宁北镇）巡抚的王化贞却怕熊廷弼影响他的地位，百般阻挠熊廷弼的指挥。1622年，努尔哈赤向广宁进攻，王化贞带头出逃。熊廷弼面对混乱的局势，只好保护一些百姓退到山海关内。

广宁失守后，明王朝不问事由，便把熊廷弼和王化贞一起打进大牢。熊廷弼一死，派谁去抵抗后金军呢？

这时，详细研究了关内外形势的主事袁崇焕向兵部尚书孙承宗说：“只要给我人马军饷，我能负责守住辽东。”

袁崇焕（1584～1630年），字元素，广东东莞人。万历四十七年进士，历兵部主事、监军佥事、宁前兵备佥事。天启三年（1623年）九月奉命筑宁远城，进而升为右参政、按察使职，驻守宁远。

那些被后金的攻势吓破了胆的朝廷大臣听说袁崇焕自告奋勇，都赞成让袁崇焕去试一试。明熹宗给了他20万饷银，要他负责督率关外的明军。

袁崇焕到了关外，在宁远筑起三丈二尺高、两丈宽的城墙，装备了各种火器、火炮。孙承宗还派了几支人马分别驻守在宁远附近的锦州、松山等地方，与宁远互相支援。

袁崇焕号令严明，辽东的危急局面很快就扭转过来。正当孙承宗、袁崇焕守卫辽东有了进展之时，却遭到魏忠贤的猜忌。

魏忠贤先是排挤孙承宗离了职，又派了他的同党高第指挥辽东军事。高第是个庸碌无能之辈，他一到山海关，就召集将领开会，说后金军太厉害，关外防守不了，让各路明军全部撤进山海关内。

袁崇焕坚决反对撤兵，高第见说不服袁崇焕，只好答应袁崇焕带领一部分明军在宁远留守，但

1555年

世界大事记：
新教路德派获得合法地位。

却要关外其他地区的明军，限期撤退到关内。

努尔哈赤看到明军撤退时的狼狈相，认为明朝容易对付。1626 年，他亲自率领 13 万人马，渡过辽河，向宁远进攻。

努尔哈赤带领后金军气势汹汹地到了宁远城下，冒着明军的箭石、炮火，猛烈攻城。明军虽然英勇抵抗，但是后金兵倒下一批，又上来一批，情况十分危急。袁崇焕下令动用早就准备好的大炮，向后金军轰击。炮声响处，只见一团火焰，后金兵被炸得血肉横飞，纷纷后撤。

第二天，努尔哈赤亲自督战，集中优势兵力攻城。袁崇焕登上城楼瞭望台，沉着应战。等到后金军冲到逼近城墙的地方，他便命令炮手瞄准敌人密集的地方发炮。这样一来，后金军伤亡就更大了。正在后面督战的努尔哈赤也受了重伤，不得不下令全军撤退。

袁崇焕见敌人退兵，就乘胜杀出城去，一直追了 30 里，才得胜回城。

努尔哈赤受了重伤，回到沈阳后，伤势越来越重，没过几天，就咽了气。他的第八个儿子皇太极接替了他，做了后金大汗。

宁远大捷后，袁崇焕升任辽东巡抚。其后他积极调兵遣将，修缮城池，有力地遏制了后金的军锋。

⊙ 袁崇焕题写的聚奎塔匾额

⊙ **宁远城遗址**

1626 年，努尔哈赤亲率十三万大军，号称二十万，围攻明关外要塞宁远城（今辽宁兴城市），遇到明将袁崇焕抗击，久攻不下，背发痈疽而死。

皇太极用反间计

努尔哈赤死后的第二年，皇太极亲自率领人马，攻打明军。后金军分兵三路南下，先包围了锦州城。袁崇焕料定皇太极的目标是宁远，决定自己镇守宁远，派部将带领四千骑兵援救锦州。果然，援兵还没出发，皇太极已经派兵来攻打宁远。袁崇焕亲自到城头上督战，用大炮猛轰后金军；城外的明军援军也配合战斗内外夹击，把后金军打跑了。

皇太极把人马调到锦州，但是锦州的明军守得很严密，皇太极只好退兵。

⊙ **调兵信牌**

木质，长 20.3 厘米，宽 31.2 厘米，厚 2.6 厘米。为皇太极统一东北各部时使用的调兵信牌，牌中间汉字为“宽温仁圣皇帝信牌”。

1630年

中国大事记：
陕西农民军声势日见浩大，神一元、神一魁、张献忠等先后扯起起义大旗。

袁崇焕虽然打了胜仗，可是阉党却把功劳记在自己的名下，还责怪袁崇焕没有亲自救锦州是失职。袁崇焕知道魏忠贤有心跟他过不去，就辞了职。

天启七年(1627年)八月，明熹宗于乾清宫病逝，年仅23岁，临终遗诏："以皇五弟信王由检嗣皇帝位。"朱由检于明熹宗死的那天晚上进宫，第3天即皇帝位，诏次年为崇祯元年，这就是庄烈帝，历史上称他为思宗、毅宗、怀宗等。

崇祯帝即位后，并没有真正掌管朝政，当时是魏忠贤独霸朝纲，崇祯帝第一件要做的事就是把权力从魏忠贤手里抢回来。到了那时，他才能成为真正有权的皇帝。而此时的魏忠贤已经意识到熹宗早亡使自己失去了靠山，虽然手中仍有一定势力，但不敢如以前那样放肆。九月，魏忠贤请辞东厂职，崇祯帝未批准；他又"乞止生祠"，但只被允止少许。十月以后，魏忠贤集团自身发生了矛盾，有人弹劾魏忠贤之罪。崇祯帝趁机向魏忠贤开刀，他先是下令将魏忠贤安置于凤阳，继而又下令逮捕。魏忠贤知道这个消息后自缢而死。

崇祯帝又把袁崇焕召回朝廷，提拔他为兵部尚书，负责指挥整个河北、辽东的军事。

袁崇焕重新回到宁远，选拔将才，整顿队伍，士气大振。有一次，东江总兵毛文龙作战不力，虚报军功。袁崇焕使用崇祯赐给他的尚方剑，把毛文龙杀了。

皇太极打了败仗，当然不肯善罢甘休，他知道宁远、锦州防守严密，决定改变进兵路线。1629年农历十月，皇太极率领几十万后金军，从龙井关、大安口(今河北遵化北)绕道河北，直扑明朝京城北京。

这一着出乎袁崇焕的意料。袁崇焕得到情报，赶忙带着明军赶了两天两夜到了北京，没顾上休息，就和后金军展开激烈的战斗。

后金军退走后，崇祯帝亲自召见袁崇焕，慰劳了一番。但是一些魏忠贤的余党却到处散布谣言，说这次后金军绕道进京，是由袁崇焕引进来的。

崇祯帝是个疑心极重的人，听了谣言，也有些怀疑起来。正在这时，有一个被后金军俘虏去的太监从后金军营逃了回来，向崇祯帝报告，说袁崇焕和皇太极订下了密约，要出卖北京。

崇祯帝把袁崇焕召进宫拉长了脸责问说："袁崇焕，你为什么要擅自杀死大将毛文龙？为什么金军到了北京，你的援兵还迟迟不来？"袁崇焕一时不知如何回答才好。他正想答辩，崇祯帝已经喝令锦衣卫把他捆绑起来，押进大牢。崇祯帝拒绝大臣的劝告，到了第二年，下令把袁崇焕杀了。

·崇祯皇帝·

崇祯皇帝，即朱由检（1611～1644年），明光宗第五子，天启七年（1627年）八月继位。崇祯即位之时，正值明朝内忧外患之际：内有百万农民起义军，外有女真铁骑，山河冷落，烽烟四起。他决事果断，雷厉风行，如处理阉党一案；也有心细多疑，优柔寡断之一面，如对于是先攘外抑或先安内一直拿不定主意，遂误国家。崇祯自制极严，不耽犬马，不好女色，生活俭朴。他也经常征求左右的意见，但刚愎自用，不能做到虚怀纳谏；他知人善任，如袁崇焕、杨嗣昌、洪承畴，皆一代文武全才，任用他们时，言听计从，优遇有加，一旦翻脸，严酷无情，果于杀戮，导致用人不专，出现崇祯朝五十相局面。他悯恤黎民疾苦，常下罪己诏，但搜刮民膏，加派无度，驱百姓于水火；他励精图治，经常平台招对，咨问政之得失，与臣下讨论兴亡之道，为政察察，事必躬亲，欲为中兴之主，但求治心切，责臣太骤，以致人心恐慌，言路断绝。常谓所任非人，终成孤家寡人，至于煤山殉国。

1566年	世界大事记： 尼德兰资产阶级革命爆发。

清朝兴衰

闯王李自成

崇祯帝即位的第二年，陕西闹了一场大饥荒，老百姓没粮吃，连草根树皮也被吃光了。在这种情况下，一些地方官吏还照样催租逼税。于是，陕西各地爆发了农民起义。

高迎祥曾以贩马为业，善骑射，膂力过人。他揭竿于安塞，率部活动于延庆府，上阵时白袍白巾，身先士卒。崇祯三年（1630年）十一月，高迎祥与王嘉胤、王自用部会合东渡入晋。崇祯四年（1631年）六月，义军首领王嘉胤被南山总兵曹文诏部下杀害，陕晋各路义军结成三十六营，高迎祥为领袖之一，称为“闯王”。

⊙ 李自成雕像

崇祯二年冬天，明王朝从甘肃调了一支军队开赴北京。这支军队走到金县（今陕西榆中）时，由于兵士们领不到军饷，闹到了县衙门。带兵的将官出来弹压，有个年轻兵士引头，把将官和县官杀了。这个兵士就是李自成。

李自成是陕西米脂人，出生在一个农民家庭里，少年时就喜欢骑马射箭，练得一身好武艺。

李自成父亲死后，他去了明朝负责传递朝廷公文的驿站当驿卒。明朝末年的驿站制度有很多弊端，明思宗朱由检在崇祯元年（1628年）对驿站制度进行了改革，精简驿站。李自成因丢失公文被裁撤，失业回家。同年冬天，李自成因缴不起举人艾诏的欠债，被艾举人告到米脂县衙。县

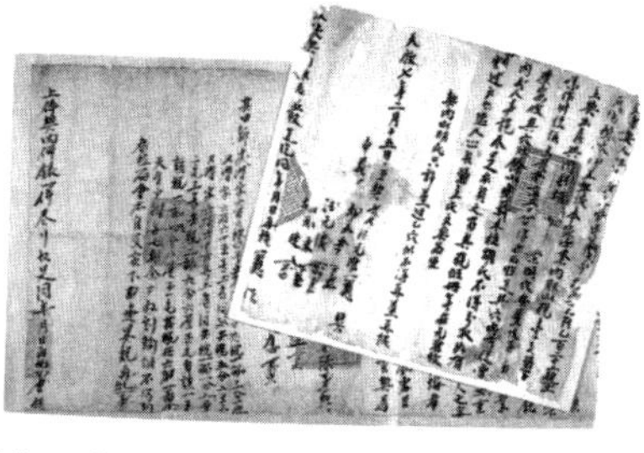

⊙ 卖地契　明

明中后期，皇族及地主大量掠夺农民土地，农民苦不堪言。天启七年（1627年），陕西澄城县王二率领抗粮农民冲入县城，杀死知县，揭开了明末农民大起义的序幕。起义烽火在陕西各地燃烧起来后，形成了李自成、张献忠领导的明末农民大起义。在明代，流民问题始终困挠明朝政府。明末农民失业，卖掉土地的极多。这两张卖地契，上加政府官印，是合法的土地的买卖契约。

1633年

中国大事记：
高迎祥、李自成、张献忠等相继入豫西，农民军彻底粉碎了明朝的围剿计划。

令晏子宾将他“械而游于市，将置至死”，后由亲友救出，同侄子李过于崇祯二年（1629 年）二月到甘肃甘州（今张掖市甘州区）投军。

这一次，李自成在金县杀了朝廷命官，带着几十个兵士一起投奔王左挂领导的农民军。不久，王左挂禁不住高官厚禄的诱惑，投降了朝廷，李自成不得不另找队伍。后来，他打听到高迎祥领导一支队伍起义，自称“闯王”，就去投奔了高迎祥。高迎祥见李自成带兵来投奔，十分高兴，立刻叫他担任一个队的将官，大家把他叫做“闯将”。

李自成所率军队纪律严明、作战勇敢，对百姓秋毫不犯，虽经受过几次挫折，但最终发展成为起义军中力量最强大的。面对各地农民纷纷揭竿而起的局面，明政府改变了招抚的政策，转而采用剿杀的政策。但是义军实行游击战，且基础深厚，官军虽连连取胜，但怎么也剿除不净。

· 李自成墓 ·

李自成葬在湖北省通山县城东南45千米九宫山北麓的牛迹岭，其陵墓背依九宫山老崖“虎山”，傍西流溪水，座南朝北。关于李自成墓的来历，当地民间世代传说：李自成死后，尸暴于野，几位朱姓农民不忍目睹此惨景，乃用两口旧水缸合成一个“石棺”，就地挖坑，收殓埋葬。现在的“闯王陵”经过重修，整体建筑依山就势，气势宏伟。墓位于陵园正中平台之上，左右双狮守护。椭圆形的墓冢长满了厚厚的绿草，墓前立有荷花绿大理石墓碑，高2.7米，宽0.9米，上刻郭沫若书“李自成之墓”。李自成由胜利的巅峰，跌落到失败的深渊，兵败身亡，落了个满族贵族入主中原的悲剧结局。这一段极富于戏剧性变化的历史，吸引了不同时代、不同阶层的人们的注意，为之扼腕叹息。

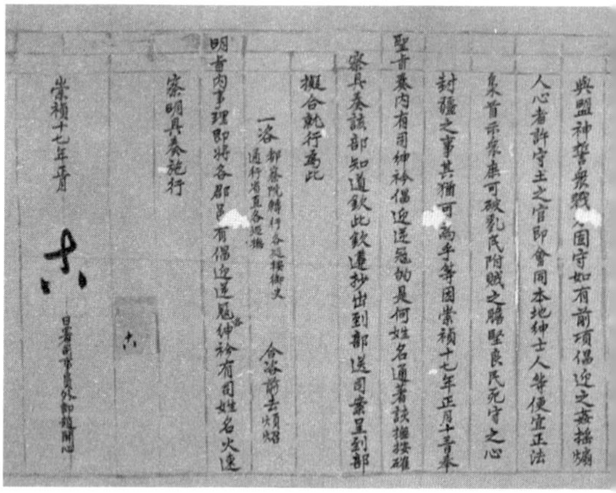
與盟神誓衆戮 國守如有前項偽迎之姦擒獲
人心者許守土之官即會同本地紳士人等便宜正法
梟首示衆庶可破亂民附賊之膽堅良民死守之心
封疆之事其猶可爲乎等因崇禎十七年正月十二日奉
聖旨奏内有司紳衿偽迎送賊的是何姓名通著該撫按確
察具奏該部知道欽此欽遵抄出到部送司案呈到部
擬合就行爲此
一咨 都察院轉行各巡撫御史 通行省直各巡撫 合咨前去煩照
明旨内事理即將各郡邑有偽迎送賊紳衿有司姓名火速
察明具奏施行
崇禎十七年正月

为了对付官军围剿，高迎祥把 13 家起义军的大小头领约到荥阳开会，商量对敌办法。李自成认为起义军应该分成几路，分头出击，打破敌人的围剿。大家听了，都觉得李自成说得有道理。经过商量后，13 家起义军分成了 6 路。有的拖住敌军，有的流动作战。高迎祥、李自成和另一支由张献忠领导的起义军向东打出了包围圈。

1633 年底，高迎祥、李自成等率起义军突破黄河天险，杀入明朝的心脏地带——河南。他们乘势前进，转而向安徽方面挺进。1635 年，起义军攻下明皇室凤阳老巢，那儿有朱元璋的祖坟。起义军进城后，焚毁皇陵宫殿，刨了皇家祖坟。崇祯帝闻知祖坟被挖大为吃惊，下罪己诏请求祖先在天之灵宽恕自己。崇祯帝悲伤过去后，命兵部尚书杨嗣昌专力剿杀。

有一次，高迎祥带兵向西安进攻。陕西巡抚孙传庭在盩厔（今陕西周至）的山谷里埋下了伏兵，高迎祥没有防备，被捕牺牲，李自成带领余部杀了出来。将士们失去了主帅，心情十分沉痛。大伙认为闯将李自成是高迎祥最信任的将领，加上他有勇有谋，就拥戴他做了闯王。从那以后，李闯王的名声就在远近传开了。

李闯王的威名越高，越使明王朝害怕和仇恨。崇祯帝命令总督洪承畴、巡抚孙传庭专门围剿李自成，李自成的处境一天比一天困难起来。在这个困难的时刻，另两支起义军的首领张献忠、罗

1581年

世界大事记：
意大利人利玛窦将鼻烟带入中国。

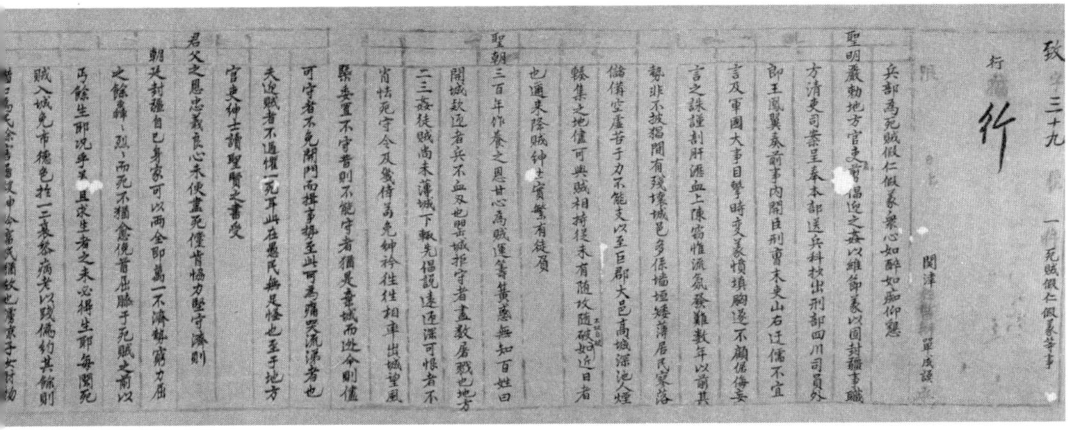

⊙ **兵部报告李自成活动情况行稿　明**

这是崇祯十七年（1644 年）明朝兵部向各地下属机构发布的行稿。在行稿中，明政府不得不承认李自成的军队受到农民“如醉如痴”的欢迎，许多地方官员也“开城款迎”。行稿要求各地主迅速报告“倡迎逆贼”的官员的情况。1644 年春，李自成在西安称帝，建立大顺政权，准备率领军队向北京进攻，行稿就是在这种形势下发布的。两个月后，李自成率领军队攻取北京，明朝灭亡。

汝才都接受了明朝的招降，李自成手下的将领也有叛变的，这使李自成处于极其危险的境地。

1638 年，李自成从甘肃转移到陕西，准备打出潼关去。洪承畴、孙传庭事先探听到起义军的动向，便在潼关附近的崇山峻岭中，布置了三道埋伏线，然后故意让开通向潼关的大路，诱使李自成进入他们的包围圈。李自成中了敌人的计，起义军经过几天几夜的搏斗，几万名将士在战斗中阵亡，队伍被打散了。

李自成和他的部将刘宗敏等 17 个人冲出重重包围，翻山越岭，排除了千难万险，才到了陕西东南的商洛山区，隐蔽起来。

冲冠一怒为红颜

在官军的围追堵截下，李自成处境艰难，暂时处于低潮。1641 年，李自成进入河南，转而又攻克洛阳，杀死福王朱常洵。崇祯帝知道后，非常生气，只恨恨地骂各地官吏围剿不力，但自己也拿不出好办法来。李自成起义军纵横驰骋，来回奔袭，官军只能跟在起义军屁股后团团转。1642 年，李自成率军三围开封，经过一番战斗，围剿起义军的官军不但没有把起义军剿灭，反而被起义军歼灭大部，起义军开始转入战略进攻。1643 年，李自成在襄阳建立革命政权，准备进行新的斗争。

1644 年，李自成在西安建立了政权，国号大顺。不久，李自成亲自率领 100 万起义军渡过黄河，兵分两路进攻北京。两路大军势如破竹，到了这年三月，就在北京城下会师了。北京城外驻守的明军最精锐的 3 大营全部投降。十七日，李自成亲率大军环攻九门。十八日，大顺军将士架云梯奋力攻城，越墙而入，攻破外城。与此同时，明太监曹化淳献彰义门出降。

⊙ 以吴三桂得名的“定辽大将军”铜炮，是明清兴亡交替的一件实物见证。

1644年

中国大事记：
李自成起义军攻占北京，崇祯帝自缢而亡，明朝灭亡。

崇祯帝听到大兵进城的消息，立即命其三个儿子更衣出逃，逼周皇后自缢，拔剑将长女乐安公主手臂斩断，又杀妃嫔数人，然后换上便服，携太监王承恩等数十人，出东华门，企图出逃，未成功，又返回宫内。十九日清晨，大顺军攻破内城。崇祯帝亲自响钟召集百官，竟无一人响应。他见已无力挽回败局，便与太监王承恩入内苑，于煤山（今景山）寿皇亭树下自缢。统治中国277年的明王朝，就此灭亡。

大顺政权一面出榜安民，一面惩治明王朝的皇亲国戚、贪官污吏。李自成派刘宗敏和李过，勒令那些权贵、官僚交出平时从百姓身上搜刮来的赃款，充当大顺军的军饷。有个叫吴襄的大官僚，也被刘宗敏抄了家产。有人告诉李自成说，吴襄的儿子吴三桂是明朝的山海关总兵，手下还有几十万大军。如果招降了吴三桂，就可以解除大顺政权的一个威胁。

吴三桂原来是明朝派到关外抗清的，驻扎在宁远一带防守。吴三桂收到父亲吴襄的劝降信，便打算到北京去看看情况再说。他带兵到了滦州，遇到一些从北京逃出来的人，找来一问，听说他父亲被抓，家产被抄，顿时心生恨意。后来，又听说他最宠爱的歌姬陈圆圆也被大顺军抓走，不禁勃然大怒，便率兵折回山海关，发誓与大顺军誓不两立。吴三桂势单力孤，仅据山海关一隅，根本无力与大顺军对抗，便想到与清兵联手对抗大顺军，于是派信使去见多尔衮。

这时，清军在多尔衮的率领下正计划由蓟州、密云地区破城墙而入，行军至翁后遇到了吴三桂的使者，便改变行军路线，直接向山海关进发。当时，李自成已亲率大军进逼山海关，准备与吴三桂展开激战。多尔衮四月二十一日到达山海关，屯驻于欢喜岭，蓄锐不发，按兵观望。四月二十二日吴三桂亲自出关，面见多尔衮，提出条件，正式降清。吴三桂与多尔衮约定，清兵帮助吴三桂打败了李自成后，黄河以北归清，以南归明，并封吴三桂为王。当日，多尔衮就率军进入山海关，不费一兵一卒便实现了多年夙愿。

大顺军从南面开到山海关边，与吴三桂的军队展开激战。李自成骑着马登上西山指挥作战。吴三桂带兵一出城，就被大顺军的左右两翼合围包抄。明兵东窜西突，无法冲出重围；大顺军个

·山海关与吴三桂·

山海关地处河北省秦皇岛市山海关区，是建筑史上罕见的杰作。整个关城平面为方形，周围城墙约4千米，城高14米，厚7米。关城与长城交接处的城墙顶宽达15米多，可“十人同行，五马并骑”。城四面均有关门，“东曰镇东，西曰迎恩，南曰望洋，北曰威远”。镇东门上悬有“天下第一关”的巨幅匾额。

1644年，大明王朝气数已尽，明代崇祯末年山海关总兵吴三桂本打算投靠北京李自成的大顺政权，他把山海关交给前来接管的大顺官员，便带领兵马前往北京归顺李自成。快到北京时，吴三桂听说李自成部下大将刘宗敏抢走陈圆圆，于是“冲冠一怒为红颜”，折回山海关，与李自成为敌，向清割发称臣，并把山海关拱手相让，清兵入关李自成起义军寡不敌众，撤回北京。山海关大战，决定了明亡后的政治格局。从此，李自成等农民起义军日薄西山，最终归于败亡。而清朝廷则实现了入主中原的雄图大略。吴三桂据守军事要塞山海关，手握重兵，在明亡时按兵不动，在归顺李自成时因小失大出尔反尔，在归顺清廷后却又贪心不足图谋造反。吴三桂既背弃了君臣大义，又丧失了民族气节，唯一始终不变的便是对利益和欲望无休止的追求，私欲遮蔽了他的双眼，使他丧失了方向感，最终可耻地死去。

1600年

世界大事记：
英国东印度公司成立。

⊙ **明崇祯山海关镇炮**

山海关依山临海，形势险要。1644 年 4 月，吴三桂引清军入山海关，击败李自成。清军由此进入中原。

个奋勇，喊杀声震天动地。

这时候，多尔衮看准时机，命令埋伏在阵后的几万清兵一起杀出，向大顺军发动突然袭击。大顺军没有防备，也弄不清是哪儿来的敌人，心里一慌张，阵势乱了起来。

李自成在西山上发现清兵已经进关，想稳住阵脚，已经来不及了，只好传令撤兵。多尔衮和吴三桂的队伍里外夹击，大顺军惨败。李自成带领将士边战边退，吴三桂仗着清兵的势力，在后面紧紧追赶。大顺军退到北京时，兵力已经大大削弱了。李自成回北京后在皇宫大殿里举行了即位典礼，接受官员的朝见。第二天一清早就率领大顺军，匆匆离开北京，向西安撤退。

1644 年十月，多尔衮把顺治帝从沈阳接到北京，把北京作为清朝国都。从那时起，清王朝就开始统治中国了。

吴三桂降清改变了当时整个战局，是清入主中原的关键性转折。第二年，清军兵分两路攻打西安：一路由阿济格和吴三桂、尚可喜率领，一路由多铎和孔有德率领。李自成被迫放弃西安，向襄阳转移。几个月后，大顺军在湖北通山县遭到当地地主武装袭击，李自成战败被杀。

史可法死守扬州

崇祯帝在煤山（今景山）自杀的消息传到明朝陪都南京，南京的大臣们惊慌失措。他们立福王朱由崧做了皇帝，这就是弘光帝，历史上把这个南京政权叫作南明。

弘光帝朱由崧是个荒唐透顶的人，凤阳总督马士英等人利用弘光帝的昏庸，操纵了南明政权。

南明政权的兵部尚书史可法，本来不赞成让朱由崧做皇帝，为了避免引起内乱，才勉强同意，并主动要求到前方去统率军队。

那时候，长江北岸有四支明军，叫作四镇。四镇的将领都是骄横跋扈的人，他们互相争夺地盘，放纵兵士杀害百姓。史可法到了扬州，亲自去找那些将领，劝他们不要自相残杀，又把他们安排在扬州周围驻守，自己坐镇扬州指挥。由于史可法在南方将士中威信高，那些将领不得不听从他的号令，大家称呼他为史督师。

不久，多铎带领清军，大举南下，史可法指挥四镇将领抵抗，打了几次胜仗。可是南明政权内部却起了内讧：驻守武昌的明军将领左良玉和马士英争权夺势，起兵进攻南京。马士英急忙将江北四镇军队撤回，对付左良玉，还以弘光帝名义要史可法带兵保卫南京。

揚州十日記　江都王秀楚記
已酉夏四月十四日督鎮史可法從白洋河失守
踉蹌奔揚州閉城禦敵至廿四日未破城前禁門
之內各有兵守予住宅新城東楊姓將守焉吏卒
甚置予宅寓有二卒左右隣舍亦然踐踏無所不
至供給日費錢千餘將不能繼不得已其謀爲主
者觴予更謬爲恭敬酬好漸洽主者喜誠卒稍遠
去主者喜音律善琵琶思得名妓以娛軍暇是夕
邀予飲滿擬縱歡忽督鎮以寸紙至主者覽之色

⊙《扬州十日记》内页

史可法明知道在清军压境的情况下，不该离开。但是为了平息内争，不得不带兵回南京，刚

1662年

中国大事记：
郑成功率部收复台湾，荷兰殖民者投降。

·绿　营·

绿营是由明朝降军和招募的汉族士兵组成的各省地方军。以绿旗为标志，以营为基本建制单位，所以称之为“绿营”。绿营和八旗兵一样，是国家的正规军，称经制兵。绿营兵分标、协、营、汛等级。总兵所属称标兵，副将所属称协兵，参将、游击等所属称营兵，千总、把总所属称汛兵。绿营兵约有60多万，分布在全国各地。绿营平时担负繁重的地方杂役，如维持地方治安、镇压反抗，守护城池、官衙、仓库，解送饷银、钱粮、人犯，防护河道、护运漕粮等。战时奉调出征，为八旗兵打先锋、当后勤， 在平定三藩之乱时发挥了重要作用。但绿营兵的待遇远不如八旗兵，装备也很落后，处处受到压制。绿营本是募兵制，但承平日久，父终子继，逐渐转化为世兵制。后来，绿营军纪废弛，战斗力下降，以至于镇压太平天国时不得不依靠湘军等乡勇。

过长江，便得知左良玉兵败的消息。他急忙撤回江北，此时清兵已经逼近扬州。

史可法发出紧急檄文，要各镇将领来守卫扬州。但是过了几天，竟没有一个发兵来救。史可法清楚，只有依靠扬州军民，孤军奋战了。多铎带领清军到了扬州城下，先派人到城里劝史可法投降，一连派了五个人，都遭到拒绝。多铎恼羞成怒，下令把扬州城紧紧围困起来。

扬州万分危急，城里一些胆小的将领害怕了。第二天，就有一个总兵和一个监军带着本部人马，出城向清军投降。这一来，城里的守卫力量就更薄弱了。史可法召集全城官员，勉励他们同心协力，抵抗清兵，并且分派了守城的任务。将士们见史可法坚定沉着，都很感动，表示一定要和督师一起，誓死抵抗。

多铎命令清兵不间断地轮番攻城。扬州军民奋勇作战，把清兵的进攻一次次打退，清兵死了一批，又上来一批，形势越来越紧急。多铎下了狠心，命令清兵用大炮攻城。他探听到西门是由史可法亲自防守，就下令炮手专向西北角轰击。炮弹一颗颗在西门口落下来，城终于被轰开了缺口。史可法眼看城已经守不住了，拔出佩刀就要自杀。随从的将领上前抱住史可法，把他手里的刀夺了下来。史可法还不愿走，部将们连拉带劝地把他保护出了小东门。这时候，有一批清兵冲过来，看见史可法穿着明朝官员的装束，就吆喝着问他是谁。史可法怕连累别人，就高声说：“我就是史督师，你们快杀我吧！”

1645年四月，扬州城陷落。多铎因为攻城的清军遭到很大伤亡，心里恼恨，不仅杀了史可法，还灭绝人性地下令屠杀扬州百姓，大屠杀延续了10天。历史上把这件惨案称为“扬州十日”。

扬州失守几天后，清军攻破了南京。南明政权的官员降的降，逃的逃，弘光政权也被消灭了。

郑成功收复台湾

隆武帝在福州建立政权后，他手下的大臣黄道周一心想帮助隆武帝出师北伐，抗清复明。但是掌握兵权的郑芝龙贪图富贵，抛弃了隆武帝，向清朝投降，隆武政权也就瓦解了。

郑成功(1624 ~ 1662)，原名森，字大木，隆武政权重臣郑芝龙之子。南明隆武帝对他十分赏识，并封他为延平郡王，赐姓朱，改名成功，因此亦称为“国姓爷”。郑芝龙降清时，郑成功率师拒降，“不受诏，不剃头”，打出“背父救国”的旗号，单独跑到南澳岛，招募了几千人马，坚决抗清。

郑成功是个将才，在他的努力下，队伍渐渐

1619年

世界大事记：
开普勒提出行星运动第三定律。

⊙ 荷兰殖民者投降图

强大起来，在厦门建立了一支水师。他跟抗清将领张煌言联合起来，乘海船率领17万水军，开进长江，向南京进攻，一直打到南京城下。清军见硬拼不行，就用假投降的手段欺骗他。郑成功中了清军的计，最后打了败仗，又退回厦门。

郑成功回到厦门时，清军已经占领福建大部分地方，他们采用封锁的办法，将沿海居民内迁30里，同时，禁止舟船出海，以切断东南人民与郑成功的联系。这给郑成功造成许多困难。为了扭转被动局面，郑成功准备收复我国被荷兰侵占的领土台湾，用作抗清斗争的最后基地。

台湾自古以来就是我国的领土。明朝末年，荷兰人趁明王朝腐败无能，霸占了台湾。1624年，荷兰殖民者被明逐出澎湖后，又占领了台湾南部，并建立了许多据点，如台湾城和赤嵌城，并蚕食了大量土地。1642年，荷兰打败了西班牙独霸台湾，在台湾实行残暴的殖民统治。

郑成功少年时期曾经跟随父亲到过台湾，亲眼看到台湾人民遭受的苦难。这一回，他决心赶走殖民者，就下令让他的将士修造船只，积蓄粮草，准备渡海。

这时，有一个在荷兰军队里当过翻译的何廷斌赶到厦门见郑成功，说台湾人民受殖民者欺侮压迫，早就想反抗了，只要大军一到，一定能够把荷兰人赶走。何廷斌还送给郑成功一张台湾地图，把荷兰殖民者的军事布置都告诉了郑成功。郑成功有了这个可靠的情报，信心就更足了。

1661年三月，郑成功亲率2.5万名将士，乘坐几百艘战船，浩浩荡荡从金门出发。他们冒着风浪，越过台湾海峡，在澎湖休整几天，便直取台湾。

荷兰殖民者听说郑军攻打台湾，十分惊慌。他们把队伍集中在台湾（在今台湾东平地区）和赤嵌（在今台南地区）两座城堡里，还在港口沉了好多破船，想阻挡郑成功的船队登岸。

何廷斌为郑成功领航，利用海水涨潮的机会，驶进了鹿耳门，登上台湾岛。

殖民者调动一艘最大的军舰“赫克托”号，气势汹汹地开了过来，阻止郑军的船只继续登岸。郑成功沉着镇定，指挥他的60艘战船把“赫克托”号围住，随即一声令下，60多只战船一齐开炮，把“赫克托”号击沉了。还有3艘荷兰船见势不妙，吓得掉头就跑。

随后，郑成功派兵猛攻赤嵌。赤嵌的殖民者拼死顽抗，一时攻不下来。有个当地人为郑军出主意说，赤嵌城的水都是从城外高地流下来的，只要把水源切断，敌人就会不战自乱。郑成功采用这个办法，没出3天，赤嵌的殖民者乖乖地投降了。

盘踞台湾城的殖民者企图顽抗，等待援兵。郑成功采取长期围困的办法逼他们投降。在围困8个月之后，郑成功下令向台湾城发起猛攻。荷兰殖民者走投无路，只得扯起白旗投降了。

1662年初，殖民者头目被迫到郑成功大营，在投降书上签了字，灰溜溜地离开了台湾。收复台湾后，郑成功在台湾设置行政机构，将赤嵌城改为安平城，在台湾设承天府，下辖天兴、万年两县；将台湾城改为安平镇。建立了与大陆一致的郡县制，大力开发台湾，发展农业生产，鼓励开荒，招徕大陆移民，积极发展海外贸易，促进了台湾社会经济发展。他还带来了先进农具和耕

1681年

中国大事记：
清朝康熙帝平定三藩之乱。

·清设台湾府·

郑成功死后，其子郑经继续坚持抗清，并着力开发经营台湾。但随着时间的推移，清政府统治全国的局势已定，台湾也就失去了它作为抗清据点的意义。郑经死后，后继者已不再坚持抗清立场，但向清廷提出独立要求。

1683年，康熙派施琅率兵攻打台湾并占领了台湾，正式设台湾府。台湾府下辖三县，隶属福建。

作技术，高山族从此以后也同大陆一样使用牛耕和铁犁种田，生活逐渐安定。

1662 年五月初八，郑成功病逝。他的儿子郑经率领军队，继续驻守台湾，进行抗清活动。1683 年，清军进入台湾，设置台湾府。

郑成功是我们民族的英雄，他收复了台湾，使台湾重新回到祖国的怀抱，捍卫了中国领土和主权的完整；驱逐了荷兰殖民者，结束了荷兰对台湾历时 38 年的殖民统治，保卫了中华民族的利益；兴建了台湾，促进了当地的经济开发和社会发展，具有重大的历史意义，他的壮举将永垂史册。

孝子黄宗羲

黄宗羲出生在浙江余姚县通德乡黄竹浦（今浙江余姚市的明伟乡）。他的父亲黄尊素是万历年间的进士，他期望儿子同自己一样考科举入仕途，因此对他要求很严格。黄宗羲从小聪明好学，不负父望，14 岁就在家乡通过考试，补为浙江仁和县（今属杭州市）博士弟子。同年，黄尊素奉调入京，担任山东监察御史，黄宗羲随父进京读书。

当时，明朝的朝政把持在以宦官魏忠贤为首的一伙奸佞小人手中，他们疯狂地迫害正直的官员。黄尊素旗帜鲜明地站在“东林党”一边，主张剪除阉宦，澄清吏治。1626 年 2 月，阉党罗织罪名逮捕了黄尊素等官员。后来，他们又指使其爪牙用极其残酷的手段将他们害死在公堂或牢狱。黄尊素于当年6月1日被害，当时黄宗羲17岁。

黄尊素被害的凶讯很快传到余姚，黄宗羲全家悲愤万分。他的祖父黄曰中愤然写下“你忘了杀你父亲的仇人吗”，以此激励孙儿为父亲鸣冤报仇。黄宗羲去宽慰母亲，母亲对他说：“你要宽慰我，就不要忘了你父亲的遗志呀！”黄宗羲痛定思痛，决心效法越王勾践，立志向阉党报仇。

1628 年正月，黄宗羲写好了为父亲申冤的奏疏，身藏铁锥，赴京为父鸣冤。当他到达北京时，崇祯帝已镇压了阉党集团，但阉党余孽尚存，黄宗羲为此余恨未消。他上书皇帝，请求诛杀参与陷害其父的许显纯、崔应元等人。同年 5 月，刑部会审许显纯等人。许显纯以自己皇亲国戚的身份，要求减刑。黄宗羲驳斥道：“显纯与阉党勾结，许多忠良都死在他的手里，这应当与谋逆同罪。”结果，刑部宣判了许、崔两人的死刑。黄宗羲当庭痛打崔应元，拔下其胡须祭祀先父亡灵。然后，他还亲手打死了直接杀害父亲的牢头叶咨、颜文仲。

审判结束后，黄宗羲等死难诸家子弟在诏狱中门祭祀忠魂，哭声传入宫廷。崇祯帝叹息说：“忠臣孤子，让我顿生恻隐之心！”

黄宗羲入京申冤，传遍了朝野，也轰动了京城。姚江黄孝子之名传遍天下。

1628 年秋，黄宗羲护持父亲的灵柩南归，办理丧事。之后，他来到郡城绍兴，跟随名儒刘宗周继续学习经史。此后两年的时间里，黄宗羲四处交游，奔走于南京、苏州、杭州、绍兴、宁波等地，结识了江南许多名士，如张溥、陈子龙、万寿祺、沈寿民、何乔远、万泰等。他于 1630 年经周镳介绍加入复社，多次参加复社的集会活

1622年

世界大事记：
英国国王詹姆士一世解散议会。

动。同时，黄宗羲在南京参加了科举考试，结果落第。此后，他重温父亲“学者不可不通史事”的遗训，更加发愤研读历史著作。他每天天不亮就起床，开始读史书，一直到晚上掌灯的时候才停止。两年之内，他读了大量历史著作。黄宗羲还广泛阅读了诸子百家的著作，以及天文、音乐、地理、数学、历法、佛教、道教等方面的书籍。随着知识和阅历的增加，他愈来愈感到科举禁锢人的头脑，于是开始思考变革的问题。

黄宗羲在钻研学问的同时，还积极参与声讨阉党余孽阮大铖之流的政治斗争。阮大铖在崇祯初年被列入“逆案”，避祸于安徽怀宁老家，但他贼心不死，图谋复出。明朝灭亡前夕，他暗中招纳亡命之徒，收买复社人士，大有死灰复燃之势。1638年，黄宗羲带头签名，发布了著名的《留都防乱公揭》，大胆揭露了阮大铖“勾结阉党，残害忠良”的险恶用心，一举将他逐出南京。这期间，黄宗羲结识了梅朗中、方以智等人。

1642年，黄宗羲与周延祚同赴北京应考，未能及第。有人想推荐黄宗羲为中书舍人，他坚辞不就。黄宗羲看到京城形势紧张，不久整装南归。清军南下之时，黄宗羲召集家乡勇士数百人组成“世忠营”，坚持反清战斗达数年之久。失败后，他返回乡里，清廷屡次征诏，皆不就。

⊙《明儒学案》书影　黄宗羲

1663年4月，黄宗羲设馆讲学。其间，他结识了吴之振、吴自牧父子，并与之共同选编《宋诗抄》。同时，他遍读吴氏藏书，收集了大量资料。他认真总结明亡的历史教训，为后人留下了许多对经世治国有益的著作。

博通古今王夫之

王夫之出生于明朝末年一个没落的地主阶层知识分子家庭。1644年，王夫之25岁时，清军南下占领湖南，他在湖南衡山揭竿而起，抗击清军。失败后，王夫之投奔南明永历政权，因弹劾权奸，反遭迫害，后经农民军领袖营救，才得以辗转逃回湖南。为躲避清朝政府的缉拿，他隐姓埋名，逃亡于湘南各地，饱尝颠沛流离之苦。

当军事抗争毫无意义之时，王夫之转入文化思想领域，去从事另一种形式的斗争。他把自己的亡国之思和对时局政治的思考寄托于学术领域，勤恳著述40年，内容涉及哲学、政治、经济、历史、文学、教育、军事、伦理、自然科学等诸方面，建立了超越前人、博大精深的思想体系。他深入研究《周易》，探讨改革社会的方法，先后撰成《周易稗疏》和《周易考异》两部著作，为终生精研《易》理打下了坚实的基础。他还撰写了堪称民族宣言的政论著作《黄书》。

王夫之对中国朴素唯物主义认识论的发展有着独到的贡献。他继承和发扬了古代朴素唯物主义的优良传统，吸取当时新兴“质测之学”的成果，以“六经责我开生面，七尺从天乞活埋”的创新和求实精神，对社会现实进行了高度的哲学概括，在前人成果的基础上把唯物主义发展到时代条件所允许的高度。他从哲学上和政治危害上全面清算了宋明理学唯心主义，以科学方法剖析了宋明理学的理论根源，并以其在批判中建立的“别开生面”的朴素唯物辩证法体系，为统治中国思想

1682年	中国大事记： 明末清初著名思想家顾炎武去世，著有《日知录》、《天下郡国利病书》等。

界数百年的宋明理学乃至整个古典哲学做了总结和终结。

王夫之还以唯物主义一元论为依据，从探究人的本质出发，研究人类社会的起源、发展、规律及动力等一系列重要问题，从而建立起其独特的历史观。他在考察社会历史发展过程及其规律的基础上，提出理势合一论。他把历史发展的现实过程称作"势"，认为历史发展过程就是一种客观必然趋势，而发展趋势中所包含的不可改变、不可抗拒的必然性，他称之为"理"。

王夫之一生著述甚丰，除了《读四书大全说》、《四书训义》、《尚书引义》和《时记章句》等哲学论著外，还撰成《春秋家说》、《春秋世论》、《续春秋左氏传博议》等早期史论，反映了17世纪我国学术变迁的新动向；并以《诗广传》一书另辟学术门径，试图跳出中世纪诗学的狭隘眼界。

62岁以后，王夫之在衡阳石船山麓筑草堂定居，他不顾年迈体衰，贫病交加，撰写了《周易内传》、《周易内传发例》、《庄子通》、《庄子解》、《相宗洛索》、《张子正蒙注》、《宋论》、《读通鉴论》、《俟解》、《搔首问》、《噩梦》、《四书笺解》、《楚辞通释》及《诗话》、《夕堂永日绪论》诸书，可谓著作宏富。

清康熙三十一年（1692年），王夫之逝世于石船山下的草堂内，时年74岁。他的墓碑上写着"明朝遗民王夫之之墓"。

康熙帝削藩

顺治十八年(1661年)正月初七夜，顺治帝福临病逝。初九，其子玄烨即位，时年8岁，以第二年(1662年)为康熙元年。

康熙帝亲自执政后，大力整顿朝政，使新建立的清王朝渐渐强盛起来。但是，南方的三个藩王却成了康熙帝的一块心病。

三藩问题由来已久。早在顺治年间，平西王吴三桂、平南王尚可喜、靖南王耿继茂奉命南征，为清王朝一统天下立下了汗马功劳。因而顺治帝在统一全国后，并没有及时撤除三藩，而是命令他们留守其地。日积月累，三藩势力日盛，成为威胁中央的地方割据势力。三藩拥兵自重，把持地方财政，欺压百姓，甚至利用沿海交通的便利条件，置朝廷的海禁政策于不顾，大肆进行走私活动。

康熙帝即位之初，四大臣辅政。他们对三藩采取笼络、包容之策，企图借助他们的力量对付南明、农民军余部，因而对三藩的所作所为不闻不问，三藩的势力更加嚣张。康熙帝亲政后，敏锐地看出三藩已成为国家的心腹之患，把它列为自己亲政所必须解决的大事之一。

⊙ 康熙帝读书像

康熙帝亲政之前就采取措施，逐步削弱三藩的势力，他收缴大将军印，裁兵节饷，严禁欺行霸市、借势扰民，解除藩王总管云贵两省事务的职务。亲政以后，康熙专心学习经史典籍，借鉴历朝历史，他清楚地认识到：三藩的性质不是同

1622年

世界大事记：
黎塞留被任命为红衣主教。

宋初的开国功臣一个类型，而是同唐末藩镇一个性质。于是他更加抓紧整顿财政，筹措军费，扩大兵力，并主动缓和满汉矛盾，以争取民心，为撤藩工作做准备。

康熙帝虽有撤藩之意，但鉴于“三藩俱握兵柄”，他也不敢贸然行动。正在他犹豫不决的时候，平南王尚可喜给他提供了一个机会。康熙十二年 (1673 年) 三月，尚可喜上奏要求“归老辽东”，主动提出了撤藩问题。康熙帝立即抓住机会，顺水推舟，应允了尚可喜的要求，并对他的行为加以表彰。

⊙ 尚可喜陵园石碑

一石激起千层浪，康熙帝的行为引起了其他二藩的恐慌。其时，吴三桂之子吴应熊正在京师，他立即派人快马加鞭送给其父书信一封，信中写道:“朝廷久疑王，今二王皆有辞职疏，而王独无，朝廷之疑愈深。速拜疏发使来，犹可及也。”吴三桂为了消除皇帝的疑心，便接受了其子的建议，立即上疏“请求撤回安插”，耿继茂之子耿精忠迫于形势，也上书一封，请求撤回安插。

两王上书到达京城，朝臣对是否撤藩的事情意见不一，大多数官员惧怕吴三桂势力，主张暂时妥协，先行撤去耿精忠的藩国。康熙帝认为与其等吴三桂蓄谋已久，养痈成患，不如痛下决心，三藩并撤。于是康熙十二年八月，康熙帝派礼部侍郎折尔肯、翰林院学士傅达礼带手诏前往云南，户部尚书梁清标赴广东，吏部右侍郎陈一炳往福建，会同地方官员料理三藩迁移事务。

但是吴三桂申请撤藩不过是故作姿态，没想到康熙帝竟然如此迅速地批准他撤藩。吴三桂感到愤愤不平，即与其党羽密谋起兵。九月初，康熙帝所遣办理迁移事务的大臣到达云南后，吴三桂阳奉阴违，表面上接受诏书，暗地里却一再拖延动身日期，加紧叛乱的步伐。十一月二十一日，吴三桂杀死云南巡抚朱国治，逼使云贵总督甘文焜自杀，扣留了折尔肯，自称“周王”，决定以次年为周王元年，公开反叛清朝。

吴三桂反叛的消息传到北京，举朝震惊。大臣中主张向吴三桂妥协的人很多，大学士索额图竟然要求将“前议三藩当迁者，皆宜正以国法”。康熙帝也知情势严重，但他知道撤藩的决策没有错，此时向吴三桂妥协，只能长他的气焰，灭自己的威风，他下定决心要与吴三桂一比高低。吴三桂起兵前后，曾经致书平南、靖南二藩，台湾郑经以及贵州、四川、湖广、陕西等地官吏，他还发布了蛊惑人心的《反清檄文》。一时间，滇、黔、湘、蜀纷纷响应。吴三桂主力东侵黔湘，很快兵力便达到 14 万。接着河北总兵察禄也反于彰德，塞外又有察哈尔部布尔民的叛乱，可谓“东南西北，都在鼎沸”。

康熙帝没有退路可走，当即采取措施，布置兵力，“增派八旗精锐前往咽喉要地荆州固守”，停撤广州和福州二藩，孤立吴三桂，拘禁额驸、吴三桂之子吴应熊及家属，赦免散处各地的原属

1686年

中国大事记：
中国始设广州十三行，从此洋行制度风行天下。

·怀柔政策·

清朝入主中原以后，统治者采取了一系列措施巩固统治。康熙皇帝是一位颇有谋略和远见的英明人物。他采取重视德化及人心向背的“怀柔政策”，特别强调“满蒙一体”，团结拉拢蒙古、藏各族的上层王公贵胄。具体措施是优给廪禄、减免徭赋、加封爵位，保证他们的世袭权利，而且规定他们轮流到北京或承德朝见皇帝。皇帝给予他们以极高的礼遇。同时又在蒙古族和藏族中扶植藏传佛教格鲁派，尊崇活佛，优礼藏传佛教僧侣，利用宗教信仰，以思想统治的办法代替浩大的军事边防工程。怀柔政策的推行，在国内化兵戈为玉帛，受到了朝野上下的一致拥护，对于巩固封建国家的统治有着十分积极的意义。

吴三桂的官员，削除吴三桂爵位，并悬赏捉拿吴三桂。

康熙十四年(1675年)，吴三桂与清王朝的对抗达到了顶峰。叛军在全国形成了三大战场：耿精忠控制的福建、浙江、江西为东线，湖南是正面战场，以及四川、陕西、山西、甘肃为西线。康熙帝分析形势，定下战略方针：以荆州为战略立足点，顶住湖南战场的吴军主力，只对峙而不主动出击；主攻从侧翼入手，先解决耿精忠、王辅臣两股主要叛军，然后再集中力量对抗吴三桂。康熙帝还并用剿灭、招抚两手，亲自致书王辅臣、耿精忠等人，表示只要他们“投诚自归”，即赦免前罪，仍像从前一样对待他们。康熙十五年(1676年)，王辅臣兵变降清。十月，耿精忠投降。十二月，尚可喜之子尚之信也公开反吴。康熙帝践约，一律优待他们。如此一来，那些蒙受蛊惑的将领和将官纷纷投降，吴军渐渐分化瓦解。

康熙十七年(1678年)八月，吴三桂暴病身亡。其孙吴世璠即大周皇位，改元洪化。他见势不妙，退居贵阳。清军在解决两翼之后，开始战略反攻，进入湖南。康熙十八年(1679年)正月，清军攻克岳州。接着势如破竹，一路收复长沙、常德、衡州。至此，湖南、四川、贵州、广西被收复。康熙帝又下令兵分三路，进军云南。康熙二十年(1681年)十一月，昆明城破，历时八年的内战以吴三桂的覆灭而告终。

雅克萨之战

明朝末年，明、清双方都忙着打仗，北方边境的防务就无人顾及了。沙皇俄国趁机向我国黑龙江地区进犯。他们在我国掠夺财物，杀害人民。直到清朝稳定了局势，才派兵打击沙俄侵略军，收复了被俄国占领的黑龙江北岸的雅克萨(在今黑龙江呼玛西北，漠河以东)。

后来，康熙帝为了平定三藩，把大批兵力调到西南去。有个俄国逃犯带了84名匪徒逃窜到我国雅克萨，在那里筑起堡垒，到处抢掠。他们把抢来的貂皮献给沙皇，沙皇不仅赦免了逃犯的罪，还任命为首的歹徒做了雅克萨长官，想永远霸占我国土地。

康熙帝平定了三藩之乱后，听到东北边境遭到侵犯，便亲自来到盛京，派将军彭春、郎谈借打猎为名到边境侦察。

1683年三月，康熙帝再次致书俄国沙皇，要求俄军撤走，两国以雅库茨克为界，但再遭拒绝。康熙帝终于看清:若非“创以兵威，则罔知惩畏”，于是决意征剿。九月，清朝勒令盘踞在雅克萨等地的俄军撤出中国领土。俄军不予理睬，反而窜至瑷珲劫掠，被清宁古塔副都统萨布素率军击败，清军全部拆除了黑龙江下游俄军建立的据点，使雅克

1623年

世界大事记：
世界上最早的发明专利法在英国诞生。

萨成为孤城。俄军不但不肯退出，反而向雅克萨增兵，跟清朝对抗。于是，康熙帝发布了进军的命令。

一月二十三日，康熙帝命都统彭春赴瑷珲，负责收复雅克萨。四月二十八日，彭春和刚被委任的黑龙江将军萨布素、建义侯林兴珠率领由满、汉、蒙古、达斡尔等民族组成的约2000人军队，携战舰、火炮和刀矛、盾牌等兵器，从瑷珲出发，分水陆两路向雅克萨开进。五月二十二日清军主力抵雅克萨城。彭春向俄军头目托尔布津发出最后通牒，但托尔布津自恃巢穴坚固，将军役人员全部撤入城内，以负隅顽抗。五月二十三日清军战船集于城东南，火炮列于城北，陆军布阵于城南，准备攻城。二十四日，从尼布楚增援雅克萨的一队哥萨克兵乘筏顺江而来，清军于江面截击。林兴珠率福建藤牌兵裸而入水，冒藤牌于顶，持片刀以进，俄军惊所未见。藤牌兵疾劈猛砍，俄军一个个被打入江中；藤牌兵随即跃上竹筏，冲杀这批哥萨克兵。俄军死伤大半，余众溃散而逃，而清军未丧一人。

二十四日夜，清军开始攻城。在城南，彭春派萨布素等进兵，设置挡牌木垒，施放箭镞；在城北，副都统温岱、提督刘兆奇等以红衣大炮猛烈轰击；两翼又有护军参领博里秋、营门校尉乌沙等放神威大将军炮协攻；在江南，都督何佑、副都统雅齐纳、镇守达斡尔提督白克等密布战舰，以备救援。清军众志成城，协调配合，猛烈攻城。二十五日黎明，清军加大炮轰，俄军100多人被击毙，塔楼与城堡破坏无遗，商铺、粮仓、教堂、钟楼，尽被火药箭烧毁；清军还在城下堆积柴薪，准备焚城。托尔布津被迫乞降，遣使要求在保留武装的条件下撤离雅克萨。当日，彭春等遵照谕旨，允许城内俄军携带武器、行李撤走。被沙俄窃踞长达20年之久的雅克萨重返祖国。清军平毁雅克萨城后回师，留部分兵力驻守瑷珲，另派兵在瑷珲、嫩江一带屯田，加强黑龙江防务。

俄军撤离雅克萨后，积蓄兵力，图谋再犯。1685年秋，莫斯科派兵600名增援尼布楚。托尔布津获悉清军撤走后，即率500余人，携带大炮，再度侵占雅克萨。俄军在雅克萨废墟上重建城堡，四周围以长40俄丈、下底宽36俄丈、上底宽4俄丈、高1.5俄丈的长方形木城，城上起筑炮垒，城外挖掘壕堑。在堑外陆地一侧还竖立木栅，直抵江边。俄军这一背信弃义的做法引起清政府的极大愤慨。1686年初，康熙帝下令反击，令萨布素速修战舰，统领乌喇（今吉林市）、宁古塔官兵，驰赴黑龙江城；林兴珠的八旗汉军和福建藤牌兵也参与作战。五月，清军2000余人再次围攻雅克萨。清军施放炮火，奋勇进攻，通宵达旦，予敌重创。七月十四日，清军再次发起攻城高潮，城内俄军不得不藏在地穴中躲避炮火。清军见强攻不下，遂改为围困，每日向城内发炮轰击。八月，托尔布津登塔楼侦察时，被清军炮弹击中，右腿齐膝被炸断，旋即毙命；改由拜顿代行指挥，继续顽抗。清军进一步加强对雅克萨的围困：在城西要地设立营寨，控制江面，切断尼布楚方向援敌通道；城内

⊙ 雅克萨之战

1690年

中国大事记：
噶尔丹进犯漠北蒙古，康熙亲征，清军大败噶尔丹。此后，康熙帝又两次亲征，平定噶尔丹叛乱。

⊙ **神威无敌大将军炮　清**
为收复雅克萨，打击沙俄侵略军，清军专门铸造了一批红衣大炮，康熙帝把它们命为"神威无敌大将军"。这种大炮在雅克萨之战中发挥了巨大威力。

无井，饮水全靠黑龙江水道，清军激战4昼夜，断其水源。在清军围攻下，俄军人数逐日减少。十月严冬来临，俄军饥寒交迫，处境更蹙。到第二年春，原来826名俄军只剩66人。雅克萨城旦夕可下，清政府再次建议沙皇以谈判解决两国边境问题。沙皇鉴于失败已成定局，而俄国重心又在欧洲，遂同意了。

1687年三月二十五日，清军解除对雅克萨的封锁，并准许俄军残部撤往尼布楚，历时3年的雅克萨抗俄战争至此结束。

1689年，清政府派出代表索额图，与沙俄政府代表戈洛文在尼布楚举行和谈，签订了《尼布楚条约》。条约划分了两国边界，肯定了黑龙江和乌苏里江流域的广大地区都是中国领土。

三征噶尔丹

在《尼布楚条约》签订后的第二年，沙俄政府不甘心失败，又唆使准噶尔（蒙古族的一支）的首领噶尔丹向漠北蒙古进攻。

那时，蒙古族分为漠南蒙古、漠北蒙古和漠西蒙古三个部分。除了漠南蒙古已归属清朝外，其他两部也都向清朝臣服了。准噶尔部是漠西蒙古的一支，本来在伊犁一带过着游牧生活。自从噶尔丹统治准噶尔部以后，他先兼并了漠西蒙古的其他部落，又向东进攻漠北蒙古。漠北蒙古人逃到漠南，请求清朝政府保护。康熙帝派使者到

1628年

世界大事记：
英国人哈维提出血液循环理论。

噶尔丹那里，叫他把侵占的地方还给漠北蒙古。噶尔丹依仗沙俄撑腰，不但不肯退兵，还大举进犯漠南。

康熙帝决定亲征噶尔丹。1690年，康熙帝兵分两路：左路由抚远大将军福全率领，从古北口出兵；右路由安北大将军常宁率领，从喜峰口出兵，康熙帝亲自带兵在后面坐镇。七月十四日，康熙帝离开北京，不料途中忽患感冒，只好取消亲征计划。

七月十五日，气焰嚣张的噶尔丹向清军宣战，屯兵于西巴尔台（今内蒙古克什克腾旗土河），然后又逐步南下，占据了距京师仅有350千米的乌兰布通。噶尔丹把几万骑兵集中在大红山下，后面有树林掩护，前面又有河流阻挡。他把上万只骆驼缚住四脚放倒在地，驼背上加上箱子，用湿毡毯裹住，摆成长长的一个驼城，叛军就在那箱垛中间射箭放枪，阻止清军进攻。

噶尔丹还派使者向清军提出交出他们的仇人的要求。康熙帝命令福全反击。八月一日，清军向乌兰布通推进，向噶尔丹大军发起猛攻。清军用火炮火枪对准驼城的一段集中轰击。驼城被打开了缺口。清军的步兵骑兵一起冲杀过去，福全又派兵绕出山后夹击，把叛军杀得七零八落，噶尔丹乘夜逃跑。

噶尔丹回到漠北，一面佯装向清朝政府表示屈服，一面在暗地里重新招兵买马，图谋东山再起。康熙三十三年（1694年），康熙帝约噶尔丹会见，订立盟约。噶尔丹不但不来，还派人到漠南煽动叛乱。

康熙三十四年（1695年），噶尔丹又燃叛乱战火，率领骑兵3万，向漠南大举进攻。

康熙三十五年（1696年），康熙帝决定再次御驾亲征，分三路出击噶尔丹：黑龙江将军萨布素从东路进兵；大将军费扬古率陕西、甘肃军兵，

⊙《康熙南巡图》局部　清

《康熙南巡图》构图完整，用笔细密，色彩绚丽，画面宏大而不繁杂。画中人物众多，但每处都被刻画得细致入微，衣冠服饰也没有一点马虎之处，每个人的举手投足之间各不相同，富有神韵。画中房屋桥梁井然有序，舟船横于水上，各种树木高挺而出，枝繁叶茂，给整个画面平添了不少风采。作品以鲜明的色彩和工整的手法，真实、细致地表现了所经之处的风俗人情、州县河、名胜古迹以及商业繁荣的情况，在某种程度上表现了清初的社会生活和人民的生产劳动，所以这卷《康熙南巡图》具有珍贵的史料价值和艺术价值。

1690年

中国大事记：
画家恽寿平去世。

⊙ **北征督运图**
远征漠北，最大的困难是粮饷的运送与供应。为解决这一难题，康熙帝特遣内阁学士范承烈督运西路军粮。此图描绘的是范承烈在大营门口查验军粮的情景。

从西路出兵，拦截噶尔丹的后路；康熙帝亲自带中路军，从独石口迎击噶尔丹大军。

康熙帝的中路军到了科图，遇到了敌军前锋，但东西两路还没有到达。这时候，有人传言沙俄要出兵帮助噶尔丹。随行的一些大臣害怕起来，劝康熙帝退兵。康熙帝气愤地说："我这次出征，还没有见到叛贼就退兵，怎么向天下人交代？再说，我中路一退，叛军全力对付西路，西路不是更危险了吗？"

康熙帝决心已定，继续进兵克鲁伦河，并且派使者去见噶尔丹，告诉他康熙帝亲征的消息。噶尔丹在山头望见清军黄旗飘扬，军容整齐，便连夜拔营逃走了。康熙帝一面派兵追击，一面派快马通知西路军大将费扬古，让他们在半路上截击。

噶尔丹带兵奔走了五天五夜，到了昭莫多（在今蒙古国乌兰巴托东南），正好与费扬古军相遇。费扬古在树林茂密的地方设下埋伏，然后派先锋把叛军引到预先埋伏的地方，叛军一到，便前后夹击。叛军死的死，降的降。最后，噶尔丹只带了几十名骑兵逃走了。清军大获全胜。

昭莫多之战后，噶尔丹流窜于塔米尔河流域。为了彻底消灭噶尔丹的势力，康熙帝采取收服降众、断绝噶尔丹外援的策略，彻底地孤立了噶尔丹。噶尔丹之侄策妄阿拉布坦也遣使入朝，接受了清朝的册封，噶尔丹已处于四面楚歌的境地，但他顽固不化，拒不接受清廷的招抚。

康熙三十六年（1697年）二月六日，康熙帝第三次率兵亲征噶尔丹。出京城，经过山西大同、陕北府谷、神木、榆林等地，三月二十六日康熙大军抵达宁夏。这时，噶尔丹原来的根据地伊犁已经被他侄儿策妄阿拉布坦占领；他的左右亲信听说清军来到，也纷纷投降，愿意做清军的向导。噶尔丹走投无路，服毒自杀。五月十六日，康熙帝胜利回京。

从那以后，清政府重新控制了阿尔泰山以东的漠北蒙古，分封了当地蒙古贵族称号和官职。随后，又在乌里雅苏台设立将军，统辖漠北蒙古。

《长生殿》

洪昇（1645～1704年）字昉思，浙江钱塘（今杭州）人，出身仕宦之家。洪昇少年时期受过正统的儒家教育，很早就显露才华。24岁时，洪昇到北京的国子监学习，想求取功名。27岁左右回到杭州，与父母关系恶化，为父母所不容，被迫离家别居，贫困到断炊的地步。他只好再度前往北京谋生，两年以后，他的诗集《啸月楼集》编成，受到王士祯等名流的赏识，诗名大起，开始卖文过活。康熙二十七年（1688年），他把旧作《舞霓裳》传奇戏曲改写为《长生殿》，一时广为传诵。次年八月间，正值孝懿皇后佟氏死后一个月，洪昇在家中排演《长生殿》，被以大不敬的罪名弹劾。洪昇因此下狱，同时被国子监除名。不得已，于康熙三十年（1691年）返回故乡杭州。此后往来

1618～1648年

世界大事记：
欧洲发生三十年战争。

于吴越山水之间，过着放浪潦倒的生活。59岁那年，在浙江吴兴夜醉落水而死。

洪昇的主要创作成就是在戏曲方面，有传奇9种，但只有《长生殿》传世；另存有杂剧《四婵娟》一种，由4个单折的短剧合成，分别写了谢道韫、卫夫人、李清照、管夫人4位才女的故事。

⊙ **明皇游月宫图**

唐明皇李隆基游月宫的故事在唐代已广为流传，后代的众多文学家、书画家更是将这一故事作为常用的表现题材，唐代白居易的《长恨歌》、元代白朴的《梧桐雨》就是其中的代表作。在清代，洪昇对前代有关的文学作品润色加工并加以创造，衍生成戏剧《长生殿》。

《长生殿》是洪昇戏曲创作的代表作，取白居易《长恨歌》中的“七月七日长生殿”诗句作为剧本题目，以安史之乱为背景，写了唐明皇与杨贵妃的爱情故事。他曾三易其稿，费了十余年的时间：最初所作名《沉香亭》，后更名《舞霓裳》，最后才定名为《长生殿》。

《长生殿》的思想内容相当复杂，它既是一部浪漫的爱情剧，又具有历史剧的特色，场面宏大、人物众多、情节曲折，在写唐明皇与杨贵妃生死不渝的爱情的同时，又用了相当大的篇幅写安史之乱及有关的社会政治情况。这一双线互相映衬的结构，把杨、李的爱情故事结合重大的历史事件和广阔的社会背景来描写，除了通过对唐明皇失政的批评，寄寓乐极生悲的教训意义外，还通过描写爱情在历史变乱中的丧失和由此引起的痛苦，渲染了个人命运为巨大的历史力量所摆布的哀伤。剧本带有浓厚的抒情色彩，作者善于用优美流畅、富于诗意的唱词，来描绘人物不同景况下情绪心理的变化。总之，《长生殿》是一部以写“情”为主，兼寓政治教训与历史伤感的作品。

《长生殿》全剧长达50出，以杨、李的爱情为主线，同时又以一组道具——一对金钗、一只钿盒贯穿始终。剧本一开始就直接写二人以金钗钿盒为定情信物，而后经过一番波折，至七夕长生殿盟誓，形成一个高潮；紧接着安史乱起，马

·李杨故事的版本·

《长生殿》的故事来自于唐朝开元天宝年间的史实。唐明皇、杨贵妃的故事在安史之乱以后便开始在民间流传，并经常为文人的创作所采用。晚唐的诗人白居易就写过长诗《长恨歌》，同时期的陈鸿写过传奇《长恨歌传》，这些都是有高度艺术成就的作品。《长恨歌》首先把有关唐明皇、杨贵妃爱情的传说和安史之乱联系起来描写，对他们的爱情悲剧给以同情，宋乐史的《杨太真外传》描述更为详细。元明以来，无论诸宫调、院本、杂剧、南戏、传奇、弹词、鼓词中，都有有关这个故事的创作，其中著名的有元人白朴的杂剧《梧桐雨》。《梧桐雨》在写爱情的同时，有意通过他们的宫廷生活写出国家兴亡的历史教训。另外，明人吴世美有传奇《惊鸿记》。在这些作品中，有的着重描写他们荒淫的宫廷生活，有的侧重描写他们的爱情，具有浓厚的悲剧意味。元杂剧在清代已无法直接演出，而《惊鸿记》中“涉秽”的情节让人不满，所以，为这样一个人所熟知的历史故事编写一种较为完美的演出剧本，是《长生殿》创作的主要动因。

1691年

中国大事记：
散文家汪琬去世，汪琬时称尧峰先生，著有《尧峰文钞》等。

⊙ 唐玄宗像

嵬坡兵变，杨贵妃惨死，杨、李的爱情转化为悲剧，而作为信物的金钗钿盒成为随葬品；其后再描写已成蓬莱仙子的杨贵妃折金钗一股、钿盒一扇托道士转交唐明皇，坚守前盟；最终二人在天宫团圆，金钗再成双，钿盒又重合。对“钗盒情缘”的刻意描写，具有很强的戏剧性。同时，剧中又巧妙地把宫廷内外的政治与社会生活情景与杨、李爱情的线索组合成一体，穿插着安禄山、杨国忠、高力士、李龟年、雷海青等各式人物乃至村妇小民的活动，使剧情显得更丰富。另外，《长生殿》的曲词优美，清丽流畅、刻画细致、抒情色彩浓郁。例如《弹词》一出中，〔转调货郎儿〕9支曲子，低回深郁，曲折动人。而随着人物身份的不同，《长生殿》曲词的风格也多有变化，如前面抄录李龟年流落江南时所唱的一支曲子，别有一种苍凉的感觉；而剧中几支民间百姓的唱词，则大多偏向于通俗风趣。

《长生殿》隐晦地表达了作者的历史思考，在艺术表现上达到清代戏曲创作的最高成就，它与当时另一部历史剧、孔尚任写的《桃花扇》堪称双璧。

《桃花扇》

与洪昇的《长生殿》并称为清代戏曲“双璧”的《桃花扇》，直接以南明政权的覆灭为背景，具有鲜明的时代感。作者孔尚任（1648～1718年）字聘之，山东曲阜人，孔子64代孙。康熙二十二年（1683年），康熙亲自到曲阜祭孔，孔尚任被选为御前讲经人员，撰写典籍讲义，在康熙面前讲《大学》，康熙破格将他由监生提升为国子监博士。康熙二十四年（1685年）初，孔尚任进京，正式走上仕途，后迁至户部员外郎，因故罢官。

关于《桃花扇》的创作，据孔尚任自己说，隐居石门时就已开始创作，经十余年苦心经营，三易其稿始成。剧本的宗旨，作者说是“借离合之情，写兴亡之感”（《桃花扇·先声》），同时要通过说明“三百年之基业，隳于何人，败于何事，消于何年，歇于何地”，为后人提供历史借鉴，“惩创人心，为末世之一救”（《桃花扇·小引》）。剧中以复社名士侯方域与秦淮名妓李香君的爱情故事为主线，利用真人真事和大量文献资料，形象而深刻地揭示了明末腐朽、动乱的社会现实，谴责了南明王朝昏王当政，官吏争权夺利，置国家危亡于不顾的腐朽政治，总结了历史教训，抒发了兴亡之感。

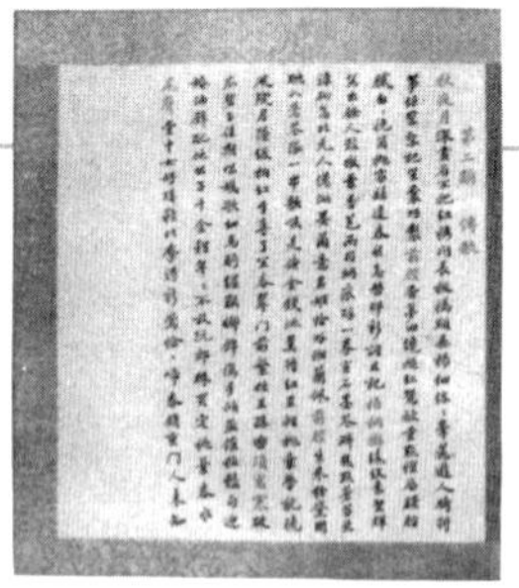

⊙《桃花扇》书装及书影

在《凡例》中，孔尚任曾提出剧情要有“起伏转折”，又要“独辟境界”，出人意料而不落陈套，还要做到“脉络联贯”，紧凑而不可“东拽西牵”。这些重要的戏剧理论观点，在《桃花扇》中得到较好的实现。全剧40出，以桃花扇这一具有象征意义的道具串联侯、李悲欢离合的爱情线索，

1630年

世界大事记：
英国托马斯·孟的《英国得自对外贸易的财富》写成（1644年出版），系统阐述重商主义经济思想。

又以这一线索串联南明政权各派各系以及社会中各色人物的活动与矛盾斗争，纷繁错综、起伏转折而有条不紊、不枝不蔓。明末复社名士侯方域与秦淮名妓李香君相恋，侯方域题诗宫扇赠予香君。阉党阮大铖趁机请人代送妆奁及酒席之资以拉拢侯方域，但被香君严辞拒绝。阮大铖怀恨在心，设法迫害，侯方域被逼投奔扬州督师史可法。阮大铖为巴结淮阳督抚田仰，向马士英献计买香君赠予田仰为妾。香君不从，以头撞桌，昏厥于地，血溅桃花扇。杨文骢信手提笔就斑斑血痕勾勒出几枝桃花，此即“桃花扇”。李香君乃托人携桃花扇致侯方域，以明心迹。后来清军南下，陷南京，侯方域与李香君同避难于霞山，二人在白云庵相遇，取出桃花扇叙旧，共约出家。

在《桃花扇》里，作者有意避免对“情”作单独的描写，男女主人公的悲欢离合，始终卷入在南明政治的漩涡和南明政权从初建到覆亡的过程中。在戏剧结构上，孔尚任以巨大的艺术才能和独创性，通过象征男女主人公爱情命运的一把扇子，把一部包含了南明兴亡史的戏剧情节贯串在一起。从赠扇定情始，侯方域与李香君的爱情就被置于明末的政治漩涡之中。侯、李被迫分离后，结构上展开了由他们联系着的两条线索：侯方域四处奔波这条线索，写南明草创及四镇内讧等重大事件和矛盾；李香君备受欺凌这条线索，写弘光帝和马、阮之流倒行逆施、宴游偷安。这两条线索交互映衬，“争斗则朝宗分其忧，宴游则香君罹其苦。一生一旦，为全本纲领，而南明之治乱系焉”。最后，作者摆脱了传统戏曲大团圆的俗套，以侯、李入道的爱情悲剧来衬托国破家亡的严酷现实。

《桃花扇》在许多方面均富有艺术创造性，从人物形象的塑造来说，女主角李香君给人的印象颇为深刻。作品中把李香君放在政治斗争的漩涡中来刻画，反映了一定的时代特点，她的聪慧、勇毅的个性，显得颇有光彩。《寄扇》一出，香君坚不下楼，在对政治派别的选择和对情人的忠贞中，包含了对美满人生的憧憬。

在《桃花扇》中，作者较多地注意到人物类型的多样化和人物性格的多面性。如阮大铖本是著名戏曲家，剧中既写了他的阴险奸滑，也写了他富于才情的一面。再如杨文骢，他能诗善画，风流自赏，政治上没有原则，却颇有人情味，在侯、李遭到马、阮严重迫害时，出力帮助他们。象征李香君高洁品格的扇上桃花，就是他在香君洒下的血痕上点染而成的。由于他的存在，剧情显得分外活跃灵动。

《桃花扇》的悲剧性的结局，有力地打破了古代戏剧习见的大团圆程式，给读者或观众留下了更大的思考余地，标志了我国戏剧文学的最高水平。

⊙ 彩绘本《桃花扇》插图 清

《桃花扇》自问世以后盛极一时，各种刊本、彩绘本多种多样，改编成的地方戏更是层出不绝，产生了广泛的社会影响。本插图是清代同治年间的彩绘精品，可以一窥同治年间中国士人的生活状态。

1692年	**中国大事记：** 思想家、文学家王夫之去世，他在哲学上总结和发展了中国传统的唯物主义，坚持历史进化论。

《聊斋志异》

自从传奇小说在唐代蔚为大观之后，中国的文言小说就陷入了长久的沉寂之中。一直到蒲松龄的出现，这种局面才得以改变。

1640年农历四月十六日破晓时分，山东省淄川县蒲家庄一户人家的一声清脆啼哭，宣告了一个新生命的诞生。这个小生命的父亲欣喜若狂，给孩子起名叫蒲松龄——他希望孩子能够和南山的不老松一样长寿。

蒲松龄出生时，家道已经衰落。他在父亲的指导下开始读书，19岁时以府、县、道三个第一考中秀才。但之后三年一次的乡试，成了他一生都迈不过的坎。一直到他72岁的时候，他才博得了一个岁贡的功名。一次次的志在必得，又一次次的折戟沉沙，他不得不在41岁时到别人家当家庭教师，直到71岁时才撤帐回家；另一方面使得他把大部分兴趣和精力放在收集、整理谈狐说鬼的故事上。从30多岁开始，一直到去世前，他都坚持着对《聊斋志异》的创作与加工。在他72岁的时候，他一生的精神支柱、跟他患难与共56年的妻子刘孺人病逝。他在埋葬妻子的仪式上对儿孙们宣布，自己将在三年之内死去。两年后，也就是1715年，他倚书屋——聊斋的南窗边逝世。

⊙《聊斋》故事图册　清

《聊斋志异》是一本凝聚蒲松龄一生辛酸与痛苦的“孤愤之书”，全书共有近500个故事。他在《聊斋志异》中，以饱含激情与热泪的巨笔，为读书人谱写了一曲壮志难伸的悲歌。《叶生》中的叶生“文章词赋，冠绝当时”，但是穷其半生，却困于科场，始终无法向功名迈进一步，最终郁郁而死。但他不知道自己已死，魂魄一直追随着生前的文章知己、县令丁称鹤，教丁公子读书应举，结果每试必中，直至进士及第。当他带着巨大的荣耀返回故里时，才突然发现自己早已死去多时，是一颗不甘心就此泯灭的灵魂支撑着自己，由自己的学生来实现自己终生未竟的心愿。这一个个科举考试制度下的悲剧形象身上，凝聚着作者自己一生怀才不遇的苦闷情怀，是作者自己一生痛苦的写照。

由于在现实世界中的郁郁不得志，蒲松龄把自己的理想寄托在鬼狐花妖身上，建造了一个瑰丽奇特、异彩纷呈的精神家园。在他笔下，天地万物，一花一草，一石一木都获得了生命。从狐狸，到黄蜂，到老鼠、青蛙，甚至连牡丹花，都有思想有灵魂，有丰富的情感。而且与尘世的人相比，她们身上更具有浪漫的气息，更富有理想性。这些花妖鬼魅置封建社会的传统礼法不顾，常常夜扣书斋和心爱的书生幽会。她们大胆地追求自己的爱情和幸福，丝毫没有世俗婚姻的门当户对的观念和嫌贫爱富的庸俗想法。相反，她们对于恋爱对象的选择，或是出于对男子才能胆识的崇敬，

1630年

世界大事记：
瑞典入侵德国，三十年战争进入“瑞典时期”。

或是由于志趣相投、爱好相近，决不会因为对方是落魄潦倒的书生或小市民而嫌弃对方。《连琐》中的连琐和杨于畏相爱，是因为共同的文学兴趣；《晚霞》中的晚霞和阿端的相爱，是以舞蹈艺术爱好为桥梁；《白秋练》中的白秋练追求慕蟾宫，诗歌是其媒介。

不仅如此，这些美丽的花妖鬼魅绝不像很多世俗的人一样朝三暮四、喜新厌旧。她们一旦付出了真心，就海枯石烂也决不变心。《香玉》中的白牡丹，爱上了胶州的黄生，当她被迁往别的地方，与黄生两地分离之后，立即枯萎而死。而在黄生日夜凭吊的真挚感召下，她又起死回生。后来黄生魂魄所寄的牡丹花被道士砍死后，她也憔悴而死。这种可以为情而生、为情而死的伟大爱情，已经超越了时空的限制，超越了物类的区别。而且一旦这些花妖鬼魅能最终与人类结合，生活往往会幸福美满。

《翩翩》中的仙女与罗子浮结合，生了儿子，并为儿子娶亲。在婚宴上她欣慰地唱道：“我有佳儿，不羡高官；我有佳妇，不羡绮纨。”这种超脱而健康的情绪，是世俗婚姻中很少见的。

蒲松龄凭借着自己的力量把文言小说推向了不可企及的高度。在他身后，出现大量模仿《聊斋志异》的作品，但再也没有一部作品能像《聊斋志异》一样，既深刻而广泛地反映社会现实，又塑造出如此之多的鲜活人物，同时还留给世人一个瑰奇幻丽的艺术世界。

·《镜花缘》·

《镜花缘》是清代百回长篇小说，是一部与《西游记》、《封神榜》、《聊斋志异》同辉璀璨，带有浓厚神话色彩、浪漫幻想迷离的中国古典长篇小说。书中讲述了武则天废唐改周时，百花仙子托生为秀才唐敖之女唐小山。唐敖赴京赶考，中得探花。此时徐敬业起兵讨伐武则天，有奸人陷害唐敖说他与徐敬业有结拜之交，被革去功名。唐敖对仕途感到灰心丧气，便随妻兄林之洋、舵工多九公出海经商。他们路经30多个国家，见识了各种奇人异事、奇风异俗，并结识由花仙转世的女子，后唐敖入小蓬莱山求仙不返。作者李汝珍运用了《山海经》中的材料，经过作者的再创造，凭借丰富的想象、幽默的笔调，创造出了结构独特、思想新颖的长篇小说。

文字狱

清朝统治者对明朝留下来的文人采取两种手段：对于服从统治的文人，采取招抚的办法；对于不服统治的，采取严厉的镇压。就在康熙帝即位的第二年，有官员告发，浙江湖州有个叫庄廷珑的文人，私自招集文人编辑《明史》，里面有攻击清朝统治者的语句。这时候，庄廷珑已死去。朝廷下令，开庄廷珑棺材戮尸，把他的儿子和写序言的、卖书的、刻字的、印刷的以及当地官吏，处死的处死，充军的充军。这个案查下去，一共株连了70多人。

由于这类案件完全是因写文章引起的，所以就叫做“文字狱”。

康熙帝死后，他的第四个儿子胤禛即位，这就是清世宗，又称为雍正帝。在雍正帝的统治下，文字狱更多更严重了。其中最出名的是吕留良事件。

吕留良也是一个著名学者。明朝灭亡以后，他参加了反清斗争。失败后，就在家里收学生教书。有人推荐他做官，他坚决拒绝了。官员劝他不听，后来他索性跑到寺院里，剃发当了和尚。

1729年

中国大事记：
清政府设军机房，后改为军机处。

⊙ 雍正帝临辟雍讲学图　清

吕留良当了和尚以后，就躲在寺院里著书立说，书里有反对清朝统治的内容。后来，吕留良死了，他的书也没有流传开去。

有个叫曾静的湖南人，偶然见到吕留良的文章，对吕留良的学问十分敬佩，就派学生张熙从湖南跑到吕留良的老家浙江，打听他遗留下来的文稿。

张熙到浙江后，不但打听到了文稿的下落，还找到了吕留良的两个学生。张熙跟他们一谈，很说得拢。他向曾静汇报后，曾静就约两人见了面，四个人议论起清朝统治，都十分愤慨。大家就秘密商量推翻清王朝的办法。

他们知道，光靠几个读书人成不了大事。后来，曾静打听到担任陕甘总督的汉族大臣岳钟琪握有重兵。他想，要是能劝说岳钟琪反清，就大有成功的希望。曾静写了一封信，派张熙去找岳钟琪。岳钟琪是位高权重的川陕总督，岂肯放弃荣华富贵，听从小民蛊惑。他迅速将这事上报雍正帝。雍正批示岳钟琪审理此案，并指示岳钟琪不要重刑逼供，要设法引诱他说出实情。岳钟琪于是会同陕西巡抚西琳、按察司顾色定下诱导之计。岳钟琪先将张熙偷偷放出，以礼相待，然后痛哭流涕，说自己早有谋反之意，只是皇帝监视严密，还没来得及付诸实施，又要与张“盟誓”，迎聘他为老师，共举义旗。

张熙信以为真，将老师曾静的姓名、居地以及平常交游的人，和盘托出。岳钟琪得到了其想要的东西后，立即恢复本来的面目，将张熙重新下狱，把所得情报上报雍正帝。

·军机处·

清雍正七年（1729年），为了紧急处理西北的军务，朝廷在紫禁城内的隆宗门内设立军机房，后来改称军机处，入值的官员称为军机大臣，由满汉大学士、各部尚书、侍郎、总督等官员奉皇帝特旨当差，均为兼职。军机处的性质是一个根据皇帝的旨意办事，协助皇帝处理政务的机要班子。它负责朝政文书的上传下达，对朝政大事提出处理意见奏报皇帝裁夺，审理皇帝交付的某些重大案件，等等。军机处拟定的谕旨，分为“明发”和“廷寄”两种，前者交由内阁、部、院下达，后者因为机要绝密，迅速直达地方督抚。军机处的设立，实际上是皇权进一步加强的表现，它使朝廷内阁的权力缩小，国家的一切政务都由皇帝一人乾纲独断，形成了绝对的君主专制的政治制度。

1633年

世界大事记：
日本颁布锁国令，驱逐欧洲人。

雍正帝迅速采取措施，于十月间派副都统海兰，十一月初派刑部侍郎杭奕禄为钦差急赴湖南，将曾静及刘之珩、陈立安、陈达、张新华等与曾静和张熙有关的亲友扣押；又命浙江总督李卫查抄已故的吕留良家，将吕留良的儿孙以及一帮学生拿获。后来雍正又命将各犯解送京师。

雍正帝为了挽回声誉，洗刷失德的罪名，尽力寻找攻击他失德的言论制造者。“十大罪状”中“谋反、逼母、弑兄、屠弟”等都是不曾向民间公布的重大政治事件，乡野小民是怎么知道的？其后必有更大的阴谋者在散布谣言。于是他下令有司追问曾静何以得知这些小道消息，曾静供认是听安仁县生员何立忠和永兴县医生陈象侯说的。雍正帝顺藤摸瓜，发现根源竟然是允禩集团的人。原来允禩、允禟的奴隶、太监因受到其主人的牵连，被贬往边远的地区，心怀不满，便到处散布谣言。

雍正帝决心挽回自己的名誉，他屡发上谕，再次宣布允禩集团罪状，讲述储位斗争以前的历史，为自己辩白。为了使自己的辩白能够广传天下，家喻户晓，他又将关于曾静一案的上谕编辑在一起，附上曾静的口供，编成《大义觉迷录》。雍正帝将该书颁发到全国各府州县学，命地方官向百姓宣讲。

除了这样真是由反对朝廷的活动引起的案子之外，有不少文字狱，完全是牵强附会。有一次，翰林官徐骏在奏章里，把“陛下”的“陛”字错写成“狴”字，雍正帝见了，马上把徐骏革职。后来派人一查，在徐骏的诗集里找出了两句诗：“清风不识字，何事乱翻书”，便挑剔说这“清风”指的就是清朝。这样一来，徐骏犯了诽谤朝廷的罪，把性命也丢掉了。

⊙ 雍正帝朝服像

1732年

中国大事记：
程国彭著《医学心语》书成。

率真郑板桥

郑板桥祖居苏州，后来迁居兴化。他生于1693年的农历十月，当时的时令为“小雪”。按照当地的风俗，“小雪”是“雪婆婆生日”，郑板桥与雪婆婆同时降临人间，这令全家人都很高兴。他的父亲为他取名为燮，字克柔。后来，他的居所附近有一座木板桥，意境不错，他自号为板桥。

郑板桥出生时家境已没落，全家人仅靠祖上遗产和少量地租维持生活。后来，他的父亲取得廪生的资格，每月可以向官府领取一些粮米，家里的生活才得以改善。但好景不长，没过几年，板桥的生母汪氏病故，他靠乳母费氏照料。费氏原来是郑家的仆人，为人勤劳、仁厚、善良、慈爱。当时正在闹饥荒，郑家的粮食不够吃，根本雇不起仆人了，但费氏舍不得郑板桥，每天回自己家吃饭，然后到郑家看护他。

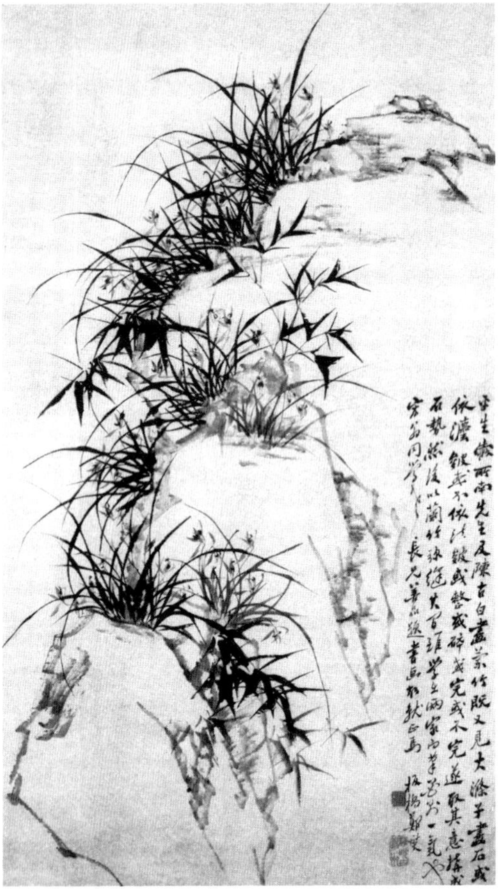

⊙ 兰竹图

郑板桥之兰往往叶短而力，花劲而逸，叶丛茂密。花朵疏淡，仿佛自纸面透出无形的香气，其竹情态各异，形神兼备，石则以丑、怪为美，这幅作品很好地体现了以上三点。

后来，郑板桥的父亲续娶郝氏。郝氏无子，对待板桥就像对待自己的亲生儿子一样。郑板桥后来回忆这段往事时说：“每当想起后母不辞劳苦地操持家务，无微不至地照顾我饮食起居的时候，我都会感动得泪流满面。”郑板桥的父亲学问、人品都很好，经常教儿子读书写字，以及为人处世的道理。郑板桥的外祖父汪诩文也非常博学多才，但隐居多年，一直没有出来做官。他对于外孙的生活、学习非常关心，经常指导他读书、作文、绘画，所以郑板桥说：“我的文学天分从外祖父那里继承的多一些。”

郑板桥9岁入私塾读书。他学习非常刻苦，成绩优异，能够出口成章。有一次，私塾先生带着他和同学们去郊游。师生一道漫步在青山绿水之间，欣赏着大自然的景色，无不心旷神怡。忽然，一阵哭声传来。他们循声望去，见不远处的河边围了一群人。原来，有个小女孩过桥的时候，不慎跌入水中，淹死了。私塾先生听了人们的描述，连连摇头叹息，他一边走，一边吟道：“二八女多娇，风吹落小桥。三魄随浪转，七魂泛波涛。”同学们听了都说好，唯独郑板桥觉得不是很好。

他走到先生面前，说：“先生的这首诗有的词语欠妥，值得推敲。”先生听罢此言，面露难堪之色，但还是说：“噢？不妨大胆直言。”郑板桥认真地说道：“先生不认识那个女孩子，怎么知道她刚好16岁呢？魂魄是看不见摸不着的，你又怎么知道它们‘随浪转’、‘泛波涛’？我看

1633年

世界大事记：
异端裁判所审讯伽利略，伽利略被迫宣称“放弃”太阳中心学说。

不如改成‘谁家女多娇，何故落小桥？青丝随浪转，粉面泛波涛’。”先生一听，手拈胡须赞叹道：“有理，有理，青出于蓝而胜于蓝啊！”

郑板桥为人质朴率真，对看不惯的事物敢于直言，甚至怒斥，因而同学们的家长都告诫子弟不要和他来往。他自尊心很强，从不逢迎任何人。学习上，他坚持“精通”、“广博”相结合，尤其重视“精通”。郑板桥经、史、子、集无不涉猎，重点章节都要反复诵读。他最推崇《史记》，认为该书中的《项羽本纪》描写巨鹿之战、鸿门之宴、垓下之围的几段最为精彩。对于杜甫、白居易、陆游等人的诗，他也特别爱读。郑板桥在学习上注重学以致用，认为这样才能做到深入理解、融会贯通。

1712年春，郑板桥师从陆震，学习填词。陆震悉心地指导他先学习婉约派柳永、秦观的词，再学习豪放派苏轼、辛弃疾的词，令其体会二者的妙处和区别。陆震认为词与诗不同，以跌宕起伏为变格，以婉转清丽为正格，练习时需要反复斟酌。郑板桥的词兼取二者的长处。

郑板桥22岁那年与徐氏女结婚。为了养家糊口，他被迫到扬州设立私塾，授徒讲学。因没有功名，他不被人看重，学生亦很少，经常入不敷出。

迫于生计，他开始作画卖画。当时的扬州是南北漕运的咽喉之地，大批富商巨贾云集，故而异常繁荣，这为文人墨客施展才华提供了条件。郑板桥初到扬州时，是边教书边作画卖画，之后就专一作画卖画。他的书画作品对后世影响深远。

郑板桥一生的画题只有兰竹菊石几种，以兰竹为最。经过他不断地探索和创新，从而使他的绘画艺术达到了出神入化的地步，形成了自己独特的艺术风格——板桥风格。

·“南北宗”·

明代董其昌在《容台别集·画旨》中说：“禅家有南北二宗，唐时始分；画之南北二宗，亦唐时分也，但其人非南北耳。北宗则李思训父子着色山水，流传而为宋之赵干、赵伯驹、赵伯骕，以至马（远）、夏（圭）辈；南宗则王摩诘（维）始用渲淡，一变钩斫之法，其传为张璪、荆（浩）、关（仝）、董（源）、巨（然）、郭忠恕、米家父子（芾、友仁），以至元之四大家（黄公望、吴镇、倪瓒、王蒙），亦知六祖（即慧能）之后，有马驹、云门、临济儿孙之盛，而北宗（神秀为代表）微矣。”此说并不符合山水画家师承演变的史实，且有崇“南”贬“北”之意。

曹雪芹写《红楼梦》

曹雪芹，名霑，字梦阮，“雪芹”是他的别号，又号芹圃、芹溪。约生于康熙五十四年(1715年)，卒于乾隆二十七年(1762年)除夕。曹家在康熙朝盛极一时，曹玺、曹寅及其伯父曹颙、父亲曹頫等任江宁织造一职前后达60余年。曹寅工诗能词，又是有名的藏书家，著名的《全唐诗》就是他主持刻印的。曹雪芹就是在这种繁盛荣华而又充满书香气的家境中度过了他到13岁为止的少年时代。

雍正即位后，曹頫被查办革职，抄没家产。曹家全部迁回北京后，曹雪芹曾在一所学堂当差，境遇潦倒，常常要靠卖画才能维持生活。他最后流落到北京西郊的一个小山村，生活困顿。乾隆二十六年(1761年)秋，他唯一的爱子夭亡。不久，他也含恨谢世，只留下一位新娶不久的继妻和一部未完成的书稿。《红楼梦》第一回记述道：“曹雪芹于悼红轩中披阅十载，增删五次。”他去世时，全书仅完成前八十回和后面的一些残稿。

1735年

中国大事记：
耶稣会士杜赫德所编《中华帝国全志》在巴黎出版，介绍了中国的历史地理、社会民俗的情况。

⊙《红楼梦》书影　乾隆年间抄本
《红楼梦》为曹雪芹毕生心血所注，代表了我国古典长篇小说的最高成就。曾有人评曰："字字看来皆是血，十年辛苦不寻常。"

小说一开始的十几回，写林黛玉初入荣国府的见闻，写宁国府为秦可卿出殡时的声势，写元春选妃、省亲，像缓缓拉近的长焦镜头一样，层层推进地表现出贾府特殊的社会地位和令人目眩的富贵豪奢。但就在这烈火烹油、鲜花着锦的繁华景象中，透出了它不可挽救的衰败气息。钱财方面坐吃山空，内囊渐尽。而人才方面的凋零则是贾府衰败的真正原因，贾府的男性或炼丹求仙，或好色淫乱，或安享尊荣，或迂腐僵化。

贾宝玉是《红楼梦》的核心人物。在他身上应该有作者早年生活的影子，但也渗透了他在后来的经历中对社会与人生的思考。在贾宝玉身上，集中体现了小说的核心主题：新的人生追求与传统价值观的冲突，以及这种追求不可能实现的痛苦。小说的第一回，作者也似乎在有意识地运用一个神话模式作为小说的框架。作者以女娲补天神话为象征，女娲炼石补天时剩的一块石头，时间一久，通了灵性，便因自己不能有补天之用而日夜悲号。一僧一道将它化为一块美玉，就是后来贾宝玉出生时口中所衔的"通灵宝玉"，也就是"宝玉"本人。这个神话故事揭示了贾宝玉这一形象的本质特征——他是一个具有良材美质的"废物"。这似乎有些矛盾，但事实就是这样：他聪明过人，却厌恶读书；他是母亲眼中的命根子，但却是父亲眼中的"逆子"；他和大观园中的女孩们如胶似漆，但对老妈子却很少有什么好感；对秦钟他一见如故，但却视贾雨村为禄蠹……总之，凡是沾了利禄之气的人或物，都遭到他的蔑视和抛弃，因而，他就成为他的"诗礼簪缨之族"的"废物"，也成了社会政治结构的"废物"。贾宝玉便把他的全部热情灌注在一群年轻女性的身上。他是一个天生的"情种"。一岁时抓周，"那世上所有之物摆了无数"，他"一概不取，伸手只把些脂粉钗环抓来"；七八岁时，他就会说"女儿是水作的骨肉，男人是泥作的骨肉。我见了女儿，我便清爽；见了男子，便觉浊臭逼人"；更有一句因林黛玉而起、对紫鹃所说的话："活着，

·曹雪芹与恭王府花园·

红学家们通过考证，确认恭王府是大观园的原型。曹雪芹的家族在北京拥有几处房产，曹雪芹在少年时代有可能在这座园子中生活过一段时间。恭王府花园又称"萃锦园"，座落于什刹海西侧，融江南园林风格与北方建筑格局为一体。全园布局分中东西三路，设计高妙。独乐峰、安善堂、滴翠岩是全园的主景，妙处难以言说；湖心亭、浣云居、樵香径等，玲珑雅致，令人赏心悦目，坐而忘忧。整所园子既具人工智慧，又具山林野趣，使人流连忘返，有出尘之想。

《红楼梦》里的大观园似乎更美些，人与景相谐。曹雪芹沉醉其中，有些忘情了，所以抄检大观园之后的章节写得是那样沉痛，仿佛书页间也能渗出泪来。悲欢之间，凝结着曹雪芹一生的际遇遭逢。大观园的美始终伴随着人的沦落：曹家得到了它，败落了；和珅得到了它，被杀了。走进这所园子，总让人感到历史的无常与生命的孱弱。

1640年

世界大事记：
英国资产阶级革命开始。

⊙ **大观园图　清**
大观园是《红楼梦》中的主要人物贾宝玉、林黛玉等人活动的场所。此图纵 137 厘米，横 362 厘米，展现了在凹晶溪馆、牡丹亭、蘅芜苑、蓼风轩和凸碧山庄五个地方活动的人物 173 个，是研究《红楼梦》的珍贵资料。

咱们一处活着；不活着，咱们一处化灰化烟，如何？”在贾宝玉看来，爱情已经成了生命的唯一意义。

在《红楼梦》中，宝黛两人既有一层表兄妹的现实关系，更有一层木石前盟的神话结构中的前身相爱关系。在现实关系中，他们的爱情是因长年耳鬓厮磨而形成，又因彼此知己而日益加深的。但这种爱情注定不能够实现为两性的结合，因为在象征的关系上，已经规定了他们的爱情只是生命的美感和无意义人生的“意义”。

包括黛玉在内的青年女性，寄托着作者的感情和人生理想，但她们在小说中无一例外地走向毁灭：有的被这腐败没落的贵族之家所吞噬，有的随着这个家庭的衰亡而沦落。由女儿们所维系着的唯一净土也不能为现实的世界所容存，所以《红楼梦》终究是一个永远也无法实现的梦。

高鹗所续的后四十回，给人的感觉是收束有些急促，显得变故迭起，一片惊惶。语言文字上也相对逊色，不过从总体上看，后四十回还是保持了原作的悲剧气氛，这是难能可贵的。后四十回中写得最好的，是宝玉被骗与宝钗成婚、同时黛玉含恨而死的情节，在很大程度上感动了许多读者，以致有怀疑那可能就是曹雪芹的原稿。

《红楼梦》在艺术上达到了中国小说前所未有的成就。从《红楼梦》前八十回看，这部作品的结构已经突破了原来章回长篇小说的模式。它以贾、林、薛、史四人的情感纠葛为中心线索，以他们生活的大观园为主要舞台，以贾、王、史、薛四大家族的兴衰为社会背景，组织一个庞大的叙事结构。而这个结构据原作推测，又放在一个巨大的神话叙事结构中。贾、林、薛、史等人从情天幻海而来，终将回归仙境。

《红楼梦》最值得称道的，是人物形象的塑造。在《红楼梦》的主要人物中引人注目的，首先是王熙凤，作为荣国府的管家奶奶，她是《红楼梦》女性人物群中与男性的世界关联最多的人物。她“体格风骚”，玲珑洒脱，机智权变，心狠手辣。她貌似精明强干，在支撑贾府勉强运转的背后，她挖空心思地为个人攫取利益，放纵而又不露声色地享受人生。迟发月银用来放高利贷；私了官司以谋取暴利；而借机敲诈更是她的拿手好戏，连丈夫贾琏都不放过。因此作者将加速贾府沦亡的过错，有意无意地集中到了她身上，“机关算尽太聪明，反误了卿卿性命”。王熙凤在《红楼梦》中，无疑是写得最复杂、最有生气、最新鲜的人物。

1771年	中国大事记： 土尔扈特部在渥巴锡的领导下历时八个月，行程万余里，终于回归祖国。

⊙ 金陵十二钗仕女图之林黛玉像　清　费丹旭

薛宝钗的精明能干不下于王熙凤，但她温良贤淑，所以她的言行举止就显得委婉内敛。她有很现实的处世原则，能够处处考虑自己的利益，但她同样有少女的情怀，有对于宝玉的真实感情。但她和宝玉的婚姻最终却成了一种有名无实的结合，作为一个典型的“淑女”，她也没有获得幸福。

林黛玉是一个情感化的、“诗化”的人物。她的现实性格聪慧伶俐，由于寄人篱下，有时显得尖刻。另一方面，正因为她是“诗化”的，她的聪慧和才能，也突出地表现在文艺方面。在诗意的生涯中，和宝玉彼此以纯净的“情”来浇灌对方，便是她的人生理想。作为小说中人生之美的最高寄托，黛玉是那样一个弱不禁风的“病美人”，也恰好象征美在现实环境中的病态和脆弱。

值得注意的是，《红楼梦》中不仅写出了林黛玉、薛宝钗、史湘云、贾探春以及女尼妙玉这样一群上层的女性，还以深刻的同情精心刻画晴雯、香菱、鸳鸯等婢女的美好形象，写出她们在低贱的地位中为维护自己作为人的自由与尊严的艰难努力。晴雯勇补雀金裘、笑撕纸扇、愤寄指甲，鸳鸯以死怒拒贾赦的淫威等，都给人以美好和光明的希望。

贾府中的男性如贾赦、贾珍、贾琏、贾蓉等，大都道德堕落，行止不端。他们享受着家族的繁华，是一群对财色贪得无厌的寄生虫。刘姥姥在《红楼梦》中，尤其是在后半部分，基本上成了重要人物。这位乡间老妇本是深于世故，以装痴弄傻的表演，供贾母等人取乐。然而，这一个出场时极似戏曲中丑角的人物，后来却成了巧姐的救命恩人。她可笑可怜却又可敬，人性含蕴十分丰富。在她的身上，表现了曹雪芹对下层人物的理解。

《红楼梦》的语言，既是成熟的白话，又简洁而略显文雅，或明朗或暗示，描写人情物象准确有力。它的对话部分，尤能切合人物的身份、教养、性格以及特定场合中的心情，活灵活现，使读者似闻其声、似见其人。

《红楼梦》是一部具有历史深度和社会批判意义的爱情小说。它颠覆了封建时代的价值观念，把人的情感生活的满足放到了最高的地位上，用受社会污染较少、较富于人性之美的青年女性来否定作为社会中坚力量的士大夫阶层，从而表现出对自由的生活的渴望。

⊙ 大观园图(局部)　清

1679年

世界大事记：
英国议会要求取消詹姆斯的王位继承权。

乾隆帝禁书修书

清王朝经过康熙、雍正两朝的经营，经济发展很快。到雍正帝儿子清高宗弘历（也叫乾隆帝）在位的时候，已经可以称得上国富民强了。清朝初期的文治武功在这个时期都达到了鼎盛。

1757年，原来已归服清朝廷的准噶尔贵族阿睦尔撒纳发动叛乱。乾隆帝派兵两路进攻，平定了叛乱。

乾隆帝跟他祖父、父亲一样，不仅注意武功，还十分重视文治。他一面继续招收文人学者做官；一面又大兴文字狱，镇压有反清嫌疑的文人。乾隆时期文字狱之多，大大超过了康熙、雍正两朝。

⊙ 乾隆帝朝服像

但是，乾隆帝明白，光靠文字狱来实行文化统治去不了根，还有成千上万的书籍贮藏在民间。如果里面有不利于他们统治的内容，那就无可奈何了。后来，他想出一个一举两得的办法，就是集中全国的藏书，来编辑一部规模空前巨大的丛书。这样做，一来可以进一步笼络大批知识分子，显示皇帝重视文化；二来借这个机会正好可以把民间藏书统统审查一下。

1773年，乾隆帝正式下令开设四库全书馆。派了一些皇亲国戚和大学士担任总管，那些皇亲国戚大多是挂名监督的。真正担任编纂官的都是当时一些有名的学者，像戴震、姚鼐、纪昀等人。

要编这样一套规模巨大的丛书，先得收集大量的书籍。乾隆帝下了命令，叫各省官员搜集、收购各种图书，并且定出了奖励办法，私人进献图书越多，奖励越大。这道命令一下，各地图书便源源不绝送到北京。两年之中，就聚集了2万多种，再加上宫廷里收藏的大量图书，数量就很可观了。书收集得差不多了，乾隆帝就下令四库全书馆的编纂官员对图书进行认真检查。凡是有“违碍”（对清统治者不利）字句的，一律毁掉。

·姚　鼐·

姚鼐（1731～1815年），清代散文家，字姬传，又字梦谷，因室名惜抱轩，又称之为惜抱先生，安徽桐城人。乾隆年间进士，曾在江宁、扬州等地书院讲学达40年。治学以经为主，兼及子史、诗文。曾受业于刘大櫆，为桐城派的集大成者。在理论上，他提倡文章要“义理”、“考证”、“辞章”三者相互为用。其中，“义理”即程朱理学，“考证”指对古代文献、文义、字句等的考证，“辞章”也就是文章的文采，也就是文章要以“考据”、“辞章”为手段，来阐释儒家的“义理”，这可以说是对方苞的“义法”说的补充和发展。在文章美学上，他提出了阳刚与阴柔的概念。同时，他发展了刘大櫆的拟古主张，提倡从“格律声色”入手去模拟古文，进而达到“神理气味”。他的作品多为书序、碑传之类，著有《惜抱轩全集》，并选有《古文辞类纂》、《五七言今体诗钞》等。

1793年	**中国大事记：** 《四库全书》编成，历时20年。

⊙ 四库全书楠木匣　清

经查发现在明朝后期的大臣奏章里，提到清皇族的上代时不那么尊重，乾隆帝认为这是很不体面的，就下令把这类图书一概烧毁。据不完全统计，在编《四库全书》的同时，被查禁烧毁的图书也有 3000 多种。

后来，这部规模巨大的《四库全书》终于编出来了。编纂者们对大批图书进行编辑、校勘、抄写，足足花了 10 年工夫，到 1782 年正式完成。这套丛书按经、史、子、集四部 44 类编排，共收图书 3461 种，多达 7 万多卷，共计 3.6 万册。《四库全书》始修于乾隆三十八年，完成于乾隆五十八年 (1793 年)。在乾隆四十七年缮写完第 1 部之后，又缮写 6 部及副本 1 部，分别藏于故宫文渊阁、圆明园文源阁、沈阳故宫文溯阁、承德避暑山庄文津阁等处。后来历经战火，《四库全书》或被抢，或被烧，保存比较完整的仅有藏于承德避暑山庄文津阁的那一部，现收藏于国家图书馆。

乾隆帝编修《四库全书》是结合从《永乐大典》中搜辑佚书和大规模地征集民间遗书两项活动同时进行的，因而《四库全书》及《四库全书总目》两书的收书范围和质量都远远地超过了前代。不论乾隆帝当初的动机怎样，这部书对后代人研究我国古代丰富的文化遗产，毕竟是一项重大而珍贵的贡献。

大贪官和珅

乾隆帝做了 60 年皇帝，在文治武功方面很有作为，觉得意得志满，骄傲起来，越来越喜欢听颂扬的话。于是，就有个人用讨好奉承的手段取得他的宠信，掌握了大权，这个人就是和珅。

有一次，乾隆帝要外出巡视，叫侍从官员准备仪仗。官员一下子找不到仪仗用的黄盖，乾隆帝十分生气，问："这是谁干的好事？"

官员们听到皇帝责问，吓得说不出话来。有个青年校尉在一旁镇定地说："管事的人不能推卸责任。"

乾隆帝侧过脸一看，是个眉目清秀的校尉，乾隆帝心里高兴，忘了追问黄盖的事，问这个校尉叫什么名字。那青年校尉回答说叫和珅。乾隆帝又问他一些其他问题，和珅也对答如流。

乾隆帝十分欣赏和珅，马上宣布让他总管仪仗，以后又让他当御前侍卫。和珅是个非常伶俐的人，乾隆帝要做的事，他件件都办得称乾隆帝的心；乾隆帝爱听好话，和珅就尽说顺耳的。日子一久，乾隆帝就把和珅当作了亲信，和珅从此步步高升。和珅是个善于拍马逢迎之人，乾隆四十三年（1778 年），他已是高官厚爵，但一旦听到皇帝咳唾，便迅速以溺器进之。以一个红顶花翎的大臣身份去干一些下等奴仆干的事情，本应为人不齿，但乾隆却认为他“多称上意”，并于乾隆四十五年（1780 年），升他为户部尚书、议政大臣。同年，又御赐其子名为丰绅殷德，指为十公主额附。和珅跟皇帝攀上了亲家，权势就更加显赫了。

和珅掌了大权，别的大事他没心思管，只对搜刮财富感兴趣。他不但接受贿赂，还公开勒索；不但暗中贪污，还明里抢夺。地方官员献给皇帝的贡品，都要经过和珅的手。和珅先挑最精致稀罕的东西留给自己，挑剩下来的再送到宫里去。

1686年

世界大事记：
俄国与波兰签订“永久和约”。

好在乾隆帝不查问，别人也不敢告发，他的贪心就越来越大了。

和珅利用他的地位权力，千方百计搜刮财富，一些朝臣和地方官员摸透了他的脾气，就使劲搜刮珍贵的物品去讨好他。大官压小吏，小吏又向百姓压榨，百姓的日子自然也就不好过了。

和珅与皇后内侄福康安勾结在一起，将福康安荐进军机处。和珅的姻亲苏凌阿昏庸无能，却被和珅提为大学士。乾隆五十一年(1786年)，陕西道监察御史曹锡宝上疏弹劾和珅家人刘全“服用奢侈、器具完美，苟非侵冒主财，克扣欺隐，或借主人名目，招摇撞骗，焉能如此”，但被其同乡侍郎吴省钦偷偷告诉和珅。和珅马上指使刘全转移赃物，安排妥当之后，反诬曹锡宝。乾隆帝对和珅深信不疑，将曹锡宝革职留任，曹锡宝气愤而死。

和珅还利用乾隆年老昏庸的思想，欺下瞒上。乾隆五十五年(1790年)，官员尹壮图上疏反映各省库藏空虚。和珅知道皇上不喜欢听此消息，命人重新清查各省府库，诬告尹壮图所奏不实。皇上将尹壮图降职，对和珅更加宠信。

乾隆帝在做了60年皇帝后，传位给太子颙琰，这就是清仁宗，又称为嘉庆帝。嘉庆帝早知道和珅贪赃枉法的情况。过了3年，等乾隆帝一死，嘉庆帝马上把和珅逮捕起来，赐他自杀，并且派官员查抄他的家产。

⊙ 和珅府花园湖心亭旧址　清

和珅的富有本来是出了名的，但是抄家的结果还是让所有的人大吃一惊。一张长长的抄家清单上，记载的金银财宝、稀奇古董多得数不清，粗粗估算一下，大约值白银8亿两之多，抵得上朝廷10年的收入。后来，那些查抄出来的大批财宝，都让嘉庆帝派人运到宫里去了。于是，民间就有人编了两句顺口溜：和珅跌倒，嘉庆吃饱。

《儒林外史》

《儒林外史》的出现，标志着中国古典小说艺术的日趋成熟和完善。它既没有人情小说那种缠绵悱恻的曲折情节，也没有历史演义、神魔小说惊天动地的传奇色彩，它把笔触伸向世俗生活和人的精神世界，开创了一个以小说直接评价现实的先例，晚清的长篇谴责小说大都受到它的影响。

《儒林外史》的作者吴敬梓（1701～1754年）出生在安徽全椒一个书香门第，13岁时母亲去世，他在14岁时便跟随父亲寄寓榆赣，过着动荡不安的生活。康熙六十一年（1722年），吴敬梓考中秀才，他本以为可以借此慰藉一下丢掉官职的父亲，没想到就在他中试的那一天，父亲却撒手西去。当时，族人依仗人多势众，提出了分家的要求，看着族人一个个拿走财产而自己两手空空，妻子因为不甘忍受族人的欺凌含恨而逝，吴敬梓清楚地洞彻了封建家族中尔虞我诈的人际关系，从此沉迷声色，过着放荡不羁的浪子生活。后来吴敬梓带着继室叶氏移居南京。在他35岁时，获得了一次参加“博学宏词”科考的机会，但是他最终还是没有去考，并从此下定决心写作《儒林外史》。1754年，他带着妻儿寄寓扬州，继续过着淡泊名利的生活。同年12月11日，入夜时突然痰涌，匆匆离开了人世。

1797年

中国大事记：
史学家毕沅去世，编辑《续资治通鉴》。

《儒林外史》共55回，约40万字，以明朝成化二十三年（1487年）到嘉靖末年（1566年）80年间的四代儒林士人对待功名富贵的态度为衡准，揭示了在八股考试的影响下，文人在文（文章、学业）、行（行为、品德）、出（出仕、做官）、处（在野、退隐）诸方面的丑态，以十多个既独立又有联系的故事，细腻地刻画了一群追求功名富贵的封建儒生和贪官污吏的丑恶面目。中国有一句传统俗语叫“万般皆下品，唯有读书高”，这句话表现了过去的读书人在社会上的崇高地位。读书人也就是高居士农工商之首的儒士，而这也正是《儒林外史》一书中的主角。在中国传统观念里，一个读书人最高的理想应该是救国救民，为天下苍生尽一己之力，所以政治舞台才是他们发挥才能的地方。然而在明清两代，想要登上仕途只有一个途径，那就是要通过科举考试。但是当科举制度过于僵化，不仅命题范围狭小，而且讲究所谓八股格律，使得科举成为文字的游戏，就已难选拔社会所需要的人才，而考生专就应试的科目用功，也难培养真正的能力。虽然八股取士的弊病如此大，但是当时的读书人几乎统统陷入科举的泥淖里。作者主要是通过对以下几类人物的塑造来实现对明清科举选士制度的批判的：

⊙ 吴敬梓像　当代　程十发

第一类是陷在科举和功名泥潭中不能自拔的迂儒形象，最典型的就是范进。他从20岁开始童生应试，一直考了20多场也没中个秀才。在落拓中，他遭受着乡人的鄙视，亲人的白眼。实际上，醉心功名的他浅陋无知、虚伪贪鄙，他连苏轼的名字都茫然无知。而一旦50多岁意外中举之后，他周围的人全都对他恭敬起来。他也开始广受钱财，这样一个人，竟然还被委以主管一省教育选士的学政，八股取士造就迂滥无用之才的现实于此得以昭示。

第二类是以严贡生为代表的见利忘义、装腔作势的无耻文人，他们身上体现着整个儒林风气的败坏。他家的猪误跑到邻居家，邻居马上送回，但他却以失而复得的猪不吉利为借口，逼小二出银子买走。后来猪长到100多斤重，错走严家，他又把猪关起来，硬逼小二拿银子来赎回，甚至把小二兄长的腿也打断了。就算是对自己的亲人，他也不放过。他一直觊觎弟弟严监生的十万家产，弟弟一死，他就想把弟弟从本族中剔除出去。就是这样一个面目可憎的衣冠禽兽，却成天混迹于士人中间，装腔作势，满口道德文章。

第三类是贪生怕死、以权谋私的国家蠹虫，以王惠为代表。他被任命为南昌太守，还没上任，就向人打听“地方人情，可还有甚么出产？词讼里可也略有些什么通融？”他在任期间拼命地盘剥百姓，搜刮钱财。而到宁王叛乱的紧急关头，又带领数郡投降，接受“江西按察司”的伪职。叛乱平定后，他乔装潜逃，沦落为钦犯。通过对这类贪官污吏的描写，作者辛辣地讽刺了八股取士所选拔出来的，要么是一些贪赃枉法、扰民害国的庸臣俗吏，要么是贪生怕死、出卖灵魂的叛臣降将。

与以上三种反面人物相对的，作者还塑造出一些德才兼备的真儒名士虞育德、庄绍光和潇洒不羁的反叛者杜少卿等。他们为人慷慨正直，对

1688年

世界大事记：
英国爆发光荣革命。

科举功名丝毫不热心，而是立足于自身的道德修养和学问才华。其中，杜少卿是作者自身的写照。他出身科举世家，却对功名富贵弃之如敝屣；平生乐善好施，视金钱如粪土，以致把家私施舍精光，最后变卖家产，带着还债所余寄身南京。到南京后依然我行我素，以致贫穷到以卖文为生。

总之，《儒林外史》成功地运用了讽刺艺术来表达主题，语言准确精练，常能用三言两语使人物“穷形尽相”、“真伪毕露”。全书以“秉持公心，指摘时弊”的批判精神，“烛幽索隐，物无遁形”的描写功力和“戚而能谐，婉而多讽”的美学风格，奠定了讽刺小说在中国小说史上的地位。

京剧的形成

京剧是中国的国粹，是中国文化的重要组成部分。它是一个古老而又年轻的剧种，吸收了京剧、秦腔、昆剧、汉剧等历史悠久的古老戏曲的艺术精华。

1790年发生了一件对京剧形成有关键影响的事——徽班进京。1790年是乾隆80岁生日，用当时的话说，正是皇上的“八十万寿”，北京城自然准备了盛大的庆贺典礼。当时扬州有一个叫江鹤亭的盐商，他原籍安徽。这一年的秋天，他为了讨好皇帝，结识一些达官贵人，就投资组织了一个进京祝贺皇帝生日的戏班，名叫三庆班。这个戏班由当时的著名演员高朗亭率领，是历史上第一个进入北京的徽班。三庆班在北京很快取得了成功。紧接着，四喜班、春台班、和春班等许多徽班相继来到北京。这四个班社在历史上并称“四大徽班”。

⊙玫瑰紫平金彩绘女靠　清

徽班进京是徽班由南方的地方戏曲演变为京剧的第一步，所以，习惯上人们也把徽班进京算作京剧形成的开端。徽班进京对当时北京戏曲活动的繁荣产生了极大影响。徽班进京后，为适应当时北京观众的需要，及时吸收了曾在京都流行

⊙京城看戏图
乾隆八十大寿时，四大徽班进京演出祝寿。此图表现当时乾隆看戏的情景。

1839年

中国大事记：
林则徐在广东虎门销毁大量鸦片。第二年英国发动鸦片战争，道光皇帝派人求和。

的京腔、秦腔、昆曲等剧种的长处，迅速发展起来，并雄踞北京剧坛。以“老三鼎甲”(程长庚、余三胜、张二奎)为代表的一批艺术家的出现，标志着以皮簧腔为主的京剧诞生。

不过，严格地说，1790年徽班进京带来的不是真正的京剧。京剧的出现不是一件突然发生的事情，从徽班演变成京剧，大概有几十年的时间。京剧形成的过程也很复杂。

京剧形成后得到上自皇室官僚，下到普通百姓的喜爱，很快成为最有中国特色的剧种。

民族英雄林则徐

在乾隆、嘉庆在位期间，清朝的国力开始由强盛走向衰弱。与此同时，英、美、法等国正逐渐完成工业革命，资本主义需要广阔的商品市场和原料产地，英国首先将目光投向了中国。

鸦片，俗称大烟，是用罂粟汁熬制而成的麻醉毒品，吸食者极易上瘾，长期吸食能导致身体萎顿、精神颓靡。早在清初，鸦片就已随其他商品一起输入到了中国。以英为首的西方殖民者为扭转贸易逆差，改变白银大量流向中国的局面，转而采用倾销鸦片的恶毒手段，以此敲开中国的大门。英国是最大的鸦片贸易贩子，美国次之，俄国也从中亚向中国北方输入鸦片。鸦片的大量流入，使殖民者们大发横财，但却给中国带来了巨大灾难，鸦片大量输入严重冲击了中国封建经济，清政府在对外贸易中开始处于逆差地位。大量白银外流，使清政府国库空虚，财政拮据，百业萧条。鸦片也最初只在沿海行销，后来逐渐深入内地，吸食上瘾者不可胜数，严重毒害了中国人的肉体和心灵。鸦片贩子大量行贿也使清政府的吏治更加腐败。

种种情况使人民要求禁烟的呼声越来越强烈，政府和一些正直官员也逐渐认识到禁烟的重要性。1838年六月，鸿胪寺卿黄爵滋等人上奏，痛陈鸦片祸害，揭发官吏包庇鸦片烟贩，主张坚决遏制鸦片的输入。他认为要禁绝鸦片，必先加重严惩吸食者。湖广总督林则徐和两江总督陶澍等人十分赞成黄爵滋的主张。1838年农历七月到九月，林则徐三次复奏道光帝，指出若不禁烟，长此以往，数十年后，“中原几无可以御敌之兵，且无可以充饷之银”。林则徐的话坚定了道光帝严禁鸦片的决心。

⊙ 林则徐像

林则徐是福建侯官(今福州)人，他的父亲林宾日是个以教书为业的秀才。林则徐27岁那年被选为翰林院庶吉士。在京时期，他与南方出身的清流派小京官结成文学团体“宣南诗社”，社友中有陶澍、黄爵滋、龚自珍等人。他们之间常常议论时局，讨论治世的学问，这自然为林则徐日后出任封疆大吏，建立斐然政绩打下了良好的基础。

1839年农历一月，林则徐离开北京，宣布这次出差将自备车轿，自带役夫，沿途供应不许铺张，若有犯者，言出法随。这种严肃的态度使英国的毒贩们感到了情势的转变。到达广州后，林则徐又在行馆门外张贴告示：严禁收取地方供应，所有随从人员不得擅离左右。在两广总督邓廷桢的帮助和合作下，林则徐暗访密查，充分掌握了广州鸦片走私和经营情况，然后下令收缴外商鸦片，还让他们保证以后来船永不再夹带鸦片，如

1689年

世界大事记：
英国国会通过《权利法案》，标志资产阶级君主立宪制在英国确立。

⊙ 广州海战图　清

这幅英国凹版图画中，一艘中国战船因被英国战舰“奈米西斯”号开炮击中而烧毁。此战发生于 1841 年 1 月，地点在珠江三角洲亚森湾，在两个小时的作战中，11 艘中国战船被击沉，500 名船员阵亡，而英军只有几人受伤。“奈米西斯”号是英国的第一艘铁甲战舰。在这样的战舰面前，中国海军的木船不堪一击。

果有，货全部没收，人立即正法。广州人民也纷纷行动起来，配合林则徐的缴烟命令。鸦片贩子不愿交出鸦片，操纵广州的外商商会破坏禁烟行动。林则徐便下令中止中英贸易，命令海关禁止外人离开广州，终于从四月到五月二十一日收缴了鸦片 2 万多箱。

道光十九年 (1839 年) 四月二十二日，林则徐在虎门开始销烟，在场群众成千上万，争相观看这一次焚烟活动。林则徐先让兵士在海滩上挖成两个 15 丈见方的池子，池底铺上石条、四壁栏桩钉板，防止渗漏。又在前面设一涵洞，后面通一水沟。之后，将水车从沟道推入池子，将盐撒进，又把鸦片切成小块，投入卤水中，浸泡半小时后再将石灰投入，池中立刻水汤滚沸，围观群众欢呼声震天动地。退潮时，兵士启放涵洞，池中水汤随浪潮鼓动送入大海。然后再用清水洗刷池底，不留下半滴烟灰。就这样，在连续 20 多天的时间里，收缴的鸦片全部被销毁。

林则徐指导中国人民的禁烟斗争，具有了反抗侵略、悍卫民族生存权利的伟大意义。虎门销烟谱写了近代史上中国人民反对外国侵略光辉篇章的第一页。

第一次鸦片战争

当英、美、法等列强进行如火如荼的资本主义革命时，清政府正闭关锁国，自以为“天朝上国”，不思改革，遂使中国在世界上落伍。英国通过鸦片贸易从中国攫取了大量白银，同时使我国军民身衰体弱，统治阶级有识之士纷纷要求禁销鸦片。

1839 年，湖广总督、钦差大臣林则徐奉命于 1 月底到达广州，他一方面整顿海防，允许人民群众持刀杀敌；一方面宣布收缴鸦片。3 月，英国鸦片贩子被迫交出鸦片 237 万余斤。6 月 3 日，林则徐下令把这些鸦片在虎门海滩当众销毁，以示中国政府禁烟的决心。

英国政府以此为借口向中国发动了战争，1840 年 1 月，以懿律和义律为正副全权代表，懿律为侵华英军总司令，出兵中国。5 月，英国舰船 40 余艘、士兵 4000 多名先后到达澳门附近海面，鸦片战争爆发。懿律率英军进犯广州海口，看到广州军民早已严密布防，遂转攻厦门，又被邓廷桢军击退。6 月，英军北上攻占定海作为军事据点。8 月，英舰抵达天津大沽口外。

道光帝慑于英军武力，又为投降派的劝说所动摇，遂改变态度，罢免了林则徐，改派直隶总督琦善为钦差大臣去天津和英军谈判。而此时英军因夏秋换季，疾疫流行，遂放弃定海，于 8 月中旬南返，双方议定在广州谈判。琦善到广州后，

1851年

中国大事记：
洪秀全在广西桂平县金田村宣布起义，建号“太平天国”。

一反林则徐所为，命令撤除海防水勇，镇压抗英群众，一心议和。1840年12月，琦善与义律在广州开始谈判。英军趁中方严防撤除、又因谈判而致海防松懈无备之际，于1841年1月7日发动突袭，攻陷了虎门附近的沙角、大角两炮台，并单方面宣布所谓“穿鼻草约”。1月26日，英军攻占了香港岛。

道光帝得知琦善开门揖盗，丢失两炮台后，下令锁拿琦善，并向英宣战，派侍卫内大臣奕山为靖逆将军，调兵万余赴粤抗英。英军先发制人，出动海陆军攻虎门，广州提督关天培亲率清兵迎击，清军刀矛不敌英军坚枪利炮，关天培中弹牺牲。2月26日，英军攻占虎门、猎德、海珠等炮台，溯珠江直逼广州。4月，奕山率大军抵广州。5月24日，英军进攻广州，一路占领城西南的商馆，一路由城西北登陆，包抄城北高地，不久攻占城东北各炮台，并炮击广州城。奕山执行“防民甚于防寇”的方针，对英军侵略消极抵抗，在英军的迅猛攻势下，他与英人签订《广州和约》并征得道光帝批准，以缴600万银元换得英军撤出广州地区。

与清政府的妥协投降态度相反，广州三元里人民在广州北郊牛栏冈附近同窜入这里的千余英军英勇作战，打死打伤英军数十人，并把四方炮台围得水泄不通。在广州知府的调停下，英军才得以解围。

英政府并不满意懿律和义律在中国获得的权益，改派璞鼎查（后来的首任港督）为全权代表来华，扩大侵略战争。1841年8月21日，璞鼎查率37艘舰队、陆军2500人离开香港岛北上，攻破厦门，占据鼓浪屿；10月1日再次攻陷定海，定海总兵葛云飞英勇殉国。10日英军攻占镇海（今属宁波），钦差大臣、两江总督裕谦战死，英军旋占宁波城。道光帝闻讯大惊，忙派吏部尚书大学士奕经调兵赴浙以收复失地。1842年3月，奕经在准备不充分的情况下全面反击，清军数战不利，撤回原地。

战败消息传到京师，朝野上下震动，道光帝无奈，只得派盛京将军耆英和伊里布赴浙向英军请和。璞鼎查不理会耆英的乞和，继续深入。1842年5月18日，英军攻取浙江平湖乍浦镇，6月16日攻吴淞口，吴淞炮台守将陈化成壮烈牺牲，宝山、上海沦陷。英军溯长江西上，于7月21日陷镇江，8月，英舰陆续到达南京下关江面。清政府已无心再战，遂接受英方停战的条件，29日在英军舰“汉华丽”号上，耆英、伊里布与璞鼎查签订了中国近代史上第一个不平等条约《南京条约》。条约共7条，主要内容是：割让香港岛，赔款2100万银元，广州、福州、厦门、宁波、上海五口通商等。

鸦片战争严重侵害了中国的主权，标志着中国开始逐步陷入半殖民地半封建社会。

太平天国

英国人用鸦片掠夺中国，又用炮舰保护了罪恶的鸦片贸易。《南京条约》签订后，外国货如潮水般涌入中国，清政府为支付战争赔款，加重了对人民的剥削，广东首当其冲。不久，太平天国起义在两广地区爆发了。领导起义的首领就是洪秀全。

洪秀全出生在广东省花县的一个中农家庭里。他7岁时到村中私塾读书，由于天性好学，聪明过人，到了18岁，他在史学和文学方面的造诣已经远近闻名了。后来，他的父母相继死去。服孝期满后，他来到广州赶考，结果名落孙山。1843年，他重整旗鼓又赴广州考秀才，结果仍然落榜。

洪秀全在广州应试期间，曾得到一本基督教的宣传品《劝世良言》。他无意中翻阅之后，觉得书的内容十分新奇，他对书中所描述的人人平等善良的大同世界十分神往，从此开始信奉上帝，

1709年

世界大事记：
世界上第一部版权法在英国议会通过。

1843年7月，洪秀全约合了老同学冯云山和族弟洪仁玕，来到官禄布村外一条叫石角潭的小河，跳进水中，洗净全身，这是依照基督教行“洗礼”仪式。此后，三人结为一个秘密的团体——拜上帝会。洪秀全称自己是上帝的次子，耶稣是上帝的长子，他相信这种舶来的新教将会吸引许多信众。

洪秀全建立拜上帝会后做的第一件事，就是砸毁了家里的孔、孟牌位，然后便和冯云山赴广西紫荆山区传教。洪秀全等到组织基本建立后回到广东，开始了两年多的著述活动。他写了《原道救世歌》、《原道醒世训》、《原道觉世训》等书，阐发了农民的平等和平均思想，第一次提到社会上的两大对立面：正义与邪恶。

与此同时，冯云山在紫荆山区烧炭工人中发展会员，很快会员就发展到数千人，初步形成了以洪秀全、冯云山、杨秀清、肖朝贵、石达开、韦昌辉等人为首的领导核心。

1850年1月，道光帝旻宁病死，咸丰皇帝即位，历史上称为清文宗。当年9月，洪秀全下令各地会友在10月4日前到桂平县金田村集合，并计划在洪秀全38岁生日那天举行武装起义。

拜上帝会在各地的会员接到命令后，向金田聚集。很快，人数就超过了2万。一天，洪秀全、冯云山正在花洲山人胡以晃家中密谋起义，官府得知这一消息，派兵包围了那里。杨秀清等人听说后立即派兵救援，并全歼了敌人。这就是太平天国史上著名的“迎主之战”。

⊙ 洪秀全塑像

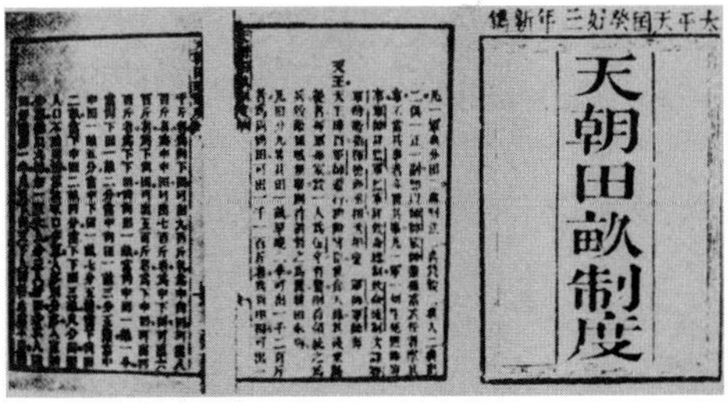

⊙《天朝田亩制度》

太平天国定都天京后，为巩固政权，1853年颁布了以解决农民土地问题为中心，包括政治、经济、军事、文教和社会生活各方面内容的纲领性文件《天朝田亩制度》，提出了平分土地、平均分配生活资料的方案，建立兵农合一的军政制度，试图实现“无处不均匀，无人不饱暖”的绝对平均理想社会，带有明显的乌托邦的空想性质。

1851年1月11日，太平军按原定计划举行隆重仪式，正式宣布起义。由此，太平军揭开了纵横18省、坚持14年的农民革命战争的序幕。

·《资政新篇》·

1859年，洪秀全的族弟洪仁玕来到天京（今南京），向天王提出了新的改革计划《资政新篇》。《资政新篇》首先提出“审势”、“立法”的思想，详细阐述了当时西方国家的历史和现状，指出当时世界上最先进的国家是英、美、法，强调了它们政教体制的“善法”。同时，一些国家昧于大势，守旧不变，因而国势衰颓，挨打受欺。在分析大势的基础上，洪仁玕系统提出了整饬政治、加强中央集权和学习西方发展资本主义的具体内容和方法。《资政新篇》的主张，具有鲜明的资本主义色彩，符合中国社会的发展趋势。

1853年

中国大事记：
太平天国颁布《天朝田亩制度》。

洪秀全颁布《天命诏旨书》作为太平军的军令，挥师东进。3月，洪秀全称天王。9月，太平军攻克了出战以来的第一座州城永安，太平军在此进行建制，颁布了封王诏令，封杨秀清为东王、萧朝贵为西王、冯云山为南王、韦昌辉为北王、石达开为翼王，同时规定诸王皆受东王节制，天王领导于上，正式确立太平天国的领导核心，史称“永安建制”。

⊙ 太平军号衣图

1852年5月，太平军离开广西进入湖南，明确提出了推翻清王朝的战斗号召，受到热烈响应。1853年3月，太平军攻克南京，将其改为“天京”，正式定都，建立起与清王朝对峙的农民政权，并乘胜东进，攻克镇江、扬州等地，建立起统一防御体系，结束了起义以来流动作战的局面。

翼王大渡河败亡

太平军起义后，势如破竹，把清军打得抱头鼠窜，革命形势一片大好。可是没几年，太平军发生了内讧，东王杨秀清竟然逼洪秀全亲到东王府封他为万岁。洪秀全一面答应这个要求，一面密令北王韦昌辉和翼王石达开回京处理这件事。北王韦昌辉对杨秀清早就怀有不满，接密令后，立即率军回天京，于1856年八月初三深夜包围东王府，第二天清晨将杨秀清及其眷属、家丁、部属全部杀死。八月中旬，石达开从湖北赶回天京，对韦昌辉滥杀的行为进行批评，韦又杀了石达开全家，幸好石达开逃脱。韦昌辉还想趁机谋害天王洪秀全，但终未成功。韦昌辉的滥杀，激起天京太平军将士的愤怒，将士们面见天王洪秀全，请求将韦昌辉杀死，洪秀全答应了这个请求，于十月将韦昌辉处死。十月底，石达开回天京，受命处理政务。但杨、韦事件后，洪秀全对石达开也心存戒心，于是封了自己的兄弟洪仁达和洪仁发为安、福二王，以牵制和削弱石达开的势力。

⊙ 太平天国紧急公文封戳“云马圆戳”

不久，石达开愤而出走，还带去了十几万的太平军。他先在江西、福建等地转战，后来率领队伍开向湘桂川一带活动。此后，军心开始涣散，渐渐陷入困境。先是卫辉应、张志公、鲁子宏等人叛变投敌，部分人因思念亲人和条件艰苦也离开队伍。后来，吉庆元、朱衣点等人因看不惯石达开的消沉和元宰张遂谋的专横，率部回归了洪秀全的统率之下。

1863年，石达开的部队在大渡河南岸的紫打地（今石棉县安顺场）被清军及当地的反动土司围困，陷入绝境。石达开知道突围的可能性微乎其微，便以太平天国圣神电通军主将翼王的身份，给松林地区的总领王千户写了一封信。信中阐明

1722年

世界大事记：
彼得一世推行改革，发布组织手工业行会的敕令等。

·湘军和淮军·

为了镇压太平天国起义，清政府准许地方组织团练。湖南湘乡大官僚曾国藩趁机组织了湘军（最初称湘勇），专力从事镇压太平天国的活动。湘军有陆军和水师，大小将领多是曾国藩的亲戚、朋友、学生和同乡，相当于曾氏的私人武装。同时，曾国藩的门生李鸿章也在安徽组织淮军。湘军和淮军与外国反动势力一起联合绞杀了太平天国运动，并且制造出了一个虚假而且昙花一现的“同治中兴”的局面。此后，曾氏裁撤湘军，李鸿章则继续扩大淮军，并派袁世凯训练新式陆军。淮军派生了以后的北洋军阀。

了自己战斗到底的立场，同时希望王总领以大局为重，认清形势，早日退兵让路。

此后，他又亲赴清营谈判，请求四川总督骆秉章奏请太后，赦免士兵，愿意务农的就放他们回家，愿意当兵的就编入军队。骆秉章不仅拒绝了石达开的请求，还背信弃义地于当晚下令以火箭为号，袭击了石达开的队伍。一夜之间，2000多名起义军官兵遭到血洗，侥幸逃出的寥寥无几。

石达开被捕后被押往成都。他对审讯他的骆秉章说道:“成则为王，败则为寇。今生是你杀我，怎么会知道来生不是我杀你呢？”不久，他被凌迟处死。石达开从行刑开始到停止呼吸，昂然挺立，神情镇定，没有一点畏缩的表现，不发一声痛苦的呻吟，连清军都不得不感叹道：“真奇男子啊！”此时，石达开年仅33岁。

石达开之死，预示了太平天国离覆灭不远了。

天京事变破坏了太平天国的内部团结，削弱了军队战斗力，给太平天国事业带来了不可弥补的损失。

虽然洪秀全为了弥补太平王国的损失，培养了李秀成等一部分新生力量，并取得了一些成就，但还是没能改变太平天国灭亡的命运。同治三年(1864年)正月，李秀成率部进攻曾国藩大营时，反被湘军攻陷天保城，湘军进而逼向天京东北部太平门及神策门外，将天京团团围住，太平军粮源断绝。同年四月二十七日，洪秀全去世。五月初三，洪秀全长子洪天贵福继位，为幼天王。月底，地堡城失守，湘军借居高临下之优势对天京城日夜不停地进行炮击，同时挖掘地道准备用炸药轰城。六月十六日，轰塌天京城墙20多丈，天京失陷。李秀成、林绍璋等人保护着幼天王突围出城。九月二十五日，幼天王在江西石城荒山之中被清军俘获，并在十月二十日于南昌被害。太平天国运动历时14年，战火烧及10多个省，最终在中外反动势力的联合绞杀下失败。

⊙ **洪福瑱被擒图**

幼天王（1849～1864年），本名洪天贵，洪秀全长子。1861年洪秀全在其名下加一“福”字，为其即位后用。同治三年（1864年）6月1日洪秀全病逝后，幼主随即即位，称幼天王。幼天王玉玺名下横刻“真主”二字，清方误称为“福瑱”。幼主后随陈得才、赖文光等辗转江西玉山之际，在石城杨家牌为清军所袭，被俘。一个月后，在南昌殉难。中国封建历史上最后一个农民政权至此彻底瓦解。

1856年

中国大事记：
英国借口亚罗号事件，法国借口马神甫事件，对中国发动第二次鸦片战争。

火烧圆明园

圆明园始建于明朝。1709年，康熙帝将它赐给四子胤禛，并赐名为圆明园，“圆”乃“君子之灵魂”，“明”为“用人之智慧”，是康熙帝授其子孙为人治国之计。雍正即位后，将圆明园大规模扩建，乾隆三十五年（1770年）圆明园三园格局基本形成。后来圆明园又经过嘉庆、道光、咸丰等皇帝的经营，才营造成为一座规模宏伟、景色秀丽的宫苑。清朝皇帝每到盛夏就来此避暑听政，所以圆明园也被称为“夏宫”。

圆明园共经营了150多年，它由圆明园、万春园、长春园三园组成，其中以圆明园最大，此外它还有许多属园，建筑面积达16万平方米，园里共有100多个景点。它继承了中国历代优秀的造园艺术，汇集了全国的名园胜景，是我国园林艺术的集大成之作。同时，它也大胆吸收西方建筑形式。有一组中西合璧的“西洋楼”建筑群，兼备中、日、西欧三种风格。除此之外，圆明园还是一座皇家博物馆，珍藏了无数的孤本秘籍、名人字画、鼎彝礼器、金珠珍品和铜瓷古玩等，堪称人类文化的宝库。

⊙ 圆明园九州清晏图　清

1856年，正当清政府忙于镇压太平天国运动之时，英法联军在俄国和美国的支持下，发动了新的旨在扩大《南京条约》所取得权益的侵略战争，这就是第二次鸦片战争。在这次战争中，中华文化遭受到一次空前的劫难。著名的皇家园林圆明园不仅被残暴洗劫，甚至被野蛮的侵略者们付之一炬。

⊙ 被抢劫与焚毁后的圆明园大水法遗址

1860年10月5日，英法联军兵临北京城下，听说清军驻守力量在北城最薄弱，便绕道安定门、德胜门，进犯圆明园。首先闯入的是法国侵略军，当法军攻破宫门时，园内太妃董嫔恐受辱而自缢身亡，护园大臣亦投水自尽。侵略者们见

1762年

世界大事记：
叶卡捷琳娜推翻丈夫彼得三世，当上了俄国女皇，称叶卡捷琳娜二世。

物就抢，口袋里装满了珍品宝物。刚开始司令部还对士兵们有所节制，后英军亦赶到，联军司令部发出了“自由抢劫”的通知，一万多名士兵军官贪婪地扑向琳琅满目的珍藏，进行疯狂的洗劫，能抢就抢，能运就运，对于那些搬不走的大件器物，他们就丧心病狂地砸碎破坏。大肆洗劫后，额尔金在英国首相支持下，竟下令烧毁圆明园。

10月7日到9日，迈克尔率英军第一师持火燃园，园内300多名太监、宫女、工匠都葬身于火海，大火连续烧了三天三夜，这座世界名园化为一片焦土。10月13日，侵略军攻占了安定门，控制了北京城，10月18日再次抢劫万寿山、玉泉山和香山等多处珍贵文物，并进行第二次大焚烧。

这次焚烧圆明园的事件之后，有些偏僻角落和水中景点并没遭劫，清廷30多年间仍将此处当成重兵看守的禁苑，进行一系列的修复工程，同治、光绪和慈禧还常到此巡游。1900年八国联军侵华，圆明园再次遭受劫难，遗址被彻底破坏。

圆明园被焚使中国文化蒙受了巨大的损失，大量的珍奇、瑰宝、文物流落国外。它见证了外国列强无耻侵略我国的罪恶，提醒我们不忘国耻、奋发向上，为祖国的振兴和强大而不停奋斗。

慈禧夺权

咸丰在位的10年，内忧外患不断：先是太平军起义，然后是捻军大乱淮泗；而英、法等国又乘机要挟，大动干戈；沙俄更是狮子大开口，一下子就割去了东北100多万平方千米的土地，甚至连清朝的龙兴之地也不放过。这真是爱新觉罗宗室的奇耻大辱。

在这种内忧外患的交迫下，咸丰帝身染重病，一病不起。1861年7月，咸丰帝在多次昏厥之后，知道自己将要去世，便考虑托孤一事。他知道懿贵妃(就是慈禧)是权力欲极强的女人，而皇后钮钴禄氏(慈安)没有主见。为了防止出现女后专权的局面，他把辅政的重责交给协办大学士、尚书肃顺和怡亲王载垣、郑亲王端华等八大臣。在他看来，八大臣联手足可以对付懿贵妃，即便是恭亲王站在懿贵妃一边也不怕。

但是，由于咸丰留下了“御赏”、“同道堂”两颗印章，便埋下了后宫垂帘听政的祸根。原来，“御赏”是咸丰帝赐皇后钮钴禄氏的私章，“同道堂”是咸丰帝赐给独子载淳的私章。这两枚私章成为皇权的象征，咸丰帝的意思已十分明确，那就是说，用这两颗印章来制约八大臣。

不久，八大臣上了一个极有利于懿贵妃的章疏：尊皇后钮钴禄氏为慈安皇太后；尊懿贵妃叶赫那拉氏为慈禧皇太后。

⊙ 慈禧皇太后之宝玺及玺文　清

幼帝的生母叶赫那拉氏原为咸丰的宫人，因生载淳而被封为懿贵妃，载淳继位后被尊为慈禧太后。时年26岁的慈禧有着极强的权势欲，很想个人把持朝政大权。咸丰在位时，慈禧曾帮咸丰帝批阅奏折，这给她提供了很好的学习机会。按照清朝家法，太后可以垂询国事，此所谓“听政”。慈禧利用此规矩，在先帝驾崩后就向东宫慈安太后提出应废除“顾命体制”，而改为垂帘听政之制。慈安太后宽厚和平，不懂朝政，一切听慈禧的安排。贸然提出垂帘主张，必然会招致大臣的反对和清议的不满，慈禧于是开始拉拢恭亲王奕䜣共商计策，两人一拍即合。

1861年10月，皇室护送咸丰灵柩回京，两宫太后偕幼帝载淳先到北京。11月2日，慈禧发动政变，以幼帝之命发布上谕，解除载垣、端华、肃顺的职务，并处以死刑。同时宣布两太后垂帘

1861年	中国大事记： 慈禧太后发动辛酉政变，开始垂帘听政。

听政，命奕䜣为议政王，入军机处，改年号为“同治”。虽然垂帘听政的是两个皇太后，但实际上实权只掌握在慈禧一人之手。由于得到多数文武大臣的支持，又采取了不予株连的明智政策，所以政局没有发生重大动荡。这次政变因发生在辛酉年，因此被称为辛酉政变。

从此，慈禧便掌握了清王朝的政权。她依靠曾国藩、李鸿章等组织的汉族地主武装，勾结外国侵略势力，先后镇压了太平天国和捻军等起义，使清王朝的统治得到暂时稳定。中日战争中，她一味求和，幻想列强出面干涉、调停，导致了甲午战争的失败，与日本签订了丧权辱国的《马关条约》。1898年，光绪帝为了振兴国家而决定变法，慈禧发动政变，扼杀新政，囚禁光绪帝于瀛台，开始复出训政。1900年，八国联军入侵北京，慈禧挟光绪帝出逃西安，并于第二年签订了丧权辱国的《辛丑条约》。1908年11月14日，光绪帝死，她命立年仅3岁的溥仪为帝，年号宣统，自己也于次日病死，结束了对清朝长达47年的统治。

⊙ 慈禧太后像

洋务运动

洋务，又称夷务，泛指包括通商、传教、外交等在内与西方资本主义有关的一切事物。洋务运动指清政府一批具有买办性质的官僚军阀在19世纪60年代到90年代为挽救统治危机，自上而下推行的一场以引进西方的军事装备、机器生产和科学技术为主要内容，以富国强兵为目的的自救运动。

洋务派在中央以总理衙门大臣奕䜣、侍郎文祥等为代表，在地方上以曾国藩、李鸿章、左宗棠、张之洞等为代表，同治登基后他们握有实权，可以左右清朝的政局。洋务派的指导思想是“中学为体，西学为用”，他们认为中国的政治制度比西方好得多，只是火器比不上西方列强，只要清政府掌握了西方的近代军事技术和装备，就可以强盛起来。洋务运动分为前后两个阶段，19世纪60年代为第一阶段，洋务派打着“自强”的旗号，依照西方资本主义国家的办法制造新式枪炮和船舰，兴办了一批军事工业企业；70年代到90年代是第二阶段，以“求富”为口号，洋务派开始举办民用工业企业。

在第一阶段洋务派建立的军工厂中规模较大的有江南制造总局、金陵机器局、福州船政局、天津机器局等。李鸿章在曾国藩支持下在上海创立江南制造总局，创办经费为54万余两白银，工人2000余人，主要生产枪炮、弹药和小型船舰，还附设译书馆来翻译西方书籍，这是洋务派创办的规模最大的军工企业。这些军工企业全部都是官办企业，由清政府和湘、淮系军阀控制，具有

1776年

世界大事记：
7月4日，北美大陆会议发表《独立宣言》，美利坚合众国诞生。

浓厚的封建性，同时对外国有着严重的依赖性，从设计施工、购置机器设备、生产技术直到原料供应完全依赖于外国，并长期受外国人控制，但这些近代企业毕竟也具备了一定的资本主义因素。

如汉阳兵工厂是洋务派大臣张之洞于1890年创建的。张之洞先向德国定购了制造新式快枪和新式快炮的机器，后又定购了制造枪弹、炮弹和炮架的机器。汉阳兵工厂分为枪厂、炮厂、枪弹厂、炮弹厂、炮架厂和翻沙厂，另外还建有配套的汉阳炼铜厂等军事工业。枪厂主要制造新式快枪；炮厂主要制造用于野战和山地战的快炮。其他四厂生产的都是枪炮厂的配套产品。汉阳兵工厂对巩固国防发挥了重大作用，甲午战争期间，该厂生产枪炮为前线的主要武器。一直到20世纪40年代，汉阳兵工厂仿德国88式毛瑟步枪而造的“汉阳式”步枪还是中国军队的主要装备。

由于在创办军工企业的实践中遇到资金、原料、运输等困难，洋务派认识到必先求富才能自强，所以决定发展民用企业以积累资金，有了雄厚经济基础后才能制造洋枪炮以自强御侮。70年代起，洋务派开始大力发展工业企业，到90年代就已创办了大约20多家民用企业，包括交通运输、采矿、纺织、冶炼等各个行业。规模较大的有上海轮船招商局、上海机器织布局、电报总局、铁路交通运输业等。在这些企业中，上海轮船招商局是最有成就的一个，它是1872年李鸿章在上海创办的，是中国第一家近代轮船航运公司，也是洋务派兴办的第一个民用企业。这个企业在经营过程中屡遭英美轮船公司的排挤，但并没有被挤垮，一直在夹缝中求生存。

⊙轮船招商局　清

洋务派在兴办军工、民用企业的同时，还进行了筹建海军、加强海防、设立外文学馆、派遣留学生等活动。1875年，两江总督沈葆桢、直隶总督李鸿章等人奏请筹建北洋、南洋、粤洋三支海军。1885年，三洋海军已初具规模。1867年，奕䜣设立京师同文馆，以教习外语为主，同时兼习天文、历史和数理化。此后，各类学堂学馆在各地纷纷建立。1872年，中国首次派遣留学生到国外，30名学生由上海赴美留学。此后，清政府还多次派遣留学生到国外学习。

洋务派的活动旨在维护清王朝封建统治。他们创办了中国第一批近代工业企业，培养了近代中国第一批新型的科技、军事和翻译人才，是近代最早觉醒的先行者。洋务派向西方学习的探索，尽管带有浓重的封建性和对外国的强烈依赖性，但其进步作用也是不容忽视的。

·反对外国教会侵略行为的斗争·

随着外国资本主义势力深入内地，人民群众掀起了反对外国教会的斗争。教会一般都是外国势力入侵的先行军和帮凶，人民对其极其憎恨，各地发生了多起捣毁教堂、驱逐外国传教士的斗争。19世纪60年代后期形成一个反侵略的浪潮，其中以1870年的天津教案和60年代贵阳教案最为出名，中法战争期间一直到90年代，反教会一直是人民群众反抗半殖民地半封建统治秩序的主要形式。

1866年

中国大事记：
左宗棠设立福州船政局。

《官场现形记》

李宝嘉（1867 ~ 1906 年）字伯元，别号南亭亭长，江苏武进人，出生于旧式的官僚家庭。27 岁时，他以第一名的成绩考中了秀才，但此后只参加了一次院试，便决意不再踏入科场一步。堂伯为他捐纳功名，他坚决不赴任；显贵者推荐他应试清政府的经济特科，他也拒不应征，还差点因此而被捕。1896 年，他到上海，投身于报刊事业，希望借媒体的力量唤起中华民族的觉醒。他从 1901 开始创作，其作品有《官场现形记》、《文明小史》、《中国现在记》、《活地狱》、《海天鸿雪记》、《南亭笔记》、《庚子国变弹词》、《爱国歌》以及《芋香宝印谱》等。

《官场现形记》是我国第一部在报刊上连载的长篇章回小说，共 60 回，由许多独立成篇的短篇故事连缀而成。作者以犀利的笔锋刻画了官场的丑态，全书从西北写到东南，写到北京；从一个尚未当官的士子（赵温）和一个州县佐杂小官（钱典史）写起，写到州府长吏（黄知府、郭道台）、藩台（“荷包”）、督抚（山东巡抚，浙江巡抚刘中丞、傅理堂，湖广总督湍多欢、贾世文等）、钦差（童子良）、太监（黑大叔）、军机（徐大军机）、大学士（华中堂、沈中堂）等。在作者笔下，上至尚书、军机大臣，下至州县吏役佐杂，无不在为升官发财而奔走。整个官场上全都是见钱眼开、蝇营狗苟、谄媚逢迎之徒，他们或钻营诈骗，或狂嫖滥赌，或妄断刑狱，或明码买缺。这些国家的蛀虫、社会的败类，一方面掌握着国家的命脉，极尽欺压剥削之能事；另一方面，却又在帝国主义面前奴颜婢膝。如第五十三回，两江制台一听到洋人来拜，“顿时气焰矮了半截”；而一听到百姓反对洋人，便马上派兵去“弹压”。

⊙ 官员打牌图

李宝嘉在小说中大胆地影射了当时很多权要人士，如书中的黑大叔影射了李莲英，华中堂影射了荣禄，周中堂影射了翁同龢，他所揭示的正是穷途末路的清王朝无官不贪、无吏不污的现状。李宝嘉一层层地把末代封建王朝官僚群的丑恶灵魂剖开来，展现在世人的面前。何藩台买缺得贿，因为与胞弟分赃不均，竟大打出手；武将张国柱为了谋取他人的遗产，竟然冒认毫无瓜葛的死者为亲爹；口头上总挂着道德文章的巡抚傅理堂，与妓女生了私生子后又不认账……封建道德观念在铜臭的熏蒸下变得苍白无力，人与人之间的关系也变成了交易买卖的肮脏关系。李宝嘉形象地刻画出末代封建王朝官僚污浊的心灵世界，揭示了统治阶级集团道德情操的极端堕落。

本书笔锋犀利刚劲，深刻中有含蓄，嘲讽中有诙谐，书中许多章节，写得有声有色。如第二回、第三回写钱典史如何巴结新贵赵温，“暗里赚他钱用，然而面子上总是做得十分要好”。又想通过赵温巴结吴赞善。后来见吴赞善冷淡赵温，“就把赵温不放在眼里”。可是，“忽然看见他有了银子捐官，便重新亲热起来；想替他经经手，可以于中取利”，“后见赵温果然托他，他喜的了不得，今天请听戏，明天请吃饭。”把这官场上小人物的曲折心理刻画得精细入微。《官场现形记》虽然只是一部小说，但是它揭示出官场的黑暗，可以带给我们关于社会的思索。

1777年

世界大事记：

法国化学家拉瓦锡提出氧化学说，否定了燃素说。

《老残游记》

刘鹗（1857 ~ 1909 年）原名孟鹏，字铁云，别号洪都百炼生，江苏丹徒（今江苏镇江）人。刘鹗出身官僚家庭，自小聪敏，4 岁开始识字。刘鹗不喜欢科举文字，却爱结交三教九流的朋友，他广泛涉猎了治河、卜算、乐律、词章、医学、儒经、佛典、诸子百家、基督教等各方面的知识。光绪十三年（1887 年）黄河决口，次年刘鹗前往河南为治理黄河积极奔走，并亲自参与了河工操作。刘鹗积极主张开矿修路，兴办实业。他还提出借外国的资金开采矿山，过几年再收回的大胆设想，结果被人视为“汉奸”。1900 年，八国联军侵占北京。当时粮运断绝，北京发生粮荒。刘鹗主动捐凑银两，参加了由李鸿章出面组成的救济会，办理救济事务。后来救济会中止了向百姓粜粮，刘鹗便向亲友挪借款项，独立承担这一事务。1906 年，他被清政府革职，并遭到通缉，不得已出国避祸。两年后，被袁世凯等挟私诬陷，在南京加以逮捕，流放新疆。第二年，他便因脑溢血死于乌鲁木齐。

《老残游记》是刘鹗晚年撰写的长篇小说。从 1903 年开始，先在上海商务印书馆的半月刊《绣像小说》上连载，后来在天津《日日新闻报》上继续连载。此书是刘鹗为了抒发自己的身世之感、家国之痛、社会之悲、种教之恨而写的，正如他在自序中说的那样：“棋局已残，吾人将老，欲不哭泣也得乎？”作品的主人公老残——一个摇串铃走四方的走方郎中，实际上是作者的自况。老残给自己取号“补残”，是希望自己能像传说中唐代的神僧懒残一样，能够推演社会的治乱，预测国家的兴亡。围绕“补残”这一深刻的寓意，小说以老残的行踪为线索，展示了他在中国北方的所见、所闻、所思、所感。

作者一方面立足于现实，以老残为主线，描写了玉贤、刚弼、庄宫保等所谓“清官”的本质。曹州知府玉贤号称“路不拾遗”，然而在不到一年时间内，他就制造了无数冤案，光站笼就站死了 2000 多人；另一“清官”刚弼，在审理贾家 13 条命案时，竟将清白无辜的魏家父女定为杀人凶犯；他们的顶头上司庄宫保，表面上是个所谓宽仁温厚的“好官”，但他重用、提拔玉贤、刚弼这样的贪官酷吏，本身就说明了整个封建官僚制度已经腐烂透顶。作者从社会批判的角度，深刻剖析了晚清官场中清官的种种暴政，以及他们的所作所为给人民造成的深重灾难。当老残大骂玉贤是“死有余辜的人”，并发出“我若有权，此人在必杀之列”誓言的时候；当老残直闯会审公堂，当众斥责刚弼的虐民罪行的时候，他实际上是替作者、替天下受苦受难的百姓出了一口胸中的恶气。当然，与这些“清官”相对照，小说还刻画了“化盗为民”的申东造和救民于水火的白子寿两个理想的官员形象。

⊙《老残游记》书影

除以上主线外，小说在 8 至 11 回中，还插入了申子平夜访桃花山的故事。作者把桃花山描绘成一个桃花源式的理想境界——风景如画，环境幽美，人们过着无拘无束、安逸闲适的生活。这样的理想境界和玉贤、刚弼残暴统治下的苦难现实，自然形成强烈的反差。

《老残游记》是晚清小说中艺术成就比较高的，其叙事模式已经由传统的说书人的叙事，转变为作家的叙事。小说中充满着浓郁的主观感情色彩，作家的创作个性和主体意识在其中得到了充分的弘扬。而小说中散文和诗的艺术笔法的掺入，使得小说读来文笔清丽潇洒，意境深邃高远，大大地开拓了小说审美空间。

1895年	中国大事记： 4月，李鸿章与伊藤博文签订中日《马关条约》。

镇南关大捷

法国侵略越南，清政府采取绥靖政策，息事宁人。但法国蓄意与中国开战，独占越南后，不断犯边挑衅清军。1884年，法国竟炮轰中国福建水师，致使福建水军全军覆灭，清廷无奈对法宣战。

1885年3月中旬，法军再度大举进犯，集中两个旅团约万余人兵力向谅山清军发动进攻。广西巡抚潘鼎新不战而退，法军未经战斗即占领战略要地谅山。法军进犯文渊州，守将杨玉科力战牺牲，清军纷纷后撤，法军乘势侵占广西门户镇南关。

由于潘鼎新怯战致法军深入桂北，清廷免去其职务。在清军中素有威望的原广西提督冯子材受旨督办广西关外事务。冯子材赶到镇南关后，根据清军内部派系之争的情况，对诸将晓以民族大义，使众将感动而团结一致，冯子材得以统一指挥协调各军行动。此时法军因兵力不足，补给困难，已从镇南关退回文渊，伺机再北犯。冯子材亲自跋山涉水勘测地形，依托有利地势构筑起坚固的防御工事，形成一个完备的山地防御阵地体系。15日，冯子材得悉法军将经扣波袭艽封，妄图从侧后包抄清军关前隘阵地；他急调兵力前往扣波和艽封，挫败了法军的迂回企图。19日，有人密报法军将入关攻龙州，冯子材决定先发制人。21日，他率王孝祺军出关夜袭文渊之敌，激战竟日，“毙贼甚多”，极大地鼓舞了清军斗志，增强了诸部的信念。

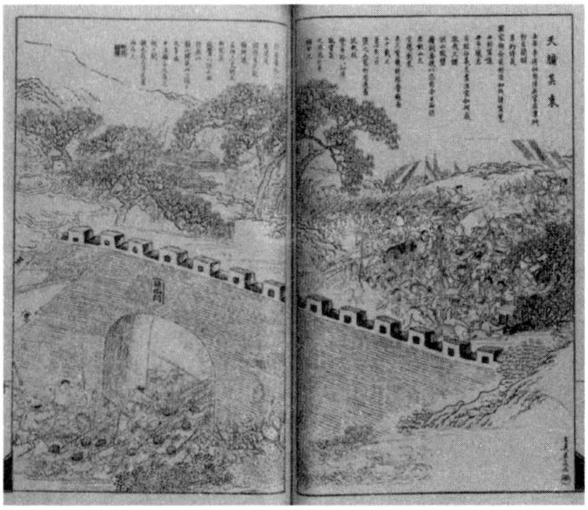

⊙ 镇南关大捷图

点石斋画报，光绪末年上海东亚社石印本。

3月23日，法军前线指挥官尼格里因文渊受袭，恼羞成怒，纠集了二三千侵略军，集起谅山之众，直扑关前隘长墙。尽管之前他曾观察了清军的设防，知道清军工事坚固，但他受报复心理驱使，贸然踏入冯子材早已布置好的陷阱。法军在炮火掩护下，攻占隘东小青山上清军三座堡垒后，“势如潮涌”般扑向关前隘长墙。第一天战斗异常激烈，炮声震得地动山摇，砂石横飞，双方伤亡都很重。冯子材挥刀大声激励部众：“若让法寇再入关，我们有何面目见家乡父老！活得又有什么意义？”将士们深受感动，“皆誓与长墙俱死”。由于清军浴血奋战，在炮弹如雨点般倾泻入阵地的险境下拒不退缩，法军猖狂进攻没有占到什么便宜，只好收兵。

尼格里仍然迷信武器装备的精良，还要拼死一搏。翌日黎明，他先派副手爱尔明加中校率一股法军乘浓雾弥漫山野之时，攀登大山头，以迂回偷袭清军大青山大堡，然后居高临下，配合正面攻击的法军主力，夺取清军关前隘阵地。然而当地山路曲折崎岖，灌木丛生，爱尔明加的法军被地形搞得像无头苍蝇一样胡冲乱撞，转了半天也找不到攻击目标，只好沿原路返回。而尼格里以为偷袭得手，迫不及待地把全部兵力派上正面冲锋。法军在炮火掩护下，向长墙推进。炮弹在冯子材身边不远处爆炸，清军担心主师安危，劝冯退避。但冯子材长矛插地，岿然不动，铿锵凛然地说道：“怕炮弹还打什么仗？我是宁死不会退的，谁退就是动摇军心！”

法军这时已抵长墙下，有的已从长墙缺口爬

1789年

世界大事记：
7月14日，巴黎人民攻破巴士底狱，法国资产阶级革命开始。

入墙内。冯子材看到就近歼敌、转守为攻的时机已到，遂下达反击命令。霎时，号角嘹亮取代了炮声沉闷，战鼓擂得震天响，只见须发斑白的冯子材大吼一声，率两个儿子首先持矛冲出长墙，直奔法军。清军诸将士见主将年老尚如此奋不顾身，皆感奋，一齐杀出，“奋挺大呼从如云，同拼一死随将军”的动人场面出现了。清军与法军进行白刃格斗，法军的枪炮不管用了，而清军的刀矛却大显威力，双方在关隘前战得难分难解，但清军毕竟人多势众，以10倍、20倍于法军的兵力猛压过来，法军主力被打退。此时，绰号“王老虎”的清将王德榜在击溃法援军、消灭其运输队后，又从关外夹击法军右侧后，配合东岭的陈嘉、蒋宗汉军攻袭法军，夺回了被占堡垒。而清将王孝祺也已击溃西岭的法军，并包抄敌人左侧后，法军三面受敌。而在敌后，关外游勇客民千余，闻冯子材身先士卒，亦来助战，袭敌后方。清军如潮水般冲向敌寇，法军在四面打击下死伤数百人，弹药将尽，后援断绝，尼格里只得下令作梯形阵势退却。

法军残部狼狈逃到文渊，又退到谅山，企图重新积蓄力量反扑。但冯子材岂会给尼格里喘息机会，率清军乘胜追击，26日克复文渊，28日在激战中又把尼格里击成重伤，29日突袭谅山。法军士气沮丧又疲惫不堪，代指挥爱尔明加下令毁坏各种军用物资后，弃城而逃。清军和黑旗军继续追击，又在谷松、威坡、长庆重创法军，缴获各种枪炮弹药不计其数，法军第二旅团精锐悉被歼灭。与此同时，黑旗军与清军在临洮也取得大捷。抗法战争在中方胜利在望之时，清廷却与法国签订不平等条约，使越南成为法国殖民地，并成为侵略中国西南的基地。

甲午战争

1868年明治维新以后，日本开始大力发展资本主义，建立近代国家，并具有强烈的军国扩张欲望。明治政府一建立就制定了旨在征服中国和世界的所谓“大陆政策”：侵占中国台湾，再征服朝鲜，进一步侵占中国的东北和蒙古，继而征服全中国，最后独占亚洲，称霸世界。

1894年春，朝鲜爆发了东学党起义，以“除暴安良”和“逐灭夷倭”为口号。起义很快席卷了朝鲜南部很多地区，朝鲜政府无力镇压，便向清政府求援。清派直隶提督叶志超等率兵2500人赴朝助剿。日本伺机而动，决定出兵朝鲜，趁机挑起中日冲突以发动侵略战争。朝鲜东学党起义被镇压后，清政府照会日本，建议中日两国同时撤兵。日本拒不撤兵，蓄意扩大事态。面对日本的挑衅，清统治集团内部出现了主战和主和两派意见。以光绪帝为首的帝派力主加强战备，以武力遏制日本的扩张，但实权掌握在慈禧太后和李鸿章手上，他们对日避战求和。日本重兵压境，驻朝清兵多次请添援军，李鸿章不予理会，反

⊙ 中日甲午海战图 清

1898年

中国大事记：
6月，光绪帝颁“明定国是”诏，戊戌变法开始，9月，慈禧太后发动政变，百日维新失败。

而把解决中日争端的希望寄托在国际列强的调停上，但西方列强对日本发动战争均持默许和支持的态度。

7月底，清援军途经丰岛海面时，突遭日舰袭击，清军官兵死伤惨重，日本不宣而战，正式挑起侵华战争。1894年8月1日，中日两国同时正式宣战。9月，日陆军分4路会攻平壤，清军与日军在城外展开激战。左宝贵指挥清军英勇抵抗，死守城北玄武门一带，并亲自登城开炮轰击日军，不幸中炮牺牲，玄武门失守，主将叶志超逃跑。

9月17日，中日在黄海海面上进行了激烈的海战。提督丁汝昌率领北洋舰队与日军展开激烈战争，丁汝昌受伤后仍坐于甲板上鼓舞士气，由“定远”号管带刘步蟾代其指挥督战。“致远”号管带邓世昌在鏖战多时、船舰受重创情况下，下令舰船猛撞日舰，不幸中鱼雷，全舰官兵壮烈殉国。“经远”号亦在其管带林永升指挥下坚持战斗到最后一刻。黄海海战北洋舰队虽然损失了5艘军舰和近千士兵，但也重创了日舰。由于李鸿章实行“保船制敌”的消极防御方针，命令北洋海军集于威海卫，不准出战，致使日本掌握了黄海制海权。

10月，日军偷渡鸭绿江成功，九连城、安东等相继失守，日军进逼辽阳。与此同时，日军另一支军队由辽东半岛的花园口登陆，南犯金州。徐邦道率部分清军与日在金州激战，因寡不敌众、后援不济而退守旅顺，另一清军将领赵怀业不战而逃，弃守大连。11月17日，日军进攻旅顺，只有徐邦道一部奋勇迎敌，孤立无援，旅顺失守。22日，日军进入旅顺，进行了惨绝人寰的大屠杀，历时4天，杀害2万多人，血流成河，尸横遍野。旅顺失守后，清政府多次派人向日本求和，日军不予理会，将进攻重点转向北洋舰队基地威海卫。当时北洋舰队实力尚存，可与日军一战，但李鸿章严禁其出击，造成了被动挨打的局面。威海一战，北洋舰队全军覆灭，提督丁汝昌拒降自杀，定远管带刘步蟾亦自杀殉国。1895年初，日军战略重点转向辽东半岛，辽东半岛沦陷。3月，清政府派李鸿章赴日议和。1895年4月17日，李鸿章屈服于日本的压力，与伊藤博文签订了《马关条约》，甲午战争结束。

《马关条约》是《南京条约》以来最严重的不平等条约。日本割占了中国大片领土，进一步破坏了中国的领土完整，助长了列强侵略中国的野心，引发了列强瓜分中国的狂潮，给中华民族带来了空前严重的危机。

⊙ 李鸿章与伊藤博文等人会面图　清

戊戌政变

1895年到1898年，在中国发生了一场颇有声势的资产阶级维新变法运动。到了1898年，百日维新成为这次运动的高潮。这是一场由资产阶级改良主义者领导的改革。维新运动的主要领导人是康有为。

中日甲午战争后，帝国主义列强掀起瓜分中国的狂潮，民族危机空前严重。就在德国强占胶州湾的消息传出后不久，康有为第5次赴京上书光绪帝，提出变法自救的强烈主张。这份上书亦被阻，但其内容已在北京广为传抄。1898年初，

1810年

世界大事记：
哥伦比亚获得独立。

光绪帝知道了上书内容，想召见康有为，但被恭亲王奕䜣所阻，光绪帝只好指派翁同龢、李鸿章等五大臣接见康有为。后康有为第 6 次上书光绪帝，即著名的《应诏统筹全局折》，继续强调变法的急迫性，并提出具体措施。光绪帝一心想改变国势贫弱的局面，于是决心接纳维新主张。

1898 年 5 月，恭亲王奕䜣病死，变法阻力减少。康有为即刻鼓动帝党官员上书敦请变法，光绪帝接受建议，于 6 月 11 日颁布由翁同龢草拟的《定国是诏》，变法运动正式开始。16 日，光绪帝在颐和园召见康有为，商讨具体变法措施。光绪帝任命康有为总理衙门章京上行走一职，准予专折奏事；赏杨锐、刘光第、谭嗣同、林旭四品卿衔，擢为军机章京，参与新政。变法期间，光绪帝发布了上百道变法诏令，包括：政治方面设制度局，裁减冗员，提倡西学等；军事方面设厂制造军火，改用西法精练军队。这些措施虽然是没有触及根本政治制度的变革，但都有利于民族资本主义经济的发展和近代资产阶级进步思想文化的传播。

随着变法运动的高涨，以慈禧为首的顽固派与维新派的矛盾也日益尖锐。

慈禧太后首先逼迫光绪帝下令将翁同龢革职。接着，逼迫光绪帝任命荣禄为直隶总督兼北洋通商大臣，统率北洋三军，这实际上是把北京控制在她的手里。慈禧太后又用光绪帝的名义，宣布在 10 月 19 日去天津检阅军队，准备到时发动政变，逼迫光绪帝退位。

在这危急的时刻，光绪帝便与维新派的主要人物反复商量，认为唯一能想到的办法，就是依靠袁世凯的军事力量。

袁世凯早年曾在天津小站督练新建的陆军，当时是荣禄的部下，是北洋三军中的重要将领。当光绪帝皇位难保之时，谭嗣同挺身而出，表示愿意冒险去找袁世凯，说服他出兵帮忙。

当天深夜，谭嗣同独自到了袁世凯的寓所，拿出光绪帝的密诏，并将维新派的全部计划也和盘托出，要袁世凯扶持光绪帝诛杀荣禄，消灭后党。谭嗣同慷慨激昂地说："今天只有你能救皇上。如果你愿意，就请全力救护；如果你贪图富贵，就请到颐和园告密，你可以升官发财！"

袁世凯正颜厉色地说："你把我袁某看成什么人了！皇上是我们共事的圣主，救驾的责任，你有，我也有！"

第二天，光绪帝召见了袁世凯，要他保护新政。退朝之后，袁世凯匆匆赶回了天津。一到天津，他就去向荣禄告密。荣禄得报后，连夜乘专车进京，赶往颐和园去向慈禧太后报告。

第二天凌晨，慈禧太后就带着大批人马，气急败坏地从颐和园赶到紫禁城，下令把光绪帝囚禁在中南海的瀛台。对外则宣布光绪帝生病，不能亲理政务，由慈禧太后"临朝听政"。同时，

⊙ 光绪帝朝服像

1901年	**中国大事记：** 清政府被迫与11国签订《辛丑条约》，中国半殖民地半封建社会完全形成了。

⊙ 梁启超旧照

⊙ 康有为旧照

下令大肆搜捕维新派和倾向维新派的官员。百日维新期间推行的新政，除了京师大学堂等少数几项措施以外，全部被废除了。这一年是戊戌年，所以，通常把这场政变称为“戊戌政变”。

维新派领袖康有为得知消息后，从天津搭乘英国轮船逃往香港。梁启超当天得到日本使馆的保护，化装逃往日本。

1898年9月28日，慈禧太后下令杀死谭嗣同、康广仁、刘光第、林旭、杨锐、杨深秀六人，他们被称为“戊戌六君子”。

至此，资产阶级改良主义运动彻底失败了。戊戌变法虽然失败了，但它对中国历史发展产生了不可磨灭的影响，留下了深刻的历史教训。它是资产阶级领导的一次政治改革运动，也是一场思想启蒙运动，符合中国近代社会发展的趋势，具有爱国救亡的积极意义。它的失败证明，在半封建半殖民地社会的中国，资产阶级改良的道路是行不通的。

慈禧太后西逃

光绪二十六年（1900年）5月28日晚，义和团焚烧丰台火车站的消息与京津铁路轨道被拆毁的谣言传到外国公使居住的东交民巷。各国公使感到形势紧急，立即举行会议，全体同意调军队保护各国使馆。次日，驶抵大沽口外的外国舰队先后接到进京的电报，并很快派出陆战队，由海河乘船抵达天津，准备向北京进犯。6月上旬，进入天津租界的各国军队已达2000人。6月10日，各国驻津领事和海军统帅在英国领事贾礼士的提议下举行会议。在美国领事的鼓动下，会议决定将在津的八国现有兵力组成联军进军北京，由在津军队中级别最高的英国人西摩尔中将为统帅，美国人麦卡加拉上校为副统帅，八国联军正式组成。

6月17日，八国联军攻打大沽炮台，当天义和团和清军就联合攻打紫竹林租界，天津战役爆发。6月21日，清政府宣布对各国开战。7月19日夜里，炮声急促起来，慈禧不敢入睡，坐在养心殿听取军情报告。忽然载漪慌慌张张地跑了进来，喊道：“老佛爷，洋鬼子打进来了！”接着，军机大臣荣禄也惊慌失措地报告沙俄哥萨克骑兵已经攻入天坛。

慈禧慌忙召集王室亲贵和军机大臣，紧急商议撤离京师避难事宜。7月21日凌晨，慈禧与光绪皇帝等皇室人员，换便衣乘马车仓皇逃离京城。当时东直门、齐化门已被洋人攻下，慈禧一行从神武门出宫，经景山西街，出地安门西街向西跑。

⊙ 向北京进犯的八国联军

1837年	**世界大事记：** 伦敦工人协会拟定争取普选权的《人民宪章》，宪章运动从此开始。

当队伍到德胜门时，难民涌来。慈禧的哥哥桂祥率八旗护军横冲直撞一阵，才开出一条道来。

队伍在上午像潮水一般到达颐和园，两宫人员纷纷下车进入仁寿殿休息了一会。随后，慈禧下令马上出发。由皇室成员和1000多护驾人员组成的队伍，马不停蹄地一路向西急行军。

慈禧一行，历尽了颠沛之苦。沿途只能夜宿土炕，既无被褥，又无更换的衣服，更谈不上御膳享用，仅以小米稀粥充饥。

一直到了西安后，安全和供应才有了保障。这时候，慈禧又开始摆起太后的架子了。同时，为了能早日“体面”地回京，她命令庆亲王奕劻回京会同直隶总督李鸿章与各国交涉议和。

虽然国家已经面临亡国的危险，但慈禧仍然要求地方官员供应她奢侈的物质享用。为了满足慈禧一行在西安浩繁的开支，各省京饷纷纷解到，漕粮也改道由汉口经汉水、丹江运往陕西。据档案文献统计，截至1901年2月初，解往西安的饷银就高达500万两，粮食100万石。

为了讨好列强，慈禧不断发布上谕：这次中国变乱，事出意外，以致得罪友邦，并不是朝廷的意思；对于那些挑起祸乱的人，清朝政府一定全力肃清，决不姑息。这些话完全表明她要丢卒保帅，不惜一切代价讨好列强。

慈禧为尽量满足列强的心愿，还以光绪的名义下罪己诏，奴颜十足地说：“量中华之物力，结与国之欢心。”

1901年8月15日，《辛丑条约》签订，中国赔款白银4.5亿两，这笔费用相当于清政府12年的收入总和。《辛丑条约》的签订，标志中国完全沦为半殖民地半封建社会。

“议和”告成，慈禧一行便于同年8月24日踏上返京的路途。这次归返京城与逃出京城的情形可大不一样了。从西安启程时，百姓“伏地屏息”、“各设彩灯”欢送，数万人马按照京城銮仪卫之制列队行进。慈禧乘坐八人抬大轿，轿前有御前大臣及侍卫，后面是3000多辆官车，载着慈禧及王公大臣的行装及土特产，浩浩荡荡如同打胜仗般凯旋。

同年11月28日，慈禧、光绪帝等人回到了北京，京城地方官动用了大量财力和人力，将御道装饰一新。但入城的气氛叫人感到压抑，沿途大街上除了乱哄哄的八国联军官兵围观外，跪迎慈禧回銮的官员百姓没有几个。经历浩劫的京城已经再也打不起精神，来迎接这个祸国殃民的国贼了。

·义和团运动和八国联军侵华·

19世纪末爆发的义和团运动，是帝国主义侵略加深、民族矛盾空前激化的产物，也是甲午中日战争后，中国人民反侵略、反压迫斗争的英勇表现。虽然义和团运动最终在中外反动势力联合绞杀下失败，但是，中国人民所表现的爱国气节为后人所传颂。

义和团原名义和拳，是山东、河南、直隶一带的民间秘密组织。义和团的主要成员是贫苦农民，还有手工业者、城市贫民、小商贩和运输工人等。平原大捷以后，义和拳改名义和团，提出“扶清灭洋”的口号。1900年夏，义和团的势力发展到京畿地区。慈禧太后利用义和团抵抗外国侵略者，以达到同时削弱双方实力的目的。清政府承认义和团为合法团体，义和团纷纷涌进北京、天津，北京和天津一时被义和团控制。北京东交民巷使馆区一带被义和团的支持者包围，很多教徒和传教士被杀，义和团猛烈围攻外国使馆和西什库教堂。北京的外国传教士公然组织教民对抗义和团，东交民巷各国使馆的卫兵也不断枪杀义和团军民。各国甚至组成八国联军进一步侵略中国，使中国完全沦为半殖民地半封建社会。

1903年

中国大事记：
革命者邹容写成《革命军》，风行全国，被誉为中国的“人权宣言”。

《孽海花》

曾朴（1872 ~ 1935 年）字孟朴，笔名东亚病夫，江苏常熟人，从小生长在一个富裕的书香之家。他 19 岁的时候考中秀才，20 岁时考中举人。然而，就在他踌躇满志的时候，妻子却在产后母女双亡，这个打击使得他意志消沉。再加上在科场中所感受到的各种弊端，使他开始无心于仕途。在进士考试中，他把墨汁打翻在试卷上，题了一首诗之后扬长而去。后来父亲给他捐了个小京官，而他做京官的时候，正赶上甲午战争之期。清政府的腐败和民族的苦难，使他最终舍弃仕途。1904 年，他同徐念慈等创立小说林书社，翻译、出版小说，并开始写小说《孽海花》，希望通过微言大义的小说来启迪民族的觉醒。

辛亥革命后，曾朴一度重新沉浮于宦海。1927 年，他退居上海，与儿子共同开办了真善美书店，并刊行了《真善美》杂志。《孽海花》的很大一部分就发表在这个杂志上。1931 年，由于经济告竭，杂志被迫停刊，他回到了家乡，直至病逝。他创作的小说有《孽海花》、《鲁男子》等，还翻译有法国名著《九三年》、《笑面人》、《吕克兰斯鲍夏》、《欧那尼》、《南丹与奈侬夫人》、《夫人学堂》等。

《孽海花》共 30 回，附录 5 回，以末世状元金雯青与妓女傅彩云的婚姻故事为线索，描写了清末同治初年到甲午战争 30 年间的诸多真人真事，展示了当时内忧外患的中国在政治、军事、外交、文化和社会生活各方面的广阔画卷。全书把许多短篇故事联缀成长篇，作品中人物大多是在真人真事的基础上稍作加工点染而成的，作者由于熟悉这些人的生活，因此写得都很有生气，讽刺的味道表现得淋漓尽致。

《孽海花》描绘了一幅封建末世官场的百丑图，小说一开头就以象征手法指出，几千年封建礼教统治下的中华古国，外表看起来“自由极乐”，实质上却是个实行“专制政体”的“野蛮奴隶”国度。作者批判的笔锋直指最高统治者慈禧太后，揭示了她的凶顽贪暴，荒淫无耻。尤其是她置民族的危难于不顾，拿一国命脉之所系的海军经费来修造供她逍遥的颐和园。而那些身居国家要职的尚书中堂、封疆大臣，在民族内忧外患时，或养尊处优，不知所措；或闲情逸致，赏玩古董；或买笑追欢，醉生梦死。还有一批封建科举制度特有的产物——貌似高雅斯文，实则恶浊卑劣的作态名士，书中主人公金雯青，就是这类官僚名士的代表。这位登上了中国封建社会科举功名最

·赛金花·

傅彩云的原型赛金花是清末的风云人物。赛金花原姓赵，小名三宝，又叫灵飞，苏州人。她从小聪明伶俐，秀雅婉柔，非常讨人喜爱。后来赵家家道中落，13岁的赛金花化名曹梦兰，流落风尘。苏州的好事之徒起哄，选拔花魁，把赛金花选为“花国状元”，一时传为美谈。1900年7月21日，八国联军侵入北京城，赛金花目睹了这场浩劫，她听说联军的司令是瓦德西，于是前去周旋。赛金花督促瓦德西整饬纪律，制止士兵的淫乱抢掠，使北京城的治安获得相当程度的恢复，北京城百姓生命财产因此保全了不少。

慈禧太后与光绪皇帝由西安回銮后，赛金花离开京城，回到苏州，两年后，开始了她的第二度婚姻。辛亥革命后，丈夫曹瑞忠因病去世。1917年，她改用赵灵飞的闺名，又与民国政府参议员魏斯灵在上海举行了新式婚礼。1926年冬天，赛金花辞世，享年65岁，葬在北京陶然亭香冢。

1876年

世界大事记：
美国科学家贝尔发明电话。

高峰的状元，表面上看起来道貌岸然，俨然是国家的栋梁，实际上是个科举制度下培植出来的昏庸无能的废物。无论是在官场上还是在情场上，他都成了凄凄惶惶的败北者。这位末代状元的凋零，正意味着一个时代的沉沦。

在暴露清王朝的腐朽，谴责封建社会罪恶的同时，《孽海花》苦苦地探索着整个民族的出路。作者甚至借书中人物之口，阐述了石破天惊的革命主张“从前的革命，扑了专制政府，又添一个专制政府；现在的革命，要组织我炎黄子孙民主共和的政府”，闪耀着资产阶级革命的光辉。

李鸿章

李鸿章，字少荃，安徽合肥人，1823 年出生于一个官僚地主家庭。青少年时期的李鸿章，勤奋力学，志向远大，曾投于一代名臣曾国藩门下，受其影响，开始关心时事，重视经世致用。1847 年，李鸿章中进士，授翰林院庶吉士。太平天国起义爆发后，李鸿章先奉命随吕贤基回籍团练乡勇，后入曾国藩幕府办事。1860 年，在曾国藩的支持下编练淮军，相继取得了镇压太平天国和捻军的胜利，历任江苏巡抚、两江总督。1870 年，李鸿章任直隶总督兼北洋大臣，掌握清政府军事、经济、外交大权达 30 年之久，并多次代表清政府与列强签订不平等条约，是晚清举足轻重的实权人物。1901 年病逝，谥文忠，晋封一等侯爵。

⊙ 李鸿章

概括起来看，李鸿章一生共办三件大事：

编练淮军，镇压农民起义。1860 年，李鸿章奉曾国藩之命回安徽招募淮勇，张树声、刘铭传、关长庆、潘鼎新、周盛波等相继来投，很快编成一支 13 营的淮军，军制一如湘军。投入战场后，淮军联合洋枪队，独当一面，克苏州，下常州，成为剿灭太平军的重要力量。曾国藩镇压捻军失利，李鸿章奉命担任剿捻统帅，经两年而灭捻军，李鸿章成为独立的统帅，淮军也成为清朝最重要的军事支柱及李鸿章本人的政治资本。

兴办洋务，筹办海军。在 19 世纪 60 至 90 年代中国的洋务运动中，李鸿章是最关键的核心人物。在镇压太平天国的过程中，李鸿章认识到外国先进的军事技术的重要性，在上海的经历，也使他了解了一些西方情形和国际形势，因而奋起办洋务，以“求强”“求富”，他创办了中国近代史上最大的军事工业——江南制造总局，主持天津机器局，掌握着国家军事工业。后相继创办了轮船招商局、开平矿务局、电报总局等一大批民用工业。此外，他还创建铁路，兴办学校，派遣留学生，使中国艰难地向近代化道路迈进。

几千年来，中国国家安全的威胁主要来自北部内陆边疆，而 19 世纪中期以来，危机起于大海，李鸿章认识到此为 3000 年未有之大变局，因而奋起筹建海军，经数年经营，建立起北洋、南洋、福建三支海军，李鸿章本人操纵着实力最强的北洋海军。甲午战争前，这支海军曾是中国海疆之保障。

办理外交，力撑危局。晚清政府极端腐败，对外的中法战争、甲午中日战争、八国联军侵华战争，一次比一次败得惨。列强因此视中国为病

1905年

中国大事记：
8月，同盟会在日本东京成立，孙中山任总理。

夫，争相宰割。李鸿章站在外交的最前沿与虎狼周旋，他被迫先后与列强订立了《烟台条约》、《中俄密约》、《辛丑条约》一系列决定国家命运的不平等条约。在办理外交的过程中，李鸿章以保和局为目的，以退让为原则，以利用外部矛盾为手段，虽为中国争取一定利益，却丧失了众多主权，非但不能改变危机日甚一日的大趋势，反而加深了危机。

李鸿章的一生，带有鲜明的时代烙印，他是中国洋务的先驱，外交的奠基者，生前死后都备受争议。有人用“将倾大厦的裱糊匠”来比喻他，还是比较准确的。

末代皇帝

光绪帝在位34年，最终抑郁而死。在光绪帝病死前，醇亲王载沣被宣入中南海，跪在慈禧的帏帐前。

慈禧开口说：“载沣，你得了两个儿子，这是值得喜庆的事。光绪已将不起，我又在病重之中。现国家有难，朝廷不可一日无君，我决定立你的长子溥仪为嗣，继承皇位，赐你为监国摄政王！”向来懦弱的载沣，听了这番话，如五雷轰顶，手足无措，不知该怎么办才好，只是反复念叨说：“溥仪仅仅3岁，溥仪仅仅3岁……”慈禧马上劝慰说：“这是神意，也是列祖列宗牌位前卜卦请准了的！明天，你将溥仪带进宫，准备举行登基仪式。”

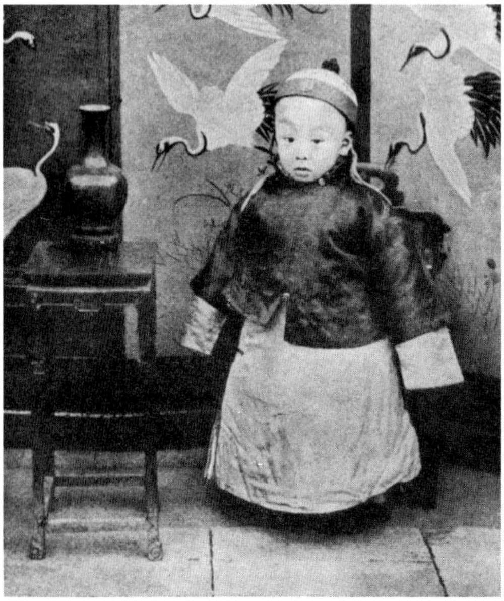
⊙ 幼年溥仪旧照

慈禧的决定传到醇王府，醇王府立即炸锅了。溥仪的祖母不等念完谕旨就昏了过去。刚苏醒过来，便一把夺过溥仪，紧紧抱在怀里，一把鼻涕一把泪地说：“你们把自家的孩子(指光绪)弄死了，却又来要咱的孙子，这回咱是万万不能答应的！”

对于慈禧的歹毒，她是领教过的，所以她止不住地哭闹着，不忍心让孙子再落入慈禧的魔掌。后来，府中的人不得不把她扶走。这时候接皇帝的内监要抱溥仪走，但3岁的溥仪见到这些生人，拼命地挣扎，他一点也不管“谕旨不可违”的说教，连哭带打不让太监来抱。于是，太监们一商量，决定由载沣抱着“皇帝”，带着乳母一起去中南海。

1908年11月14日，一群太监将溥仪带入皇宫。第二天，慈禧便一命呜呼了。到了12月2日，清廷举行了隆重的皇帝登基大典。

登基大典开始时，不满3周岁的溥仪坐在皇帝的龙床宝座上竟哇哇地大哭起来。他父亲载沣侧身坐在龙床上，双手扶着他，叫他不要再哭闹。

根本还不懂事的溥仪，见那些文武百官不断地磕头，高呼“万岁、万岁、万万岁”，加之山崩地裂般的锣声、鼓声、钟声，更加害怕，哭声也更大了。载沣觉得在这样的盛典上，皇帝却哭闹不止，太不像话，心中一急，不由脱口而出，叫道：“就快完了！就快完了！马上回老家了！一完就回老家了！”

1907年

世界大事记：
“英俄协约”签订，英、法、俄“三国协约”形成。

话一出口，文武官员们不由得窃窃私语起来：“怎么说是‘快完了’呢？说要‘回老家’是什么意思呢？”“回满族老家？不就是结束近270年的清朝统治吗？”

载沣这一番话，竟不幸得到了应验。到了1911年，溥仪当皇帝不到3年，辛亥革命就爆发了，在重重压力下，隆裕皇太后不得不替溥仪宣布退位，大清帝国就此宣告灭亡了。

中国同盟会的成立

革命形势的迅速发展和爱国运动的广泛开展，使革命党人深切意识到有必要把分散的革命力量联合起来，建立一个全国性的统一革命组织和政党来领导革命运动。孙中山敏锐地觉察到中国已处于革命高潮的前夕。为联合各种革命力量，从1902年到1905年，他做了一次环球旅行，致力于在各地宣传革命思想、组织革命团体，进一步扩大革命的影响。

1905年夏，孙中山从欧洲到达中国留学生集中的日本东京，同留日革命团体领导人黄兴、宋教仁、陈天华等会晤，商议筹建统一的革命政党。7月，来自各省的革命志士70多人在东京召开筹备会议。会上，孙中山发表演说，阐明革命的原因、形势及联合组织、统一团体的必要性。孙中山提议该团体定名为中国革命同盟会，经过反复讨论，最后定名为“中国同盟会”，简称“同盟会”，并以孙中山提出的“驱除鞑虏，恢复中华，创立民国，平均地权”16字为政治纲领。为进一步扩大革命影响，由黄兴和宋教仁发起，在东京召开了中国留学生和华侨欢迎孙中山的集会。孙中山当场发表激动人心的演说，给与会者以巨大鼓舞，革命热情迅速高涨。

⊙ 同盟会会员证章

8月，孙中山和黄兴等联合兴中会、华兴会和光复会等革命团体的成员，在东京正式举行了中国同盟会成立大会。大会通过了黄兴等人起草的同盟会章程，确定16字纲领为同盟会宗旨，推举孙中山为总理，黄兴等人为执行部干事。章程规定同盟会本部设于东京，本部机构在总理之下设执行、评议、司法3部；在国内设东、西、南、北、中5个支部，国外设南洋、欧洲、美洲、檀香山4个支部，支部以下按地区、国别设立分会。

同盟会是中国第一个全国性的，具有比较明确的政治纲领的资产阶级政党。它成立后，海内外革命者纷纷加入，革命队伍日益壮大，为资产阶级革命运动的全面高涨奠定了基础。

辛亥革命

同盟会成立后，以孙中山为首的革命派积极宣传革命思想，夺取思想阵地的领导权，为推翻清朝做舆论准备。与此同时，革命派组织和发动了一系列武装起义，由于群众基础薄弱，这些起义都相继失败了，但它有力地冲击了清朝的反动统治，扩大了革命影响，激发了全国人民的斗志，鼓舞了更多的志士仁人投身于反清斗争。

武汉地处长江中游，号称“九省通衢”，是当时的水陆交通中心，又是帝国主义侵略中国的重要据点和清朝统治的一个重心，也是资产阶级

1911年

中国大事记：
10月10日晚，湖北新军士兵中的革命党人在武昌举行起义，辛亥革命爆发。

革命党人活动非常活跃的地区。1904年，武汉成立了第一个革命团体科学补习所，随后又成立了日知会、文学社和共进会等革命团体。革命党人在武汉长期进行革命宣传和组织工作，大批青年学生、群众加入革命队伍。革命党人深入新军中进行宣传，把反革命武装变为革命武装。到武昌起义前夕，新军中已有三分之一的士兵参加了革命组织，成为武昌起义的主力军。

1911年的广州黄花岗起义和四川保路风潮，推动了革命形势的迅速发展，尤其是四川保路运动爆发后，清朝调湖北军入川镇压，统治阶级在武汉的兵力减弱，武昌起义的时机成熟。9月，在同盟会中部总会的推动下，文学社和共进会在武昌召开联席会议，成立了起义临时总指挥部，推举文学社领导人蒋翊武为总指挥，共进会领导人孙武为参谋长，并制定了起义计划，预定在中秋节起义。同时，拟定文件，绘制旗帜，制造炸弹，为起义做准备。起义前夕，孙武在汉口俄租界赶制炸弹时不慎爆炸受伤，革命机关遭到破坏，革命的旗帜、文告及党人名册全被搜走，起义计划暴露。起义总指挥部及其他机关也被破坏，起义领导人大批被捕或逃亡。革命党人和新军中的革命士兵见事态紧急，决定自行秘密联络，提前发动武装起义。

10月10日晚，武昌城内新军工程第八营的革命党人和广大士兵在熊秉坤率领下首先发难，打响了武昌起义的第一枪。他们杀死镇压起义的反革命军官，冲出营房，占领楚望台军械库。各处响应的起义士兵齐集楚望台，并临时推举吴兆麟担任指挥，向总督衙门发动进攻。湖广总督吓得惊魂丧胆、走投无路，急忙从总督署后围墙上打开一个洞逃之夭夭。各起义部队在统一指挥下，经过一夜激战，攻占了总督衙门，占领了武昌，武昌起义胜利了。随后，起义军又占领了汉阳和汉口，革命军在武汉三镇取得胜利。

武昌起义胜利后，由于同盟会主要领导人孙中山、黄兴等均不在武汉，革命党人便推举新军协统黎元洪为都督。湖北军政府成立后，宣布国号为“中华民国”，废除大清年号。同时，号召各地发动起义，共同推翻清朝的统治，建立共和制。

辛亥革命是以孙中山为首的资产阶级革命派领导起义以来第一次取得的胜利，它在中国历史上第一次树起民主共和国的旗帜，是一次完整意义上的资产阶级民主革命。作为反帝反封建的伟大革命，辛亥革命极大地影响了各国的民族解放运动，掀起了各国人民反抗压迫的民族解放热潮。

中华民国成立

武昌起义后，革命风暴席卷全国。在不到两个月的时间内，全国半数以上的省区已经宣布独立。各省的起义和独立汇合成巨大的革命洪流，清朝的统治土崩瓦解。全国革命的迅速发展，迫切要求建立统一的革命政权，改变各省独自为政的状态，巩固和发展已经取得的胜利成果。

1911年11月，武汉和上海两地分别致电各省，要求派代表商议组织临时中央政府。后经反复协商，才决定各省代表会议在武汉举行。

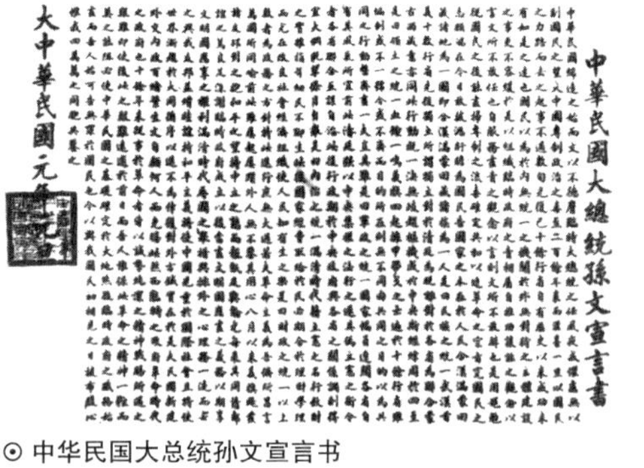
中華民國大總統孫文宣言書

大中華民國元年

⊙ 中华民国大总统孙文宣言书

1908年

世界大事记：
第二届世界和平大会在荷兰海牙召开。

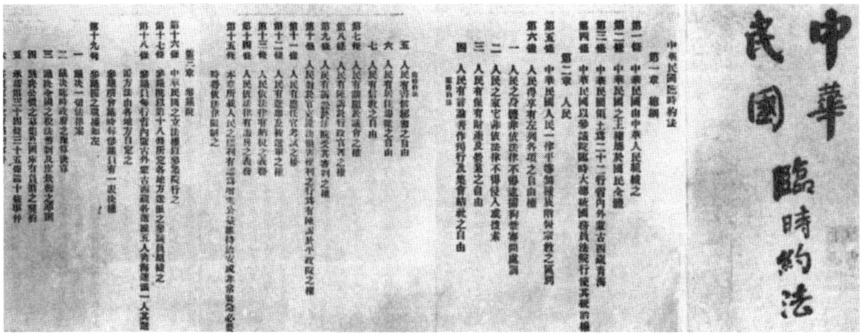
中華民國臨時約法

中華民國臨時約法
第一章 總綱
第一條 中華民國由中華人民組織之
第二條 中華民國之主權屬於國民全體
第三條 中華民國領土為二十二行省內外蒙古西藏青海
第四條 中華民國以參議院臨時大總統國務員法院行使其統治權
第二章 人民
第五條 中華民國人民一律平等無種族階級宗教之區別
第六條 人民得享有左列各項之自由權
一 人民之身體非依法律不得逮捕拘禁審問處罰
二 人民之家宅非依法律不得侵入或搜索
三 人民有保有財產及營業之自由
四 人民有言論著作刊行及集會結社之自由
五 人民有書信秘密之自由
六 人民有居住遷徙之自由
七 人民有信教之自由
第七條 人民有請願於議會之權
第八條 人民有陳訴於行政官署之權
第九條 人民有訴訟於法院受其審判之權
第十條 人民對於官吏違法損害權利之行為有陳訴於平政院之權
第十一條 人民有應任官考試之權
第十二條 人民有選舉及被選舉之權
第十三條 人民依法律有納稅之義務
第十四條 人民依法律有服兵之義務
第十五條 本章所載人民之權利有認為增進公益維持治安或非常緊急必要時得依法律限制之
第三章 參議院
第十六條 中華民國之立法權以參議院行之
第十七條 參議院以第十八條所定各地方選派之參議員組織之
第十八條 參議員每行省內蒙古外蒙古西藏各選派五人青海選派一人
第十九條 參議院之職權如左
一 議決一切法律案

⊙ 1912年3月11日，《中华民国临时约法》正式公布。

12月底，长期在国外领导反清革命的孙中山回到上海。由于孙中山的崇高声望，各省革命党人大都主张推举孙中山为临时大总统，立宪派和旧官僚也认为孙中山堪称总统的最佳人选。12月29日，各省代表在南京举行会议，正式选举孙中山为中华民国临时大总统。

1912年1月1日，孙中山从上海乘专列到南京赴任。当晚，孙中山宣誓就职；中华民国临时政府成立，以1912年为民国元年；选举黎元洪为副总统；通过孙中山提出的各部总长名单；成立临时参议院作为立法机关；规定南京为中华民国临时政府所在地。中华民国临时政府的成立，标志着中国历史上第一个资产阶级共和国的诞生。

南京临时政府成立后，在短短的3个月内，颁布了许多改革法令，推动了中国社会的进步和发展。在政治方面，临时政府颁布了《中华民国临时约法》，这是中国历史上第一部资产阶级民主宪法。约法明确规定中华民国的主权属于全体国民，实行三权分立的政治体制；宣布中华民国公民一律平等，公民享有选举、参政等政治权利和居住、信仰、集会、出版、言论等自由。在经济方面，保护工商业；废除清朝苛捐杂税，鼓励人民兴办农业；奖励华侨在国内投资。在文化教育方面，提倡以自由平等博爱为主要内容的公民道德教育；禁用清政府颁行的教科书；提倡男女同校，奖励女校等。在社会习俗方面，废除历代延用的跪拜和“大人”、“老爷”等称呼；规定男人一律剪辫，妇女禁止缠足；严禁种植、吸食鸦片和赌博。在对外政策上，主张关税自主；为换取各国对中华民国的承认，避免列强干涉，主动承担过去的外债和赔款，承认清政府和各国签订的一切不平等条约。这些措施有利于维护民主政治和发展经济，但临时政府没有提出明确的反帝纲领，也未有触动封建土地所有制。

中华民国成立后，遭到了反动势力的联合进攻。袁世凯在帝国主义的支持下，采用武力威胁和政治欺骗的两面手法，迫使革命派交出政权。孙中山在内外压力下被迫妥协，让位给袁世凯。袁世凯就任临时大总统，开始了北洋军阀的独裁统治。辛亥革命的胜利果实，最终落到了北洋军阀官僚集团手中。中华民国的成立标志着清王朝的灭亡，标志着中国持续2000多年的封建帝制的结束，有力地打击了帝国主义和封建势力，使共和体制深入人心，鼓舞人们前仆后继地争取国家的独立和自身的解放。

⊙ 上海各界欢送孙中山赴南京就职

1912年1月1日上午10时，孙中山与各省代表汤尔和、王宠惠及军事顾问荷马李等，乘沪宁铁路专列赴南京就职。